美

Aesthetic Principle

原學
理

葉朗 著

美學的基本理論問題，同時也是美學的前衛課題。

但何謂美學？美學研究的對象是審美活動，其核心是以審美意象為對象的人生體驗。在這種體驗中，人的精神超越了「自我」的有限性，得到一種自由和解放，從而確證了自己的存在。

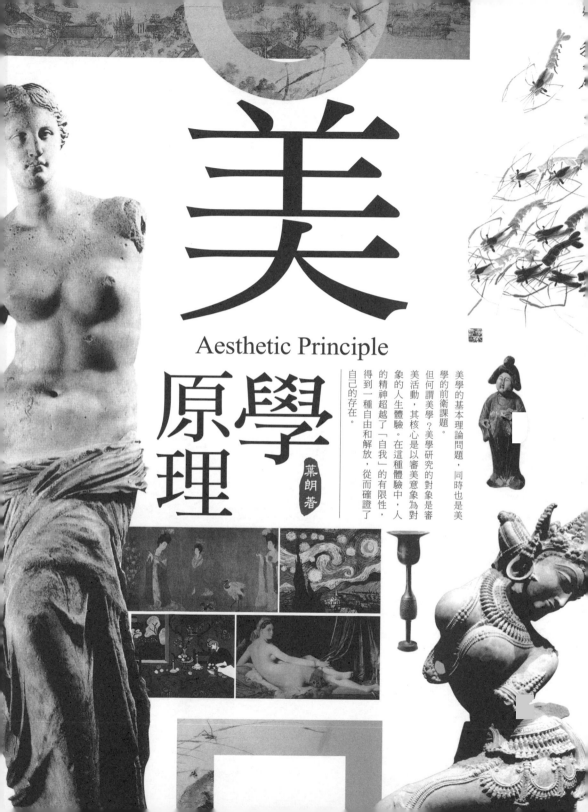

國家圖書館出版品預行編目（CIP）資料

美學原理 / 葉朗著. -- 初版. -- 臺北市：信實文
化行銷, 2014.04
面；　公分. --（What's Aesthetics；11）
ISBN 978-986-5767-20-4（平裝）

1. 美學

180　　　　　　　　　　　　　　　　103005452

What's Aesthetics 011
美學原理

作者　　　葉郎
總編輯　　許汝紘
副總編輯　楊文玄
美術編輯　楊詠棠
發行　　　許麗雪
出版　　　信實文化行銷有限公司
地址　　　台北市大安區忠孝東路四段 341 號 11 樓之三
電話　　　（02）2740-3939
傳真　　　（02）2777-1413
網址　　　www.whats.com.tw
E-Mail　　service@whats.com.tw
劃撥帳號　50040687 信實文化行銷有限公司

印刷　　　彩之坊科技股份有限公司
地址　　　新北市中和區中山路二段 323 號
電話　　　（02）2243-3233

總經銷　　高見文化行銷股份有限公司
地址　　　新北市樹林區佳園路二段 70-1 號
電話　　　（02）2668-9005

2014 年 4 月 初版
定價　新台幣 550 元

更多書籍介紹、活動訊息，請上網輸入關鍵字　華滋出版　搜尋　或　九韵文化　搜尋

前　言

一、這是一本系統講述美學基本原理和基礎知識的讀本。這個讀本主
　　要面向大學生，同時也面向各行各業對美學有興趣的廣大讀者。

二、美學這門學科有一個特點，就是它的許多基本理論問題同時也是
　　本學科的前沿研究課題。在這個意義上，這本美學原理的讀本，
　　同時又是一本研究美學理論核心區的前沿課題的學術著作。我力
　　圖在綜合學術界已有研究成果的基礎上，把美學理論核心區的前
　　沿課題的研究往前推進一步。

三、20年前，我曾組織了一批年輕學者開展美學基本理論的研究，
　　並把研究的初步成果寫成《現代美學體系》一書（北京大學出版
　　社，1988）。那本書在突破中國50年代到80年代美學原理狹窄的
　　學科體系和教學體系，以及吸收中國傳統美學成果和西方現當代
　　美學成果等方面，做了一些努力。我現在寫的這本書在一些理論
　　觀點上和那本書有承接之處，但是書的總體架構，以及基本概念
　　和基本命題的論述等方面，和《現代美學體系》已有很大的不
　　同，因為 20 年來我對於美學基本理論問題的研究和思考在某些
　　重要方面有所進展。另外，寫作風格也有所不同。那本書是集體
　　創作，雖然全書由我做了大幅度修改並最後定稿，但終究和個人
　　的著作風格不會一樣。

目 錄

前言　　　　　　　　　　　　　　　　　　　　　　　3

緒論　什麼是美學
　一、美學的歷史從什麼時候開始　　　　　　　　　11
　二、中國近百年美學發展的輪廓　　　　　　　　　17
　三、美學研究的對象　　　　　　　　　　　　　　27
　四、美學的學科性質　　　　　　　　　　　　　　31
　五、為什麼要學習美學　　　　　　　　　　　　　38
　六、怎樣學習美學　　　　　　　　　　　　　　　41
　緒論提要　　　　　　　　　　　　　　　　　　　47

第一編　審美活動

第一章　美是什麼
　一、柏拉圖開始對「美」的討論　　　　　　　　　50
　二、20 世紀 50 年代中國美學界關於美的本質的討論　56
　三、不存在一種實體化的、外在於人的「美」　　　68
　四、不存在一種實體化的、純粹主觀的「美」　　　80
　五、美在意象　　　　　　　　　　　　　　　　　84
　六、意象的分析　　　　　　　　　　　　　　　　89
　七、審美意象只能存在於審美活動中　　　　　　　105
　八、意象世界照亮一個真實的世界　　　　　　　　109
　本章提要　　　　　　　　　　　　　　　　　　　122

第二章　美感的分析
　一、美感是體驗　　　　　　　　　　　　　　　　125
　二、審美態度　　　　　　　　　　　　　　　　　144

三、美感與移情 155

四、美感與快感 164

五、美感與高峰體驗 173

六、美感與大腦兩半球的功能 178

七、意識與無意識 184

八、美感與宗教感 190

九、美感的綜合描述 197

本章提要 211

第三章 美和美感的社會性

一、自然地理環境對審美活動的影響 215

二、社會文化環境對審美活動的影響 222

三、審美趣味和審美格調 228

四、審美風尚和時代風貌 234

本章提要 250

第二編 審美領域

第四章 自然美

一、自然美的性質 254

二、和自然美的性質有關的幾個問題 262

三、自然美的發現 271

四、自然美的意蘊 276

五、中國傳統文化中的生態意識 279

本章提要 286

第五章 社會美

一、社會生活如何成為美 288

二、人物美 290

三、日常生活的美 302

四、民俗風情的美 312

五、節慶狂歡 319

六、休閒文化中的審美意味 323

本章提要 326

第六章　藝術美

一、對「什麼是藝術」的幾種回答 327

二、藝術品呈現一個意象世界 332

三、藝術與非藝術的區分 343

四、藝術創造始終是一個意象生成的問題 349

五、藝術作品的層次結構 355

六、什麼是意境 373

七、關於「藝術的終結」的問題 384

本章提要 391

第七章　科學美

一、大師的論述：科學美的存在及其性質 394

二、科學美的幾個理論問題 403

三、追求科學美成為科學研究的一種動力 408

四、達文西的啟示 414

本章提要 421

第八章　技術美

一、對技術美的追求是一個歷史的過程 423

二、功能美 429

三、功能美的美感與快感 433

四、「日常生活審美化」是對大審美經濟時代的一種描述 435

本章提要 441

第三編 審美範疇

第九章 優美與崇高

一、審美形態與審美範疇   444
二、優美的文化內涵和審美特徵   446
三、崇高的文化內涵   451
四、崇高的審美特徵   454
五、高尚、聖潔的靈魂美   458
六、陽剛之美與陰柔之美   463
本章提要   469

第十章 悲劇與喜劇

一、對悲劇的解釋：亞里士多德、黑格爾、尼采   472
二、悲劇的本質   476
三、悲劇的美感   481
四、中國的悲劇   484
五、喜劇和喜劇的美感   488
本章提要   493

第十一章 醜與荒誕

一、醜在近代受到關注   495
二、中國美學中的醜   501
三、荒誕的文化內涵   507
四、荒誕的審美特點   510
五、荒誕感   512
本章提要   512

第十二章 沉鬱與飄逸

一、沉鬱的文化內涵   517

二、沉鬱的審美特徵　　　　　　　　　　　　521

三、飄逸的文化內涵　　　　　　　　　　　　526

四、飄逸的審美特點　　　　　　　　　　　　529

本章提要　　　　　　　　　　　　　　　　535

第十三章　空靈

一、空靈的文化內涵　　　　　　　　　　　　536

二、空靈的靜趣　　　　　　　　　　　　　　542

三、空靈的美感是一種形而上的愉悅　　　　　548

本章提要　　　　　　　　　　　　　　　　551

第四編　審美人生

第十四章　美育

一、美育的人文內涵　　　　　　　　　　　　554

二、美育的功能　　　　　　　　　　　　　　562

三、美育在教育體系中的地位和作用　　　　　568

四、美育應滲透在社會生活的各個方面，並且伴隨人的一生　574

五、美育在當今世界的緊迫性　　　　　　　　586

本章提要　　　　　　　　　　　　　　　　589

第十五章　人生境界

一、什麼是人生境界　　　　　　　　　　　　591

二、人生境界的品位　　　　　　　　　　　　600

三、人生境界體現於人生的各個層面　　　　　607

四、追求審美的人生　　　　　　　　　　　　612

本章提要　　　　　　　　　　　　　　　　622

主要參考書目　　　　　　　　　　　　　　　624

重要人名索引　　　　　　　　　　　　　　　625

美不自美，因人而彰。

——柳宗元

心不自心，因色故有。

——馬祖道一

兩間之固有者，自然之華，因流動生變而成其綺麗。心目之所及，文情赴之，貌其本榮，如所存而顯之，即以華奕照耀，動人無際矣。

——王夫之

美感的世界純粹是意象世界。

——朱光潛

像如日，創化萬物，明朗萬物！

——宗白華

緒論　什麼是美學

　　在緒論中，我們主要討論美學研究的對象、美學學科的性質，以及學習美學的意義和方法。在討論這些問題之前，我們對中國近百年美學的發展，做一個簡單的回顧。

一、美學的歷史從什麼時候開始

　　美學學科的名稱 Aesthetica，是德國哲學家鮑姆加通在1750年[1]首次提出來的[2]，至今不過只有250多年的歷史。但是我們不能說，西方美學的歷史是從鮑姆加通開始的，在鮑姆加通之前沒有美學。事實上，無論在東方和西方，美學思想都已有兩千多年的歷史。學科名稱的歷史

註1　鮑姆加通（Baumgarten, 1714～1762）在1735年發表的博士論文《關於詩的若干前提的哲學默想錄》中已提出「美學」的學科概念，1742年在法蘭克福大學開設了一門「美學」課，1750年出版《美學》第一卷，在美學史上一般把這一年作為鮑姆加通正式提出美學學科概念的時間。

註2　嚴格地說，鮑姆加通所謂的「Aesthetica」還不是我們今天意義上的「美學」。按照鮑姆加通的意見，「Aesthetica」的對象和範圍是比「審美」廣泛得多的「感性認識」，他的定義是：「Aesthetica（自由藝術的理論、低級認識的學說、用美的方式去思維的藝術、類理性的藝術）是感性認識的科學。」（Aesthetica 第一節，奧得河畔法蘭克福，1750）只是由於鮑姆加通把「感性認識的完善」和「美」聯繫了起來，並且用相當篇幅討論了審美問題，才使後人把Aesthetica和「美學」等同起來。在 18 世紀的歐洲，流行三種意義相當而稱呼不同的名稱：（1）美的科學，（2）藝術哲學，（3）Aesthetica。在很長一段時間裡，「Aesthetica」並未得到正式承認。我們在黑格爾的《sthetik》前言中可以看出，黑格爾認為這個名稱「不恰當」，「說的更精確一點，很膚淺」。康德、謝林的美學著作都在鮑姆加通提出這個術語之後，但他們都沒有用這個術語作為書名。直到黑格爾美學的後繼者費舍爾（Friedrich Theodor Vischer, 1807～1887）於1846年至1857年發表了他的六卷巨著《sthetik 或美的科學》，才把「Aesthetica」最後敲定下來。

和學科本身的歷史是兩個問題，應該加以區分。**3**

我們也不贊同一些人在鮑姆加通的頭上加上一頂「美學之父」的桂冠。因為第一，如剛 才所說，美學學科的歷史並不是從鮑姆加通開始的。第二，同西方美學史上那些大師相比，鮑姆加通對於美學學科的理論貢獻是很有限的。從美學史的角度看，鮑姆加通還稱不上是一位大師。**4**

很多學者，如杜夫海納、塔塔科維奇都認為，西方美學的歷史是從柏拉圖開始的。儘管在柏拉圖之前，畢達哥拉斯等人已經開始討論美學問題，但柏拉圖是第一個從哲學思辨的高度討論美學問題的哲學家。當代波蘭研究美學史的著名學者塔塔科維奇說：「從沒有一個哲學家比柏拉圖的涉獵範圍更廣：他是一個美學家、形而上學家、邏輯學家和倫理學大師。」「他在美學領域中的興趣、論述和獨到的思想，範圍非常之廣。」在柏拉圖那裡，「美和藝術的觀念第一次被引入一個偉大的哲學體系」。塔塔科維奇強調指出，決不能把美學史限制在美學這一名稱出現之後的範圍內，因為美學問題在很早以前就以其他名稱被討論了。他說：「『美學』這一名稱本身並不重要，甚至在它產生以後也不是所有的人都使用這一術語。雖然康德（Immanuel Kant, 1724~1804）的美學巨著完稿

註3　塔塔科維奇（Wladyslaw Tatarkiewicz, 1886 ~ 1980）：《古代美學》，第 6 頁。中國社會科學出版社，1990。

註4　克羅齊認為，「在鮑姆加通的美學裡，除了標題和最初的定義之外，其餘的都是陳舊的和一般的東西」。他認為，鮑姆加通雖然提出了「美學」這個新名稱，「但是，這個新名稱並沒有真正的新內容」，「美學仍是一門正在形成的科學」，「美學還尚待建立，而並非已經建立起來了」。克羅齊還認為，洞察詩和藝術的真正本性，並在這個意義上說發現了美學學科的是 18 世紀的義大利人維柯。（克羅齊：《作為表現的科學和一般語言學的美學的歷史》，第 62 ~ 64 頁，中國社會科學出版社，1984。）

在鮑姆加通使用這一術語之後，但他並沒有稱之為『美學』，而是稱之為『判斷力的批判』。」[5]

學者們把西方美學的發展劃分為若干階段。比較常見的劃分是：希臘羅馬美學、中世紀和文藝復興美學、17-18 世紀美學、德國古典美學、19 世紀和 20 世紀初期美學（近代美學）、20 世紀直至當今的美學（現當代美學）。西方美學在2500多年的歷史發展過程中，影響最大的美學家以及從美學學科建設的角度看最值得重視的美學家有：柏拉圖、亞里士多德、普羅提諾、奧古斯丁、托馬斯‧阿奎那、維柯、康德、謝林、席勒、黑格爾、叔本華、尼采、克羅齊、胡塞爾、海德格、茵加登、杜夫海納、傅柯、伽達瑪等。當然，在兩千多年的歷史進程中，還有很多與美學相鄰的學科如心理學、語言學、人類學、文化史、藝術史等等學科的思想家，他們也對美學的發展作出了貢獻。[6]

新石器時代的黑陶

「美學」學科的名稱是近代才由西方傳入中國的。[7] 但是，我們

註5　塔塔科維奇：《古代美學》，第 6 頁，第 149 頁。

註6　西方學者所寫的西方美學史的著作，比較流行的有三種，都有中譯本：鮑桑葵（Bernard Bosanquet, 1848～1923）《美學史》（商務印書館，1985）、吉爾伯特（Katharine Everett Gilbert）、庫恩（Helmut Kuhn）合著的《美學史》（*A History of Esthetics*）上下冊（上海譯文出版社，1989）、比厄斯利（Monroe Curtis Beardsley, 1915～1985）《西方美學簡史》〔北京大學出版社，2006。這本書的原名是《美學：從古希臘到現代》（*Aesthetics: From Ancient Greece to the Present*）〕。中國學者所寫的西方美學史著作很多，比較簡明的有兩種：朱光潛《西方美學史》上下冊（人民文學出版社，1963、1964）、凌繼堯《西方美學史》（北京大學出版社，2004）。

註7　「Aesthetica」一詞用漢語譯為「美學」，據學者考證，最早始於西方傳教士和日本學

不能說，在近代之前中國沒有美學。也不能說，中國古代有「美」無「學」。在中國的歷史上，審美意識早就有了。如中國新石器時代的陶器，很明顯體現了當時人類的審美意識。美學是審美意識的理論形態，這在中國，也是老早就有了，至少從老子就開始有了。

先秦是中國古典美學發展的第一個黃金時代。老子、孔子、《易傳》、莊子的美學奠定了中國古典美學的發展方向。

中國美學的真正起點是老子。老子提出和闡發的一系列概念，如「道」、「氣」、「象」、「有」、「無」、「虛」、「實」、「味」、「妙」、「虛靜」、「玄鑑」、「自然」等等，對於中國古典美學形成自己的體系和特點，產生了極為重大的影響。老子開創了道家美學的傳統。中國古典美學的元氣論，中國古典美學的意象說，

者。德國來華傳教士花之安（Ernst Faber）1873年以中文著《大德國學校略論》一書，書中介紹西方美學課的內容：一論山海之美、二論各國宮室之美、三論雕琢之美、四論繪事之美、五論樂奏之美、六論辭賦之美、七論曲文之美。1875年，他又著《教化議》一書，書中正式用了「美學」一詞，並說明它包括丹青、音樂等學科。英國來華傳教士羅存德（Wilhelm Lobscheid, 1822～1893）1866年所編《英華詞典》（第一冊）將 Aesthetics 譯為「佳美之理」和「審美之理」。日本學者中江篤民1883年和1884年翻譯出版法國人維隆（Véron）的《維氏美學》上下冊，用了漢語「美學」這個詞。在此之前，從1882年開始，森歐外、高山樗牛等人在東京大學也曾以「審美學」的名稱來講授美學，據說同時也用過「美學」這個詞。更早，日本啟蒙思想家西周曾先後用「善美學」、「佳趣論」、「美妙學」（1867年，1870年，1872年）等詞來翻譯 Aesthetics。學者們認為，中國學者使用「美學」一詞，可能更多地是受日本學者的影響。1897年康有為編輯出版的《日本書目志》中，出現了「美學」一詞，其中「美術」類所列第一部著作即中江肇民的《維氏美學》。之後一些介紹日本學校教育的書籍中都出現「美學」或「審美學」這個詞。1902年，王國維在翻譯日本牧瀨五一郎所著《教育學教科書》和桑木嚴翼所著《哲學概論》兩書時，不僅使用了「美學」一詞，而且使用了「美感」、「審美」、「美育」、「優美」、「壯美」等詞。同年，他在一篇題為「哲學小辭典」的譯文中，明確把 Aesthetics 譯為「美學」、「審美學」，並介紹了「美學」的一個定義：「美學者，論事物之美之原理也。」參看黃興濤，〈「美學」一詞及西方美學在中國的最早傳播〉（載《文史知識》，2000年，第 1 期）、劉悅笛，〈美學的傳入與本土創建的歷史〉（載《文藝研究》，2006年，第 2 期）。

中國古典美學的意境說，中國古典美學關於審美心胸的理論，等等，都發源於老子的哲學和美學。

孔子開創了儒家美學的傳統。儒家美學的出發點和中心，是探討審美和藝術在社會生活中的作用。孔子是中國歷史上第一個重視和提倡美育的思想家。孔子突出了「興」這個範疇，提出了「詩可以興」的命題，「知者樂水，仁者樂山」的命題，對後世產生了深遠的影響。孔子還認為，最高的人生境界乃是一種審美的境界。[8]

《易傳》是產生於戰國時期的儒家經典。這部著作提出了「生生之謂易」的命題，提出了「易者像也」的命題，提出了儒家的生命哲學和生命美學，對中國古典美學的發展產生了深遠的影響。這部著作突出了「象」這個範疇，成為中國美學的意象說產生的重要環節。

莊子繼承和發展了老子的道家美學的傳統。莊子提出了一種超功利、超邏輯的「遊」的境界，一種高度自由的精神境界。這是對美感特點的深刻認識。

魏晉南北朝時期是中國古典美學發展的第二個黃金時代。在魏晉玄學的影響下，魏晉南北朝美學家提出了一大批美學範疇和美學命題，如「氣」、「妙」、「神」、「意象」、「風骨」、「隱秀」、「神思」、「得意忘象」、「聲無哀樂」、「傳神寫照」、「澄懷味象」、「氣韻生動」等等。所有這些範疇和命題，對後代都有深遠的影響。

在唐、五代和宋元時期，中國古典美學繼續得到發展。在儒家美學和道家美學這兩條路線之外，禪宗對中國古典美學也產生越來越大的影響。

註8　參看本書第十五章。

北宗禪主張存在一個實體化的心的本體，以慧能為代表的南宗禪則否定這個實體化的心的本體。慧能認為，「心」的作用就是念念不住，它沒有實體，所以是「無心」、「無念」。這個「心」只有通過在此心上顯現的世界萬物而顯現自己。反過來，世界萬物在這個自由活潑的心靈上剎那間顯現的樣子也就是事物本來的樣子。這樣，慧能就將現象世界從空寂狀態中解救出來，恢復了現象世界的生動活潑、萬紫千紅的本來面目。這就是禪宗強調的「心物不二」。禪宗這種剎那真實的理論啟示人們去體驗審美的世界。審美世界就是在人的瞬間直覺中生成的意象世界，這個意象世界是顯現世界萬物的本來面目的真實世界。

唐代思想家柳宗元曾提出一個「美不自美，因人而彰」的重要命題。這個命題，也可以從禪宗這種「心物不二」的模式去理解，即世上的美並不是離開人的一種實體化的存在，而是在人心上顯現（彰顯）的世界。

唐代美學還有一個重要貢獻是形成了意境的理論。

清代前期是中國美學史上第三個黃金時代。這是中國古典美學的總結時期。王夫之以「意象」為中心的美學體係就是中國古典美學的總結性的形態，是中國古典美學的高峰。王夫之提出了一系列極為深刻的美學命題，至今對我們理解美和美感仍有極大的啟發。

在這個時期還出現了一批從各個藝術領域探討美學問題的傑出美學家，如葉燮（詩歌）、金聖嘆（小說）、李漁（戲劇）、石濤（繪畫）等。其中葉燮的著作（《原詩》）和石濤的著作（《畫語錄》）都有很強的理論性，並形成了自己的體系。在某種程度上，它們也可以看作是中國古典美學（藝術美學）的總結性的形態。

從老子、孔子、《易傳》、莊子，一直到王夫之、葉燮、石濤，

中國古代思想家提出了一系列重要的美學範疇和命題，貢獻了極其豐富的、極具原創性的美學思想。中國美學的理論遺產是21世紀我們構建真正具有國際性的現代美學體系的寶貴的思想資料。

二、中國近百年美學發展的輪廓

（一）近代：梁啟超、王國維、蔡元培

從1840年鴉片戰爭開始，中國進入近代。中國近代美學家，影響最大的是梁啟超、王國維、蔡元培，他們的共同特點是都熱心學習和介紹西方美學（主要是德國美學），並嘗試把西方美學和中國美學結合起來。其中在學術上成就最大的是王國維。王國維的美學思想深受康德、叔本華的影響。王國維的「境界說」，以及他的《人間詞話》、《紅樓夢評論》、《宋元戲曲考》等著作，對中國近現代美學以及對中國近現代整個學術界都有很大影響。蔡元培的貢獻主要是他在擔任教育總長（1912年）和北京大學校長（1916年）期間大力提倡美育和藝術教育。他不僅在北大親自講授美學課，而且組織「書法研究會」、「音樂研究會」、「音樂傳習所」，實際推行美育。蔡元培的理論和實踐對北京大學的影響十分深遠。正是由於這種影響，北京大學逐漸形成了重視美學研究和重視美育的優良傳統。1917年蔡元培在北京神州學會發表題為《以美育代宗教說》的講演，影響也很大。蔡元培在提倡美育方面產生的影響一直持續到現當代。

（二）現代：朱光潛和宗白華

1919年的「五四」運動，標誌著中國的歷史進入了現代。在中國現代美學史上，貢獻最大、影響最大的是朱光潛和宗白華這兩位美學

家。他們的美學思想有兩個特點最值得我們重視：第一，他們的美學思想都在不同程度上反映了西方美學從「主客二分」的思維模式走向「天人合一」的思維模式的趨勢；[9] 第二，他們的美學思想都反映了中國近代以來尋求中西美學融合的趨勢。在梁啟超、王國維、蔡元培所開闢的中西美學融合的道路上，他們又向前邁進了一大步。

朱光潛的美學，從總體上說，還是傳統的認識論的模式，也就是主客二分的模式。這大概同他受克羅齊（Benedlto Croce, 1866~1952）的影響有關。但是在對審美活動進行具體分析的時候，他常常突破這種「主客二分」的模式，而趨向於「天人合一」的模式。他在分析審美活動時最常用的話是「物我兩忘」、「物我同一」以及「情景契合」、「情景相生」。情景相生而且契合無間，「象」也就成了「意象」。這就產生了朱光潛的美在「意象」的思想。朱光潛強調，意象（他有時又稱為「物的形象」）包含有人的創造，意象的「意蘊」是審美活動所賦予的。

朱光潛對西方美學和中國美學都有精深的研究。他在 30 年代出版的兩部影響最大的著作《談美》（1932）和《文藝心理學》（1936），主要是介紹西方近代美學思想，特別是克羅齊的「直覺說」、立普斯（Theodor Lipps, 1851~1914）的「移情說」和布洛的「距離說」。他的另兩部著作《悲劇心理學》（1933）和《變態心理學》（1933）詳細介紹了叔本華、尼采等人的悲劇理論以及佛洛伊德、榮格的精神分析心理學的理論。60 年代他又寫了兩卷本《西方美學史》

註9　「天人合一」是中國哲學中的一個命題，它在不同的思想家那裡有不同的涵義。我們在本書中使用這個命題，其涵義是人與世界萬物一體相通。這裡的「天」是指自然或世界萬物，不具有道德的意義（如在孟子那裡）。

朱光潛

（1963）。書中對某些西方美學家的研究，不僅處於當時國內學術界的最高水準，而且對國際學術界的研究成果也有突破。朱光潛還翻譯了一大批西方美學經典著作，如柏拉圖《文藝對話集》、黑格爾《美學》（三大卷，共四冊）、維柯《新科學》、克羅齊《美學原理》等。這是朱光潛對我國美學學科建設不可磨滅的貢獻。由於朱光潛精通好幾國語言，中文的修養又極高，同時他對西方文化（哲學、美學、心理學、文學、藝術等等）有極廣博的知識，所以他的這些譯著都稱得上是翻譯史上的經典。周恩來總理曾說，翻譯黑格爾《美學》這樣的經典著作，只有朱光潛先生才能「勝任愉快」。

朱光潛在介紹西方美學的同時，又努力尋求中西美學的融合。最突出的表現就是他的《詩論》這本書。在這本書中，朱光潛企圖用西方的美學來研究中國的古典詩歌，找出其中的規律。這就是一種融合中西美學的努力。這種努力集中表現為對於詩歌意象的研究。《詩論》這本書就是以意象為中心來展開的。一本《詩論》可以說就是一本關於詩歌意象的理論著作。

當然，朱光潛並沒有最終實現從「主客二分」的模式到「天人合一」的模式的轉折。前面說過，朱光潛的美學在總體上還沒有完全擺

脫傳統的認識論的模式，即「主客二分」的模式。在朱光潛那裡，「主客二分」是人和世界的最本原的關係。他沒有從西方近代哲學的視野徹底轉移到以人生存於世界之中並與世界相融合這樣一種現代哲學的「天人合一」的視野。一直到後期，我們從他對「美」下的定義「美是客觀方面某些事物、性質和形狀適合主觀方面意識形態，可以交融在一起而成為一個完整形象的那種特質」，[10] 仍然可以看到他的這種「主客二分」的哲學視野。

與此相聯繫，朱光潛研究美學，主要採取的是心理學的方法和心理學的角度，他影響最大的一本美學著作題為《文藝心理學》，也說明了這一點。心理學的方法和心理學的角度對分析審美心理活動是十分重要的，但是心理學的方法和角度也有局限，最大的局限是往往不容易上升到哲學的本體論和價值論的層面。

朱光潛自己也覺察到這種局限，特別是後期，他試圖突破這一局限。他提出要重新審定「美學是一種認識論」這種傳統觀念：

我們應該提出一個對美學而言是根本性的問題：應不應該把美學看成只是一種認識論？從1750年德國學者鮑姆加通把美學（Aesthetica）作為一種專門學問起，經過康德、黑格爾、克羅齊諸人一直到現在，都把美學看成是一種認識論。一般只從反映觀點看文藝的美學家們也還是只把美學當作一種認識論。這不能說不是唯心美學所遺留下來的一個須要重新審定的概念。[11]

註10　朱光潛：〈論美是客觀與主觀的統一〉，見《朱光潛美學文集》第三卷，第 71 ~ 72 頁，上海文藝出版社，1983。

註11　朱光潛：〈論美是客觀與主觀的統一〉，見《朱光潛美學文集》第三卷，第 62 頁。

其實，朱光潛美學中包含的美在意象的思想，如果按照理論的徹底性的原則加以充分的展開，就有可能從本體論的層面突破這個主客二分的認識論的模式。但是由於50年代那場討論的理論環境的影響，朱光潛沒有從這個方向努力，而是把解決這個理論困境的方向轉到實際上並不相干的方面，因而最後沒有完成這個突破。

宗白華

宗白華美學思想的立足點是中國哲學。他認為，中西的形上學分屬兩大體系：西洋是唯理的體系，中國是生命的體系。唯理的體係是要瞭解世界的基本結構、秩序理數，所以是宇宙論、範疇論；生命的體系則是要瞭解、體驗世界的意趣（意味）、價值，所以是本體論、價值論。[12] 從中國古代這一天人合一的生命哲學出發，他也提出了美在「意象」的觀點。他說，藝術家「所表現的是主觀的生命情調與客觀的自然景象交融互滲，成就一個鳶飛魚躍，活潑玲瓏，淵然而深的靈境」[13]。這個「靈境」，就是意象世界，意象世界乃是「情」與「景」的結晶，「景中全是情，情具象而為景，因而湧現了一個獨特的宇宙，嶄新的意象，為人類增加了豐富的想像，替世界開闢了新境，正如惲南田所說『皆靈想之

註12　宗白華：〈形上學（中西哲學之比較）〉，見《宗白華全集》第一卷，第631頁、629頁，安徽教育出版社，1994。

註13　宗白華：〈中國藝術意境之誕生〉，見《藝境》，第151頁，北京大學出版社，1987。

所獨闢，總非人間所有』」¹⁴。他又說：「像如日，創化萬物，明朗萬物！」¹⁵這個意象世界，照亮一個充滿情趣的真實的世界。在這個意象世界中，人們乃能瞭解、體驗人生的意味與價值。

宗白華同樣也對中西美學都有很深的理解和研究。他翻譯了康德的《判斷力批判》上卷，翻譯了德國瓦爾特・赫斯編的《西方現代派畫論選》，寫了研究歌德的論文，對歌德的人格和藝術做了獨到的闡釋。同時，他寫了《論中西畫法的淵源與基礎》、《中西畫法所表現的空間意識》、《論〈世說新語〉和晉人的美》、《中國藝術意境之誕生》、《中國詩畫中所表現的空間意識》等論文，對中國美學和中國藝術做了極其深刻的闡釋。宗白華也一直倡導和追求中西美學的融合。早在五四時期，他就說：「將來世界新文化一定是融合兩種文化的優點而加之以新創造的。這融合東西文化的事業以中國人最相宜，因為中國人吸取西方新文化以融合東方，比歐洲人採擷東方舊文化，以融合西方，較為容易，以中國文字語言艱難的緣故。中國人天資本極聰穎，中國學者心胸思想本極宏大，若再養成積極創造的精神，不流入消極悲觀，一定有偉大的將來，於世界文化上一定有絕大的貢獻。」¹⁶這段話不僅提出了東西方文化融合而成為世界新文化的偉大理想，而且指出中國學者在實現這一理想中可以做出自己獨特的、別人不能替代的貢獻。宗白華的這段話，至今對我們仍然極有教益和啟

註14　宗白華：〈中國藝術意境之誕生〉，見《藝境》，第151頁，北京大學出版社，1987。

註15　宗白華：〈形上學（中西哲學之比較）〉，見《宗白華全集》第一卷，第628頁，安徽教育出版社，1994。

註16　宗白華：〈中國青年的奮鬥生活與創造生活〉，見《宗白華全集》第一卷，第102頁，安徽教育出版社，1994。

發，因為他指明了一個重要的道理：**中國學者在學術文化領域（包括美學領域）應該有自己的立足點。**

在中國現代，除了朱光潛、宗白華，還有一位在美育領域做出很大貢獻的人物應該提到，那就是豐子愷。豐子愷是大畫家，同時又是音樂教育家、文學家。他在美育、美術教育、音樂教育等方面寫了大量的普及性的文章和著作，哺育了一代又一代的青少年。**豐子愷的一生是審美的一生，藝術的一生。他影響青少年最深的是他灑落如光風霽月的胸襟，以及他至性深情的赤子之心。**

（三）當代：兩次美學熱潮

1949年中華人民共和國成立，標誌著中國歷史進入當代。

中國當代的美學的發展，最突出的景像是出現了兩次美學熱潮。

第一次，就是 50 年代到 60 年代出現的一場美學大討論。那場討論是從批判朱光潛的美學觀點開始的。主要討論一個問題，即美的本質問題（美是主觀的，還是客觀的），出現了美學的所謂幾大派，即蔡儀主張美是客觀的一派，呂熒、高爾太主張美是主觀的一派，朱光潛主張美是主客觀的統一的一派，李澤厚主張美是客觀性與社會性的統一的一派。[17] 那場討論，從1956年開始，一直延續到 60 年代初，然後就中斷了。當時出了六本《美學問題討論集》，匯集了那次討論的成果。

那場討論對於活躍學術空氣，普及美學知識，都起了積極的作用，它使很多人（主要是當時一些文科大學生）對美學發生了興趣。但是，從學術的角度看，那場討論（連同對朱光潛的批判）也有很大

註17　關於這次美的本質的討論，我們在本書第一章將做比較詳細的介紹。

的缺陷。第一，對朱光潛的批判，帶有很大的片面性。如前所述，朱光潛在 50 年代之前，在介紹西方美學方面，在探索中西美學的融合方面，在美學基本理論的建設方面，都做了許多有益的工作，有積極的貢獻。但是這些積極的方面在批判中基本上都被否定了。更重要的是，在批判朱光潛美學觀點的同時，對西方近現代美學也採取了全盤否定的態度，這就使中國美學和世界美學的潮流脫節，對中國美學的理論建設產生了消極的影響。第二，在那場討論中，不論哪一派的美學家，有一點是共同的，就是都把美學納入認識論的框框，都把審美活動等同於認識活動，都從主體和客體之間的認識論關係這個角度來考察審美活動。整個這場討論，都是在「主客二分」這樣一種思維模式的範圍內展開的。而這樣一種思維模式，既沒有反映西方美學從近代到現代發展的大趨勢，同時也在很大程度上脫離了中國傳統美學的基本精神。這種思維模式，在以後很長時間內一直在中國美學界起支配作用。這對於中國美學的理論建設也產生了消極的影響。

從 70 年代後期、80 年代初期開始，我國進入改革開放的新的歷史時期，就在這時出現了第二次美學熱潮。這一場美學熱潮是同我們整個民族對自己的歷史、前途和命運的反思緊緊聯繫在一起的。經過文化大革命十年的動亂，很多人特別是很多青年人、大學生都開始反思：為什麼我們這樣一個古老的東方文明大國，會發生這樣一場毀滅文化、毀滅真、善、美的運動？為什麼在那場運動中，成千上萬的人那樣迷信，那樣狂熱？大家要從古今中外的哲學、倫理學、美學、歷史學、政治學等等學科的經典著作中去尋找答案。所以當時出現了一種「文化熱」，美學熱只是整個文化熱的一部分。西方的學術文化著作如潮水般地湧進國內。海德格（Martin Heidegger, 1889~1976）的《存在與時間》一出版就印了兩

萬冊。一本極為艱深的學術著作一次達到這麼大的印數，這在世界上也是罕見的。這次美學熱不同於第一次美學熱的一個特點是它不僅僅集中討論美的本質這一個問題。因為開放了，眼界打開了，討論的問題就比較分散了，研究的隊伍也開始分散了。有一些學者轉過去系統地整理、研究中國傳統美學，有一些學者轉過去翻譯、介紹、研究西方現當代美學，有一些學者轉過去研究審美心理學、審美社會學等各個美學分支學科，還有的學者則轉過去研究各個藝術部門的美學問題（詩歌美學、小說美學、電影美學、音樂美學等等）。從 80 年代一直到 21 世紀初，學術界出版了一大批反映美學研究新成果的著作，其中有一些是帶有原創性、開拓性的著作。

隨著整個社會關注的重點集中到經濟建設，計算機、經濟、法律、工商管理等等學科越來越熱，整個「文化熱」就漸漸消退了，「美學熱」也漸漸消退了。儘管「美學熱」消退了，但是在大學生中，在社會上廣大的讀者群中，美學依然是一個十分引人關注和引人興趣的學科。

實際上，**美學理論建設的真正進展，正是在「美學熱」消退之後，即從 80 年代末一直到 21 世紀初**。有相當多的美學研究者認識到，為了真正推進美學理論建設，必須跳出「主客二分」的認識論的框框，必須突破 50 年代美學大討論中形成的、在 70 年代末 80 年代初又進一步論證的把審美活動歸結為生產實踐活動的理論模式。在這個認識的基礎上，很多人在美學基本原理的建構方面進行了各種新的探索和嘗試。其中最引人注目的是張世英。張世英長期從事西方哲學的研究，特別是德國古典哲學的研究。改革開放以後，他轉過來研究西方現當代哲學，並把西方現當代哲學和中國哲學加以溝通，在哲學和

美學的基本理論方面提出一系列新的看法，先後出版了《天人之際》（1995）、《進入澄明之境》（1999）、《哲學導論》（2002）、《境界與文化》（2007）等著作。張世英的這些著作對於中西美學的溝通和融合，對於美學理論的建設，都有很大的推動作用。

在 50 年代到 90 年代的這一段時間，有兩本美學和美育方面的著作在中國文化界有很大的影響，應該在這裡提到。一本是車爾尼雪夫斯基（Nikolay Gavrilovich Chernyshevsky, 1828～1889）的《生活與美學》。這本書原名《藝術與現實的美學關係》（Aesthetic Relations of Art to Reality, 1855），是車爾尼雪夫斯基的學位論文。1942年由周揚譯出，在延安出版，1947年和1949年在香港和上海重印，1957年又由譯者修訂後在人民文學出版社重新出版。車爾尼雪夫斯基在這本書中提出「美是生活」的論點，在 40 年代和 50 年代的中國文化界產生了廣泛的影響。

還有一本是《傅雷家書》。這是著名翻譯家、藝術教育家傅雷和他的夫人給傅聰、傅敏等人的家書的摘編。這本書1981年出第一版，1990年出第三版，到1992年第 8 次印刷，已印了 80 多萬冊，在文化界和廣大青少年中發生了極大的影響。這雖是一本家書，但是傅雷在其中發表了有關美學、美育和藝術的許多深刻的見解，**更重要的是全書充溢著傅雷的人格精神。讀這本書，可以使我們懂得什麼是愛，懂得什麼是藝術，懂得一個真正有文化、有教養的人是一種什麼樣的胸襟，一種什麼樣的氣象，一種什麼樣的精神境界。這本書**，和前面提到的豐子愷的著作，都屬於 20 世紀中國出版的最好的美育讀物，因為這些書可以使人的靈魂得到淨化，可以使人的境界得到昇華。

三、美學研究的對象

（一）美學研究的對象是審美活動

美學研究的對象，在西方美學史上有不同的看法，在我國美學界也有不同的看法。歸納起來，主要有以下幾種看法：（1）美學研究的對象是美（美的本質，美的規律）；（2）美學研究的對象是藝術；（3）美學研究的對象是美和藝術；（4）美學研究的對象是審美關係；（5）美學研究的對象是審美經驗；（6）美學研究的對象是審美活動。

在這幾種看法中，前面五種看法都有一些缺陷。

把美學研究的對象設定為美，它的前提，是存在一種外在於人的、實體化的「美」。但是按照我們現在的看法，並不存在一種外在於人的、實體化的「美」，「美」是「呈於吾心而見諸外物」的審美意象，「美」只能存在於審美活動之中。所以把美學研究的對象設定為「美」在理論上並不妥當。

把美學研究的對象設定為藝術（含文學），一方面失之過窄，一方面又失之過寬。藝術（創作和欣賞）活動是審美活動，但審美活動不限於藝術活動。審美活動的領域除了藝術美，還有自然美、社會美、科學美和技術美。過去一般認為藝術美的領域最大，現在看來自然美和社會美的領域也很大。如果說藝術美無所不在，那麼自然美和社會美也無所不在。所以把美學研究的對象設定為藝術失之過窄。另一方面，藝術包含許多層面，除了審美的層面（本體的層面），還有知識的層面、物質載體的層面、經濟的層面、技術的層面等等。美學只限於研究它的審美的層面。所以把美學研究的對象設定為藝術，又失之過寬。

國內美學界多數人都讚同把美學研究的對象設定為審美活動。我

們也贊同這一設定。這個設定反映了這樣一種認識：審美活動是人類的一項不可缺少的精神—文化活動，是人類的一種基本的生存活動，是人性的一項基本的價值需求。前面提到的「審美關係」和「審美經驗」兩種設定都可以納入「審美活動」這個設定。因為「審美關係」是在「審美活動」中生成的。脫離審美活動，「審美關係」就成了一個抽象的、沒有任何內容的概念。「審美經驗」是側重從主體心理的角度表述審美活動（即我們平常說的「美感」）。脫離審美活動，「審美經驗」的研究可能局限於主體的審美心理和審美趣味，美學研究就可能變成純粹的心理學的研究，美學就不再是美學。

既然我們把美學研究的對象設定為審美活動，那麼我們這本書的全部內容就是討論審美活動，主要是討論兩個問題：一、什麼是審美活動？二、人為什麼需要審美活動？美學領域的多方面的、豐富的內容，都將圍繞這兩個問題來展開。

（二）審美活動是人類的一種精神活動

剛才說，「什麼是審美活動」是我們整本書所要回答的問題，也就是說，讀者要讀完我們整本書之後才能對這個問題獲得一個比較完整的答案。但是，為了使讀者對審美活動有一個初步的概念，我們先在這裡對「什麼是審美活動」的問題做一個簡單的說明。

1.審美活動是人類的一種精神活動，它是人性的需求。沒有審美活動，人就不是真正意義上的人。

國內學術界曾有人把審美活動等同於物質生產的實踐活動。這種看法是不正確的。審美活動是人的精神活動。這種精神活動當然要在人類的物質生產實踐活動的基礎上才能產生和存在，這是毫無疑問的（人類

的一切精神活動都要以物質生產實踐活動為基礎），但是不能把審美活動等同於物質生產實踐活動。審美活動是一種精神活動，是對於物質生產活動、實用功利活動的超越，也是對個體生命有限存在的超越。

審美活動並不是滿足人的物質需求（吃飯、穿衣等等），而是滿足人的精神需求。審美活動使人回到人和世界的最原初的、最直接的、最親近的生存關係。這種回歸，是人的精神需求，是人性的需求。杜夫海納說：**「審美經驗揭示了人類與世界的最深刻和最親密的關係，他需要美，是因為他需要感到他自己存在於世界。」**[18] 人存在於世界，人和世界是融合在一起的（借用中國古代的一個哲學概念就是「天人合一」）。這是一個充滿意味和情趣的世界。這就是海德格說的「人詩意地棲居著」。這就是王夫之說的「兩間之固有」的「樂」的境界。這也就是陶淵明說的「自然」。但是世俗的、實用功利的世界（陶淵明所謂「塵網」、「樊籠」）遮蔽了這個原初的、充滿詩意的、樂的境界。這就使人產生了審美的需求，「因為他需要感到他自己存在於世界」，用陶淵明的話說就是「羈鳥戀舊林，池魚思故淵」。通過審美活動，返回「自然」，從而確證自己存在於這個世界。所以說，**如果沒有審美活動，人就不能確證自己的存在，人就不是真正意義上的人。**

2.審美活動是人的一種以意象世界為對象的人生體驗活動。這個意象世界照亮一個本然的生活世界。在這個以意象世界為對象的體驗活動中，人獲得心靈的自由。在這個以意象世界為對象的體驗活動中，「真」、「善」、「美」得到了統一。

註18　杜夫海納：《美學與哲學》，第 3 頁，中國社會科學出版社，1985。

在50年代的美學大討論中，參加討論的人有一個共同的前提，就是把審美活動看作是認識活動，因而都從「主客二分」的思維模式出發來討論美學問題。這種看法和思維違背了審美活動的本性。審美活動是一種人生體驗活動。這種體驗活動的對象是意象世界。這個意象世界就是「美」（廣義的「美」）。這個意象世界是在審美活動中創造出來的，而且它只能在審美活動中存在。這就是「美」與「美感」的同一。這個意象世界照亮一個本然的生活世界，這是人與萬物融為一體的世界，是充滿意味和情趣的世界。這就是「美」與「真」的統一。在這個意義上，我們說審美活動是一種人生的體驗活動。在這個體驗活動中，人的心靈超越了個體生命的有限存在和有限意義，得到一種自由和解放，從而回到人的精神家園。這就是莊子說的「遊」的境界。這也就是海德格說的「詩意地棲居」的境界。在這個意象世界的體驗活動中，「真」、「善」、「美」得到了統一：「美」是意象世界，「真」是存在的本來面目（本然的生活世界），「善」是人生境界的提升。

3.審美活動是人類的一種文化活動，它在人類歷史上發生、發展，它受人類的文化環境的影響和製約。因而審美活動具有社會性、歷史性。

任何人都是社會的、歷史的存在，因而他的審美意識必然受到時代、民族、階級、社會經濟政治制度、文化教養、文化傳統、風俗習慣等因素的影響。同時，任何審美活動都是在一定的社會歷史環境中進行的，因而必然受到物質生產力的水準、社會經濟政治狀況、社會文化氛圍等因素的影響。正因為這樣，所以審美活動一方面是個體的精神活動，另方面又是人類的一種文化活動，它要受到社會文化環境的影響和製約。這種影響和製約，在每個個人身上，體現為不同的審美趣味和審美格調，在整個社會，則體現為不同的審美風尚和時代風

貌。這就是審美活動（美和美感）的社會性、歷史性。

總括起來，我們可以說，審美活動是人的一種精神─文化活動，它的核心是以審美意象為對象的人生體驗。在這種體驗中，人的精神超越了「自我」的有限性，得到一種自由和解放，回到人的精神家園。從而確證了自己的存在。

以上我們對審美活動做了三點簡要的說明。這是一個比較概括的說明。我們在後面的各章中，特別在一、二、三這三章中，將會對審美活動做比較詳細的論述。讀者讀完全書，再返過來看這三點說明，就可以從比較抽象的認識上升到一個比較具體的認識。

四、美學的學科性質

（一）美學是一門人文學科

美學屬於人文學科。人文學科的研究對象是人的「生活世界」。[19]這裡的「人」，不是純粹的、思想的主體，不是西方傳統哲學中那個「我思」的「我」，而是活生生的人。這裡的「世界」，也不是與「自我」相對的純物質的「自然」，而是人的「生活世界」。這個「生活世界」，是一個具體的、歷史的現實世界，是活的世界，而不是死寂的世界。這個「生活世界」，是一個有「意義」和「價值」的世界，這個「意義」和「價值」，並不是純精神性的，而是具體的、實際的，是「生活世界」本身俱有的，是「生活世界」本身向人顯現出來的。[20]

註19　關於「生活世界」的概念，我們在第一章還有比較詳細的討論。

註20　以上關於人文學科的論述，參看葉秀山《美的哲學》，第 7 ~ 11 頁，人民出版社，1991。

因此，人文學科研究的對象是人的意義世界和價值世界。李凱爾特指出，精神科學的對象是「價值」而非「事實」，是一種「意義性」。他說：「價值絕不是現實，既不是物理的現實，也不是心理的現實。價值的實質在於它的有意義性，而不在於它的實際的事實性。」[21] 美學屬於人文學科，從大的範圍來說，研究對象是人的生活世界，是人的意義世界和價值世界。從這裡引出了美學的兩個特點：第一，美學與人生有著十分緊密的聯繫。美學的各個部分的研究，都不能離開人生，不能離開人生的意義和價值。美學研究的全部內容，最後歸結起來，就是引導人們去追求一種更有意義、更有價值和更有情趣的人生，也就是引導人們去努力提升自己的人生境界。第二，美學和每個民族的文化傳統有著十分緊密的聯繫。美學研究人的生活世界，而人的生活世界和各個民族的文化傳統有緊密的聯繫，所以，研究美學要注意各個民族的文化傳統的差異。中國學者研究美學，一方面要注意中國文化、東方文化與西方文化的共同性，另一方面也要注意中國文化、東方文化與西方文化的差異性。我們要吸收西方文化中的一切好的東西，但我們的立足點應該是中國文化。

在20世紀的西方，由於分析哲學的影響，在相當一部分哲學家和美學家中出現了一種忽視和離開人生（人的生活世界）的傾向。他們把全部哲學和美學問題都歸結為語義分析。這是一種片面性。美學問題歸根到底是人的意義世界和價值世界的問題，是人的存在問題。人的語言世界是與生活世界密切相關的。**離開人的生活世界而專注於語義分析，會從根本上取消美學。**

註21　李凱爾特（Heinrich John Rickert, 1863~1936）：《文化科學和自然科學》（*kulturwissenschaft und Naturwissenschaft*, 1899），第 78 頁，商務印書館，1986。

（二）美學是一門理論學科

從歷史上看，「美學理論是哲學的一個分支」。[22] 各個時代的大哲學家，他們所建立的哲學體系，都有一部分是美學。美與真、善是屬於哲學的永恆課題。康德有三大批判，其中《判斷力批判》的一部分內容就是美學。黑格爾有《邏輯學》，也有《美學》。所以美學屬於哲學學科、理論學科。這一點往往被很多人誤解。在很多人的心目中，美學是研究藝術的，藝術是形象思維[23]，所以美學也屬於形象思維。還有的人把美學與美術混為一談。這些都是誤解。美學當然與藝術有密切的關係，但是美學不是藝術，美學不是美術。美學是哲學。美學不屬於形象思維，美學屬於理論思維、哲學思維。

還有一種誤解是把審美意識與美學混為一談。他們認為，每個人都有自己的審美觀，都有自己的審美理想、審美趣味，因而每個人都是美學家，至少每個藝術家都是美學家。這是一種誤解。**美學不是一般的審美意識，而是表現為理論形態的審美意識**。儘管每個人都有審美意識（審美趣味、審美理想），但不一定表現為理論形態，所以不能說每個人都是美學家，也不能說每個藝術家都是美學家。這就正如哲學是世界觀，每個人都有自己的世界觀，但不等於每個人都是哲學家。因為哲學不是一般的世界觀，而是表現為理論形態的世界觀。

美學是一門哲學學科的傳統觀念，自 19 世紀中葉以來受到一些學者的挑戰。這種挑戰主要來自心理學。19 世紀中葉，德國美學家費希納提出「自下而上」的美學，由此引發了一股把美學看作是一門心理

註22　鮑桑葵：《美學史》，第 1 頁，商務印書館，1985。

註23　「形象思維」這個概念是不準確的。參看註340。

科學的思潮。這種思潮一直延續到 20 世紀，也影響到中國。中國也有學者認為審美哲學讓位於審美經驗的心理學是一種必然趨勢。[24] 這種用心理學美學來取代哲學美學的思潮對美學學科的發展是不利的。審美心理學的研究成果對美學基本理論的推進是有益的，但是對這種作用不能過於誇大。因為對審美經驗的心理學描述無論怎樣細微，也不可能揭示審美活動作為人生體驗的本性。**心理學的描述或心理實驗不能回答人生體驗的本性的問題，不能回答人的意義世界和價值世界的問題。回答人生體驗的本性問題，回答人的意義世界和價值世界的問題，只有靠哲學。**如馮友蘭所說：「哲學所講者，是對於宇宙人生底瞭解。」[25] 用心理學美學取代哲學美學，就是從根本上取消了美學。所以維根斯坦說：「人們常說美學是心理學的分支。這種思想認為，一旦我們更加進步，一切——藝術的所有神秘——都可以通過心理實驗而被理解。這種思想大概就是這樣，簡直是愚蠢透頂。」「美學問題和心理實驗毫不相干，它完全是按照另一種方式回答問題的。」[26]

（三）美學是一門交叉學科

剛才說，美學是一門哲學學科。但從另一個角度看，美學和許多學科都有密切的關係，在一定意義上說，美學是一門交叉學科。

「註24美學作為美的哲學日益讓位於作為審美經驗的心理學，美的哲學的本體論讓位於審美經驗的現象論；從哲學體系來推演美、規定美，做價值的公理規範讓位於從實際經驗來描述美感、分析美感，做實證的經驗考察。」（《李澤厚哲學美學文選》，第201頁，湖南人民出版社，1985。）

註25　馮友蘭：《新原人》，《三松堂全集》第四卷，第471頁，河南人民出版社，2002。

註26　維根斯坦：《美學講演錄》，轉引自劉小楓主編《人類困境中的審美精神》，第542頁，東方出版社。

美學和藝術有密切的關係。前面說過，我們不贊同把美學的研究對象定義為藝術。但美學和藝術、藝術史等學科確有緊密的聯繫。藝術是人類審美活動的一個重要的領域。美學基本理論的研究離不開藝術。無論在西方或在中國，有許多重要的美學理論都是通過對藝術的研究而提出的。在西方，從亞里士多德到巴赫金，在中國，從謝赫到葉燮、石濤，都是如此。

　　美學和心理學有密切的關係。前面說過，我們不贊同用心理學美學來代替美學的傾向。但美學和心理學確有密切的聯繫。對美感的分析，需要藉助心理學的研究成果。在美學史上，有不少心理學家對美學理論做出了貢獻，如立普斯（主張「移情說」）、布洛（主張「距離說」）、馬斯洛（提出「高峰體驗」的概念）等人都是例子。當然，對心理學的成果應該有所分析，不能過於誇大它們對美學學科的作用。如實驗美學的成果的局限性就很大，朱光潛曾作過詳細的分析。[27] 又如，佛洛伊德的精神分析心理學在美學領域的局限性和片面性也很大。[28]

　　美學和語言學有密切的關係。這一點隨著 20 世紀西方美學的發展看得越來越清楚。比較早的克羅齊就提出一種看法，即普通語言學就是美學，因為它們都是研究表現的科學。接著是卡西勒的符號學理論，海德格的「語言是存在的家園」的理論，維根斯坦的「全部哲學就是『語言批判』」[29] 的理論，巴赫金的「對話理論」，從索緒爾發端而以羅

註27　參看朱光潛《文藝心理學》附錄〈近代實驗美學〉，《朱光潛美學文集》第一卷，上海文藝出版社，1982。

註28　參看本書第二章第七節。

註29　維根斯坦：《邏輯哲學論》，第 38 頁，商務印書館，1985。

蘭‧巴特為代表的結構主義和以傅柯、德希達為代表的後結構主義，伽達瑪（Hans-Georg Gadamer, 1900~2002）的解釋學，都對美學都產生了巨大的影響。這就是現代西方哲學和美學的所謂「語言學轉向」。從這裡可以見出美學和語言學的密切關係，西方有一些分析哲學家和美學家忽視人的意義世界和價值世界的問題，而把全部哲學和美學問題都歸結為語義分析，顯然是片面的。美學研究應該擺脫這種片面性。

美學和人類學有密切的關係。人類的審美活動是在歷史上發生、發展的，人類學的研究成果對研究審美活動的發生、發展就可能有重要的價值。像格羅塞的《藝術的起源》、列維-布留爾的《原始思維》、弗雷澤的《金枝》等著作，都成為美學家的重要參考書。普列漢諾夫在他的《沒有地址的信》、《藝術與社會生活》等美學、藝術學著作中，就曾引用格羅塞《藝術的起源》中的研究成果。

美學和神話學有密切的關係。當代神話學學者約瑟夫‧坎伯認為神話就是「體驗生命」，體驗「存在本身的喜悅」[30]，這使得神話學與美學有一種內在的聯繫，因為美學的研究對象是審美活動，而審美活動的本性也就是一種人生體驗，一種生命體驗，一種存在本身的喜悅的體驗。

美學和社會學、民俗學、文化史、風俗史有密切的關係。審美活動是人的一種社會文化活動，它必然要受到社會、歷史、文化環境的製約。所以，社會學、民俗學、文化史、風俗史的研究成果對美學研究也可能有重要的參考價值。美學中關於審美趣味、審美風尚、民俗風情等問題的研究，就離不開社會學、民俗學、文化史、風俗史的研究成果。

註30　約瑟夫‧坎伯：《神話》，第 8 頁，台灣立緒文化事業有限公司，1995。

由於美學與眾多相鄰學科有密切的聯繫，所以在美學研究中，一方面要堅持哲學的思考，另一方面要有多學科、跨學科的視野，要善於吸收、整合眾多相鄰學科的理論方法和研究成果。

（四）美學是一門正在發展中的學科

我們在緒論開頭說過，無論在西方或是在中國，美學思想都已有兩千多年的發展歷史，出現了許多在理論上有貢獻的美學思想家。20世紀以來，西方美學的新流派層出不窮。但是，在當代西方美學的眾多流派中，我們至今還找不到一個成熟的、現代形態的美學體系。

所謂現代形態的美學體系，一個最重要的標誌，就是要體現 21世紀的時代精神，這種時代精神就是文化的大綜合。所謂文化的大綜合，主要是兩個方面，一個方面是東方文化和西方文化的大綜合，一個方面是 19 世紀文化學術精神和 20 世紀文化學術精神的大綜合。

但是，現在還沒有一個美學流派、美學體系能夠體現 21 世紀這一時代精神，沒有一個美學流派、美學體系能夠體現這種文化的大綜合。

當代西方的各種美學流派、美學體系，基本上屬於西方文化的範圍，並不包括中國文化（以及整個東方文化）。這樣的美學是片面的，稱不上是真正的國際性的學科。要使美學成為真正的國際性的學科，必須具有多種文化的視野。中國美學和西方美學分屬兩個不同的文化系統。這兩個文化系統當然也有共同性，也有相通之處，但是與此同時，這兩個文化系統各自又有極大的特殊性。中國古典美學有自己的獨特的範疇和體系。西方美學不能包括中國美學。我們已經進入21 世紀。我們應該尊重中國美學的特殊性，對中國美學進行獨立的系統的研究，並力求把中國美學（以及整個東方美學）的積極成果和西方美學的積極成果融合起來。只有這樣，才能把美學建設成為一門真

正國際性的學科，真正體現21世紀的時代精神。

另一方面，當代西方美學的各種美學流派、美學體系，基本上是體現 20 世紀的文化學術精神，並沒有同時體現 19 世紀的文化學術精神。20 世紀的西方美學所出現的種種「轉向」（如心理學的轉向，非理性主義的轉向，批判理性的轉向，語言學的轉向等等），是對 19 世紀西方文化學術精神的否定。到 20 世紀後期，在某些方面已開始出現「轉向」的轉向，而且這種「轉向」的轉向，又和前面所說的東方文化與西方文化的融合的進展有一種複雜的聯結和滲透。進入 21 世紀，我們期望在美學的理論建設中出現一種在更高的層面上實現 19 世紀文化和 20 世紀文化大綜合的前景。

由於至今我們還找不到一個體現 21 世紀時代精神的、體現文化大綜合的、真正稱得上是現代形態的美學體系，所以我們說，美學還是一門正在發展中的學科。體現 21 世紀時代精神的、真正稱得上是現代形態的美學體系，還有待於我們去建設、去創造。當然，這需要一個長期的過程，需要國際學術界的共同努力。

五、為什麼要學習美學

我們說明了美學的研究對象和學科性質，也就可以說明美學對於當代青年的價值和意義，擴大一點說，就是美學對於所有當代人的價值和意義。

這可以從以下兩個方面來看：

第一，從人生修養方面來看。

大家知道，人除了物質生活的需求之外，還有精神生活的需求。這種精神生活的需求就是精神超越的需求。人和動物有一個很大的不

同，就在於人能夠從實用中提升出來，從個人物質生活的實踐中提升出來，一方面進行審美的體驗（感興），另一方面進行純理論的思考。這就是精神超越的需求。如果喪失了這種精神生活，喪失了精神超越的興趣，人就不再是真正意義上的人。

我們在前面已經說過，並且在後面各章將會進一步說明，審美活動是人的一種以意象世界為對象的人生體驗活動。這個意象世界照亮一個詩意的人生，使人超越「自我」的有限天地，回到人和世界的最原初的、最直接的、最親近的生存關係，從而獲得一種存在的喜悅和一種精神境界的提升。這種回歸，這種喜悅，這種提升，是人的精神需求，是人性的需求。所以審美活動對於人性、對於人的精神生活是絕對必要的。而美學可以使人對於審美活動獲得一種理論的自覺，因而它對於一個人的人性的完善，對於一個人的人生修養，也是不可缺少的。

第二，從理論修養方面來看。

歷史上很多哲人都把人的知識分成兩類：一類是關於世界上具體事物的知識，如天空為什麼會閃電，植物生長和陽光、水分、肥料的關係等等，這類知識多半產生於人類物質生活的需要；還有一類是關於宇宙人生的根本問題的探討，如宇宙萬物的本原是什麼，人生的意義是什麼，真、善、美是什麼等等，這類知識就是前面提到過的那種純理論的思考的產物。進行這種純理論的思考，並不是出於物質生活的需要，而是出於人類的精神生活的需要。人當然要從事物質生產實踐活動，否則人類社會生活就不能維持。但人又往往要從物質生產活動中跳出來，對於人生、歷史、宇宙進行純理論的、形而上的思考。這種思考並不是出於現實的興趣（不以實用為目的），而是出於一種純理論的興趣，因為這種思考並不能使小麥增產，也不能使公司增加

利潤，但是人們仍然不能沒有這樣的思考。亞里士多德在《形而上學》一開頭就說：「**人類求知是出自本性。**」就是強調，人的理論的興趣是出自人的自由本性，而不僅僅是為了現世生活的需要。當代解釋學大師伽達瑪也說：「**人類最高的幸福就在於『純理論』。**」又說：「**出於最深刻的理由，可以說，人是一種『理論的生物』。**」[31] 我們前面說，美學從根本性質來說，就是這樣的理論性的學科。一個當代大學生，就他的思維方式和知識結構來說，不能只有具體學科的知識，如物理學的知識，經濟學的知識，法律學的知識，等等，而且還應該有純理論的興趣和知識，其中包括哲學的興趣和知識，也包括美學的興趣和知識。一個當代大學生如果缺乏這種純理論的興趣和純理論的知識，那麼他的思維方式和知識結構應該說是不完整的，是有重大缺陷的，**因為他只具有實際生活的知識，而缺乏人生的智慧。**

　　以上兩個方面，就是美學對於當代青年的價值和意義，也就是當代青年學習美學所應該追求的目的。當代青年學習美學，主要就是這樣兩個目的：一個目的就是完善自身的人格修養，提升自己的人生境界，具體來說，就是通過學習美學增強審美的自覺性，更自覺地通過審美活動去追求一種更有意義、更有價值和更有情趣的人生；再一個目的就是完善自身的理論修養，完善自身的思維方式和知識結構，具體來說，就是通過學習美學培養自己做純理論思考的興趣和能力，也就是對於人生，對於生命，對於存在，對於真、善、美，對於這樣一些根本問題進行理論思考的興趣和能力，從而使自己在獲得各種具體學科的知識之外，更能獲得一種人生的智慧。

註31　伽達瑪：《讚美理論》，第 26 頁，上海三聯書店，1988。

當然，除了上述兩個主要目的，大學生學習美學也還可以有其他一些目的，如：提高自己的藝術創造和藝術欣賞的能力，提高自己的審美設計的能力，擴大知識面，等等。但這些並不是學習美學的主要目的。

以上都是針對當代青年來說的。其實，不僅僅是當代青年，所有的當代人，如果條件允許，都應該學一點美學。這種必要性，一方面是由美學學科的性質決定的，另一方面則是由人的本性決定的。**因為從根本上說，人不僅是社會的動物，不僅是政治的動物，不僅是會製造工具的動物，而且還是有靈魂的動物，是有精神生活和精神需求的動物，是一種追求心靈自由即追求超越個體生命有限存在和有限意義的動物，同時，用伽達瑪的話來說，人還是一種理論的動物。**

六、怎樣學習美學

人文學科的研究對象是人的「生活世界」。人的「生活世界」是人與世界的「共在世界」，是活的世界，這決定了人文學科不能採取經驗科學的主體與客體分立的研究方法（有人稱為「對象性的方法」），而要採取一種「體驗」的方法（「我」在「世界」之中體驗），採取一種「討論」的方法（開放的研究，對話的方法）。

體驗的方法，討論的方法，這可以說是人文學科共同的方法。除了這些共同的方法以外，每門人文學科還有自己的特殊的方法，這是為每門學科的特殊的性質所決定的。

我們前面論述了美學的學科性質。從這些性質，就可以引出美學學科的特殊的方法，也就是說，明白了美學學科的性質，就可以明白學習美學應該注意哪些問題。

第一，要注重美學與人生的聯繫。

前面說，美學屬於人文學科。這就引出了美學的一個重要的特點：美學與人生有著十分緊密的聯繫。美學的各個部分的研究，都不能離開人生，不能離開人生的意義和價值。美學研究的全部內容，最後歸結起來，就是引導人們去努力提升自己的人生境界，使自己具有一種「光風霽月」般的胸襟和氣象，去追求一種更有意義、更有價值和更有情趣的人生。

第二，要立足於中國文化。

美學屬於人文學科，這還引出美學又一個重要的特點：美學和一個民族的社會、心理、文化、傳統有著十分緊密的聯繫。中國學者研究美學，要有自己的立足點，這個立足點就是我們自己民族的文化和精神。立足於中國文化，並不意味著排斥外來文化。中華文明從來就具有一種開放性和偉大的包容性。唐代就是突出的例子。唐代是一個藝術上百花齊放的時代。唐代的十部樂，不僅包含漢族樂舞和新疆地區少數民族樂舞，而且包含印度、緬甸、柬埔寨等許多外國的樂舞。中華文明的這種開放性和偉大的包容性，就是主動吸收、融合異質的文化，充實、豐富和發展我們自己民族的文化。反過來，我們以最大的熱情吸收國外一切好的東西，也不意味著我們可以拋棄自己的立足點。以美學學科來說，我們要致力於中西美學（東西方美學）的融合，把美學建設成為一門體現 21 世紀時代精神的真正國際性的學科，我們的立足點仍然是中國的文化和中國的美學。我們應該下大力氣系統地研究、總結和發展中國傳統美學，並且努力把它推向世界，使它和西方美學的優秀成果融合起來，實現新的理論創造。這是我們中國學者對於人類文化的一個應有的貢獻。

在這個問題上，我們在緒論第一節所引的宗白華在1919年的一段

話仍然對我們很有啟發。[32]

宗白華還有一段話對我們也很有啟發。他在1921年從德國給國內的朋友寫了一封信，信中說，他到了西方，在西方文化的照射下，更加認識到中國文化的獨特的價值和光彩，更加認識到中國文化中「實在有偉大優美的，萬不可消滅」。他說，他「極尊崇西洋的學術文化」，但是他特別強調，不能用模仿代替自己的創造。他說：「我以為中國將來的文化決不是把歐美文化搬了來就成功。」又說：「中國以後的文化發展，還是極力發揮中國民族文化的『個性』，不專門模仿，模仿的東西是沒有創造的結果的。」[33]

宗白華 80 多年前這些充滿智慧的話啟示我們，在學術文化領域，我們要注意吸收異質的文化，吸引西方文化中好的東西，那是為了充實自己，更新自己，發展自己，是為了創造中西文化融合的世界新文化。我們不能拋棄我們自己的文化，不能藐視自己，不能脫離自己，不能把照搬照抄西方文化作為中國文化建設的目標。在學術、文化領域，特別在人文學科領域，中國學者必須有自己的立足點，這個立足點就是自己民族的文化。

第三，要注重鍛煉和提高自己的理論思維的能力。

前面說，美學是一門理論學科、哲學學科。所以對研究美學的人來說，最重要的是要具有較高的理論思維的能力。

這種理論思維能力，表現為一種「理論感」。這種「理論感」也就是愛因斯坦所說的「方向感」，即「向著某種具體的東西一往直前的感

註32　參看本書第 21 頁。

註33　宗白華：《自德見寄書》，見《宗白華全集》第一卷，第321頁，安徽教育出版社，1994。

覺」。當你讀別人著作的時候，這種理論感會使你一下子抓住其中最有意思的東西。當你自己在研究、寫作的時候，這種理論感會幫助你把握自己思想中出現的最有價值的東西（有的是朦朧的、轉瞬即逝的萌芽），**它會指引你朝著某個方向深入，做出新的理論發現和理論概括。**

一個從事像美學這樣的理論學科的研究的人，如果缺乏這種理論感，他的研究就很難有大的成就。

我們經常看到，有的人讀了許許多多的書，但是他從這些書中抓住的都是一些最一般的東西，別人思想中真正新鮮的、深刻的東西，那些大師的著作中的活的靈魂，他卻把握不住。這就是缺乏理論感。

我們還經常看到，有的人搞了一輩子學問，寫了許許多多文章，但是他寫出的東西老是那麼平平淡淡，老是不見精彩。這是什麼緣故？當然可能有很多原因，但其中有一個重要的原因就是缺乏理論感。

一個人如何鍛煉和提高自己的理論思維能力？恩格斯說，鍛煉自己的理論思維能力，至今只有一個辦法，那就是學習過去的哲學。也就是說，要學習歷史上那些哲學大師的經典著作。這些著作是各個時代人類最高智慧的結晶。學習這些著作，也就是努力吸收各個時代人類的最高智慧，力求把它們變成自己的智慧，從而在理論思維的層面上提升自己。

學習歷史上哲學大師的這些經典著作，必須精讀。精讀，用古人的話說就是「熟讀玩味」，也就是放慢速度，反復咀嚼，讀懂，讀通，讀透。

朱熹和學生談讀書的方法，常常使用「味」、「滋味」、「意味」這些詞。他告訴學生，讀書要「著意玩味」，「字字咀嚼教有味」。精讀、玩味大師的經典性著作，可以提升你的理論思維的能力，可以使你獲得人生的智慧和美感，可以使你的精神境界得到昇華。

第四，要有豐富的藝術欣賞的直接經驗，同時要有系統的藝術史

的知識。

　　前面說過，美學與藝術、藝術史有密切的關係。藝術是人類審美活動的一個重要的領域。中外美學史上有許多重要的美學理論都是通過對藝術的研究而提出來的。所以，研究美學的人，要熱愛藝術，要有豐富的藝術欣賞的直接經驗。美學研究需要理論思維，**但一個人的藝術欣賞的直接經驗，即直接的審美體驗，對他的理論思維可以有一種內在的引導、推動和校正的作用。**王夫之曾說，他「十六而學韻語，閱古今人所作詩不下十萬」。**34** 這種直接的審美經驗為王夫之的美學理論提供了一種感性的基礎。宗白華生前常常從海澱擠公共汽車進城看美術展覽，看各種地方戲曲的演出。他經常說：「學習美學首先得愛好美，要對藝術有廣泛的興趣，要有多方面的愛好。」「美學研究不能脫離藝術，不能脫離藝術的創造和欣賞，不能脫離『看』和『聽』。」**35** 他說他喜歡中國的戲曲，他的老朋友吳梅就是專門研究中國戲曲的。他說他對書法很有興趣，他的老朋友胡小石是書法家，他們在一起探討書法藝術，興趣很濃。他說他對繪畫、雕刻、建築都有興趣，他自己也收藏了一些繪畫和雕刻，他的案頭放著一尊唐代的佛像，帶著慈祥的笑容。他又說他對出土文物也很注意，他認為出土文物對研究美學很有啟發。宗白華這些話，使我們看到藝術欣賞的直接經驗對美學研究是何等重要。

　　當然，一個人的直接經驗終究是有限的，所以研究美學的人還應該有比較豐富的藝術史（含文學史）的知識。藝術的門類很多，研究美學

註34　王夫之：《薑齋詩話》卷二〈夕堂永日緒論序〉。

註35　宗白華：〈《美學嚮導》寄語〉，見《藝境》第一卷，第357頁，北京大學出版社，1987。

的人可以按照自己的興趣，選擇一、二門藝術作為自己研究的重點，對這一、二門藝術的歷史進行比較系統的研究，如：中國美術史，中國書法史，中國詩歌史，中國小說史，西方音樂史，西方電影史，西方戲劇史，等等。一個人如果擁有一門或幾門藝術史的系統的知識，那麼他在研究美學的時候，特別在涉及藝術的時候，就不會落空。我們讀黑格爾的《美學》，常常看到他對歷史上一些藝術作品有十分深刻的分析，這一方面說明他有極高的理論思維的能力，另一方面也說明他有極豐富的藝術史的知識。對於研究美學的人來說，理論思維能力與豐富的藝術欣賞的直接經驗以及豐富的藝術史的知識這兩個方面都是不可缺少的。

第五，要擴大自己的知識面。

前面說過，美學和許多學科都有密切的關係。在一定意義上，美學是一門交叉學科。因此，研究美學的人，需要有比較寬的知識面。除了哲學的修養、藝術欣賞的直接經驗和藝術史的知識之外，還應該懂得一些心理學、語言學、人類學、神話學、社會學、民俗學、文化史、風俗史方面的知識。要讀一些這方面的書。特別是這些學科中的經典著作，最好能讀一讀。當然我們不能要求每個研究美學的人都是大學問家，但是從歷史上看，真正在美學領域做出重大原創性成果的人確實都是大學問家。所以學美學的人知識面寬一點是有好處的。

第六，要有開放的心態，要注意吸收國內外學術界的新的研究成果。

前面說過，美學是一門正在發展中的學科，從世界範圍來說，還找不到一個成熟的、體現21世紀時代精神、真正稱得上現代形態的美學體系。因此，我們在研究美學的時候，不要使自己的思想被某一個學派或某一位美學家的觀點框住，不要使自己的思想僵化。我們應該

保持一種開放的心態，打開自己的眼界，隨時注意國內外學術界（美學學科以及相鄰學科）的新的進展，並及時吸收國內外學術界的新的研究成果。對於自己的學術觀點，也不要凝固不變，而應該有一種與時俱進的精神，日日新，又日新，敢於突破自己，努力使自己在理論上提升到一個新的境界。

緒論提要

西方美學的歷史是從柏拉圖開始的，不是從鮑姆加通開始的。

中國美學的歷史至少從老子、孔子的時代就開始了。不能說中國古代沒有美學。

在中國近代美學史上，影響最大的美學家是梁啟超、王國維、蔡元培。在中國現代美學史上，影響最大的美學家是朱光潛和宗白華。

20世紀50年代到60年代，中國出現一場美學大討論。這場大討論把美學納入認識論的框框，在「主客二分」思維模式的範圍內討論美學問題，這在很長一段時間內，對中國美學學科的建設產生了消極的影響。

美學研究的對象是審美活動。審美活動是人的一種精神─文化活動，它的核心是以審美意象為對象的人生體驗。在這種體驗中，人的精神超越了「自我」的有限性，得到一種自由和解放，回復到人的精神家園，從而確證了自己的存在。

美學的學科性質可以歸納為四點：第一，美學是一門人文學科。人文學科的研究對象是人的生活世界，是人的意義世界和價值世界；第二，美學是一門理論學科、哲學學科，那種用心理學美學來取代哲

學美學的思潮對美學學科的發展是不利的；第三，美學是一門交叉學科，美學與藝術、心理學、語言學、人類學、神話學、社會學、民俗學、文化史、風俗史等諸多學科都有密切的關係；第四，美學是一門正在發展中的學科，從國際範圍看，至今還找不到一個成熟的、現代形態的美學體系。

學習美學的意義在於：第一，完善自身的人格修養，提升自己的人生境界，自覺地去追求一種更有意義、更有價值和更有情趣的人生；第二，完善自身的理論修養，培養自己對於人生進行理論思考的興趣和能力，從而使自己獲得一種人生的智慧。

美學學科的性質決定了學習美學的方法：第一，要注重美學與人生的聯繫，學習和思考任何美學問題都不能離開人生；第二，要立足於中國文化；第三，要注重鍛煉和提高自己的理論思維的能力；第四，要有豐富的藝術欣賞的直接經驗，同時要有系統的藝術史的知識；第五，要擴大自己的知識面；第六，要有開放的心態，要注意吸收國內外學術界的新的研究成果。

【第一編】

審美｜活動

第一章 美是什麼

　　本章主要內容是討論「美是什麼」這個美學的中心問題。這是一個老問題，又是一個直到今天人們依然還在爭論的問題。

　　在討論「美是什麼」問題之前，我們首先要對「美」的概念作兩個區分。

　　一個是我們在日常生活中常用的「美」的概念與美學學科領域的「美」的概念的區分。我們日常生活中使用「美」的概念比較隨便，例如炎熱的夏天吃一根冰棍，你會說：「多美啊！」肚子餓了，你會說：「我現在就希望美美地吃一頓。」這些都不是美學學科領域的「美」的概念，要加以區分。

　　再一個是廣義的「美」的概念與狹義的「美」的概念的區分。狹義的「美」的概念是指我們將在審美範疇中討論的「優美」，即一種單純、完整、和諧的美，也就是古希臘式的美。我們在平常使用「美」的概念往往是指這種狹義的美，如說：「西施是一位美女。」「西湖的景色很美。」但是美學學科領域討論的「美」不限於這種狹義的美（優美），而是廣義的美，它包括一切審美對象，不僅包括優美，也包括崇高、悲劇、喜劇、荒誕、醜、沉鬱、飄逸、空靈等各種審美形態。

一、柏拉圖開始對「美」的討論

　　在西方美學史上，比較早像畢達哥拉斯（Pythagoras）就對「美」的問題有所論述，但真正在理論上討論「美」的問題的是從柏拉圖（Plato）開始的。

柏拉圖的《大希庇阿斯篇》（*Greater Hippias or major Hippias*）是一篇專門討論「美」的對話錄。

在這篇對話裡，柏拉圖區分了「什麼東西是美的」與「美是什麼」這兩個問題，柏拉圖認為這是兩個完全不同的問題。這篇對話的主人公是蘇格拉底（Socrates）和希庇阿斯（Hippias）。蘇格拉底問希庇阿斯「美是什麼」，希庇阿斯先後做了許多回答：「美是一個漂亮的小姐」、「美是一個美的湯罐」、「美是黃金」、「美是一個美的豎琴」，等等。柏拉圖認為希庇阿斯這些答案都是回答「什麼東西是美的」，而並未回答「美是什麼」這個問題。柏拉圖說（在對話錄中是蘇格拉底說）：「我問的是美本身，這美本身，加到任何一件事物上面，就使事物成其為美，不管它是一塊石頭，一塊木頭，一個人，一個神，一個動物，還是一門學問。」[36] 在這裡柏拉圖借蘇格拉底的口提出了「美本身」的問題。希庇阿斯的那些答案只是回答「什麼東西是美的」，而沒有回答「美本身」的問題。「美本身」的問題也就是使一件東西成為美的東西的原因。找到了這個「美本身」，才算回答了「美是什麼」的問題。

蘇格拉底提出這個「美本身」的問題後，希庇阿斯又提供了許多答案，如「恰當就是美」，「有用就是美」，「有益就是美」，「美就是由視覺和聽覺產生的快感」，等等。但蘇格拉底對這些答案都一一做了反駁，他認為這些回答都是站不住的。

柏拉圖認為，這個「美本身」是一種絕對的美：「這種美是永恆的，無始無終，不生不滅，不增不減的。它不是在此點美，在另一點

註36　柏拉圖：《大希庇阿斯篇》，見《文藝對話集》，第188頁，人民文學出版社，1963。

醜；在此時美，在另一時不美；在此方面美，在另一方面醜；它也不是隨人而異，對某些人美，對另一些人就醜。還不僅此，這種美並不是表現於某一個面孔，某一雙手，或是身體的某一其他部分；它也不是存在於某一篇文章，某一種學問，或是任何某一個別物體，例如動物、大地或天空之類；它只是永恆地自存自在，以形式的整一永與它自身同一；一切美的事物都以它為泉源，有了它那一切美的事物才成其為美，但是那些美的事物時而生，時而滅，而它卻毫不因之有所增，有所減。」[37] 這個神聖的、永恆的、絕對的、奇妙無比的「美本身」，柏拉圖認為就是美的「理念」（idea，朱光潛譯為「理式」）。這種美的「理念」是客觀的，而且先於現實世界中的美的東西而存在。現實世界中的各種各樣的美的東西（如美的小姐，美的風景）都是因為分有「美」的理念而成為美的，它們是不完滿的，同時它們也不是永恆的。柏拉圖說，對這種如其本然、純然一體的美本身的觀照乃是一個人最值得過的生活境界。

柏拉圖把現實世界中美的事物、美的現象和「美本身」分開，他認為在美的事物、美的現象的後面還有一個美的本質。哲學家的任務就是要找到這個美的本質。

就這樣，從柏拉圖以來，在幾千年中，西方學術界就一直延續著對美的本質的探討和爭論。

幾千年來對美的本質發表看法的人實在太多。有些學者把他們的看法梳理一下，分成兩大類：一類是從物的客觀屬性和特徵方面來說明美的本質，一類是從精神本體和主觀心理方面來說明美的本質。

註37　柏拉圖：《會飲篇》，見《文藝對話集》，第272～273頁，人民文學出版社，1963。

從物的客觀屬性和特徵方面來說明美的本質，最早的是古希臘的畢達哥拉斯學派。畢達哥拉斯學派早於柏拉圖。他們提出「美是和諧」的著名命題。他們說的和諧是以數的比例關係為基礎的，所以說：「整個的天是一個和諧，一個數目。」[38]「身體美確實存在於各部分之間的比例對稱。[39]」他們又說：「一切立體圖形中最美的是球形，一切平面圖形中最美的是圓形。」[40] 這是從物體的幾何形狀來規定美。接下去是亞里士多德。亞里士多德認為美的主要形式是「秩序、勻稱與明確」[41]，也是從形式的關係結構中去規定美。

　　畢達哥拉斯學派和亞里士多德的這種看法在西方美學史上是一個重要的傳統。直到17、18 世紀，依然有許多人從物的客觀屬性方面來說明美的本質。比較有名的是英國美學家博克（Edmund Burke, 1729 ～ 1797）。他說：「美大半是物體的一種性質，通過感官的媒介，在人心上機械地起作用。所以我們應該仔細研究在我們經驗中發現為美的那些可用感官察覺的性質，或是引起愛以及相應情感的那些事物究竟是如何安排的。」[42] 按照他自己的研究，他認為美是物體的以下一些特徵引起的：小、光滑、各部分見出變化、不露棱角、嬌弱以及顏色鮮明而不強烈等等。有這些特徵的物體必然引起人們的喜愛，它是不會因主觀任性而改變的。

註38　塞德利：《古希臘羅馬哲學》，第 37 頁，三聯書店，1957。

註39　《西方美學家論美和美感》，第 14 頁，商務印書館，1980。

註40　塞德利：《古希臘羅馬哲學》，第 37 頁，三聯書店，1957。

註41　亞里士多德：《形而上學》，第271頁，商務印書館，1997。

註42　《西方美學家論美和美感》，第121頁，商務印書館，1980。

從精神本體和主觀心理方面來說明美的本質又可以分為兩種情況。一種是從客觀的精神本體來說明美的本質。最有代表性的就是前面談過的柏拉圖的「美是理念」的理論。後來黑格爾對美下的定義：「美就是理念的感性顯現。」[43] 就是繼承柏拉圖的路線。另一種是從觀賞者主觀心理方面來說明美的本質。最有代表性的是英國的休謨（David Hume, 1711～1776）。休謨說：「美並不是事物本身裡的一種性質。它只存在於觀賞者的心裡，每一個人心見出一種不同的美。這個人覺得醜，另一個人可能覺得美。每個人應該默認他自己的感覺，也應該不要求支配旁人的感覺。要想尋求實在的美或實在的醜，就像想要確定實在的甜與實在的苦一樣，是一種徒勞無益的探討。」[44]「各種味和色以及其他一切憑感官接受的性質都不在事物本身，而是只在感覺裡，美和醜的情形也是如此。」[45] 他又說：「美並不是圓的一種性質。」「如果你要在這圓上去找美，無論用感官還是用數學推理在這圓的一切屬性上去找美，你都是白費氣力。」[46] 休謨後面這句話很像是針對畢達哥拉斯學派說的。

以上對美的本質的兩類的看法，其實有一個共同點，就是都是以主客二分的思維模式為前提的。這種思維模式把「我」與世界分割開，把主體和客體分成兩個互相外在的東西，然後以客觀的態度對對象（這對象也可能是主體）作外在的描述性觀測和研究。這種思維模

註43　黑格爾：《美學》第一卷，138頁，人民文學出版社，1958。

註44　《西方美學家論美和美感》，第108頁，商務印書館，1980。

註45　同上書，第108頁。

註46　同上。

式，就把對「美」的研究引到一條斜路上去了。因為我們在下面一章將會談到，審美活動不是認識活動而是體驗活動，因此研究「美」的問題不應該依照主客二分的模式而應該依照天人合一的模式。

在西方美學史上，這種思維模式的轉變（從主客二分式到天人合一式）在 20 世紀出現了。

在這裡，海德格（Martin Heidegger, 1889～1976）是一個劃時代的人物。

海德格批評傳統的「主客二分」的思維模式（「主體—客體」的結構關係），提出一種「天人合一」的思維模式（「人—世界」的結構關係）。海德格認為，西方哲學傳統中的「主客二分」的模式就是把人與世界的關係看成是兩個現成的東西的彼此外在的關係，實際上人與世界的關係不是外在的關係，而是人融身於世界萬物之中，沉浸於世界萬物之中，世界由於人的「在此」而展示自己。人（海德格稱為「此在」）是「澄明」，世界萬物在「此」被照亮。[47] 沙特（Jean-Paul Sartre, 1905～1980）在《為什麼寫作？》中有一段話，可以幫助我們理解這種思維模式的轉變對於美的研究有多麼重大的影響：

我們的每一種感覺都伴隨著意識活動，即意識到人的存在是「起揭示作用的」，就是說由於人的存在，才「有」[萬物的] 存在，或者說人是萬物藉以顯示自己的手段；由於我們存在於世界之上，於是便產生了繁複的關係，是我們使這一棵樹與這一角天空發生關聯；多虧我們，這顆滅寂了幾千年的星，這一彎新月和這條陰沉的河流得以在一個統一的風景中顯示出來；是我們的汽車和我們的飛機的速度把地球的龐大體積組織起來；

註47　對海德格的這個思想我們在下一章還有詳細的論述。

我們每有所舉動，世界便被披示出一種新的面貌。……這個風景，如果我們棄之不顧，它就失去見證者，停滯在永恆的默默無聞狀態之中。至少它將停滯在那裡；沒有那麼瘋狂的人相信它將要消失。將要消失的是我們自己，而大地將停留在麻痺狀態中直到有另一個意識來喚醒它。**48**

從沙特這段話我們可以看到，海德格（以及沙特等人）的哲學是對傳統的「主客二分」的思維模式的超越。這一超越，對美學研究意義重大。從此，美的本質的研究，逐漸轉變為審美活動的研究。人們逐漸認識到，美是在審美活動中生成的，美感不是「主客二分」關係中的認識，而是「天人合一」關係中的體驗。

二、20 世紀 50 年代中國美學界關於美的本質的討論

在 20 世紀 50 年代和 60 年代，中國學術界曾有一場美學大討論，討論的中心問題就是「美是什麼」的問題，換個說法，就是「美是主觀的，還是客觀的」問題，再換個說法，就是「美在物還是在心」的問題。這個問題是從哲學領域的物質和精神誰是第一性的問題引到美學領域中來的。物質第一性還是精神第一性？是物質決定精神，還是精神決定物質？到了美學領域，這個問題就成了「美是主觀的還是客觀的」問題。「美是主觀的還是客觀的」問題，實質上就是美和美感誰是第一性的問題：是美決定美感，還是美感決定美？在當時參加討論的學者心目中，這個問題牽涉到唯物主義和唯心主義的鬥爭。參加這場討論的李澤厚當時有一段話可以作為這場討論的一個很好的概括：

註48　引自柳鳴九編《沙特研究》，第 2～3 頁，中國社會科學出版社，1981。

美學科學的哲學基本問題是認識論問題。**49**

我們和朱光潛的美學觀的爭論，過去是現在也仍然是集中在這個問題上：美在心還是在物？美是主觀的還是客觀的？是美感決定美呢還是美決定美感？**50**

在當時那場討論中，參加討論的學者主要有四種不同的觀點，或者說，主要分成四派。

（一）蔡儀：美是客觀的

一派是蔡儀的觀點。他主張美是客觀的，也就是認為自然物本身就有美。例如，一株梅花的美，美就在梅花本身，和人沒有關係。他說：「美在於客觀的現實事物，現實事物的美是美感的根源，**51** 也是藝術美的根源。」「物的形象是不依賴於鑑賞者的人而存在的，物的形象的美也是不依賴於鑑賞的人而存在的。」這是明確肯定美在物，美是客觀的。那麼，物的什麼特性使物成為美呢？**52** 蔡儀認為是物的典型性。他說：「美的本質就是事物的典型性，就是個別之中顯現著種類的一般。」**53** 後來他又對典型性作了進一步的說明：「就是以非常突出的現象充分的表現事物的本質，或者說，以非常鮮明生動的形象有力

註49　李澤厚：〈論美感、美和藝術——兼論朱光潛的唯心主義美學思想〉，見《美學論集》，第 2 頁，上海文藝出版社，1980。

註50　李澤厚：〈美的客觀性和社會性〉，見《美學論集》，第 52 頁，上海文藝出版社，1980。

註51　蔡儀：《新美學》，第 17 頁，群益出版社，1949。

註52　蔡儀：《唯心主義美學批判集》，第 56 頁，人民文學出版社，1958。

註53　蔡儀：《新美學》，第 68 頁，群益出版社，1949。

的表現事物的普遍性。」[54] 他說：「美的規律從根本上說就是典型的規律。」[55] 所以，蔡儀的美的理論可以概括為「美是典型」的理論。

（二）呂熒、高爾太：美是主觀的

一派是呂熒、高爾太等人的觀點。他們主張美是主觀的，美在心不在物。就美與美感的關係說，是美感決定美。梅花的美在於觀賞者，而不在梅花本身。呂熒說：「美是物在人主觀中的反映，是一種觀念。」[56] 高爾太說：「有沒有客觀的美呢？我的回答是否定的，客觀的美並不存在。」「美，只要人感受到它，它就存在，不被人感到，它就不存在。」[57] 他有幾段話，當時受到不少讀者的喜歡：

我們凝望著星星，星星是無言的，冷漠的，按照大自然的律令運動著，然而我們覺得星星美麗，因為它純潔，冷靜，深遠。一隻山鷹在天空盤旋，無非是想尋找一些吃食罷了，但是我們覺得它高傲、自由，「背負蒼天而莫之夭閼，扶搖而上者九萬里」……

實際上，純潔，冷靜，深遠，高傲，自由……等等，與星星，與老鷹無關，因為這是人的概念。星星和老鷹自身原始地存在著，無所謂冷靜，純潔，深遠，高傲，自由。它們是無情的，因為它們沒有意識，它們是自然。[58]

註54　蔡儀：〈馬克思究竟怎麼論美〉，見《中國當代美學論文選》（第三集）第 79 頁，四川社會科學院文學研究所編，重慶出版社，1984。

註55　蔡儀：《新美學》（改寫本），中國社會科學出版社，1998。

註56　呂熒：〈美學問題〉，《文藝報》1953年第 16、17 期。

註57　高爾太：〈論美〉，見《論美》，第 1、4 頁，甘肅人民出版社，1982。

註58　同上書，第 8 頁。

還有一段：

在明月之夜，靜聽著低沉的、彷彿被露水打濕了的秋蟲的合唱，我們同樣會回憶起逝去的童年，覺得這鳴聲真個「如怨，如慕，如泣，如訴」的。其實秋蟲夜鳴，無非是因為夜底涼爽給它們帶來了活動的方便罷了。當它們在草葉的庇蔭下興奮地磨擦著自己的翅膀的時候，是萬萬想不到自己的聲音，會被塗上一層悲愁的色彩的。[59]

高爾太也承認美感的產生要有一定的對象（物象）。但這個對象之所以成為美感的條件，是因為它被「人化」了。「對於那些遠離家園的人們，杜鵑的啼血往往帶有特別的魅力。『一叫一迴腸一斷』，『一聞一嘆一沾衣』。因為這種悲哀的聲音，帶著濃厚的人的色調。其所以帶著濃厚的人的色調，是因為它通過主體的心理感受（例如移情，或者自由聯想……）被人化了。如果不被人化，它不會感動聽者。」[60] 這個「人化」，根源在於主體的心理感受，在於主體的情趣。所以高爾太又說：「美底本質，就是自然之人化。」「在感覺過程中人化的對象是美的對象。」[61]

高爾太在論述他的觀點時強調美與美感的同一性。他說：「美與美感雖然體現在人物雙方，但是不可能把它們割裂開來。」[62]「美和美感，實際上是一個東西。」[63]「超美感的美是不存在的。」[64]「美產生於美感，

註59　同上書，第 9 頁。

註60　同上書，第 8 頁。

註61　高爾泰：〈論美〉，見《論美》，第 8 頁。

註62　同上書，第 4 頁。

註63　同上書，第 3 頁。

註64　同上書，第 4 頁。

產生以後，就立刻溶解在美感之中，擴大和豐富了美感。」[65] 在當時的討論中，由於高爾太的觀點被簡單地歸結為主張「美是主觀的」，也由於當時人們的理論眼光的局限，所以他的這些論述沒有引起人們的注意。其實這些論述中包含了某種合理的思想，是值得注意的。

（三）李澤厚：美是客觀性和社會性的統一

　　還有一派是李澤厚的觀點。他主張美是客觀性和社會性的統一。他認為蔡儀看到了美的客觀性而忽視了美的社會性，朱光潛看到了美的社會性而忽略了美的客觀性（朱光潛的觀點後面介紹），所以二人的觀點都是片面的，而他自己則把美的客觀性和社會性統一了起來。例如一株梅花，它的美就在於梅花本身，這是美的客觀性。但是梅花的美並不在梅花的自然性，而在於梅花的社會性。他認為梅花具有一種社會性。蔡儀批評說，沒有人的時候就有了月亮，月亮有什麼社會性？李澤厚回答說，月亮確實是在人出現之前就有了，但自從出現了人，月亮就納入了人類社會生活之中，所以月亮就客觀地具有了一種社會性。那麼，這種社會性究竟是什麼呢？李澤厚說：「所謂社會性，不僅是指美不能脫離人類社會而存在，而且還指美包含著日益開展著的豐富具體的無限存在，這存在就是社會發展的本質、規律和理想。」[66]

（四）朱光潛：美是主客觀的統一

　　還有一派是朱光潛的觀點。他主張美是主客觀的統一。他認為美

註65　同上書，第 3 頁。

註66　李澤厚：〈論美感、美的藝術——兼論朱光潛的唯心主義美學思想〉，見《美學論集》，第 30 頁，上海文藝出版社，1980。

既不全在物，也不全在心，而在於心物的關係上。如一株梅花，它本身只是美的條件，還必須加上觀賞者的情趣，成為梅花的形象，才成為美。在論證他的主張時，朱光潛提出「物」（「物甲」）和「物的形象」（「物乙」）的區分。他認為，美感的對象是「物的形象」而不是「物」本身。「物的形象」是「物」在人們既定的主觀條件（如意識形態、情趣等）的影響下反映於人的意識的結果。這「物的形象」就其為對象來說，它也可以叫做「物」，不過這個「物」（姑且簡稱為「物乙」）不同於原來產生形象的那個「物」（姑且簡稱為「物甲」）。他說：

> 物甲是自然物，物乙是自然物的客觀條件加上人的主觀條件的影響而產生的，所以已經不純是自然物，而是夾雜著人的主觀成份的物，換句話說，已經是社會的物了。美感的對象不是自然物而是作為物的形象的社會的物。美學所研究的也只是這個社會的物如何產生，具有什麼性質和價值，發生什麼作用；至於自然物（社會現像在未成為藝術形象時，也可以看作自然物）則是科學的對象。[67]

朱光潛在這裡明確指出，「美」（審美對象）不是「物」而是「物的形象」。這個「物的形象」，這個「物乙」，不同於物的「感覺印象」和「表象」。[68] 借用鄭板橋的概念，「物的形象」不是「眼中之竹」，而是「胸中之竹」，也就是朱光潛過去講的「意象」。朱光潛說：「『表象』是物的模樣的直接反映，而物的形象（藝術意義的）則

註67　朱光潛：〈美學怎樣才能既是唯物的又是辯證的〉，見《朱光潛美學文集》第三卷，第34～35頁，上海文藝出版社，1983。

註68　同上書，第71頁。

是根據『表象』來加工的結果。」「物本身的模樣是自然形態的東西。物的形象是『美』這一屬性的本體，是藝術形態的東西。」[69]

其實這是朱光潛自從寫《文藝心理學》、《論美》以來的一貫的觀點。參加那場討論的學者和朱光潛自己都把這一觀點概括為「美是主客觀的統一」的觀點。在我們看來，**如果更準確一點，這個觀點應該概括成為「美在意象」的觀點。**

由於朱光潛堅持了這一觀點，所以在 50 年代的美學大討論中，朱光潛解決了別人沒有解決的兩個理論問題。

第一，說明了藝術美和自然美的統一性。

在 50 年代的美學討論中，很多人所談的美的本質，都只限於所謂「現實美」（自然美），而不包括藝術美。例如，客觀派關於美的本質的主張，就不能包括藝術美。當時朱光潛就說，現實美和藝術美既然都是美，它們就應該有共同的本質才對，怎麼能成為兩個東西呢？他說：「有些美學家把美分成『自然美』、『社會美』和『藝術美』三種，這很容易使人誤會本質上美有三種，彼此可以分割開來。實際上這三種對象既都叫做美，就應有一個共同的特質。美之所以為美，就在這共同的特質上面。」[70] 但是，朱光潛的質疑沒有引起人們的重視。其實朱光潛這麼發問是有原因的。因為在朱光潛那裡，自然美和藝術美在本質上是統一的：都是情景的契合，都離不開人的創造。所以他認為，自然美可以看作是藝術美的雛形。他說：「我認為任何自然形態的東西，包括未經認識與體會的藝術品在內，都還沒有美學意義的美。」[71] 這就是說，鄭板橋的「眼

註69　同上。

註70　朱光潛：〈論美是客觀與主觀的統一〉，見《朱光潛美學文集》第三卷，第 74 頁。

註71　同上。

中之竹」還不是自然美，鄭板橋的「胸中之竹」才是自然美，而鄭板橋的「手中之竹」則是藝術美。從「胸中之竹」到「手中之竹」當然仍是一個創造的過程，但它們都是審美意象，在本質上具有同一性。所以朱光潛說：「我對於藝術美和自然美的統一的看法，是從主客觀統一，美必是意識形態這個大前提推演出來的。」[72]

第二，對美的社會性做了合理的解釋。

前面說過，在當時的美學討論中，蔡儀主張美就在自然物本身，而李澤厚則主張美是客觀性和社會性的統一，他認為美在於物的社會性，但這種社會性是物客觀地具有的，與審美主體無關。在討論中，很多人認為，否認美的社會性，在理論上固然會碰到不可克服的困難，把美的社會性歸之於自然物本身，同樣也會在理論上碰到不可克服的困難。朱光潛反對蔡儀和李澤厚的這兩種觀點。他堅持認為美具有社會性，一再指出：「時代、民族、社會形態、階級以及文化修養的差別不大能影響一個人對於『花是紅的』的認識，卻很能影響一個人對於『花是美的』的認識。」[73]與此同時，他又指出，美的社會性不在自然物本身，而在於審美主體。他批評主張美的社會性在自然物本身的學者說：「他剝奪了美的主觀性，也就剝奪了美的社會性。」[74]

朱光潛在美的社會性問題上的觀點，應該說是比較合理的。美（審美意象）當然具有社會性，換句話說，美（審美意象）受歷史

註72　朱光潛：〈「見物不見人」的美學〉，同上書，第114頁。

註73　朱光潛：〈美學怎樣才能既是唯物的又是辯證的〉，見《朱光潛美學文集》第三卷，第35頁。

註74　朱光潛：〈美學怎樣才能既是唯物的又是辯證的〉，見《朱光潛美學文集》第三卷，第35頁。

的、社會文化環境的製約。中國人欣賞梅花、蘭花，從中感受到豐富的意蘊。而西方人對梅花、蘭花可能不像中國人這麼欣賞，至少不能像中國人感受到這麼豐富的意蘊。梅花、蘭花的意蘊從何而來？如果說梅花、蘭花本身俱有這種意蘊（社會性），為什麼西方人感受不到這種意蘊？梅花、蘭花的意蘊是在審美活動中產生的，是和作為審美主體的中國人的審美意識分不開的。

在 50 年代的討論中，有一種很普遍的心理，就是認為只要承認美和審美主體有關，就會陷入唯心論。朱光潛把這種心理稱之為「對於『主觀』的恐懼」。這種心理有一部分是出於誤解。我們說美（審美意象）是在審美活動中產生的，不能離開審美主體的審美意識，這並不是說「美」純粹是主觀的，或者說「美」的意蘊純粹是主觀的。因為審美主體的審美意識是由社會存在決定的，是受歷史傳統、社會環境、文化教養、人生經歷等等因素的影響而形成的。所以這並沒有違反歷史唯物主義。撇開審美主體，單從自然物本身來講美的社會性，只能是墮入五里霧中，越講越糊塗。

20 世紀 50 年代這場討論很熱鬧，當時《人民日報》、《光明日報》這樣的大報都以整版整版的篇幅發表美學討論文章。因為這場討論是從批判朱光潛的美學觀點開始的，所以當時贊同朱光潛觀點的人並不多。呂熒、高爾太的觀點被看作是唯心論，贊同的人也不多。蔡儀主張美是客觀的，大家承認他是唯物論，但是又覺得他的理論很難解釋實際生活中的審美現象，所以贊同他的觀點的人也不多。比較起來，大家覺得李澤厚的觀點最全面，既承認客觀性，又承認社會性，所以贊同他的觀點的人最多。到了 60 年代，周恩來總理請周揚負責組織編寫一批大學文科教材，周揚請王朝聞擔任《美學概論》教材的主編，王朝聞把參

加美學討論的一批比較年輕的學者都調到了教材編寫組。這本教材在美的本質的問題上就採用了李澤厚的觀點。因為發生文化大革命，這本教材當時未能出版。一直到文化大革命結束，80年代初才出版。這本教材出版後，李澤厚的觀點在學術界的影響就更大了。

20世紀80年代，中國進入改革開放的新的歷史時期，整個社會掀起一場「文化熱」。這場「文化熱」，也包含有「美學熱」，相對於20世紀50年代的美學大討論那次「美學熱」，可以稱為第二次「美學熱」。一些人開始繼續關注美的本質問題。20世紀50年代討論中的一些有名人物這時也紛紛發表文章，進一步闡述、完善、發展自己的觀點。其中影響最大的還是李澤厚。

在20世紀50年代的討論中，李澤厚是明確主張美的客觀性的。他認為，朱光潛主張的美是主客觀統一的觀點，是「徹頭徹尾的主觀唯心主義」[75]，是「近代主觀唯心主義的標準格式——馬赫的『感覺複合』、『原則同格』之類的老把戲，而這套把戲的本質和歸宿就仍然只能是主觀唯心主義」[76]。他斬釘截鐵地說：「不在心，就在物，不在物，就在心，美是主觀的便不是客觀的，是客觀的就不是主觀的，這裡沒有中間的路，這裡不能有任何的妥協、動搖，或『折中調和』，任何中間的路或動搖調和必然導致唯心主義。」[77]

對於李澤厚的這種批評，朱光潛當時就說，是「對主觀存在著迷信式的畏懼，把客觀絕對化起來，作一些老鼠鑽牛角式的煩瑣的推

註75　李澤厚：〈論美感、美和藝術——兼論朱光潛的唯心主義美學思想〉，見《美學問題討論集》第二集，第226頁，作家出版社，1957。

註76　李澤厚：〈論美感、美和藝術——兼論朱光潛的唯心主義美學思想〉，同上書，第227頁。

註77　同上。

論」，從而把美學研究引進了「死胡同」。**78**

　　20 世紀 80 年代以後，李澤厚也感到了當時這些絕對化的說法有些不妥。但他並沒有放棄而是繼續堅持他當時的觀點，不過做了更精緻的論證，同時，在表達上作了一些修正。最大的修正是他承認審美對象離不開審美主體，承認作為審美對象的美「是主觀意識、情感和客觀對象的統一」**79**。這不是回到朱光潛的「美是主客觀的統一」的立場了嗎？不。李澤厚說，「美」這個詞有三層意義，第一層意義是審美對象，第二層意義是審美性質（素質），第三層意義是美的本質、美的根源。李澤厚認為，「爭論美是主觀的還是客觀的，就是在也只能在第三個層次上進行，而並不是在第一層次和第二層次的意義上。因為所謂美是主觀的還是客觀的，並不是指一個具體的審美對象，也不是指一般的審美性質，而是指一種哲學探討，即研究『美』從根本上到底是如何來的？是心靈創造的？上帝給予的？生理發生的？還是別有來由？所以它研究的是美的根源、本質，而不是研究美的現象，不是研究某個審美對象為什麼會使你感到美或審美性質到底有哪些，等等。只有從美的根源，而不是從審美對象或審美性質來規定或探究美的本質，才是『美是什麼』作為哲學問題的真正提出」。**80**

　　對於這所謂的第三個層次的美的本質或美的根源，李澤厚自己的回答是「自然的人化」。人通過製造工具和使用工具的物質實踐，改造了

註78　朱光潛：〈論美是客觀與主觀的統一〉，《朱光潛美學文集》第三卷，第 66 頁，上海文藝出版社。1983。

註79　李澤厚：《美學四講》，第 62 頁，三聯書店，1989。

註80　李澤厚：《美學四講》，第 61 頁，三聯書店，1989。

自然，獲得了自由。這種自由是真與善的統一，合規律性與合目的性的統一。自由的形式就是美。在李澤厚看來，這也就是他 50 年代提出的「美是客觀性與社會性的統一」的觀點，所以他的觀點是前後一致的。

李澤厚的三層次說，在理論上和邏輯上都存在著許多問題。

首先，美（或審美活動）的「最後根源」或「前提條件」和美（或審美活動）的本質雖有聯繫，但並不是一個概念。人使用工具從事生產實踐活動，創造了社會生活的物質基礎。這是人類一切精神活動得以產生和存在的根本前提，當然也是審美活動得以產生和存在的根本前提。這是沒有疑問的。但是不能因此就把人類的一切精神活動歸結為物質生產活動。僅僅抓住物質生產實踐活動，僅僅抓住所謂「自然的人化」，不但說不清楚審美活動的本質，而且也說不清楚審美活動的歷史發生。[81] 李澤厚後來把自己的觀點稱之為「人類學本體論美學」。其實，他說的「自然的人化」最多只能說是「人類學」，離開美學領域還有很遠的距離。

其次，脫離活生生的現實的審美活動，脫離所謂「美的現象層」，去尋求所謂「美的普遍必然性本質」，尋求所謂「美本身」，其結果找到的只能是柏拉圖式的美的理念。這一點其實朱光潛在 50 年代的討論中就早已指出了。

到了 20 世紀 80 年代後期和 90 年代，學術界開始重新審視 50 年代的這場美學大討論。大家發現，那場討論存在著許多問題。最大的問題是那場討論有一個前提，就是把美學問題納入認識論的框框，用主客二分的思維模式來分析審美活動，同時把哲學領域的唯物論唯心論的鬥爭搬到美學領域，結果造成了理論上的混亂。

註81　可參看葉朗主編：《現代美學體系》，第八章〈審美發生〉，北京大學出版社，1988。

通過反思，很多學者試圖跳出那個主客二分的認識論的框框。他們試圖對「美是什麼」的問題提供一種新的回答。當然，在 90 年代也仍然有一些人繼續在主客二分的模式中來討論美的問題，並提出了他們自己的看法。

在反思過程中，學術界很多人把注意力轉向中國傳統美學和西方現當代美學的研究。大家發現，中國傳統美學在美學的基本理論問題上有很深刻的思想，這些思想與西方現當代美學中的一些思想（如現象學）有著相通的地方。**把中國傳統美學中這些思想加以展示並加以重新闡釋，將會啟示我們在美學理論上開闢出一個新天地，進入一個新的境界。**

三、不存在一種實體化的、外在於人的「美」

中國傳統美學在「美」的問題上的一個重要的觀點就是：不存在一種實體化的、外在於人的「美」，「美」離不開人的審美活動。

唐代思想家柳宗元有一個十分重要的命題：

> 夫美不自美，因人而彰。蘭亭也，不遭右軍，則清湍修竹，蕪沒於空山矣。**82**

柳宗元這段話提出了一個思想，這就是，自然景物（「清湍修竹」）要成為審美對象，要成為「美」，必須要有人的審美活動，必須要有人的意識去「發現」它，去「喚醒」它，去「照亮」它，

註82　柳宗元：〈邕州柳中丞作馬退山茅亭記〉。

使它從實在物變成「意象」（一個完整的、有意蘊的感性世界）。「彰」，就是發現，就是喚醒，就是照亮。外物是不依賴於欣賞者而存在的。但美並不在外物（自在之物）。或者說，外物並不能單靠了它們自己就成為美的（「美不自美」）。美離不開人的審美體驗。一個客體的價值正在於它以它感性存在的特有形式呼喚並在某種程度上引導了主體的審美體驗。這種體驗，是一種創造，也是一種溝通，就是後來王陽明說的「我的心靈」與「天地萬物」的欣合和暢、一氣流通，也就是後來王夫之說的「吾心」與「大化」的「相值而相取」。

我們在前面引過沙特的一段話，沙特那段話的意思和柳宗元的命題極為相似。沙特說，世界萬物只是因為有人的存在，有人的見證，有人的喚醒，才顯示為一個統一的風景，因為有了人，「這顆滅寂了幾千年的星，這一彎新月和這條陰沉的河流得以在一個統一的風景中顯示出來」，這就是柳宗元說的「美不自美，因人而彰」。沙特又說，「這個風景，如果我們棄之不顧，它就失去了見證者，停滯在永恆的默默無聞狀態之中」，這也就是柳宗元說的，「蘭亭也，不遭右軍，則清湍修竹，蕪沒於空山矣」。

對於柳宗元的這個命題，我們可以從以下幾個層面來理解：

1.美不是天生自在的，美離不開觀賞者，而任何觀賞都帶有創造性。

一般人之所以容易接受美是客觀的觀點，其中一個原因是他們看到物是客觀的，因此他們覺得物的美當然也是客觀的。這座山是客觀的，那麼這座山的美當然也是客觀的。這棵樹是客觀的，那麼這棵樹的美當然也是客觀的。這裡的錯誤是在於把「象」與「物」混淆起來了。中國古代思想家把「象」與「物」加以區別。在審美活動中，我

們所面對的不是「物」，而是「象」。「象」，西方藝術家喜歡稱之為「形式」，中國古代藝術家則常常稱之為「物色」或「景色」。在審美活動中，「物」的有用性以及它的自然科學屬性是不被注意的。審美觀賞者注意的是「象」。在審美觀賞者面前，「象」浮現出來了。「象」不等於「物」。一座山，它作為「物」（物質實在），相對來說是不變的，但是在不同的時候和不同的人面前，它的「象」卻在變化。「象」不能離開觀賞者。「物」是實在的世界，「象」是知覺的世界。竹子是「物」，眼中之竹則是「象」。「象」是「物」向人的知覺的顯現，也是人對「物」的形式和意蘊的揭示。當人把自己的生命存在灌注到實在中去時，實在就有可能昇華為非實在的形式——象。這種非實在的形式是不能離開人的意識的。所以席勒（Egon Schiele, 1890～1918）說：

事物的實在是事物的作品，事物的顯現是人的作品。一個以顯現為快樂的人，不再以他感受的事物為快樂，而是以他所產生的事物為快樂。[83]

席勒的話就是說，「物」（事物的物理實在）是客觀的，而「象」（事物的顯現）是不能離開觀賞者的，**它包含有人的創造（「他所產生的」）**。這正是朱光潛一貫強調的觀點。朱光潛談美，總是一再強調指出，把美看作天生自在的物，乃是一種常識的錯誤。他指出，「象」不能離開「見」的活動，有「見」的活動，「象」才呈現出來，所以美的觀賞都帶有幾分創造性。他說：

註83　席勒：《審美教育書簡》，第二十六封信。這裡採用徐恒醇在《美育書簡》（中國文聯出版社，1984）中的譯文。文中「顯現」一詞或譯為「外觀」。

「見」為「見者」的主動，不純粹是被動的接收。所見對象本為生糙零亂的材料，經「見」才具有它的特殊形象，所以「見」都含有創造性。比如天上的北斗星本為七個錯亂的光點，和它們鄰近星都是一樣，但是現於見者心中的則為像鬥的一個完整的形象。這形象是「見」的活動所賜予那七顆亂點的。仔細分析，凡所見物的形象都有幾分是「見」所創造的。**84**

　　美不能離開觀賞者，美是發現，是照亮，是創造，是生成。**「彰」就是生成。這是「美不自美，因人而彰」的第一層意思。**

　　2.美並不是對任何人都是一樣的。同一外物在不同人面前顯示為不同的景象，具有不同的意蘊。

　　一般人之所以容易接受美是客觀的觀點，還有一個原因，就是按照他們的常識，美（例如風景）對任何人都是一樣的，是不會變化的。其實這種常識也是片面的。泰山的日出，它作為「物」（物理實在），對每個觀賞者都是相同的，但是，不同的觀賞者，老人與小孩，詩人與音樂家，油畫家與中國畫畫家，他們所看到的泰山日出的景象，往往很不相同。所以赫拉克利特（Heraclitus, 530 ~ 470 B.C.）說：「太陽每天都是新的。」費爾巴哈（Paul Johann Anselm von Feuerbach, 1775 ~ 1833）說：「每個行星都有自己的太陽。」卡西勒（一譯卡西爾。Ernst Cassirer, 1874 ~ 1945）說：「如果我們說，兩個畫家在畫『相同的』景色，那就是在非常不適當地描述我們的審美經驗。從藝術的觀點來看，這樣一種假定的相同性完全是由錯覺產生的。」**85**

註84　朱光潛：《詩論》，見《朱光潛美學文集》第二卷，第 53 頁，上海文藝出版社，1982。
註85　卡西勒：《人論》，第184頁，上海譯文出版社，1985。

例如，像山、水、花、鳥這些人們在審美活動中常常遇到的審美對象，從表面看對任何人都是一樣的，是一成不變的，其實並不是如此。梁啟超舉過例子：

「月上柳梢頭，人約黃昏後」，與「杜宇聲聲不忍聞，欲黃昏，雨打梨花深閉門」，同一黃昏也，而一為歡愉，一為愁慘，其境絕異。「桃花流水杳然去，別有天地非人間」，與「人面不知何處去，桃花依舊笑春風」，同一桃花也，而一為清淨，一為愛戀，其境絕異。「舳艫千里，旌旗蔽空，釃酒臨江，橫槊賦詩」與「潯陽江頭夜送客，楓葉荻花秋瑟瑟，主人下馬客在船，舉酒欲飲無管弦」，同一江也，同一舟也，同一酒也，而一為雄壯，一為冷落，其境絕異。[86]

朱光潛也以遠山為例，說明風景是各人的性格和情趣的反照。他說：

以「景」為天生自在，俯拾即得，對於人人都是一成不變的，這是常識的錯誤。阿米爾（Henri Frédéric Amiel, 1821～1881）說得好：「一片自然風景就是一種心情。」景是各人性格和情趣的反照。情趣不同則景象雖似同而實不同。比如陶潛在「悠然見南山」時，杜甫在見到「造化鐘神秀，陰陽割昏曉」時，李白在覺得「相看兩不厭，惟有敬亭山」時，辛棄疾在想到「我見青山多嫵媚，料青山見我應如是」時，姜夔在見到「數峰清苦，商略黃昏雨」時，都見到山的美。在表面上意象（景）雖似都是山，在實際上卻因所貫注的情趣不同，各是一種境界。我們可以說，每人所見

註86　梁啟超：《飲冰室文集》第二冊《自由書·惟心》。

到的世界都是他自己所創造的。物的意蘊深淺與人的性分情趣深淺成正比例，深人所見於物者亦深，淺人所見於物者亦淺。詩人與常人的分別就在此。同是一個世界，對於詩人常呈現新鮮有趣的境界，對於常人則永遠是那麼一個平凡乏味的混亂體。[87]

李大釗論壯美的趣味

人類在歷史上的生活，正如旅行一樣。旅途上的徵人所經過的地方，有時是坦蕩平原，有時是崎嶇險路。老於旅途的人，走到平坦的地方，固是高高興興地向前走，走到崎嶇的境界，愈是奇趣橫生，覺得至此奇絕壯絕的境界，愈能得一種冒險的樂趣。

中華民族現在所逢的史路，是一段崎嶇險阻的道路。至這一段道路上實在亦有一種奇絕壯絕的景緻，使我們經過此段道路的人，感到一種壯美的趣味。但這種壯美的趣味，是非有雄健的精神，不能夠感覺到的。

我們的揚子江黃河，可以代表我們的民族精神，揚子江黃河遇見沙漠遇見山峽都是浩浩蕩盪地往前流過去，以成其濁流滾滾、一瀉萬里的魄勢。目前的艱難境界，哪能阻抑我們民族生命的前進？我們應該拿出雄健的精神，高唱著進行的曲調，在這悲壯歌聲中，走過這崎嶇險阻的道路。要知道在艱難的國運中建造國家，亦是人生最有樂趣的事。[88]

註87 朱光潛：《詩論》，見《朱光潛美學文集》第二卷，第55頁，上海文藝出版社，1982。

註88 李大釗：〈艱難的國運與雄健的國民〉，見《李大釗詩文選集》，第132頁，人民文學出版社，1959。

朱光潛所說的「性格情趣」，其實包含了時代、民族、階級、文化教養、胸襟、趣味、格調、心境等多種因素。在審美活動中，這種種因素都會影響觀賞者（審美主體）所看到（聽到）的美的景象。金聖嘆在評論杜甫的〈望嶽〉（「造化鐘神秀，陰陽割昏曉」）時說：「從來大境界非大胸襟未易領略。」李大釗也曾經說，中華民族的崎嶇險阻的歷史道路，有一種奇絕壯絕的景緻，使經過這段道路的人，感到一種壯美的趣味，但是，「這種壯美的趣味，是非有雄健的精神的，不能夠感覺到的」。

　　人們欣賞藝術作品，這種情況也很明顯。同樣是讀陶淵明的詩，同樣是讀《紅樓夢》，同樣是看梵谷的畫，同樣是聽貝多芬的交響樂，不同文化教養的人，不同格調和趣味的人，以及在欣賞作品時心境不同的人，他們從作品中體驗到的美是不一樣的。

　　不同的人，在同樣的事物面前，他們會看到不同的景象，感受到不同的意蘊，這是「美不自美，因人而彰」的第二層含義。

　　3.美帶有歷史性。在不同的歷史時代，在不同的民族，在不同的階級，美一方面有共同性，另一方面又有差異性。

　　剛才我們提到不同文化教養的人，不同格調和趣味的人，不同心境的人，在同樣的事物面前會產生不同的美感，如果再擴大一點，不同時代的人，不同民族的人，不同階級的人，美感的差異更大。很多人往往只看到美感的普遍性、共同性，並從美感的普遍性、共同性推出美的客觀性。其實，只要把我們觀察的範圍擴大一點，我們就可以看到，美感不僅有普遍性、共同性，而且有特殊性、差異性。這方面的例子成千上萬。我們可以舉出幾個來看。

　　今天，人人都認為花卉是美的，所以在公共場所要建設花壇，到

人家家裡做客都要帶一束鮮花。但是花卉並不是從來就是美的。原始狩獵社會的人，他們生活在花卉很茂盛的地區，卻寧願用動物的骨頭、牙齒作為自己身上的裝飾，而從不用花卉作為裝飾。格羅塞在《藝術的起源》一書中舉了大量的例子，並且說：「從動物裝潢變遷到植物裝潢，實在是文化史上一種重要進步的象徵——就是從狩獵變遷到農耕的象徵。」**89** 這說明，我們今天的人與原始狩獵社會的人存在著美感的差異。

也是在今天，一般人都認為一個人長得太胖是不美的，所以很多人都在想辦法「減肥」，市場上也出現了形形色色的「減肥藥」。但是大家知道，在歷史上，無論中國或外國，都有某個時期，在那個時期的人們的觀念中，肥胖是美的。在歐洲的文藝復興時代，人們認為豐腴的、富態的女人才是美的。魯本斯（Peter Paul Rubens, 1577 ~ 1640）畫的美惠三女神就是當時人觀念中的美的典範。**90** 在唐代，人們也認為豐腴的、富態的女人才是美的。大家都知道「環肥燕瘦」的成語。「燕」是漢代美人趙飛燕（漢成帝的皇后）。相傳她可以在宮女托起的一個水晶盤中跳舞，可見她身體輕盈，也可見當時的風尚是以瘦為美。「環」就是有名的楊貴妃（楊玉環），她「肌態豐艷」**91**，得到唐玄宗的寵愛。宋代郭若虛說：「唐開元、天寶之間，承平日久,世尚輕肥。」**92** 說明開元、天寶之時以肥為美是一種時代的風尚。從唐代

註89　格羅塞（Ernst Grosse, 1862 ~ 1927）：《藝術的起源》（*Die Anfänge der Kunst*, 1894），第116頁，商務印書館，1984。

註90　我們在第三章還會談到文藝復興時期的人體美的觀念。

註91　《通鑒記事本末》卷三一。

註92　郭若虛：《圖畫見聞志》卷五。

周昉 《簪花仕女圖》

畫家張萱、周昉畫的仕女畫,我們可以看到這種風尚。張萱的《虢國夫人游春圖》,畫楊貴妃的姐姐虢國夫人、韓國夫人、秦國夫人一行七人遊春的情景,畫上的人物都表現一種豐頰肥體之美。周昉的《簪花仕女圖》、《貴妃出浴圖》,畫上的宮廷婦女和楊貴妃也都表現一種豐肥之美。北宋繪畫理論家董逌說:「昔韓公言,曲眉豐頰,便知唐人所尚以豐肥為美。昉於此,知時所好而圖之矣。」[93]董逌的話就是說,周昉的畫以豐肥為美,是表現了唐人的時尚。以上文藝復興時代和唐代都是歷史上的狀況,說明時代不同,人們的美感會有差異。在當代,世界上也還有些地方仍然以肥為美。例如,美國《基督教科學箴言報》(*The Christian Science Monitor*)報導說,毛利塔尼亞的傳統觀念就是以肥為美。那裡的人認為,身材瘦小的婦女意味著家境貧寒,而體態豐滿的妻子和女兒是男人擁有財富的象徵。因此那裡流傳一種「填餵」的傳統,即把甜牛奶和粟米粥硬灌入女孩子的胃裡,以便使女孩子發胖。結果很多婦女由於肥胖而帶來各種疾病。[94]這個例子說明,地區不同,文化不同,人們的美感會有差異。

註93 董逌(ㄧㄡ):《廣川畫跋》卷六,〈書伯時藏周畫〉。

註94 美國《基督教科學箴言報》,2006 年 7 月 11 日報導。譯文載《參考消息》,2006 年 7 月 13 日。

歌川國芳畫的操刀鬼曹正（此圖原載吉爾伯特《文身的歷史》，百花文藝出版社）

我們還看到，一些處於比較原始的發展階段的民族，有的以脖子長為美，所以拼命把脖子拉長，有的以嘴唇寬大為美，所以在嘴巴中塞進一個大盤子。但是對我們來說，這些都不美。原始民族喜歡文身。新石器時代的農夫在臉上畫著藍色三齒魚叉的圖案。古代埃及的女歌手、舞蹈演員和妓女都要文身。1769年庫克船長（Captain James Cook, 1728～1779）在日記中報告說，塔希提島（Tahiti,即大溪地）上的男男女女身上都有文身。紐西蘭的毛利人有複雜的文身風格。[95] 文身很痛苦，但是他們願意忍受，因為他們覺得文身很美。

這種文身的習慣一直延續下來，但往往只局限在某些社會階層。例如我們在《水滸傳》中看到，宋代社會的一些練武的青年很喜歡文身，以此為美。如「九紋龍」史進，「從小不務農業，只愛刺槍使棒」，把母親氣死，他父親只得隨他性子，花錢請師傅教他武藝，又請高手匠人，與他刺了一身花繡，肩臂胸膛共有九條龍，所以被人稱做九紋龍。又如「浪子」燕青，小說寫他「一身雪練也似白肉」，盧俊義叫一個高手匠人給他刺了一身遍體花繡，有如「玉亭柱上鋪著軟翠」。

註95　戴安娜・阿克曼（Diane Ackerman, 1948～）：《感覺的自然史》（*A Natural History of the Senses*, 1990），第106頁，花城出版社，2007。

後來燕青到京城去見名妓李師師，李師師提出要看他的文繡，燕青幾次推脫，李師師堅持要看，燕青只得脫了衣服讓她看，李師師看了大喜，忍不住用手去撫摩燕青的文繡。這說明在當時社會上，某些社會階層的人認為文身是很美的。據說 18 世紀中期《水滸傳》的日文譯本出版，對日本某些社會階層中文身的流行起了刺激作用。有一位名叫歌川國芳（Utagawa Kuniyoshi, 1798～1861）的畫家為《水滸》一百零八將每人畫了一幅畫像，對小說描繪的文身作了新的闡釋，受到他的同時代人的極大歡迎。**96** 不過我們看到他畫的這些《水滸》人物，都已是日本武士的形象了。據美國兩位學者調查和研究，在美國，20 世紀 40 年代文身者主要是軍人，第二次世界大戰後，文身成為「邊緣群體」（如遊藝團和馬戲團的工作人員、飛車黨、前罪犯）的標記。**97** 到了今天，也還有一些人（包括一些青年人）迷戀文身，當然仍然有很多人不欣賞文身，他們認為，「在某種意義上，那些在臉上、手上和頭上刺花的人永遠地把自己從正常的社會中遮掩住了」。**98** 這些都說明美感存在著時代的差異和文化的差異。

再以服裝來說，時代的差異更加明顯。古代人的服裝，特別是上層貴族的服裝，往往十分繁縟和拘束。越到現代，服裝越是趨於簡潔、明快、隨便。這也說明美的時代性。

註96　史蒂夫·吉伯特（Steve Gilbert）編著：《文身的歷史》（*Tattoo History: a Source Book*），第109～111頁，百花文藝出版社，2006。史蒂夫·吉伯特編的這本書搜集了世界各地紋身的資料，極為豐富。

註97　美國《華盛頓時報》2006 年 2 月 7 日報導。譯文載《參考消息》2007 年 2 月 11 日。

註98　戴安娜·阿克曼：《感覺的自然史》，第107頁。花城出版社，2007。

不同時代的人，他們的美感有共同性的一面（這種共同性可以從人類社會生活的共同性和社會文化的延續性得到說明），又有差異性的一面[99]，這是「美不自美，因人而彰」的第三層含義。

布歇（François Boucher, 1703 ~ 1770） 《蓬巴杜夫人》 從中可以看到古代貴族婦女服裝的華麗和繁縟

　　現在我們把前面說的總結一下。柳宗元「美不自美，因人而彰」的命題，我們可以從三個層面來理解：

　　第一，美不是天生自在的，美離不開觀賞者，而任何觀賞都帶有創造性。

　　第二，美並不是對任何人都是一樣的。同一外物在不同人的面前顯示為不同的景象，生成不同的意蘊。

　　第三，美帶有歷史性。在不同的歷史時代，在不同的民族，在不同的階級，美一方面有共同性，另一方面又有差異性。

　　把這三個層面綜合起來，我們可以對「美不自美，因人而彰」這個命題的內涵得到一個認識，那就是：不存在一種實體化的、外在於人的「美」，「美」離不開人的審美活動。

註99　關於這個問題，可參看本書第三章，那裡對這個問題有比較詳細的論述。

四、不存在一種實體化的、純粹主觀的「美」

中國傳統美學在「美」的問題上的又一個重要的觀點是：不存在一種實體化的、純粹主觀的「美」。

「美」的主觀性的問題，涉及對「自我」的看法問題。上一節說，在中國傳統美學看來，「美」是對物的實體性的超越。這是一方面。另一方面，在中國傳統美學看來，「美」又是對實體性的自我的超越。

在西方哲學史上，康德已指出自我並不是實體，他指出，笛卡兒（René Descartes, 1596～1650）把進行認識的主體——自我——當作和被認識的對象一樣是實體性的東西，那是錯誤的。只有把自我看作非實體性的東西，自我才是自由的。但康德並未完全克服自我的二元性和超驗性，他主張自我是超驗的，也是不可知的「物自身」，它與作為客體的不可知的「物自身」交互作用而產生經驗、知識。**100** 在這個問題上，中國禪宗在克服主客二元對立和自我的超驗性方面似乎更有啟發。

這裡的關鍵是慧能（南宗禪）對實體性的心的本體的消解。

本來在神秀（北宗禪）那裡，還存在著一個實體性的心的本體。神秀的偈子：「身是菩提樹，心如明鏡台，時時勤拂拭，

服裝的演變：
越來越趨向於
簡潔、明快

註100　張世英：《哲學導論》，第 90～91 頁，北京大學出版社，2002。

勿使惹塵埃。」很明顯有一個心的實體。而慧能的偈子:「菩提本無樹,明鏡亦無台,佛性常清淨,何處有塵埃?」**101** 就是要消解神秀這個寂靜的實體性的心。神秀這個心,儘管他要求對它時時拂拭,使之保持寂靜,但它仍然是一種實體的存在,亦即我們日常生活中的「自我」(主體)。**這種「自我」是與他人、他物對立的,是實體化、對象化的。**

慧能要超越這種主客二分關係中的「自我」,而達到「真我」的境界。慧能強調「心物不二」。慧能所說的「心」指的是人們當下念念不斷的現實的心。這種當下現實之心不是實體,不是對象,因此是「無心」、「無念」。這種無心之心、無念之念本身是無從把握的,只有通過在此心此念上顯現的宇宙萬物而呈現。正因為如此,慧能又消除了北宗禪對現象世界的單純的否定。唐代青原惟信禪師有一段話:「老僧三十年前未參禪時,見山是山,見水是水。及至後來,親見知識,有個入處,見山不是山,見水不是水。而今得個休歇處,依前見山只是山,見水只是水。」**102** 第一階段,「見山是山,見水是水」,這是主客二分關係中「自我」對外物的單純的肯定。主客二分關係中的「自我」,不僅實體化了自己,而且實體化了客體,因而總是把世界上的事物與事物之間的關係看成是彼此外在、相互對立的,所以山就是山,水就是水。第二階段,「見山不是山,見水不是水」,這是把實體性的「自我」進

註101 《六祖壇經》(敦煌本)。敦煌本《壇經》所記慧能的偈子有兩首,另一首為:「身是菩提樹,心為明鏡台。明鏡本清淨,何處染塵埃。」(敦煌本原文為「心是菩提樹,身為明鏡台」,陳寅恪認為「身」、「心」二字當易位,見《金明館叢稿二編》,第166~171頁。上海古籍出版社,1980。) 從惠昕本《壇經》開始,慧能第一首偈子的文字改變為:「菩提本無樹,明鏡亦非台,本來無一物,何處惹塵埃?」

註102 普濟:《五燈會元》下冊(卷十七),第1135頁,中華書局,1984。

一步絕對化，只有「自我」是真實的，「自我」之外一切都不存在，所以山不是山，水不是水。這是主客二分關係中「自我」對外物的單純否定。到了第三階段，「依前見山只是山，見水只是水」，這是超越了主客二分的關係，超越了「自我」。在這個境界中，人們才能真正見到事物（世界）的本來面目，見到萬物皆如其本然，**這種事物的本來面目就是在非實體的「心」（「空」、「無」）上面剎那間顯現的樣子。這是剎那的真實。這是「心物不二」。**所以馬祖道一說：「凡所見色，皆是見心，心不自心，因色故有。」[103]

張世英評論禪宗的這種超越「自我」的思想說：「只有這種非實體性、非二元性、非超驗的『真我』，才不至於像主客二分中的日常『自我』那樣執著於我，執著於此而非彼，才不至於把我與他人、他物對立起來，把此一事物與彼一事物對立起來，從而見到『萬物皆如其本然』。」[104]

「萬物皆如其本然」，萬物的本來面目就在這個非實體性的「心」上顯現、敞亮。反過來說，「心」的存在，就在於它顯現了萬物的本來面目。這就是馬祖道一說的：「凡所見色，皆是見心，心不自心，因色故有。」

唐代畫家張璪有八個字：「外師造化，中得心源。」這八個字成為中國繪畫美學的綱領性的命題。「造化」即生生不息的萬物一體的世界，亦即中國美學說的「自然」。「心源」是說「心」為照亮萬法之源。這個「心」，就是禪宗的非實體性的、生動活潑的「心」。這

註103 普濟：《五燈會元》上冊（卷三），第128頁，中華書局，1984。
註104 張世英：《哲學導論》，第95頁，北京大學出版社，2002。

個「心」，不是「自我」，而是「真我」，是「空」、「無」。萬法（世界萬物）就在這個「心」上映照、顯現、敞亮。所以清代戴醇士說：「畫以造化為師，何謂造化，吾心即造化耳。」[105] 所以宗白華說：「一切美的光是來自心靈的源泉：沒有心靈的映射，是無所謂美的。」[106] 又說：「中國宋元山水畫是最寫實的作品，而同時是最空靈的精神表現，心靈與自然完全合一。」[107] 又說：宋元山水畫「是世界最心靈化的藝術，而同時是自然的本身」。[108] 這些話都說明，在深受禪宗影響的中國美學中，「心」是照亮美的光之「源」，這個「心」不是實體性的，而是最空靈的，正是在這個空靈的「心」上，宇宙萬化如其本然地得到顯現和照亮。所以「外師造化，中得心源」，不是「造化」與「心源」在主客二分基礎上的統一（認識論意義上的統一），而是「造化」與「心源」在存在論意義上的合一。也就是說，「外師造化，中得心源」，不是認識，而是體驗（我們在下一章將要討論美感作為體驗的性質）。

我們在上一節引柳宗元的話：「美不自美，因人而彰。」柳宗元的話消解了實體化的、外在於人的「美」。現在我們看到馬祖道一的話：「心不自心，因色故有。」馬祖道一的話消解了實體化的、純粹主觀的「美」。**梅花的顯現，是因為本心，本心的顯現，是因為梅花**。這是禪宗的智慧，也是禪宗對中國美學的貢獻。

註105　戴醇士：《習苦齋畫絮》卷四。

註106　宗白華：〈中國藝術意境之誕生〉，見《藝境》，第151頁，北京大學出版社，1987。

註107　宗白華：〈介紹兩本關於中國畫家的書並論中國的繪畫〉，同上書，第 83 頁。

註108　同上書，第 84 頁。

五、美在意象

中國傳統美學一方面否定了實體化的、外在於人的「美」，另方面又否定了實體化的、純粹主觀的「美」，那麼，「美」在哪裡呢？中國傳統美學的回答是：「美」在意象。中國傳統美學認為，審美活動就是要在物理世界之外構建一個情景交融的意象世界，即所謂「山蒼樹秀，水活石潤，於天地之外，別構一種靈奇」，[109] 所謂「一草一樹，一丘一壑，皆靈想之獨闢，總非人間所有」。[110] 這個意象世界，就是審美對象，也就是我們平常所說的廣義的美（包括各種審美形態）。

「意象」是中國傳統美學的一個核心概念。「意象」這個詞最早的源頭可以追溯到《易傳》，而第一次鑄成這個詞的是南北朝時期的劉勰。[111] 劉勰之後，很多思想家、藝術家對意象進行研究，逐漸形成了中國傳統美學的意象說。在中國傳統美學看來，意象是美的本體，意象也是藝術的本體。中國傳統美學給予「意象」的最一般的規定，是「情景交融」。中國傳統美學認為，「情」「景」的統一乃是審美意象的基本結構。但是這裡說的「情」與「景」不能理解為互相外在的兩個實體化的東西，而是「情」與「景」的欣合和暢、一氣流通。王夫之說：「情景名為二，而實不可離。」如果「情」「景」二分，互相外在，互相隔離，那就不可能產生審美意象。[112] 離開主體的「情」，「景」就不能顯現，就成了「虛景」；離開客體的「景」，「情」就不能產生，也就成

註109　方士庶：《天慵庵隨筆》上。

註110　惲南田：〈題潔庵畫〉，見《南田畫跋》。

註111　參看葉朗《中國美學史大綱》第 70～72頁，第 226～230頁，上海人民出版社，1985。

註112　王夫之：《薑齋詩話》。

了「虛情」。只有「情」「景」的統一，所謂「情不虛情，情皆可景，景非虛景，景總含情」[113]，才能構成審美意象。

　　朱光潛、宗白華吸取了中國傳統美學關於「意象」的思想。在朱光潛、宗白華的美學思想中，審美對象（「美」）是「意象」，是審美活動中「情」「景」相生的產物，是一個創造。儘管他們使用的概念還不是十分嚴格和一貫，但他們的「美在意象」的思想還是可以看得很清楚的。

　　朱光潛在《論美》這本書的「開場白」就明白指出：

美感的世界純粹是意象世界。

他在《論文學》這本書的第一節也指出：

　　凡是文藝都是**根據現實世界而鑄成另一超現實的意象世界**，所以它一方面是現實人生的返照，一方面也是現實人生的超脫。

　　在《詩論》一書中，朱光潛用王國維的「境界」一詞來稱呼「美」的本體。他說：

　　比如欣賞自然風景，就一方面說，心情隨風景千變萬化，睹魚躍鳶飛而欣然自得，聞胡笳暮角則黯然神傷；就另一方面說，風景也隨心情而變化生長，心情千變萬化，風景也隨之千變萬化，惜別時蠟燭似乎垂淚，興到時青山亦覺點頭。這兩種貌似相反實相同的現象就是從前人說的「即景生情，因情生景」。情景相生而且契合無間，情恰能稱景，景也恰能傳情，這便是詩的境界。每個詩的境界都必有「情趣」（feeling）和「意象」（image）兩個要素。「情趣」簡稱「情」，「意象」即是「景」。

註113 王夫之：《古詩評選》卷五，謝靈運〈登上戍石鼓山〉評語。

朱光潛在這裡用的「意象」的概念相當於我們一般說的「表象」，即鄭板橋說的「眼中之竹」，而他說的「詩的境界」則相當於我們所說的「意象」，也即鄭板橋說的「胸中之竹」和「手中之竹」。

朱光潛在《詩論》中強調，「詩的境界」（意象）是直覺的產物。他說：「凝神觀照之際，心中只有一個完整的孤立的意象，無比較，無分析，無旁涉，結果常致物我由兩忘而同一，我的情趣與物的意態遂往復交流，不知不覺之中人情與物理互相滲透。」這就是「直覺」。

朱光潛在《詩論》中還強調，「詩的境界」（意象）是每個人的獨特的創造：

> 詩的境界是情景的契合。宇宙中事事物物常在變動生展中，無絕對相同的情趣，亦無絕對相同的景象。情景相生，所以詩的境界是由創造來的，生生不息的。

我們前面提到，在 20 世紀 50 年代的美學討論中，朱光潛繼續堅持這一觀點。當時他把「意象」稱之為「物的形象」或「物乙」。他一再說，「美」（審美對象）不是「物」而是「物的形象」（「物乙」）。**這個「物的形象」不同於物的「感覺形象」和「表象」**。他說：「『表象』是物的模樣的直接反映，而『物的形象』（藝術意義的）則是根據『表象』來加工的結果。」「物本身的模樣是自然形態的東西。**物的形象是『美』這一屬性的本體**，是藝術形態的東西。」[114] 這「物的形象」或「物乙」，就是「意象」。朱光潛在這裡明確說，意象就是美的本體。

註114 朱光潛：〈論美是客觀與主觀的統一〉，見《朱光潛美學文集》第三卷，第 71 頁，上海文藝出版社，1983。

宗白華在他的著作中也一再強調審美活動是人的心靈與世界的溝通，美乃是一種情景交融的「藝術境界」。他說：「**美與美術的源泉是人類最深心靈與他的環境世界接觸相感時的波動。**」[115] 又說：「以宇宙人生的具體為對象，賞玩它的色相、秩序、節奏、和諧，藉以窺見自我的最深心靈的反映；化實景而為虛境，創形象以為象徵，使人類最高的心靈具體化、肉身化，這就是『藝術境界』。**藝術境界主於美。**所以一切美的光是來自心靈的源泉：**沒有心靈的映射，是無所謂美的。**」[116]

　　他在闡釋清代大畫家石濤《畫語錄》的「一畫章」時說：「從這一畫之筆跡，流出萬象之美，也就是人心內之美。沒有人，就感不到這美，沒有人，也畫不出、表不出這美。所以鍾繇說：『流美者人也。』所以羅丹說：『通貫大宇宙的一條線，萬物在它裡面感到自由自在，就不會產生出醜來。』畫家、書家、雕塑家創造了這條線（一畫），**使萬象得以在自由自在的感覺裡表現自己，這就是『美』**！美是從『人』流出來的，又是萬物形象裡節奏旋律的體現。所以，石濤又說：『夫畫者，從於心者也。……』所以中國人這支筆，開始於一畫，界破了虛空，留下了筆跡，既流出人心之美，也流出萬象之美。」[117]

　　他也引瑞士思想家阿米爾的話：「一片自然風景即是一個心靈的境界。」（譯文與朱光潛的略有不同）又引石濤的話：「山川使予代山川而言也……**山川與予神遇而跡化也。**」接著說：「藝術家以心靈映射萬

註115　宗白華：〈介紹兩本關於中國畫學的書並論中國的繪畫〉，見《藝境》，第 81 頁，北京大學出版社，1987。

註116　宗白華：〈中國藝術意境之誕生〉，同上書，第 15 頁。

註117　宗白華：〈中國書法裡的美學思想〉，同上書，第285～286頁。

象，代山川而立言，他所表現的是主觀的生命情調與客觀的自然景象交融互滲，成就一個鳶飛魚躍，活潑玲瓏，淵然而深的靈境。」[118] 這個「靈境」，就是「意象」（宗白華有時又稱之為「意境」）。[119]

宗白華指出，意象乃是「情」與「景」的結晶品。「在一個藝術表現裡情和景交融互滲，因而發掘出最深的情，一層比一層更深的情，同時也透入了最深的景，一層比一層更晶瑩的景；景中全是情，情具象而為景，因而湧現了一個獨特的宇宙，嶄新的意象，為人類增加了豐富的想像，替世界開闢了新境，正如惲南田所說『皆靈想之所獨闢，總非人間所有』！」[120] 這是一個虛靈世界，「一種永恆的靈的空間」。在這個虛靈世界中，人們乃能瞭解和體驗人生的意味、情趣與價值。

他以中國繪畫為例來說明審美活動的這種本質。他說：「中國宋元山水畫是最寫實的作品，而同時是最空靈的精神表現，心靈與自然完全合一。花鳥畫所表現的亦復如是。勃萊克的詩句：『一沙一世界，一花一天國』，真可以用來詠贊一幅精妙的宋人花鳥。一天的春色寄託在數點桃花，二三水鳥啟示著自然的無限生機。中國人不是像浮士德『追求』著『無限』，乃是在一丘一壑、一花一鳥中發現了無限，表現了無限，所以他的態度是悠然意遠而又怡然自足的。他是超脫的，但又不是出世的。他的畫是講求空靈的，但又是極寫實的。他以氣韻生動為理想，但又要充滿著靜氣。一言蔽之，他是最超越自然而又最切近自然，是世界最心靈化的藝術，而同時是自然的本身。」[121]

註118 宗白華：〈中國藝術意境之誕生〉，見《藝境》，第151頁。

註119 「意象」與「意境」這兩個概念應加以區分。參看本書第六章第六節。

註120 宗白華：〈中國藝術意境之誕生〉，見《藝境》，第153頁。

註121 宗白華：〈介紹兩本關於中國畫學的書並論中國的繪畫〉，同上書，第83～84頁。

宗白華的這些論述極為深刻。他指出，「美」（藝術境界）乃是人的心靈與世界的溝通，是萬像在人的自由自在的感覺裡表現自己，是情景交融而創造的一個獨特的宇宙，一個顯示人生的意味、情趣和價值的虛靈的世界，是心靈與自然完全合一的鳶飛魚躍、活潑玲瓏、淵然而深的靈境。這些論述，都給我們極深的啟示。

六、意象的分析

（一）燦爛的感性

上一節我們說，在中國美學看來，美在意象。現在我們對審美意象的性質做一些分析。

審美意象的最主要的性質有以下四點：

第一，審美意象不是一種物理的實在，也不是一個抽象的理念世界，而是一個完整的、充滿意蘊、充滿情趣的感性世界，也就是中國美學所說的情景相融的世界。

第二，審美意象不是一個既成的、實體化的存在（無論是外在於人的實體化的存在，還是純粹主觀的在「心」中的實體化的存在），而是在審美活動的過程中生成的。柳宗元說：「美不自美，因人而彰。」「彰」就是生成。審美意象只能存在於審美活動之中。

第三，意象世界顯現一個真實的世界，即人與萬物一體的生活世界。這就是王夫之說的「如所存而顯之」、「顯現真實」（顯現存在的本來面貌）。

第四，審美意象給人一種審美的愉悅，即王夫之所謂「動人無際」，也就是我們平常說的使人產生美感（狹義的美感）。

上述四點中，第二、第三、第四這三點，我們將分別在下面兩節

以及後面一章加以論述。在這一節中我們集中論述上述第一點。

審美意象不是一種物理的實在，也不是一個抽象的理念世界，而是一個完整的、充滿意蘊、充滿情趣的感性世界。我們可以用中國詩人最喜歡歌詠的月亮的例子來說明這一點。

「月是故鄉明」，這是杜甫有名的詩句。月亮作為一個物理的實在，在到處都是一樣的（相對來說），故鄉的月亮不會特別明亮，怎麼說「月是故鄉明」呢？原因就在這裡的月亮不是一個物理的實在，而是一個意象世界，月亮的美就在於這個意象世界。季羨林曾寫過一篇〈月是故鄉明〉的散文。他在文章中說，他故鄉的小村莊在山東西北部的大平原上，那裡有幾個大葦坑。每到夜晚，他走到葦坑邊，「抬頭看到晴空一輪明月，清光四溢，與水裡的那個月亮相映成趣」。有時候在坑邊玩很久，才回家睡覺，「在夢中見到兩個月亮疊在一起，清光更加晶瑩澄澈」。他說，「我只在故鄉呆了六年，以後就離鄉背井，漂泊天涯」，到現在已經四十多年了。「在這期間，我曾到過世界上將近三十個國家，我看過許許多多的月亮。在風光旖旎的瑞士萊芒湖上，在平沙無垠的非洲大沙漠中，在碧波萬頃的大海中，在巍峨雄奇的高山上，我都看到過月亮，這些月亮應該說都是美妙絕倫的，我都異常喜歡。但是，看到它們，我立刻就想到我故鄉中那個葦坑上面和水中的那個小月亮。對比之下，無論如何我也感到，這些廣闊世界的大月亮，萬萬比不上我那心愛的小月亮。不管我離開我的故鄉多少萬里，我的心立刻就飛來了。我的小月亮，我永遠忘不掉你！」[122] 季羨林說那些廣闊世界的大月亮，比不上他故鄉的小月

註122　《季羨林文集》第二卷，第166～167頁，江西教育出版社，1996。

亮，這並不是作為物理實在的月亮不同，而是意象世界不同。**他那個**
心愛的小月亮，不是一個物理的實在，而是一個情景相融的意象世
界，是一個充滿了意蘊的感性世界，其中融入了他對故鄉的無窮的思
念和無限的愛，「有追憶，有惆悵，有留戀，有惋惜」，「在微苦中
有甜美在」[123]。這個情景相融的意象世界，就是美。

　　古往今來多少詩人寫過月亮的詩，但是每首詩中呈現的是不同的
意象世界。例如：「月上柳梢頭，人約黃昏後。」[124] 這是一個皎潔、
美麗、歡快的意象世界。例如：「江上柳如煙，雁飛殘月天。」[125] 這
是另一種意象世界，開闊，清冷。例如：「明月出天山，蒼茫雲海
間。長風幾萬里，吹度玉門關。」[126] 這又是另一種意象世界，沉鬱，
蒼涼，與「月上柳梢頭」、「雁飛殘月天」的意趣都不相同。再如：
「寒塘渡鶴影，冷月葬花魂。」[127] 這是一個寂寞、孤獨、淒冷的意象
世界，和前面幾首詩中月亮的意趣又完全不同。同是月亮，但是意象
世界不同，它所包含的意蘊也不同，給人的美感也不同。

　　這些月亮的詩句說明，審美意象不是一種物理的實在，也不是一
個抽象的理念世界，而是一個完整的、充滿意蘊、充滿情趣的感性世
界。我們還可以用海德格舉的一個有名的例子來說明這一點。

　　這個例子就是梵谷畫的《農鞋》（*A Pair of Shoes*, 1887）。梵谷心

註123 同上。

註124 歐陽修：〈生查子〉。

註125 溫庭筠：〈菩薩蠻〉。

註126 李白：〈關山月〉。

註127 這是《紅樓夢》第七十六回中史湘雲、林黛玉的聯句。

目中的鞋的意象，並不是
作為物理實在的一雙鞋，
也不是作為使用器具的一
雙鞋，而是一個完整的、
充滿意蘊的感性世界：

梵谷《一雙鞋》

從鞋具磨損的內部那黑
洞洞的敞口中，凝聚著勞動
步履的艱辛。這硬梆梆、沉
甸甸的破舊農鞋裡，聚積著
那寒風陡峭中邁動在一望無
際的永遠單調的田壟上的步履的堅韌和滯緩。鞋皮上粘著濕潤而肥沃的泥
土。暮色降臨，這雙鞋底在田野小徑上踽踽而行。在這鞋具裡，迴響著大
地無聲的召喚，顯示著大地對成熟的穀物的寧靜的饋贈，表徵著大地在冬
閒的荒蕪田野裡朦朧的冬冥。這器具浸透著對麵包的穩靠性的無怨無艾的
焦慮，以及那戰勝了貧困的無言的喜悅，隱含著分娩陣痛時的哆嗦，死亡
逼近時的戰栗。**128**（海德格，〈藝術作品的本源〉）

這個感性的世界，顯現了這位農婦的生存和命運，顯現了天地萬
物與這位農婦結為一體的生活世界，因而有無窮的意蘊。**這個感性的
世界，在這雙農鞋被扔在農舍中時並不存在，在農婦漫不經心地穿上**

註128 海德格：《藝術作品的本源》，見《海德格爾選集》上冊，第254頁，上海三聯書店，
1996。有的學者對海德格的這種解讀表示疑問，認為梵谷畫的鞋未必是農婦的鞋。這屬於美術史
研究中考證的範疇，在此可以不論。不過，撇開考證，這種爭論正好可以說明，在觀賞者心中復
活的意象（「胸中之竹」），必然帶有某種不確定性和差異性。參看本書第六章第五節。

它、脫下它時也並不存在，而只有在梵谷對它進行審美觀照時，也就是當它進入梵谷的審美活動（審美體驗）時，它才對藝術家敞開。藝術家於是看到了屬於這雙破舊的鞋的那個充滿意蘊的世界。一切細節——磨損的鞋口，鞋皮上的泥土——便都同它們的物理存在以及「有用性」脫離，而只是成為昭示，即農婦的那個世界的昭示。這樣，梵谷提筆作畫時，並不是在畫鞋（如鞋的設計圖或鞋的廣告畫），而是在畫自己心目中的那個農婦的世界。他要藉繪畫的形式把這個世界向每一個觀看這幅畫的人敞開來——這不是一雙作為物理存在的鞋或有使用價值的鞋，而是一個完整的、充滿意蘊的感性世界。

這個完整的、充滿意蘊的感性世界，就是審美意象，也就是美。

審美意象首先是一個感性世界，它訴諸人的感性直觀（主要是視、聽這兩個感覺器官，有時也包括觸覺、嗅覺等感覺器官）。杜夫海納（Mikel Dufrenne, 1910～1995）說：「美的對象首先刺激起感性，使它陶醉。」[129] 又說：「美是感性的完善。」[130]「它主要地是作為知覺的對象。它在完滿的感性中，獲得自己完滿的存在、自己的價值的本原。」[131]

但是這一個感性世界，不同於外界物理存在的感性世界，因為它是帶有情感性質的感性世界，是有意蘊的世界。杜夫海納說：「審美對象所顯示的，在顯示中所具有的價值，就是所揭示的世界的情感性質。」又說：「審美對象以一種不可表達的情感性質概括和表達了世

註129 杜夫海納：《美學與哲學》，第 20 頁，中國社會科學出版社，1985。

註130 同上書，第 20 頁。

註131 同上書，第 24 頁。

界的綜合整體：[132] 它把世界包含在自身之中時，使我理解了世界。同時，正是通過它的媒介，我在認識世界之前就認出了世界，在我存在於世界之前，我又回到了世界。」[133] 這種以情感性質的形式所揭示的**世界的意義，就是審美意象的意蘊**。所以審美意象必然是一個情景交融的世界。梵谷心目中的農鞋是情景交融的世界，梵谷心目中的星空也是情景交融的世界。同樣，李白心目中的月夜（「床前明月光」）是情景交融的世界，杜甫心目中的月夜（「今夜鄜州月」）也是情景交融的世界。所以中國傳統美學用情景交融來說明意象的性質。王夫之一再強調在審美意象中情景不能分離：「景中生情，情中含景，故曰景者情之景，情者景之情。」[134]「情不虛情，情皆可景，景非虛景，景總含情。」[135]「景以情合，情以景生，初不相離，唯意所適。截分兩橛，則情不足興，而景非其景。」[136]「情景雖有在心在物之分，而景生情，情生景，哀樂之觸，榮悴之迎，互藏其宅。」[137] 王夫之這些話都是說，審美意象所呈現的感性世界，必然含有人的情感，必然是情景的融合。即便看來是單純寫景的詩，如「高臺多悲風」、「蝴蝶飛南園」、「池塘生春草」、「亭皋木葉下」、「芙蓉露下落」等等，都有情寓其中。為什麼情景不能分離？**最根本的原因，就在於意象世界**

註132 同上書，第 28 頁。

註133 同上書，第 26 頁。

註134 岑參：〈首春渭西郊行呈藍田張二主簿〉評語，《唐詩評選》卷四。

註135 王夫之：謝靈運〈登上戍石鼓山詩〉評語，《古詩評選》卷五。

註136 王夫之：《薑齋詩話》。

註137 同上

顯現的是人與萬物一體的生活世界，在這個生活世界中，世界萬物與人的生存和命運是不可分離的。這是最本原的世界，是原初的經驗世界。因此當意象世界在人的審美觀照中湧現出來時，必然含有人的情感（情趣）。也就是說，意象世界必然是帶有情感性質的世界。杜夫海納說：「審美對象所暗示的世界，是某種情感性質的輻射，是迫切而短暫的經驗，是人們完全進入這一感受時，**一瞬間發現自己命運的意義的經驗。**[138] 又說：「審美價值表現的是世界，把世界可能有的種種面貌都歸結為情感性質；但只有在世界與它所理解的和理解它的主觀性相結合時，世界才成為世界。」[139] 這些話就是說，正是包含著人的生存與命運的最原初的經驗世界（即生活世界），決定了意象世界必然是一個情景交融的世界。

所以，意象世界一方面顯現一個真實的世界（生活世界），另方面又是一個特定的人的世界，或一個特定的藝術家的世界，如莫札特的世界，梵谷的世界，李白的世界，梅蘭芳的世界。

總之，審美意象以一種情感性質的形式揭示世界的某種意義，這種意義「全部投入了感性之中」。「感性在表現意義時非但不逐漸減弱和消失，相反，它變得更加強烈、更加光芒四射。」[140]

正是從感性和意義的內在統一這個角度，杜夫海納把審美對象稱為「燦爛的感性」。他說：「審美對象不是別的，只是燦爛的感性。規定審美對象的那種形式就表現了感性的圓滿性與必然性，同時感性

註138 杜夫海納：《美學與哲學》，第 28 頁，中國社會科學出版社，1985。

註139 同上書，第 32 頁。

註140 同上書，第 31 頁。

自身帶有賦予它以活力的意義，並立即獻交出來。」**141**

　　所以，「燦爛的感性」就是一個完整的充滿意蘊的感性世界，這就是審美意象，也就是廣義的「美」。

（二）相關概念的辨析

　　下面我們對一些和「意象」相類似或相接近的概念作簡要的辨析。最後討論一下和「美」相對立的概念。

　　1.意象與西方語言中的「image」。

　　西方語言中的「image」這個概念的漢語翻譯並不統一，多數人譯為「意象」或「影像」，也有人譯為「心像」、「表象」、「形象」。

　　西方學者一般在認識論和心理學的領域中使用「image」此概念，他們認為「image」是感官得到的關於物體的印象、圖像，它和觀念（idea）是同一個東西。這樣一種內涵的「image」，和我們說的「意象」相去甚遠，我們不加討論。和我們說的「意象」比較接近的是西方現代詩歌流派中的「意象派」所說的「意象」，以及法國哲學家沙特所說的「意象」。

　　「意象派」詩人所說的「意象」，是一種剎那間的直接「呈現」。它比較接近於中國詩歌中的「興象」。「興象」只是「意象」的一種。而且「意象派」詩人的「意象」一般都缺乏深度，而「興象」卻並不一定缺乏深度。所以「意象派」所說的「意象」和我們說的「意象」在內涵上是不能等同的。**142**

　　沙特有兩本討論「意象」的著作：*L'Imagination*（1936，中譯本書

註141 同上書，第 54 頁。

註142 關於「意象派」詩人的「意象」，可參看葉朗主編《現代美學體系》第四章第四節。

名為《影像論》）和 *Psychologie Phénoménnologique de L'ímagination*（1940，中譯本書名為《想像心理學》）[143]。在沙特的著作中，「意象」主要有如下性質：第一，意象與構造意象的意識活動是不能分離的；第二，意象「是作為一整體東西展示給直覺的，它也是瞬間就展示出它是什麼的」[144]；第三，意象和知覺是兩種不同的意識方式，知覺的對象（如一把椅子）是現實存在的，而意象的對象（如一把椅子）則是當下不在現場的，是一種非存在的虛無，也就是說，「想像性意識的意象對象，其特徵便在於這種對象不是現存的而是如此這般假定的，或者說便在於它並不是現存在的而是被假定為不存在的」[145]。從以上三點來看，第一點和第二點體現了現象學的方法，和我們說的「意象」是相通的，而第三點說的當下不在現場的性質，則不符合我們說的審美「意象」的性質。所以，沙特說的「意象」，與我們說的「意象」，在內涵上是不相同的。

2.意象與形式（form）。

「形式」（form）是西方哲學史和西方美學史上一個重要的概念。在西方美學史上，「美在形式」是從古希臘開始的一種影響很大的觀念，所以我們有必要簡單辨析一下意象與形式的區別。

照波蘭美學家塔塔科維奇（Wladyslaw Tatarkiewicz, 1886 ~ 1980）的歸納，「形式」一詞在西方美學史上至少有五種不同的涵義[146]：

註143 沙特：《影像論》，魏金聲譯，中國人民大學出版社，1986。沙特：《想像心理學》，褚朔維譯，光明日報出版社，1988。

註144 沙特：《想像心理學》，第 29 頁，光明日報出版社，1988。

註145 同上書，第 35 頁。

註146 塔塔科維奇：《西方六大美學觀念史》（*A History of Six Ideas: An Essay in Aesthetics*），第七章，上海譯文出版社，2006。

a.形式是各個部分的一個安排。與之相對的是元素、成分或構成整體的部分。如，柱廊的形式就是列柱的安排。

b.形式是直接呈現在感官之前的事物。與之相對的是內容。如，詩文的音韻是詩的形式，詩文的意義是詩的內容。

c.形式是某一對象的界限或輪廓。與之相對的是質料。

d.形式是某一對象的概念性的本質。與之相對的是對象的偶然的特徵。這是亞里士多德提出的。

e.形式是人的心靈加在知覺到的對象之上的，所以是先驗的，普遍的，必然的。與之相對的便是雜多的感覺經驗。這是康德提出的。

上述五種涵義的「形式」中，和美學關係比較密切的是前三種涵義的「形式」。至於後兩種涵義的「形式」，儘管在歷史的某個階段也有人把它引進美學的領域，但總體上影響不大，我們在此就不加討論了。

我們先看第一種涵義的「形式」。

西元前 5 世紀，畢達哥拉斯學派就主張美包含在簡單、明確的各部分的安排之中。他們相信「條理和比例是美的」。接下去，柏拉圖說：「保持著度量和比例總是美的。」亞里士多德說：「美之主要的變化是：正當的安排、比例與定型。」[147] 普羅提諾（Plotinus, 204 ~ 270）則作了點修正，他認為複雜的事物的美在於比例，簡單的事物（如太陽、金子）的美則在於光輝。中世紀和中世紀後，多數人讚同美在形式，如奧古斯丁（Aurelius Augustinus, 354 ~ 430）就主張美在於「度量、形態與比例」，也有人讚同「比例與光輝」的雙重標準，如托馬斯·阿奎那（St. Thomas Aquinas, 約1225 ~ 1274）就說：「美包含在光輝與比例之中。」[148]

註147 以上轉引自塔塔科維奇《西方六大美學觀念史》，第229頁，上海譯文出版社，2006。

註148 同上書，第230 ~ 231頁。

再看第二種涵義的「形式」。這種涵義的「形式」就是事物的外表，它是與內容、內涵、意義相對而言的。

　　早在古希臘就有學者把這種涵義的「形式」挑出來加以強調，如克拉底斯就主張，令人感到愉快的音響，是好詩與壞詩的唯一差別。這種形式與內容的區分與對立，在中世紀和文藝復興時期都一直存在。到了 19 世紀和 20 世紀，重形式還是重內容的爭論變得更為激烈。有一些極端的形式主義者認為，內容（主題、陳述、逼真、觀念、再現、表現）一概都不重要，只有形式才是最重要的。

　　第三種涵義的「形式」是事物的輪廓。這種涵義的「形式」在文藝復興時期最受重視。當時的藝術家重視素描，不重視色彩。一直到 18 世紀初，羅傑德・皮爾斯和魯本斯出現，色彩才重新獲得與素描相抗衡的地位。

　　我們把這三種涵義的「形式」和我們說的「意象」加以比較，就可以發現它們之間的區別：第一，「形式」是對客體（與主體分離的客體）的描述，而「意象」則是情景交融的感性世界，是人與世界的溝通和融合；第二，「形式」（無論三種涵義的哪一種）是現成的、實體化的，而「意象」則是在審美活動中生成的，是非現成、非實體化的；第三，「形式」這一概念的前提是「主客二分」的思維模式，而「意象」這一概念的前提則是「天人合一」的思維模式。這三點區別都是根本性質的區別，所以「意象」與「形式」是根本性質不同的兩個概念。

　　3.意象與形象。

　　「形象」是中國當代文學藝術領域中通用的一個基本概念，人們把「形象性」或「形象思維」作為文學藝術的基本特徵。

在中國當代文藝學的著作或教科書中，一般把「形象」解釋為文學藝術反映現實的特殊手段，是通過藝術概括所創造出來的具有一定思想內容和藝術感染力的生動具體的圖畫，是感性與理性的統一，內容與形式的統一，思想與情感的統一，一般與個別的統一，等等。

我們比較一下我們前面對「意象」的論述，就可以看出「形象」與「意象」這兩個概念的區別：第一，「形象」是生動的圖畫，儘管它有思想情感的內容，但它是現實的反映，因而它帶有現成性，這一點和前面說的「形式」是相像的，而「意象」則是在審美活動中生成的，帶有非現成的性質；第二，「形象」這一概念的前提是「主客二分」的認識論（反映論）的模式，而「意象」這一概念的前提則是「天人合一」的思維模式。因此「形象」與「意象」是兩個不同的概念。

「形象」與「意象」這兩個概念的區別，有點類似於中國古代的「形」與「象」這兩個概念的區別。王夫之說：「物生而形形焉，形者質也。形生而像象焉，象者文也。形則必成像矣，象者像其形矣。在天成像而或未有形，在地成形而無有像。視之則形也，察之則像也。」[149] 從王夫之這段話看，「形」與「象」的關係，就是「質」與「文」的關係。因此，「形」帶有某種確定性、現成性，而「文」則帶有某種不確定性、非現成性。更重要的，「形」（「質」）是器物的實體的存在，而「象」（「文」）則要在主體（觀賞者）面前才呈現出來。所以《易傳》說：「見乃謂之象，形乃謂之器。」例如，一根竹子，「形」是竹子作為器物的實在的存在，它是現成的，而「象」則是鄭板橋說的「眼中之竹」，它是對觀賞者的一種呈現，它

註149 王夫之：《尚書引義》卷六〈畢命〉，《船山全書》第二冊。

是生成的。對於不同的觀賞者，竹子的「象」（「眼中之竹」）是不同的。所以「象」與「形」是不同的。「意象」與「形象」這兩個概念的不同，就非現成性與現成性的區別這一點來說，有些類似於「象」與「形」這兩個概念的不同。

4.意象與現象。

「現象」這個概念有兩種不同的含義。一種是傳統西方哲學理解的「現象」，也就是我們平常說的與「本質」、實體相對的「現象」。「無論是經驗論者〔洛克（John Locke, 1632 ~ 1704）、貝克萊（George Berkeley, 1685 ~ 1753）、休謨〕還是唯理論者〔柏拉圖、笛卡兒、萊布尼茨（Gottfried Wilhelm Leibniz, 1646 ~ 1716）等〕，都將現像看作由人的感官所受到的刺激而產生的感覺觀念、印象、感覺材料，以及由它們直接混合而成的還未受反思概念規範的複合觀念。簡言之，就是在感覺經驗中顯現出來的東西。」[150] 這種現像是現成的、個別的、私有的和純主觀的。這種現像被看作是認識的一個起點。「現象」的另一種含義是胡塞爾（Edmund Gustav Albrecht Husserl, 1859 ~ 1938）的現象學所理解的現象。對於胡塞爾來說，「現象」指顯現活動本身，又指在這顯現之中顯現著的東西，這顯現活動與其中顯現出來的東西內在相關。[151] 我們現在討論的就是胡塞爾現象學所說的這個現象。

張祥龍認為，現象學說的這種現象本身就是美的。他說：「在現象學的新視野之中，那讓事物呈現出來，成為我所感知、回憶、高興、憂傷……的內容，即成為一般現象的條件，就是令我們具有美感體驗的條

註150 張祥龍：〈現象本身的美〉，見《從現象學到孔夫子》，第378頁，商務印書館，2001。
註151 胡塞爾：《現象學的觀念》，第 18 頁，上海譯文出版社，1986。

件。」[152] 從其論證來看，他比較關注的是兩點，即現象的「非現成的微妙發生性」和「『懸中』性」[153]，他認為這兩點也正是美感的特性。所謂「非現成的微妙發生性」，就是指任何現像都不是現成地被給予的，而是被構成（被構造）著的，即必含有一個生發和維持住被顯現者的意向活動的機制。[154] 所謂「『懸中』性」，是說現像在根底處並沒有一個實體化的對象，所以對它的體驗，不可能偏執某一邊或某一實在形態，正因為這樣，現象知覺就可以具有康德說的「無利害關係的和自由的愉快」。

張祥龍對於現象本身就是美的論述，強調美的非對象化、非現成化，強調美是不斷湧動著的發生境域，強調美是一個令人完全投入其中的意蘊世界，強調美感是超越主客二分的活生生的體驗，等等，都是很有啟發的。但他把現象學的現象和美等同起來，我們並不贊同。因為按照我們的看法，美是「意象」，而現象學的「現象」並不等於我們說的「意象」。我們說的「意象」是在審美活動中生成的，是非現成化的，是不能脫離審美活動的，「意象」是對於實體化的物理世界的超越，這些特點與現象學的「現象」是相通的。但是如前面說過的，我們說的「意象」還是一個情景交融的世界。因為「意象」顯現的不是一個孤立的物的實體，而是顯現一個生活世界，在這個生活世界中，世界萬物與人的生活和命運是不可分離的，所以意象世界必然是帶有情感性質的世界，是一個價值世界。這一層含義，有的現象學美學家如杜夫海納有很好的論述，我們在前面曾引過他的話，但是就現象學的「現象」這個概念本身來說，它並不包含這層含義，甚至還可以說，它是排斥這層含義的。

註152 張祥龍：〈現象本身的美〉，見《從現象學到孔夫子》，第372頁，商務印書館，2001。

註153 同上書，第379頁。

註154 關於意向性構成的生發機制，我們在下一節將會談到。

總之，照我們的看法，美（意象）和胡塞爾現象學所說的「現象」，不宜直接等同，而應加以區分。它們有相通之處，但不是相同的概念。

　　5.和美相對立的概念。

　　人們在習慣上一般把醜作為與美對立的概念，即真與假相對立，善與惡相對立，美與醜相對立。但這種與「醜」相對立的「美」的概念是狹義的「美」。廣義的「美」是在審美活動中形成的審美對象，是情景交融的審美意象，它包括多種審美形態。「醜」作為一種審美形態，也包括在廣義的「美」之內。**155**

　　那麼什麼是廣義的「美」的對立面呢？**一個東西，一種活動，如果它遏止或消解審美意象的產生，同時遏止或消解美感（感興）的產生，這個東西或這種活動，就是「美」的對立面。**

　　李斯托威爾（William Francis Hare, 5th Earl of Listowel, 1906 ~ 1997）說：「審美的對立面和反面，也就是廣義的美的對立面和反面，不是醜，而是審美上的冷淡，那種太單調、太平常、太陳腐或者太令人厭惡的東西，它們不能在我們的身上喚醒沉睡著的藝術同情和形式欣賞的能力。」**156** 按李斯托威爾的說法，那種太單調、太平常、太陳腐和太令人厭惡的東西，引起審美上的冷淡（麻木），因而審美主體不可能進入審美活動。王國維的說法和李斯托威爾有所不同。他認為美的對立面是「眩惑」。所謂「眩惑」，就是陷入實用利害關係的慾念之中。由於美感是超功利的，所以「眩惑」與美相反對。「夫優美與壯美，皆使吾人離生活之欲，而入於純粹知識者。若美術中而有眩惑之原質乎，則又使吾人自純粹知識出，而復歸於生活之欲。」

註155　參閱本書第十一章。

註156　李斯托威爾：《近代美學史評述》，第232頁，上海譯文出版社，1982。

「故眩惑之於美，如甘之於辛，火之於水，不相並立者也。」[157]

　　李斯托威爾和王國維的角度有些不同，但他們都指出，美的反面，就是它遏止和消解審美活動。我們認為他們接觸到了問題的實質。如果說得更清楚一點，**美的反面，就是遏止或消解審美意象的生成，遏止或消解美感（審美體驗）的產生**。美感是情景契合、物我交融，是人與世界的溝通，這就是美（意象世界）的生成。但是情景契合、物我交融、人與世界的溝通需要條件。人和對象不是在任何情況下都能契合和溝通的。這裡有多種多樣的情況，其中包括李斯托威爾和王國維說的情況，但不限於他們說的情況。不管哪種情況，最後都離不開自然地理環境、社會文化環境和具體生活情境的製約。例如，我們前面提到，對於處於原始狩獵社會的人來說，花卉是不美的。花卉不能進入他們的審美視野。這就是李斯托威爾說的「審美上的冷淡」，這是由社會文化環境決定的。同樣，對於被押送刑場處決的死刑犯人，路旁盛開的鮮花也不能進入他們的審美視野，這也是「審美上的冷淡」，這是由具體的生活情境決定的。社會生活中的一些壞人，作家可以把他們寫進小說，例如巴爾札克《人間喜劇》（*la Comédie Humaine*）中的許多壞人，果戈里《死魂靈》中的許多壞人，《水滸傳》中的富安、陸謙、董超、薛霸，他們是「醜」，但這種「醜」是審美形態之一種，因為他們可以生成意象世界（廣義的美）。但是社會生活中也有的人是屬於「太陳腐和太令人厭惡的東西」，他們遏止或消解審美意象的生成，所以作家不會去寫他們。魯迅討論過這個問題，他說：「世間實在還有寫不進小說裡去的人。」「譬如畫家，他畫蛇，畫鱷魚，畫龜，畫果子殼，畫字紙簍，畫

註157 王國維：〈《紅樓夢》評論〉，見《王國維文集》第一卷，第 4 頁,中國文史出版社，1997。

垃圾堆，但沒有誰畫毛毛蟲，畫癩頭瘡，畫鼻涕，畫大便，就是一樣的道理。」[158] 魯迅這裡說的毛毛蟲、癩頭瘡、鼻涕、大便都是屬於「太令人厭惡的東西」，它們遏止審美意象的生成，遏止美感的生成，它們是美（廣義的美）的對立面。在當代，有的提倡「行為藝術」的人，把一條牛的肚子剖開，自己裸體鑽進牛肚，然後又血淋淋地鑽出來。還有的提倡「行為藝術」的人，設法搞到一個六個月的死嬰，把死嬰煮熟，然後當晚餐吃進肚子，並把整個過程加以攝錄。這更加是屬於「太令人厭惡的東西」。它們當然不能生成審美意象。它們是美的對立面。總之，美（廣義的美）是審美意象，美（廣義的美）的對立面就是一切遏止或消解審美意象的生成（情景契合、物我交融）的東西。

我們在後面還會談到，藝術的本體就是美（意象世界），所以凡是遏止或消解審美意象生成的東西就不是美，當然也不是藝術。前面說的把牛肚子剖開鑽進去以及把死嬰吃進肚子的行為，當然不是美，也不是藝術，儘管他們自稱是藝術。**美和不美（美的反面）的界限，藝術和非藝術的界限，就在於能不能生成審美意象，也就在於王夫之所說的，能不能「興」（產生美感）。**

七、審美意象只能存在於審美活動中

前面說，意象世界是「天地之外，別構一種靈奇」，「總非人間所有」，就是說，意象世界不是物理世界。一樹梅花的意象不是梅花的物理的實在，一座遠山的意象也不是遠山的物理的實在。王國維在《人間詞話》中曾說過一段很重要的話：

註158 魯迅：《半夏小集》，見《魯迅全集》第六卷，第598頁，人民文學出版社，1989。

山谷云:「天下清景,不擇賢愚而與之,然吾特疑端為我輩設。」誠哉是言!抑豈特清景而已,一切境界,無不為詩人設。世無詩人,即無此種境界。夫境界之呈於吾心而見於外物者,皆須臾之物。惟詩人能以此須臾之物,鐫諸不朽之文字,使讀者自得之。**159**

　　王國維說的「境界」,就是審美意象,也就是美(廣義的美)。「天下清景」,當它成為審美對象時,它已從實在物昇華成為非實在的審美意象。審美意象是「情」與「景」的欣合和暢、一氣流通,它是人的創造。所以說「世無詩人,即無此種境界」。辛棄疾詞云:「自有淵明方有菊,若無和靖便無梅。」**160** 陶潛心目中的菊,林逋心目中的梅,都不是實在物,而是意象世界。陶潛的菊是陶潛的世界,林逋的梅是林逋的世界。這就像莫 畫的睡蓮是莫 的世界,梵谷畫的向日葵是梵谷的世界一樣。沒有陶潛、林逋、莫 、梵谷,當然也就沒有這些意象世界。正因為它們不是實在物,而是非實在的意象世界,所以說「境界之生於吾心而見於外物者,皆須臾之物」。審美意象離不開審美活動,它只能存在於審美活動之中。王國維的這段話,是對美與美感(意象與感興)的同一性的很好的說明。

　　按照現象學的意向性理論**161**,審美活動是一種意向性活動。意象之所以不是一個實在物,不能等同於感知原材料(如自然事物和藝

註159　《王國維文集》第一卷,第173頁,中國文史出版社,1997。

註160　辛棄疾:〈浣溪沙〉。

註161　張祥龍對現象學的意向性理論有一個簡要的介紹:「在胡塞爾的現象學看來,人的意識活動從根本上是一種總是依緣而起的意向性行為,依據實項內容而構造出『觀念的』意義和意向物件;就像一架天生的放映機,總在依據膠片上的實項內容(可比擬為膠片上的一張張相片)和意

術品的物理存在），就因為意象是一個意向性產物。意象的統一性以及作為這種統一性的內在基礎的意蘊，都依賴於意向性行為的生發機制——它不僅使「象」顯現，而且「意蘊」也產生於意向行為的過程中。「意蘊」離不開意向行為。「意蘊」存在於審美體驗活動中，而並不超然地存在於客觀的對象上。

審美活動的這種意向性的特點，說明審美活動乃是「我」與世界的溝通。在審美活動中，不存在那種沒有「我」的世界：世界一旦顯現，就已經有了我。「只是對我說來才有世界，然而我又並不是世界。」[162] 審美對象就是這麼一個世界，它一旦顯現時，就已經有了體驗它的「我」在了。只有對「我」說來才有審美對象，然而我又不是審美對象。由於我的投射或投入，審美對象朗然顯現，是我產生了它；但是另一方面，從我產生的東西也產生了我，在我成為審美對象的見證人的同時，它又攜帶著我進入它的光芒之中。

這就是審美體驗的意向性：審美對象（意象世界）的產生離不開人的意識活動的意向性行為，離不開意向性構成的生發機制：人的意識不斷啟動各種感覺材料和情感要素，從而構成（顯現）一個充滿意蘊的審美意象。

識行為（放映機的轉動和投射出的光亮）而將活生生的意義和意向對象投射到意識的螢幕上。所謂『意識的實項內容』，是指構成現象的各種要素，比如感覺材料或質素，以及意識行為；它們以被動或主動的方式融入一個原發過程，一氣呵成地構成那更高階的意義和意向對象，即那些人們所感覺到的、所思想到的、所想像出的、被意志所把握著的、被感情所體味著的……。」「這也就是說，任何現象都不是現成地被給予的，而是被構成著的；即必含有一個生發和維持住被顯現者的意向活動的機制。這個機制的基本動態結構是：意識不斷啟動實項的內容，從而投射出或構成著（在某種意義上是『創造出』）那超出實項內容的內在的被給予者，也就是意向對象或被顯現的東西。」（張祥龍：《當代西方哲學筆記》，第191頁，北京大學出版社，2005。）

註162 杜夫海納：《美學與哲學》，第 29 頁，中國社會科學出版社，1985。

明代哲學家王陽明有一段很有名的對話：

先生遊南鎮，一友指岩中花樹問曰：「天下無心外之物，如此花樹，在深山中自開自落，於我心亦何相關？」

先生曰：「你未看此花時，此花與汝心同歸於寂；你來看此花時，則此花顏色一時明白起來：便知此花不在你的心外。」[163]

王陽明在這裡討論的問題，可以說就是一個意象世界的問題。意象世界總是被構成的，它不能離開審美活動，不能離開意向性構成的生發機制。王陽明的意思是說，離開人的意識的生發機制，天地萬物就沒有意義，就不能成為美。「例如在人未看深山中的花樹時，花雖存在，但它與人『同歸於寂』，『寂』就是遮蔽而無意義，談不上什麼顏色美麗。只是在人來看此花時，此花才被人揭示而使得『顏色一時明白起來』。王陽明哲學關心的也是人與物交融的現實的生活世界，而不是物與人相互隔絕的『同歸於寂』的抽象之物。」[164] 王陽明這段話和王國維說的「世無詩人，即無此種境界」，柳宗元說的「美不自美，因人而彰」，海德格說的「人是世界萬物的展示口」，沙特說的「由於人的存在，才『有』（萬物的）存在」、「人是萬物藉以顯示自己的手段」，意思都很相似。這些話的意思都是說，**世界萬物由於人的意識而被照亮，被喚醒，從而構成一個充滿意蘊的意象世界（美的世界）。意象世界是不能脫離審美活動而存在的。美只能存在於美感活動中。這就是美與美感的同一。**

註163 《傳習錄》下，見《王陽明全集》上卷，第107～108頁，上海古籍出版社，1992。

註164 張世英：《哲學導論》，第73頁，北京大學出版社，2002。

但這並不是說，審美體驗是純粹主觀的東西。體驗既然是溝通，就不可能是純粹主觀的。任何審美體驗，必有外界物色、景色或藝術形象的觸發。所以中國古人又把「感興」稱為「觸興」。當然，有觸發未必一定能興，也就是未必能夠溝通。這裡的關鍵還要看意向性生發機制的動態過程。王夫之說：「天地之際，新故之跡，榮落之觀，流止之幾，欣厭之色，形於吾身以外者，化也；生於吾身以內者，心也；相值而相取，一俯一仰之際，幾與為通，而泠然興矣。」[165]「相值」就是相觸。「相取」就是意向性生發機制的形式指向功能。相值相取，泠然而興，「物」與「我」悄然神通，「我」的心胸豁然洞開，整個生命迎會那沛然天地之間的大化流行，這就是溝通，就是體驗。

八、意象世界照亮一個真實的世界

（一）「如所存而顯之」

美（意象世界）是人的創造（「於天地之外，別構一種靈奇」），意象世界不是物理世界，是對「物」的實體性的超越。那麼美（意象世界）和真是不是就分裂了呢？

不。中國傳統美學認為，意象世界是一個真實的世界。王夫之一再強調，**意象世界是「現量」，「現量」是「顯現真實」、「如所存而顯之」**——在意象世界中，世界如它本來存在的那個樣子呈現出來了。

要把握中國美學的這個思想，關鍵在於把握中國美學對「真實」、對世界本來存在的樣子的理解。

註165 《詩廣傳》卷二《豳風》三，《船山全書》第三冊。

在中國美學看來，我們的世界不僅是物理的世界，而且是有生命的世界，是人生活在其中的世界，是人與自然界融合的世界，是天人合一的世界。

《易經》這部中國最古老的經典，它最關心的是人類的生存和命運，並認為人的生存與命運和自然界的萬事萬物有著內在的統一性。它從人的生存與命運出發，觀察自然界的一切現象，並從中找出生命（人生）的意義和來源。《易經》認為，世界萬物都與人的生存和命運有著內在的聯繫。《易經》的每一卦都和天人關係有關，而天人關係的中心就是人的生存和命運。這就是《易經》的靈魂。《易傳》發揮《易經》的思想，提出了「生生之謂易」（〈繫辭上〉）、「天地之大德曰生」（〈繫辭下〉）等命題。「生」，就是生命、創化、生成。按照《易傳》的命題，天地萬物是生生不息的過程，是不斷創化、不斷生成的過程。天地萬物與人類的生存和命運緊密相聯，而從這裡就產生了世界的意味和情趣。這就是「樂」的境界。《易經》、《易傳》的這種思想，代表了中國哲學、中國美學對於世界本然（「真」）的理解。

所以，在中國美學看來，人和天地萬物不是分裂的，而是和諧統一的，所謂「大樂與天地同和」。這種和諧就是「樂」的境界。王夫之說：

天不斬以其風日而為人和，物不斬以其情態而為人賞，無能取者不知有爾。「王在靈囿，鹿攸伏；王在靈沼，於魚躍。」王適然而遊，鹿適然而伏，魚適然而躍，相取相得，未有違也。是以樂者，兩間之固有也，然後人可取而得也。[166]

註166 《詩廣傳》卷四《大雅》一七，《船山全書》第三冊。

就是說，樂是人和自然界的本然狀態。

所以在中國哲學和中國美學之中，**真就是自然**，這個自然，不是我們一般說的自然界，而是存在的本來面貌。**這個自然，這個存在的本來面貌，它是有生命的，是與人類的生存和命運緊密相聯的，因而是充滿了情趣的。**

宋代畫論家董逌有一段很重要的話：

世之評畫者曰：「妙於生意，能不失真，如此矣，是為能盡其技。」嘗問如何是當處生意？曰：「殆謂自然。」其問自然，則曰：「不能異真者，斯得之矣。」且觀天地生物，特一氣運化爾，其功用秘移，與物有宜，莫知為之者，故能成於自然。[167]

朱自清解釋這段話說：「『生意』是真，是自然，是『一氣運化』。」[168]

把以上這些綜合起來，我們可以對中國美學的看法作這樣的概括：真就是自然，就是充滿生意，就是一氣運化，就是萬物一體的樂的世界。

所以，中國美學所說的意象世界「顯現真實」，就是指照亮這個天人合一（人與天地萬物一體）的本然狀態，就是回到這個自然的樂的境界。

中國美學中關於「真」（「自然」）的思想和西方現當代哲學中關於「生活世界」的思想有相似和相通之處。

註167 《廣川畫跋》卷三〈書徐熙畫牡丹圖〉。

註168 朱自清：〈論逼真與如畫〉，見《朱自清古典文學論文集》上冊，第119頁，上海古籍出版社，1981。

「生活世界」是現象學創始人胡塞爾晚年提出的一個概念。在胡塞爾之後，「生活世界」成為現象學思想家以及西方現當代許多思想家十分關注的一個概念。

　　胡塞爾提出的「生活世界」的概念是和西方傳統哲學的所謂「真正的世界」的概念相對立的。西方傳統哲學的所謂「真正的世界」，按尼采的概括，有三種表現形態：一是柏拉圖的「理念世界」（與現實世界相對立），二是基督教的彼岸世界（與世俗世界相對立），三是康德的「物自體」的世界（與現象世界相對立）。這三種形態的「真正的世界」的共同特點就在於它是永恆不變的。尼采認為這種永恆不變的「真正的世界」，「一方面否定感官、本能以及宇宙的生成變化，把實在虛無化，另一方面迷信概念、上帝，虛構一個靜止不變的『真正的世界』，把虛無實在化」[169]，是理性的虛構的產物，是為了否定現實世界而編造出來的。胡塞爾提出「生活世界」的概念，就是為了跳出這個虛構的所謂「真正的世界」。

　　胡塞爾本人在不同時期對「生活世界」的解釋並不完全相同。後來的學者對「生活世界」的解釋也不完全相同。但從美學的角度看，在胡塞爾及後來學者（主要是海德格，也包括中國學者）對「生活世界」的解釋中，最值得注意的有以下幾點：

　　第一，生活世界不是抽象的概念世界，而是原初的經驗世界，是與我們的生命活動直接相關的「現實具體的周圍世界」，是我們生活於其中的真正的實在。[170]這是一個基本的世界，本原的世界，活的世界。

註169　周國平：《尼采與形而上學》，第29～30頁，湖南教育出版社，1990。

註170　胡塞爾：手稿《自然與精神》，F1，32，第 6 頁。轉引自伊索‧凱恩〈論胡塞爾的「生活世界」〉，載《文化與中國》第二輯，第332頁，三聯書店，1987。

第二，生活世界不是脫離人的死寂的物質世界，而是人與世界的「共在世界」，是「萬物一體」的世界。這裡的「人」是歷史生成著的人。所以生活世界是一個歷史的具體的世界。

　　第三，生活世界是人的生存活動本身，包含他們的期望、寄託、辛勞、智慧、痛苦等等。生活世界「從人類生存那裡獲得了人類命運的形態」。[171] 因而生活世界是一個活的世界，是一個充滿了「意義」和「價值」的世界，是一個詩意的世界。[172] 這種「意義」和「價值」是生活世界本身俱有的，是生活世界本身向人顯現的，是要人去直接體驗的。

　　第四，但是，由於人們習慣於用主客二分的思維模式看待世界，因而這個生活世界，這個本原的世界，往往被掩蓋（遮蔽）了。為了揭示這個被遮蔽的真實世界，人們必須創造一個「意象世界」，[173] 這就是「美」，「美是作為無蔽的真理的一種現身方式」。[174]

註171 海德格：〈藝術作品的本源〉，見《海德格爾選集》上冊，第262頁，上海三聯書店，1996。

註172 胡塞爾提出「生活世界」的概念，一個重要原因，就是他認為笛卡爾、伽利略以來的西方實證科學和自然主義哲學忽視了、排除了人生的意義和價值的問題。他指出，實證科學排除了我們這個時代最緊迫的問題：「即關於這整個的生存有意義無意義的問題。」（胡塞爾：《歐洲科學的危機與超越論的現象學》，第 15～16 頁，商務印書館，2001。）

註173 「基本的經驗世界本來是一個充滿了詩意的世界，一個活的世界，但這個世界卻總是被『掩蓋』著的，而且隨著人類文明的進步，它的覆蓋層也越來越厚，人們要作出很大的努力才能把這個基本的、生活的世界體會並揭示出來。」「掩蓋生活世界的基本方式是一種『自然』與『人』、『客體』與『主體』、『存在』與『思想』分立的方式。」「為了展現那個基本的生活世界，人們必須塑造一個『意象的世界』來提醒人們，『揭開』那種『掩蓋層』的工作本身成了一種『創造』。」（葉秀山：《美的哲學》，第61～63頁，人民出版社，1991。）

註174 海德格：〈藝術作品的本源〉，見《海德格爾選集》上冊，第276頁，上海三聯書店，1996。

由胡塞爾提出的、由海德格以及其他許多現當代思想家（包括中國的學者）闡發的這個「生活世界」的概念，與我們前面談到的中國美學的「真」（「自然」）的概念是相通的。王夫之說的「顯現真實」、「如所存而顯之」，可以理解為，意象世界（美）照亮了這個最本原的「生活世界」。**這個「生活世界」，是有生命的世界，是人生活於其中的世界，是人與萬物一體的世界，是充滿了意味和情趣的世界。這是存在的本來面貌。**

意象世界是人的創造，同時又是存在（生活世界）本身的敞亮（去蔽）。一方面是人的創造，一方面是存在的敞亮，這兩個方面是統一的。

司空圖的《二十四詩品》有一句話：「**妙造自然。**」荊浩的《筆法記》有一句話：「**搜妙創真。**」這兩句話都包含了一個思想：**通過人的創造，真實（自然）的本來面貌得到顯現。**反過來就是說，要想顯示真實（自然）的本來面貌，必須通過人的創造。這是人的創造（意象世界）與「顯現真實」的統一。

宗白華說，中國哲學的形上學是生命的體系，它要體驗世界的意趣、意味和價值。他又說，中國的體系強調「象」，「像如日，創化萬物，明朗萬物！」[175] 宗白華的這些話，特別是「像如日，創化萬物，明朗萬物」這句話，極其精闢。他的意思也是說，意象世界是人的創造，而正是這個意象世界照亮了一個充滿生命的有情趣的世界，也就是照亮了世界的本來面貌（澄明、去蔽）。這是人的創造（意象世界）與「顯現真實」的統一。

我們應該從這個意義上來理解王夫之的這段話：

註175 宗白華：《形上學（中西哲學之比較）》，見《宗白華全集》第一卷，第631頁、第629頁、第628頁，安徽教育出版社，1994。

兩間之固有者，自然之華，因流動生變而成其綺麗。心目之所及，文情赴之，貌其本榮，如所存而顯之，即以華奕照耀，動人無際矣。**176**

　　王夫之的意思也是說，意象世界是人的直接體驗，是情景相融，是人的創造（「心目之所及，文情赴之」），同時，它就是存在的本來面貌的顯現（「如所存而顯之」），這就是美，這也就是美感（「華奕照耀，動人無際」）。王夫之這裡說的「如所存而顯之」這句話，很有現象學的味道。「如所存而顯之」，這存在的本來面貌，就是中國美學說的「自然」、「真」（「兩間之固有者，自然之華，因流動生變而成其綺麗」），也就是西方現代哲學說的最本原的、充滿詩意的「生活世界」。

　　我們也應該從這個意義上來理解海德格的有名的論斷：**「美是作為無蔽的真理的一種現身方式。」177「美屬於真理的自行發生。」178**海德格說的「真理」，並非是我們平常說的事物的本質、規律，並非是邏輯的「真」，也並非是尼采所反對的所謂「真正的世界」（柏拉圖的「理念世界」或康德的「物自體」），而是歷史的、具體的「生活世界」，是人與萬物一體的最本原的世界，是存在的真，是存在的無遮蔽，即存在的本來面貌的敞亮，也就是王夫之說的「如所存而顯之」。海德格認為，在藝術作品（即我們說的意象世界）中，存在的本來面貌顯現出來了，或者說被照亮了。我們可以說，海德格的這種思想和王夫之的「顯現真實」的思想是相通的。

註176　王夫之：〈謝莊《北宅秘園》評語〉，《古詩評選》卷五。

註177　海德格：〈藝術作品的本源〉，見《海德格爾選集》上冊，第276頁，上海三聯書店，1996。

註178　同上書，第302頁。

（二）超越與復歸的統一

我們在前面說，生活世界乃是人的最基本的經驗世界，是最本原的世界。在這個世界中，人與萬物之間並無間隔，而是融為一體的。這個生活世界就是中國美學說的「真」，「自然」。這是一個生生不息、充滿意味和情趣的「樂」的世界。**這就是人的精神家園。**

但是在世俗生活中，我們習慣於用主客二分的眼光看待世界，世界上的一切事物對於我們都是認識的對象或利用的對象。人與人之間，人與萬物之間，就有了間隔。**人被局限在「自我」的有限的天地之中，有如關進了一個牢籠。**正如陸象山所說：「宇宙不曾限隔人，人自限隔宇宙。」**179** 這樣一來，人就如陶淵明所說的落入了「樊籠」、「塵網」，離開了或者說失去了自己的精神家園。日本哲學家阿部正雄說：**「作為人就意味著是一個自我，作為自我就意味著與其自身及其世界的分離；而與其自身及其世界分離，則意味著處於不斷的焦慮之中。這就是人類的困境。這一從根本上割裂主體與客體的自我，永遠搖盪在萬丈深淵裡，找不到立足之處。」180** 張世英說：「萬物一體本是人生的家園，人本植根於萬物一體之中。只是由於人執著於自我而不能超越自我，執著於當前在場的東西而不能超出其界限，人才不能投身於大全（無盡的整體）之中，從而喪失了自己的家園。」**181**

人失去了精神家園，人也就失去了自由。我們這裡說的「自由」，不是我們在日常生活中說的「自由自在」、「隨心所欲」的自

註179 《象山全集》，卷一。

註180 阿部正雄（Abe Masao）：《禪與西方思想》，第 11 頁，上海譯文出版社，1989。

註181 張世英：《哲學導論》，第337頁，北京大學出版社，2002。

由，不是社會政治生活中與製度法規、統一意志、習慣勢力等等相對的自由，也不是哲學上所說的認識必然（規律）而獲得的自由（在改造世界的實踐中取得成功），而是精神領域的自由。人本來處於與世界萬物的一體之中，人在精神上沒有任何限隔，所以人是自由的。但是人由於長期處於主客二分的思維框架中，人被局限在「自我」的有限的空間中，人就失去了自由。

這樣，尋找人的精神家園，追求自由，就成了人類歷史上一代又一代哲學家、文學家、藝術家的共同的呼喚。莊子、陶淵明是如此，荷爾德林、海德格也是如此。聞一多說，莊子的思想和著作，乃是「眺望故鄉」，是「客中思家的哀呼」，是「神聖的客愁」。[182] 陶淵明的詩：「羈鳥戀舊林，池魚思故淵。」[183] 這也是眺望故鄉，思念故鄉，要從「樊籠」中超脫出來，返歸「自然」。西方哲學家、文學家特別近現代的很多思想家也都把尋找精神家園作為自己的主題。德國浪漫派詩人的先驅者荷爾德林（Johann Christian Friedrich Hölderlin, 1770 ~ 1843）在詩中問道：「何處是人類／高深莫測的歸宿？」[184] 他不斷呼喊要「返回故園」。德國另一位浪漫派詩人諾瓦利斯（Novalis, 此為筆名，原名為：Georg Philipp Friedrich Freiherr von Hardenberg, 1772 ~ 1801）說：「哲學就是鄉愁───一種回歸家園的渴望。」[185]

註182 聞一多：《古典新義‧莊子》。

註183 陶淵明：《歸園田居》。

註184 荷爾德林（Johann Christian Friedrich Hölderlin, 1770 ~ 1843）：《萊茵頌》。

註185 「Philosophy is actually homesickness－the urge to be everywhere at home.」－Novalis（Novalis, *Philosophical Writings*, State University of New York Press, p.135, 1997.）〔諾瓦利斯：《哲學文集》，第135頁，紐約州立大學出版社，1997。〕

返回人生家園的道路就是超越自我，超越自我與萬物的分離，超越主客二分。美（意象世界）就是這種超越。美（意象世界）是情景合一，是對自我的有限性的超越，是對「物」的實體性的超越，是對主客二分的超越，因而照亮了一個本然的生活世界即回到萬物一體的境域，這是對人生家園的復歸，是對自由的復歸。用海德格的說法，美（意象世界）「綻出」（「超出」）存在者以與世界整體合一。「綻出」就是「超越」。海德格說：「超越存在者，進到世界中去」，「讓人與存在者整體關聯」，這就叫「自由」，而只有這樣的「自由」才能讓「存在者或事物按其本來面目」（「如其所是」，按其存在的樣子）顯示自身。[186] 海德格這裡說的「自由」就是指從自我和個別存在者（個別事物）的束縛中解放出來而回到本原的生活世界，回到萬物一體的境域，回到「存在者整體」（「世界整體」），也就是回到人類的精神家園。

　　總之，美（意象世界）一方面是超越，是對「自我」的超越，是對「物」的實體性的超越，是對主客二分的超越，另一方面是復歸，是回到存在的本然狀態，是回到自然的境域，是回到人生的家園，因而也是回到人生的自由的境界。美是超越與復歸的統一。

（三）真、善、美的統一

　　真、善、美三者的統一問題，在哲學史和美學史上是很多人關注和討論的問題。

　　在西方哲學史和美學史上，儘管也有人不贊同真、善、美三者統一的觀點，但多數思想家都傾向於真、善、美三者是應該統一也是可以統一的。

註186　轉引自張世英《哲學導論》，第74～75頁，北京大學出版社，2002。

在不贊同真、善、美三者可以統一的思想家中，最有代表性的是列夫·托爾斯泰（Lev Nikolayevich Tolstoy, 1828～1910）。列夫·托爾斯泰認為，「『善』是我們生活中永久的、最高的目的」，「『美』只不過是使我們感到快適的東西」。「美」引起熱情，而「善」克制熱情。所以，「我們越是醉心於『美』，我們就和『善』離得越遠」。至於「真」，「是事物的表達跟它的實質的符合」。「真」可以是達到「善」的手段，但是對一些不必要的東西的「真」的認識是和「善」不相調和的。「真」揭穿詐偽，這就破壞了「美」的主要條件——幻想。所以「真」的概念與「善」、「美」的概念並不符合。總之，列夫·托爾斯泰認為真、善、美三位一體的理論是不能成立的。[187]

主張真、善、美三者統一的思想家很多，而且他們的立足點和論證往往很不相同。例如，蘇格拉底主張美和善是統一的，它們都以功用為標準。一個適於使用的糞筐既是善的，也是美的，一個不適於使用的金盾既是惡的，也是醜的。[188] 亞里士多德也認為「美是一種善，其所以引起快感正因為它是善」。[189] 羅馬的普羅提諾是新柏拉圖派的創始人，他主張真、善、美是統一的，而神是這一切的來源。[190] 17世紀義大利的繆拉陀里（L. A. Muratori, 1672～1750）也主張真、善、美的統一，他說上帝「把美印到真與善上面，以便大大加強我們心靈的自然的（求真求美的）傾向。」[191] 18世紀初英國的夏夫茲博里（The

---

註187 以上引自《西方美學家論美和美感》第261～262頁。商務印書館，1980。

註188 同上書，第 19 頁。

註189 同上書，第 41 頁。

註190 同上書，第 57～58 頁。

註191 同上書，第 90 頁。

Earl of Shaftesbury, 1671 ~ 1713）認為，美是和諧和比例合度，凡是和諧的和比例合度的，就是美的，同時也是真的和善的。

到了近代，如黑格爾，也主張美和真的統一。這種統一以真為基礎。他說的「真」，是邏輯的「真」，即抽象的本質概念。黑格爾對美下的定義：「美是理念的感性顯現。」理念就是「真」。所以宗白華批評他「欲以邏輯精神控制及網羅生命。無音樂性之意境」。[192] 張世英批評他「以真的意識抑制了美的意識，哲學變成了枯燥的概念體系」。[193]

在我們國內，從 20 世紀 50 年代美學討論以來，很多學者也接觸到真、善、美的統一的問題，而且多數人都主張真、善、美可以統一。但他們所說的「真」，也都是邏輯的「真」，即對客觀事物的本質、規律的正確認識。如李澤厚五十年代對美下的定義：「美是包含著現實生活發展的本質、規律和理想而用感官可以直接感知的具體形象。」[194] 在這個定義中，「美」和「真」是統一的，而他說的「真」，是指現實生活的本質、規律，也就是邏輯的「真」。到了 80 年代，李澤厚又把「美」定義為「真」（合規律性）和「善」（合目的性）的統一。他所說的真，依然是邏輯的「真」。

註192 宗白華：《形上學（中西哲學之比較）》，見《宗白華全集》第一卷，第586頁，安徽教育出版社，1994。

註193 張世英：《哲學導論》，第228頁。

註194 李澤厚：〈關於當前美學問題的爭論〉，見《美學論集》，第 98 頁，上海文藝出版社，1980。李澤厚在文中對他的「理想」的概念作了說明：理想「是指歷史本身發展前進的必然客觀動向」。

按照我們現在對「美」的理解，我們對「真」、「善」、「美」三者的統一就有了一個新的看法。我們所說的「美」，是一個情景交融的意象世界。這個意象世界，照亮一個有意味、有情趣的生活世界（人生），這是存在的本來面貌，即中國人說的「自然」。這是「真」，但它不是邏輯的「真」，而是存在的「真」。這就是王夫之說的「顯現真實」，「貌其本榮，如所存而顯之」。這就是宗白華說的「像如日，創化萬物，明朗萬物」。這就是海德格說的存在的真理的現身。這是我們理解的「美」與「真」的統一。這個意象世界沒有直接的功利的效用，所以它沒有直接功利的「善」。但是，在美感中，當意象世界照亮我們這個有情趣、有意味的人生（存在的本來面貌）時，就會給予我們一種愛的體驗，感恩的體驗，它會激勵我們去追求自身的高尚情操，激勵我們去提升自身的人生境界。這是「美」與「善」的統一。當然這個「善」不是狹隘的、直接功利的「善」，而是在精神領域提升人生境界的「善」。

這是我們理解的「真」、「善」、「美」的統一。**這個統一隻能在審美活動中實現。**

當一個人的人生境界不斷昇華，達到審美境界（馮友蘭稱為「天地境界」）這一最高層面時，那時他的人生境界，也就顯現為「真」、「善」、「美」的統一。我們將在本書最後一章專門討論人生境界的問題。

本章提要

在古希臘，柏拉圖提出「美本身」的問題，即美的本質的問題。從此西方學術界幾千年來一直延續著對美的本質的探討和爭論。這種情況到了 20 世紀開始轉變。美的本質的研究逐漸轉變為審美活動的研究。從思維模式來說，主客二分的模式逐漸轉變為天人合一（人—世界合一）的模式。最主要的代表人物是海德格。

在 20 世紀 50 年代中國學術界的美學大討論中，對「美是什麼」的問題形成了四派不同的觀點。但無論哪一派，都是用主客二分的思維模式來分析審美活動。到 80 年代後期和 90 年代，學術界重新審視這場大討論，很多學者開始試圖跳出這個主客二分的認識論的框框。

不存在一種實體化的、外在於人的「美」。柳宗元提出的命題：「美不自美，因人而彰。」美不能離開人的審美活動。美是照亮，美是創造，美是生成。

不存在一種實體化的、純粹主觀的「美」。馬祖道一提出的命題：「心不自心，因色故有。」張璪提出的命題：「外師造化，中得心源。」「心」是照亮美的光源。這個「心」不是實體性的，而是最空靈的，正是在這個空靈的「心」上，宇宙萬化如其本然地得到顯現和敞亮。

美在意象。朱光潛說：「美感的世界純粹是意象世界。」宗白華說：「主觀的生命情調與客觀的自然景象交融互滲，成就一個鳶飛魚躍，活潑玲瓏，淵然而深的靈境。」這就是美。

美（意象世界）不是一種物理的實在，也不是一個抽象的理念世界，而是一個完整的、充滿意蘊、充滿情趣的感性世界。這就是中國美學所說的情景相融的世界。這也就是杜夫海納說的「燦爛的感性」。

美（意象世界）不是一個既成的、實體化的存在，而是在審美活

動的過程中生成的。審美意象只能存在於審美活動之中。這就是美與美感的同一。

美（廣義的美）的對立面就是一切遏止或消解審美意象的生成（情景契合、物我交融）的東西，王國維稱之為「眩惑」，李斯托威爾稱之為「審美上的冷淡」，即「那種太單調、太平常、太陳腐或者太令人厭惡的東西」。

美（意象世界）顯現一個真實的世界，即人與萬物一體的生活世界。這就是王夫之說的「如所存而顯之」、「顯現真實」。這就是「美」與「真」的統一。這裡說的「真」不是邏輯的「真」，不是柏拉圖的「理念」或康德的「物自體」，而是存在的「真」，就是胡塞爾說的「生活世界」，也就是中國美學說的「自然」。

由於人們習慣於用主客二分的思維模式看待世界，所以生活世界這個本原的世界被遮蔽了。為了揭示這個真實的世界，人們需創造一個「意象世界」。意象世界是人的創造，同時又是存在（生活世界）本身的敞亮（去蔽），這兩方面是統一的。司空圖說：「妙造自然。」荊浩說：「搜妙創真。」宗白華說：「像如日，創化萬物，明朗萬物！」這些話都是說，意象世界是人的創造，而正是此意象世界照亮了生活世界的本來面貌（真、自然）。這是人的創造（意象世界）與「顯現真實」的統一。

生活世界是人與萬物融為一體的世界，是充滿意味和情趣的世界。這是人的精神家園。但由於人被局限在「自我」的有限天地中，人就失去了精神家園，同時也就失去了自由。美（意象世界）是對「自我」的有限性的超越，是對「物」的實體性的超越，是對主客二分的超越，從而回到本然的生活世界，回到萬物一體的境域，也就是回到人的精神家園，回到人生的自由的境界。所以美是超越與復歸的統一。

第二章 美感的分析

前面一章我們討論了「美是什麼」。照我們的論述，美是審美意象，而審美意象只能存在於審美活動中。審美活動是美與美感的同一。這一章我們討論美感。審美意象（美）是從審美對象方面來表述審美活動，而美感是從審美主體方面來表述審美活動。

「美感」這一個概念的內涵，在美學書中也常常用其他一些概念來表述，例如「審美經驗」、「審美感受」、「審美意識」、「審美情感」以及「審美愉悅」等等。這些概念各有不同的側重，也各有自己的局限。我們在本書中還是採用大家用得比較習慣的「美感」這個概念。

在中國傳統美學中有一個「感興」的概念，我們認為它比較準確地表達了「美感」的內涵。所以在本書中我們有時也把「感興」作為「美感」的同義語來使用。[195]

註195 「感興」或「興感」的概念，在魏晉南北朝就已出現。「感」的基本含義有兩層，一是對外物的感知，所謂「格也，觸也」。二是心有所動，所謂「感者，動人心也」。「感」與「撼」通。「感」就是一種不必以理解為仲介的由形、色、聲、溫、力而引發的直接的感動。「興」的本義是原始人的一種發抒行為，以及這種行為帶來的精神悅樂，所謂「興，起也」，「舉也」，「動也」，「悅也」。同時，「興」又是對這種正在感動的主體的自我體驗，即所謂「感發志意」、「感動奮發」、「興懷」。「感」、「興」兩個字連在一起組成一個概念，是對審美活動的一種很好的描述。（參看葉朗主編《現代美學體系》，第169～170頁，北京大學出版社，1988。）

一、美感是體驗

（一）美感不是認識

　　過去在很長一段時間內，我們國內美學界討論美學理論問題，都把審美活動看作是一種認識活動，因而都用主客二分的思維模式來對它進行研究。50 年代的美學大討論中出現了幾派不同的主張，有的主張美是客觀的，有的主張美是主觀的，有的主張美是主客觀的統一，但是無論哪一派主張，都是採取主客二分的思維模式，即便是主張主客觀統一的那一派，他們的「統一」也是在主客二分的基礎上達到的統一。**196**

　　主客二分的思維模式是認識論的模式，但美感並不是認識。「主客關係式就是叫人（主體）認識外在的對象（客體）『是什麼』。可是大家都知道，審美意識根本不管什麼外在於人的對象，根本不是認識，因此，它也根本不問對方『是什麼』。實際上，審美意識是人與世界的交融，用中國哲學的術語來說，就是『天人合一』，這裡的『天』指的是世界萬物。人與世界萬物的交融或天人合一不同於主體與客體的統一之處在於，它不是兩個獨立實體之間的認識論上的關係，而是從存在論上來說，雙方一向就是合而為一的關係，就像王陽明說的，無人心則無天地萬物，無天地萬物則無人心，人心與天地萬物『一氣流通』，融為一體，不可『間隔』，這個不可間隔的『一體』是唯一真實的。我看山間花，則此花顏色一時明白起來，這『一時明白起來』的『此花顏色』，既有人也有天，二者不可須臾『間隔』，不可須臾分離。」

註196　張世英：《哲學導論》，第121 ~ 122頁，北京大學出版社，2002。

張世英指出，在西方哲學史上，關於人與世界萬物的關係的看法，主要有兩種。一種是把世界萬物看成是與人處於彼此外在的關係之中，並且以我為主體，以他人他物為客體，主體憑著認識事物（客體）的本質、規律性以征服客體，使客體為我所用，從而達到主體與客體統一。這種關係叫做「主客關係」，又叫「主客二分」，用一個公式來表達，就是「主體—客體」結構。其特徵是：

　　1.外在性。人與世界萬物的關係是外在的。

　　2.對象性。世界萬物處於被認識和被征服的對象的地位。

　　3.認識橋樑型。也就是通過認識而在彼此外在的主體和客體之間搭起一座橋樑，以建立主體客體的對立統一。

　　關於人與世界萬物的關係的另一種看法是把二者看作血肉相連的關係，沒有世界則沒有人，沒有人則世界萬物是沒有意義的。用美國當代哲學家梯利希的話說就是「沒有世界的自我是空的，沒有自我的世界是死的」。這種關係是人與世界萬物融合的關係，用一個公式表示就是「人—世界」的結構（不同於「主體—客體」的結構）。這種關係也就是海德格說的「此在」與「世界」的關係。「此在」是「澄明」，是世界萬物之「展示口」。這種關係也就是王陽明說的「天地萬物與人原本是一體，其發竅之最精處是人心一點靈明」。這種關係可以藉用中國哲學中的「天人合一」的命題來表達。這種關係的特徵是：

　　1.內在性。人與世界萬物的關係是內在的。人是一個寓於世界萬物之中、融於世界萬物之中的有「靈明」的聚焦點，世界因人的「靈明」而成為有意義的世界。

　　2.非對象性。人與物的關係不是對象性的關係，而是共處和互動的關係。人是萬物的靈魂，但不等於認定人是主體，物是被認識、被征

服的客體。

3.人與天地萬物相通相融。人不僅僅作為有認識（知）的存在物，而且作為有情、有意、有本能、有下意識等等在內的存在物而與世界萬物構成一個有機的整體，這個整體是具體的人生活於其中的世界（生活不僅包括認識和生產鬥爭、階級鬥爭的實踐，而且包括人的各種有情感、有本能等等的日常生活中的活動，也是一種廣義的實踐），就是胡塞爾所說的「生活世界」。這個「生活世界」是人與萬物相通相融的現實生活的整體，這個整體〔哈伯馬斯（Jürgen Habermas, 1929～）稱為**「具體生活的非對象性的整體」**〕不同於主客關係中通過認識橋樑以建立起來的統一體或整體，那是把客體作為對象來把握的整體（哈伯馬斯稱為**「認識或理論的對象化把握的整體」**）。**197**

按照海德格的看法，人生在世，首先是同世界萬物打交道，對世界萬物有所作為，世界萬物不是首先作為外在於人的現成的東西而被人認識。人在認識世界萬物之先，早已與世界萬物融合在一起，早已沉浸在他所生活的世界萬物之中。人（「此在」）與「世界」融合為一的關係是第一位的，而人作為認識主體、世界作為被認識的客體的「主體─客體」的關係是第二位的，是在前一種關係的基礎上產生的。**198**

現在回到我們所討論的審美活動。美學界過去把審美活動看作是認識活動，從而把審美活動納入了「主體─客體」的結構模式。這種做法從根本上違背了審美活動的本性。認識活動，是人（主體）「通過思維，力圖把握外物或實體的本質與規律，其所認識的，只能是『是什

註197　以上見張世英《哲學導論》，第3～5頁，北京大學出版社，2002。

註198　同上書，第7頁。

麼』，主體不能通過思維從世界之內體驗人與世界的交融狀態，不能通過思維從世界之內體驗人是『怎樣是』（『怎樣存在』）和怎樣生活的。實際上，思維總是割裂世界的某一片斷或某一事物與世界整體的聯繫，以考察這個片斷或這個事物的本質和規律」199。這就是求得邏輯的「真」。邏輯的「真」會遮蔽存在的「真」。所以我們平常說真理（邏輯的「真」）總是相對的，思維總是帶有不同程度的抽象性和片面性。人如果僅僅依靠思維，便只能達到邏輯的「真」，因而只能生活在不同程度的抽象性和片面性中。審美活動並不是要把握外物「是什麼」，並不是要把握外物的本質和規律，並不是要求得邏輯的「真」。審美活動是要通過體驗來把握「生活世界」的活生生的整體。這個「生活世界」的整體，最根本的是人與世界的交融。

如果按照認識論的模式，鄭板橋的竹子，八大山人的鳥，齊白石的蝦，還有中國人喜歡的梅花、蘭花、陶器、瓷器、假山、書法、篆刻藝術，你能從中認識到這些東西的什麼本質和規律？

張世英在他的著作中也舉了幾個例子來說明這一點。如馬致遠的小令〈秋思〉：「枯藤老樹昏鴉，小橋流水人家，古道西風瘦馬，夕陽西下，斷腸人在天涯。」如果按照「主客二分」的認識論的模式，把這首小令的內涵歸結為「藤是枯的」、「樹是老的」、「水是流動的」、「道是古老的」等等，豈不是太可笑了嗎？這首小令的詩意在於通過美感的感性直接性表達了一種蕭瑟悲涼的情境。藤之枯、樹之老、鴉之昏、橋之小、道之古等等，根本不是什麼獨立於詩人之外的對象的性質，而是與漂泊天涯的過客的淒苦融合成了一個審美意象的整體，這整體也是一種

註199 同上書，第 24 頁。

直接性的東西，是一種直覺，但它是超越原始感性直接性和超越認識對象的直覺和直接性。再如李白〈早發白帝城〉：「朝辭白帝彩雲間，千里江陵一日還。兩岸猿聲啼不住，輕舟已過萬重山。」如果按主客二分的認識論模式，這首詩是描寫三峽水流之急速和舟行之急速，那有什麼詩意？這首詩是詩人藉水流之急速表達自己含冤流放，遇赦歸來，順江而下的暢快心情。這裡，水流之急速與心情之暢快，「一氣流通」，無有間隔，完全是一種天（急速之水流）人（暢快的心情）合一的境界，哪有什麼主體與客體之別？哪有什麼主體對客體的思維和認識？當然也無所謂主體通過思維、認識而達到主客的統一。[200]

張世英的例子說明，如果把美感（審美活動）變成認識活動，那就索然無味了，美感（審美活動）就不再是美感（引起審美愉悅）了。

我們還可以舉一個欣賞油畫作品的例子。美國學者詹姆斯・埃爾金斯（James Elkins, 1955～）寫過一本《視覺品位——如何用你的眼睛》（*How to use your eyes*）的著作，其中有一章題為「如何看油畫」。如何看油畫呢？埃爾金斯提議用一種不同於通常看畫的方法去看畫，就是不去看繪畫的形式和意蘊，而是看油畫表層上的裂縫，大多數古代大師的繪畫作品的畫面上都留下了細微的格子狀的裂縫。他說：

裂縫可以說明許多東西，如作品是何時所畫，作品的製作材料是什麼，以及這些材料又是如何處理的。如果一幅畫相當古老，那麼就有可能掉下過幾次，或者至少是被碰撞過的，而其未被善待的痕跡可以在畫的裂縫中辨認出來。只要畫一搬動，就存在著被船運的板條箱、其他畫作的邊角或某個人

註200 以上見張世英：《哲學導論》，第123頁、125頁。

的肘部捅一下的可能性。在畫布背面這麼輕輕一碰就會在畫布正面上造成一個小小的螺旋狀的或微型靶心狀的裂縫。如果畫作的背面被什麼東西刮擦了，那麼畫正面的裂縫宛如雷電閃擊那樣集中在刮擦的地方。

在博物館的參觀者中，很少會有人意識到有多少繪畫曾嚴重受損並無從覺察地被修復過。顏料的微粒會從畫面上掉下來，同時繪畫也常常因為火燒、水淹、人為的破壞以及僅僅就是數百年的歲月磨難而受損。修復者尤其擅長於替補甚至是很大一塊丟失的顏料，而博物館通常又不公佈畫作曾有修復的事實。注視裂縫，你就能分辨出什麼是修復者替補上去的，因為新的色塊上是不會有裂縫的。[201]

埃爾金斯介紹了一位油畫修復專家提出的觀察裂縫的要點，如：裂縫是否有一種顯露的方向？裂縫是平直的還是鋸齒狀的？裂縫圍成獨立色塊是方形的還是其他形狀？獨立色塊是大的還是小的？等等。他認為，按這些要點來觀察裂縫，就有助於確定作品的年代、作品的製作材料以及這些材料是如何處理的。

這位埃爾金斯向我們介紹的這種「看」油畫的方法，顯然是屬於主客二分的科學認識的模式，它力圖認識外在的對象「是什麼」，也就是力圖求得邏輯的「真」。這種「看」，並不是審美的「看」，因為它不能生成一個情景交融的意象世界，即一個完整的、充滿意蘊的感性世界，不能使人感受到審美的情趣。這種「看」，對於博物館工作者、文物工作者、油畫修復專家等等人士是有用的，甚至是可以使他們入迷的，但對於廣大觀眾來說，是乏味的，沒有意義的。

註201　詹姆金斯·埃爾金斯：《視覺品位》（How to use your eyes），第 29 ~ 30 頁，三聯書店，2006。

17世紀荷蘭的布上油畫上的裂縫形狀

　　埃爾金斯的這個例子說明，即使在你面前的是一件藝術作品，如果你採用科學認識的眼光（主客二分的眼光）去看它，那你進行的也還是認識活動，而不是審美活動（美感活動）。

（二）美感是體驗

　　美感不是認識，而是體驗。

　　根據伽達瑪的研究，「體驗」這個概念是 19 世紀 70 年代由狄爾泰加以概念化的。「體驗」的德語原文（Erlebnis）是「經歷」（Erleben）的再構造，而「經歷」又是生命、生存、生活（leben）的動詞化。因此，「體驗」是一種跟生命、生存、生活密切關聯的經

歷，「生命就是在體驗中所表現的東西」，「生命就是我們所要返歸的本源」[202]。同時，「體驗」是一種直接性，「所有被經歷的東西都是自我經歷物，而且一同組成該經歷物的意義，即所有被經歷的東西都屬於這個自我的統一體，因而包含了一種不可調換、不可替代的與這個生命整體的關聯」[203]。「體驗」又是一種整體性，「如果某物被稱之為體驗，或者作為一種體驗被評價，那麼該物通過它的意義而被聚集成一個統一的意義整體」，「這個統一體不再包含陌生性的、對象性的和需要解釋的東西」，「這就是體驗統一體，這種統一體本身就是意義統一體」。[204] 這種體驗統一體，在胡塞爾那裡，就被理解為一種意向關係（我們在上一章談到現象學的意向性理論），「只有在體驗中有某種東西被經歷和被意指，否則就沒有體驗」。[205]

那麼，美感和這種「體驗」是什麼關係呢？伽達瑪的回答是：「審美經驗不僅是一種與其他體驗相並列的體驗，而且代表了一般體驗的本質類型。」[206] 他認為，在審美體驗中存在著一種「意義豐滿」，這種意義豐滿「代表了生命的意義整體」。他說：「一種審美體驗總是包含著某個無限整體的經驗。」[207]

伽達瑪對於「體驗」概念的論述對我們很有啟發。我們可以以此為起點，參照王夫之關於「現量」的論述，對美感作為體驗的性質作

註202　伽達瑪（高達美, Hans-Georg Gadamer, 1900～2002）：《真理與方法》（*Wahrheit und Methode / Truth and Method*）上卷，第 77～90 頁，上海譯文出版社，1999。

註203　同上書，第 85～86 頁。

註204　伽達瑪：《真理與方法》，第 83～84 頁。

註205　同上書，第 84 頁。

註206　同上書，第 89 頁。

註207　同上書，第 90 頁。

簡要的分析。

王夫之從印度因明學中引進「現量」的概念，用來說明美感（審美活動）的性質。我們先看王夫之對「現量」的說明：

「現量」，「現」者有「現在」義，有「現成」義，有「顯現真實」義。「現在」，不緣過去作影；「現成」，一觸即覺，不假思量計較；「顯現真實」，乃彼之體性本自如此，顯現無疑，不參虛妄。……「比量」，「比」者以種種事比度種種理：以相似比同，如以牛比兔，同是獸類；或以不相似比異，如以牛有角比兔無角，遂得確信。此量於理無謬，而本等實相原不待比，此純以意計分別而生。……「非量」，情有理無之妄想，執為我所，堅自印持，遂覺有此一量，若可憑可證。**208**

我們再看「現量」的這三層含義如何在美感活動中體現。先說「現在」。

「現在」，就是當下的直接的感興，不需要藉助過去的知識或邏輯的分析演繹作為「媒介」。

當下的直接感興，就是親身的直接的經歷，也就是伽達瑪說的，「體驗」一詞最早就是從與生命、生活緊密聯繫的「經歷」一詞轉化來的，因此，「體驗」是自我生命整體的經歷。王夫之一再強調：「身之所歷，目之所見，是鐵門限。」**209** 他總是把「心」、「目」並提，因為「心」、「目」是親身直接經歷的要素。王夫之這類話很

註208　王夫之：《相宗絡索·三量》，《船山全書》第十三冊。

註209　王夫之：《薑齋詩話》卷二。

多，如：「心目之所及，文情赴之」[210]，「只於心目相取處得景得句」[211]，「與心目不相睽離」[212]，「心中目中與相融洽」[213]，「擊目經心」[214]，等等。「**身之所歷，目之所見**」，「**心目之所及**」，這是**體驗的最原始的含義，就是當下的直接的感興，就是「現在」**。[215]

王夫之強調美感的直接性，顯然受到禪宗的影響。

禪宗強調當下直接的體驗，強調剎那片刻的真實。《壇經》說：「西方剎那間，目前便見」。石頭希遷強調「觸目會道」。[216] 臨濟義玄說：「有心解者，不離目前。」[217] 石霜禪師說：「無邊剎境，自他不隔於毫端；十世古今，始終不離於當念。」[218] 有僧問興善惟寬禪師：「道在何處？」惟寬說：「只在目前。」[219]

禪宗的「庭前柏樹子」的故事最能說明這種強調直接性的思想。《五燈會元》記載：

註210　王夫之：〈謝莊《北宅秘園》評語〉，《古詩評選》卷五。

註211　〈張子容《泛永嘉江日暮回舟》評語〉，《唐詩評選》卷三。

註212　〈宋孝武帝《濟曲阿後湖》評語〉，《古詩評選》卷五。

註213　王夫之：《薑齋詩話》。

註214　〈謝靈運〈登上戌石鼓山詩〉評語〉，《古詩評選》卷五。

註215　魏晉南北朝的鐘嶸也強調這種美感的直接性，他稱之為「直尋」：「『思君如流水』，既是即目，『高臺多悲風』，亦惟所見，『清晨登隴首』，羌無故實，『明月照積雪』，詎出經史？觀古今勝語，多非補假，皆由直尋。」

註216　「觸目不會道，運足焉知路？」見《五燈會元》上冊（卷五），第255頁，中華書局，1984。

註217　《臨濟慧照禪師語錄》，《大正藏》17冊。

註218　《古尊宿語錄》卷十一，第179頁，中華書局，1994。

問：「如何是祖師西來意？」師曰：「庭前柏樹子！」曰：「和尚莫將境示人？」師曰：「我不將境示人。」曰：「如何是祖師西來意？」師曰：「庭前柏樹子。」**220**

對這個故事的含義，一般的理解是否定邏輯的至上性，即是說，佛法大道是不可問、不可說的，也就是超邏輯的。這樣理解沒有錯。但是還應該有更深一層的理解。更深一層的理解就是：佛法大道就在當下眼前的這個世界。也就是說，當下眼前的這個世界，就是最真實的世界，就是「意義統一體」。「庭前柏樹子」的意義，不在於它是某個抽象理念（本質）的顯現，不在於它是某個抽象理念的比喻，也不在於它是某一類事物的典型（代表），而就在「庭前柏樹子」本身，就在「庭前柏樹子」本身顯現的感性世界，它的意義就在它本身，而不在它之外。

美感就是如此。**美感是「現在」。**美不是抽象的邏輯概念（柏拉圖、黑格爾的理念世界），美也不是某一類事物的完美典型（代表），美就是「庭前柏樹子」，也就是當下的直接感興所顯現的世界。

這裡有一個問題：「現在」是「瞬間」，「瞬間」的感知如何能有一個意義豐滿的完整的世界？

對此，王夫之有一段話提供瞭解答：

有已往者焉，流之源也，而謂之曰過去，不知其未嘗去也。有將來者焉，流之歸也，而謂之曰未來，不知其必來也。其當前而謂之現在者，為之名曰剎那；謂如斷一絲之頃。不知通已往將來之在念中者，皆其現在，

註219　普濟：《五燈會元》上冊（卷三），第166頁，中華書局，1984。

註220　普濟：《五燈會元》上冊（卷四），第202頁，中華書局，1984。

而非僅剎那也。[221]

　　王夫之的意思是說，已往並未過去，而將來則必定要來，已往、將來都在念中，都是「現在」，所以「剎那」並沒有中斷歷史，它依然可以顯現一個完整的世界。正如王夫之在另一處所說：「就當境一直寫出，而遠近正旁情無不屆。」[222]

　　胡塞爾關於「現象學時間」的論述，可以看作是對王夫之上述論斷的一種說明。

　　張祥龍在介紹胡塞爾「現象學時間」的思想時說：「絕對不可能有一個孤立的『現在』，因而也就不可能有傳統的現象觀所講的那種孤立的『印象』；任何『現在』必然有一個『預持』（前伸）或『在前的邊緣域』，以及一個『保持』（重伸）或『在後的邊緣域』。它們的交織構成具體的時刻。」[223] 這樣，意向性行為就有了一種潛在的連續性、多維性和熔貫性，成為一道連續構成著的湍流。所以胡塞爾說：「直觀超出了純粹的現在點，即：它能夠意向地在新的現在中確定已經不是現在存在著的東西，並且以明證的被給予性的方式確認一截過去。」[224]

　　張世英在論述海德格關於瞬間（時間）的「超出」的特性時所說的一段話，也可以看作是對王夫之上述論斷的一種說明。

　　張世英說：「時間距離小至於零，實際上就是瞬間。歷史的變遷和消逝的特性，其最根本的、最明顯的表現在於瞬間。人生活於歷史

註221　王夫之：《尚書引義》卷五，《船山全書》第二冊，第389～390頁。

註222　杜甫《初月》評語，《唐詩評選》卷三。

註223　張祥龍：《當代西方哲學筆記》，第193頁，北京大學出版社，2005。

註224　胡塞爾：《現象學的觀念》，第56～57頁，上海譯文出版社，1986。

中，也就是生活於瞬間中。瞬間實際上沒有『間』，它既是背向過去，也是面向未來，它絲毫不帶任何一點停滯於在場者的性格，而是變動不居、生生不息的，它的惟一特性就是『超出』（Standingout, ecstasy）。」**225**「超出」或「超出自身」是瞬間的特性即時間的特性，這是海德格的說法。張世英接著說：「在『超出自身』中，在場與不在場、自身與非自身、內和外的界限被打破了、跨越了，事物間的非連續性（包括歷史的非連續性，古與今的界限，過去、現在、未來之間的界限）被超越了。世界、歷史由此形成了一個由在場者與無窮無盡的不在場者相結合的無底深淵，或者說，形成了一個無盡的、活生生的整體。」**226** 張世英認為，**正是由於時間總是超出自身的，人才能超出自身而融身於世界。也正因為這樣，人生才有了豐富的意義和價值，而不致成為過眼雲煙。**

因此，審美體驗的「現在」的特性，不僅有瞬間（剎那）性和非連續性，而且有連續性和歷史性。**在審美體驗中，可以有一種「直接熔貫性」227，可以存在一種「意義的豐滿」，或如伽達瑪所說：「一種審美體驗總是包含著某個無限整體的經驗」。**所以審美體驗的「現在」的特性，包含有瞬間無限、瞬間永恆的含義。朱光潛說：「在觀賞的一剎那中，觀賞者的意識只被一個完整而單純的意象佔住，微塵對於他便是大千；他忘記時光的飛馳，剎那對於他便是終古。」**228**

註225 張世英：《哲學導論》，第336頁，北京大學出版社，2002。

註226 同上。

註227 張祥龍：《當代西方哲學筆記》，第192頁，北京大學出版社，2005。

註228 朱光潛：《文藝心理學》，《朱光潛美學文集》，第一卷，第17頁，上海文藝出版社，1982。

宗白華認為審美的人生態度就是「把玩『現在』，在剎那的現量的生活裡求極量的豐富和充實」，如王子猷暫寄人空宅住，也馬上令人種竹，申言「何可一日無此君」。[229] 馬丁·布伯（Martin Buber, 1878～1965）曾指出，**當人局限在主客二分的框框中，主體（「我」）只有過去而沒有現在**。他說：「當人沉湎於他所經驗所利用的物之時，他其實生活在過去裡。在他的時間中沒有現時。除了對象，他一無所有，而對象滯留於已逝時光。」他指出，「現在」是當下，但又是永恆：「現時非為轉瞬即逝、一掠而過的時辰，它是當下，是常駐；對象非為持續連綿，它是靜止、遲滯、中斷、僵死、凝固、關係匱乏、現時喪失。」他說：「**本真的存在佇立在現時中，對象的存在蜷縮在過去裡。**」[230] 這就是說，只有超越主客二分，才有「現在」，而只有「現在」，才能照亮本真的存在。這是極其深刻的思想。

王蒙在談到小說藝術中瞬間即永恆的魅力時，舉了《紅樓夢》中兩個例子。一個例子是《紅樓夢》第十九回。一個中午，寶玉找黛玉聊天，他們躺在一張床上，寶玉有一搭沒一搭的說些鬼話，黛玉用手帕子蓋上臉，只是不理。寶玉怕她睡出病來，便哄她道：「噯喲，你們揚州衙門裡有一件大故事，你可知道？」黛玉見他說的鄭重，只當是真事，因問：「什麼事？」寶玉就順口謅道，揚州有一座黛山，山上有個林子洞，洞裡有一群耗子精，那一年臘月初七，因為要熬臘八粥，老耗子就派小耗子去山下廟裡偷果品。紅棗、栗子、落花生、菱角都派人去偷了，只剩下香

註229 宗白華：〈論《世說新語》和晉人的美〉，見《藝境》，第136頁，北京大學出版社，1987。

註230 馬丁·布伯（Martin Buber, 1878～1965）：《我與你》（*Ich und Du*, 1923），第28頁，三聯書店，1986。

芋一種。只見一個極小極弱的小耗子道：「我願去偷香芋。」老耗子並眾耗子見他體弱，不准他去。小耗道：「我雖年小身弱，卻機謀深遠。我只搖身一變，也變成一個香芋，滾在香芋堆裡，暗暗的用分身法搬運，豈不巧妙？」眾耗子道：「你先變個我們瞧瞧。」小耗子笑道：「這個不難，等我變來。」說完搖身說「變」，竟變了一個最標緻美貌的小姐。眾耗子忙笑道：「變錯了，變錯了。原說變果子的，如何變出小姐來？」小耗子現形笑道：「我說你們沒見過世面，只認得這果子是香芋，卻不知鹽課林老爺的小姐才是真正的香玉呢。」黛玉聽了，翻身爬起來，按著寶玉笑道：「我把你爛了嘴的！我就知道你是編我呢。」這一回題目叫做「意綿綿靜日玉生香」。還有是第六十三回，寫怡紅院「群芳開夜宴」。大觀園的少女們聚在怡紅院內為寶玉做壽，等查夜的過去了，她們把院門一關，喝酒，行酒令，唱小曲，最後橫七豎八睡了一地。第二天襲人說：「昨兒都好上了，晴雯連臊也忘了，我記得她還唱了一個。」四兒笑道：「姐姐忘了，連姐姐還唱了一個呢。在席的誰沒唱過！」眾人聽了，都紅了臉，用兩手握著笑個不住。《紅樓夢》的這兩段都寫出了一個春天的世界，一個美的世界。王蒙說：「當寶玉和黛玉在一個晌午躺在同一個床上說笑話逗趣的時候，這個中午是實在的、溫煦的、帶著各種感人的色香味的和具體的，而作為小說藝術，**這個中午是永遠鮮活永遠不會消逝因而是永恆的**。當眾女孩子聚集在怡紅院深夜飲酒作樂為『怡紅公子』慶壽的時候，……**這是一個千金難買、永不再現的、永遠生動的瞬間，這是永恆與瞬間的統一**，這是藝術魅力的一個組成部分。」[231] 王蒙是從小說藝術的角度說的。從我們這裡談的審美體驗的角度來看，《紅樓夢》這兩段

註231　王蒙：《紅樓啟示錄》，第302頁，三聯書店，1991。

描寫說明，**審美體驗就是「現在」，「現在」是最真實的，「現在」照亮本真的存在，「現在」有一種「意義的豐滿」**，用王蒙的話說就是「千金難買」、「永遠鮮活、永遠不會消逝因而是永恆的」。「現在」是瞬間，「現在」又是永恆。

下面我們說「現成」。

「現成」就是指通過直覺而生成一個充滿意蘊的完整世界。**232**

審美直覺是剎那間的感受，它關注的是事物的感性形式的存在，它在對客體外觀的感性觀照的即刻，迅速地領悟到某種內在的意蘊。審美直覺不依賴抽象概念，它的最終成果也不以概念的形式加以表述。這就是王夫之說的「一觸即覺，不假思量計較」。美感的直覺性也就是美感的超邏輯、超理性的性質。王夫之強調，審美活動通過體驗來把握事物（生活）的活生生的整體。它不是片面的、抽象的（真理），不是「比量」，而是「現量」，是「顯現真實」，是存在的「真」。他指出：「『比量』，『比』者以種種事比度種種理：以相似比同，如以牛比兔，同是獸類；或以不相似比異，如以牛有角比兔無角，遂得確信。此量於理無謬，而本等實相原不待比，此純以意計分別而生。」「比量」是邏輯思維活動的結果，是邏輯的「真」（「於理無謬」），它用人的概念、語言把一個完整的存在加以分割（所謂「純以意計分別而生」），因而不能顯現事物（世界）的「本等實相」，不能「如所存而顯之」；而美感創造（意象世界）是「現量」，是超邏輯的直覺活動的結果（「一觸即覺，不假思量計

註232　我們平常用「現成」這個概念往往是指一個東西已擺在你面前，用不著再去生產和創造。也就是和「生成」相反的概念。這和王夫之在這裡說的「現成」是涵義不同的概念，要加以區分。

較」），它顯現事物（世界）本來的體性，是存在的「真」。宗白華說，「象」是要依靠「直感直觀之力」，直接欣賞、體味世界的意味。又說，「象」是自足的、完形的、無待的、超關係的，是一個完備的全體。[233] 王夫之和宗白華都強調審美直覺的整體性。這種整體性不同於邏輯思維的普遍規律。卡西勒說：「在科學中，我們力圖把各種現象追溯到它們的終極因，追溯到它們的一般規律和原理。在藝術中，我們專注於現象的直接外觀，並且最充分地欣賞著這種外觀的全部豐富性和多樣性。」[234] 這個特徵使得審美直覺不僅區別於邏輯思維，而且區別於科學直覺。因為科學直覺總是要指向一般規律，因而不能擺脫抽象概念。[235]

　　審美直覺之所以能顯現事物（生活）的活生生的整體，是因為它不僅包括感知，而且包括想像。

　　對想像有兩種理解。一種是指在意識中對一物的原本的摹仿或影像。這是舊形而上學的觀點。一種是指把出場的東西和未出場的東西綜合為一個整體的能力，這是從康德開始提出的觀點，後來胡塞爾、海德格又做了發展。康德說：「想像是在直觀中再現一個本身並未出場的對象的能力。」[236] 胡塞爾認為，即使是一個簡單的東西（thing），也要靠想像才能成為一個「東西」。例如一顆骰子，單憑知覺所得到的在場者，只是一個無厚度的平面，不能算作一個「東

註233　宗白華：《形上學（中西哲學之比較）》，見《宗白華全集》第一卷，第627、628頁，安徽教育出版社，1994。

註234　卡西勒：《人論》，第215頁。

註235　正因為審美直覺是不依賴於概念的，所以我們在本書中沒有使用流行已久的「形象思維」一詞，因為在嚴格意義上，凡思維都必須運用抽象概念。

註236　轉引自張世英《哲學導論》，第 48 頁，北京大學出版社，2002。

西」，我們之所以能在知覺到一個平面的同時就認為它是一顆立體的骰子，是一個有厚度的東西，乃是因為我們把未出場的其他方方面面通過想像與知覺中出現的在場者綜合為一個「共時性」（「同時」）和整體的結果。如果要把骰子之為骰子的內涵盡量廣泛地包括進來，則我們在知覺到骰子當場出場的一個平面時，還同時會想像到賭博、傾家蕩產、社會風氣、製造骰子的材料象牙、大象……等等一系列未出場的東西，正是這無窮多隱蔽在出場者背後的東西與出場者之間的複雜關聯構成骰子這個「東西」。骰子這個小小的「東西」之整體是如此，世界萬物之整體也是如此。[237]

以上兩種對想像的理解，前一種是再生性的（reproduktiv, 再造的），後一種是原生性的（produktiv, 生產的）。[238] 審美直覺所包含的想像，是後面這種，即原生性的想像，而不是前面那種，即再生性的想像。這種想像是可以在瞬間完成的。**陸機《文賦》中「觀古今於須臾，撫四海於一瞬」這兩句話就是說的想像的瞬間性。**所以這種想像與瞬間的直覺是不矛盾的。

正因為審美直覺包含這種想像，所以審美體驗才能提供一個活生生的整體，即一個完整的世界。[239]

註237　以上關於骰子的分析，引自張世英《哲學導論》，第 49 頁，北京大學出版社，2002。

註238　張祥龍：《當代西方哲學筆記》，第193頁，北京大學出版社，2005。

註239　所以杜夫海納說：「想像力首先是統一感性的能力。」「想像力在統一的同時，使對象無限發展，使它擴大到一個世界的全部範圍。」「只有當想像力受到知覺所專心致志的一個迫切對象的吸引和帶領時，這才有可能。」（杜夫海納：《美學與哲學》，第 67 頁，中國社會科學出版社，1985。）

正因為審美直覺包含這種想像，所以審美體驗才能有一種意義的豐滿。

　　張世英對此有一個說明：「我們如果要說明一個存在物，要顯示一個存在物的內涵和意蘊，或者說，要讓一個存在物得到『敞亮』（『去蔽』）、『澄明』，就必須把它放回到它所『隱蔽』於其中的不可窮盡性之中，正是這不可窮盡的東西之『集合』才使得一個存在物得到說明，得以『敞亮』。『敞亮』（『去蔽』）與『隱蔽』之所以能同時發生，關鍵在於想像。」**240**

　　審美體驗這種包含著想像的直覺，所得到的不是抽象的概念的王國，而是一個活生生的完整的、充滿意蘊的生活世界，即最真實的世界。這就是王夫之說的「現成」。

　　最後我們說「顯現真實」。

　　王夫之把「現量」的「現」字的最後一層含義規定為「顯現真實」，這一點非常有現代意味。「顯現」，就是王陽明說的「一時明白起來」，也就是海德格說的「去蔽」、「澄明」、「敞亮」。審美體驗是「現量」，這意味著審美體驗必然要創造一個意象世界，從而超越自我（海德格說的「綻出」），照亮一個本然的生活世界。這就是「顯現真實」，也就是「美」與「真」的統一。這一層意思我們在上一章已有比較詳細的論述，在這裡不再重複。

　　以上我們依照王夫之所說的「現在」、「現成」、「顯現真實」三層含義，對於審美體驗的最基本的性質作了分析。**審美體驗是與生命、與人生緊密相聯的直接的經驗，它是瞬間的直覺，在瞬間的直覺**

註240　張世英：《哲學導論》，第56頁，北京大學出版社，2002。

中創造一個意象世界（一個充滿意蘊的完整的感性世界），從而顯現（照亮）一個本然的生活世界。

所以我們說，美感不是認識，而是體驗。美感（審美體驗）是與人的生命和人生緊密相聯的，而認識則可以脫離人的生命和人生而孤立地把事物作為物質世界（對象世界）來研究。美感（審美體驗）是直接性（感性），是當下、直接的經驗，而認識則要盡快脫離直接性（感性），以便進入抽象的概念世界。美感（審美體驗）是瞬間的直覺，在直覺中得到的是一種整體性（世界萬物的活生生的整體），而認識則是邏輯思維，在邏輯思維中把事物的整體進行了分割。美感（審美體驗）創造一個充滿意蘊的感性世界（意象世界），「華奕照耀，動人無際」，這就是美，而認識則追求一個抽象的概念體系，那是灰色的，乏味的。

二、審美態度

在上一節我們說，美感不是認識。所以，一個人要想獲得美感，必須從主客二分的思維模式中跳出來。這可以說是美感（審美活動）在主體方面的前提條件。

人生之初，都有一個原始的天人合一或不分主客的階段，在這個階段中，談不上主體對客體的認識。隨著歲月的增多，人逐漸有了自我意識，有了主體與客體的分別，因而也有了認識和知識。由於長期習慣於用主客關係的模式看待人和世界的關係，所以很多人在一般情況下往往都缺少詩意和美感。為了得到詩意和美感就必須超越主客關係的模式，為進入天人合一的審美境界準備條件。這種條件，在西方美學史上，叫做審美態度。在中國美學史上，叫做審美心胸。

朱光潛《談美》的第一節就是談審美態度。在這一節中，朱光潛舉了一個很有名的例子，就是「我們對於一顆古松的三種態度」：

假如你是一位木商，我是一位植物學家，另外一位朋友是畫家，三人同時來看這棵古松。我們三人可以說同時都「知覺」到這棵樹，可是三人所「知覺」到的卻是三種不同的東西。你脫離不了你的木商的心習，你所知覺到的只是一棵做某事用值幾多錢的木料。我也脫離不了我的植物學家的心習，我所知覺到的只是一棵葉為針狀、果為球狀、四季常青的顯花植物。我們的朋友——畫家——什麼事都不管，只管審美，他所知覺到的只是一棵蒼翠勁拔的古樹。我們三人的反應態度也不一致。你心裡盤算它是宜於架屋或是製器，思量怎樣去買它，砍它，運它。我把它歸到某類某寇裡去，注意它和其他松樹的異點，思量它何以活得這樣老。我們的朋友卻不這樣東想西想，他只在聚精會神地觀賞它的蒼翠的顏色，它的盤屈如龍蛇的線紋以及它的昂然高舉、不受屈撓的氣概。**241**

　　朱光潛說，這個例子說明「有審美的眼光才能見到美」。「這顆古鬆對於我們的畫畫的朋友是美的，因為他去看它時就抱了美感的態度。你和我如果也想見到它的美，你須得把你那種木商的實用的態度丟開，我須得把植物學家的科學的態度丟開，專持美感的態度去看它。」**242**

註241　朱光潛：〈談美〉，見《朱光潛美學文集》第一卷，第448～449頁。

註242　同上書，第449頁。丹麥大批評家勃蘭兌斯（Georg Morris Cohen Brandes, 1842～1927）在他的《十九世紀文學主流》一書中曾有類似的論述，他說：「我們觀察一切事物，有三種方式——實際的、理論的和審美的。一個人若從實際的觀點來看一座森林，他就要問這森林是否有益於這地區的健康，或是森林主人怎樣計算薪材的價值；一個植物學者從理論的觀點來看，便要進行有關植物生命的科學研究；一個人若是除了森林的外觀沒有別的思想，從唯美的或藝術的觀點來看，就要問它作為風景的一部分其效果如何。」他接著說，奧斯維德（斯達爾夫人一部小說中的人物）缺乏這種審美的眼光，因為他的邏輯的能力和道德觀念把他的眼睛對新鮮事物的敏感都剝奪了。（《十九世紀文學主流》第一卷，第161頁，人民文學出版社，1958。）朱光潛的話可能受到他的影響。

朱光潛在這裡強調，要有審美態度（審美眼光）才能見到美，而要有審美態度，必須拋棄實用的（功利的）態度和科學的（理性的、邏輯的）態度。實用的、功利的眼光使你只看到松樹的實用價值以及和實用價值有關的性質，科學的、邏輯的眼光使你只看到松樹在植物學上的性質，這兩種眼光都遮蔽了松樹的本來的美的面貌。

　　馬克·吐溫在1883年出版的《密西西比河上的生活》（*Life On The Mississippi*）一書中也給我們提供了一個非常有趣的例子。馬克·吐溫談到他對密西西比河的前後兩種不同的感受。當他作為普通的旅客航行時，密西西比河日落的輝煌的景象使他酩酊大醉、狂喜不已：「寬闊的江面變得血紅；在中等距離的地方，紅的色調亮閃閃的變成了金色，一段原木孤零零地漂浮過來，黑黑的惹人注目；一條長長的斜影在水面上閃爍；另一處江面則被沸騰的、翻滾的漩渦所打破，就像閃耀著無數色彩的貓眼石一樣；江面上紅暈最弱的地方是一塊平滑的水面，覆蓋著雅緻的圓圈和向四周發散的線條，像描繪得十分雅緻的畫卷；左邊岸上是茂密的樹林，從樹林落下的陰森森的倒影被一條銀光閃閃的長帶劃破；在像牆一樣齊刷刷的樹林上，伸出一根光禿的枯樹幹，它那唯一一根尚有樹葉的枝椏在風中搖曳，放著光芒，像從太陽中流溢出來的暢通無阻的光輝中的一團火焰。優美的曲線、倒映的圖像、長滿樹木的高地、柔和的遠景；在整個景觀中，從遠到近，溶解的光線有規則地漂流著，每一個消失的片刻，都富有奇異的色彩。」[243] 但是當他成為汽船駕駛員後，這一切在他眼中都消失了。密西西比河對於他是一本教科書：「陽光意味著

註243　Mark Twain, *Life on the Mississippi*, New York, Penguin, 1984, pp.94 - 96. 譯文引自彭鋒《完美的自然》，第 31 ～ 32 頁，北京大學出版社，2005。

明天早上將遇上大風；漂浮的原木意味著河水上漲……；水面上的斜影提示一段陡立的暗礁，如果它還一直像那樣伸展出來的話，某人的汽船將在某一天晚上被它摧毀；翻滾的『沸點』表明那裡有一個毀滅性的障礙和改變了的水道；在那邊的光滑水面上圓圈和線條是一個警告，那是一個正在變成危險的淺灘的棘手的地方；在樹林的倒影上的銀色帶紋，是來自一個新的障礙的『碎滅』，它將自己安置在能夠捕獲汽船的最好位置上；那株高高的僅有一根活樹枝的枯樹，將不會持續太長的時間，沒有了這個友好的老路標，真不知道一個人在夜裡究竟怎樣才能通過這個盲區？」[244]

馬克‧吐溫最初看密西西比河是用審美的眼光。後來駕駛員的職業訓練使他採用了實用（功利）的眼光和科學（理性）的眼光。實用（功利）和科學（理性）是聯繫在一起的。你要使你駕駛的汽船安全行駛，你必須知道哪兒有暗礁，哪兒有淺灘，明天會不會起大風。這就要科學（理智）。科學（理智）的目標是為了認識真理（判斷真偽）。這是邏輯的「真」。實用的眼光和理智的眼光排斥審美的眼光。功利的「善」和邏輯的「真」遮蔽存在的「美」。

瑞士心理學家布洛（Edward Bullough, 1880 ～ 1934）用「心理的距離」來解釋這種審美態度。所謂「心理的距離」，就是指審美主體必須與實用功利拉開一定的距離。朱光潛在《文藝心理學》中對布洛的「心理的距離」的理論做了介紹。

朱光潛舉海上遇霧的例子來說明布洛說的「心理的距離」。朱光潛說，乘船的人們在海上遇著大霧，是一件最不暢快的事。呼吸不靈便，路

註244 同上。

程被耽擱，使人心焦氣悶。但是換了一個觀點來看，海霧卻是一種絕美的景緻。「看這幅輕煙似的薄紗，籠罩著這平謐如鏡的海水，許多遠山和飛鳥被它蓋上一層面網，都現出夢境的依稀隱約，它把天和海聯成一氣，你彷彿伸一隻手就可握住在天上浮游的仙子。你的四圍全是廣闊、沉寂、秘奧和雄偉，你見不到人世的雞犬和煙火，你究竟在人間還是在天上，也有些猶豫不易決定。這不是一種極愉快的經驗麼?」**245** 這就是布洛說的「心理的距離」。「距離」含有消極的和積極的兩方面。就消極的方面說，它拋開實際的目的和需要；就積極的方面說，它著重形象的觀賞。它把我和物的關係由實用的變為欣賞的。這就是叔本華說的「**丟開尋常看待事物的方法**」。用尋常看待事物的方法，看到的是事物的「常態」，例如糖是甜的，屋子是居住的，等等，都是在實用經驗中積累的。這種「常態」完全佔住我們的意識，我們對於「常態」以外的形象便視而不見，聽而不聞。經驗（實用經驗）日益豐富，視野也就日益窄隘。所以有人說，**我們對於某種事物見的次數愈多，所見到的也就愈少**。但是我們一旦丟開這種「尋常看待事物的方法」，即丟開從實用觀點看待事物的方法，就能看到事物的不尋常的一面，「於是天天遇見的、素以為平淡無奇的東西，例如破牆角伸出來的一枝花，或是林間一片陰影，便陡然現出奇姿異彩，使我們驚訝它的美妙」。**246**「這種陡然的發現常像一種『靈感』或『天啟』，其實不過是由於暫時脫開實用生活的約束，把事物擺在適當的『距離』之外去觀賞罷了。」**247**

註245　《朱光潛美學文集》第一卷，第 21 頁，上海文藝出版社，1982。

註246　同上書，第 23 頁。

註247　同上。

時間的距離和空間的距離也有助於產生美感，而時間的距離和空間的距離在實質上仍在於和實用拉開了距離。以空間距離為例。「我們在遊歷時最容易見出事物的美。東方人陡然站在西方的環境中，或是西方人陡然站在東方的環境中，都覺得面前事物光怪陸離，別有一種美妙的風味。這就因為那個新環境還沒有變成實用的工具，一條街還沒有使你一眼看到就想起銀行在哪裡，麵包店在哪裡；一顆不認得的樹還沒有使你知道它是結果的還是造屋的，所以你能夠只觀照它們的形象本身，這就是說，它們和你的慾念和希冀之中還存有一種適當的『距離』。」[248] 我們要注意，**這裡說的心理的「距離」，只是說和實用功利拉開距離，並不是說和人的生活世界拉開距離。事實上，實用的功利的眼光往往遮蔽了人的生活世界的本來面目，而審美的眼光由於超越了實用的眼光，所以反而能照亮世界的本來面目。**朱光潛說：「莫　、梵谷諸大畫家往往在一張椅子或是一隻蘋果中，表現出一個情趣深永的世界來。我們通常以為我們自己所見到的世界才是真實的，而藝術家所見到的僅為幻象。其實究竟哪一個是真實，哪一個是幻象呢？一條路還是自有本來面目，還是只是到某銀行或某商店去的指路標呢？這個世界還是有內在的價值，還是只是人的工具和障礙呢？」[249] 豐子愷也說：「藝術的繪畫中的兩隻蘋果，不是我們這世間的蘋果，不是甜的蘋果，不是幾個銅板一隻的蘋果，而是蘋果自己的蘋果。」「美秀的稻麥招展在陽光之下，分明自有其生的使命，何嘗是供人充飢的？玲瓏而潔白的山羊、白兔，點綴在青草地上，分明

註248　《朱光潛美學文集》第一卷，第 23 頁。

註249　同上書，第 24 頁。

是好生好美的神的手跡，何嘗是供人殺食的？草屋的煙囪裡的青煙，自己在表現他自己的輕妙的姿態，何嘗是燒飯的偶然的結果？池塘裡的樓台的倒影自成一種美麗的現象，何嘗是反映的物理作用而已？」「故畫家作畫的時候，眼前所見的是一片全不知名、全無實用而莊嚴燦爛的全新的世界。這就是美的世界。」[250]

當代西方某些美學家企圖推翻審美態度和「心理的距離」的理論。他們說，「心理的距離」是「分離式的經驗」，只停留在對事物外表的觀賞，是「霧裡看花」。很顯然，這是對布洛的距離說的誤解和曲解。他們提出一種新的審美模式即「介入式」的經驗模式，這種介入式模式強調審美主體要全面介入對象的各個方面，與對象保持最親近的、零距離的接觸。他們認為，馬克‧吐溫成為汽船的駕駛員之後對密西西比河日落的經驗就是介入式的審美經驗。但是他們根本沒有說明當了汽船駕駛員之後的馬克‧吐溫在實用功利考慮支配下的經驗如何是審美的經驗。連馬克‧吐溫自己都說，密西西比河給他的美感已經一去不復返了。這些美學家還認為欣賞自然物必須具有生物學、生態學、自然史的知識，例如，對於鯨魚，必須把它放在「哺乳動物」的範疇下才能感知它的美，如果把它放在「魚」的範疇下就只能感知它的笨拙和可怕了。這些美學家的這種主張完全脫離了人們的實際的審美經驗，在理論上有多大價值很值得懷疑。

西方美學中的審美態度的理論，在中國美學中就是審美心胸的理論。中國美學中審美心胸的理論發源於老子的思想。老子認為宇宙萬物

註250　〈藝術鑒賞的態度〉，見《豐子愷文集》第二卷，第572 ～ 573頁，浙江文藝出版社，1990。

的本體和生命是「道」，所以對宇宙萬物的觀照最後都應該進到對「道」的觀照。為了進行對「道」的觀照，就應該在自己心中把一切利害得失的考慮都洗滌乾淨，使自己獲得一個空明的心境，這就是老子提出的「滌除玄鑑」的命題。這個命題在魏晉南北朝的畫家宗炳那裡換了一種說法，就是「澄懷觀道」，其實意思是一樣的。莊子進一步發揮了老子的思想。莊子提出「心齋」和「坐忘」的理論。「心齋」、「坐忘」最核心的思想是要人們從自己內心徹底排除利害觀念，保持一個空明的心境。利害觀念是與人的心智活動聯繫在一起的，所以為了徹底排除利害觀念，不僅要「離形」、「墮肢體」，而且要「去知」、「黜聰明」，要「外於心知」。莊子認為，一個人達到了「心齋」、「坐忘」的境界，也就達到了「無己」、「喪我」的境界。這種境界，能實現對「道」的觀照，是「至美至樂」的境界，是高度自由的境界。莊子把這種精神境界稱之為「遊」。莊子書中提到「遊」的地方很多，如「逍遙遊」，如「乘天地之正，而禦六氣之辯，以遊無窮」，如「乘雲氣，禦飛龍，而遊乎四海之外」，如「遊心於物之初」，如「得至美而遊乎至樂」，[251] 等等，都是指這種徹底擺脫利害觀念的精神境界。所謂「遊」，本義是遊戲。遊戲是沒有功利目的的。《莊子‧在宥》篇有幾段話對「遊」作瞭解釋。「遊」是「無為」，是「不知所求」、「不知所往」。遊沒有實用目的，沒有利害計較，不受束縛，十分放任自由。莊子還用很多生動的寓言來說明這種「心齋」、「坐忘」的境界即「遊」的境界是一個人獲得審美自由的必要條件。莊子關於「心齋」、「坐忘」的論述，可以看作是超功利和超邏輯的審美心胸的真正的發現。

註251　《莊子‧逍遙遊》、《莊子‧田子方》。

在莊子之後，很多思想家、文學家、藝術家繼續關注和討論這個審美心胸的問題。審美心胸，在他們那裡有不同的稱呼，有的稱之為「平常心」，有的稱之為「童心」，有的稱之為「閑心」。

「平常心」是禪宗的概念。所謂「平常心」，一要破除「功利心」，二要破除「分別心」。禪宗認為，「功利心」和「分別心」遮蔽了一個萬紫千紅的世界。破除了「功利心」和「分別心」，換上一顆「平常心」，你就可以在最普通的生活中發現和體驗一個充滿生命的豐富多彩的美麗的世界。

「童心」是明代李贄和袁宏道等人常用的一個概念。李贄寫過一篇〈童心說〉。所謂「童心」，就是「真心」或「赤子之心」。「夫童心者，絕假純真，最初一念之本心也。」李贄認為，有「童心」，對世界才可能有真實的感受。他又認為，一個人學了儒家經典，有了知識，則言不由衷，人就成了「假人」，言就成了「假言」，文也就成了「假文」了。[252]公安派袁宏道等人也強調，「世人所難得者唯趣」，而只有保持童心、赤子之心的人，才能得到「趣」（美感）。袁宏道說：

夫趣之得之自然者深，得之學問者淺。當其為童子也不知有趣，然無往而非趣也。面無端容，目無定睛，口喃喃而欲語，足跳躍而不定；人生之至樂，真無逾於此時者。孟子所謂不失赤子，老子所謂能嬰兒，蓋指此也，趣之正等正覺最上乘也。……迨夫年漸長，官漸高，品漸大，有身如桎，有心如棘，毛孔骨節俱為聞見知識所縛，入理愈深，然其去趣愈遠矣。[253]

註252 《焚書》卷三〈童心說〉。

註253 《袁中郎全集》卷三〈敘陳正甫會心集〉。

袁宏道認為，一個人能保持童心，保持赤子之心，保持人的自然天性，就可以得到真正的「趣」。反過來，如果因為年歲大了，官做大了，聞見知識多了，各種利害得失的考慮多了，身心的束縛多了，離開「趣」也就越來越遠了。

　　用「閒心」這個概念的人就更多了。「閒」是與「忙」相對的。「忙」就是忙於實用的功利的活動。明代華淑說：「昔蘇子瞻晚年遇異人呼之曰：『學士昔日富貴，一場春夢耳。』夫待得夢醒時，已忙卻一生矣。」[254]「忙卻一生」就是由於功利心的驅使。功利心使一個人的心胸完全為利害得失所充塞，不空靈，不自由，不灑脫，患得患失，滯於一物，囿於一己。所謂「閒」，就是從直接的功利活動中暫時擺脫出來。宋代大儒程顥有名的詩：「雲淡風輕近午天，傍花隨柳過前川。時人不識予心樂，將謂偷閒學少年。」「閒來無事不從容，睡覺東窗日已紅。萬物靜觀皆自得，四時佳興與人同。道通天地有形外，思入風雲變態中。富貴不淫貧賤樂，男兒到此是豪雄。」程顥的意思是說，有了「閒心」，人才有可能從天地萬物、風雲變態中獲得一種精神享受，使自己超脫貧富貴賤等等實用功利的煩惱，達到「從容」、「自得」的境界。清代文學家張潮說：「人莫樂於閒，非無所事事之謂也。閒則能讀書，閒則能遊名山，閒則能交益友，閒則能飲酒，閒則能著書。天下之樂，孰大於是？」[255]張潮認為「閒」不是消極的，「閒」對於人生有積極的意義。有了「閒」，才能有一種從容、舒展的精神狀態。有了「閒」，才能思考生活，才能享受生活。

註254　明・華淑，〈題閒情小品序〉。

註255　《幽夢影》。

有了「閒」，才能有審美的心胸。而審美心胸使人們在人生的波動中保持一點寧靜，「靜者有深致」，從而可以發現事物本相的美。審美心胸又是自由空靈的，「空故納萬境」，無形中拓寬了生命的空間。清代文學家金聖嘆曾經感嘆，一般人都抱著「人生一世，貴是衣食豐盈」的觀念，整天緊張忙碌，一無閒暇，二無閒心，因而不能發現和欣賞生活中的美。**256**

但是人作為人，不能只有豐富的物質生活，還應該有精神生活，不能只是辛勤地創造生活，還應該充分地享有生活。這就不僅要「忙」，還要「忙」裡偷「閒」，要有「閒暇」，要有「閒心」。有了「閒心」，有了審美的心胸和審美的眼光，那麼你就能在很平常、很普通的生活中發現美。張潮說：

> 春風如酒，夏風如茗，秋風如煙，冬風如薑芥。
> 春聽鳥聲，夏聽蟬聲，秋聽蟲聲，冬聽雪聲，白晝聽棋聲，月下聽簫聲，山中聽松聲，水際聽欸乃聲，方不虛此生耳。**257**

春風、秋風、蟬聲、鳥聲，這些很平常的東西，有了審美的眼光、審美的心胸，都會給你一種樂趣，一種慰藉。正如清代戲劇家李漁所說：「若能實具一段閒情，一雙慧眼，則過目之物，盡在畫圖，入耳之聲，無非詩料。」**258**

註256 參看金聖嘆的《西廂記》評語。

註257 《幽夢影》。

註258 《閒情偶寄》。

總之，中國古代很多思想家、文學家都認為，一個人的「閒心」（審美心胸）乃是他進入審美活動的前提。有了「閒心」，就有審美眼光，就能發現生活中本來的美。這對一個人的人生來說是非常重要的。

三、美感與移情

在美感的整個過程中，始終伴隨著審美情感[259]。劉勰說：「登山則情滿於山，觀海則意溢於海。」[260]「目既往還，心亦吐納。」[261]又說：「興者，起也。……起情故興體以立。」沒有審美情感，就沒有審美意象（「胸中之竹」），當然也就沒有美感（「感興」）。[262]

在這裡，我們要談一下西方美學史中的移情說。朱光潛在《文藝心理學》和《西方美學史》中都對移情說做過重點的介紹。

朱光潛說：「什麼是移情作用？用簡單的話來說，它就是人在觀察外界事物時，設身處在事物的境地，把原來沒有生命的東西看成有生命的東西，彷彿它也有感覺、思想、情感、意志和活動，同時，

註259　我們說的「審美情感」，區別於一般的日常情感。因為美感具有無功利性，因為審美對象是非實在的審美意象，因此審美情感並不是審美主體的個人的切身利害所引發的情感。有人把審美情感稱之為「幻覺情感」。也正因為它不同於切身利害所引發的日常情感，所以全人類各種各樣的複雜情感，如悲哀、喜悅、愁緒、歡欣、憤怒、恐懼、絕望、傷感……等等，都能湧進審美主體的心中。正如卡西勒在談到貝多芬《第九交響曲》時所說的：「我們所聽到的是人類情感從最低音調到最高音調的全音階；它們是我們整個生命的運動和顫動。」（《人論》，第191頁，上海譯文出版社，1985。）這些喜怒哀樂的情感不是主體的切身利害所引發的，所以和主體有某種距離，主體不會陷入其中而不能自拔。同時，又正因為這些情感不是個體的切身利害所引發的，所以這些情感進入主體心中之後，主體可以對這些情感進行認同，從而使自己十分真實和十分強烈地為這些幻覺情感所打動。

註260　《文心雕龍·神思》。

註261　《文心雕龍·物色》。

註262　《文心雕龍·比興》。

人自己也受到對事物的這種錯覺的影響，多少和事物發生同情和共鳴」。[263]「『移情作用』是把自己的情感轉移到外物上去，彷彿覺得外物也有同樣的情感。這是一個極普遍的經驗。」[264]「最明顯的例是欣賞自然。大地山河以及風雲星斗原來都是死板的東西，我們往往覺得它們有情感，有生命，有動作，這都是移情作用的結果。比如雲何嘗能飛？泉何嘗能躍？我們卻常說雲飛泉躍。山何嘗能鳴？谷何嘗能應？我們卻常說山鳴谷應。詩文的妙處往往都從移情作用得來。例如『天寒猶有傲霜枝』句的『傲』，『雲破月來花弄影』句的『弄』，『數峰清苦，商略黃昏雨』句的『清苦』和『商略』，『徘徊枝上月，空度可憐宵』句的『徘徊』、『空度』、『可憐』，『相看兩不厭，惟有敬亭山』句的『相看』和『不厭』，都是原文的精彩所在，也都是移情作用的實例。」[265]又說：「移情的現象可以稱之為『宇宙的人情化』，因為有移情作用然後本來只有物理的東西可具人情，本來無生氣的東西可有生氣。」[266]

朱光潛認為，移情作用就是在審美觀照時由物我兩忘進到物我同一的境界。他說：「在聚精會神的觀照中，我的情趣和物的情趣往復回流。有時物的情趣隨我的情趣而定，例如自己在歡喜時，大地山河都隨著揚眉帶笑，自己在悲傷時，風雲花鳥都隨著黯淡愁苦。惜別時蠟燭可以垂淚，興到時青山亦覺點頭。有時我的情趣也隨物的姿態而

註263　朱光潛：《西方美學史》下卷，第250～251頁，人民文學出版社，1964。

註264　朱光潛：〈談美〉，見《朱光潛美學文集》第一卷，第463頁，人民文學出版社，1982。

註265　朱光潛：《文藝心理學》，《朱光潛美學文集》第一卷，第41頁。

註266　朱光潛：〈談美〉，見《朱光潛美學文集》第一卷，第465頁，人民文學出版社，1982。

定，例如睹魚躍鳶飛而欣然自得，對高峰大海而肅然起敬，心情濁劣時對修竹清泉即洗刷淨盡，意緒頹唐時讀《刺客傳》或聽貝多芬的《第五交響曲》便覺慷慨淋漓。**物我交感，人的生命和宇宙的生命互相回還震盪，全賴移情作用。」**[267]

中國古代很多思想家、藝術家都談到這種移情現象。如：「思苦自看明月苦，人愁不是月華愁。」[268]「夕陽能使山遠近，秋色巧隨人慘舒。」[269] 都是說景色帶上人的情感的色彩，這就是移情。劉勰在《文心雕龍》中說：**「目既往還，心亦吐納。」**[270]**「情往似贈，興來如答」**。[271] 錢鍾書認為，劉勰這「心亦吐納」、「情往似贈」八字已包含西方美學所稱「移情作用」。[272]

朱光潛考察了移情說在西方美學史上的發展過程。他說，最早亞里士多德已注意到移情現象。亞里士多德在《修辭學》中曾指出荷馬常常用隱喻把無生命的東西變成活的，例如他說，「那塊**無恥的**石頭又滾回平原」，「矛頭**站**在地，**渴想吃肉**」，「矛頭**興高采烈地闖進**他的胸膛」等等。到了近代，很多美學家也接觸到移情現象，不過還沒有用「移情作用」這個詞。如《德國美學史》的作者洛慈（Johannes Baptist Lotz, 1903~1992）就曾對移情現像作過如下的描述：

註267 朱光潛：《文藝心理學》，《朱光潛美學文集》第一卷，第 41 頁。

註268 唐·戎昱：〈江城秋夜〉。

註269 晁說之：〈偶題〉，見《嵩山集》卷七。

註270 《文心雕龍·物色》。

註271 同上。

註272 《管錐編》第三冊，第1182頁，中華書局，1979。

我們的想像每逢到一個可以眼見的形狀，不管那形狀多麼難駕馭，它都會把我們移置到它裡面去分享它的生命。這種深入到外在事物的生命活動方式裡去的可能性還不僅限於和我們人類相近的生物，我們還不僅和鳥兒一起快活地飛翔，和羚羊一起歡躍，並且還能進到蚌殼裡面分享它在一開一合時那種單調生活的滋味。我們不僅把自己外射到樹的形狀裡去，享受幼芽發青伸展和柔條臨風蕩漾的那種歡樂，而且還能把這類情感外射到無生命的事物裡去，使它們具有意義。我們還用這類情感把本是一堆死物的建築物變成一種活的物體，其中各部分儼然成為四肢和軀幹，使它現出一種內在的骨力，而且我們還把這種骨力移置到自己身上來。**273**

　　洛慈在這裡指出，移情現象的主要特徵是把人的生命移置到物和把物的生命移置到人，所差的只是他還沒有用「移情作用」這個詞。第一次用「移情作用」這個詞的是德國美學家勞伯特·費肖爾（Robert Vischer, 1847 ~1933），在他那裡，這個詞的意思是「把情感滲進裡面去」〔德文 Einfuhlung, 美國實驗心理學家惕慶納（Edward Bradford Titchener, 1867 ~ 1927）鑄造了 Empathy 這個英文字來譯它〕，「我們把自己完全沉沒到事物裡去，並且把事物沉沒到自我裡去：我們同高榆一起昂首挺立，同大風一起狂吼，和波浪一起拍打岸石」**274**。費肖爾反對用記憶或聯想來解釋這種移情現象，因為移情現像是直接隨著知覺來的物我同一，中間沒有時間的間隔可容許記憶或聯想起作用。對

註273　洛慈（Rudolf Hermann Lotze, 1817 ~ 1881）：《小宇宙論》（*Microcosmos: An Essay Concerning Man and His Relation to the World*, 1856-58, 1858-64）第 5 卷，第 2 章。轉引自朱光潛《西方美學史》下卷，第254頁，人民文學出版社，1964。

註274　轉引自朱光潛《西方美學史》下卷第257頁，人民文學出版社，1964。

移情說貢獻最大的是立普斯。朱光潛在《文藝心理學》中介紹移情說主要就是介紹立普斯的理論。

立普斯把希臘建築中的多立克石柱作為具體例子來說明移情作用。多立克石柱支撐希臘平頂建築的重量，下粗上細，柱面有凸凹形的縱直的橫紋。這本是一堆無生命的物質，一塊大理石。但我們在觀照這種石柱時，它卻顯得有生氣，有力量，彷彿從地面上聳立上騰。這就是移情作用。立普斯認為，這種移情作用產生美感。

朱光潛概括說，立普斯從三方面界定了審美的移情作用的特徵（當然這三方面是不能割裂的）。第一，「審美的對象不是對象的存在或實體，而是一體現一種受到主體灌注生命的有力量能活動的形象，因此它不是和主體對立的對象。」[275] 仍以多立克石柱為例。使我們感覺到聳立上騰的，即使我們起審美的移情作用的，並不是製造石柱的那塊石頭，而是「石柱所呈現給我們的空間意象」，即線、面和形體所構成的意象。不是一切幾何空間都是審美空間。「空間對於我們要成為充滿力量和有生命的，就要通過形式。審美的空間是有生命的受到形式的空間。它並非先是充滿力量的，有生命的而後才是受到形式的。形式的構成同時也就是力量和生命的形成。」[276] 這就是說，對象所顯出的生命和力量是和它的形式分不開的，二者（形式和意蘊）的統一體才是意象，也才是審美的對象。審美的對象是直接呈現於觀照者的感性意象。第二，「審美的主體不是日常的『實用的自我』而是『觀照的自我』，只在對象裡生活著的自我，因此它也不是和對象對立的主體」。[277] 這就是說，審美的移情作

註275　朱光潛：《西方美學史》下卷，第261～262頁，第264頁，人民文學出版社，1964。

註276　同上。

註277　同上。

用是一種直接的感受、經驗或生活，我必須與對象打成一片，就活在對象裡，親自體驗到我活在對象裡的活動，我才能感受審美欣賞所特有的那種喜悅。第三，「就主體與對象的關係來說，它不是一般知覺中對象在主體心中產生一個印像或觀念那種對立的關係，而是主體就生活在對象裡，對象就從主體受到『生命灌注』那種統一的關係。因此，對象的形式就表現了人的生命、思想和情感，一個美的事物的形式就是一種精神內容的象徵」。[278] 這就是形式與意蘊的統一，也就是意象的生成。立普斯在實際上已經指出，移情作用的核心乃是意象的生成，**移情作用之所以使人感受審美的愉悅，也是由於意象的生成。**

立普斯說過幾段非常重要的話：

在對美的對象進行審美的觀照之中，我感到精神旺盛，活潑，輕鬆自由或自豪。但是我感到這些，並不是面對著對象或和對象對立，而是自己就在對象裡面（朱光潛注：我面對著對象時，主客體對立；我在對象裡面時，主客體同一。只有在後一情況下才產生移情作用）。[279]

正如我感到活動並不是對著對象，而是就在對象裡面，我感到欣喜，也不是對著我的活動，而是就在我的活動裡面。我在我的活動裡面感到欣喜或幸福。[280]

從一方面說，審美的快感可以說簡直沒有對象。審美的欣賞並非對於一個對象的欣賞，而是對於一個自我的欣賞。它是一種位於人自己身上的

註278 朱光潛：《西方美學史》下卷，第261～262頁。

註279 立普斯（Theodor Lipps, 1851～1914）：《論移情作用》，載《古典文藝理論譯叢》第8期，人民文學出版社，1964。

註280 同上。

直接的價值感覺，而不是一種涉及對象的感覺。毋寧說，審美欣賞的特徵在於在它裡面我的感到愉快的自我和使我感到愉快的對象並不是分割開來成為兩回事，這兩方面都是同一個自我，即直接經驗到的自我。

從另一方面說，也可以指出，在審美欣賞裡，這種價值感覺畢竟是對象化了的。在觀照站在我面前的那個強壯的、自豪的、自由的人體形狀，我之感到強壯、自豪和自由，並不是作為我自己，站在我自己的地位，在我自己的身體裡，而是在所觀照的對象裡，而且只是在所觀照的對象裡。**281**

立普斯的這三大段話把移情作用的理論內涵說得非常清楚。根據這些論述，立普斯得出結論：移情作用的核心就是物我同一，而這正是美感的特徵，所以移情作用是一種美感的經驗：

審美快感的特徵從此可以界定了。這種特徵就在於此：審美的快感是對於一種對象的欣賞，這對象就其為欣賞的對象來說，卻不是一個對象而是我自己。或則換個方式說，它是對於自我的欣賞，這個自我就其受到審美的欣賞來說，卻不是我自己而是客觀的自我。（朱光潛注：立普斯既然把移情作用中的情感看作快感的原因，而且這種情感實際上是對象在主體上面引起而又由主體移置到對象裡面去的，所以他就認為欣賞的對象還是主體的『自我』。這種『自我』和主體的實在自我 [在現實中生活著的『自我』] 不同，它是移置到對象裡面的 [所以說它是『客觀的』]，即感到努力掙紮、自豪、勝利等情感的『自我』。）

這一切都包含在移情作用的概念裡，組成這個概念的真正意義。移情作用就是這裡所確定的一種事實：對象就是我自己，根據這一標誌，我的

註281 同上。

這種自我就是對象；也就是說，自我和對象的對立消失了，或則說，並不曾存在。**282**

　　從立普斯對於移情作用的這個界定，我們可以看到，立普斯的移情說，它的貢獻，並不在於它指出存在著移情這種心理現象，而是在於通過移情作用，揭示出美感（審美活動）的一個重要特徵，即情景相融、物我同一（自我和對象的對立的消失）。**審美活動的對象不是物，而是意象。移情作用的核心就是意象的生成，所以移情作用是一種美感活動。283** 立普斯的這一學說，給人們一個重要的啟發，即討論美感問題，必須超越主客二分的思維模式，而代之以「人─世界」合一的思維模式。

　　和「移情說」相關聯的還有一個「內模仿說」，朱光潛在《文藝心理學》和《西方美學史》中也都用了相當的篇幅做了介紹。主張「內模仿說」的是德國美學家和心理學家谷魯斯（Karl Groos, 1861～1946）。所謂「內模仿」，就是說在審美活動中，伴隨著知覺有一種模仿，這種模仿不一定實現為筋肉動作，它可以隱藏在內部，只有某種運動的衝動，所以稱為「內模仿」。谷魯斯認為這種「內模仿」是美感的精髓。但是谷魯斯的說法受到立普斯的批評。立普斯反對用生理學的觀點來解釋心理現象，因此他也反對用內模仿的器官感覺來解釋移情作用。他說：「在看一座大廈時，我感到一種內心的『擴張』，我的心『擴張』起來，我對我的內部變化起了這種特殊的感覺。與此相關的有肌肉緊張，也許是胸

註282　立普斯：《論移情作用》，載《古典文藝理論論叢》第 8 期，人民文學出版社，1964。

註283　立普斯「移情說」的這一理論內涵，朱光潛在《西方美學史》中曾有所強調，但似乎沒有引起學界的注意。當代一些西方學者攻擊「移情說」或企圖推翻「移情說」，他們似乎也沒有把握「移情說」的理論內涵。

部擴張時所引起的那種筋肉緊張。只要我的注意力是集中在這座寬敞的大廈上面，上述那些感覺對於我的意識當然就不存在。」[284] 因此他的結論是：「任何種類的器官感覺都不以任何方式闖入審美的觀照和欣賞。按照審美觀照的本性，這些器官感覺是絕對應該排斥出去的。」[285] 由於受到立普斯的批評，谷魯斯對他的主張做了一點修改，他承認他的理論只適用於「運動型」的人。這就意味著，他承認運動感覺（所謂「內模仿」）並不是審美欣賞中必然的普遍的要素。這樣一來，所謂「內模仿說」對於美感的意義當然就大為降低了。

朱光潛在《文藝心理學》和《西方美學史》中還討論了關於移情作用的一個問題，那就是，美感經驗是否一定帶有移情作用呢？朱光潛認為不一定。他的理由是，審美者可分為兩類（德國美學家佛拉因斐爾斯的分法），一類是「分享者」，一類是「旁觀者」。「分享者」觀賞事物，必起移情作用，把我放在裡面，設身處地，分享它的活動和生命。「旁觀者」則不起移情作用，雖分明察覺物是物，我是我，卻似能靜觀形象而覺其美。這個區分也就是尼采的酒神精神和日神精神的區分。朱光潛這一看法似不妥當。因為美感必有美，這個美就是審美意象，而審美意象必定是在情感和形式的滲透和契合中誕生的，這就是陸機所謂「情曈曨而彌鮮，物昭晰而互進」，也就是劉勰所謂「神用象通，情變所孕」。「移情作用」可有強弱的不同，但審美直覺不可能沒有移情作用。可以說審美直覺就是情感直覺。美感的創造性就是由審美情感所激發、推動和孕育的。

註284 立普斯：《論移情作用》，載《古典文藝理論論叢》第 8 期，人民文學出版社，1964。

註285 文克爾曼：《論古代藝術》，第133-134頁，中國人民大學出版社，1989。

四、美感與快感

　　美感的一個重要特性就是愉悅性，這是一種精神享受。這種精神的愉悅，從廣義來說，當然也是一種快感，但是我們平常所說的快感主要是指生理快感，即客體的形式質料方面的因素引起主體的感官或身體的一種直接的快適反應。那麼這兩種快感是什麼關係？生理快感是不是等同於美感？生理快感是不是可以轉化為美感？這是美學家長期討論的一個問題。

　　一些美學家把生理快感等同於美感。法國美學家顧約有一段話最有代表性：

> 我們每個人大概都可以回想起一些享受美味的經驗，與美感的享受無殊。有一年夏天，在庇里牛斯山裡旅行大倦之後，我碰見一個牧羊人，向他索乳，他就跑到屋裡取了一瓶來。屋旁有一小溪流過，乳瓶就浸在那溪裡，浸得透涼像冰一樣。我飲這鮮乳時好像全山峰的香氣都放在裡面，每口味道都好，使我如起死回生，我當時所感到那一串感覺，不是「愉快」兩字可以形容的。這好像是一部田園交響曲，不是耳裡聽來而是從舌頭嘗來。……味感實在帶有美感性，所以也產生一種較低級的藝術，烹調的藝術。柏拉圖拿烹調和修辭學相比，實在不僅是一種開玩笑的話。[286]

　　顧約在山裡喝冰得透涼的鮮乳，有起死回生的感覺。由此他得出快感（在這裡是味覺快感）和美感是一回事的結論。他認為，從舌頭可以嘗到一部田園交響曲。

註286　顧約：《現代美學問題》。轉引自朱光潛《朱光潛美學文集》第一卷，第 76 頁，上海文藝出版社，1982。

多數美學家認為美感是一種高級的精神愉悅，它和生理快感是不同的。如格蘭‧亞倫說，美感只限於耳、目兩種「高等感官」，而舌、鼻、皮膚、筋肉等「低等感官」則不能發生美感。**287**

我們也贊同這種看法：美感是一種高級的精神愉悅，應該把它和生理快感加以區分。區分的根據主要是兩點：第一，美感是超實用、超功利的，而生理快感則起於實用要求的滿足，如口渴時喝水所獲得的快感，肚餓時吃飯所獲得的快感；第二，美感的實質是情景交融、物我同一，美感必有一個審美意象，而生理快感完全受外來刺激所支配，它不可能出現情景交融、物我同一，不可能有審美意象。

但是，我們不要把生理快感和美感的這種區別加以絕對化。我們要注意以下幾點：

第一，人的美感，主要依賴於視、聽這兩種感官。視聽這兩種感官，按黑格爾的說法，是認知性感官。它們也是審美的主要感官。但在有些時候，視聽這兩種感官在引發美感的同時也引發一種生理性的快感，它們混雜在一起。在這種情況下，美感往往是精神愉悅和生理快感的複合體。金聖嘆在《西廂記》評點中曾一口氣例舉了生活中引起快感的三十幾種典型場景，其中就有這種美感與快感的混合，如：

其一，重陰匝月，如醉如病，朝眠不起，忽聞眾鳥畢作弄晴之聲。急引手搴帷，推窗視之，日光晶瑩，林木如洗，不亦快哉！

其一，冬夜飲酒，轉復寒甚，推窗試看，雪大如手，已積三四寸矣，不亦快哉！

其一，久客得歸，望見郭門兩岸童婦皆作故鄉之聲，不亦快哉！

註287　見《朱光潛美學文集》第一卷，第 75 頁。

金聖嘆說的這幾種「不亦快哉」都是視聽兩種感官得到的美感，而這幾種美感都夾雜著生理快感。當然，在這種精神愉悅和生理快感的複合體中，占主要地位的是精神愉悅。而且這裡的生理快感也包含著一定的精神因素，「日光晶瑩，林木如洗」使人感到潔淨、爽快，「雪大如手」使人感到興奮、暢快，「兩岸童婦皆作故鄉之聲」使人感到親切、快慰，推而廣之，紅色使人感到熱烈，綠色使人感到寧靜，平緩流暢的旋律使人心曠神怡，急速起伏的旋律使人緊張，等等。這就是格式塔心理學家說的「表現性」。

　　第二，除了視聽這兩種感官，其他感官〔格蘭·亞倫（Grant Allen, 1848～1899）說的「低等感官」〕獲得的快感，有時也可以滲透到美感當中，有時可以轉化為美感或加強美感，例如，欣賞自然風景時一陣清風帶給你的皮膚的快感，走進玫瑰園時的玫瑰的香味帶給你的嗅覺的快感，情人擁抱接吻時觸覺的快感，參加宴會時味覺的快感，等等。朱光潛曾舉出一些有名的詩句，如「暗香浮動月黃昏」，「三杯兩盞淡酒，怎敵它晚來風急」，「客去茶香餘舌本」，「冰肌玉骨，自清涼無汗」，這些詩句描繪的美感中就滲透著嗅覺、味覺、膚覺的快感。

　　這裡我想多談一點「香」的美感。朱光潛舉的這句詩：「暗香浮動月黃昏」，這裡有嗅覺的快感，但這句詩描繪的是美的氛圍，它給人的是一種美感。英國作家吉卜林說：「氣味要比景象和聲音更能撥動你的心弦。」[288] 玫瑰比任何花朵都更讓人著迷、動心、陶醉，這不僅因為它的色彩，也是因為它的香味。路易十四有一群僕人專門負責給他的房間噴灑玫瑰水，並用丁香、荳蔻、茉莉、麝香熬製的水清洗

註288　戴安娜·阿克曼：《感覺的自然史》，第 11 頁，花城出版社，2007。

羅丹　《吻》

他的襯衣和其他衣物。他下令每天給他發明一種新的香水。他還讓僕人在鴿子身上灑上香水，然後在宴會上放飛它們。拿破崙的皇后約瑟芬（Joséphine de Beauharnais, 1763 ~ 1814）的花園中有250種玫瑰。拿破崙本人則喜愛用苦橙花調製的科隆香水，他在1810年向他的香水調製師夏爾丹訂了162瓶。即使在最激烈的戰役中，他仍然不慌不忙地在豪華的帳篷裡挑選玫瑰或紫羅蘭香的護膚膏。[289] 中國的園林藝術家常用「香」來營造美的氛圍。「園林家說，香是園之魂。」[290] 如蘇州拙政園：「拙政園有『雪香雲蔚亭』、『玉蘭亭』、『遠香堂』，又有所謂香洲、香影廊，等等，就是在香上做文章。」[291] 如北京頤和園中的諧趣

註289　同上書，第 68 ~ 69 頁。

註290　朱良志：《曲院風荷》，第 3 ~ 5 頁，安徽教育出版社，2003。

註291　同上。

園：「夏日的諧趣園中，荷香四溢。坐於飲綠亭中聽香，真是攝魂盪魄。」[292] 又如揚州瘦西湖。前人詠瘦西湖有詩：「日午畫船橋下過，衣香人影太匆匆。」香，是瘦西湖的主題，是瘦西湖的神韻。瘦西湖「四季清香馥鬱，尤其是仲春季節，軟風細卷，弱柳婆娑，湖中微光瀲盪，岸邊數不盡的微花細朵」，「幽幽的香意，如淡淡的煙霧，氤氳在橋邊、水上、細徑旁，遊人匆匆一過，就連衣服上都染上這異香。唐代詩人徐凝有詩云：『天下三分明月夜，二分無賴是揚州。』在那微風明月之夜，漫步湖邊，更能體會這幽香的精髓。」[293]

所有這些幽香、清香、暗香、晚香所引起的嗅覺的快感，確實滲透到了美感之中，成了美感的一部分。對照前面談過的美感和快感的兩點區分，我們可以看到，第一，這種香味的快感，並不是起於實用要求的滿足，它本身也是超實用的；第二，這種香味的快感，不是單純的生理快感，它創造了一種氛圍，一種韻味，創造了一個情景交融的意象世界。[294] 這樣的快感，就成了美感，或轉化成為美感。中國古代很多詩人、畫家，常常有意識地追求這種美感，並在自己的作品中描繪這種美感。詩人追求「冷香飛上詩句」的境界。宋代詞人姜白石的〈暗香〉、〈疏影〉就是兩首有名的作品。畫家也追求「山氣花香無著處，今朝來向畫中聽」、「朱欄白雪夜香浮」的境界。[295]

註292　同上。

註293　朱良志：《曲院風荷》，第 3～5 頁。

註294　朱光潛曾指出，「所謂意象，原不必全由視覺產生，各種感覺器官都可以產生意象，不過多數人形成意象，以來自視覺者為最豐富」。（《詩論》，見《朱光潛美學文集》第二卷，第 58 頁，上海文藝出版社，1982。）

註295　朱良志：《曲院風荷》，第 6～7 頁，安徽教育出版社，2003。

在盲人和聾人的精神生活中，這種嗅覺和觸覺的快感在美感中所起的作用可能比一般人更大。伊朗的電影《天堂的顏色》（The color of Paradise）〔導演馬吉德・馬吉迪（Majid Majidi）〕，描寫一位名叫墨曼的盲童回到家鄉，他的妹妹陪他來到一片開滿野花的原野，他用雙手撫摩這些野花，浸沉在極大的審美愉快之中。這個畫面使我們想起醫學家索爾・尚伯格的話：「觸覺比語言和情感交流要強烈十倍。」「沒有哪一種感覺能像觸覺那樣讓人興奮。」[296] 這個畫面也使我們想起海倫・凱勒（美國盲聾女作家和教育家）的話：「我這個眼睛看不見的人僅僅通過觸摸就發現了成百使我感興趣的東西。」「春天我滿懷希望地觸摸樹枝，搜尋葉芽，這大自然冬眠後甦醒的第一個徵兆。我感受花朵令人愉快的絲絨般的質感，發現她驚人的盤繞結果，為我揭示出大自然的某種神奇。如果我非常幸運，偶爾當我把手輕輕地放在一顆小樹上時，會感覺到一隻小鳥高歌時快樂的震顫。」「對我來說，季節變換的華麗場面是一部激動人心的永無止境的戲劇，它的情節從我的手指尖上湧流而過。」[297]「很少有人知道，感覺到輕輕按在手裡的玫瑰或是百合花在晨風中美麗地擺動是多麼快樂的事情。」[298] 海倫・凱勒也談到嗅覺的快感：「一個美麗的春天的早晨，我獨自在花園涼亭裡讀書，逐漸意識到空氣中有一股好聞的淡淡的香氣。我突然跳起身來，本能地伸出了手。春之精靈似乎穿過了涼亭。『是什麼東西？』我問道，立刻我辨出了金合歡花的香氣。我摸索著走到了花

註296　戴安娜・阿克曼：《感覺的自然史》，第 84 頁。花城出版社，2007。

註297　海倫・凱勒：《我的人生故事》，第152頁。北京出版社出版集團，2005。

註298　同上書，第 33 頁。

園的盡頭，……不錯，那棵樹就在那兒，在溫暖的陽光下微微顫動，開滿花朵的樹枝幾乎垂到了長長的草上。世界上可曾有過如此美輪美奐的東西嗎？」[299] 從海倫・凱勒的審美經驗，我們可以看到嗅覺和觸覺的快感在盲人和聾人的美感中確實有著非常重要的作用。

在人的生理快感中，最重要的是與人的生物本能相聯繫的「食」、「色」這兩種快感。中國古人說：「食、色，性也。」[300]「食」、「色」是人的生物本能，「食」是為了維持人的個體生命的存在，「色」（性行為）是為了維持人的種族生命的延續。所以這兩種行為在人的生命和人類社會生活中佔有極其重要的地位。這兩種生理快感與美感的關係，當然會引起人的興趣。「食」本來是滿足人維持個體生命的實際需要，它是實用的、功利的。如果單純是為了吃飽肚子，那麼吃東西所產生的這種生理快感不構成美感。馬克思說過：「對於一個忍飢挨餓的人說來並不存在人的食物形式。」[301] 但是，在社會生產力發展到一定階段和人們生活水準提高到一定程度的時候，「食」就有可能不單純是為了吃飽肚子，而是在吃飽肚子的同時，追求食品的「美味」。這種「美味」的味覺快感，不同於吃飽肚子的味覺快感，它有了超實用、超功利的因素。同時，由於「食」是人們每天都不可缺少的生活內容，它必然與人的生活的其他方面聯繫在一起。在餐桌上，可能發生各種事：愛、友誼、生意、投機、權力、請求、庇護、野心、陰謀……。因而它必然體現某種歷史的、文

註299　同上書，第 25 頁。

註300　《孟子・告子上》。

註301　馬克思：《經濟學－哲學手稿》，見《馬克思恩格斯全集》第 42 卷，第126頁，人民出版社。

化的內涵，在某些時候甚至和重要的歷史事件聯結在一起，因此在某些場合，「食」就有可能具有審美的意蘊，有可能成為構成意象世界（美）的一種因素，味覺快感就可能轉化為精神性的美感。

所謂「色」，就是性行為，性的慾望和快感，這是人為維持種族延續的一種本能。

人的性行為，是不是一種美？或者說，人的性的慾望和快感，是不是一種美感？

歷史上很多思想家都指出，人的性的慾望和快感是人的生命力和創造力的噴發，反過來又提升人的生命力和創造力。人的性慾快感是一種符合人性需求的審美享受。[302] 在古希臘人看來，性慾快感就是一種美感。按照傅柯（Michel Foucault, 1926～1984）的研究，古希臘人的「愉悅」（aphvodisia）的概念，主要就體現為性慾快感的滿足。但是，人類的性愛，人類的性的慾望和快感，並不是單純的生物性的本能，它包含有精神的、文化的層面。人尋找性愛對象，不僅為了滿足性慾快感，而且是為了找到一個能夠與自己心靈相通的朋友，找到一個容貌、體態、性情、舉止、氣質、風度等等都為自己深愛的情人。所以性愛必然包含有精神的、文化的內涵，必然超越單純的性慾快感，而昇華為身與心、靈與肉、情與欲融為一體的享受。所以很多文學家都用很美的句子來描繪性愛。例如王實甫《西廂記》中的名句：「春至人間花弄色」，「露滴牡丹開」。

美國當代心理學家羅洛‧梅（Rollo May, 1909～1994）把單純的生物性的性慾快感稱為「性慾」，而把上升到精神、文化層面的性慾

註302　參看高宣揚《福柯的生存美學》，第476、477、484頁，中國人民大學出版社，2005。

快感稱為「愛欲」。性慾是肉體緊張狀態的積累與解除，愛欲則是對個人意向和行為意蘊的體驗。性慾是刺激與反應的韻律，愛欲則是一種存在狀態。性慾所指向的最終目標是滿足和鬆弛，是緊張狀態的消除，而愛欲的目標則是欲求、渴望、永恆的拓展、自我的不斷更新。表現為愛欲的愛是一種創造力，它推動人們為尋求真善美的更高形式而獻身。[303]

　　韋伯大辭典把「愛欲」定義為「熱烈的慾求」、「渴望」、「熱烈的自我完善的愛，通常有一種性感的性質」。根據這個定義，羅洛‧梅認為，「愛欲乃是一種吸引我們的力量」，「愛欲是一種內驅力，它推動我們與我們所屬之物結為一體——與我們自身的可能性結為一體，與生活在這個世界上並使我們獲得自我發現和自我實現的人結為一體。愛欲是人的一種內在慾望，它引導我們為追求高貴善良的生活而獻身」。[304] 羅洛‧梅說：「愛欲力圖在喜悅和激情中與對方融為一體，力圖創造出一種新的經驗層面，這種經驗層面將拓展和深化雙方的生存狀態。」「這兩個人，由於渴望戰勝個體生而固有的分離性和孤獨感，而在那一瞬間，參與到一種由真正的結合而不是孤立的個人體驗所構成的關係中。由此產生的共用狀態乃是一種新的經驗統一體，一種新的存在狀態，一種新的引力場。」「愛欲永遠推動我們超越自身。」[305] 這是人的自我超越，也是人的自我實現。

註303　羅洛‧梅：《愛與意志》（*Love and Will*, 1969），第 71、78 頁，國際文化出版公司，1987。

註304　羅洛‧梅：《愛與意志》，第 72～73 頁。

註305　同上書，第 74 頁。

羅洛‧梅認為，性愛（愛欲）可以給人豐富的體驗：一是產生出一種溫存感；二是可以獲得一種新的生命活力，從而獲得自身存在的確證；三是體驗到我能給他人以快樂，這樣就超越了自己的存在，從而獲得一種人生意義的拓展；四是由於體驗到你把自己給予對方，你才能夠從中得到極大的快樂，從而獲得一種激情喚起激情回報的體驗；最後，在性愛高潮的瞬間，戀人還有可能體驗到一種與大自然溶為一體的感覺，即與大自然同一的宇宙感。[306]

有了這種性愛（愛欲），人生就在一個重要層面上充滿了令人幸福的含義。本來是平淡的世俗生活就像玫瑰園一樣變得絢麗、浪漫而充滿芳香。性愛（愛欲）「把人引入由夢和醉所合成的詩意生存境界」，讓人「享受令人神魂顛倒、身心迷亂的良辰美景，以高潮迭起的審美快感一次又一次地歡度刻骨銘心的幸福時光」。[307]

人的這種性愛（愛欲）的高潮是一種高峰體驗，也是一種審美體驗。「那是最震撼人心的時刻。」[308] 它創造一種普通生活所沒有的審美情景和審美氛圍。那種瞬間的情景、氛圍和體驗，美得讓人窒息，美得讓人心碎。中國古人用「欲仙欲死」四個字來描繪這種高峰體驗。那是瞬間的美，而那個瞬間就是永恆。

五、美感與高峰體驗

「高峰體驗」是美國人本主義心理學家馬斯洛（Abraham Maslow, 1908～1970）提出的一個概念。

註306 同上書，第357～361頁。

註307 高宣揚：《福柯的生存美學》，第492頁，中國人民大學出版社，2005。

註308 羅洛‧梅：《愛與意志》。

「高峰體驗一詞是對人的最美好的時刻，生活中最幸福的時刻，是對心醉神迷、銷魂、狂喜以及極樂的體驗的概括。」[309] 馬斯洛舉例說，一個年輕的母親在廚房裡忙碌著，為她的丈夫和孩子準備早餐。太陽光照進屋裡，孩子們穿戴得整齊又乾淨，邊吃著飯邊喋喋不休地說著話。她丈夫和孩子們隨便說笑。這位母親看著她的丈夫和孩子們，突然陶醉於他們的美，自己對他們的巨大的愛，陶醉於自己的幸福，這就是一種高峰體驗。又如，一個女主人開了一個晚會，每一件事都進行得非常成功。那天晚上大家玩得非常開心。晚會結束了，她向最後一位客人道了晚安後，在一張椅子上坐下，看著四周的一片狼藉，進入了極度幸福歡欣的高峰體驗。馬斯洛把性愛體驗、父母體驗、神秘的廣大無邊的或自然的體驗、審美體驗、創造時刻等等列入高峰體驗。

馬斯洛通過心理學的調查和統計，對高峰體驗的特徵做了詳細的描述，其中有一些特徵確實就是審美體驗的特徵，或者是與審美體驗相類似的特徵。

1.處於高峰體驗中的人有一種比任何其他任何時候都更加整合（統一、完整、渾然一體）的自我感覺。同時，他也就更能與世界、與各種「非我」的東西融合，例如，創造者與他的產品合二而一，母親與她的孩子合為一體，藝術觀賞者化為音樂、繪畫、舞蹈，而音樂、繪畫、舞蹈也就變成了他，等等。這就是說，高峰體驗是自我的完滿的實現，同時是對自我的突破、超越，自我完全迷醉於對象，完全傾注到對象之中，從而達到一種天人合一、物我一體的境界。

註309　馬斯洛：《自我實現的人》，第 9 頁，三聯書店，1987。

2.高峰體驗中的認知是存在認知。在存在認知中，體驗或對象傾向於被看成是一個整體，一個完整的單位，超然獨立於任何關係、任何實用性、任何目的之外。我們將它看成好像是宇宙的一切，存在的一切。在存在認知中，知覺對象被全部地、充分地注意到。這可以稱為「完全的認知」。在這種注意中，所見的對象就是感知的主體，背景實際上消失了，或者至少不被突出地感知到。此刻好像圖像從其他萬物中孤立了出來，好像世界被遺忘了，好像感知對象暫時變成了存在的全體。這是不加比較的感知，這是不加判斷的感知。因為在這裡對象是唯一的，獨一無二的，它不是某一類別的一個例子，一個標本。而且這裡對象的一切特徵都是同樣重要的。就像一位母親滿懷母愛地感知她的嬰兒，這個嬰兒是驚人的、完滿的和迷人的。**他的迷人並不是因為他體現了嬰兒的一般（理念），並不是因為他是嬰兒的典型，而是因為他是獨一無二的。他就是存在的全體。**這又像兒童。兒童有一雙「明淨的眼睛」，他看一切事物都好像是第一次見到。他滿懷驚奇地註視某一事物，領會其一切特徵，因為一切特徵都是同等重要的。

這和普通的感知、科學的感知不同。在普通的感知、科學的感知中，對象和其他事物一道被感知，圖像和背景一道被感知，而且我們總是把對象歸入某一類之中。對象是某一類別中的一個例子，或一個標本。同時，普通的感知是抽象化的感知。抽象化就是一種選擇活動或過濾活動，選擇對象的某些對我們有用的方面，而把其他方面拋棄了。

3.存在認知和普通認知還有一個區別。存在認知如果不斷重複，感知會越來越豐富。一張我們所愛的臉蛋或一幅令人讚美的圖畫使我們神魂顛倒，反復看這張臉或這幅畫使我們愛之彌深，**而且能使我們看出越來越多的東西。**而在普通的感知中，我們只限於把對象劃分為有

用的或無用的，危險的或安全的，**在這種情況下，反復地看就會使對象顯得越來越空虛，看的時間越長，看到的東西越少。**

4.在高峰體驗中，人們往往會失去時空的感覺。在創造的迷狂中，詩人或藝術家全然沒有意識到他周圍的環境及時間的流逝，等到創造完成，他才好像大夢初醒。情人相愛的銷魂時刻，時間如風馳電掣般飛逝而過，一天就像一分鐘那樣短暫。反過來，這裡度過的一分鐘又像度過一天甚至一年那樣長。時間停滯不動，而又疾馳而過，這個悖論對於處於高峰體驗中的情人是真實的。

5.在高峰體驗中，表達和交流常常富有詩意，帶有一種神秘與狂喜的色彩，這種詩意的語言彷彿是表達這種存在狀態的一種自然而然的語言。他們變得更像詩人、藝術家，因為雪萊說過，「詩是最愉快最美好的心情的最愉快最美好的記錄」。

6.高峰體驗是一種終極體驗，而不再是手段體驗。也就是說，高峰體驗是一個自我肯定、自我確證的時刻，有著自身的價值。高峰體驗是一個擁有巨大價值的體驗，是一個偉大的啟示。

7.高峰體驗的歡悅是一種「屬於存在價值的歡悅」。這種歡悅具有一種遍及宇宙或超凡的性質，一種豐富充裕的、漫衍四溢的性質。「它有一種凱旋的特性，有時也許具有解脫的性質。它既是成熟的又是童真的。」

自由自在，悠然自得，灑脫出塵，無往不適，不為壓抑、約束和懷疑所圍，以存在認知為樂，超越自我中心和手段中心，超越時空，超越歷史和地域，凡此種種，皆與上述存在的歡悅密不可分。

8.處於高峰體驗中或經歷高峰體驗後的人有一種源承神恩、三生有幸的特殊感懷。他們的共同反映是感到「受之有愧」。在高峰體驗

中，人們經常有驚訝和意外之感，以及甜美的豁然開朗的震動。

「經歷高峰體驗後的普遍後果是一種感恩之情油然而生，這種猶如信徒對於上帝，以及普通人對於命運、對於自然、對於人類、對於過去、對於父母、對於世界、對於曾有助他獲得奇蹟的所有一切的感激之情。這種感激之情可以成為一種敬仰、報答、崇拜、頌揚、奉獻等等反應。」「這種感恩之情常常表現為一種擁抱一切的對於每個人和萬事萬物的愛，它促使人產生一種『世界何等美好』的感悟，導致一種為這個世界行善的衝動，一種回報的渴望，甚至一種責任感。」

馬斯洛對高峰體驗的描述不限於這八條，但這八條和美感的關係最密切。[310]

總之，馬斯洛說，高峰體驗「不僅是最幸福、最激動人心的時刻，而且是人們最高程度的成熟、個性化和實現的時刻」。在這個時刻，他更加整合，更具有創造力，更加超越自我。「他更真實地成為他自己，更完全地實現了他的潛能，更接近於他的存在的核心，更完全地具有人性」。隨著他更接近他的存在與完美性，他也就更容易感知世界的存在價值。[311]

馬斯洛對高峰體驗的這些描述，指出高峰體驗是物我一體的境界；高峰體驗的對象是存在的全體，是獨一無二的；高峰體驗是富有詩意的；高峰體驗是自我超越，又是自我確證，在高峰體驗中，更容易見到世界的存在價值，同時也更加接近自己的存在和完美性；高峰

註310 以上馬斯洛關於高峰體驗的論述，均引自馬斯洛《自我實現的人》，第255～324頁，三聯書店，1987。

註311 馬斯洛：《自我實現的人》，第312、315、316頁。

體驗是一種純粹的歡悅，是一種屬於存在價值的歡悅，等等；這些都是美感（審美體驗）的重要特徵。特別馬斯洛對高峰體驗的如下一些描述：在高峰體驗中，感知對象的意蘊會越來越豐富；在高峰體驗中，往往會失去時空的感覺；高峰體驗會引發一種感恩之情，一種擁抱一切的對於每個人和萬事萬物的愛，從而引發一種回報的渴望；這些也都是美感（審美體驗）的特徵，但常常被人們忽略，在過去的美學書籍中也很少受到關注。

總之，馬斯洛對於高峰體驗的描述，對於我們理解和把握美感（審美體驗）的特點確實大有幫助。特別是馬斯洛關於高峰體驗會引發一種感恩的心情，一種對於每個人和萬事萬物的愛的描述，指出了美感（審美體驗）的一個極其重要的、同時又為很多人忽視的特點。把握美感的這一特點極其重要。因為只有把握美感的這一特點，我們才能深一層地認識審美活動（美和美感）對於人生的意義和價值。這是心理學的研究成果有助於美學學科建設的一個例子。

六、美感與大腦兩半球的功能

人的大腦神經活動是美感的重要的生理基礎，所以腦神經科學的研究成果對美感的研究有重要的意義。

早在 17 世紀末，數學家帕斯卡（Blaise Pascal, 1623 ~ 1662）曾把腦力的運作分成不同的兩類。他認為第一類運作的特點是能夠突然領悟某種知識，從而同時全面理解某個概念的方方面面；而另一類運作是持久耐心地進行分析推理，從而得到循序漸進的收益。[312] 帕斯卡是

註312　倫納德·史萊因：《藝術與物理學——時空和光的藝術觀與物理觀》，第459頁，吉林人民出版社，2001。本節的有關資料，主要引自倫納德·史萊因的這本書。

第一個對思維的二元性進行這種概念化區分的科學家。

1864年，神經病學家傑克遜（John Hughlings Jackson, 1835 ~ 1911）猜測到，大腦兩半球負擔著不同的功能。

在這之後，腦神經外科醫生在大腦兩個半球分離的情況下研究每一個半球的功能，終於弄明白了大腦兩個半球的不對稱性。現在，很多人都有這方面的知識，例如，大腦的每一側控制著身體相反一側的功能：左腦控制著右手，而右腦控制著左手。

大腦兩個半球的特性可以分別概括為四點。

右腦的第一個特性是純粹的「生存」，它同歡欣、信仰、愛國、狂喜、愛情、愛美、和諧等等感情相聯繫。感情是無法用科學語言說清楚的，是無邏輯的，同時又是真實可靠的。你為什麼愛上某個人，你怎麼會有某種預感，為什麼某幅油畫在別人看來很美，而你卻覺得不美，是無法說清楚的、無邏輯的。同時，感情往往是一下子突然發生的。但丁邂逅比阿特麗絲一見鍾情，是一下子突然發生的。

右腦的第二個特性是對圖像的理解力。右半球能夠一目了然地把握全局，以整體化的方式辨認出巨幅華麗的圖畫。它能夠理解局部和整體的關係，能靠很少幾個片斷構想出完整的畫面。右腦是把圖像當作完形來吸收的，這意味著它是一下子完全看見整個圖形的。最好的例子是對人的面孔的辨別。一個人的面孔可能會由於佈滿皺紋、長了白斑或頭髮脫光而大大改變，但是，我們在最後一次見到小時候的朋友過了幾十年以後，仍然能夠把他辨認出來。這種令人驚訝的能力是天生就有的。而那些右腦不幸受到嚴重傷害的人，卻根本不能把別人辨認出來。

右腦的第三個特性是隱喻。隱喻是感情與圖像的獨特結合所產生的一種精神上的創新。隱喻可以使我們跳過深谷而從某種想法達到另一種

想法。隱喻可以使我們同時理解好幾個不同的意義層次。內心世界的情緒或感情往往要依賴於隱喻才得以溝通和交流。比方、類比、諷喻、寓言和諺語都和隱喻是同一個家族。幻想和做夢都同隱喻有密切的聯繫，並且基本上都是在右腦中發生的。隱喻和圖像的結合就是藝術。藝術家們常常利用視覺的隱喻把觀眾從自然的感受帶到複雜的感情狀態（比如產生敬畏的狀態）。這是一種一下子發生的「量子躍遷」。有的神經病學家觀察左腦受到嚴重損傷而患了失語症的畫家，發現他依然保持高度敏銳的藝術理解力，這說明視覺藝術的功能確實存在於右腦。

右腦的第四個特性是欣賞音樂的能力。音樂和聲音的區別在於，儘管這兩者是同時發生的，但是右腦能夠把同時發自不同聲源的許多聲音，一下子綜合成一種我們從其他聲音感受不到的和諧的感受。這就是音樂。音樂又一次演示了右腦具有以一下子突然發生的方式去處理資訊的能力。實驗表明，在大腦裡音樂中心和語言中心是分開的。有的人左腦受到損傷，他不能說話了，但仍然能夠唱歌。法國作曲家拉威爾左腦半球中風，因而不能說話、書寫和閱讀樂譜，但他依然能在鋼琴上彈出他知道的任何一首樂曲。

從右腦的這些特性可以看出，同時性是右腦獨有的專利。右腦能把視覺空間中的各種關係，通過直覺連成一個整體。所以右腦能夠正確地評價東西的大小和判斷物體的距離。駕車、滑雪和跳舞都屬於右腦的領域。

左腦也有四個特性。第一個特性是行動。左腦控制右手，所以我們用右手去採摘果實、投擲標槍和製造工具。這依靠在時間上發生的一系列步驟來發揮功能，而不是依靠同時性。

左腦的第二個特性是文字。語言連同其全部複雜的文法、句法和

語義學，都是由左腦產生和領悟的。依靠文字，我們可以進行抽象、辨別和分析。

左腦的第三個特性是抽象思維。抽象思維是一種不需要靠圖像就能對資訊進行處理的能力，因而是隱喻思維的對立面。人類超越了依靠圖像的思維，這是一個飛躍。語言文字是抽象思維的工具。抽象思維依靠因果關係進行邏輯推理，因而大大加強了人類的預見的能力。邏輯的各種規律形成了科學、教育、商務和軍事戰略的基礎。

左腦的第四個特性是數字意識。數數的能力始於視覺空間的右腦，但計算要求有抽象能力，所以左腦發展了數字的語言。通過數學的幫助，左腦可以重新安排數字前面那些沒有意義的符號，使之成為計算公式，甚至可以變成複雜的微積分。

左腦的這四個特性，都是和時間聯在一起的。為了發展工藝、戰略、語言、邏輯和算術，頭腦必須沿著過去、現在和將來這條路線反復進行巡航。利用右手製造工具的能力出自左腦，它也取決於順序記憶一系列步驟的能力。邏輯、代數和物理學方程全都是隨著時間逐步展開的，它們的實質是一步一步的證明。先後順序也是數字語言的關鍵。沒有時間這個框架，就不能考慮演算法。

非常有趣的是，大腦兩半球的這種分工，在古希臘神話中已經有了某種猜測和揭示。

古希臘神話說，宙斯的第一位妻子是測量、思考和智慧女神墨提斯（Metis）。宙斯嫉妒她的本領，便把她吞了下去，目的是得到她的本領。他不知道墨提斯已經懷孕，懷的就是雅典娜。墨提斯死了，雅典娜卻還活著，並附在宙斯的腦袋裡繼續成長。一天早晨，宙斯感到頭部一跳一跳地作痛，痛得不能忍受，便派傳令使赫耳墨斯去找人來

解救。赫耳墨斯找來一位神，用錘子和楔子把宙斯前額鑿裂。從宙斯額頭的破裂處跳出了已經成年的雅典娜。雅典娜是智慧女神，掌管對未來的預言。而那位用錘子敲打楔子鑿開宙斯腦袋的神就是先知之神普羅米修斯。普羅米修斯從奧林匹斯山偷得火傳給人類，又把如何應用字母、數字以及手藝傳給人類。雅典娜也向人類傳授使用字母和數目的技能。她還向婦女傳授紡織、製陶和工藝設計等技藝，同時傳授如何使設計表現出藝術品味。雅典娜養著一隻貓頭鷹。貓頭鷹是能夠只依靠轉動頭部就形成360度全視野的動物，它既能向後看到過去，又能向前看到將來，所以成為雅典娜智慧的象徵。

這個神話故事的含義是說，智慧（對未來的預言）的誕生，是大腦被分裂開來的結果。大腦被分開之後，大腦皮層的一半便用於加工有關空間的資訊，另一半用於加工有關時間的資訊。在這種情況下，人就可以憑藉過去的知識預測未來。所以普羅米修斯（先知之神）乃是雅典娜（智慧之神）的助產士。

宙斯在大腦一劈為二、產生出智慧之神後，又生下了酒神戴奧尼索斯和太陽神阿波羅。這是性格完全不同的兩個神。

戴奧尼索斯（Dionysus）代表原始的「性」的追求。宙斯使凡人塞墨勒（Semele）懷上戴奧尼索斯。塞墨勒要求見到宙斯的本相，宙斯現身後，他的白熱光的高溫燒死了塞墨勒。宙斯從塞墨勒體內取出胎兒戴奧尼索斯縫入自己的襟內。這使得戴奧尼索斯具有特殊的本性。他是生理歡樂之神，採取縱酒和舞蹈的方式進行祭禮儀式，這是混雜著歡樂與痛苦、美麗與殘酷、銷魂與恐怖的神秘儀式，其中會出現樹妖、魔女、火獸等各種夢幻的形象。戴奧尼索斯與生育有密切關係，他手下轄管的蛇與羊，都是男性生殖崇拜的象徵物。他教會人類種植

葡萄並用來釀酒，並通過飲酒達到狂歡。繆斯九女神都是他的侍從。預感、揣度和直覺，都是他的所長。

阿波羅是理性、科學、醫藥、法律與哲學之神。他一本正經，不苟言笑。他的最大的本領是進行預言。預言對科學、工業和軍事都極其重要，所以阿波羅擁有對科學、工業和軍事的監控權。理性和邏輯是阿波羅的天性。阿波羅給人世間帶來了法律，因此他是所有律師和法官的保護神。在普羅米修斯把字母給了人類以後，阿波羅又擔當了文字的保護神。

總之，「阿波羅代表了現代神經學家認定屬於大腦左半球的所有功能，戴奧尼索斯恰恰與之相反，體現了右半球的一切職能。戴奧尼索斯的一套有音樂、戲劇、詩詞、繪畫和雕塑；阿波羅的則是科學、軍事、工業、教育、醫藥、法律與哲學。戴奧尼索斯就是藝術家的樣板，阿波羅則是物理學家的化身。」「人類在大腦功能、心理狀態和思維活動上具有二重性，都在古希臘神話中得到了相當直接的表述。戴奧尼索斯和阿波羅的截然相反的性格，神奇地揭示出大腦兩個半球在功能上的不同，也反映出藝術與物理的不同以及空間與時間的不同。」[313]

這裡要補充一點，就是在上述的職能分工中，音樂雖然是屬於戴奧尼索斯的職能，但阿波羅也喜好音樂，阿波羅和戴奧尼索斯同樣是音樂的保護神。不同的是，戴奧尼索斯喜愛的是下里巴人式的音樂（以排簫為象徵），而阿波羅喜愛的是陽春白雪式的嚴肅音樂（以七弦琴為象徵）。

註313 倫納德・史萊因：《藝術與物理學——時空和光的藝術觀與物理觀》，第501頁，吉林人民出版社，2001。

從以上的資料我們可以看到，美感主要是和大腦右半球的功能（視覺空間的完形把握，酒神戴奧尼索斯）相聯繫的。右腦的四個主要特性生存（感情）、圖像、隱喻和音樂對於美感的影響，是我們研究的重要課題。隨著腦神經科學的進一步發展，隨著大腦兩半球功能的以及相互聯繫的進一步揭示，對於我們理解美感必定會提供更多的啟發。

七、意識與無意識

在研究美感的時候，我們還應該討論一下無意識的問題，也就是意識與無意識的關係問題。

在西方，早在 17、18 世紀就有一些思想家對無意識的問題表示關注。到了19世紀，無意識的問題就受到了更多人的關注。但是，真正使無意識的研究成為系統的學說並且對整個學術界產生巨大的影響的是 20 世紀初以奧地利心理學家佛洛伊德（Sigmund Freud, 1856～1939）和瑞士精神病理學家榮格（Carl Gustav Jung, 1875～1961）為代表的心理分析學派。

佛洛伊德認為，美感的源泉存在於無意識的領域之中，藝術創造的動力也存在於無意識的領域之中，這就是人的本能的慾望，也就是性慾（也稱為「里比多」Libido）。性慾要求得到滿足，這就是「里比多」的愉快原則。但是，文明社會對性慾的滿足有種種限制，「里比多」就會潛入心的深層，成為潛意識。但「里比多」還要找出路。一種是「夢」，一種是「白日夢」。這兩種出路，佛洛伊德稱之為「里比多」的「轉移」。還有一種就是「藝術想像」。在「藝術想像」中，「里比多」經過隱藏和偽裝，以文明社會所能允許的形式表現出來，佛洛伊德稱之為「里比多」的「昇華」。這是人人可以進入的世

界，通過進入這個世界，人的本能的慾望得到替代性的滿足。這就是美的源泉。所以，佛洛伊德明確說：「美的觀念植根於性刺激的土壤之中。」[314] 又說：「美感肯定是從性感這一領域中延伸出來的，對美的熱愛中隱藏著一個不可告人的性感目的，對於性所追求的對象來說，『美』和『吸引力』是它最重要的必備的特徵。」[315]

佛洛伊德把人分成三部分，即「本我」（id）、「自我」（ego）、「超我」（superego）。「本我」，是最原始的本能衝動，它遵循快樂原則。「自我」，是現實化了的本能，是根據外部環境的現實對「本我」進行調節，它遵循的是現實原則。而「超我」是道德化的「自我」，包括「自我理想」和「良心」，它遵循的是道德原則。前面說的「里比多」這種性慾衝動就壓抑在「本我」之中。正是這種壓抑使很多人成為精神病患者。

佛洛伊德又提出了一個「伊底帕斯情結」的有名的概念。伊底帕斯是古希臘神話中的一個人物，他在無意識的情況下殺了自己的父親，娶了自己的母親。佛洛伊德認為，每個人在幼年時都有這種殺父娶母（女孩子則是殺母嫁父）的「伊底帕斯情結」，它是性本能的最典型的表現。但是它一產生就被抑制，成為無意識的慾望。這種慾望要求發洩。很多文學家、藝術家就把這種「伊底帕斯情結」昇華成為文學作品和藝術作品。所以佛洛伊德以及精神分析學派的一些學者最喜歡用這種「伊底帕斯情結」來對如達文西、莎士比亞、杜思妥耶夫斯基（Fyodor Dostoevsky, 1821 ~ 1881）等人的一些作品進行解釋。

註314　轉引自朱狄《當代西方美學》，第23頁，人民出版社，1991。

註315　佛洛伊德：《文明及其不滿》（*Das Unbehagen in der Kultur / Civilization and Its Discontents*, 1929）。參看朱狄《當代西方美學》，第 25 頁，人民出版社，1984。

瑞士精神病理學家榮格對佛洛伊德的理論進行了修正。他提出了「集體無意識」的概念。他認為，無意識的內涵很寬泛，不一定和性本能有關。真正的無意識概念是史前的產物，「無意識產生於人類沒有文字記載情況下沒有被寫下來的歷史之中」[316]。集體無意識並不是由個人所獲得，而是由遺傳保存下來的一種普遍性精神。榮格認為，在人的無意識的深層中，「沉睡著人類共同的原始意象」，這種「原型意象是最深、最古老和最普遍的人類思想」。這種意象「印入人腦已有千萬年的時間，現成地存在於每個人的無意識之中」，「為了使它重新顯現，只需要某些條件」。[317] 這種「原型」（archetypes）或「原始意象」（the archetypal image）是巨大的決定性力量，它改變世界，創造歷史。榮格舉了一個例子，就是 R. 梅耶（Julius Rober Mayer, 1814～1878, 荷蘭人）發現能量守恆定律。梅耶是一個醫生，他為什麼能發現能量守恆定律？榮格認為，這是因為能量守恆定律的觀念是潛伏在集體無意識裡的一個原型意象（靈魂不朽、靈魂輪迴等等觀念），只不過在某些必要條件具備的情況下，在梅耶的頭腦裡顯現出來了。[318] 榮格認為，藝術作品的創造的源泉，不在個人的無意識，而在集體無意識和原始意象。藝術家是受集體無意識的驅動。藝術作品不是藝術家個人心靈的迴聲，而是人類心靈的迴聲。榮格說：「滲透到藝術作品中的個人癖性，並不能說明藝術的本質；事實上，作品中個人的東西越多，也就越不成其為藝術。藝術作品的本質在於它超越了個人生活領域而以藝術家的心靈向全人類的心靈說話。個人

註316　轉引自朱狄《當代西方美學》，第 30 頁，人民出版社，1991。

註317　榮格，〈個體無意識與超個體或集體無意識〉，《西方心理學家文論選》，第410～413頁，人民教育出版社，1983。

註318　同上。

色彩在藝術中是一種局限甚至是一種罪孽。」[319]

佛洛伊德和榮格對無意識的研究，不僅對醫學、心理學是一種貢獻，而且對美學也是一種貢獻。他們使人們進一步關注無意識在審美活動中的作用。

我們在前面說過，美感是一種體驗，一種瞬間的直覺，即王夫之所謂「一觸即覺，不假思量計較」，帶有超理性、超邏輯的性質。正因為這樣，人的無意識常常可以進入美感的直覺活動當中，成為推動審美體驗的因素。所以深入研究無意識的問題，對於進一步理解美感作為審美體驗的本質，有重要的幫助。

但是，由於佛洛伊德和榮格主要是站在精神病醫生和精神病理學家的立場來研究無意識的，因而當他們試圖從哲學的、美學的層面對無意識進行解釋時，就不可避免地帶有很大的局限性和片面性。

佛洛伊德把人的無意識歸結為人的被壓抑的性的本能和慾望（「里比多」），把美感和藝術創作的源泉也歸結為這種性的本能和慾望，這顯然是一種極大的片面性。人的精神活動可以劃分為意識和無意識兩大領域，但這兩個領域並不是截然分開的。人的無意識是人的意識所獲得的某些資訊的積澱、潛藏和儲存。因而它和人的從小到大的全部經歷，和社會生活的各個方面有著極其廣泛的、複雜的聯繫。在人的無意識中，可以看到人的社會歷史文化環境對他的深刻影響。在人的無意識中，積澱著人的家庭出身、文化教養、社會經歷、人生遭遇，積澱著人的成功和失敗、歡樂和痛苦。決不能把無意識僅僅歸結為性的本能和慾望。拿夢來說，夢離不開人的全部人生經歷，離不開人的社會生活。正如明代哲

註319 榮格：《心理學與文學》，見《二十世紀西方經典文本》第二卷，第 89 頁，復旦大學出版社，2000。

學家王廷相說：「夢中之事即世中之事。」[320] 夢（潛意識）離不開人的社會生活。文學藝術的創作更是如此。精神分析心理學的學者曾寫了許多書，用精神分析法來分析杜思妥耶夫斯基的創作。他們把杜思妥耶夫斯基每一部作品的主人公都和他本人等同起來。他們的目的和宗旨僅僅是為了證明杜思妥耶夫斯基全部創作的基礎，就是亂倫性質的「伊底帕斯情結」。他們寫道：「永生的『伊底帕斯情結』附在這個人的身上，並創作了這些作品，此人永遠也無法戰勝自身的情結——伊底帕斯。」這是十分荒唐的。正如俄羅斯有的學者所說，「為什麼我們一定要假定，兒童性慾的衝突、孩子同父親的衝突在杜思妥耶夫斯基的一生中所發生的影響要大於他後來所經受的全部創傷和體驗呢？為什麼我們不能假定，例如像等待處決和服苦役這樣一些體驗不能成為新的和複雜的痛苦體驗的來源呢？」

　　榮格的「集體無意識」的理論，把研究的視角從個體的精神發展移到人類的系統的精神發展，把藝術創造和世界歷史的動力歸之於「原型」、「原始意象」。這種理論就其糾正佛洛伊德把一切歸結為童年的性本能的衝動的片面性來說，是有積極意義的。這種理論引導人們研究原始神話、原始宗教特別是研究原始神話和原始宗教對當今人類的無意識的影響，也是有積極意義的。但是，正如很多學者指出的，榮格說的「原始意象」在千萬年時間中經過人腦的組織一代一代遺傳下來，只是一種推斷，現在還無法證實。[321] 同時，正如佛洛伊德

註320　王廷相：《雅述》下篇。

註321　當然，也有學者認為榮格說的這種「原始意象」的遺傳有可能找到科學的根據。如美國學者倫納德‧史萊因說：「榮格所說的資訊究竟存儲在哪里呢？DNA 分子是浩瀚的圖書館，它們存

過分誇大個體的童年的性心理的作用是一種片面性一樣，榮格過分誇大人類的童年的原始意象的作用，也是一種片面性（例如他把梅耶發現能量守恆定律的源泉歸之於「靈魂不滅」的「原始意象」就十分可疑）。人類的整個文明史，特別是人類的當代史，人類的當代社會生活，對於無意識的影響，決不會小於人類童年的原始意象。這是榮格的「無意識理論」的致命的弱點。當然，榮格完全抹殺藝術創作的個性和個人風格，也是完全違背藝術史的歷史事實的。

當代美國人本主義心理學家馬斯洛對佛洛伊德的批評也值得注意。馬斯洛認為，佛洛伊德作為一個心理學家，他的片面性在於他把注意力都集中於研究病態的心理（這在人群中終究是少數），而不去注意研究健康的心理（這在人群中是大多數），同時他又把他對病態心理的研究的結論推廣到全體人類，成為人類心理的普遍結論，這樣一來，全體人類的心理都成為病態的了。所謂「伊底帕斯情結」就是最明顯的例子。在人類歷史上也許確有具有「伊底帕斯情結」這種病態心理的人，但那是極少數。但在佛洛伊德那裡，就變成每個人的無意識中都具有這種「殺父娶母」的情結，這豈不荒唐。馬斯洛認為，

儲著從指紋到毛髮顏色的各種藍圖。因此，如果認為有關進化史的資訊，就存放在 DNA 那蜿蜒盤旋的書架庫的某塊區域內，並非是沒有理由的杜撰。遺傳工程師們最近在人的 DNA 中發現有大段的結構並不決定著人的生理屬性。有些分子生物學家認為，這些無名的區域，要麼是些『DNA 垃圾』，要麼是用於有待將來辨識的某些功能。我本人在這裡提出一種新揣度，即這裡面或許有些區域是用來存儲亙古印象的庫房。發生在人類進化早期階段的事件，經 DNA 傳遞給胚胎中正在發育的大腦，在那裡編好碼，這可能就是榮格所說的集體無意識的基礎。如果認為這一假說是可信的，那麼，從神話中考證進化史實就會頗有成效。神話是以間接方式講述有多重意義的複雜故事的手段。」（倫納德・史萊因：《藝術與物理學》，第489頁，吉林人民出版社，2001。）

人格心理學的重點應該研究健康的心理。[322] 馬斯洛對佛洛伊德的批評是有道理的。

八、美感與宗教感

在這一節我們要討論美感的神聖性（神性）的問題。這個問題涉及美感與宗教感的關係。

前面說過，美感（審美體驗）是一種超理性的精神活動，同時又是一種超越個體生命有限存在的精神活動，就這兩點來說，美感與宗教感有某種相似之處和某種相通之處，因為宗教感也是一種超理性的精神活動和超越個體生命有限存在的精神活動。因而有一些基督教思想家就把審美體驗和宗教體驗說成是一回事。例如羅馬時期新柏拉圖主義哲學家普羅提諾就把審美經驗說成是經過清修靜觀而達到的一種宗教神迷狀態，在這種狀態中，靈魂憑藉神賦予的直覺，見到了神的絕對善和絕對美，因而超越凡俗，達到與神契合為一。西元5世紀的基督教思想家偽（託名）第俄尼修（一譯：丟尼修, Dionysius the [Pseudo-] Areopagite）繼承普羅提諾，強調美是上帝——絕對的屬性，美屬於絕對，美是絕對美、神靈美，是普遍美、超越美、永恆美。上帝具有光的性質，所以美被定義為和諧與光。[323] 中世紀的經院哲學家

註322　馬斯洛說：「如果一個人只潛心研究精神錯亂者、神經症患者、心理變態者、罪犯、越軌者和精神脆弱的人，那麼他對人類的信心勢必越來越小，他會變得越來越『現實』，尺度越放越低，對人的指望也越來越小。」〔轉引自弗蘭克‧戈布爾（Graeham George Goble, 1947～）《第三思潮：馬斯洛心理學》（*A Third Force : The Psychology of Abraham Maslow*），第 14 頁，上海譯文出版社，1987〕「研究有缺陷、發育不全、不成熟和不健康的人只會產生殘缺不全的心理學和哲學，而對於自我實現者的研究，必將為一個更具有普遍意義的心理科學奠定基礎。」（馬斯洛：《自我實現的人》，第 55 頁，三聯書店，1987。）

註323　參看塔塔科維奇《中世紀美學》，第 38～42 頁，中國社會科學出版社，1991。

托馬斯・阿奎那也說，世間一切美的事物都不過是上帝「活的光輝」的反映，審美使人超越有限事物的美，進而窺見上帝的絕對美。中世紀基督教的思想家都強調美感的神聖性。

審美體驗和宗教體驗在它們的某種層面上確有可以相通的地方。很多科學家都談到這一點。從愛因斯坦到楊振寧，很多大科學家都談到他們在科學研究的某個境界會得到一種美感和宗教感。他們把這種宗教感稱之為「自然宗教」情感或「宇宙宗教」情感。德國大生物學家海克爾（Ernst Haeckel, 1834 ~ 1919）說：「觀察滿佈星斗的天空和一滴水中的顯微生命，我們就會讚歎不止；研究運動物質中能的奇妙作用，我們就會滿懷敬畏之情；崇拜宇宙中無所不包的實體定律的價值，我們就會肅然起敬。——凡此種種都是我們感情生活的組成部分，都與『自然宗教』的概念相符。」[324] 海克爾在這段話中就把科學家在科學研究中產生的美感說成是某種宗教感——即他稱為「自然宗教」的情感。愛因斯坦則把這種科學美的美感稱之為「宇宙宗教」情感。他在〈我的世界觀〉（Mein Weltbild, 1930）一文中說：「我們認識到有某種為我們所不能洞察的東西存在，感覺到那種只能以其最原始的形式為我們感受到的最深奧的理性和最燦爛的美——正是這種認識和這種情感構成了真正的宗教感情；在這個意義上，而且也只是在這個意義上，我才是一個具有深摯的宗教感情的人。」[325] 愛因斯坦認為正是這種「宇宙宗教」情感激勵科學家為科學而獻身。他在一封

註324 海克爾（Ernst Heinrich Philipp August Haeckel, 1834 ~ 1919）：《宇宙之謎》（Die Welträthsel），第325頁，上海人民出版社，1974。

註325 《愛因斯坦文集》第 3 卷，第 45 頁，商務印書館，1979。

信中說：「那些我們認為在科學上有偉大創造成就的人，全部浸染著真正的宗教的信念，他們相信我們這個宇宙是完美的，並且是能夠使追求知識的理性努力有所感受的。如果這信念不是一種有強烈感情的信念，如果那些追求知識的人未曾受過斯賓諾莎的對神的理智的愛的激勵，那麼他們就很難會有那種不屈不撓的獻身精神，而只有這種精神才能使人達到他的最高的成就」。**326** 愛因斯坦在這封信中提到「斯賓諾莎（Baruch de Spinoza, 1632 ~1677）的對神的理智的愛」，並不是偶然的。1929年紐約一位牧師發電報問他：「你信仰上帝嗎？」愛因斯坦回答說：「我信仰斯賓諾莎的那個在存在事物的有秩序的和諧中顯示出來的上帝，而不是信仰那個同人類的命運和行為有牽累的上帝。」**327** 在斯賓諾莎那裡，上帝（神）、自然、實體三位一體，構成一種特殊的泛神論，是一種對自然的壯麗和統一懷有詩意的和浪漫的學說。**328** 所以這種泛神論和美學最能相通。在這種泛神論影響下的「宇宙宗教情感」，實質上是一種美感。

根據李醒民在《愛因斯坦》（「世界哲學家叢書」）一書中概括，愛因斯坦的宇宙宗教情感有以下幾個方面的表現形式：

1.對大自然和科學的熱愛和迷戀，如醉如癡。

2.奧秘的體驗和神秘感。愛因斯坦說：「我認為在宇宙中存在著許多我們不能覺察或洞悉的事物，我們在生活中也經歷了一些僅以十分原始的形式呈現出來的最美的事物。只是在與這些神秘的關係中，我

註326　同上書，第256頁。

註327　《愛因斯坦文集》第 1 卷，第243頁，商務印書館，1979。

註238　洪漢鼎：《斯賓諾莎研究》，第256 ~ 258頁，人民出版社，1993。

才認為我自己是一個信仰宗教的人。」[329]

3.好奇和驚奇感。對於宇宙的永恆秘密和世界的神奇結構，以及其中所蘊涵的高超理性和壯麗之美，愛因斯坦總是感到由衷的好奇和驚奇。這種情感把人們一下子從日常經驗的水準和科學推理的水準提升到與宇宙神交的水準——聆聽宇宙和諧的音樂，領悟自然演化的韻律——從而直覺地把握實在。這種情感也使科學研究工作變得生氣勃勃而不再枯燥無味。

4.對於宇宙神秘和諧，對於存在中顯示的秩序和合理性的讚賞、景仰、尊敬乃至崇拜之情。

5.在大自然的宏偉壯觀的結構面前的謙恭、謙卑和敬畏之情。

6.對於世界的美麗莊嚴以及自然規律的和諧的喜悅、狂喜。

我們可以看到，愛因斯坦的宇宙宗教情感的這些表現形式，多數都屬於美感或接近於美感。楊振寧也談到這種美感與宗教感的溝通。他說：「一個科學家做研究工作的時候，當他發現到，有一些非常奇妙的自然界的現象，當他發現到，有許多可以說是不可思議的美麗的自然結構，我想應該描述的方法是，他會有一個觸及靈魂的震動。因為，當他認識到，自然的結構有這麼多的不可思議的奧妙，這個時候的感覺，我想是和最真誠的宗教信仰很接近的。」[330] 他在「美與物理學」的演講中又說，**研究物理學的人從牛頓的運動方程、麥克斯韋方程（Maxwell's equations）、愛因斯坦狹義與廣義相對論方程、狄拉克方程（Dirac equation）、海森堡方程（海森堡繪景，Heisenberg picture）等等這些**

註329　轉引自李醒民《愛因斯坦》，第427～428頁，東大圖書公司，1998。

註330　《楊振寧文集》下冊，第599頁,華東師範大學出版社，1998。

「造物者的詩篇」中可以獲得一種美感，一種莊嚴感，一種神聖感，一種初窺宇宙奧秘的畏懼感，他們可以從中感受到哥特式教堂想要體現的那種崇高美、靈魂美、宗教美、最終極的美。[331] 楊振寧這些話也提出了美感與宗教感溝通的問題。

美感有不同層次。最大量的是對生活中一個具體事物的美感。比這高一層的是對整個人生的感受，我們稱之為人生感、歷史感。最高一層是對宇宙的無限整體和絕對美的感受，我們稱之為宇宙感，也就是愛因斯坦說的宇宙宗教情感（驚奇、讚賞、崇拜、敬畏、狂喜）和楊振寧說的莊嚴感、神聖感、初窺宇宙奧秘的畏懼感。正是在這個層次上，美感與宗教感有共同點。它們都是對個體生命的有限存在和有限意義的超越，通過觀照絕對無限的存在、「最終極的美」、「最燦爛的美」（在宗教是神，在審美是永恆的和諧和完美，中國人謂之「道」、「太和」），個體生命的意義與永恆存在的意義合為一體，從而達到一種絕對的昇華。在宗教徒，這種境界是「與神同在」，在美的欣賞者，這種境界是「飲之太和」。這是靈魂狂喜的境界。

但是，儘管美感和宗教感在超越個體生命的有限存在和有限意義這一點上很相似，而且在它們的某種層面上可以互相溝通，但是它們還是有本質的區別。區別主要有兩點。第一，審美體驗是對主體自身存在的一種確證，這種確證通過審美意象的生成來實現，而宗教體驗則是在否定主體存在的前提下皈依到上帝這個超驗精神物（理念）上去，所以極端的宗教體驗是排斥具體、個別、感性、物質的。第二，審美超越在精神上是自由的，而狹義的宗教超越並沒有真正的精神自

註331　同上書，第851頁。

由，因為宗教超越必定要遵循既定的教義信仰，宗教超越還必然要包含「對神的絕對依賴感」（施萊爾馬赫）。而像愛因斯坦等許多科學家所說的「宗教感」，卻並不受制於這兩條。所以，他們所說的宗教感從根本性質上說是屬於美感，是一種最高層次的美感，即宇宙感。

愛因斯坦自己就一再申明，他所說的宗教感，是在宇宙和諧和秩序前面感到敬畏和讚嘆，這同那種有一個人格化上帝的宗教信仰是不同的。下面是他在幾封信中所說的話：

我在大自然裡所發現的只是一種宏偉壯觀的結構，對於這種結構現在人們的瞭解還很不完善，這種結構會使任何一個勤於思考的人感到「謙卑」。這是一種地道的宗教情感，而同神秘主義毫不相干。（1954年或1955年的一封信）

我想像不出一個人格化的上帝，他會直接影響每個人的行動，也想像不出上帝會親自審判那些由他自己創造的人。我想像不出這種上帝，儘管現代科學對機械因果關係提出了一定的懷疑。

我的宗教思想只是對宇宙中無限高明的精神所懷有的一種五體投地的崇拜心情。這種精神對我們這些智力如此微弱的人只顯露了我們所能領會的極微小的一點。（1927年的一封信）

你所讀到的那篇有關我的宗教信仰的文章當然是個謊言。我不相信什麼人格化的上帝，我從不否認這一點，而一向說得清清楚楚。如果我身上有什麼稱得上宗教性的東西，那就是一種對迄今為止我們的科學所能揭示的世界的結構的無限敬畏。（1954年的一封信）[332]

註332 以上引自《愛因斯坦談人生》，第 41、44、58 頁，世界知識出版社，1984。

張世英指出，美感除了人們一般常說的超功利性、愉悅性等等之外，還應加上一條神聖性（或簡稱神性）。[333] 我認為張世英的這個補充是有重要意義的。當然，不是在美感的所有層次上都有神聖性，而只是在美感的最高層次即宇宙感這個層次上，也就是在對宇宙無限整體（張世英說的「萬物一體」的境界）的美的感受這個層次上，美感具有神聖性。這個層次的美感，是與宇宙神交，是一種莊嚴感、神秘感和神聖感，是一種謙卑感和敬畏感，是一種靈魂的狂喜。這是深層的美感，最高的美感。在美感的這個最高層次上，美感與宗教感有某種相通之處。在這個問題上，中世紀基督教美學和愛因斯坦等科學大師給了我們重要的啟示。

　　從美感在最高層次上的神聖性，從美感在最高層次上與宗教感的相通與區分，我們似乎可以對蔡元培提出的「以美育代宗教」的口號做一點新的闡釋。有人曾批評蔡元培的這個口號在理論上是幼稚的，理由是宗教的存在有社會根源，不是用普及教育的方法就可以取消的。但是，宗教除了有認識的根源和社會的根源之外，是不是還有人性的、心理的根源呢？人有一種超越個體生命有限存在而追求絕對和無限的精神需求，而宗教則以它自己的方式滿足了人的這種超越的精神需求。這也許就是宗教信仰的心理的根源。在社會發展的某個階段，狹義的宗教也許會消亡（這是另外一個問題，我們在這裡不加討論），但是人性中這種追求永恆和絕對的精神需求，卻永遠不會消亡。不滿足人性的這種需求，人就不是真正意義上的人。除開宗教超越，只有審美超越——一種自由的、積極的超越——可以滿足人性的這種需求。「以美育代宗教」的口號的深刻性是不是就在這裡呢？

註333　張世英：《境界與文化》，第245頁，人民出版社，2007。

九、美感的綜合描述

前面我們對美感作為人的一種精神活動的本質以及有關的一些問題分別做了討論，現在我們再對美感的主要特性做一個綜合的描述。

（一）無功利性

美感的無功利性，是指人們在審美活動中沒有直接的實用功利的考慮。我們前面講審美態度，就是說人們要進入審美活動必須拋棄功利的眼光。對美感的無功利性的認識，最早是 18 世紀英國經驗主義美學家夏夫茲博里、哈齊生（Francis Hutcheson, 1694～1747）、阿里生等人提出的。到了康德，他明確地把審美的無利害性作為鑑賞判斷的第一個契機，把美定義為「無一切利害關係的愉快的對象」。

美感的無功利性，最根本的原因是由於在審美活動中，人們超越了主客二分。審美對象不是外在於人的實體化的存在，而是審美意象，這個審美意象是對事物的實體性的超越。康德說，在審美活動中，人「對一對象的存在是淡漠的」，「人必須完全不對這事物的存在不存在有偏愛」。[334] 茵伽登也說：「審美對象不同於任何實在對象；我們只能說，某些以特殊方式形成的實在對象構成了審美知覺的起點，構成了某些審美對象賴以形成的基礎，一種知覺主體採取的恰當態度的基礎。」「因為對象的實在對審美經驗的實感來說並不是必要的。」[335] 超越了對象的實在，當然也就是超越了利害的考慮。因

註334　康德：《判斷力批判》上冊，第 46、41 頁，商務印書館，1985。

註335　茵伽登（Roman Ingarden, 1893～1970）：〈審美經驗與審美對象〉，見李普曼編《當代美學》，第288、284頁。

為沒有對象的實在，慾望就得不到滿足。任何實用價值都存在於物的實在中，以佔有這種物並消耗它為前提。因此，一旦主體關心的是對象的物的實在而不是非實在的意象，審美對象便轉化為實用的對象。例如，1987年 3 月，一家日本保險公司以3980萬美元買下了梵谷的一幅畫《向日葵》。對於這家公司來說，梵谷的這幅畫當然不是審美對象，而是變成和股票、房地產差不多的東西。梵谷的另一幅畫《鳶尾花》在1947年轉手時，售價 8 萬美元，到1987年再次轉手，售價高達5390萬美元，40 年間價格翻了500多倍！這幅畫的性質在賣主和買主那裡完全變了，它成了貨幣貯藏手段和增值手段，而不再是審美對象。

美感的無功利性並不像有些人所想的那樣是一種消極的特性。相反，它具有十分積極的意義。因為它意味著主體獲得一種精神的自由和精神的解放。席勒曾說過，審美觀賞是人和他周圍世界的「第一個自由的關係」。他說：「慾望是直接攫取它的對象，而觀賞則是把它的對象推向遠方，並幫助它的對象逃開激情的幹擾，從而使它的對象成為它的真正的、不可喪失的所有物。」**336**

（二）直覺性

直覺性就是我們前面介紹過的王夫之說的「現成」，「一觸即覺，不假思量計較」。美感是一種審美直覺，這一點已為多數美學家所承認。

中國古代思想家，如莊子和禪宗的思想家，他們早就注意到審美活動的超理性（超邏輯）的性質。他們看到，功利世界和邏輯世界遮

註336　席勒：《審美教育書簡》（*Über die ästhetische Erziehung des Menschen*；*On the Aesthetic Education of Man*），第131頁，北京大學出版社，1985。

蔽了存在的本來的面貌，即遮蔽了一個本然的世界。這個本然的世界，是萬物一體的世界，是樂的境界。這個本然的世界，就是中國美學說的「自然」。這個本然的世界，也就是中國美學說的「真」。當然這個真，不是邏輯的真，而是存在的真。禪宗的思想家認為，只有超邏輯、超理性的「悟」，才能達到萬物一體的真實世界。鈴木大拙說：「悟，只是把日常事物中的邏輯分析的看法，掉過頭來重新採用直觀的方法，去徹底透視事物的真相。」[337] 馮友蘭說，禪宗的「悟」，能夠使人達到一種「超乎自己之境界」，在此境界中，「覺自己與大全，中間並無隔閡，亦無界限」，「其自己即是大全，大全即是自己」。「普通所謂知識之知，有能知所知的分別，有人與境之對立，悟無能悟所悟的分別，無人與境的對立。」[338]

近幾年，張世英在他的著作中也多次強調審美活動的超理性的性質。他指出，過去我們一般都說：人是理性的存在。現在我們應該補充一句：人同時也是超理性的存在。人的理性、思維乃是通過主客二分式的認識，通過概念、共相以把握事物，但人要求最高的無限整體與統一體，而主客二分式的認識對把握這種最高統一體是無能為力的。天人一體只能通過天人合一的體驗來把握，而這種體驗只能是超理性而不是理性。

在西方歷史上，很多哲學家、美學家傾向於用理性主義哲學來解釋審美活動，一直到黑格爾都是如此。宗白華在他的《形上學》中批評黑格爾說：「黑格爾使『理性』流動了、發展了、生動了，而仍欲以邏輯精神控制及網羅生命。無音樂性之意境。」[339]

註337 《悟道禪》，轉引自《靜默的美學》，169頁。

註338 馮友蘭：《新知言》，見《三松堂全集》第五卷，第228頁，河南人民出版社，2000。

註339 宗白華：《形上學（中西哲學之比較）》，見《宗白華全集》第一卷，第586頁，安徽教

其實，在西方美學史上，特別是近現代以來，有許多思想家在討論美感時都試圖突破理性的、邏輯的局限。這裡面比較重要的思想家有謝林（Friedrich Wilhelm Joseph von Schelling, 1775～1854）、柏格森（Henri Bergson, 1859～1941）、克羅齊等人。朱光潛在《文藝心理學》中著重介紹克羅齊的直覺說。克羅齊認為，美感是一種直覺，這種直覺是知識前的階段。他又認為這種直覺就是表現，就是創造，就是藝術。克羅齊肯定審美直覺的創造性是正確的，但他把審美直覺說成是知識前的階段是不妥當的。審美直覺超越知識，它不屬於認識論的範疇，它是一種體驗。

美感超理性，但超理性並不是反理性。在審美直覺中包含了理性的成分。或者說，在「詩」（審美直覺、審美意識）中包含了「思」（理性）。張世英曾對此作過論述。他說：「原始的直覺是直接性的東西，思是間接性的東西，思是對原始直覺的超越，而審美意識是更高一級的直接性，是對思的超越。」「超越不是拋棄，所以審美意識並不是拋棄思，相反，它包含著思，滲透著思。可以說，真正的審美意識總是情與思的結合。為了表達審美意識中思與情相結合的特點，我想把審美意識中的思稱之為『思致』。致者，意態或情態也，思而有致，這種思就不同於一般的概念思維或邏輯推理。」「『思致』是思想—認識在人心中沉積日久已經轉化（超越）為感情和直接性的東西。審美意識中的思就是這樣的思，而非概念思維的思本身。」[340] 張世英說得很有道理，因為在審美活動

育出版社，1994。

註340　張世英：《哲學導論》，第125～126頁，北京大學出版社，2002。張世英指出，他提出的「思致」的概念不同於一般流行的「形象思維」的概念。「所謂『形象思維』，如果說的是思

中，作為審美主體的人是歷史的、文化的存在。沉積在他心中的歷史、文化、知識必然要在審美活動中發生作用，這種作用不是表現為邏輯的思考、判斷，不是表現為「思量計較」，而是「一觸即覺」，是剎那間的感興。「流光容易把人拋，紅了櫻桃，綠了芭蕉」，「雞聲茅店月，人跡板橋霜」，這是剎那間的感興，但裡邊顯然滲透著歷史，滲透著文化，滲透著難以言說的人生感。觀賞西方的宗教畫，聽西方的交響樂，中國人感受到意蘊和西方人會有很大的不同。這也是歷史、文化、知識在起作用。這些都說明，審美直覺滲透著知識、理性，或者用張世英的說法，「詩」滲透著「思」。

古代思想家如王夫之、[341]葉燮也曾討論過這個問題。王夫之說，「妙悟」並不是沒有「理」，只不過「妙悟」的理不是「名言之理」（邏輯概念的理）罷了。葉燮說：「可言之理，人人能言之，又安在詩人之言之！可徵之事，人人能述之，又安在詩人之述之！必有不可言之理，不可述之事，遇之於默會意象之表，而理與事無不燦然於前者也。」[342]又說：「惟不可名言之理，不可施見之事，不可徑達之情，則幽渺以為理，想像以為事，惝恍以為情，方為理至、事至、情至之語。」[343]在葉燮看來，詩（審美活動）並不排斥「理」，但是審

想體現于或滲透於形象中，那是可以的；如果說的是思維本身有形象，這種流行看法我以為不可取。黑格爾說過，思想活動本身是擺脫了表象和圖像的，思想是擺脫了圖像的認識活動。黑格爾的說法是對的。」我們贊同張世英的這一看法。

註341　「王敬美謂『詩有妙悟，非關理也』，非理抑將何悟？」（王夫之《薑齋詩話》卷一）「王敬美謂『詩有妙悟，非關理也』，非謂無理有詩，正不得以名言之理相求耳。」（《古詩評選》卷四，〈司馬彪〈雜詩〉評語〉）。

註342　《原詩》內篇。

註343　同上。

美活動的「理」並不是邏輯概念的理（「名言之理」），而是滲透在直覺想像之中的理，是滲透在「默會意象」之中的理。[344]

（三）創造性

創造性是美感的重要特性。因為美感的核心乃是生成一個意象世界（「胸中之竹」），這個意象世界（「胸中之竹」）是「情」與「景」的契合，是不可重複的「這一個」，具有唯一性和一次性。

卡西勒說：「藝術家的眼光不是被動地接受和記錄事物的印象，而是構造性的，並且只有靠著構造活動，我們才能發現自然事物的美。美感就是對各種形式的動態生命力的敏感性，而這種生命力只有靠我們自身中的一種相應的動態過程才可能把握。」[345] 卡西勒又說：「如果藝術是享受的話，它不是對事物的享受，而是對形式的享受。」「形式不可能只是被印到我們的心靈上，我們必須創造它們才能感受到它們的美。」[346] 卡西勒這些話都是說，審美直覺活動對於感性世界（形式）的發現，本質上乃是一種創造。[347]

註344　關於王夫之、葉燮的有關論述，可參看葉朗《中國美學史大綱》，第469～471頁，第502～506頁，上海人民出版社，1985。

註345　卡西勒：《人論》，第192頁。

註346　同上書，第203頁。

註347　對於審美直覺的這種創造性，格式塔心理學提供了一種分析和解釋。審美直覺面對的感性世界，從表面看是蕪雜的。但是，人的意識很快就能借助一種意向性結構進行意識聚焦，在流動連續的自然中孤立出一組事物。而且，根據格式塔心理學家的無數試驗證明，「我們的眼睛，或說得更確切點，我們的大腦，有一種壓倒一切的需要，這就是從眼前任何雜亂形式中選擇出一種準確、集中、簡單的模式來。（A. 埃倫茨韋格：〈藝術的潛在次序〉，引自李普曼《當代美學》，第420頁。）這個模式，就是內在地存在於事物之中的「格式塔質」。對這種格式塔質的把握，是審美直

朱光潛談審美活動，一再強調它的創造性。他說：「美感經驗就是形象的直覺。這裡所謂『形象』並非天生自在一成不變的，在那裡讓我們用直覺去領會它，像一塊石頭在地上讓人一伸手即拾起似的。它是觀賞者的性格和情趣的返照。觀賞者的性格和情趣隨人隨時隨地不同，直覺所得的形象也因而千變萬化。比如古松長在園裡，看來雖似一件東西，所現的形象卻隨人隨時隨地而異。我眼中所見到的古松和你眼中所見到的不同，和另一個人所見到的又不同。所以那顆古鬆就呈現形象說，並不是一件唯一無二的固定的東西。我們各個人所直覺到的並不是一顆固定的古松，而是它所現的形象。這個形象一半是古松所呈現的，也有一半是觀賞者本當時的性格和情趣而外射出去的。」因此說，「直覺是突然間心裡見到一個形象或意象，其實就是創造，形象便是創造成的藝術。因此，我們說美感經驗是形象的直覺，就無異於說它是藝術的創造」。**348**

　　用鄭板橋的術語，審美直覺就是突然間心裡呈現一個「胸中之竹」。這個「胸中之竹」是在當前的審美知覺所激發起來的情感與想像的契合而形成的，是一個情景交融的意象世界。陸機說：「情瞳矓而彌鮮，物昭晰而互進。」**349** 劉勰說：「情往似贈，興來如答。」**350** 又說：「神用

覺所發現的一種整體性質。這種整體性質不是通過分析得到的一種關係，而是一個直接感覺到的內在結構。「一個優格式塔具有這樣的特點：它不僅使自己的各部分組成了一種層序統一，而且使這統一有自己的獨特性質。」（K. 考夫卡〈藝術心理學中的問題〉，引自李普曼編《當代美學》，第418頁）於是審美直覺在蕪雜紛繁的感性世界中成功地發現了一個整體，一個「這一個」，把它從感性世界的背景中成功地分離出來，予以特別的觀照。這當然是一種創造。

註348　朱光潛：《文藝心理學》，見《朱光潛美學文集》第一卷，第18～19頁，人民文學出版社，1982。

註349《文賦》。

註350　《文心雕龍·物色》。

象通，情變所孕。」³⁵¹ 這些話都是說：審美意象是在情感和想像的互相滲透中孕育而成的，審美意象乃是「情」「景」的融合，情感與想像的融合。這就是美感的創造性。

審美的創造與科學的創造有一點重要的不同。科學的創造所得到的東西（規律、定理）帶有普遍性，是可以重複的，不能重複就不是真理。而審美創造所得到的東西（意象世界）是唯一的，是不能重複的。「明月照積雪」、「大江流日夜」、「池塘生春草」、「細雨濕流光」是唯一的，不可重複的。所以王羲之說：「群籟雖參差，適我無非新。」美感的對象永遠是新鮮的、第一次出現的。但正是人們創造的這個意象世界照亮了生活世界的本來面貌。這就是我們前面講過的人的創造與「顯現真實」的統一。《紅樓夢》裡的香菱談她對王維詩的體會說：「我看他〈塞上〉一首，那一聯云：『大漠孤煙直，長河落日圓。』想來煙如何直，日自然是圓的，這『直』字似無理，『圓』字似太俗。合上書一想，倒像是見了這景的。若說再找兩個字換這兩個，竟再找不出兩個字來。再還有『日落江湖白，潮來天地青』，這『白』『青』兩個字也似無理。想來必得這兩個字才形容得盡，念在嘴裡，倒像有幾千斤重的一個橄欖。還有『渡頭餘落日，墟里上孤煙』，這『餘』字和『上』字，難為他怎麼想來！我們那年上京來，那日下晚便灣住船，岸上又沒有人，只有幾棵樹，遠遠的幾家人家做晚飯，那個煙竟是碧青，連雲直上。誰知我昨日晚上讀了這兩句，倒像我又到了那個地方去了。」香菱這番話很有意思，它說明兩點：第一，在美感活動中生成的意象世界是獨特的創造，是第一次出現的；第二，這個意象世界照亮了一個有情趣的生活世界。

註351　《文心雕龍·神思》。

（四）超越性

我們前面說過，美感是體驗，是對主客二分的模式的超越。因此超越性是美感的重要特性。所謂超越，是對主客二分的關係的超越，因而也就是對「自我」的超越，是對個體生命的有限存在和有限意義的超越。這種超越是一種精神的超越。

人的個體生命是有限的、暫時的存在。但是人在精神上有一種趨向無限、趨向永恆的要求。所以超越是人的本性。超越就是超越「自我」的有限性。**在主客二分的關係中，「自我」與一切外物相對立，「自我」是有限的。美感（審美活動）在物我同一的體驗中超越主客二分，從而超越「自我」的有限性。**中國古代藝術家都在審美活動中追求一種萬物一體、天人合一的境界，也就是把個體生命投入宇宙的大生命（「道」、「氣」、「太和」）之中，從而超越個體生命存在的有限性和暫時性。這就是美感的超越性。唐代美學家張彥遠有十六個字：「凝神遐想，妙悟自然，物我兩忘，離形去智。」[352] 這十六個字可以看作是對美感的超越性的很好的描繪。美感的這種超越性，是審美愉悅的重要根源。《淮南子》有這樣一段話：

> 凡人之所以生者，衣與食也。今囚之冥室之中，雖養之以芻豢，衣之以綺繡，不能樂也：以目之無見，耳之無聞。穿隙穴，見雨零，則快然而歎之，況開戶發牖，從冥冥見炤炤乎？從冥冥見炤炤，猶尚肆然而喜，又況出室坐堂，見日月之光乎？見日月光，曠然而樂，又況登泰山，履石封，以望八荒，視天都若蓋，江河若帶，又況萬物在其間者乎？其為樂豈不大哉！[353]

註352　《歷代名畫記》。

註353　《淮南子·泰族訓》。

這是一段很深刻的議論。人的個體生命靠衣與食維持。但是如果把人囚禁在冥室之中，那麼吃得再好，穿得再好，也得不到「樂」（審美愉悅）。因為人的精神被束縛住了，人不能超越自己個體生命的有限的存在。一旦開戶發牖，從冥冥見，就開始了這種精神的超越。繼之以出室坐堂，見日月光，再繼之以登泰山，履石封，以望八荒，人的精神越是趨向於無限和永恆，人所獲得的審美愉悅也就越深越大。這種超越顯然有賴於目和耳這兩種感官。所以中國古代美學家很重視「望」。因為「望」使人超越，使人興發，使人獲得審美愉悅，正如李嶠〈楚望賦〉說的：「望之感人深矣，而人之激情至矣！」[354]

美感的這種超越性使人獲得一種精神上的自由感和解放感。在主客二分的關係中，人與外界分裂，人局限在「自我」的牢籠中，不可能有真正的自由。美感超越「自我」，人在精神上就得到真正的自由。所以康德說：「詩使人的心靈感到自己的功能是自由的。」[355] 黑格爾說：「審美帶有令人解放的性質。」[356]

美感的這種超越性使得美感和宗教感有某種相似和相通之處，因為宗教感也是一種超越個體生命有限存在的精神活動。但是，這二者有本質的區別。審美超越在精神上是自由的，而宗教超越並沒有這種精神的自由。

由於美感的這種超越性，所以在美感的最高層次即宇宙感這個層次上，也就是在對宇宙的無限整體和絕對美的感受的層次上，美感具

註354　《全唐文》卷二四二。

註355　康德：《判斷力批判》。這裡的譯文引自張世英《哲學導論》第130～131頁，商務印書館，1979。

註356　黑格爾：《美學》第一卷，第147頁，商務印書館，1979。

有神聖性。這個層次上的美感，是與宇宙神交，是一種莊嚴感、神秘感和神聖感，是一種謙卑感和敬畏感，是一種靈魂的狂喜。

（五）愉悅性

愉悅性是美感最明顯的特性，是美感的綜合效應或總體效應。人們通常說「審美享受」，主要就是指美感的這種愉悅性。很多人在日常生活中使用「美感」這個詞，例如說「這場音樂會給了我很大的美感」，主要也是指美感的這種愉悅性。這是狹義的「美感」。我們在本書中是在審美經驗、審美感受等意義上使用「美感」這個詞的，那是廣義的「美感」。

美感的愉悅性，從根本上說，是來自美感的超越性。在世俗生活中，人被局限在「自我」的有限的天地之中，有如關進一個牢籠（陶淵明說的「樊籠」、「塵網」），人與自身及其世界分離，「永遠搖盪在萬丈深淵裡」，因而「處於不斷的焦慮之中」。[357] 而在美感（審美體驗）中，人超越主客二分，超越「自我」的牢籠，得到自由和解放，回到萬物一體的人生家園，從而得到一種滿足感和幸福感，這是一種精神的享受。

由於美感的愉悅性是一種精神性的享受，所以它不同於生理快感。但是我們前面說過，審美愉悅中可以包含有某些生理快感，而某些生理快感也可以轉化（昇華）成為審美愉悅。

由於美感的愉悅性從根本上說是由於超越自我，從而在心靈深處引發的一種滿足感和幸福感，因而它可以和多種色調的情感反應結合

註357　阿部正雄：《禪與西方思想》，第 11 頁，上海譯文出版社，1989。

在一起。我們平常談到美感，往往只是指一種單一的和諧感和喜悅感，例如「竹喧歸浣女，蓮動下漁舟」的美感，「舞低楊柳樓心月，歌盡桃花扇底風」的美感，等等。其實美感的情感反應決不限於這種單一的和諧感和喜悅感。審美愉悅不僅僅是和諧感，也有不和諧感。審美愉悅不僅僅是快感，也有痛感。審美愉悅不僅僅是喜悅，也有悲愁。中國古人就特別喜歡悲哀的音樂，「奏樂以生悲為善音，聽樂以能悲為知音」**358**。中國古代詩歌也多哀怨之美，所謂「詩可以怨」，所謂「悲歌可以當泣」。小說、戲劇給人的感興，也不是單一的情感色調，不是單純的喜悅、歡快。明末清初的大批評家金聖嘆在他寫的《水滸傳》評點中常常有這樣的話：「駭殺人，樂殺人，奇殺人，妙殺人。」「讀之令人心痛，令人快活。」這些批語表明，金聖嘆認識到，讀者在欣賞小說的時候，越是驚駭，越是心痛，越是流淚，就越是快活，越是滿足，越是一種享受。所以驚險小說以及電影中的驚險片受到很多讀者和觀眾的歡迎。不僅欣賞藝術是這樣，自然景色給人的審美愉悅也不只是單純的快感或喜悅感，無名氏〈菩薩蠻〉有「寒山一帶傷心碧」之句，歐陽修〈木蘭花〉有「夜深風竹敲秋韻，萬葉千聲皆是恨」之句，都是很好的例子。在西方，也有很多思想家談到這個問題。例如，康德說，有一種美的東西，使接觸它的人感到「惆

註358 錢鍾書：《管錐編》第三冊，第946頁，中華書局，1979。錢鍾書在《管錐編》中例舉了很多這一類的記載，如《禮記·樂記》：「絲聲哀」，鄭玄注：「『哀』，怨也，謂聲音之體婉妙，故哀怨矣。」繁欽〈與魏文帝箋〉：「車子年始十四，能喉囀引聲，與笳同音。……潛氣內轉，哀音外激。……淒入肝脾，哀感頑豔。……同坐仰歎，觀者俯聽，莫不泫泣殞涕，悲懷慷慨。」嵇康〈琴賦〉：「稱其材幹，則以危苦為上；賦其聲音，則以悲哀為主；美其感化，則以垂涕為貴。」這些話都說明中國古代音樂常常使人悲哀，而在悲哀中獲得審美愉悅。

悵」，就像長久出門在外的旅客思念家鄉那樣一種心境。馬斯洛說的高峰體驗（他把審美體驗列入高峰體驗）則是心醉神迷、銷魂、狂喜以及極樂的體驗。卡西勒說：「我們在藝術中所感受到的不是哪種單純的或單一的情感性質，而是生命本身的動態過程，是在相反的兩極——歡樂與悲傷、希望與恐懼、狂喜與絕望——之間的持續擺動過程。」「在每一首偉大的詩篇中——在莎士比亞的戲劇，但丁的《神曲》，歌德的《浮士德》中——我們確實都一定要經歷人類情感的全域。」**359** 卡西勒也是說，審美愉悅並不限於單純或單一的喜悅感、和諧感。審美愉悅包含了人類情感從最低的音調到最高的音調的全音階，它是我們整個生命的運動和顫動。

季羨林在談到鄉愁帶給他的審美體驗時說：「見月思鄉，已經成為我經常的經歷。思鄉之病，說不上是苦是樂，其中有追憶，有惆悵，有留戀，有惋惜。流光如逝，時不再來。在微苦中實有甜美在。」**360**

宗白華在回憶他青年時代在南京、在德國的生活時，談到他當時的審美體驗。在南京，他說，「一種羅曼蒂克的遙遠的情思引著我在森林裡，落日的晚霞裡，遠寺的鐘聲裡有所追尋，一種無名的隔世的相思，鼓盪著一股心神不安的情調；尤其是在夜裡，獨自睡在床上，頂愛聽那遠遠的簫笛聲，那時心中有一縷說不出的深切的淒涼的感覺，和說不出的幸福的感覺結合在一起；我彷彿和那窗外的月光霧光溶化為一，飄浮在樹梢林間，隨著簫聲、笛聲孤寂而遠引——這時我的心最快樂。」宗白華說，當時他的一位朋友常常歡喜朗誦泰戈爾

註359　卡西勒：《人論》，第189～190頁。

註360　《季羨林文集》第二卷，第167頁，江西教育出版社，1996。

《園丁集》（*The Gardener*）裡的詩，「他那聲調的蒼涼幽咽，一往情深，引起我一股宇宙的遙遠的相思的哀感」。宗白華又談到後來他在德國寫《流雲小詩》時的審美體驗。他說他夜裡躺在床上，在靜寂中感覺到窗外的城市在喘息，「彷彿一座平波微動的大海，一輪冷月俯臨這動極而靜的世界，不禁有許多遙遠的思想來襲我的心，似惆悵，又似喜悅，似覺悟，又似恍惚。無限淒涼之感裡，夾著無限熱愛之感。似乎這微渺的心和那遙遠的自然，和那茫茫的廣大的人類，打通了一道地下的深沉的神秘的暗道，在絕對的靜寂裡**獲得自然人生最親密的接觸。**」[361]

宗白華、季羨林的這些描述極為生動、細微和深入。從他們的描述中我們可以看到，**審美愉悅是一種非常微妙的複合的情感體驗**。它可以包含「惆悵」，「喜悅」，「覺悟」，「恍惚」，「留戀」，「惋惜」，「微苦」，「甜美」，「一縷說不出的深切的淒涼的感覺」，「一股宇宙的遙遠的相思的哀感」，同時，它又在心靈深處產生對於生命、對於人生的「說不出的幸福的感覺」和「無限熱愛之感」。**審美愉悅是由於超越自我、回到萬物一體的人生家園而在心靈深處產生的滿足感和幸福感，是人在物我交融的境域中和整個宇宙的共鳴、顫動。**

註361　宗白華：〈我和詩〉，見《藝境》，第187、192頁，北京大學出版社，1987。

本章提要

美感不是認識，而是體驗。美感不是「主客二分」的關係（「主體—客體」結構），不是把人與世界萬物看成彼此外在的、對象性的關係。美感是「天人合一」即人與世界萬物融合的關係（「人—世界」結構），是把人與世界萬物看成是內在的、非對象性的、相通相融的關係。美感不是通過思維去把握外物或實體的本質與規律，以求得邏輯的「真」，而是與生命、與人生緊密相聯的直接的經驗，它是瞬間的直覺，在瞬間的直覺中創造一個意象世界，從而顯現（照亮）一個本然的生活世界。這是存在的「真」。

王夫之借用因明學的一個概念「現量」來說明美感的性質。「現量」的「現」有三層含義：

一是「現在」，即當下的直接的感興，在「瞬間」（「剎那」）顯現一個真實的世界。只有美感（超越主客二分）才有「現在」，只有「現在」才能照亮本真的存在。

二是「現成」，即通過直覺而生成一個充滿意蘊的完整的感性世界。所以美感帶有超邏輯、超理性的性質。美感的直覺包含想像（原生性的想像），因而審美體驗才能有一種意義的豐滿。

三是「顯現真實」，即照亮一個本然的生活世界。

審美態度（審美心胸）就是拋棄實用的（功利的）態度和科學的（理性的、邏輯的）態度，從主客二分的關係中跳出來。這是美感在主體方面的前提條件。布洛用「心理的距離」來解釋這種態度。「心理的距離」是說人和實用功利拉開距離，並不是說和人的生活世界拉開距離。

「移情說」的貢獻不在於指出存在著移情這種心理現象，而在於通過對移情作用的分析揭示美感的特徵。移情作用的核心是情景相融、物

我同一（自我和對象的對立的消失），是意象的生成。這正是美感的特徵。美感的對象不是物，而是意象。

美感是一種精神愉悅，它是超功利的，它的核心是生成一個意象世界，所以不能等同於生理快感。但在有些情況下，在精神愉悅中可以夾雜有生理快感。在有些情況下，生理快感可以轉化為美感或加強美感。

人的美感，主要依賴於視覺、聽覺這兩種感官。但是，其他感官（嗅覺、觸覺、味覺等感官）獲得的快感，有時可以滲透到美感當中，有時可以轉化為美感或加強美感。在盲人和聾人的精神生活中，這種嗅覺和觸覺的快感在美感中所起的作用可能比一般人更大。

人類的性愛（性的慾望和快感）包含有精神的、文化的內涵，它是身與心、靈與肉、情與欲融為一體的享受。性愛的高潮創造一種普通生活所沒有的審美情景和審美氛圍，這是一種高峰體驗，也是一種審美體驗。有了這種性愛，人生就在一個重要層面上充滿了令人幸福的意義。

馬斯洛提出的「高峰體驗」的概念，是對人生中最美好的時刻、生活中最幸福的時刻的概括，是對心醉神迷、銷魂、狂喜以及極樂的體驗的概括。馬斯洛把審美體驗列入高峰體驗。馬斯洛對高峰體驗的描述，對我們理解和把握美感的特點大有幫助。特別是馬斯洛關於高峰體驗會引發一種感恩的心情，一種對於每個人和萬事萬物的愛的描述，指出了美感的一個極其重要的，同時又為很多人忽視的特點。

綜合來說，美感有以下五方面的特性：

無功利性。在審美活動中，人們超越了對象的實在，因而也就超越了利害的考慮。這意味著美感是人和世界的一種自由的關係。

直覺性。這是美感的超理性（超邏輯）的性質。超理性不是反理性。美感中包含有理性的成分，或者說，在「詩」（審美直覺）中滲

透著「思」（理性）。

創造性。美感的核心是生成一個意象世界，這是不可重複的，一次性的。

超越性。美感在物我同一的體驗中超越主客二分，從而超越「自我」的有限性。這種超越，使人獲得一種精神上的自由感和解放感。這種超越，使人回到萬物一體的人生家園。

愉悅性。美感的愉悅性從根本上是由於美感的超越性引起的。在美感中，人超越自我的牢籠，回到萬物一體的人生家園，從而在心靈深處引發一種滿足感和幸福感。這種滿足感和幸福感可以和多種色調的情感反應結合在一起，構成一種非常微妙的複合的精神愉悅。這是人的心靈在物我交融的境域中和整個宇宙的共鳴和顫動。

由於美感具有超越性，所以在美感的最高層次即宇宙感這個層次上，也就是在對宇宙的無限整體和絕對美的感受的層次上，美感具有神聖性。這個層次上的美感是與宇宙神交，是一種莊嚴感、神秘感和神聖感，是一種謙卑感和敬畏感，是一種靈魂的狂喜。這是最高的美感。在美感的這個層次上，美感與宗教感有某種相通之處。

第三章　美和美感的社會性

這一章討論美和美感的社會性。

在中國 20 世紀 50 年代的美學大討論中，有一派學者承認美的客觀性，但否認美有社會性，有一派學者則主張美是客觀性與社會性的統一，也就是說，自然物本身就有美，而這種自然物（月亮、松樹）的美具有一種社會性。

我們認為，否認美的社會性是不妥當的，把社會性歸之於自然物本身也是不妥當的。

審美活動不是生物性的活動，而是社會文化活動，所以美和美感具有社會性。但是美和美感所以具有社會性並不是因為自然物本身俱有社會性，而是由於下面兩個原因：第一，審美主體都是社會的、歷史的存在；第二，任何審美活動都是在一定的社會歷史環境中進行的。

任何審美主體都是社會的、歷史的存在，因而他的審美意識（審美趣味、審美理想）必然受到時代、民族、階級、社會經濟政治制度、文化教養、文化傳統、風俗習慣等因素的影響。這是美和美感必然具有社會歷史意蘊的一個原因。

任何審美活動都是在一定的社會歷史環境中進行的，因而必然受到物質生產力的水準、社會經濟政治狀況、社會文化氛圍等因素的影響。這是美和美感必然具有社會歷史意蘊的又一個原因。

所以美是歷史的範疇，沒有永恆的美。車爾尼雪夫斯基有一句話說得很好：「每一代的美都是而且應該是為那一代而存在：它毫不破壞和諧，毫不違反那一代的美的要求；當美與那一代一同消逝的時候，再下

一代就將會有它自己的美、新的美，誰也不會有所抱怨的。」[362]

一、自然地理環境對審美活動的影響

自然界是人類社會生活的物質基礎。人的審美活動與人的一切物質活動和精神活動一樣，不能脫離自然界。自然地理環境必然融入人的生活世界，成為人的生活世界的一個部分。自然地理環境不同，則「天異色，地異氣，民異情」（龔定庵語），必然會對人的審美活動產生影響。

在西方美學史上，法國的孟德斯鳩（Charles de Secondat, Baron de Montesquieu, 1689～1755）、杜博斯（Jean-Baptiste Dubos, 1670～1742）和德國的文克爾曼（Johann Joachim Winckelmann, 1717～1768）都曾經談到地理環境對審美活動的影響。文克爾曼曾說過「希臘人在藝術中所取得優越性的原因和基礎，應部分地歸結為氣候的影響，部分地歸結為國家的體制和管理以及由此產生的思維方式，而希臘人對藝術家的尊重以及他們在日常生活中廣泛地傳播和使用藝術作品，也同樣是重要的原因」。[363] 但是對這個問題談得最多同時也是談得最好的，還要數法國美學家泰納（Hippolyte Adolphe Taine, 1828～1893）。泰納認為，一個社會的物質文明與精神文明（包括審美活動）的性質和面貌都取決於種族、環境、時代三大因素。他說的種族的因素，就包括自然地理環境的作用。我們可以看一下他對古希臘審美文化的分析。

註362　車爾尼雪夫斯基：《生活與美學》，第48頁，人民文學出版社，1957。

註363　文克爾曼：《論古代藝術》，第133～134頁，人民大學出版社，1989。

希臘是一個半島。碧藍的愛琴海，星羅棋布的美麗的島嶼，島上有扁柏、月桂、棕櫚樹、橄欖樹、穀物、葡萄園。那兒吹著暖和的海風，每隔二十年才結一次冰，果樹不用栽培就能生長。居民從五月中旬到九月底都睡在街上，大家都過露天生活。「在這樣的氣候中長成的民族，一定比別的民族發展更快，更和諧。」[364] 他們走在陽光底下，永遠感到心滿意足。「沒有酷熱使人消沉和懶惰，也沒有嚴寒使人僵硬遲鈍。他既不會像做夢一般的麻痺，也不必連續不斷的勞動；既不耽溺於神秘的默想，也不墮入粗暴的蠻性。」[365] 在這個地方，「供養眼睛、娛樂感官的東西多，給人吃飽肚子、滿足肉體需要的東西少」。[366] 這樣一個地方自然產生一批苗條、活潑、生活簡單、飽吸新鮮空氣的民眾，他們一刻不停地發明、欣賞、感受、經營，別的事情都不放在心上，「好像只有思想是他的本行」。[367] 總之，在希臘我們看到，溫和的自然界怎樣使人的精神變得活潑、平衡，把機靈敏捷的頭腦引導到思想與行動的路上。

　　希臘的海岸線很長，港灣極多。「每個希臘人身上都有水手的素質」。[368] 「他們在周圍的海岸上經商、搶掠。商人、旅客、海盜、捐客、冒險家：他們生來就是這些角色，在整個歷史上也是這樣。他們用軟硬兼施的手段，搜刮東方幾個富庶王國和西方的野蠻民族，帶回金銀、象牙、奴隸，蓋屋子的木材，一切用低價買來的貴重商

註364　泰納：《藝術哲學》，第245 ～ 247頁，人民文學出版社，1963。按：傅雷先生將「泰納」譯為「丹納」。為了與現在通行譯法一致，在本書中一律改為「泰納」。

註365　泰納：《藝術哲學》，第245～247頁。

註366　同上。

註367　同上。

註368　泰納：《藝術哲學》，第248頁。

品，同時也帶回別人的觀念和發明，包括埃及的，腓尼基的，迦勒底（Chaldea）的，波斯的，伊特魯里亞（Etruria）的。這種生活方式特別能刺激聰明，鍛煉智力。」[369] 希臘人這種機智、聰明表現在哲學和科學上，就是他們醉心於窮根究底的推理。他們是理論家，喜歡在事物的峰頂上旅行。希臘人的這種機智、聰明表現在審美情趣方面，就形成所謂「阿提卡」（Attica）趣味（「阿提卡」是希臘的一個地區，首都就是雅典）：講究細微的差別，輕鬆的風趣，不著痕蹟的諷刺，樸素的風格，流暢的議論，典雅的論據。[370]

　　希臘的自然環境還有一個特點：希臘境內沒有一樣巨大的東西，外界的事物絕對沒有比例不稱、壓倒一切的體積。一切都大小適中，恰如其分，簡單明瞭，容易為感官接受。就是大海，也不像北方的大海那麼兇猛可怕，不像一頭破壞成性的殘暴野獸，而是像湖泊那樣寧靜、光明。這裡的天色那麼藍，空氣那麼明淨，山的輪廓那麼凸出，海水那麼光艷照人，用荷馬的說法是「鮮明燦爛，像酒的顏色，或者像紫羅蘭的顏色」。泰納說：「我正月裡在伊埃爾群島看過日出：光越來越亮，佈滿天空；一塊岩石頂上突然湧起一朵火焰；像水晶一般明淨的穹窿擴展出去，罩在無邊的海面上，罩在無數的小波浪上，罩在色調一律而藍得那麼鮮明的水上，中間有一條金光萬道的溪流。夏天，太陽照在空中和海上，發出燦爛的光華，令人心醉神迷，彷彿進了極樂世界；浪花閃閃發光，海水氾出藍玉、青玉、碧玉、紫石英和各種寶石的色調，在潔白純淨的天色之下起伏動盪。」[371]

註369　同上書，第249頁。

註370　同上書，第252頁。

註371　同上書，第264頁。

正是這樣一種天然景色，形成了希臘人那種歡樂和活潑的本性，並使得希臘人醉心於追求強烈的、生動的快感。希臘人的這種氣質，表現為荷馬史詩和柏拉圖對話錄中那種恬靜的喜悅。希臘人的這種氣質，也表現為普通希臘人的日常生活中的那種美感：晚上在園中散步，聽著蟬鳴，坐在月下吹笛；或在路上採下一株美麗的植物，整天小心翼翼地拿在手裡，晚上睡覺時小心地放在一旁，第二天再拿著欣賞；或者上山去喝泉水，隨身帶著一塊小麵包，一條魚，一瓶酒，一邊喝一邊唱；或在公眾節日拿著藤蘿和樹葉編成的棍子整天跳舞，跟馴服的山羊玩兒。希臘人的這種氣質，使他們把人生看作行樂。「最嚴肅的思想與製度，在希臘人手中也變成愉快的東西；他的神明是『快樂而長生的神明』。」「希臘人心目中的天國，便是陽光普照之下的永遠不散的筵席；最美的生活就是和神的生活最接近的生活。」「宗教儀式無非是一頓快樂的酒席，讓天上的神明飲酒食肉，吃得稱心滿意。最隆重的賽會是上演歌劇。悲劇，喜劇，舞蹈，體育表演，都是敬神儀式的一部分。他們從來不想到為了敬神需要苦修、守齋、戰戰兢兢的禱告，伏在地上懺悔罪過；他們只想與神同樂，給神看最美的裸體，為了神而裝點城邦，用藝術和詩歌創造輝煌的作品，使人暫時能脫胎換骨，與神明並肩。」[372] 曾經有個埃及祭司對梭倫[373] 說：「噢！希臘人！希臘人！你們都是孩子！」對這句話，泰納評論說：「不錯，他們以人生為遊戲，以人生一切嚴肅的事為遊戲，以宗教與神明為遊戲，以政治與國家為遊戲，以哲學與真理為遊戲。」[374] 按泰納

註372　泰納：《藝術哲學》，第266～270頁，人民文學出版社，1963。

註373　梭倫是西元前 7 至前 6 世紀時希臘的大政治家與立法者。

註374　泰納：《藝術哲學》，第266～270頁，人民文學出版社，1963。

這一說法，我們可以說，希臘人的人生是遊戲的人生，而遊戲的本來意義是與審美相通的，所以我們也可以說，希臘人的人生是審美的人生。

正因為如此，所以希臘人是世界上最大的藝術家。希臘人性格中有三個特徵，正是造成藝術家的心靈和智慧的特徵：第一，感覺精細，善於捕捉微妙的關係，分辨細微的差別，這就能使藝術家能以形體、色彩、聲音、詩歌等原素和細節，造成一個有生命的總體，能在意象世界顯現人生世界的內在的和諧；第二，力求明白，懂得節制，討厭渺茫與抽象，排斥怪異與龐大，喜歡明確而固定的輪廓，這就使藝術家創造的意象世界容易為感官和想像力所把握，從而使作品能為一切民族、一切時代所瞭解；第三，對現世生活的愛好和重視，開朗的心情，樂生的傾向，力求恬靜和愉快，這就使藝術家重視當下的直接感受（這是美感的重要特點），避免描寫肉體的殘廢與精神的病態，而著意表現心靈的健康與肉體的完美，從而造就希臘藝術（雕塑、建築等等）那種絕對的優美和和諧。[375]

我們從泰納對希臘文明的分析，可以看到，他的思路是：地理環境、

東漢　《乙瑛碑》（局部）

註375　泰納：《藝術哲學》，第372頁。

天然景物必然會深刻地影響一個民族的生活方式和精神氣質，而這種生活方式和精神氣質又必然會影響一個民族的審美情趣和審美風貌。

在中國美學史上，似乎只有梁啟超對這個問題給予關注。他在〈地理與文明的關係〉和〈中國地理大勢論〉這兩篇文章中探討了地理環境（天然景物）對審美情趣和藝術風格影響的問題。

他主要提出了兩個論點：[376]

第一，不同的天然景物，影響一個朝代的氣象（審美風貌）。如中國歷代定都黃河流域者，「為外界之現象所風動所薰染，其規模常宏遠，其局勢常壯闊，其氣魄常磅　英鷙，有俊鶻盤雲、橫絕朔漠之概」。而建都長江流域者，「為其外界之現象所風動所薰染，其規模常綺麗，其局勢常清隱，其氣魄常文弱，有月明畫舫、緩歌慢舞之觀」。[377]

第二，不同的天然景物，也影響人們的審美情趣，產生雄渾悲壯與秀逸纖麗這樣兩種不同的意象與風格。如文學，他舉例說：「燕趙多慷慨悲歌之士，吳楚多放誕纖麗之文，自古然矣。自唐以前，於詩於文於賦，皆南北各為家數。長城飲馬，河梁攜手，北人之氣概也；江南草長，洞庭始波，南人之情懷也。散文之長江大河一瀉千里者，北人為優；駢文之鏤雲刻月善移我情者，南人為優。蓋文章根於性靈，其受四圍社會之影響特甚焉。自後世交通益盛，文人墨客，大率足跡走天下，其界亦微矣。」[378] 又如美術、音樂，他舉例說：「吾中國以書法為一美術，故千餘年來，此學蔚為大國焉。書派之分，南北尤顯。北以碑著，

註376　以下論述引自葉朗《中國美學史大綱》，第596～598頁，上海人民出版社，1985。

註377　《飲冰室文集》卷十〈中國地理大勢論〉。

註378　《飲冰室文集》卷十〈中國地理大勢論〉。

米芾　《虹縣詩帖》（局部）

南以帖名。南帖為圓筆之宗，北碑為方筆之祖。遒健雄渾，峻峭方整，北派之所長也，《龍門二十品》、《爨龍顏碑》、《吊比干文》等為其代表。秀逸搖曳，含蓄瀟灑，南派之所長也，《蘭亭》、《洛神》、《淳化閣帖》等為其代表。蓋雖雕蟲小技，而與其社會之人物風氣，皆一一相肖有如此者，不亦奇哉！畫學亦然。北派擅工筆，南派擅寫意。李將軍（思訓）之金碧山水，筆格遒勁，北宗之代表也。王摩詰之破墨水石，意象逼真，南派之代表也。音樂亦然。……直至今日，而西梆子腔與南崑曲，一則悲壯，一則靡曼，猶截然分南北兩流。由是觀之，大而經濟、心性、倫理之精，小而金石、刻畫、遊戲之末，幾無一不與地理有密切之關係。天然力之影響人事者，不亦偉耶！不亦偉耶！」**379**

　　梁啟超所說的審美情趣與藝術風格的這種南北之不同，在歷史上確實存在。當然這種不同，並不完全是由於地理環境（天然景物）的影響，其中還有社會政治、經濟、風俗等多方面的影響。但是地理環境（天然景物）對於人類的審美活動確有重要的影響，這是不能否認的。

　　梁啟超本人並沒有把天然景物對審美趣味、藝術風格的影響絕對化。他提出了一個命題對他以上的論述作了補充，那就是：「『文學地理』常隨『政治地理』為轉移」。他說：

註379　同上。

大抵自唐以前，南北之界最甚，唐後則漸微，蓋「文學地理」常隨「政治地理」為轉移。自縱流之運河既通，兩流域之形勢，日相接近，天下益日趨於統一，而唐代君主上下，復努力以聯貫之。貞觀之初，孔穎達、顏師古等奉詔撰《五經正義》，既已有折衷南北之意。祖孝孫之定樂，亦其一端也。文家之韓柳，詩家之李杜，皆生江河兩域之間，思起八代之衰，成一家之言。書家如歐（陽詢）、虞（世南）、褚（遂良）、李（邕）、顏（真卿）、柳（公權）之徒，亦皆包北碑南帖之長，獨開生面。蓋調和南北之功，以唐為最矣。由此言之，天行之力雖偉，而人治恆足以相勝。今日輪船鐵路之力，且將使東西五洲合一爐而共冶之矣，而更何區區南北之足云也。**380**

　　梁啟超說的「政治地理」是一個涵義很廣的概念，不僅包涵一個國家在政治上的統一，而且也包含生產力的發展。實際上，影響審美情趣、審美風尚、藝術風格的，一方面是自然地理環境，另方面更重要的是社會文化環境，而社會文化環境包含了社會經濟、政治、文化、風俗等多方面的極其複雜的因素。這就是我們下一節要談的內容。

二、社會文化環境對審美活動的影響

　　如前面所述，自然地理環境對審美活動會產生深刻的影響。但是，對審美活動產生決定性影響的是社會文化環境。

　　我們說的社會文化環境，是一個綜合的概念，它包括經濟、政治、宗教、哲學、文化傳統、風俗習慣等等多方面的因素。這種種因素對於人們

註380　《飲冰室文集》卷十〈中國地理大勢論〉。

的審美意識和審美活動的影響也顯示出一種十分複雜的狀態，有的是直接的影響，有的是間接的影響，有的是顯著的影響，有的是潛在的影響，有的是長遠起作用的影響，有的是暫時起作用的影響。在這種種因素中，最根本的、長遠起作用的因素，是經濟的因素。

普列漢諾夫（Georgii Valentinovich Plekhanov, 1856~1918）在他的《沒有地址的信》中，曾經談到社會文化環境對審美活動的影響這個問題。他談到歐洲17世紀的人喜歡城市風光和經過修飾的園林，而 19世紀的人喜歡荒野的景色，接著說：「為什麼一定社會的人正好有著這些而非其他的趣味，為什麼他正好喜歡這些而非其他的對象，這就決定於周圍的條件。」這些條件「是社會條件」，「它們的總和是由人類文化的發展進程決定的」，更確切地說，是由他們的生產力的發展階段，是由他們的生產方式決定的。[381]

普列漢諾夫接著說，對於 17 世紀以至 18 世紀的法國美術家，風景沒有獨立的意義，但是，「在 19 世紀，情況急劇地改變了。人們開始為風景而珍視風景，年輕的畫家——傅勒爾、卡巴、西奧多·盧梭（Theodore Rousseau, 1812 ~ 1867）——在自然界的懷抱裡，在巴黎的近郊，在楓丹白露（Fontainebleau）和美登，尋找勒布倫（Charles Le Brun, 1619 ~ 1690）和普桑（Nicolas Poussin, 1594 ~ 1665）時代的美術家們根本不可能想到的靈感。為什麼這樣呢？因為法國的社會關係改變了，而法國人的心理也跟著它們一起改變了」。[382]

普列漢諾夫引用了法國文學家斯達爾夫人（Madame de Stael, 1766

註381　《普列漢諾夫美學論文集》第一卷，第332頁，人民出版社，1983。

註382　同上書，第333頁。

～1817）和法國歷史學家基佐（Frangois Pierre Guillaume Guizot, 1787～1874）的論述。斯達爾夫人在她的《從文學與社會制度的關係論文學》（*De la litterature consideree dans ses rapports avec les institutions sociales*, 1800, 一般簡稱：「論文學」）一書中有一章專門討論「為什麼法蘭西民族曾是歐洲最富有典雅趣味和歡樂情緒的民族」這個問題。她的結論是：「所謂法國人的機智，法國人的典雅，不過是幾百年來法國君主政體的設施制度和習俗風尚的直接和必然的產物罷了。」[383] 基佐在《路易十四時代的法國詩人傳記》（Vie des poètes français du siècle de Louis XIV, 1813）一書中說，根據他的研究，他發現法國各個社會階級和階層的趣味和習慣都是在法國的社會關係的影響下形成的。[384]

　　普列漢諾夫特別提到泰納。普列漢諾夫說，社會文化環境影響和決定人們的審美意識這一觀點，在泰納的著作中「得到了完滿的光輝的表現」，並且有「許多最鮮明和最有才華的例證」。[385]

　　我們來看一看泰納在《藝術哲學》（*Philosophie de l' art*, 1865 et 1882）中對這一問題的論述。

　　社會文化環境對審美活動的影響是多方面因素的綜合。泰納用「時代精神和風俗習慣」來概括「社會文化環境」的多方面的因素。他說，「時代精神和風俗習慣」是一種精神上的氣候，這種精神上的氣候決定了精神文明的產物的面貌。他從歐洲文化史上選了四個時期（古希臘羅馬、中世紀、17 世紀、近代）進行分析，試圖說明「時代精神和風俗習慣」是如何影響、決定審美和藝術的面貌的。

註383　斯達爾夫人：《論文學》，第220頁，人民文學出版社，1986。

註384　《普列漢諾夫美學論文集》，第347頁，人民出版社。

註385　同上書，第348頁。

泰納要人們首先考察總的形勢，「就是普遍存在的禍福，奴役或自由，貧窮或富庶，某種形式的社會，某一類型的宗教；在古希臘是好戰與蓄養奴隸的自由城邦；在中世紀是蠻族的入侵，政治上的壓迫，封建主的劫掠，狂熱的基督教的信仰；在 17 世紀是宮廷生活；在 19 世紀是工業發達、學術昌明的民主制度；總之是人類非順從不可的各種形勢的總和」。[386] 這裡包括了一個社會的物質基礎，以及經濟、政治、宗教等等的大環境，也就是我們今天所說的經濟基礎和上層建築的各種因素的總和。

正是這個總的形勢決定了一個時代的時代精神和風俗習慣，具體來說，就是那個時代產生的特殊的精神的「需要」，特殊的「才能」，特殊的「感情」。「例如愛好體育或耽於夢想，粗暴或溫和，有時是戰爭的本能，有時是說話的口才，有時是要求享受，還有無數錯綜複雜、種類繁多的傾向：在希臘是肉體的完美與機能的平衡，不曾受到太多的腦力活動或太多的體力活動擾亂；在中世紀是幻想過於活躍，漫無節制，感覺像女性一般敏銳；在17世紀是專講上流人士的禮法和貴族社會的尊嚴；到近代是一發不可收拾的野心和慾望不得滿足的苦悶。」[387]

這種精神領域的特殊要求、特殊的才能、特殊的感情有可能集中表現在某些人的身上，使這些人放射出時代的光彩。這些人就成為體現時代精神的「中心人物」，「在希臘是血統優良、擅長各種運動的裸體青年；在中世紀是出神入定的僧侶和多情的騎士；在17世紀是修養完美的侍臣；在我們的時代是不知厭足和憂鬱成性的浮士德和維特」。[388]

註386　泰納：《藝術哲學》，第 64 頁，人民文學出版社，1963。

註387　同上。

註388　同上。

這種時代精神和風俗習慣，以及集中體現時代精神最時髦的中心人物，必然會影響整個時代的審美風尚，必然會在社會生活的各個方面以及藝術的各種形式（聲音、色彩、語言等等）中表現出來。

　　泰納把中世紀的哥特式建築作為一個典型進行了細緻的分析。

　　在中世紀的歐洲，由於羅馬帝國的衰落，由於前後延續五百年的蠻族的入侵，田園荒蕪，城鎮被夷為平地，到處是恐懼、愚昧、強暴。「11世紀時，七十年中有四十年飢荒。一個叫做拉烏·葛拉貝的修士說他已經吃慣人肉；一個屠夫因為把人肉掛在架上，被活活燒死。」[389]鼠疫、麻風、傳染病到處流行。不難想像一個如此持久如此殘酷的局面會養成怎樣的心境。人人灰心喪氣，悲觀厭世，抑鬱到極點。人間彷彿是提早到來的地獄。大家以為世界末日到了，許多人驚駭之下，把財產送給教堂和修院。在恐怖和絕望的同時，還有情緒的激動，像病人和囚犯那樣忽而激烈，忽而頹喪。「他們胡思亂想，流著眼淚，跪在地上，覺得單靠自己活不下去，老是想像一些甜蜜、熱烈、無限溫柔的境界；興奮過度與沒有節制的頭腦只求發洩它的狂熱與奇妙的幻想。」[390]這種「厭世的心理，幻想的傾向，經常的絕望，對溫情的飢渴，自然而然使人相信一種以世界為苦海，以生活為考驗，以醉心上帝為無上幸福，以皈依上帝為首要義務的宗教」。[391]「無窮的恐怖與無窮的希望，烈焰飛騰和萬劫不復的地獄的描寫，光明的天國與極樂世界的觀念，對於受盡苦難或戰戰兢兢的心靈都是極好的養料。」[392]於是基督教的勢力大為擴張。

註389　泰納：《藝術哲學》，第 49 頁，人民文學出版社，1963。

註390　同上書，第 50 頁。

註391　同上書，第 51 頁。

註392　同上書，第 52 頁。

米蘭大教堂

　　就在這種形勢和精神氣氛下，**哥特式的建築出現了。哥特式建築充分地表現了那個時代的極大的精神苦悶。**哥特式教堂追求無窮大，以整體的龐大與細節的繁複震動人心，目的是造成一種異乎尋常的刺激，令人驚奇讚歎，目眩神迷。哥特式教堂的形式富麗、怪異、大膽、纖巧、龐大，以投合病態的幻想所產生的誇張的情緒和好奇心。哥特式教堂的整個建築設計都是為了強化當時人那種恐懼、絕望而又充滿幻想、渴望溫情的精神狀態。「走進教堂的人心裡都很淒慘，到這兒來求的也無非是痛苦的思想。他們想著災深難重、被火坑包圍的生活，想著地獄裡無邊無際、無休無歇的刑罰，想著基督在十字架上的受難，想著殉道的聖徒被毒刑磨折。他們受過這些宗教教育，心中存在著個人的恐懼，受不了白

日的明朗與美麗的風光；他們不讓明亮與健康的日光射進屋子。教堂內部罩著一片冰冷慘淡的陰影，只有從彩色玻璃中透入的光線變成血紅的顏色，變做紫石英與黃玉的華彩，成為一團珠光寶氣的神秘的火焰，奇異的照明，好像開向天國的窗戶。」**393**

這種哥特式的建築持續了400年，遍及整個歐洲，無論是民間的和宗教的，公共的和私人的建築，都是這種風格，就連市民的衣著、桌椅、盔甲等等也都受這種風格的影響。

泰納的分析很精彩。從泰納的分析我們看到，一個時代的審美趣味和審美風尚確實是在這個時代的社會文化環境（泰納稱為時代精神和風俗習慣）的影響下形成的，因而必然處處體現著這個時代的時代精神和風俗習慣，哪怕是在一些很小的細節上也是如此。這就是美和美感的社會性。

社會文化環境對審美活動的影響，在每個個人身上，集中體現為審美趣味和審美格調，在整個社會，則集中體現為審美風尚和時代風貌。

三、審美趣味和審美格調

審美趣味是一個在美學史上有很多人討論過的問題。但是「審美趣味」的概念在不同的美學家那裡有不同的含義。有的美學家認為，「審美趣味就是鑑賞力或審美能力」。**394** 例如，一個人能不能欣賞交響樂，能不能欣賞崑曲，能不能欣賞古希臘的雕塑，能不能欣賞陶淵明的詩，等等，以及一個人在這些作品中能夠感受和領悟到的意蘊有多深。有的美學家則認為，審美趣味是一種審美評價或審美偏愛。例如，你喜歡貝多

註393 同上。

註394 朱光潛：《西方美學史》上冊，第215頁，人民文學出版社，1963。

芬的交響樂，他喜歡莫札特的小夜曲；你喜歡「大江東去」，他喜歡「楊柳岸，曉風殘月」；你喜歡牡丹花，他喜歡蘭花；等等。

我們認為，應該把一個人的審美趣味和主體的審美能力加以區分。審美趣味是一個人的審美偏愛、審美標準、審美理想的總和。當然，審美偏愛、審美選擇要以審美能力為前提。例如，一個人喜歡貝多芬的交響樂，首先要他能欣賞貝多芬的交響樂，一個人喜歡《紅樓夢》，首先要他能欣賞《紅樓夢》。反過來，審美偏愛又會影響審美能力。一個人喜愛交響樂，他對交響樂的鑑賞力當然會提高得比較快。但是，審美偏愛、審美選擇是一個人的審美觀（審美價值標準）的集中體現，它與審美能力並不是一回事。

審美趣味作為一個人的審美價值標準的體現，它制約著一個人的審美行為，決定著這個人的審美指向。一個人喜歡京劇，一有京劇演出他就會立即買票去看。另一個人不喜歡京劇，即便有人送票給他，他也不會去看。這就是審美趣味的功能——審美行為的指向性。

審美趣味不僅決定著一個人的審美指向，而且深刻地影響著每個人每一次審美體驗中意象世界的生成。也就是說，審美趣味不同的人，在表面上相同的審美活動中，例如同樣在讀李白的一首詩，同樣在看莫 的一幅畫，他們所體驗到的美是不同的。

這就是審美趣味的重要性。

一個人的審美趣味是在審美活動中逐漸形成和發展的，它要受到這個人的家庭出身、階級地位、文化教養、社會職業、生活方式、人生經歷等多方面的影響。也就是說，審美趣味是個人文化的產物，是個人所處的社會文化環境的產物。

審美趣味是在個體身上體現出來的，因而帶有個人的色彩。劉勰

說：「慷慨者逆聲而擊節，蘊藉者見密而高蹈，浮慧者觀綺而躍心，愛奇者聞詭而驚聽。」[395] 這是審美趣味的個體性特徵。但是，這種個體身上體現出來的審美趣味，又必然會顯示出這個個體所屬的群體、社會集團、階層、階級以及時代和民族的某種共同的特點、共同的色彩。這是審美趣味的超個體性特徵。傅雷在給他兒子傅聰的信中有一段話就談到個體的審美趣味中必然滲透著自己民族的文化傳統和精神氣質。他說：「比起近代的西方人來，我們中華民族更接近古代的希臘人，因此更自然，更健康。」「就因為此，我們對西方藝術中最喜愛的還是希臘的雕塑，文藝復興的繪畫，19 世紀的風景畫，——總而言之是非宗教性非說教類的作品。——猜想你近年來愈來愈喜歡莫札特、斯卡拉蒂、亨特爾，大概也是由於中華民族的特殊氣質。在精神發展的方向上，我認為你這條路線是正常的，健全的。——你的酷好舒伯特，恐怕也反映你愛好中國文藝中的某一類型。親切，熨貼，溫厚，惆悵，淒涼，而又對人生常帶哲學意味極濃的深思默想；愛人生，戀念人生而又隨時準備飄然遠行，高蹈，灑脫，遺世獨立，解脫一切等等的表現，豈不是我們漢晉六朝唐宋以來的文學中屢見不鮮的嗎？而這些因素不是在舒伯特的作品中也具備的嗎？」[396]

一個人在各個方面的審美趣味，作為一個整體，就形成一種審美格調，或稱為審美品味。**格調或品味是一個人的審美趣味的整體表現。**

一個人的格調（品味）同樣是社會文化環境的產物，它同樣受到這個人的家庭出身、階級地位、文化教養、社會職業、生活方式、人生經歷等多方面的影響，是在這個人的長期的生活實踐中逐漸形成的。

註395　《文心雕龍・知音》。

註396　《傅雷家書》，第162～163頁，三聯書店，1981。

一個人的趣味和格調（品味）表現在他的言談舉止、衣食住行等各個方面。

　　巴爾札克（*Honoré de Balzac*, 1799～1850）曾寫過一篇《風雅生活論》（Pathologie de la vie sociale）。他在這篇文章中引用當時的一句諺語：「一個人的靈魂，看他持手杖的姿勢，便可以知曉。」[397] 又引用當時的另一句諺語：「請你講話，走路，吃飯，穿衣，然後我就可以告訴你，你是什麼人。」[398] 這些諺語都是說，一個人的格調、品味會在他的一舉一動中表現出來。巴爾札克說，當時人追求一種風雅生活，「在絕大多數人看來，良好的教養、純正的語言、文雅的舉止、大方的儀表（包括服飾在內）、房間的陳設，一句話，一切與個人有關事物的完美都具有極高的價值。」[399] 這種風雅生活，「就其本質而言，乃是儀表風度的學問」。[400]他指出，風雅生活的核心乃是一種高雅、純正的審美趣味，也就是「具備這樣一種難以言傳的才能（它也許是感覺的精髓！），它能夠叫我們永遠選擇真正美和真正好的東西；從整體上說，這些東西與我們的面貌，與我們的命運相互吻合。它是一種美妙的感覺，惟有這種感覺，經過不懈的運用，能夠使我們豁然領悟各種關係，預見各種結果，推測事物、詞彙、觀念、人物的位置或意義」。[401] 這種高雅的、純正的審美趣味，「其宗旨是賦予事物以詩意」。[402]

註397　巴爾札克：《人間喜劇》第 24 冊，第 5 頁，人民文學出版社，1997。

註398　同上書，第 23 頁。

註399　同上書，第24頁。

註400　巴爾札克：《人間喜劇》第 24 冊，第 17 頁。

註401　同上書，第 24～25 頁。

註402　同上。

巴爾札克還對他那個時代被大家認為具有風雅氣質的典型人物作了生動的描繪：

　　他嗓音很清亮，講起話來自然迷人，舉止也同樣迷人。他會說話，也會沉默。他照應你的時候不露聲色。他只揀合適的話題同你聊天，每個字眼都經過精心篩選。他的語言很純正。他笑罵，但叫人聽得舒坦；他批評，但從不傷人。他決不會像傻瓜那樣，帶有無知的自信同你爭論，而是彷彿隨你一道去探求良知，探求真理。他不跟人爭高下，也不長篇大論，他的樂趣是引導大夥討論，又恰到好處地打斷討論。他性情平和，總是笑容可掬，顯得和藹可親。他彬彬有禮，不摻一絲一毫勉強。他待客殷勤，卻沒有半點低三下四的味道。他將「尊重」二字化作一種溫柔的影子。他從來不叫你感到困倦，讓你自然而然地對他，也對你自己滿意。他以一種無法理解的力量拉你進入他的圈子。你會發現風雅精神印在他身旁每一件東西上，一切都令人賞心悅目，你會呼吸到家鄉的氣息。在親密無間的氣氛中，他天真的氣度勾攝了你的靈魂。他大方自然，從來不造作，不招搖，不講排場。他表達感情的方式十分簡樸，因為他的感情是真摯的。他直率，但是不傷害任何人的自尊心。上帝怎麼造人，他就怎麼看待人，原諒別人的缺點，寬容別人的怪癖。對什麼年紀的人，他都有準備；無論發生什麼事，他都不著急上火，因為一切都在他預料之中。倘若他非勉強什麼人不可，事後必定好言寬慰。他脾氣溫和，又是樂天派，所以你一定會愛他。你把他看作一種典型，對他崇拜得五體投地。

　　這種人具備與生俱來、超凡入聖的風雅氣質。[403]

註403　巴爾札克：《人間喜劇》，第 55～56 頁，人民文學出版社，1997。

巴爾札克說這種氣質是「與生俱來」，這個說法不很準確。一個人的格調、品味、氣質可能有先天的因素，但主要是在特定的社會文化環境中逐漸形成的。

　　當代美國學者保羅・福賽爾寫了一本書討論格調、品味和一個人的社會地位、文化教養等等的關係。他認為，一個人的格調、品味幾乎在生活的所有方面都會顯示出來，而不同的格調和品味都會打上社會等級的烙印。他從美國的社會生活中舉了許多例子。例如，這個國家的上層精英的外貌：「它要求女人要瘦，髮型是十八或二十年前的式樣，穿極合體的服裝，用價格昂貴但很低調的鞋和提包，極少的珠寶飾物。」「男人應該消瘦，完全不佩戴珠寶，無香煙盒，頭髮長度適中，決不染髮」，「也決不用假髮，假髮只限於貧民階層」。[404] 又例如，因為英國曾經有過鼎盛時期，所以在美國，「『英國崇拜』是上層品味中必不可少的因素」，舉凡服裝、文學、典故、舉止做派、儀式慶典等等，都要有英國風味。[405]「中產階級以上的普通美國男性一般認為，『衣著得體』意味著，你應該盡可能讓自己看上去像五十年前老電影中描繪的英國紳士。最高階層中的年輕一代總要學習騎術，正因為那套最好的社交設備以及附屬飾件是從英國進口的。最高階層的食物亦與英式風格相似：淡而無味，鬆軟粘糊，口味淡而且少變化。中上階層的周日晚餐菜譜也是一份英式翻版：烤肉，番茄和兩樣蔬菜。」[406]

註404　保羅・福賽爾（Paul Fussell, 1924～2012）：《格調》（全名：格調：社會等級與生活品位，*Class: A Guide through American Status System*, 1983），第62～63頁，中國社會科學出版社，1998。

註405　同上書，第 67 頁。

註406　同上書，第 97 頁。

由於審美趣味和審美格調集中體現了一個人的審美價值標準，**所以審美趣味和審美格調在審美價值的意義上就可以有種種區別：高雅與低俗的區別，健康與病態、畸形（扭曲，陰暗）的區別，純正與惡劣的區別，廣闊與偏狹的區別，等等。**

　　因為審美趣味和審美格調是一個人在長期的生活實踐中逐漸形成的，所以它帶有穩定性，保守性。一個人可以在一夜之間暴富，但卻不能在一夜之間改變自己的趣味和格調。這就是趣味、格調的穩定性、保守性。當然，一個人的趣味和格調也並不是永遠不能改變的。這裡有兩種情況。一是生活環境變了，時間一長，一個人的趣味和格調也可能發生變化。這是環境的薰陶的作用。二是人文教育（特別是審美教育）的作用也可以使一個人的趣味和格調發生變化。孔子就很重視這種人文教育。宋明理學的思想家也很重視這種人文教育。後面這種情況，我們在本書第十四章還要進行討論。

四、審美風尚和時代風貌

　　社會文化環境對審美活動的影響，在整個社會，集中體現為審美風尚和時代風貌。

　　審美風尚是一個社會在一定時期中流行的審美趣味，時代風貌則是一個社會在一個較長時期所顯示的相對比較穩定的審美風貌（社會美和藝術美的特色）。

　　審美風尚又稱時尚。那是在某個時期為社會上多數人追求的審美趣味，它也表現在社會生活的各個方面：從人體美、服飾、建築、藝術作品一直到社交生活。**在某種程度上，時尚體現了一個時期社會上多數人的生活追求和生活方式，並且形成為整個社會的一種精神氣氛。**時尚（流

傳於社會上多數人中的精神
氣氛）的存在最有說服力地證
明，社會中每個個人的審美趣
味和生活方式，必然受到社會
文化環境和歷史傳統的影響。

我們可以來看一看歐洲文
藝復興時代的情況。

歐洲的 16 世紀，新的生
產方式登上了歷史舞臺，「商
品生產把商人造成一個全新的
階級即現代資產階級的早期形
式，並且徹底改變了原有的其
他各個階級的生活。通過這個
途徑，全新的意識形態和全新

魯本斯　《美惠三女神》

的力量進入了歷史」。「個人和社會都被極其強有力的刺激劑激發起
來了；一切都經常地一次次爆發燃燒，一切都奔向廣闊的天地。人的
精神竭力想超越自我，飛躍現實造成的障礙。誕生了全新的人，具有
全新的觀點。」[407]

這樣一種時代的趨向，反映在當時社會的人體美的觀念中，就是注
重性感。中世紀的世界觀宣稱超越塵世的靈魂是生活的最高概念和唯

註407　愛德華・傅克斯（Eduard Fuchs, 1870 ~ 1940）：《歐洲風化史（文藝復興時代）》，
（*Illustrierte Sittengeschichte vom Mittelalter bis zur Gegenwart, Band 1: Renaissance.*
München: Albert Langen, 1909）第 98 ~ 99 頁，遼寧教育出版社，2000。

一的目的，而肉體不過是靈魂的短暫的軀殼。文藝復興時代與之完全相反。它以新興階級為代表，提出了健康的、充滿力量的一整套觀念與中世紀的觀念相對抗。「文藝復興時代重新發現了人的肉體。」[408] 它「宣佈人的理想典型是性感的人」，「也就是要比其他任何人都能激起異性的愛」。[409] 從當時人對於理想男人和理想女人的體貌的描繪，可以清楚地看到這種崇拜性感美的風尚。[410]

在當時人看來，豐腴的、富態的女人才稱美（魯本斯畫的美惠三女神就是這樣的女人）所以少女們都愛炫耀她們高聳的乳峰。專門描繪女人豐盈乳房之美的繪畫作品多不勝數。「美麗的胸乳在文藝復興時代享有最高榮譽。」[411] 那個時代把成熟看得最重，所以成熟的男女是時代的理想。最美的女人不是荳蔻年華的少女，而是充分發育的、成熟的女人。

註408　愛德華·傅克斯：《歐洲風化史（文藝復興時代）》，第110頁。

註409　同上書，第112頁。

註410　16 世紀法國一本《人的體魄》（波特著）的書對男人的體貌描繪如下：「男子天生體格魁梧，寬臉，微彎的眉毛，大眼，方正的下頜，粗壯的脖子，結實的肩和肋，寬胸，腹部收縮，骨骼粗大而突出的胯部，青筋虯結的大腿和胳膊，結實的膝，強壯的小腿，鼓起的腿肚，勻稱的腿，勻稱而多筋的大手，寬肩，虎背熊腰，步伐沉穩，洪亮的粗嗓，等等。男子的性格應是恢宏大度，無所畏懼，公平正直，心地單純而愛惜名譽。」阿里奧斯托在長詩《熱戀的羅蘭》〔編注：《熱戀的羅蘭》（*Orlando Innamorato*）又譯《戀愛中的奧蘭多》，是博亞爾多（Matteo Maria Boiardo, 1441～1494）未完成的作品；阿里奧斯托（Ludovico Ariosto, 1474～1533）的作品是《瘋狂的羅蘭》（*Orlando Furioso*）〕中對理想的美女這麼描繪：「她的喉部像牛奶，脖子雪白，秀美而圓渾，胸部寬而豐盈，雙乳的起伏，一如微風吹動的海浪。淺色衣衫裡面的旖旎風光，那是阿耳戈斯（希臘神話中的百眼巨人）的眼睛也看不到的。不過人人明白，裡外是一樣的美豔。修美的胳臂，手白得像象牙雕成，十指纖纖，手掌不管怎樣翻轉，看不見一絲青筋、一根骨頭。婀娜而儀態萬方的身子下面是一雙圓渾的秀足。她美若天仙，隔著厚密的面紗仍然光豔照人。」（以上引自愛德華·傅克斯：《歐洲風化史（文藝復興時代）》）

註411　愛德華·傅克斯：《歐洲風化史（文藝復興時代）》，第138頁。

「已經哺育了生命的乳房最叫男人動心。因此畫家才那麼熱衷於描繪哺嬰的聖母。」[412]

這種審美風尚也必然要反映於人們的服裝，特別是時裝。因為「時裝無非是把時代的人體美的理想應用於日常生活實踐」。[413]

文藝復興時代是創造的時代，從而是健康而強烈的肉慾的時代。因此，「鮮明的強調肉慾、健康的肉慾，必然是文藝復興時代時裝的主要趨向」。[414] 例如，「在男裝中，通過顯示發達的肌肉、寬肩、厚實的胸膛等等來強調力量，而在女裝中則渲染胯股和乳房」。[415] 女人為了突出乳房，就要袒露胸部。同時為了顯示腰身粗壯，一些女人把很重的墊枕圍在腰上，看起來像「麵包師傅」那樣有些發胖，好像懷了孕。這也是一種時尚。因為那個時代崇拜成熟，所以在人們心目中，孕婦的形象是美的。

達文西 《利塔的聖母》（Madonna Litta, 1490～91；又稱：「哺乳聖母」）

註412 愛德華·傅克斯：《歐洲風化史（文藝復興時代）》，第131頁。

註413 同上書，第154頁。

註414 同上書，第155頁。

註415 同上。

雷尼（Guido Reni, 1575-1642）的《慈》（Charity）（局部）

　　但是到了 17、18 世紀歐洲君主專制時代，情況就發生了根本的變化。「文藝復興最重視男女的蓬勃茁壯的力量，把它視為創造力的最重要的前提。相反，君主專制時代蔑視一切強壯有力的東西。力量從它的審美觀點來看，是醜陋的。這大概是這兩個時代在美的意識形態方面意味最為深長的區別。這是最重要的根本性的區別。」因為「美的規則是由統治階級的意志形成的，而這個時代的統治階級掌握了完全靠別人生活的可能性，把勞動看做最最下賤的事情」。「在寄生蟲眼裡，真正的高貴和真正的貴族氣派首先是無所事事；無所事事逐漸成了居民中這些階級和集團的第一位的、最主要的責任。僅此一端，便足以說明文藝復興時

期和君主專制時代有關人體美的意識形態為什麼截然相反。」「所以在文藝復興時期，一切健康強壯的，必定會被認為美，因為健康強壯正是進取的、生產的人的本質。在君主專制時代，相反的體質被理想化：不論是局部還是整體，只是那些沒有勞動能力的，才算美。這就是君主專制時代美的主要基礎。纖細的手是美的，它不適宜工作，不能做有力的動作，卻能夠溫存體貼地撫愛。纖小的腳是美的，它的移動像跳舞，勉強能走路，根本不能邁出堅定有力的步子。」[416] 臉色也以蒼白為美。1712年，漢堡出版的《趣聞大全》一書說：「女人不喜歡她們臉色紅潤，而把蒼白視為美。」蒂里伯爵在回憶錄中說到他愛慕的一位少女：「我幾乎忘了提她主要的美——她的憔悴的蒼白。」[417]〔見 [德] 愛德華·傅克斯（Eduard Fuchs, 1870 ~ 1940）：《歐洲風化使》（*Illustrierte Sittengeschichte vom Mittelalter bis zur Gegenwart*）〕這就是當時的人體美的理想，也就是當時人喜歡說的「優雅」。

　　人體美的時尚變化了，服裝的時尚當然也要變化。在君主專制時代，比之活生生的人，服裝的重要性大為增加。在文藝復興時代，服裝只是裸體的簡單遮掩物，而在君主專制時代，服裝成了主要的東西，美的理想靠服裝來實現，**人一般由衣帽構成，往往衣帽就等於整個人**。因為這個時代的「統治階級竭力用各種辦法把自己同下層階級隔離，在外表上也是如此，以此更加鮮明地強調自己的優越的社會地

註416 愛德華·傅克斯：《歐洲風化史（風流世紀）》（*Illustrierte Sittengeschichte vom Mittelalter bis zur Gegenwart, Band 2: Die galante Zeit. München: Albert Langen*, 1911），第 79 ~ 80 頁，遼寧教育出版社，2000。

註417 同上書，第 84 頁。

位」[418]，而服裝正是階級隔離的最重要的手段之一。舉例說，當時流行假髮。因為假髮「是可以讓男子擺出威嚴的、神氣活現的姿態的一種手段」[419]。「戴上假髮，男子的頭成了朱庇特的威嚴的頭。就像當時的說法：人的臉在濃密的淺色髮捲烘托下，看起來像是『清晨雲海中的太陽』。」[420] 在女人中則流行梳高塔般的髮髻。當時女人的髮髻高到嚇人的程度，以至「一個矮小女子的下巴頦兒正正在頭頂和腳尖的中間」[421]。由於宮廷婦女頭上的紗、花、鳥羽推成一座寶塔，坐車非常不便。「王后在1776年把她頭上的鳥羽尺寸加高，弄得進不了車門，只能在登車時卸下一層，下車時再加上。宮裡的女官坐車時只好跪在台板上，把頭伸出窗外。跳舞的時候總怕碰到掛燈。」[422] 在這種風氣下，設計新的髮型成了一種熱門的行業。巴黎的時裝雜誌《時裝信使》在1770年每期刊出 9 種左右的新髮型，[423] 可見當時的時尚。

　　服裝的顏色也隨著時代變化。服裝的顏色「反映情感的真正載體——血液的溫度」[424]。因此，文藝復興時代喜歡紫紅、深藍、明黃和深雪青，因為肉慾在那個時代的脈管中洶湧澎湃，熱烈似火，時代的顏色也必然亮麗，必然像火焰一般的燦爛，絕不會黯淡。「不僅是歡樂的節日

註418　愛德華‧傅克斯：《歐洲風化史（風流世紀）》，第114頁。

註419　同上書，第116頁。

註420　同上。

註421　羅伯特‧羅伊（Robert Harry Lowie, 1883 ~ 1957）：《文明與野蠻》（*Are We Civilized? Human Culture in Perspective*, 1929），第 85 頁，三聯書店，1984。

註422　同上。

註423　愛德華‧傅克斯：《歐洲風化史（風流世紀）》，第120頁。

註424　同上書，第155頁。

服裝，連勞動的日常衣著也是如此。每個人似乎時時刻刻置身在火焰中，彷彿是熾熱的情慾的絢爛的影子。在屋內，在街上，在教堂裡，處處都是烈火一般的生活。節日的賽會遊行，像是火焰色的、波濤洶湧的海洋。歡樂、靈感、放蕩，熔化在色彩斑斕的火浪的輝映之中，體現了力量的和諧，是在這個時代覺醒並且成為現實的創造欲宏偉的交響。」**425**

到了君主專制時代，這種顏色的偏愛也發生相反的變化。在君主專制時代，肉慾先是成為姿態，後來漸漸成了輕佻的遊戲。因此在巴洛克藝術中，色彩失去了光華和輝煌。「只有冷冰冰的華麗作用於人們的心智；只有冷冰冰的華麗贏得人們的青睞。雖說深藍和鮮紅仍佔優勢，但配合著冷冰冰的金色——金色是威嚴和超力量的標誌。金色代替了絢麗的火焰。冷冰冰的金，織在衣服上；冷冰冰的金，點綴著宮殿的牆壁和教堂的內部。黑或白底上的金色，是君主專制主義極盛時期、力量和權勢如日中天時期的標尺，是那個時代的藝術中的主調。」**426**

到洛可可時期，冷冰冰的威嚴又讓位於輕佻的享樂。「如今時興的是溫柔的色彩——那裡沒有火花、沒有創造力的肉慾。淺藍和粉紅代替了紫紅和紫羅蘭色，說明了力量的枯竭。淡黃取代了明黃：渺小的嫉妒取代了粗獷性格的狂暴激烈的仇恨。翡翠的鮮綠讓位於暗綠：時代已經埋葬了對未來的光明的希望，只剩下沒有創造衝動的懷疑。」**427**

時尚的一個特點是影響面廣，往往不分社會地位和社會階層，也不分男女老幼。例如在君主專制時代，追求奢侈是一種時尚。宮廷和

註425 愛德華‧傅克斯：《歐洲風化史（風流世紀）》，第155頁。

註426 同上。

註427 同上書，第155～156頁。

貴族當然不用說了。曼恩（Duchesse du Maine）公爵夫人戴了一頭的黃金和寶石，重量甚至超過公爵夫人的體重。[428] 維埃留夫人死後，她的財產清單上有6000件緊身褡，480件襯衣，500打手帕，129條床單，還有不計其數的長裙，其中 45 件是絲綢的。[429] 瑪麗·安托瓦奈特（Marie Antoinette）在當王后的頭幾年因為在服飾和小玩意兒上揮霍無度，以致借了 30 萬法郎的債。有一次她在巴黎珠寶商貝麥爾那裡看到一對鑽石耳環，非常中意，她的丈夫只得掏錢買下，價格是348,000法郎（1773），當時這筆錢可以供一千戶工人家庭一年的花銷。[430] 這種奢侈的時尚也影響下層民眾。鄉下姑娘進了城也追求時尚。當時有一位亞伯拉罕·阿·聖克拉拉先生對於這種現象感到不能容忍，他在〈向眾人進一言〉一文中憤怒地說：「農民的女兒剛從鄉下到了城裡，這臭丫頭馬上必定要穿戴時髦。她再也不想穿沒有後跟的平底鞋。黑布裙又短又難看，得穿花裙子，長得只露出尖尖皮鞋和紅色的襪子。鄉間的胸褡也得扔一邊，穿上長後襟、新式袖子的時髦上衣。她把土氣的小圓領剪開，做成袖口；扔掉了土氣的頭巾，戴上漂亮的、時髦的包髮帽或者花邊的髮飾。總而言之，什麼都該換成新樣子。過不了幾個星期，這樣一個土氣的瑪特連娜就變得面目全非；如果把她前不久使過的靶子、叉子、鏟子、掃帚和水桶都弄來，問問它們，它們肯定認不出這位如今一身時髦打扮的老鄉。」[431] 這位先生

註428　同上書，第158～162頁。

註429　同上。

註430　同上。

註431　愛德華·傅克斯：《歐洲風化史（風流世紀）》，第155-156頁。

的話顯然帶有貴族階級的偏見，但他的話正好說明，時尚的影響面很廣，它一般總是超越社會地位和社會階層的區分。我們還可以再舉兩個例子。一個例子是古希臘。當時人佩戴珠寶來炫耀自己的收入，成為一種時尚。所以一般男人至少戴一個戒指。連大哲學家亞里士多德也不例外。不過他不是戴一隻戒指，而是戴好幾隻戒指。[432] 再一個例子是 17、18 世紀的法國。當時男人戴假髮是一種時尚。起初是有錢人的標記。不久中下層的民眾也開始模仿這些有錢人。當然上層人和下層人的假髮的等級和價格是不一樣的。假髮需要在上面撲粉，為此消耗了大量麵粉。一直到法國大革命時期，連羅伯斯庇爾（Maximilien François Marie Isidore de Robespierre, 1758～1794）這樣的革命領袖人物，他每次出門也一定要為自己的假髮仔細地撲上白粉。[433] 亞里士多德和羅伯斯庇爾可以說都是歷史上的大人物，可是就連這些大人物也免不了要受時尚的支配。由此可見時尚的力量。

　　時尚的又一個特點是滲透力和擴張力很強。 從歷史上看，只要商品經濟有一定的發展，交通比較發達，一種新的時尚很快會滲透到社會生活的各個方面，並且擴張到全國各地，甚至到達窮鄉僻壤。當年鄭板橋曾嘲笑「揚州人學京師穿衣戴帽，才趕得上，他又變了」。[434] 鄭板橋說這話是為了告訴人寫文章「切不可趨風氣」，但也說明在當時社會，一種時尚已有了相當的擴張力。到了今天高科技、資訊化、全球化的時代，一種時尚往往以極快的速度在全球範圍內流行。中國

註432 威爾・杜蘭：《世界文明史》第一卷，第213頁，東方出版社，1998。

註433 羅伯特・羅伊：《文明與野蠻》，第 86 頁，三聯書店，1984。

註434 《鄭板橋集》，第192頁，上海古籍出版社，1979。

西部地區有些地方經濟雖然還不發達，但你在那些地方的小鎮上和北京一樣可以看到銷售巴黎名牌時裝的商店，以及好萊塢時尚影星的大幅廣告照片。北京、上海等大城市出現一個時尚的餐館名稱，一個月後你在雲南、貴州的小鎮上就會發現以這個名字命名的餐館。

　　時尚的擴張和流行，對於社會中的很多人來說，往往要經歷一個「裝模作樣」或「裝腔作勢」（Kitsch）的過程。[435] 例如喝咖啡，作為一種時尚的流行，就是如此。花上千元人民幣買票去聽世界頂尖鋼琴家演奏，作為一種時尚的流行，也是如此。裝模作樣或裝腔作勢是一種特殊的學習過程。多數的喝咖啡的人，為了在心態上達到喝咖啡的品味結構，多數的聽鋼琴演奏或聽交響樂音樂會的人，為了使自己的內心真正進入審美體驗的層面，都要經歷一段學習過程，其中也包括裝模作樣的過程。**這種裝模作樣的過程，「實際上是社會中佔越來越大的比例的中小資產階層群眾追隨社會上層精英分子的生活風氣的一種表現」**。[436] 文化人類學家諾羅指出，當代的各種時尚或流行的時髦是在一個相對開放的階級社會中存在的一種階級區分的形式。在這種社會中，社會的上層精英階級試圖用某些可以看得見的符號或信號象徵體係來進行自我區分，例如他們採取某些特殊的裝飾來自我區分。而社會的較低階層，則努力通過採用這些同樣的信號和象徵體係來實現文化認同。這就是當代社會中或快或慢地傳播時尚以及時尚循環的基礎。[437] **由於當代社會普遍存在著中小資產階層人數擴大的趨勢，因**

註435　高宣揚：《流行文化社會學》，第147頁，中國人民大學出版社，2006。

註436　同上書，第148～149頁。

註437　同上書，第149頁。

此，由這些處於社會中層同時又佔社會多數的大眾掀起的追隨時髦的運動，就越來越影響整個社會的審美趣味和生活風氣。裝腔作勢和裝模作樣，也就成為這些中小資產階層社會大眾追隨時髦以便不斷模仿上層精英並實現文化認同的重要手段。

時尚的流行是有時間性的。有的時尚持續很長時間，有的時尚則很快就消失了。這在時裝上看得最清楚。前面引的鄭板橋的話就說明時裝的流行變化很快。20世紀初上海有首民謠：「鄉下小姑娘，要學上海樣，學死學煞學弗像，等到學來七分像，上海已經換花樣。」也是說時裝變化之快。當然也反映在其他各個方面。所以車爾尼雪夫斯基（Nikolay Gavrilovich Chernyshevsky, 1828～1889）說：「風尚使得莎士比亞每一個劇本中有一半不適合我們時代的美的欣賞。」[438] 在當代社會，時尚和時髦的更新速度越來越快，時尚和時髦流行中裝模作樣的過程越來越短。這表明，社會上的某些精英集團和商家為了保持社會上精英和大眾之間的文化差異（符號差異）和謀求自身的經濟利益，借助媒體和其他非文化的力量，把加快時尚和時髦的更新作為推銷商品（時尚產品）的手段。而對於社會大眾來說，他們永遠為追求時髦而疲於奔命，但時髦對他們來說卻成為始終是一個可望而不可及的彼岸世界。[439]

我們現在再談時代風貌。時代風貌與審美風尚有聯繫，但不是一個概念。審美風尚是一個社會在一定時期中流行的審美趣味，是多數人的審美追求，而時代風貌則是一個社會在一個較長時期中所顯示的相對比較穩定的審美風貌，是那個時期的社會美和藝術美所顯示的時代特色。

註438 車爾尼雪夫斯基：《生活與美學》，第 58 頁，人民文學出版社，1957。

註439 高宣揚：《流行文化社會學》，第147頁，150頁，中國人民大學出版社，2006。

一個時代的審美風貌體現這個時代的時代精神。而一個時代的時代精神又是為這個時代的經濟、政治、文化等多種因素決定的。

　　我們可以以唐代的審美風貌為例。唐代是中國封建社會的鼎盛時期。「唐代是個疆域遼闊、國威強盛、氣勢恢宏、較少禁忌的開放時代。那種博大富贍的輝煌氣象，聲震遐邇的煊赫聲威，相容並包的偉大氣魄，落拓不羈的自由精神，對唐人的理想、志趣、立身準則、行為方式、審美追求，都不可避免地會產生深遠影響。」**440** 特別是盛唐時期，更是名副其實的青春盛世，展示了一個雄渾博大、五彩繽紛的意象世界。這就是學者們所說的「盛唐氣象」。「盛唐氣象」這個概念是盛唐時代的審美風貌的極好的概括。

　　唐代的雕塑藝術是這種「盛唐氣象」的典型表現。例如順陵**441**的坐獅和走獅。坐獅位於順陵西門，高約 3 米，是歷代坐獅中體積最大的。雕刻的匠師用誇張的手法，把獅子的前肢和足爪刻劃得特別粗大堅實，把獅子胸脯的筋肉刻劃得特別強壯突出。獅子張著血盆大口，觀者好像能聽到它發出的隆隆吼聲。整個雕塑如同一座泰山，莊嚴、穩重，威風凜凜，力量四溢。走獅位於順陵南門，昂首挺胸，肌肉突出，極目遠視，咧嘴長吼。雕刻的匠師通過對頭部、胸部和四肢的極度誇張的刻劃，顯示出獅子體內包含有無限的能量。順陵的坐獅和走獅，是中國古代石獅造像中的「神品」。「它們給觀眾印象最深的不是體積巨大，而是它們顯示出的博大恢宏的精神氣質。它們雄渾、闊大，沒有絲毫的局促和瑣碎。它們莊重、沉穩，沒有絲毫的匆忙和焦躁。我們在唐朝前期的其他藝術作

註440　杜道明：《盛世風韻》，第 25 頁，河南人民出版社，2001。

註441　順陵是武則天母親楊氏的墳墓，位於咸陽市東北的畢原。

順陵的走獅

品（如顏真卿的楷書）中，同樣可以看到這種博大恢宏的審美意象。這樣的審美意象，不僅是大唐帝國國勢強盛的反映，而且更是中華民族的自信心和偉大生命力的反映。」**442**

又如乾陵的石雕群。乾陵是唐高宗李治和武則天的合葬墓。陵墓的整體佈局開闊、宏大，莽莽蒼蒼，顯示出大唐帝國前期的雄渾的氣象。乾陵方城四門均有蹲獅一對。朱雀門外有《述聖記》碑和無字碑，神道兩側排列著兩行石雕（蹲獅一對，六十一個身著胡服的番臣雕像，文武侍臣十對，鞍馬和馭馬人各五對，鴕鳥、翼鳥各一對，華表一對），構成一個巨大的石雕群。「乾陵的石雕群和整個乾陵的山勢融為一體，有一種天人合一的蒼茫感。它展現了大唐帝國向整個世界開放的博大的氣勢和廣闊的胸懷。對後人來說，你看到的不僅是幾座雕像，而是看到了一個歷史的時代。如果在日出、日落時分來到這裡，你會感受到一種濃厚的帶有胡笳意味的歷史氛圍。在你面前會展現出一個沉鬱、蒼涼的意象世界。『大漠風塵日色昏』、『鳴笳吹動天上月』的悲壯畫面，『葡萄美酒

註442 葉朗：〈照亮一個時代〉，見《胸中之竹》，第111頁，安徽教育出版社，1998。

唐三彩婦女像

夜光杯』、『縱死猶聞俠骨香』的英雄主義，都會一齊湧上你的心頭，使你感受到一種深刻的人生感和歷史感，引發無限的遐想。」[443]

再如唐代的唐三彩雕塑中那些宮廷婦女。你看她們一個個都是體態豐腴，面帶微笑，抬頭注視前方，樂觀，從容，表現出對未來的無限的信心。這也是那個時代的審美風貌的一種典型表現。

但是到了晚唐，這種雄渾、悲壯、開闊的「盛唐氣象」不再存在。晚唐的審美風貌是日落黃昏的悲涼景象。「猛風飄電黑雲生，颯颯高林簇雨聲。夜久雨休風又定，斷雲流月卻斜明。」[444] 韓偓這首〈夏夜〉可以

註443　同上書，第112頁。

註444　韓偓：〈夏夜〉。

作為晚唐時代風貌的寫照。清代美學家葉燮說：「盛唐之詩，春花也。桃李之穠華，牡丹芍藥之妍艷，其品華美貴重，略無寒瘦儉薄之態，固足美也。晚唐之詩，秋花也。江上之芙蓉，籬邊之叢菊，極幽艷晚香之韻，可不為美乎？」[445] 葉燮說的就是盛唐和晚唐兩種不同的時代風貌，兩種不同的美。我們看盛唐的詩：「新豐美酒鬥十千，咸陽遊俠多少年。相逢意氣為君飲，繫馬高樓垂柳邊。」[446]「琴奏龍門之綠桐，玉壺美酒清若空。催弦拂柱與君飲，看朱成碧顏始紅。胡姬貌如花，當壚笑春風。笑春風，舞羅衣，君今不醉將安歸？」[447] 這些詩歌都洋溢著「蓬勃的朝氣，青春的旋律」。[448] 我們再看晚唐的詩：「一上高樓萬里愁，蒹葭楊柳似汀洲。溪雲初起日沈閣，山雨欲來風滿樓」。[449]「雲物淒清拂曙流，漢家宮闕動高秋。殘星幾點雁橫塞，長笛一聲人倚樓」。[450] 在這些詩歌中，蓬勃的朝氣沒有了，青春的旋律也沒有了，剩下的是憂鬱的心態和清冷的氛圍。這是兩種不同的意象世界，兩種不同的審美風貌，這種不同是由不同的時代所決定的。

註445　葉燮：《原詩》卷四。

註446　王維：〈少年行〉之一。

註447　李白：〈前有一樽酒行〉二首之二。

註448　「蓬勃的朝氣，青春的旋律，這就是盛唐氣象與盛唐之音的本質。」（林庚：〈盛唐氣象〉，見《唐詩綜論》。）

註449　許渾：〈咸陽城西樓晚眺〉。

註450　趙嘏：〈長安秋望〉。

本章提要

　　美和美感具有社會性，因為第一，審美主體都是社會的、歷史的存在，因而他的審美意識必然受到時代、民族、階級、社會經濟政治制度、文化教養、文化傳統、風俗習慣等因素的影響；第二，任何審美活動都是在一定的社會歷史環境中進行的，因而必然受到物質生產力的水準、社會經濟政治狀況、社會文化氛圍等因素的影響。

　　美是歷史的範疇，沒有永恆的美。

　　人的審美活動與人的一切物質活動和精神活動一樣，不能脫離自然界。自然地理環境必然融入人的生活世界，深刻地影響一個民族的生活方式和精神氣質，從而深刻地影響一個民族的審美情趣和審美風貌。

　　對審美活動產生決定性影響的是社會文化環境，包括經濟、政治、宗教、哲學、文化傳統、風俗習慣等多方面的因素，其中經濟的因素是最根本的、長遠起作用的因素。

　　社會文化環境對審美活動的影響，在每個個人身上，集中體現為審美趣味和審美格調。審美趣味是一個人的審美偏愛、審美標準、審美理想的總和，是一個人的審美觀的集中體現，它制約著主體的審美行為，決定著主體的審美指向。審美趣味既帶有個體性的特徵，又帶有超個體性的特徵。審美格調（審美品味）是一個人的審美趣味的整體表現。一個人的審美趣味和審美格調（品味）都是社會文化環境的產物，都受到這個人的家庭出身、階級地位、文化教養、社會職業、生活方式、人生經歷等多方面的影響，是在這個人的長期的生活實踐中逐漸形成的。

　　社會文化環境對審美活動的影響，在整個社會，集中體現為審美風尚和時代風貌。審美風尚（時尚）是一個社會在一定時期中流行的審美趣味，它體現一個時期社會上多數人的生活追求和生活方式，並

且形成為整個社會的一種精神氛圍。時尚的一個特點是影響面廣，往往不分社會地位和社會階層，也不分男女老幼。時尚的另一個特點是滲透力和擴張力很強。時尚的擴張和流行，對於社會中的很多人來說，往往要經歷一個「裝模作樣」或「裝腔作勢」的過程。這種「裝模作樣」的過程，實際上是社會上佔越來越大的比例的中小資產階層群眾追隨上層精英分子的生活風氣的一種表現。在當代，這種社會大眾掀起的追求時髦的運動，越來越影響整個社會的審美趣味和生活風氣。時代風貌是一個社會在一個較長時期所顯示的相對比較穩定的審美風貌，是那個時期的社會美和藝術美的時代特色。

【第二編】

審美 領域

第四章　自然美

　　這一章我們討論自然美的性質，以及和自然美的性質有關的幾個問題，最後對中國傳統文化中的生態意識做一些論述。

一、自然美的性質

　　自然美的問題，在美學史上是一個引人關注的問題，在 20 世紀 50 年代中國的美學大討論中，也是討論的一個焦點。在美學史上，大家討論比較多的是自然美的性質和特點問題，以及與自然美的性質相關聯的自然美與藝術美孰高孰低的問題；在 50 年代的美學大討論中，對於自然美的討論也是集中在自然美的性質問題上面。自然美的性質問題，歸根到底是「美是什麼」的問題。解決了「美是什麼」的問題，自然美的性質問題也就同時解決了。反過來，突破了自然美的性質問題，「美是什麼」的問題（當時稱為「美的本質」問題）也就突破了。

　　在美學史上，也包括在 50 年代的美學大討論中，對於自然美的性質，主要有以下幾種看法：

　　1.自然美在於自然物本身的屬性，如形狀、色彩、體積以及對稱、和諧、典型性等等。在 50 年代的美學大討論中，主張「美是客觀的」一派在自然美的問題上就持這種觀點。我們在第一章已介紹過這派的觀點，不再重複。西方美學史上持這種主張的人不少。如赫爾德認為，任何自然的物品都有自身的美。所以，「美的對象是被置於一個上升的階梯之上的：從輪廓、顏色和聲調，從光、聲音到花朵、水、海洋、鳥、地上的動物到人。」**451**「地上動物中最醜的是最像人的動物，如憂鬱和悲傷的猴

子；最美的是那些有確定形式的、（肢體）安排得很好的、自由的、高貴的動物，那些表現出甜柔的動物；那些具有自然完善的、幸運的與和諧生存的動物。」[452] 又如費舍爾（Friedrich Theodor Vischer, 1807～1887），他把他的美學稱為「美學的物理學」，這個美學的物理學包括無機自然界（光、熱、空氣、水、土）的美，有機自然界（如植物的四大部類、脊椎動物和無脊椎動物）的美，以及人的美。人的美又有年齡、性別、種族、文化以及歷史時代的區別。[453]

2.自然美是心靈美的反映。在 50 年代美學大討論中，主張「美是主觀的」一派在自然美的問題上就持這種觀點。我們在第一章中已做過介紹，也不再多說。在西方美學史上，黑格爾是這種觀點的代表。他說：「自然美只是屬於心靈美的那種美的反映，它所反映的是一種不完善的形態，而按照它的實體，這種形態原已包含在心靈裡。」[454]

3.自然美在於「自然的人化」。提出這種看法的是 50 年代美學討論中主張「美是客觀性和社會性的統一」的一派（後來發展成為「實踐美學」）。所謂「自然的人化」，就是說，人通過生產勞動的實踐，改造了自然界（包括人自身），於是自然界成了「人化的自然」。人在「人化的自然」中看到了人類改造世界的本質力量，從而

註451　轉引自克羅齊《美學的歷史》〔《美學的歷史》是克羅齊主要美學著作：《作為表現的科學和一般語言學的美學》（*L'Estetica come scienza dell'espressione e linguistica generale*，1902）一書之第二部份，第一部份是『美學原理』〕，第180頁，中國社會科學出版社，1984。

註452　轉引自克羅齊《美學的歷史》。

註453　克羅齊：《美學的歷史》，第182頁。

註454　黑格爾：《美學》第一卷，第 5 頁，人民文學出版社，1958。

產生美感。所以，自然美在於「自然的人化」。「自然的人化」有狹義和廣義兩種。狹義的「自然的人化」是指「通過勞動、技術去改造自然事物」，[455] 廣義的「自然的人化」是指「整個社會發展到一定階段，人和自然的關係發生了根本改變」。[456]

4.自然美在於人和自然相契合而產生的審美意象。在 50 年代美學討論中，持這種觀點的是主張「美是主客觀的統一」的朱光潛。朱光潛認為，如果把自然美理解為客觀自然物本身存在的美，那麼，自然美是不存在的。他在《文藝心理學》中說：「自然中無所謂美，在覺自然為美時，自然就已告成表現情趣的意象，就已經是藝術品。」[457]他在《談美》中也說：「其實『自然美』三個字，從美學觀點來看，是自相矛盾的，是『美』就不自然，只是『自然』就還沒有成為『美』。」「如果你覺得自然美，自然就已經藝術化過，成為你的作品，不復是生糙的自然了。」[458]

朱光潛對自然美的這種看法，也就是柳宗元說的「美不自美，因人而彰」。中國美學史上很多人說過類似的話。最早孔子說：「知者樂水，仁者樂山。」[459] 這就意味著人對自然山水的美感是由於人與自然山水的一種契合。莊子說：「山林與！皋壤與！使我欣欣然而樂與！」[460] 這也是說人與自然互相契合從而產生一種自由感和美感。

註455　李澤厚：《美學四講》，第 88 頁，三聯書店，1989。

註456　同上。

註457　朱光潛：《文藝心理學》，見《朱光潛美學文集》第一卷，第153頁，上海文藝出版社，1982。

註458　朱光潛：〈談美〉，見《朱光潛美學文集》第一卷，第487頁。

註459　《論語‧雍也》。

註460　《莊子‧知北遊》。

葉燮說：「凡物之美者，盈天地間皆是也，然必待人之神明才慧而見。」[461] 又說：「天地之生是山水也，其幽遠奇險，天地亦不能一一自剖其妙，自有此人之耳目手足一歷之，而山水之妙始洩。」[462] 王夫之說：「兩間之固有者，自然之華，因流動生變而成綺麗。心目之所及，文情赴之，貌其本榮，如所存而顯之，即以華奕照耀，動人無際矣。」[463] 這些話也都是說，自然的美，有待於人的意識去發現，去照亮，有待於人和自然的溝通、契合。

　　西方美學史上，也有很多這樣的論述。上面提到的黑格爾，他主張自然美是心靈美的反映，過於把主體絕對化了。但他也有一些很好的論述。例如他說：「自然美只是為其他對象而美，這就是說，為我們，為審美的意識而美。」[464] 這句話並沒有說錯。他把自然美對人的意義概括為三個方面。第一，與人的生命觀念有關。因而人喜歡活動敏捷的動物，厭惡懶散遲鈍的動物。第二，自然界許多對象構成風景，顯示出「一種愉快的動人的外在的和諧，引人入勝」。[465] 第三，「自然美還由於感發心情和契合心情而得到一種特性。例如寂靜的月夜，平靜的山谷，其中有小溪蜿蜒地流著，一望無邊波濤洶湧的海洋的雄偉氣象，以及星空的肅穆而莊嚴的氣象就是屬於這一類。這裡的意蘊並不屬於對象本身，而是在於所喚醒的心情。」[466] 黑格爾說的這三種情況，其實都屬於人與自然的契

註461　葉燮：《已畦文集》卷六〈滋園記〉。

註462　葉燮：《原詩》外篇。

註463　王夫之：《古詩評選》卷五，〈謝莊《北宅秘園》評語〉。

註464　黑格爾：《美學》第一卷，第160頁，人民文學出版社，1958。

註465　黑格爾：《美學》第一卷，第166頁。

註466　同上。

合，都是自然物感發心情和契合心情而引發的美感。後來，俄國的車爾尼雪夫斯基在《生活與美學》（通譯《藝術與現實的審美關係》，*Aesthetic Relations of Art to Reality*）一書中對黑格爾美學的基本觀點進行批判，提出「美是生活」的論點。他認為自然美離不開人，離不開人的生活。他說：「構成自然界的美的是使我們想起人來（或者，預示人格）的東西，自然界的美的事物，只有作為人的一種暗示才有美的意義。」[467] 又說：「人一般地都是用所有者的眼光去看自然，他覺得大地上的美的東西總是與人生的幸福和歡樂相連的。太陽和日光之所以美得可愛，也就因為它們是自然界一切生命的源泉，同時也因為日光直接有益於人的生命機能，增進他體內器官的活動，因而也有益於我們的精神狀態。」[468] 車爾尼雪夫斯基的這些話，也包含了把自然美看作是人與自然的溝通和契合的思想。

按照我們的「美在意象」的基本觀點，在自然美的問題上，我們贊同上述這第四種觀點。我們認為，自然美也是情景交融、物我同一而產生的審美意象，是人與世界的溝通和契合。就這一點來說，自然美與社會美、藝術美是一樣的。所不同的，自然美是在自然物、自然風景上見出，社會美是在社會生活的人與事上見出，而藝術美是在藝術品上見出。王國維說：「夫境界之呈於吾心而見於外物者，皆須與之物。」[469] **任何美（審美意象）都是「呈於吾心」，同時又「見於外物」。**自然美是見於自然物、自然風景。用鄭板橋的術語，就是「胸中之竹」。

註467　車爾尼雪夫斯基：《生活與美學》，第 10 頁，人民文學出版社，1957。

註468　同上書，第 11 頁。

註469　王國維：《人間詞話》，見《王國維文集》第一卷，第173頁，中國文史出版社，1997。

總之，照我們的看法，**自然美就是「呈於吾心」而見於自然物、自然風景的審美意象。**

在一般人的觀念中，自然美就是自然物、自然風景的美，如浩瀚的大海之美，輝煌的日出之美，皎潔的月亮之美，晶瑩的雪花之美，等等。大家都這麼看，大家都這麼說，已經成了習慣。但是如果細究起來，在這個習慣的觀念後面，可以區分出對於自然美的性質的兩種不同的看法。一種看法就是把自然美看成是自然物本身客觀存在的美，一種看法就是把自然美看成是人心所顯現的自然物、自然風景的意象世界。後面這種看法是我們贊同的看法。這個意象世界，就是宗白華說的，**「是主觀的生命情調與客觀的自然景象交融互滲，成就一個鳶飛魚躍，活潑玲瓏，淵然而深的靈境」**。這個意象世界，也就是石濤說的，是「山川與予神遇而跡化」所生成的美。

鄭板橋有一段話最能說明宗白華所說的這種「主觀的生命情調和客觀的自然景象交融互滲」而成就的靈境：

> 十笏茅齋，一方天井，修竹數竿，石筍數尺，其地無多，其費亦無多也。而風中雨中有聲，日中月中有影，詩中酒中有情，閒中悶中有伴，非唯我愛竹石，即竹石亦愛我也。**470**

鄭板橋這段話說明，自然風景所以能使人感興，「有情有味，歷久彌新」，就在於人與自然的契合，所謂「我見青山多嫵媚，料青山見我應如是」（辛棄疾），所謂「非唯我愛竹石，即竹石亦愛我也」。

註470 《鄭板橋集》，第168～169頁，上海古籍出版社，1979。

在這裡，我們要簡單討論一下近幾十年興起的「環境美學」的一些觀點，因為他們這些觀點和自然美的性質有聯繫。

所謂「環境美學」是 20 世紀後半期在西方出現的一種美學派別。這一派別的學者的觀點可以概括為兩條：**第一**，他們認為傳統美學不重視自然美，而他們自己則十分重視自然美的欣賞；**第二**，傳統美學把自然物作為一個孤立的、個別的存在物來欣賞，而他們則主張把自然物開放為一個環境（甚至與欣賞者本人聯繫在一起）來欣賞。

環境美學家提出的這兩條在理論上都不很準確。就第一條來說，自然美的發現本來就是一個歷史的過程（我們後面還要論述這個問題），西方人從文藝復興時期開始發現自然美，中國人從魏晉時期開始發現自然美。從那以後，無論西方還是中國，在詩歌和繪畫中描繪、讚頌自然美的作品都有成千上萬。至於在傳統美學的觀念中，有輕視自然美的（如我們後面要提到的黑格爾的觀點），也有重視自然美的（如我們後面要提到的車爾尼雪夫斯基的觀點），所以籠統地說傳統美學不重視自然美是不符合事實的。就第二條來說，歷史上人們對自然美的欣賞，也並不像今天環境美學家所說的那樣，都是把自然物作為孤立的、個別的存在物來欣賞。明代藝術家祝允明說：「身與事接而境生，境與身接而情生。」[471] 這個「境」就是與人的實踐活動相聯繫的生活環境，如祝允明所說，「騎嶺嶠而舟江湖」，「川嶽盈懷」，人處在這個環境中就產生美感，所謂「其逸樂之味充然而不窮也」。其實中國古代詩歌、繪畫中描繪的自然美大都是欣賞者身在其中的景觀、環境。如「月上柳梢頭，人約黃昏後」，這不是一種生活環境嗎？如「雞聲茅店月，人跡板橋霜」，這不

註471 《枝山文集》卷二〈送蔡子華還關中序〉。

也是一種生活環境嗎？畫也是如此。宋代大畫家郭熙在《林泉高致·山水訓》中說：「世之篤論，謂山水有可行者，有可望者，有可遊者，有可居者。畫凡至此，皆入妙品。但可行可望，不如可居可遊之為得。」「故畫者當以此意造，而鑑者又當以此意窮之。」又說：「春山煙雲連綿人欣欣，夏山嘉木繁陰人坦坦，秋山明淨搖落人蕭蕭，冬山昏霾翳塞人寂寂。看此畫令人生此意，如真在此山中，此畫之景外意也。見青煙白道而思行，見平川落照而思望，見幽人山客而思居，見岩扃泉石而思遊。看此畫令人起此心，如將真即其處，此畫之意外妙也。」從郭熙說的這些話，可以看出中國山水畫家並不把自然物（一座山，或一條河）孤立起來欣賞，而是要使自己面對一個充滿生意的可行、可望、可遊、可居的自然環境。我們看到的古代的山水畫，也的確如郭熙所說的，山有草木煙雲，水有亭榭漁釣，可行、可望、可遊、可居。其實，西方的風景畫描繪的也不是一個孤立的自然物，而是與欣賞者有聯繫的自然環境。所以就這一條來說，環境美學家的說法也是缺乏根據的。

　　環境美學學者還討論自然美的特點問題。他們把自然美與藝術美加以比較，從中找出自然美的特點。例如，他們說，藝術作品是被框起來的東西，而自然物都是粘連在一起的，很難確定它們之間的界限；藝術的審美要進入一個由想像構成的非現實的世界，即藝術世界，這是一個構造出來的世界，而自然的審美則是面對一個不服從想像的現實世界，這裡沒有任何人工製作的痕跡，體現出純然的必然性；藝術品是藝術家創造的，藝術家的意圖起很大作用，自然物不是人創造出來的，與人的意圖無關；等等。**472** 環境美學學者的這些分析，在理論上有許多問題。例如自

註472　以上環境美學學者關於自然美的特點的分析，可參看彭鋒《完美的自然》第5～8頁，北京大學出版社，2005。

然美的美感（欣賞）排除想像，排除欣賞者主觀的情趣和創造，等等。最大的問題是把自然美與自然物混為一談，把藝術美與藝術品混為一談。這在理論上造成了混亂。他們所列舉的自然物與藝術品的種種區別（如藝術作品是用某種形式框起來的，而自然物都是粘連在一起的，而且是變幻無常的，等等），並不等於自然美與藝術美的區別，因為自然物是「物」，而自然美則是「意象」，這是根本性質不同的兩個東西，而這些環境美學的學者把他們混為一談了。他們的這種失誤很明顯，我們在這裡就不多談了。

二、和自然美的性質有關的幾個問題

美學界對於自然美的討論，除了自然美的性質之外，還有幾個和自然美的性質有關的問題。

（一）是否所有的自然物（自然風景）都是美的

近二十年在英美美學家中流行一種「肯定美學」的觀點，持這種觀點的美學家認為，自然中所有東西都具有全面的肯定的審美價值。[473] 如哈格若夫（eugene Hargrove, 1944～）說：「自然是美的，而且不具備任何負面的審美價值。」「自然總是美的，自然從來都不醜。」「自然中的醜是不可能的。」[474]

從表面上看，中國古代美學家也說過類似的話，實際上觀點並不相同。如我們前面引過的葉燮的話：「凡物之美者，盈天地間皆是也，然必

註473　參看彭鋒《完美的自然》第四章。

註474　轉引自彭鋒《完美的自然》，第 94～95 頁。

待人之神明才慧而見。」葉燮的話是說自然物都可能美，但必須有人的「神明才慧」去發現它，去照亮它，也就是必須有人與自然物的溝通和契合。又如袁枚的詩：「但肯尋詩便有詩，靈犀一點是吾師，夕陽芳草尋常物，解用都為絕妙辭。」[475] 還有脂硯齋在《紅樓夢》上的一條批語：「天地間無一物不是妙物，無一物不可成文，但在人意舍取耳。」這些話說的也都是同樣的意思。魚鳥昆蟲、斜陽芳草這些普通的自然物，都可能成為「美」，成為「妙」，關鍵在於人的審美意識和審美活動，在於人與自然物的溝通和契合。其實，車爾尼雪夫斯基也說過類似意思的話。他說：「人生中美麗動人的瞬間也總是到處都有。無論如何，人不能抱怨那種瞬間的稀少，因為他的生活充滿美和偉大事物到什麼程度，全以他自己為轉移。」[476]

我們在第三章和第一章說過，人的審美活動是一種社會的、歷史的文化活動。一個外物（包括自然風景和社會風物）能否成為審美對象，是由社會文化環境的諸多因素所影響和決定的。當社會環境的某些因素和人們所處的具體情景遏止或消解了情景的契合、物我的交融，遏止或消解了人與世界的溝通，也就遏止或消解了審美意象的生成，那樣的對象就不可能是美的。這裡有多種情況。有的是太平常，有的是太令人厭惡，有的是現實生活的利害關係排斥或壓倒了對某一對象的注意和興趣，從而引起審美上的麻木和冷淡。車爾尼雪夫斯基在《生活與美學》中曾說：「對於植物，我們歡喜色彩的新鮮、茂盛和形狀的多樣，因為那顯示著力量橫溢的蓬勃的生命。」[477] 對這個論斷，普列漢諾夫問道：「『我們』

註475　袁枚：〈遣興〉。

註476　車爾尼雪夫斯基：《生活與美學》，第 46 頁，人民文學出版社，1957。

註477　車爾尼雪夫斯基：《生活與美學》，第 10 頁。

是指誰呢？」⁴⁷⁸ 接著說：「原始的部落——例如，布希曼人⁴⁷⁹和澳洲土人——從不曾用花來修飾自己，雖然他們住在遍地是花的地方。」⁴⁸⁰ 這是因為這些民族處在狩獵生活的歷史階段。儘管他們的地面上長滿鮮花，儘管他們看到了花卉，但他們不能和花卉溝通和契合，花卉對他們來說並不美（不能生成審美意象）。

德國地理學家赫特納（Alfred Hettner, 1859～1941）說：「幾百年來，阿爾卑斯山只是一個可怖的對象，到 18 世紀末時才為人們所讚歎。再晚些時候，又揭開了原野和海的美。也許可以一般地說，隨著文化的進步，特別是有了城市文化，對於文明風光的美的評價就降低了。而過去完全不被重視的荒野的自然美卻慢慢進入人們的意識中。」⁴⁸¹ 這說明自然物的美是一個歷史的範疇。泰納在《庇里牛斯山遊記》（*A Tour through the Pyrenees*, 1855）中有類似的論述。他引用一位波爾先生的話，說明 17 世紀的人和當代（19 世紀）的人對於風景的趣味完全相反：「我們看見荒野的風景感到喜歡，這沒有錯，正如他們看見這種風景而感到厭煩，也並沒有錯一樣。對於17世紀的人們，再沒有比真正的山更不美的了。它在他們心裡喚起了許多不愉快的觀念。剛剛經歷了內戰和半野蠻狀態的時代的人們，只要一看見這種風景，就想起挨餓，想起在雨中或雪地上騎著馬作長途的跋涉，想起在滿是寄生蟲的骯髒的客店裡給他

註478　普列漢諾夫：〈沒有地址的信〉，見《普列漢諾夫美學論文集》第一卷，第336頁，人民文學出版社，1983。

註479　布希曼人是南非的一個民族。

註480　車爾尼雪夫斯基：《生活與美學》，第46頁。

註481　赫特納：《地理學：它的歷史、性質、方法》，第236頁，商務印書館，1983。

們吃的那些摻著一半糠皮的非常不好的黑麵包。他們對於野蠻感到厭煩
了，正如我們對於文明感到厭煩一樣。……這些山……使我們能夠擺脫
我們的人行道、辦公桌、小商店而得到休息。我們喜歡荒野的景色，僅
僅是由於這個原因。」**482** 這就是說，荒野的風景，對於 17 世紀的人是不
美的，而對於 19 世紀的人就變得美了。原因就在於 19 世紀的人和荒野
的風景能夠溝通、契合，「物我同一」，生成審美意象。其實，就是在現
在，由於具體的生活情境不同，荒野的自然也不是在任何時候都是美的。
很多人都有這方面的經驗。

「肯定美學」的「自然全美」的觀點，**最根本的問題是把自然物
的美看成是自然物本身的超歷史的屬性，從而否定審美活動（美與美
感）是一種社會的歷史的文化活動**。但是人類的文化史說明，審美的
社會性、歷史性是不能否定的，人與自然物能否溝通和契合，能否
「然而興」，能否生成審美意象（「美」），這要取決於社會文化環
境的諸多因素，取決於審美主體的審美意識以及審美活動的具體情
境，因而自然中的東西不可能「全美」，「肯定美學」所持的「自然
全美」的觀點是站不住的。

（二）自然物（自然風景）的審美價值是否有等級的分別

這是與上面的問題相聯繫的一個問題。

藝術品的審美價值有等級的分別，這是大家都承認的。中國古代
有很多題名為「詩品」、「畫品」、「書品」的著作，就是對詩歌、
繪畫、書法的作品進行審美「品」、「格」的區分。沒有人會主張所

註482 普列漢諾夫：《沒有地址的信》，見《普列漢諾夫論文集》第一卷，第331頁。

有藝術品有同等的價值。例如，沒有人會主張達文西的作品和同時代其他畫家的作品有同等的價值，也沒有人會主張《紅樓夢》和同時代的其他小說有同等的價值。

但是，持「肯定美學」觀點的美學家認為，在自然美的領域不能有這種等級的分別。例如，美國有一位名叫戴維·愛倫斐爾德的學者說：「許多批評家說，埃爾·葛雷柯（El Greco, 1541～1614）是一個比羅曼·洛克威爾（Norman Rockwell, 1894～1978）更偉大的畫家，但是能說塞倫蓋蒂（Seregeti）的大草原在審美上比紐澤西（New Jersey）的不毛之地更有價值嗎？」還有一位名叫伽德洛維奇的學者說：「如果這樣的嗜好物引導我們按照藝術評價的時尚說，同另一種海岸線相比較，這種海岸線顯得太普通，或者這個物種是醜陋的、笨拙的和次等的，我們必須能夠提醒自己，這種區分僅僅是將自然物轉移到充滿競爭和頭銜的文化世界。而且這樣做會喪失對審美經驗和自然界自身獨特對象的正確認識。」[483]

「肯定美學」學者的這種看法，**它的理論實質就是要把文化、價值的內涵完全從審美活動中排除出去**。他們要求人們超越一切價值判斷，以所謂「純審美的眼光」看待自然，「將自然純粹地看作自然而不是文化世界中的價值的象徵」。[484] 他們的代表人物伽德洛維奇說：「如果我們希望擺脫價值判斷的束縛而面對自然本身，我們不僅要有解經濟化的自然，而且需要解道德化、解科學化和解**審美化**（de-aestheticize）的自然，——一句話，解人化（de-humanize）的自然。」[485]

註483　轉引自彭鋒《美學的意蘊》第160頁，人民文學出版社，2000。

註484　轉引自彭鋒《完美的自然》第15頁，北京大學出版社，2005。

註485　同上。

「肯定美學」學者們的這種理論是不能成立的。他們所謂「解人化的自然」和所謂「純然的必然性」都是非審美的。審美活動（美和美感）是包含有價值內涵的。無論是自然美的領域，還是藝術美的領域，完全排除審美的價值內涵是不可能的。因為美不是自然物的客觀物理屬性，美是人與自然的溝通和契合而形成的意象世界，因而它必然受歷史的、社會的各種因素（伽德洛維奇所說的「文化世界」）的影響，必然受審美主體的審美意識以及審美活動的具體情境的影響，必然包含審美的價值內涵。完全脫離社會、完全脫離文化世界、完全排除價值內涵的所謂「純然的必然性」或所謂「解人化的自然」都是不可能存在的。

　　這種理論也不符合我們的審美經驗。人們通常說：「桂林山水甲天下。」「五嶽歸來不看山，黃山歸來不看嶽。」這一些話都說明在人們的審美經驗中，自然物的審美價值是有高低之分的。這種審美價值高低的區分，不僅與自然風景本身的特性有關，而且和人的審美意識以及審美活動的具體情境有關。所以，即使是同一個自然物，也會產生不同的美感。例如，月亮，作為一個自然物，它給予人的美感就很不一樣。古往今來多少詩人寫過月亮的詩，但是每首詩中月亮給人的美感很不相同。我們在第二章舉過例子。我們還舉過季羨林的散文〈月是故鄉明〉。同是月亮，因為人的生活世界不同，人的心境不同，人感受的意趣就不同。這些都說明自然物（自然風景）的審美價值不能脫離人的生活世界，不能脫離人的審美意識。就像古人所說的：「思苦自看明月苦，人愁不是月華愁。」[486]「匪外物兮或改，固歡哀兮情換。」[487] 自然美不能歸結為自然物的物理實在本身的特性。否則一切都說不清楚。

註486　唐・戎昱：〈江城秋夜〉。

註487　潘岳：〈哀永逝文〉。

（三）自然美高於藝術美，還是藝術美高於自然美

這也是在美學史上爭論得很熱鬧的一個問題。爭論的雙方旗幟都很鮮明。

一方主張自然美高於藝術美。朱光潛多次引用過 19 世紀英國學者羅斯金（John Ruskin, 1819 ~ 1900）的一句話：「我從來沒有見過一座希臘女神的雕像比得上一位血色鮮麗的英國姑娘一半美。」[488] 車爾尼雪夫斯基在他的《生活與美學》中用了大量篇幅來論證自然美高於藝術美，他的話和羅斯金的話很相像。他說：「一個塑像的美決不可能超過一個活人的美，因為一張照片決不可能比本人更美。」[489] 又說：「繪畫的顏色比之人體和面孔的自然顏色，只是粗糙得可憐的模仿而已；繪畫表現出來的不是細嫩的肌膚，而是些紅紅綠綠的東西；儘管就是這樣紅紅綠綠的描繪也需要非凡的『技巧』，我們還是得承認，死的顏色總是不能把活的軀體描繪得令人滿意。只有一種色度，繪畫還可以相當好地表現出來，那就是衰老或粗糙的面孔的乾枯的、毫無生氣的顏色。」[490] 他的話越說越絕對，甚至說：「繪畫把最好的東西描繪得最壞，而把最壞的東西描繪得最令人滿意。」[491]

另一方主張藝術美高於自然美。最有名的是黑格爾。他在《美學》序論的開頭就說：「我們可以肯定地說，藝術美高於自然美。因為藝術美是由心靈產生和再生的美，心靈和它的產品比自然和它的現

註488　《朱光潛美學文集》第一卷，第 74 頁，上海文藝出版社，1982。

註489　車爾尼雪夫斯基：《生活與美學》，第 67 頁，人民文學出版社，1957。

註490　同上。

註491　同上。

象高多少，藝術美也就比自然美高多少。」**492** 黑格爾強調，這種「高於」，不是量的分別，而是質的分別：「只有心靈才是真實的，只有心靈才涵蓋一切，所以一切美只有在涉及這較高境界而且由這較高境界產生出來時，才真正是美的。就這個意義來說，自然美只是屬於心靈的那種美的反映，它所反映的只是一種不完全不完善的形態，而按照它的實體，這種形態原已包涵在心靈裡。」**493** 根據這一觀點，黑格爾把自然美排除在美學研究的範圍之外。

按照我們現在對於審美活動的基本觀點，我們對於上述爭論可以有一種新的看法。

按照我們現在的觀點，美是人與世界的溝通和契合，是由情景相融、物我同一而產生的意象世界，而這個意象世界又是人的生活世界的真實的顯現。就這一點來說，自然美和藝術美是相同的。這是朱光潛在 50 年代美學討論中一再強調的。正因為它們相同，所以它們都稱作「美」。用鄭板橋的說法，自然美是「胸中之竹」，藝術美就是「手中之竹」。它們都有賴於人的意識的發現、照亮和創造。**就它們都是意象世界，都離不開人的創造，都顯現真實的存在這一點來說，它們並沒有誰高誰低之分。**黑格爾說藝術美高於自然美的理由在於藝術美是心靈產生的，其實自然美也是心靈產生的，我們前面引過宗白華的話：「一切美的光是來自心靈的源泉：沒有心靈的映照，是無所謂美的。」正因為自然美同樣離不開心靈的映射，所以自然美的意蘊也並不一定比藝術美的意蘊顯得薄弱。清代詩人沈德潛說：「餘於登

註492 黑格爾：《美學》第一卷，第 2～3 頁，人民文學出版社，1958。

註493 同上書，第 5 頁。

高時，每有今古茫茫之感。」[494] 李白詩：「試登高而望遠，咸痛骨而傷心。」[495] 這說明，古代詩人在登高望遠時，他們胸中產生的自然山水的意象世界，包含有極豐富的意蘊和極強烈的情感色彩，絕不亞於一幅山水畫（藝術美）所給予觀者的感興。

關於羅斯金的話，朱光潛曾提出兩點批評。第一，羅斯金混淆了美感和快感。朱光潛說：「如果快感就是美感，血色鮮麗的英國姑娘的引誘力當然比希臘女神的雕像較強大。」[496] 第二，羅斯金對「美」的理解有問題。朱光潛問：「羅斯金所說的英國姑娘的『美』和希臘女神的『美』，兩個『美』字的意義是否相同呢？」[497] 這兩點批評，同樣適合於車爾尼雪夫斯基。車爾尼雪夫斯基的著眼點往往是顏色的比較，而不是意象世界（美）。他說：「繪畫表現出來的不是細嫩的皮膚，而是些紅紅綠綠的東西。」其實，繪畫表現出來的並不是「紅紅綠綠的東西」，而是一個有意蘊的意象世界。我們可以舉個俄羅斯畫家的例子。俄羅斯巡迴展覽畫派（Peredvizhniki）的風景畫家庫因芝（Arkhip Ivanovich Kuindzhi, 1842～1910）有一幅著名的畫《第聶伯河上的月夜》（*Moonlit Night on the Dniepr*, 1880）。「整個畫面是黑色的調子（庫因芝善於用黑色）。天空是黑色的，第聶伯河從地上靜靜地流過，月光瀉落下來，在一段河面上反射出綠色的波紋。這一段綠

註494　沈德潛：《唐詩別裁集》卷五。

註495　李白：〈愁陽春賦〉。

註496　朱光潛：《文藝心理學》，見《朱光潛美學文集》第一卷，第 74 頁，上海文藝出版社，1982。

註497　同上。

色的河面，是畫面上唯一的光亮，它非常耀眼，照亮了整個畫面，使得這幅夜景顯得如此清明澄澈，真是詩一般的美。當年庫因芝曾單獨為這幅畫辦了一個展覽，轟動了整個彼得堡。列賓說，這是一首『觸動觀眾心靈的詩』。」**498** 庫因芝這幅描繪月夜的畫，呈現了一個清明澄澈、富有詩意的意象世界，足以證明車爾尼雪夫斯基所說的「繪畫把最好的東西描繪得最壞」乃是一種偏見。雕塑也是這樣。我們看古希臘那些著名的人體雕塑，以及羅丹的雕塑，哪一個不是充滿了生命的活力？怎麼能說它們「決不能超過一個活人的美」呢？

　　總之，從美作為審美意象這個層面，即從美的本體這個層面，自然美和藝術美沒有高下之分。當然，不同的自然物（自然風景）在審美價值上有高低之分，不同的藝術作品在審美價值上也有高低之分，但這和我們討論的不是一個問題。同時，藝術作品的創作，從「胸中之竹」到「手中之竹」，有一個技藝操作的層面，這也給藝術美帶來一些不同於自然美的特點，並對欣賞者的美感產生影響。但這和我們從美的本體層面討論藝術美和自然美誰高誰低的問題也不是一個問題。

三、自然美的發現

　　我們說過，審美活動是一種社會文化活動，美是一個歷史的範疇。自然美也是如此。在人類歷史上，自然美的發現是一個過程。

　　瑞士學者雅各・布克哈特（Jacob Christoph Burckhardt, 1818～1897）在他的名著《義大利文藝復興時期的文化》（*Die Kultur der Renaissance in Italien*, 1860；英文版：*The Civilization of the Renaissance*

註498　葉朗：《欲罷不能》，第133～134頁，黑龍江人民出版社，2004。

in Italy, 1878）中探討了這個問題。他說：「這種欣賞自然美的能力通常是一個長期而複雜的發現的結果，而它的起源是不容易被察覺的，因為在它表現在詩歌和繪畫中並因此使人意識到以前可能早就有這種模糊的感覺存在。」[499] 他認為，「準確無誤地證明自然對於人類精神有深刻影響的還是開始於但丁。他不僅用一些有力的詩句喚醒我們對於清晨的新鮮空氣和遠洋上顫動著的光輝，或者暴風雨襲擊下的森林的壯觀有所感受，而且他可能只是為了遠眺景色而攀登高峰——自古以來，他或許是第一個這樣做的人」。[500] 但是，「充分而明確地表明自然對於一個能感受的人的重要意義的是佩脫拉克（Francesco Petrarca, 1304 ~ 1374）———一個最早的真正的現代人」。佩脫拉克被稱為文藝復興之父，第一個人文主義者。他不僅能欣賞自然美，「而且完全能夠把畫境和大自然的實用價值區別開來」。[501] 他寫信給他的朋友說：「我多麼希望你能知道我單獨自由自在地漫遊於山中、林間、溪畔所得到的無比快樂！」[502] 給他印象最深的是他和他的弟子一起去攀登文圖克斯山的頂峰。在那個時候，他過去整個的一生連同他的一切癡想都浮上了他的心頭。他打開《聖奧古斯丁懺悔錄》，找到了這一段話：「人們到外邊，欣賞高山、大海、洶湧的河流和廣闊的重洋，以及日月星辰的運行，這時他們會忘掉了自己。」[503]

註499　布克哈特：《義大利文藝復興時期的文化》，第293頁，商務印書館，1981。

註500　同上書，第293 ~ 294頁。

註501　布克哈特：《義大利文藝復興時期的文化》，第295頁。

註502　威爾·杜蘭：《世界文明史（文藝復興）》，第 7 頁，東方出版社，1998。

註503　布克哈特：《義大利文藝復興時期的文化》，第296頁，商務印書館，1981。

布克哈特還提到恩尼亞‧席維歐‧皮可洛米尼（Enea Silvio Piccolomini, 1405～1464），即教皇庇護二世，說「他不僅僅是第一個領略了義大利風景雄偉壯麗的人，而且是第一個熱情地對它描寫入微的人」。**504** 席維歐以狂喜的心情從阿爾本山最高峰上眺望周圍壯麗的景色，海岸，田野，蒼翠的森林，清澈的湖水，等等。佈滿葡萄園和橄欖樹的山坡，峭壁，懸崖間生長的橡樹，一條狹窄的溪谷邊上飛架著的拱橋，波濤起伏的亞麻地，漫山遍野的金雀花，這一切都給予他一種喜悅。**505**

文藝復興時期對於自然美的發現不是孤立的，它是和那個時期對於人的發現聯繫在一起的。

中國人對自然美的發現也是一個過程。朱光潛說：「在中國和在西方一樣，詩人對於自然的愛好都比較晚起。最初的詩都偏重人事，縱使偶爾涉及自然，也不過如最初的畫家用山水為人物畫的背景，興趣中心卻不在自然本身。《詩經》是最好的例子。『關關雎鳩，在河之洲』只是做『窈窕淑女，君子好逑』的陪襯；『蒹葭蒼蒼，白露為霜』只是做『所謂伊人，在水一方』的陪襯。」**506** 學者們一般認為，中國人對於自然美的發現，是在魏晉時期。宗白華對此有精妙的論述。宗白華認為，中國魏晉時期和歐洲的文藝復興時期相似，是強烈、矛盾、熱情、濃於生命的一個時代，是精神上大解放的一個時代，其中一個表現就是自然美的發現。

《世說新語》記載，東晉畫家顧愷之從會稽還，人問山水之美，顧云：「千巖競秀，萬壑爭流，草木蒙籠其上，若雲興霞蔚。」宗

註504 同上書，第297頁。

註505 同上書，第298～299頁。

註506 朱光潛：《詩論》，見《朱光潛全集》第三卷，第 76 頁，安徽教育出版社，1987。

白華說：「這幾句話不是後來五代北宋荊（浩）、關（仝）、董（源）、巨（然）等山水畫境界的絕妙寫照嗎？」[507]

《世說新語》記載，簡文帝入華林園，顧謂左右曰：「會心處不必在遠，翳然林水，便自有濠濮間想也。覺鳥魚禽獸自來親人。」宗白華說：「這不又是元人山水花鳥小幅，黃大癡、倪雲林、錢舜舉、王若水的畫境嗎？」

宗白華認為，晉人對自然美的欣賞，有一種哲學的意蘊。他說：[508]

晉宋人欣賞山水，由實入虛，即實即虛，超入玄境。當時畫家宗炳云：「山水質有而趣靈。」詩人陶淵明的「採菊東籬下，悠然見南山」，「此中有真意，欲辨已忘言」；謝靈運的「溟漲無端倪，虛舟有超越」；以及袁彥伯的「江山遼落，居然有萬里之勢」。王右軍與謝太傅共登冶城，謝悠然遠想，有高世之志。荀中郎登北固望海云：「雖未睹三山，便自使人有凌雲意。」晉宋人欣賞自然，有「目送歸鴻，手揮五弦」，超然玄遠的意趣。這使中國山水畫自始即是一種「意境中的山水」。宗炳畫所遊山水懸於室中，對之云：「撫琴動操，欲令眾山皆響！」郭景純有詩句曰：「林無靜樹，川無停流」，阮孚評之云：「泓崢蕭瑟，實不可言，每讀此文，輒覺神超形越。」這玄遠幽深的哲學意味深透在當時人的美感和自然欣賞中。[509]

宗白華認為，晉人以虛靈的胸襟和宇宙的深情體會自然，因而創造出光明鮮潔、晶瑩發亮的意象世界。他說：

註507 宗白華：〈論《世說新語》和晉人的美〉，見《藝境》，第128頁，北京大學出版社，1987。

註508 同上。

註509 同上。

晉人以虛靈的胸襟、玄學的意味體會自然，乃能表裡澄澈，一片空明，建立最高的晶瑩的美的意境！司空圖《詩品》裡曾形容藝術心靈為「空潭寫春，古鏡照神」，此境晉人有之：王羲之曰：「從山陰道上行，如在鏡中游！」心情的朗澄，使山川影映在光明淨體中！**510**

又說：

晉人向外發現了自然，向內發現了自己的深情。山水虛靈化了，也情致化了。陶淵明、謝靈運這般人的山水詩那樣的好，是由於他們對於自然有那一股新鮮發現時身入化境濃酣忘我的趣味，他們隨手寫來，都成妙諦，境與神會，真氣撲人。**511**

魏晉時代對於自然美的發現，歸根到底，是由於那個時代人的精神得到了一種自由和解放：「這種精神上的真自由、真解放，才能把我們的胸襟像一朵花似地展開，接受宇宙和人生的全景，瞭解它的意義，體會它的深沉的境地。」**512**「王羲之的《蘭亭》詩：『仰視碧天際，俯瞰淥水濱。寥闃無涯觀，寓目理自陳。大哉造化工，萬殊莫不均。群籟雖參差，適我無非新。』真能代表晉人這純淨的胸襟和深厚的感覺所啟示的宇宙觀。『群籟雖參差，適我無非新』兩句尤能寫出晉人以新鮮活潑自由自在的心靈領悟這世界，使觸著的一切顯露新的靈魂、新的生命。」**513**

註510　同上。

註511　宗白華：〈論《世說新語》和晉人的美〉，第131～132頁。

註512　同上書，第132頁。

註513　同上書，第133頁。

宗白華的這些分析極有味。它啟示我們，**自然美的發現，自然美的欣賞，自然美的生命，離不開人的胸襟，離不開人的心靈，離不開人的精神，最終離不開時代，離不開社會文化環境。**在一個特定的文化環境中，山川映入人的胸襟，虛靈化而又情致化，情與景合，境與神會，從而呈現一個包含新的生命的意象世界，這就是自然美。自然美是歷史的產物。

四、自然美的意蘊

自然美的意蘊是在審美活動中產生的，是人與自然物（自然風景）互相溝通、互相契合的產物，因而它必然受審美主體的審美意識的影響，必然受社會文化環境各方面因素的影響。即便是同一種自然物（如日月星辰、花鳥蟲魚等等），它在不同時代、不同民族、不同文化圈、不同生活氛圍中成為審美對象時，意蘊也不相同。

張潮在《幽夢影》一書中說：

梅令人高，蘭令人幽，菊令人野，蓮令人淡，春海棠令人艷，牡丹令人豪，蕉與竹令人韻，秋海棠令人媚，松令人逸，桐令人清，柳令人感。

梅、蘭、菊、蓮等等自然花木的審美意象，具有不同的意蘊，顯示出不同的氣質和情調。這就是中國古代特定的文化傳統和文化環境所規定的。西方人在這些花木面前也產生美感，但不會感受到這樣的氣質和情調。

更能說明問題的是中國人對石頭的美感。中國的古典園林中絕對不能缺少奇石。對於石頭的美感，包含著極其豐富、極其微妙的中國文化的意蘊。

我們可以看一看朱良志對於太湖石之美的意蘊的解讀。北宋書法家米芾用「瘦」、「漏」、「透」、「皺」四個字評太湖石，朱良志說：

　　瘦，如留園冠雲峰，孤迥特立，獨立高標，有野鶴閒雲之情，無萎弱柔膩之態。如一清臞的老者，拈鬚而立，超然物表，不落凡塵。瘦與肥相對，肥即落色相，落甜膩，所以肥腴在中國藝術中意味著俗氣，什麼病都可以醫，一落俗病，就無可救藥了。中國藝術強調，外枯而中膏，似淡而實濃，樸茂沉雄的生命，並不是從艷麗中求得，而是從瘦淡中擷取。**514**

　　漏，太湖石多孔穴，此通於彼，彼通於此，通透而活絡。漏和窒塞是相對的，藝道貴通，通則有靈氣，通則有往來迴旋。計成說：「瘦漏生奇，玲瓏生巧。」漏能生奇，奇之何在？在靈氣往來也。中國人視天地大自然為一大生命，一流蕩歡快之大全體，生命之間彼攝相因，相互激盪，油然而成活潑之生命空間。生生精神周流貫徹，渾然一體。所以，石之漏，是睜開觀世界的眼，打開靈氣的門。

　　透，與漏不同，漏與塞相對，透則與暗相對。透是通透的、玲瓏剔透的、細膩的、溫潤的。好的太湖石，如玉一樣溫潤。透就光而言，光影穿過，影影綽綽，微妙而玲瓏。

　　皺，前人認為，此字最得石之風骨。皺在於體現出內在節奏感。風乍起，吹皺一池春水。天機動，撫皺千年頑石。石之皺和水是分不開的。園林是水和石的藝術，疊石理水造園林，水與石各得其妙，然而水與石最宜相通，瀑布由假山瀉下，清泉於孔穴滲出，這都是石與水的交響，但最奇妙的，還要看假山中所含有的水的魂魄。山石是硬的，有皺即有水的柔骨。如冠雲峰峰頂之處的紋理就是皺，一峰突起，立於澤畔，其皺紋似乎

註514　朱良志：《曲院風荷》，第1～2頁，安徽教育出版社，2003。

是波光水影長期折射而成，淡影映照水中，和水中波紋糅成一體，更添風韻。皺能體現出奇崛之態，如為園林家稱為皺石極品的杭州皺雲峰，就文理交錯，耿耿疊出，極盡嶙峋之妙。蘇軾曾經說：「石文而醜。」醜在奇崛，文在細膩溫軟。一皺字，可得文而醜之妙。

瘦在淡，漏在通，透在微妙玲瓏，皺在生生節奏。四字口訣，儼然一篇藝術的大文章。[515]

冠雲峰

在米芾這樣的中國古代藝術家看來，太湖石（如冠雲峰）是有生命的，是與自己的心靈相通的，是自己的朋友，所以它是美的。米芾用瘦、漏、透、皺四個字來概括太湖石的美的意蘊。瘦、漏、透、皺，當然和太湖石作為物理存在的特點有關，但它們是被米芾的審美意識照亮的，它們是在米芾和石頭的溝通和契合中生成的，它們積聚著中國文化、中國哲學、中國美學的豐富的內涵。這種意蘊，必須從在特定的文化傳統和文化環境中進行的審美活動來得到說明，用自然物的物理性質或「自然的人化」都是說明不了的。

註515 朱良志：《曲院風荷》，第1～2頁。

五、中國傳統文化中的生態意識[516]

當今世界的生態危機越來越嚴重。面對日益嚴重的生態危機，從20世紀60年代開始學術界有人倡導生態倫理學和生態哲學。倡導生態倫理學和生態哲學的學者們呼籲人們關注日益嚴重的生態危機，他們強調人類的對自然環境的破壞已從根本上威脅人類的生存。美國海洋生物學家瑞秋‧卡森（Rachel Carson）在她的被稱為「揭開生態學序幕」的名著《寂靜的春天》（*Silent Spring*）的捲首，引了幾段名家的話：「枯萎了湖上的蒲草，銷匿了鳥兒的歌聲。」（濟慈）「人類已經失去了預見和自制的能力，它將隨著毀滅地球而完結。」（阿爾伯特‧史懷哲）「因為人類太精明於自己的利益了，因此我對人類是悲觀的。我們對待自然的辦法是打擊它，使它屈服。如果我們不是這樣的多疑和專橫，如果我們能調整它與這顆行星的關係，並深懷感激之心地對待它，我們本可有更好的機會存活下去。」（E. B.‧懷特：Elwyn Brooks White, 1899～1985）[517] 這些警句表達了學者們對人類命運的深切憂慮。

生態倫理學和生態哲學的核心思想，就是要超越「人類中心主義」這一西方傳統觀念，樹立「生態整體主義」的新的觀念。「生態整體主義」主張地球生物圈中所有生物是一個有機的整體，它們和人類一樣，都擁有生存和繁榮的平等權利。

註516 這一節的主要內容引自葉朗、朱良志《中國文化讀本》，第59～66頁，外語教學與研究出版社，2008。

註517 瑞秋‧卡森：《寂靜的春天》，吉林人民出版社、中國環境科學出版社，1997。

隨著生態倫理學和生態哲學的出現，國內外學術界也有一些學者提倡建立一種生態美學。但是從現有的論著來看，「生態美學」並不成熟，因為很多學者所談的「生態美學」，都是強調要平等地對待生物圈中的所有生物，這在實質上還是生態倫理學，而並不是生態美學。

　　要建立一種生態美學，可以從中國傳統文化中尋找理論支持。中國傳統文化一直有一種強烈的生態意識，這種生態意識可以成為我們今天建立生態美學的思想資源。

　　中國傳統哲學是「生」的哲學。孔子說的「天」，就是生育萬物。他以「生」作為天道、天命。《易傳》發揮孔子的思想，說：「天地之大德曰生。」又說：「生生之謂易。」生，就是草木生長，就是創造生命。中國古代哲學家認為，天地以「生」為道，「生」是宇宙的根本規律。因此，「生」就是「仁」，「生」就是善。周敦頤說：「天以陽生萬物，以陰成萬物。生，仁也；成，義也。」[518] 程頤說：「生之性便是仁。」[519] 朱熹說：「仁是天地之生氣。」「仁是生底意思。」「只從生意上識仁。」[520] 所以儒家主張的「仁」，不僅親親、愛人，而且要從親親、愛人推廣到愛天地萬物。**因為人與天地萬物一體，都屬於一個大生命世界**。孟子說：「親親而仁民，仁民而愛物。」[521] 張載說：「民吾同胞，物吾與也。」（世界上的民眾都是我的親兄弟，天地間的萬物都是我的同伴。）[522] 程頤說：「人與天地一

註518　《通書・順化》，見《周子全書》。

註519　《河南程氏遺書》卷十八。

註520　《朱子語類》第一冊，第103～109頁，中華書局，1999。

註521　《孟子・盡心上》

註522　《正蒙・乾稱》。

物也。」**523** 又說：「仁者以天地萬物為一體。」「仁者渾然與萬物同體。」**524** 朱熹說：「天地萬物本吾一體。」**525** 這些話都是說，人與萬物是同類和同伴，是平等的，所以人應該把愛推廣到天地萬物。

清代大畫家鄭板橋的一封家書充分地表達了儒家的這種思想。**526** 鄭板橋在信中說，天地生物，一蟻一蟲，都心心愛念，這就是天之心。人應該「體天之心以為心」。所以他說他最反對「籠中養鳥」。「**我圖娛悅，彼在囚牢，何情何理，而必屈物之性以適吾性乎！**」**527** 儒家的仁愛，不僅愛人，而且愛物。用孟子的話來說就是「親親而仁民，仁民而愛物」。人與萬物一體，因此人與萬物是平等的，人不能把自己當作萬物的主宰。這就是儒家的大仁愛觀。鄭板橋接下去又說，真正愛鳥就要多種樹，使成為鳥國鳥家。早上起來，一片鳥叫聲，鳥很快樂，人也很快樂，這就叫「各適其天」。**所謂「各適其天」，就是萬物都能夠按照它們的自然本性獲得生存。**這樣，作為和萬物同類的人也就能得到真正的快樂，得到最大的美感。陶淵明有首詩說：「**孟夏草木長，繞屋樹扶疏。眾鳥欣有托，吾亦愛吾廬。**」這四句詩也寫出了天地萬物各適其天、各得其所的祈求。

這就是中國傳統文化中的生態哲學和生態倫理學的意識。

註523 《河南程氏遺書》卷十一。

註524 《河南程氏遺書》卷二上。

註525 朱熹：《四書章句集注·中庸章句》。

註526 《鄭板橋集·濰縣署中與舍弟墨第二書》。

註527 鄭板橋反對籠中養鳥，使我們想起文藝復興時期大畫家達文西的故事。據達文西的傳記記載：「當他經過賣鳥的地方時，他常常用手將它們從鳥籠中拿出來，按著賣鳥人的價格付錢給他們，然後將鳥放飛，讓它們重獲已失去的自由。」（瓦薩利：〈畫家、雕塑家和建築家的生活〉，轉引自麥克爾·懷特《列奧那多·達·芬奇》，第 9 頁，三聯書店，2001。）

和這種生態哲學和生態倫理學的意識相關聯，中國傳統文化中也有一種生態美學的意識。

　　中國古代思想家認為，大自然（包括人類）是一個生命世界，天地萬物都包含有活潑潑的生命、生意，這種生命、生意是最值得觀賞的，人們在這種觀賞中，體驗到人與萬物一體的境界，從而得到極大的精神愉悅。程顥說：「萬物之生意最可觀。」[528] 宋明理學家都喜歡觀「萬物之生意」。周敦頤喜歡「綠滿窗前草不除」。別人問他為什麼不除，他說：「與自己意思一般。」又說：「觀天地生物氣象。」周敦頤從窗前青草的生長體驗到天地有一種「生意」，這種「生意」是「我」與萬物所共有的。這種體驗給他一種快樂。程顥養魚，時時觀之，說：「欲觀萬物自得意。」他又喜歡觀賞剛剛孵出的雞雛，因為小雞雛活潑可愛，最能體現「生意」。他又有詩描述自己的快樂：「萬物靜觀皆自得，四時佳興與人同。」「雲淡風輕近午天，望花隨柳過前川。」他體驗到人與萬物的「生意」，體驗到人與大自然的和諧，「渾然與物同體」，得到一種快樂。這是「仁者」的「樂」。

齊白石　《蝦》

錢選　《草蟲圖》（局部）

　　這種對天地萬物「心心愛念」和觀天地萬物「生意」的生態意識，在中國古代文學藝術作品中有鮮明的體現。

　　中國古代畫家最強調要表現天地萬物的「生機」、「生氣」、「生意」。明代畫家董其昌說，畫家多壽，原因就在他們「眼前無非生機」[529]。宋代董逌在《廣川畫跋》中強調畫家賦形出象必須「發於生意，得之自然」。明代畫家祝允明說：「或曰：『草木無情，豈有意耶？』不知天地間，物物有一種生意，造化之妙，勃如盪如，不可形容也。」[530] 所以清代王概的《畫魚訣》說：「畫魚須活潑，得其游泳象。」「悠然羨其樂，與人同意況。」[531] 中國畫家從來不會像西洋

註528　《河南程氏遺書》卷十一。

註529　董其昌：《畫禪室隨筆》，見《歷代論畫名著彙編》，第253頁，文物出版社，1982。

註530　祝允明：〈枝山題畫花果〉，見俞劍華編《中國古代畫論類編》下冊，第1072頁，人民美術出版社，1986。

註531　王概等：〈畫花卉草蟲淺説〉，見俞劍華編《中國古代畫論類編》下冊，第1110頁，人民美術出版社，1986。

畫家那樣畫死魚、死鳥，中國畫家畫的花、鳥、蟲、魚，都是活潑潑的，生意盎然的。**中國畫家的花鳥蟲魚的意象世界，是人與天地萬物為一體的生命世界，體現了中國人的生態意識。**

　　中國古代文學也是如此。唐宋詩詞中處處顯出花鳥樹木與人一體的美感。如「泥融飛燕子，沙暖睡鴛鴦。」（杜甫）「山鳥山花吾友於。」（杜甫）「人鳥不相亂，見獸皆相親。」（王維）「一松一竹真朋友，山鳥山花好兄弟。」（辛棄疾）有的詩歌充溢著對自然界的感恩之情，如杜甫〈題桃樹〉：「高秋總饋貧人實，來歲還舒滿眼花。」就是說，自然界（這裡是桃樹）不僅供人以生命必需的食品物品，而且還給人以審美的享受。這是非常深刻的思想。清代大文學家蒲松齡的《聊齋誌異》也貫穿著人與天地萬物一體的意識。**《聊齋誌異》的美，就是人與萬物一體之美。《聊齋誌異》的詩意，就是人與萬物一體的詩意。**在這部文學作品中，花草樹木、鳥獸蟲魚都幻化成美麗的少女，並與人產生愛情。如〈葛巾〉篇中的葛巾，是紫牡丹幻化成美麗女郎，「宮妝豔極」，「異香竟體」，「吹氣如蘭」，和「癖好牡丹」的洛陽人常大用結為夫婦。她的妹妹玉版是白牡丹幻化成的素衣美人，和常大用的弟弟結為夫婦。她們生下的兒子墜地生出牡丹二株，一紫一白，朵大如盤，數年，茂蔭成叢。「移分他所，更變異種。」「自此牡丹之盛，洛下無雙焉。」又如〈黃英〉篇中的黃英，是菊花幻化成的「二十許絕世美人」，和「世好菊」的順天人馬子才結為夫婦。黃英弟弟陶某，喜豪飲。馬子才的友人曾生帶來白酒與陶共飲，陶大醉臥地，化為菊，久之，根葉皆枯。黃英掐其梗埋盆中，日灌溉之，九月開花，聞之有酒香，名之「醉陶」，澆以酒則茂。再如〈香玉〉篇中兩位女郎，是嶗山下清宮的牡丹和耐冬幻化而

成，一名香玉，一名絳雪。「耐冬高二丈，大數十圍，牡丹高丈餘，花時璀璨如錦。」香玉和在下清宮築舍讀書的黃生相愛，絳雪則和黃生為友。不料飛來橫禍，有一個遊客看見白牡丹，十分喜愛，就把她掘移回家。白牡丹因此枯死。黃生十分悲痛，作《哭花詩》五十首，每天到牡丹生長處流淚吟誦。接著絳雪又險些遇難。原來下清宮道士為建屋要砍掉耐冬，幸被黃生阻止。後來牡丹生長處重新萌芽。黃生夢見香玉，香玉請求黃生每日給她澆一杯水。從此黃生日加培溉，又作雕欄以護之。花芽日益肥盛，第二年開花一朵，花大如盤，有小美人坐蕊中，「轉瞬間飄然已下，則香玉也」。從此他們三人過著快樂的生活。後黃生病重，他對道士說：「他日牡丹下有赤芽怒生，一放五葉者，即我也。」黃生死後第二年，果有肥芽突出。道士勤加灌溉。三年，高數尺，但不開花。老道士死後，他弟子不知愛惜，見它不開花，就把它砍掉了。這一來，白牡丹很快憔悴而死。接著，耐冬也死了。蒲松齡創造的這些意象世界，充滿了對天地間一切生命的愛，表明人與萬物都屬於一個大生命世界，**表明人與萬物一體，生死與共，休戚相關**。這是極其寶貴的生態意識。如果要說「生態美」，蒲松齡的這些意象世界就是「生態美」。**「生態美」就是體現「人與萬物一體」的意象世界。**

　　中國傳統美學的這種人與萬物一體的生態意識，是我們今天思考生態美學、構建生態美學的寶貴思想資料。

本章提要

自然美的本體是審美意象。自然美不是自然物本身客觀存在的美，而是人心目中顯現的自然物、自然風景的意象世界。自然美是在審美活動中生成的，是人與自然風景的契合。

自然美的生成（人與自然風景的契合）要依賴於社會文化環境的諸多因素，依賴於審美主體的審美意識以及審美活動的具體情境，因而自然物不能「全美」（所謂「全美」即在任何時候對任何人都能生成意象世界）。「肯定美學」提出的「自然全美」的觀點是站不住的。「肯定美學」在理論上錯誤的根源在於把自然物的美看成是自然物本身的超歷史的屬性，從而否定審美活動（美與美感）是一種社會的歷史的文化活動。他們主張一種完全脫離文化世界、完全排除價值內涵的所謂「純然的必然性」和「解人化的自然」，其實那是不可能存在的。

自然美和藝術美一樣，都是意象世界，都是人的創造，都真實地顯現人的生活世界，就這一點說，自然美和藝術美並沒有誰高誰低之分。

自然美是歷史的產物，自然美的發現離不開社會文化環境。在西方，自然美的發現開始於文藝復興時期。在中國，自然美的發現開始於魏晉時期。

自然美的意蘊是在審美活動中產生的，因而它必然受審美主體的審美意識的影響，必然受社會文化環境各方面因素的影響。脫離社會文化環境的所謂體現純然必然性的意蘊是根本不存在的。

中國傳統文化中有一種強烈的生態意識。中國傳統哲學是「生」的哲學。中國古代思想家認為，「生」就是「仁」，「生」就是「善」。中國古代思想家又認為，大自然是一個生命世界，天地萬物都包含有活潑潑的生命、生意，這種生命、生意是最值得觀賞的，人

們在這種觀賞中，體驗到人與萬物一體的境界，從而得到極大的精神愉悅。在中國古代文學藝術的很多作品中，都創造了「人與萬物一體」的意象世界，這種意象世界就是我們今天所說的「生態美」。

第五章 社會美

　　本章首先討論社會生活領域生成意象世界（美）的某些特殊性，接下去用主要篇幅對社會美的一些重要領域包括一些過去被我們忽視的領域進行考察。

一、社會生活如何成為美

　　社會美[532] 和自然美一樣，是意象世界，不同的是社會美見之於社會生活領域，而自然美見之於自然物和自然風景。

　　社會生活是人的「生活世界」的主要領域。我們前面說過，「生活世界」是有生命的世界，是人生活於其中的世界，是人與萬物一體的世界，是充滿了意味和情趣的世界。這是存在的本來面貌。但是在世俗生活中，由於人們習慣於用主客二分的思維模式看待世界，人與天地萬物有了間隔，因而「生活世界」這個本原的世界就被掩蓋（遮蔽）了，人的生活失去了意味和情趣。這種情況在社會生活領域比在野生的自然風景區更為常見。因為在社會生活領域，利害關係更經常地處於統治地位，人們更習慣於用實用的、功利的眼光看待一切，用王國維的術語，就是人們更容易陷入「眩惑」的心態，生活變得呆板、乏味（失去意義）。

註532 過去在我們國內一些美學著作中，還出現過一個「現實美」的概念。照當時那些著作的界定，「現實美」包括「自然美」和「社會美」，而與「藝術美」相對立，「現實美」是客觀存在的，第一性的，「藝術美」是第二性的，是「現實美」的反映。這種「現實美」的概念以及對它的界定，是當時在主客二分的認識論框架內的「美是客觀的」觀念的產物。我們今天不再用這個概念。

美（意象世界）的生成，要有一定的條件，就是要超越主客二分，超越「自我」的局限性，實現人與世界的溝通和融合。社會美的生成也是如此。由於在社會生活領域利害關係更經常地處於統治地位，再加上日常生活的單調的重複，人們更容易陷入「眩惑」的心態和「審美的冷淡」，所以審美意象的生成常常受到遏止或消解。這可能是社會美過去不太被人注意的一個原因。

但是我們要看到，在人類的歷史發展中，出現了一些特殊的社會生活形態，在這些社會生活形態中，人們超越了利害關係的習慣勢力的統治，擺脫了「眩惑」的心態和「審美的冷淡」，在自己創造的意象世界中回到本原的「生活世界」，獲得審美的愉悅。民俗風情、節慶狂歡、休閒文化、旅遊文化等等都是這種特殊的社會生活形態。在這些社會生活形態中，人們在不同程度上超越了世俗的、實用的、功利的關係，回到人的本真的生活世界，回到人的存在的本來形態，從而渾然忘我，快樂，陶醉，充滿自由感和幸福感。這些特殊的社會生活形態，是社會美的重要領域。

人的衣、食、住、行的日常生活領域，由於實用功利的意味比較濃厚，人們的「眩惑」即功利的心態是一種常態，是一種習慣，再加上日常生活是一種日復一日單調的重複，所以超越功利和突破「審美冷淡」而生成意象世界（美）相對來說比較困難。但即便如此，具有審美心胸和審美眼光的人（例如很多藝術家）同樣可以突破審美的冷淡麻木而在日常生活領域發現美，也就是在他們心目中同樣可以生成意象世界。很多地區和民族的民眾還常常在日常生活領域營造一種詩意的氛圍，在這種氛圍中獲得美的享受。

二、人物美

　　人是社會生活的主體，所以討論社會美首先要討論人物美。

　　人物美可以從三個層面去觀照。

（一）人物美的第一個層面是人體美

　　人體美是由形體、比例、曲線、色彩等因素構成的一個充滿生命力的意象世界。

　　在人體美中，形體、比例、曲線、色彩等形式因素起到很大的作用。例如人們常常提到的「黃金分割」[533] 就是一個例子。符合「黃金分割」的形體被認為是最美的。德國美學家蔡辛經過大量測算發現，人的肚臍正好是人體垂直高度的黃金分割點，膝蓋骨是大腿和小腿的黃金分割點，肘關節是手臂的黃金分割點。但是，經過嚴格測量，如果以肚臍為分割點，大多數男女的下身比長不夠，一般差 2 寸（即 6 公分）左右。正因為這樣，所以無論中國外國，人們老早就開始有意把下身加長。法國的女士從路易十五時代就開始穿高跟鞋。中國的滿族婦女也穿很高的木底鞋。真正完全補救下身長之不足的大概要算舞

註533　所謂「黃金分割」就是，如果線段 AB 被點 C 內分，且 $\frac{AB}{AC} = \frac{AC}{CB}$（或 $AC^2 = AB \cdot CB$），那麼我們就說 AB 被 C 黃金分割，C 點是線段 AB 的黃金分割點。據說「黃金分割」是西元前300年左右由歐幾里德最初提出來的。他稱之為「極限中間比」。他說：「一條直線按所謂極限中間比分割後，這時整條直線和較大部分的比值等於較大部分和較小部分的比值。」而「黃金分割」這個名稱最初是由德國數學家馬丁·歐姆在1835年提出來的。「黃金分割」在有關文獻中又稱為「黃金比例」，或者用希臘字母 Ｔ（希臘語「托米」，意思是分割）或 φ（希臘字母「菲」，為希臘偉大雕塑家菲狄亞斯姓名的第一個字母)。〔參看馬里奧·利維奧（Mario Livio, 1945～）《φ 的故事：解讀黃金比例》（*The Golden Ratio*），第5～10頁，長春出版社，2003。〕下面是黃金分割的示意圖：
$$\underset{A}{\overset{0}{\vert}} \quad \underset{C}{\overset{0.618}{\vert}} \quad \underset{B}{\overset{1}{\vert}}$$

臺上的芭蕾舞演員，她們立起腳尖把下身拉長了 2 寸有餘，這樣她們的人體真正符合了黃金分割的要求。當然，在繪畫、雕塑作品中，情況就不一樣了。如在波提且利（Sandro Botticelli, 1445～1510）的《維納斯的誕生》（*The Birth of Venus*）中，維納斯的人體比例，以肚臍為中心，完全符合黃金分割的要求。

但是，人體美的形式因素不能脫離人的感性生命的整體，也不能脫離人的社會文化生活的環境和人的精神生活。人的形體美、線條美、色彩美等等，最終顯示為感性生命之美。黑格爾說：「人體到處都顯出人是一種受到生氣灌注的能感覺的整體。他的皮膚不像植物那樣被一層無生命的外殼遮蓋住，血脈流行在全部皮膚表面都可以看出，跳動的有生命的心好像無處不在，顯現為人所特有的生氣活躍，生命的擴張。就連皮膚也到處顯得是敏感的，顯出溫柔細膩的肉與血脈的色澤，使畫家束手無策。」**534** 當代法國哲學家傅柯也極其推崇人體美。在他看來，人體，

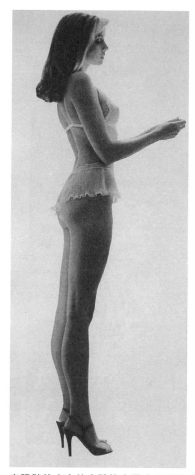

高跟鞋使女士的人體符合黃金分割的要求。（此圖原載魯賓遜《人體包裝藝術》，中國紡織出版社）

註534 黑格爾：《美學》第一卷，第188頁，商務印書館，1982。

波提且利 《維納斯的誕生》（局部）

作為世界上最完美和最崇高的藝術品，是自然界賦予我們人類的無價之寶和最高尚的禮物。同時他認為，人體美不僅是自然的產物，而且也是人類社會文化生活經驗的累積結晶，是歷史的沉澱物。社會和文化的發展，都在人的身體上留下了不可磨滅的烙印。因此，人體美和人的精神生活是緊密相聯的。[535]

人體美從來就是人的重要的審美對象。在西方，從古希臘開始就是如此。古希臘的各個城邦，為了造就體格最好的鬥士，「青年人大半時間都在練身場上角鬥，跳躍、拳擊、賽跑、擲鐵餅，把赤露的肌肉練得又強壯又柔軟，目的是要練成一個最結實、最輕靈、最健美的身體」。[536] 在這種風氣下，希臘人非常欣賞人體的完美。像奧林匹克運動會這樣一些全民性的盛大群眾活動，都成了展覽和炫耀裸體的場合。在這些運動會上，青年人裸體參加角鬥、拳擊、擲鐵餅、競走、賽車。在斯巴達，就連未婚女子在參加體操鍛煉時也是完全裸體，或者穿得很少。一旦在體育競賽中獲勝，就被大

註535　參看高宣揚《福柯的生存美學》，第484、476、477頁，中國人民大學出版社，2005。

註536　泰納：《藝術哲學》，第 43 頁，人民文學出版社，1963。

讓－里奧・傑洛姆《法庭上的芙麗涅》

眾看作是最高的榮譽。當時有一個叫做提阿吾拉斯的人，他的兩個兒子在同一天得獎，抬著他在觀眾前面遊行，群眾認為他已經享盡了人間的福氣，就對他喊道：「提阿吾拉斯，你可以死了！」提阿吾拉斯興奮得喘不過氣來，果然死在兩個兒子的懷抱裡。**537**

　　有許多流傳的故事，說明人體美對古希臘人有巨大的魅力。我們可以舉西元前 4 世紀古希臘雕塑大師普拉克西特利斯（Praxiteles）的故事為例。普拉克西特利斯請當時雅典最有名的美女芙麗涅（Phryne）當他的模特兒，創作了著名的雕像作品《尼多斯的阿芙洛蒂忒》（*Aphrodite of Knidos*）。誰知當時的法庭竟因為芙麗涅充當人體模特而傳訊她。在法庭審訊時，辯護律師當著眾人的面脫下了芙麗涅的衣裳，展示她美麗的人體。在場的法官為她的人體美驚呆了，一致決定宣告她無罪。

註537　同上書，第 45 頁。

這個故事說明了美的力量。後來 19 世紀的法國畫家傑洛姆（Jean-Léon Gérôme）就以這個題材創作了油畫《法庭上的芙麗涅》（*Phryné devant l'aréopage*）。畫的背景是一群身穿紅衣服、驚呆了的法官，而前景則是芙麗涅美麗光潔的胴體，突出了優美的曲線，柔軟白嫩的肌膚。

我們要注意，人體美和所有美的東西一樣，並不在於客觀存在的人物本身，而在於情景相融的審美意象。人體美離不開形體、比例、線條、色彩等形式因素，但最終顯現為人物感性生命的意象世界，它是在特定歷史條件下的審美活動中生成的，所以它帶有歷史的、文化的內涵。在歐洲中世紀的基督教思想家（奧古斯丁和托馬斯·阿奎那等人）那裡，女人的身體是「惡」的根源，人體美是被否定的。而到了當代的消費社會中，人的肉體特別是女性身體被看成是最美、最珍貴和最光輝的物品。肉體的美和色欲聯結在一起，成為很多人盲目追逐的對象。研究流行文化的鮑德里亞（Jean Baudrillard, 1929～2007）認為，在消費社會中，「通過人的身體和性的信號的無所不在，特別是女性身體的無所不在，通過它們在廣告、流行和大眾文化中的普遍存在和表演，通過一系列採取消費形式的個人衛生、塑身減肥、美容治療的崇拜活動，通過一系列對於男性健壯和女性美的廣告宣傳活動，以及通過一系列圍繞著這些活動所進行的各種現身秀和肉體表演，身體變成了儀式的客體」。[538] 所以，人體美和所有美的東西一樣，都是歷史的產物，都是在一定的文化環境中和具體的審美活動中生成的。

西方美術史上有許多表現人體美的雕塑作品。前面說過古希臘人展示裸體的風氣使得當時的藝術家有很多機會見到那時最優美的人

註538　轉引自高宣揚《流行文化社會學》，第291頁，中國人民大學出版社，2006。

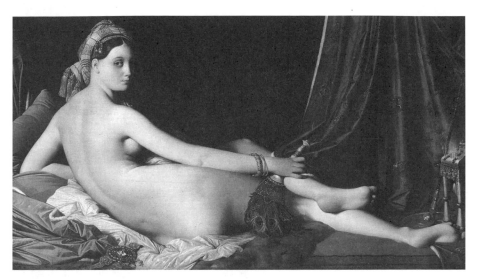

安格爾　《大宮女》

體，所以他們的人體雕塑達到了爐火純青的境界。《米洛的維納斯》
（Vénus de Milo）就是其中的經典。黑格爾說：「她是純美的女神。」
她所表現的是由精神提升的感性美的勝利，是秀雅、溫柔和愛的魅
力。單從形體方面看，這座雕塑完全符合黃金分割的規律。1972年在
義大利南部海域發現的兩尊《里亞切武士像》（Riace Warrior），同樣
是表現人體美的傑作。文藝復興時期米開朗基羅的《大衛》、20世紀
初法國雕塑家羅丹（Auguste Rodin, 1840～1917）的《思想者》（Le
Penseur）、《吻》（The Kiss）、《永恆的偶像》（The Eternal Idol）
都是表現人體美的傑作。研究美術史的學者認為，古希臘的菲狄亞斯
（Phidias 或 Pheidias, 前480～前430）、文藝復興時代的米開朗基羅、
20 世紀初的羅丹是歐洲雕塑史上的三座高峰。

　　西方美術史上還有許多以人體美為內容的繪畫。如波提且利的

《維納斯的誕生》、吉奧喬尼（Giorgione，全名 Giorgio Barbarelli da Castelfranco, 1477～1510）的《沉睡的維納斯》（*Sleeping Venus*）、安格爾（Jean Auguste Dominique Ingres, 1780～1867）的《大宮女》（*The Grand Odalisque*）和《泉》（*The Source*）、雷諾瓦（Pierre-Auguste Renoir, 1841～1919）的《大浴女》（*Les Grandes Baigneuses*）等等，都是不朽的傑作。

印度　《舞蹈天使》（12世紀）

　　東方美術史和中國美術史上也有以人體美為內容的作品。美國大都會博物館收藏的一尊印度12 世紀早期的《舞蹈天使》雕像，突出高聳的乳房，面容、姿態都美到了極點。1959年，西安火車站出土了一件盛唐時代的菩薩立像，頭部、右臂、左前臂以及雙膝以下殘損，但仍可以看出婀娜娉婷的姿態。立像衣飾輕柔順暢，肌膚光潔圓潤，充分顯示出女性的人體美。

（二）人物美的第二個層面是人的風姿和風神

　　人體美是人的感性生命的美。而當一個人的言行舉止、聲音笑貌表現出這個人的內在的靈魂美、精神美時，就形成為一種風姿之美，風神之美。《詩經·衛風》描繪一位女子：「手如柔荑，膚如凝脂，

領如蝤蠐，齒如瓠犀，蟓首蛾眉，巧笑倩兮，美目盼兮。」前面一大堆描繪都是外在的、靜態的，有了最後這兩句「巧笑倩兮，美目盼兮」，這個人就活起來了，有了吸引人的魅力了。這就是人的風姿之美，風神之美。

魏晉時期流行的人物鑑賞就是著重欣賞人的風姿、風采的美。請看劉義慶（403～444）編的《世說新語》一書中關於人物品藻的記載：

世目李元禮，謖謖如勁松下風。（〈賞譽〉）
時人目王右軍，飄如遊雲，矯若驚龍。（〈容止〉）
有人嘆王恭形茂者，云：「濯濯如春月柳。」（〈容止〉）
海西時，諸公每朝，朝堂猶暗。唯會稽王來，軒軒如朝霞舉。（〈容止〉）
時人目夏侯太初，朗朗如日月之入懷；李安國，頹唐如玉山之將崩。（〈容止〉）
嵇康身長七尺八寸，風姿特秀。見者歎曰：「蕭蕭肅肅，爽朗清舉。」或云「肅肅如松下風，高而徐引。」山公曰：「嵇叔夜之為人也，岩岩若孤松之獨立，其醉也，傀俄若玉山之將崩。」（〈容止〉）

這些記載中的「目」，就是鑑賞、品藻。從這些記載，可以看到當時在文人中流行著一種追求人的風姿美的審美時尚。你看，「謖謖如勁松下風」，「飄如遊雲，矯若驚龍」，「濯濯如春月柳」，「軒軒如朝霞舉」，「朗朗如日月之入懷」，「傀俄若玉山之將崩」，這是多麼光明鮮潔、晶瑩發亮的意象。宗白華說，魏晉時代的人沉醉於人物的容貌、器識、肉體與精神的美，以致出了一個「看殺衛玠」的故事：衛玠是當時的名士，風姿特美，他從豫州（武昌）到洛陽，洛

陽的人都跑出來欣賞他的美，「觀者如堵牆」，結果使得衛玠勞累而死。衛玠竟為他的風姿的美付出生命的代價，可見當時的時尚。

西方油畫中有許多人物肖像畫就很注重描繪人物的風姿之美、風神之美。溫特哈爾特（Franz Xaver Winterhalter, 1805～1873）的肖像畫《林姆斯基－高沙可夫女士肖像》（*Portrait of Madame Barbe de Rimsky-Korsakov*, 1864）就是這方面的名作。

（三）人物美的第三個層面是處於特定歷史情景中的人的美

凡是人，都不能脫離社會生活，都必然生活在特定的社會歷史環境之中。但是在前面兩個層面（人體美和人的風姿美），人們一般是把人的美從社會生活環境中相對孤立出來欣賞，這一個層面（處於特定歷史情景中的人的美），則是把歷史人物放在具體的歷史情景中來欣賞。例如，臥薪嘗膽的勾踐，垓下悲歌的項羽，當壚賣酒的卓文君，投筆從戎的班超，舌戰群儒的諸葛亮，橫槊賦詩的曹操，枕戈待旦的劉琨，聞雞起舞的祖逖，等等，就是這種處於特定歷史情景中的人的美。我們從很多人物回憶、人物傳記中可以看到這種特定歷史情景中的人的美。

人物美的這一個層面，比較前兩個層面，包含有更豐富的歷史的內涵和人生的意蘊，也更能引發欣賞者的人生感、歷史感。楊振寧曾寫過一篇回憶「兩彈元勳」鄧稼先的文章，他和鄧稼先在中學、西南聯大以及在美國留學時曾經是同學。文章中有一段談到他們分別 22 年後在北京重新見面的情景：

1971 年 8 月在北京我看到稼先時避免問他的工作地點。他自己說：「在外地工作。」我就沒有再問。但我曾問他，是不是寒春（美國科學家，

曾參加美國原子彈的製造）曾參加中國原子彈工作，像美國謠言所說的那樣。他說他覺得沒有，他會再去證實一下，然後告訴我。

1971 年 8 月 16 日，在我離開上海經巴黎回美國的前夕，上海市領導人在上海大廈請我吃飯。席中有人送了一封信給我，是稼先寫的，說他已證實了，中國原子武器工程中除了最早於 1959 年底以前曾得到蘇聯的極少「援助」以外，沒有任何外國人參加。

此封短短的信給了我極大的感情震盪。一時熱淚滿眶，不得不起身去洗手間整容。事後我追想為什麼會有那樣大的感情震盪，為了民族的自豪？為了稼先而感到驕傲？──我始終想不清楚。

盛唐時代的菩薩立像

文章還有一段是描述鄧稼先在領導原子彈工程時承擔的責任是何等沉重。他先提到原子彈試驗的場所是鳥飛不下、馬革裹屍的古戰場，並引了李華〈弔古戰場文〉開頭「浩浩乎平沙無垠」一大段，接著說：

稼先在蓬斷草枯的沙漠中埋葬同事，埋葬下屬的時候不知是什麼心情？

「粗估」參數的時候，要有物理直覺；籌劃晝夜不斷的計算時，要有數學見地；決定方案時，要有勇進的膽識，又要有穩健的判斷。可是理論

是否夠準確永遠是一個問題。不知稼先在關鍵性的方案上簽字的時候，手有沒有顫抖？

戈壁灘上常常風沙呼嘯，氣溫往往在零下 30 多度。核武器實驗時大大小小臨時的問題層出不窮。稼先雖有「福將」之稱，意外總是不能免的。1982 年，他做了核武器研究院院長以後，一次井下突然有一個信號測不到了，大家十分焦慮，人們勸他回去。他只說了一句話：

「我不能走。」

文章最後說，如果有一天哪位導演要攝製鄧稼先傳，他建議背景音樂採用五四時代的一首歌：「中國男兒，中國男兒，要將隻手撐天空，長江大河，亞洲之東，峨峨崑崙……古今多少奇丈夫，碎首黃塵，燕然勒功，至今熱血猶殷紅。」這首歌是他兒時從他父親口中學到的。作者說：「我父親誕生於1896年，那是中華民族仍陷於任人宰割的時代。他一生都喜歡這首歌曲。」**539**

20 世紀是中華民族從任人宰割的災難、屈辱中站起來的時代。楊振寧用白描的手法描繪的鄧稼先是一位對此做出巨大貢獻的人物。這就是處於特定歷史背景中的人的美，這是一個包含有極其豐富的歷史的內涵和人生的意蘊的意象世界，鄧稼先給楊振寧的那封信和楊振寧的感情震盪、蓬斷草枯的戈壁大沙漠、李華的〈弔古戰場文〉、鄧稼先在關鍵性方案上簽字的手、鄧稼先在生死關頭說的「我不能走」，以及五四時代「中國男兒」「至今熱血猶殷紅」的歌曲，都是這個意象世界的組成部分。這個意象世界引發了讀者難以言說的歷史感和人生感。

註539　以上引自《楊振寧文集》下冊，第801～803頁，華東師範大學出版社，1998。

大衛　《拿破崙一世的加冕》（局部）

　　歷史上許多文學家、藝術家喜歡把這種處於具體歷史情景中的人物作為自己創作的題材。例如，法國畫家就創作了許多以處於歷史重大時刻的拿破崙為題材的作品，最有名的有大衛（Jacques-Louis David, 1748～1825）的《拿破崙一世的加冕》（*The Consecration of the Emperor Napoleon I and the Coronation of Empress Josephine in the Cathedral of Notre-Dame de Paris on 2 Dec., 1804*），等等。莎士比亞也以這種處於具體歷史情景中的歷史人物為題材寫了許多著名的悲劇。

三、日常生活的美

老百姓的日常生活是社會生活的最普通、最大量、最基礎的部分。它是老百姓的日復一日的平常日子。所以在一般人的印像中往往認為它是單調的、平淡的、缺乏內涵的、毫無意趣的。其實不然。無論是衣、食、住、行，婚、喪、嫁、娶，播種、收割，養雞、放牛，采桑、紡織，打獵、捕魚，航海、經商……，都包含著豐富的歷史、文化的內涵，**如果人們能以審美的眼光去觀照，它們就會展示出一個充滿情趣的意象世界。**金聖嘆說，兩個鄉下老太太在路上碰面，停下來說話，你遠遠看去，就是一幅很美的圖畫。老百姓的日常生活是社會美的重要領域。

我們可以看一看衣食住行中的「食」這一項。從古代開始，飲食就不僅是適應人為了活命的生物性的需要，而且也是適應人的精神生活的需要。飲食是一種文化，它和社會生活各個方面（從政治、經濟到生活方式，從社會風氣到社會心態）緊密聯繫，包含有歷史的、審美的意蘊。如老北京的飲食文化：「由精益求精的譚家菜，到恩承居的茵陳蒿，到砂鍋居的豬全席、全聚德的烤鴨、烤肉宛的烤肉，再到穆家寨的炒疙瘩，還有驢肉、爆肚、驢打滾、糖葫蘆、酸梅湯、奶餑餑、奶烏他、薩其馬」，還有「熱豆汁、涮羊肉、茯苓餅、豌豆黃、乳酪、灌腸、炒肝兒，冬天夜半叫賣的凍梨、心裡美……」「求之他處，何可復得」？老北京的飲食文化構成了一個韻味悠長的意象世界。**540**

中國人的生活離不開喝茶、飲酒，茶、酒和社會生活的各個方面都有聯繫，它們常常伴隨人世的興衰和悲歡，因而包含有豐富的文化的意

註540　王德威：〈北京夢華錄〉，載《讀書》，2004年第 1 期。

蘊。例如，在盛唐時期，飲酒在文人生活中佔有重要的位置。飲酒給他們美感，使他們時時刻刻感受到當時作為國際大都會的長安的盛世氣象。李白的詩：「風吹柳花滿店香，吳姬壓酒勸客嘗」，[541]「五陵年少金市東，銀鞍白馬度春風。落花踏盡遊何處，笑入胡姬酒肆中」，[542] 這是一個多麼風流瀟灑的意象世界。例如茶，就和古代的婚姻風俗有聯繫。茶樹是種下種子而長成的，不能移栽，由此象徵婚姻的忠貞不移，所以古代一些地區結婚時要種茶樹，女子受聘稱「喫茶」。很多地方的情歌也和喫茶有關。據宋代詩人陸遊《老學庵筆記》記載：在當時一些地區，「男女未嫁娶時，相聚踏唱，歌曰：『小娘子，葉底花，無事出來吃盞茶。』」歌中用葉底花來形容少女的美貌，而用相邀喫茶傳達相互的愛意。因為有這層涵意，所以喫茶就可以營造出很濃的審美氛圍。《紅樓夢》第二十五回寫鳳姐送了兩瓶暹羅國進貢的茶葉給黛玉，黛玉喝了覺得好，鳳姐道：「我那裡還多著呢。」黛玉道：「我叫丫頭取去。」鳳姐道：「不用，我打發人送來。我明日還有一事求你，一同叫人送來罷。」黛玉聽了，笑道：「你們聽聽，這是吃了她一點子茶葉，就使喚起人來了。」鳳姐笑道：「你既吃了我們家的茶，怎麼還不給我們家作媳婦兒？」眾人都大笑起來。黛玉漲紅了臉，回過頭去，一聲兒不言語。《紅樓夢》用喫茶創造了一個很有情趣的意象世界。《聊齋誌異》的〈王桂庵〉篇，寫王桂庵和芸娘的戀愛故事。王桂庵夢中找到芸娘的家，眼前出現的是「門前一樹馬櫻花」的景象。「門前一樹馬櫻花」出於當時一首民歌。那首民歌是這樣的：

註541　李白：〈金陵酒肆留別〉。

註542　李白：〈少年行〉之二。

盤陀江上是儂家，郎若閒時來喫茶，

黃土築牆茅蓋屋，門前一樹馬櫻花。

馬櫻花（合歡樹）和喫茶在這裡都是愛情和婚姻的象徵。這首民歌使這個愛情故事的詩意更加濃鬱了。

西方人喝咖啡形成了咖啡文化，咖啡文化也包含有豐富的文化意蘊和審美情趣。據學者考證，咖啡最早是 9 世紀被波斯人發現（當時用於治療某些精神疾病），在 12 世紀和 13 世紀，阿拉伯和中東以及北非的一些民族把咖啡作為飲料。大約在1615年咖啡從東方和北非運到威尼斯。接著大約在1643年，咖啡出現在巴黎，然後在1651年到了英國的倫敦。[543] 布勞岱爾（FERNAND BRAUDEL, 1902～1985）在《15 至 18 世紀的物質文明、經濟和資本主義》（*Civilisation matérielle, économie et capitalisme, XVe-XVIIIe siècle*）一書中指出，隨著近代資本主義文明的形成和發展，西方的飲食習慣發生了很大的變化，飲食行為從原來維持人類生存的基本需要變成一種綜合性的社會文化活動，變成具有複雜的象徵表義結構的社會行為，因而變得同社會的政治和經濟活動密切相關，**同人們的社會生活風氣、時髦和各種愛好的趨勢相關聯。**[544] 咖啡就是如此。**在西方世界，喝咖啡具有越來越濃厚的文化意味。**在咖啡館的安靜、優雅、自由、寬鬆的氣氛中，科學家、藝術家、哲學家們在一起聚會、閒聊，隨心所欲、漫無邊際地討論各種學術問題和社會問題，激發創造性的靈感。人們把喝咖啡的過程同音

註543　引自高宣揚《流行文化社會學》，第129頁，中國人民大學出版社，2006。

註544　同上書，第128～129頁。

樂、詩歌、美術的欣賞相結合，同討論哲學問題相結合，**把更多的文化因素和審美因素納入「咖啡時間」，使「咖啡時間」成為生活審美化的重要環節。**這一點，從巴黎的咖啡文化中看得最清楚。巴黎歷史上一些最有名的咖啡館都是文化沙龍、藝術沙龍。

巴黎的咖啡文化

巴黎最早最出名的咖啡店普羅柯普（Le Procope）建於1686年。當時法國社會正處於革命巨變的前夕，這家咖啡店很快就成為法國大革命時期重要思想家和文人聚集的場所。哲學家和思想家達蘭貝爾（Jean Le Rond d' Alembert, 1717～1783）、伏爾泰（Voltaire, 1694～1778）、盧梭（Jean-Jacques Rousseau, 1712～1778）和狄德羅（Denis Diderot, 1713～1784）等人，經常在普羅柯普咖啡店邊喝咖啡邊討論正事。從那以後，法國著名的作家喬治‧桑（George Sand, 1804～1876）、繆塞（Alfred de Musse, 1810～1857）、巴爾札克（Honoré de Balzac, 1799～1850）和戈蒂耶（Pierre Jules Théophile Gautier, 1811～1872）等人也經常來到這家咖啡店，討論社會政治和文學創作的問題。普羅柯普咖啡店幾乎同它對面的法蘭西喜劇院（La Comédie-Française）同時建立。據說，1689年，當法蘭西喜劇院第一場演出散場之後，觀眾如潮水般地湧入了普羅柯普咖啡店。從此以後，幾乎每晚喜劇院節目演出前後，總是有成群的文人和喜劇愛好者在這裡縱談喜劇和文學。18世紀的哲學家也經常在這裡邊喝咖啡邊下棋，同時討論各種艱深的哲學道理。他們為了討論一個問題，可以在咖

啡店裡連續幾個月陸陸續續地對談。而在法國大革命期間，當時的著名政治家羅伯斯庇爾（Maximilien François Marie Isidore de Robespierre, 1758～1794）、丹東（Georges Jacques Danton, 1759～1794）和馬拉（Jean-Paul Marat, 1743～1793）等人也到這裡商談國事。後來，因為普羅柯普也成為許多作家，包括 19 世紀的波特萊爾（Charles Pierre Baudelaire, 1821～1867）、奧斯卡・王爾德（Oscar Wilde, 1854～1900）以及左拉（Émile Zola, 1840～1902）等人討論文學和藝術的地方，所以，很快就在這裡籌備創立了著名的文學刊物《普羅柯普》。

比普羅柯普咖啡店晚建近兩百年的「花神咖啡店」（Café de Flore），坐落在聖日耳曼大道（Boulevard Saint-Germain）和聖伯努瓦街（Rue St. Benoit）的轉角。普羅柯普和花神咖啡店都位於賽納河左岸，這一地區又屬於文人及知識分子密集來往的巴黎「拉丁區」。所以，「左岸咖啡」從此也成為法國文化論壇的象徵。**545**

日常生活的美，在很多時候，**是表現為一種生活的氛圍給人的美感。**這種生活氛圍，是精神的氛圍，文化的氛圍，審美的氛圍。這種**氛圍**，有**如玫瑰園中的芳香，看不見，摸不著，但是人人都可以感受到，而且往往沁入你的心靈最深處。**西方文化沙龍給人的美感，往往就在它的氛圍。

註545　高宣揚：《流行文化社會學》，第130頁。

東漢畫像磚上的漁獵圖

中國古代很多有名的詩句都是描繪這種生活氛圍的美感。如「渡頭餘落日，墟裡上孤煙」（王維），這是氛圍之美。「姑蘇城外寒山寺，夜半鐘聲到客船」（張繼），這是氛圍之美。「兒童相見不相識，笑問客從何處來」（賀知章），這也是氛圍之美。**中國古人特別追求在普通的日常生活中營造美的氛圍**。中國人喜歡喝酒，他們在酒香中創造一種美的生活氛圍。白居易有一首小詩：「綠蟻新醅酒，紅泥小火爐。晚來天欲雪，能飲一杯無？」在一個將要下雪的黃昏，詩人邀請他的朋友在雪花飛舞中一起飲酒，這是一個詩意瀰漫的生活氛圍。宋代詩人陳與義有一首〈臨江仙〉詞，其中說：「憶昔午橋橋上飲，座中多是豪英。長溝流月去無聲。杏花疏影裡，吹笛到天明。」詩人和他的朋友在杏花疏影裡飲酒吹笛，這是一個春色醉人的生活氛圍。這些都啟示我們，日常生活的美，在很多時

敦煌壁畫上的日常生活場景

候都是氛圍的美。

　　歷史上許多文學家、藝術家，以老百姓這種普通的日常生活為題材，創作出了許多不朽的文學藝術作品。如戰國鑲嵌宴樂攻戰紋壺上的采桑圖，東漢弋射收穫畫像磚上的漁獵圖，以及《詩經》中的〈七月〉、〈東山〉，都是描繪老百姓的日常生活，包含有極濃的生活情趣。清代大畫家鄭板橋讚美〈七月〉、〈東山〉：「〈七月〉、〈東山〉等千古在，恁描摹瑣細民情妙，畫不出《豳風》稿。」[546] 敦煌壁畫上，也生動描繪了當時老百姓的日常生活的場景：耕種，養蠶，紡織，蓋房，打獵，捕魚，製

註546　《鄭板橋集》，第125頁，上海古籍出版社，1979。

陶，冶鐵，畜牧，屠宰，推磨，做飯，婚嫁，商旅……等等。

　　17世紀荷蘭畫派的畫家曾經創作了一大批真實描繪當時荷蘭普通老百姓的日常生活的繪畫，在繪畫史上佔有重要的位置。黑格爾的《美學》（原名：「美學講演錄」，Vorlesungen über die Ästhetik）和泰納的《藝術哲學》都曾對這個畫派的繪畫做過介紹和分析。

　　黑格爾在他的《美學》中幾次提到荷蘭畫派那些描繪世俗性日常生活的繪畫，並給以很高的評價。黑格爾指出，當時荷蘭人多數是城市居民，是做生意的殷實市民，這些人安居樂業，他們「在富裕中能簡樸知足，在住宅和環境方面顯得簡單，幽美，清潔，在一切情況下都小心翼翼，能應付一切情境，既愛護他們的獨立和日益擴大的自由，又知道怎樣保持他們祖先的舊道德和優良品質」。**547** 這就是荷蘭人的世俗生活世界。荷蘭畫家在他們的繪畫中創造的意象世界就是顯現這個世俗的日常生活世界。他們畫荷蘭人的房屋和家庭器皿的清潔，家庭生活的安康，妻子和兒女的漂亮裝飾，酒店中的熱鬧場面，婚禮和其他農村宴會，等等。這些繪畫滲透著荷蘭人對正當的愉快生活的美感，滲透著他們對看來是微不足道的只在瞬間出現的事物的愛好，滲透著敞開眼界的新鮮感，滲透著一種毫無拘束的快活熱鬧的氣氛和謔浪笑傲的喜劇性。黑格爾說：「**這種爽朗氣氛和喜劇因素是荷蘭畫的無比價值所在。**」**548** 因為這種歡天喜地的快活氣氛顯現了人之所以為人的本質。從黑格爾的論述我們可以看出，所謂社會美（例如荷蘭人平凡的日常生活之美）是一個意象世界，其中包含著深刻的歷史的意蘊，照亮了老百姓的生活的本真狀態。

註547　黑格爾：《美學》第三卷，上冊，第325頁，商務印書館，1979。

註548　黑格爾：《美學》第三卷，上冊，第326頁。

泰納在《藝術哲學》中也對荷蘭畫派的畫做了精彩的分析。他指出，當時荷蘭畫派所表現的，是真實的人和真實的生活，「像肉眼所看到的一樣，包括布爾喬亞，農民，牲口，工場，客店，房間，街道，風景」。**549** 為什麼要表現這些最普通的人和最普通的生活場景？因為這些最普通的人和最普通的生活場景本身就可以構成一個意象世界，使人產生美感：「這些對象用不著改頭換面以求高雅，**單憑本色就值得欣賞。現實本身，不管是人，是動物，是植物，是無生物，連同它的雜亂，猥瑣，缺陷，都有存在的意義；只要瞭解現實，就會愛好現實，看了覺得愉快。**」**550** 就因為這樣，在荷蘭畫派的繪畫中，一個廣闊的生活世界展現在我們的面前：「**在草屋裡紡紗的管家婦，在刨凳上推刨子的木匠，替一個粗漢包紮手臂的外科醫生，把雞鴨插上烤牠的廚娘，由僕役服侍梳洗的富家婦；所有室內的景象，從貧民窟到客廳；所有的角色，從酒徒的滿面紅光到端莊的少女的恬靜的笑容；所有的社交生活或鄉村生活：幾個人在金漆雕花的屋內打牌，農民在四壁空空的客店裡吃喝，一群在結冰的運河上溜冰的人，水槽旁邊的幾條母牛，浮在海上的小船，還有天上、地上、水上、白晝、黑夜的無窮變化。**」**551** 這些描繪最普通、最常見、最瑣碎的衣、食、住、行以及日常勞動和娛樂的繪畫，可以使觀賞者得到極大的美感，因為它真實地顯現了當時荷蘭老百姓的勤儉、樸素而又富足、自由的生活世界，這是一個老百姓心滿意足的生活世界，「這些作品中透露

註549　泰納：《藝術哲學》，第232頁，人民文學出版社，1963。

註550　同上。

註551　同上。

米勒　《拾穗者》

出一片寧靜安樂的和諧，令人心曠神怡；藝術家像他的人物一樣精神平衡；你覺得他的圖畫中的生活非常舒服，自在」。**552** 這是非常典型的日常生活的美（意象世界）。

　　19 世紀法國大畫家米勒（Jean-François Millet, 1814 ~ 1875）畫了許多描繪農民生活的人物畫和風俗畫，最有名的是《拾穗》（*Des glaneuses*）、《晚禱》（*L'Angélus*），成為西方藝術史上的不朽作品。

註552　泰納：《藝術哲學》，第233頁。

現代畫家豐子愷畫了許多描繪兒童日常生活的漫畫，照亮了充滿情趣的兒童生活世界。

四、民俗風情的美

在一定歷史時期，一個地區的人民群眾都有自己相對固定的生活方式，人們稱之為民俗。俗話說：「十里不同風，百里不同俗。」又說：「相沿成風，相染成俗。」當這種相對固定的生活方式顯示出審美價值時，就稱為風情。而當人們完全超脫日常的生活方式而成為純審美的活動時，就成為節慶和狂歡活動。

民俗風情是重要的審美領域。因為這裡包含有人生、歷史的圖景，有老百姓的酸甜苦辣、喜怒哀樂。

北京的天橋，杭州的西湖，南京的秦淮河，德國的萊茵河，法國的塞納河，歷來都是遊客體驗民俗風情的著名景區。明末清初的文學家張岱在他的《陶庵夢憶》、《西湖夢尋》等著作中，對明代末年南方城市的民俗風情做了十分精彩的描繪。如〈西湖香市〉，描繪當時西湖香市「有屋則攤，無屋則廠，廠外又棚，棚外又攤」，「岸無留船，寓無留客，肆無留釀」，「如逃如逐，如奔如追，撩撲不開，牽挽不住」的熱鬧場景。又如〈西湖七月半〉，寫七月十五日夜晚杭州人湧到西湖邊賞月，描繪了五種不同階層的人的享樂方式和審美情趣，是當時西湖民俗風情的一幅極好的圖畫。

老北京的民俗風情也極有特色。拿天橋來說，那是一個集中展現老北京民俗風情的遊覽景區，匯集了表演戲劇、曲藝、雜耍的各種戲園子、遊樂場和酒館、茶館、小吃攤點、百貨攤棚，在清朝末年、民國初年逐漸興旺起來。戲劇、曲藝不僅有京戲、河北梆子、評戲、木

西湖七月半[553]

張岱

　　西湖七月半，一無可看，止可看看七月半之人。看七月半之人，以五類看之：其一，樓船簫鼓，峨冠盛筵，燈火優傒，聲光相亂，名為看月而實不見月者，看之。其一，亦船亦樓，名娃閨秀，攜及童孌，笑啼雜之，環坐露臺，左右盼望，身在月下而實不看月者，看之。其一，亦船亦聲歌，名妓閒僧，淺斟低唱，弱管輕絲，竹肉相發，亦在月下，亦看月而欲人看其看月者，看之。其一，不舟不車，不衫不幘，酒醉飯飽，呼群三五，躋入人叢，昭慶、斷橋，嚣呼嘈雜，裝假醉，唱無腔曲，月亦看，看月者亦看，不看月者亦看，而實無一看者，看之。其一，小船輕幌，淨几暖爐，茶鐺旋煮，素瓷靜遞，好友佳人，邀月同坐，或匿影樹下，或逃嚣裡湖，看月而人不見其看月之態，亦不作意看月者，看之。

　　杭人遊湖，巳出西歸，避月如仇。是夕好名，逐隊爭出，多犒門軍酒錢。轎夫擎燎，列俟岸上。一入舟，速舟子急放斷橋，趕入勝會。以故二鼓以前，人聲鼓吹，如沸如撼，如魘如囈，如聲如啞。大船小船一齊湊岸，一無所見，止見篙擊篙，舟觸舟，肩摩肩，面看面而已。少刻興盡，官府席散，皂隸喝道去。轎夫叫船上人，怖以關門，燈籠火把如列星，一一簇擁而去。岸上人亦逐隊趕門，漸稀漸薄，頃刻散盡矣。吾輩始艤舟近岸，斷橋石磴始涼，席其上，呼客縱飲。此時月如鏡新磨，山復整妝，湖復纈面，向之淺斟低唱者出，匿影樹下者亦出。吾輩往通聲氣，拉與同坐。韻友來，名妓至，杯箸安，竹肉發。月色蒼涼，東方將白，客方散去。吾輩縱舟酣睡於十里荷花之中，香氣拍人，清夢甚愜。

註553　張岱：《陶庵夢憶・卷七》。

偶戲、皮影戲，還有評書、相聲、鼓書、北京竹板書、單弦、數來寶等。雜耍不僅有耍中幡、車技、硬氣功、鑽刀、火圈、吞寶劍、上刀山，還有馬戲、空中鞦韆、大型古彩戲法、魔術，等等。在飲食方面，天橋的小吃可說是集北京小吃之大全，有豆腐腦，麵茶，炸豆腐，燒餅，爆肚，切糕，豆汁兒，炒肝兒，滷煮丸子，油茶，餛飩，灌腸，鍋貼，驢打滾，豌豆黃，羊肉雜面，等等，一共110多種。除了小吃，還有各種貨物，應有盡有。有百貨店，布攤，傢俱店，估衣行，賣布頭的，賣舊鞋、舊輪胎的，賣鍋碗瓢盆、廢銅爛鐵的，賣文物古玩的，賣舊書的，等等，特點是舊貨比新貨多。此外還有鑲牙館，藥店，算卦的，相面的，剃頭的，等等。一座天橋，真的是熱鬧非凡。天橋的風情，包括一撥一撥的民間藝人「八大怪」[554]，在熙熙攘攘、歡聲笑語之中，包含了極其豐富的社會的、歷史的、民俗的內涵，包含了難以言說的人生的悲歡和審美的情味。[555]

北京的胡同也有獨特的風情。光是胡同的名字，就引人遐想，你看：百花深處，杏花天胡同，花枝胡同，菊兒胡同，小金絲胡同，月光胡同，

註554 清朝末年以來天橋出了三撥相貌奇特、言行怪異的民間藝人，他們技藝超群，被人稱為「八大怪」。第一撥清末的八大怪有：說單口相聲的「窮不怕」、「韓麻子」，表演口技的「醋溺膏」，敲瓦盆唱曲的「盆禿子」，練杠子的「田瘸子」，說化妝相聲的「醜孫子」，用鼻子吹管兒的「鼻嗡子」，以掌開石的「常傻子」。第二撥民初的「八大怪」是：讓蛤蟆教書的老頭、表演滑稽二簧的「老雲裡飛」，裝扮奇特的「花狗熊」夫妻，練鐵錘的志真和尚，能三指斷石的「傻王」，耍狗熊頂碗的「程傻子」，練杠子的「趙瘸子」。第三撥（也是最後一撥）20 世紀三、四十年代的「八大怪」是：表演滑稽二簧的「雲裡飛」（「老雲裡飛」的長子），相聲演員焦德海（「窮不怕」的徒弟），拉洋片的「大金牙」焦金池，敢於訾罵時弊、推銷自製藥糖的「大兵黃」，摔跤名手沈三，以表演驢的動作惟妙惟肖而著稱的「賽活驢」，光練不說的「拐子頂磚」，兜售自製去油皂的「蹭油的」。

註555 以上關於天橋的材料均引自翁立：《北京的胡同》，北京圖書館出版社，2003。

孔雀胡同，胭脂胡同，……這些胡同的名稱多麼富於詩意！還有：鈴鐺胡同，香串胡同，豆角胡同，豆瓣胡同，竹竿胡同，轎子胡同，雨兒胡同，簑衣胡同，帽兒胡同、茶葉胡同，燒酒胡同，乾麵胡同，羊肉胡同，茄子胡同，豆芽菜胡同，燒餅胡同，麻花胡同，劈柴胡同，風箱胡同，燈草胡同，蠟燭心胡同，　麵杖胡同，扁擔胡同，口袋胡同，一溜兒胡同，半截胡同，月牙兒胡同，小喇叭胡同……。這些胡同的名字不是把當時北京老百姓的衣、食、住、行以及生活習慣都展現出來了嗎？最有趣的是不同的胡同還有不同的氣味：錢糧胡同是大白菜的氣味，帽兒胡同是冰糖葫蘆的氣味，轎子胡同裡有豆汁味。這都是獨特的風情。

　　北京胡同裡還有獨特的吆喝聲和響器聲，聲兒忽高忽低，聲音時遠時近，傳送出一種悠長的韻味。像春天的吆喝：「哎嗨！大小哎，小金魚　！」夏天的吆喝：「一兜水的哎嗨大蜜桃！」秋天的吆喝：「大山裡紅啊！還兩掛！」冬天的吆喝：「蘿蔔賽梨哎，辣了換。」清早的吆喝：「熱的　，大油炸鬼，芝麻醬的燒餅！」晚上的吆喝：「金桔兒哎，青果哎，開口胃哎！」半夜的吆喝：「硬面，餑哎餑。」「餛飩餵，開鍋啊。」有的小販不用吆喝，就用手裡的響器召喚顧客。人們一聽到響鐵[556] 發出的顫顫巍巍的金屬聲，就知道理髮的來了。一聽到大銅鑼聲，就知道耍猴兒的來了。一聽到木頭梆子響，就知道賣油的來了。一聽到冰盞兒[557] 響，就知道賣酸梅湯的來了。一聽到撥浪鼓響，就知道賣針線香粉小百貨的來了。一聽到鐵鐮或喇叭聲，就知道磨剪子、磨刀的來了。[558]

註556　也叫「喚頭」，上寬下窄，如同大鐵夾子，用鐵棍撥動發出聲音。

註557　用生黃銅製成外面磨光的碟形小碗，兩隻一敲打就發出嘀嘀答嗒聲。

註558　以上關於胡同的吆喝聲和響器聲的材料均引自翁立：《北京的胡同》，北京圖書館出版社，2003。

胡同的吆喝在音調和趣味方面都很有講究。吆喝的氣要足，嗓子要脆，口齒要清白，韻味要濃，還要運用花腔、滑腔、甩腔，特別最後一個詞的音調轉折要有韻味。[559] 吆喝用的是北京地方的語言和音調，滲透著地方的、民間的、歡樂的、幽默的趣味。總之是地道的京腔、京調、京韻、京味。你聽夏天賣西瓜的吆喝：「吃來唄弄一塊嘗，這冰人兒的西瓜脆沙瓤兒；三角的牙兒，船那麼大的塊兒，冰糖的瓤兒；八月中秋月餅的餡兒，芭蕉葉轟不走那蜜蜂在這兒錯搭了窩；沙著你的口甜吶，倆大子兒一牙兒。」[560] 這種吆喝是民俗文化的重要組成部分。巴赫金（Mikhail Mikhailovich Bakhtin, 1895～1975）曾專門研究過「巴黎的吆喝」（「Cris de Paris」）。他說：「這些吆喝具有抑揚頓挫的詩的形式；每一特定的『吆喝』就是一首專門推薦和讚美某一特定商品的四行詩。」「因為有了這些五花八門的吆喝，街頭與廣場簡直是人聲鼎沸。每一種貨物——食物、酒或物品——都有專門的吆喝用語和專門的吆喝旋律、專門的語調，即專門的詞語形象和音樂形象。」1545年有一位名叫特留克的學者編了一本集子《巴黎每天發出的一百零七種吆喝》，實際上遠遠不止這個數目。著名京劇表演藝術家翁偶虹根據他自己幾十年親耳所聞，記錄整理了北京城裡三百六十八種吆喝聲，當然實際上北京的吆喝也遠遠不止這個數目。巴赫金認為，「巴黎的吆喝」在民間的露天廣場和街頭文化中有重要的位置。這些「吆喝聲」，一方面顯現出一種生動具體的、有血有肉的、有滋有味的和充滿廣場喧鬧的生活；一方面又滲透著民間節日的、烏托邦的氣氛。翁偶虹說，**北京城裡的吆喝，是一種充滿感情的生活之歌，**

註559　參看郝青：〈漸近漸遠的京味吆喝〉，載《北京晚報》，2005 年 2 月 20 日。

註560　劉一達：《京城玩家》，第363頁，經濟日報出版社，2004。

能夠給心靈短暫的慰藉，又是一閃而逝的美的享受。[561]

在城市的各種叫賣聲中，最有詩意、最引人美感的是賣花聲。古人詩句：「隔簾遙聽賣花聲。」[562]「小窗人靜，春在賣花聲裡。」[563]「小樓一夜聽春雨，深巷明朝賣杏花。」[564] 都是寫賣花聲的美感。宋詞有一個詞牌名就叫「賣花聲」。《東京夢華錄》記載：「季春時節，萬花爛漫，牡丹、芍藥、棣棠、木香，種種上市，賣花者以馬頭竹籃鋪排，歌叫之聲清奇可聽。晴簾靜院，曉幕高樓，宿酒未醒，好夢初覺，聞之莫不新愁易感，幽恨懸生，最一時之佳況」。[565] 這說明賣花聲感人之深。西方人的感受也是如此。19 世紀的倫敦街頭到處有貧窮姑娘叫賣小把的紫羅蘭和薰衣草。佛漢‧威廉斯（Ralph Vaughan Williams, 1872 ~ 1958）的《倫敦交響曲》（*A London Symphony*, 1913）中就有一段用樂隊演繹賣花女叫賣聲的樂斷。[566]

老北京的廟會也充滿了悠遠感人的情調和韻味。逛廟會是北京老百姓生活中的一大享受，一大樂趣。據1930年統計，當時北京城區有廟會 20 處，郊區有 16 處。最有名的是白塔寺、護國寺、隆福寺、雍和宮、廠甸等八大廟會。廟會裡面有賣多種日用品的，有賣各種小吃的，有賣花鳥的，有唱大鼓的，有拉洋片的。廟會是普通老百姓的遊

註561 翁偶虹：《北京話舊》，第118頁，百花文藝出版社，2004。

註562 宋徽宗：《宣和宮詞》。

註563 王季夷：〈夜行船〉。

註564 陸遊：〈臨安春雨初霽〉。

註565 《東京夢華錄》卷七。

註566 戴安娜‧阿克曼：《感覺的自然史》，第 8 頁，花城出版社，2007。

樂場所，廟會的內容與老百姓日常生活有聯繫（賣日用品、賣各種吃食），但是它又從日常生活中分離出來，它是一種超出日常生活的遊樂，一種精神享受，所以為大人小孩所嚮往。

隨著時代的變化，一個國家、一個地區的民俗風情也在變化。拿北京來說，在 20 世紀末和 21 世紀初，湧現出了像三里屯酒吧街、東直門簋街、什剎海酒吧街這樣一些民俗風情的新景區。例如什剎海，那裡本來是北京老百姓夏天避暑納涼的一個去處。有一座荷花市場，可以喝茶、會友。還有就是風味小吃比較有名。但一直到 80 年代末什剎海還是比較冷清，誰能想到進入 21 世紀竟一下子「火」了起來，酒吧、餐吧、食吧、藝吧、茶吧一家挨一家。你看那些吧名：「淡泊灣」、「甲丁坊」、「岳麓山屋」、「茶馬古道」、「藍蓮花」、「慾望城市」、「尋東尋西」、「吉他」、「滴水藏海」、「不大廚吧」、「望海怡然」、「胡同寫意」、「水色盛開」、「後海紅」、「雲起」、「水岸」、「聽月」、「春茶」、「一直以來」、「七月七日晴」、「了無痕」、「你好吧」，……這些吧名聯在一起，簡直是一首絕妙的詩。[567]

民俗風情作為重要的審美領域，歷來為藝術家所關注。他們創作了許多描繪民俗風情的藝術作品。我們前面談到的張岱的散文是一個例子，宋代大畫家張擇端的《清明上河圖》也是一個例子。《清明上河圖》是一幅長卷畫，描繪了西元 12 世紀北宋開封城外東南七里的一段汴河風光和城內街道的熱鬧繁華景象。「打開《清明上河圖》，一個廣闊的生活世界展開在我們面前：一個孩子領著幾隻毛驢，馱著木炭，過一座小橋，五個縴夫拉著一條大船往上游行走；一批搬運工，背著從船上卸下

註567　參看劉一達〈透視什剎海的「吧」熱〉，載《北京晚報》，2005年6月10日。

的貨物，手上還拿著一根計數的籌碼；大船放倒船桅要駛過虹橋，船上人手忙腳亂，四周無數人在觀看、呼叫，幫助出主意；橋上擠滿了行人、毛驢、轎子，還有兩個人拉開架式在吵架；橋頭亂糟糟地擺滿了貨攤、地攤；腳店樓上幾個客人在喝酒；木匠師傅在店門口製造車輪」，「大街上一個大人扶著一個小孩走路，肉舖裡一個小孩正在幫一個胖胖的掌櫃磨刀，一輛輛滿載貨物的牛車和馬車，一大堆大人小孩圍著聽一個人說書，僧侶們在街上與人交談，處處透露出市民們滿足的、散淡的心態，透露出一片寧靜安樂的和諧，令人心曠神怡。街道上四處是休閒的人流，大群的人在橋上觀看，前擁後簇，大呼小叫，就連正在過橋的大船上一個小孩也在跟著大人喊叫。有的人在汴河兩岸看著急速的流水，有的人在城樓下的空地裡悠然地休憩。他們安祥幸福的神態，就像春天裡緩緩流淌的河流」。[568]《清明上河圖》的確是一幅偉大作品，靠了它，我們才能夠看到800多年前開封城的民俗風情，感受到宋代都城老百姓對於平靜、安樂、和諧生活的一種滿足的心態。

五、節慶狂歡

　　民俗風情中最值得注意的，是節慶狂歡活動。**節慶狂歡活動是對人們日常生活的超越。**當代德國學者約瑟夫・皮珀說：「**以有別於過日常生活的方式去和這個世界共同體驗一種和諧，並渾然沉醉其中，可以說正是『節日慶典』的意義。**」[569] 歷史上很多思想家都談到這一點。最早柏拉圖就說：

註568　葉朗、朱良志：《中國文化讀本》，第265～268頁，外語教學與研究出版社，2008。

註569　約瑟夫・皮珀（Josef Pieper, 1904～1997）：《閒暇：文化的基礎》（*Leisure：The Basis of Culture*），第 63 頁，新星出版社，2005。

眾神為了憐憫人類——天生勞碌的種族，

就賜給他們許多反復不斷的節慶活動，藉此

消除他們的疲勞；眾神賜給他們繆斯，

以阿波羅和戴奧尼索斯為繆斯的主人，

以便他們在眾神陪伴下恢復元氣，

因此能夠回復到人類原本的樣子。[570]

　　歌德在論述「羅馬狂歡節」時說：狂歡節「是人民給自己創造的節日」，「上等人和下等人的區別剎那間彷彿不再存在了：大家彼此接近，每個人都寬宏地對待他碰到的任何事，彼此之間的不拘禮節自由自在融合於共同的美好心緒之中」。「嚴肅的羅馬公民，在整整一年裡他們都謹小慎微地警惕著最微不足道的過失，而現在把自己的嚴肅和理性一下子就拋到了九霄雲外。」[571] 尼采認為這種節慶狂歡的生活狀態是酒神精神的表現。在這種狀態中，人充滿幸福的狂喜，「逐漸化入渾然忘我之境」。**在這種狀態中，不僅人和人融為一體，而且人和自然也融為一體：**「在酒神的魔力之下，不但人與人重新團結了，而且疏遠、敵對、被奴役的大自然也重新慶祝她同她的浪子人類和解的節日。大地自動地奉獻它的貢品，危崖荒漠中的猛獸也馴良地前來。」「此刻，奴隸也是自由人。此刻，貧困、專斷或『無恥的時尚』在人與人之間樹立的僵硬敵對的藩籬土崩瓦解了。此刻，在世界大同的福音中，每個人感到自己同鄰人團結、和解、款洽，甚至融為一體了。」**「人輕歌曼舞，儼**

註570　轉引自約瑟夫・皮珀《閒暇：文化的基礎》，新星出版社，2005。

註571　《巴赫金全集》第六卷，第284頁，河北教育出版社，1998。

然是一更高共同體的成員；他陶然忘步忘言，飄飄然乘風飛揚。」[572] 他
欣喜欲狂，覺得他自己就是神，「他的神態表明他著了魔」。尼采把這
種狀態歸結為「醉」的狀態。「醉」是自由和解放的歡樂，正如羅素所
說：「在沉醉狀態中，肉體和精神方面都恢復了那種被審慎摧毀了的強
烈真實感情。人們覺得世界充滿了歡愉和美，人們想像到從日常焦慮的
監獄中解放出來的快樂。」[573]

　　俄國學者巴赫金對節慶狂歡活動做了深入的研究。巴赫金認為，
「節慶活動（任何節慶活動）都是人類文化極其重要的第一性形式」。它
不是人類生活的某種手段，而是和人類生存的最高目的和理想相聯繫。
節慶狂歡文化的特點是對日常生活的超越。「在日常的，即非狂歡節的
生活中，人們被不可逾越的等級、財產、職位、家庭和年齡差異的屏障所
分割開來。」同樣，「人們參加官方節日活動，必須按照自己的稱號、官
銜、功勳穿戴齊全，按照相應的級別各就各位。節日使不平等神聖化」。
但是，狂歡節不一樣。狂歡節具有全民的性質。狂歡節沒有空間的界限，
沒有演員和觀眾之分，所有的人都生活在其中。「在狂歡節上大家一律
平等。」狂歡節超越了世俗的等級制度、等級觀念以及各種特權、禁令，
也就超越了日常生活這種種局限和框架，**顯示了生活的本身面目，或者
說回到了生活本身，回到本真的生活世界**。狂歡節作為平民的節日活動，
是超越日常生活的「第二生活」，實際上是回復到本身的日常生活。由於
這樣，**普通老百姓也就超脫了日常生活的種種束縛，超脫了各種功利性
和實用主義，人與人不分彼此，互相平等，不拘形跡，自由來往**，從而顯

註572　尼采：《悲劇的誕生》，第 5～6 頁，三聯書店，1986。

註573　轉引自高宣揚《流行文化社會學》，第368頁，中國人民大學出版社，2006。

示了人的自身存在的自由形式，顯示了人的存在的本來形態，這就是一種復歸，即人回復到人的本真存在。「人彷彿為了新型的、純粹的人類關係而再生。暫時不再相互疏遠。**人回歸到了自身，並在人們之中感覺到自己是人**。人類關係這種真正的人性，不只是想像或抽象思考的對象，而是成為現實的實現，並在活生生的感性物質的接觸中體驗到的。」**574**

柏拉圖、歌德、尼采、巴赫金的這些論述，都是說，在狂歡節中，由於超越了日常生活的嚴肅性和功利性，**生活回到了自身，人回到了自身，「回復到人類原來的樣子」**。人在狂歡節的活生生的感性活動中**體驗到自己是人，體驗到人與世界是一體的**。這是純粹的審美體驗。所以可以說，**狂歡節的生活是最具審美意義的生活**。

我們在前面提到的北京的廟會，張岱描繪的「西湖香市」、「西湖七月半」，在某種意義上也可以看作是民間的節慶活動，因為它也是對呆板的、乏味的日常生活的超越，它也帶有某種全民的性質，不管男女老幼，不分貧富貴賤，大家都擠進廟會，或擠到西湖邊，去體驗、享受那熙熙攘攘、摩肩接踵的熱鬧、歡樂的場景。巴赫金說過：「集市（在不同的城市裡一年有兩次到四次）在廣場節日生活裡佔有重要的地位。集市娛樂帶有狂歡化的性質。」**575** 但是嚴格說它們還不能列入巴赫金所說的狂歡節的範疇，因為它還沒有完全超越現實生活。你看張岱描繪的西湖七月半，同樣在西湖旁邊，同樣都在享受生活，但不同階級和階層的人的生活內容、審美情趣有著多麼巨大的區別！

巴赫金認為，在狂歡節的感受中還包含著一種人生感，因為在狂歡節的感受中，總是顯示著不斷的更新與更替，不斷的死亡與新生，

註574　《巴赫金全集》第六卷，第 12 頁，河北教育出版社，1998。

註575　《巴赫金全集》第六卷，第252頁。

衰頹與生成，顯示著生死相依，生生不息。「死亡和再生，交替和更新的因素永遠是節慶世界感受的主導因素。」所以人們在狂歡節的感受是一種滲透著形而上意蘊的審美感受（人生感）。[576]

其實，不僅限於狂歡節，就是一般的節慶活動也「永遠和時間有著本質性的聯繫」。[577] 因為節慶喚醒人的時間意識，使人強烈體驗到生命流逝，產生一種莫名的傷感。[578]

六、休閒文化中的審美意味

人類社會很早就出現了休閒文化。「休閒並不是無所事事，而是在職業勞動和工作之餘，人的一種以文化創造、文化享受為內容的生命狀態和行為方式。」「休閒的本質和價值在於提升每個人的精神世界和文化世界。」「擁有休閒是人類最古老的夢想——從無休止的勞作中擺脫出來；隨心所欲，以欣然之態做心愛之事；於各種社會境遇隨遇而安；獨立於自然及他人的束縛；以優雅的姿態，自由自在地生存。」[579]

休閒文化的核心是一個「玩」字。「玩」是自由的，是無功利、無目的的。小孩的玩（玩水，玩泥土）就是無功利、無目的的。玩很容易過渡到審美的狀態。所以休閒文化往往包含有審美意象的創造和欣賞，而且休閒文化所展現的意象世界，往往是社會美、自然美、藝術美的交叉和融合。

註576　同上書，第 11 頁。

註577　同上書，第 10 頁。

註578　葉朗：《欲罷不能》，第 75 頁，黑龍江人民出版社，2004。

註579　傑弗瑞‧戈比（Geoffrey Godbey）：《你生命中的休閒》（*Leisure in Your Life: New Perspectives*），第 1 頁，雲南人民出版社，2000。

中國古代的學者和文人很重視休閒。他們主張「忙裡偷閒」。我們在第二章中引過清代文學家張潮的話：「人莫樂於閒，非無所事事之謂也。閒則能讀書，閒則能遊名山，閒則能交益友，閒則能飲酒，閒則能著書。天下之樂，孰大於是？」張潮認為「閒」對於人生有積極的意義。這話說得很對。有了「閒」，才能有審美的心胸，才能發現美，欣賞美，創造美。在中國古代文人的生活中，琴、棋、書、畫佔了一個重要的位置；在中國老百姓的生活中，花、鳥、蟲、魚的養護和欣賞也佔了一個重要的位置。這些都屬於休閒文化。還有飲酒、品茶、放風箏、養鴿子、蓄鷹、鬥蟋蟀、古玩的收藏和鑑賞，等等，也都是休閒文化。

北京有位名記者（劉一達）寫了一本《京城玩家》。書中介紹了玩蟲兒的，玩罐罐的，玩瓷器的，玩盆景的，玩風箏的，玩臉譜的，玩草編的，玩鴿子的，玩泥人的，玩麵人的，玩吆喝的……各種玩家。作者說：「所謂玩是一種文化，不見得是指玩本身，而是在玩味其中的情趣：在把玩之間，所體現的那種超然於物外的情致。」[580] 這本書介紹的第一位玩家就是王世襄。王世襄確實是位大玩家，他收藏古琴、銅爐、書畫、瓷器、佛像、明清傢俱、竹木雕刻、匏器、蟋蟀罐、蟈蟈葫蘆、鴿哨、鳥籠子……，他的收藏品都極其精美。作者這麼評說王世襄：「他把玩當成了人類文化的極致。他把『玩』字琢磨到家了。玩出了品味，玩出了情趣，玩出了德性，玩出了人生的快意和別緻，難怪有人稱王世襄為京城第一玩家。」[581] 有了這種情趣和快意，「玩」就成了一種高級審美活動，在「玩」的活動中，玩家就能體驗到一個意象世界，從而獲得審美感興、審美享受。就拿北京的鴿哨來說，王世襄指出，它已成為北京的一個象徵。

註580　劉一達：《京城玩家》，第 2 頁，經濟日報出版社，2004。

註581　同上書，第 22 頁。

「在北京，不論是風和日麗的春天，陣雨初霽的盛夏，碧空如洗的清秋，天寒欲雪的冬日，都可聽到空中傳來央央琅琅之音。它時宏時細，忽遠忽近，亦低亦昂，倏疾倏徐，悠悠迴盪，恍若鈞天妙樂，使人心曠神怡。」這種空中音樂就來自系佩在鴿子尾巴上的鴿哨。**「它是北京的情趣，不知多少次把人們從夢中喚醒，不知多少次把人們的目光引向遙遠的天空，又不知多少次給大人和兒童帶來了喜悅。」** [582] 這是北京的一個美感世界。

旅遊文化是休閒文化的重要內容。我們在第二章中曾提到，旅遊是從人的功利化的日常生活中超脫出來，是日常生活的隔離、中斷。人們住在原來的城市，周圍的一切對你都顯示出實用的價值，如這條街上有超市，那條街上有餐館。至於街上各種建築的造型，街上來往行人的色彩、風情，都進不到你的眼界之中。可是一到旅遊景區，旅遊者都把日常的眼光（功利的眼光和邏輯的眼光）換成了審美的眼光。用審美的眼光看世界，眼前的一切都成了美（意象世界），新鮮、奇特、有意味。中國一些邊遠的山村，當地的民眾習慣於用直接的功利的眼光看待周圍的一切，感受到的是單調、閉塞，可是外面來旅遊者一旦看到這種「陌生化」的景象，會萬分欣喜，他們讚美這裡的簡樸、古老、寧靜、自然的山村風光，甚至會說：「要是一輩子生活在這裡，有多好啊！」但是真正一輩子生活在這裡的當地民眾對他們的生活環境卻有種種怨言。這是「距離」的作用。「不識廬山真面目，只緣身在此山中。」這兩句詩就是說明，如果沒有和功利性的日常生活拉開距離，就不可能有審美的眼光，就不能見到「廬山的真面目」（本身的美）。

所以旅遊活動從本質上講就是審美活動，也就是超越實用功利的心態和眼光，在精神上進到一種自由的境域，獲得一種美的享受。

註582　王世襄：〈北京鴿哨〉，載《錦灰堆》二卷，第585頁。

本章提要

　　社會美是社會生活領域的意象世界，它也是在審美活動中生成的。一般來說，在社會生活領域，利害關係更經常地處於統治地位，再加上日常生活的單調的重複的特性，人們更容易陷入「眩惑」的心態和「審美的冷淡」，所以審美意象的生成常常受到遏止或消解，這可能是社會美過去不太被人注意的一個原因。

　　人物美屬於社會美。人物美可以從三個層面去觀照：人體美，人的風姿和風神，處於特定歷史情景中的人的美。這三個層面的人物美，都顯現為人物感性生命的意象世界，都是在審美活動中生成的，帶有歷史的文化的內涵。

　　老百姓的日常生活儘管天天重複，顯得單調、平淡，但如果人們能以審美的眼光去觀照，它們就會生成一個充滿情趣的意象世界，這個意象世界包含有深刻的歷史意蘊，顯現出老百姓的本真生活世界。

　　在人類的歷史發展中，出現了一些特殊的社會生活形態，如民俗風情、節慶狂歡、休閒文化等，在這些社會生活形態中，人們在不同程度上超越了利害關係的習慣勢力的統治，超越了日常生活的種種束縛，擺脫了「眩惑」的心態和「審美的冷淡」，在自己創造的意象世界中回到人的本真的生活世界，獲得審美的愉悅。這些社會生活形態是社會美的重要領域。特別是節慶狂歡活動，那是最具審美意義的生活。柏拉圖、歌德、尼采、巴赫金都指出，在狂歡節中，由於超越了日常生活的嚴肅性和功利性，人與人不分彼此，自由來往，從而顯示了人的自身存在的自由形式，生活回到了自身，人回到了自身，「回復到人類原來的樣子」。人在狂歡節的活生生的感性活動中體驗到自己是人，體驗到自己是自由的，體驗到人與世界是一體的。人渾然忘我，充滿幸福的狂喜。這是純粹的審美體驗。

第六章 藝術美

藝術美從來是美學研究的重要領域。在這一章中,我們著重討論藝術的本體以及與藝術本體有關的一些理論問題。

一、對「什麼是藝術」的幾種回答

討論藝術,首先碰到的一個問題,就是什麼是藝術?這個問題也就是藝術的本體問題。

有的學者不贊同討論這個問題。也就是說,他們認為藝術是不能定義的。他們的理由是:藝術是發展的、開放的,而任何定義都是封閉的,所以任何定義對於藝術都是不適用的,任何定義都將妨礙藝術創新。我們認為這種理由是不能成立的。說藝術是發展的、開放的,這是不錯的。但是說任何定義都是封閉的,或者說任何定義都將妨礙藝術創新,那是缺乏根據的。一種定義,它本身完全可以是開放的,因而完全可以適應藝術發展的態勢。

我們回顧一下中外藝術發展的歷史,可以看到,人們對於藝術的認識至少有以下幾點是共同的:第一,藝術是一種人造物,是人工的產品(作品)。藝術必然作為藝術品才能存在,而藝術品必然有一種物質載體。杜夫海納說:「作品既然創造出來了,它必然具有一種物的存在。」[583] 這個物的存在,是人工製作(創造)的產物。這是藝術品的人工性。第二,藝術與技藝不可分。《莊子·天地》篇:

註583 杜夫海納:《審美經驗現象學》,第 28 頁,文化藝術出版社,1997。

「能有所藝者，技也。」科林伍德（又譯：柯靈烏。Robin George Collingwood, 1889～1943）說：「古拉丁語中的 ars，類似希臘語中的『技藝』，是一種生產性的製作活動。」[584] 藝術品是藝術家依靠技藝和才能生產出來的，這是藝術的技藝性。第三，藝術品是一種精神產品，它是為滿足人的精神需求而生產（創造）出來的。藝術品區別於一般的人工產品，區別於一般的技藝。一般的人工產品，如器具，人們把它生產出來是為了使用，在使用的過程中它就逐漸被消耗了。實用性是它的本質。而藝術品不是為了使用，它是為了滿足人的精神需求，為了滿足人的觀賞（審美）的需求而生產出來的。人們在觀賞某件藝術品時，並不是消耗這件藝術品。《尚書》提出「詩言志，歌永言」，《荀子·樂論》說「君子以鐘鼓道志，以琴瑟樂心」，都是說藝術品的精神性。這和以實用性為本質的器具是完全不同的。

現在我們要問：這種以滿足人的精神需求為目的而生產（創造）出來的藝術品，它的本體是什麼呢？也就是說，究竟什麼是藝術？這個問題，僅僅回溯藝術的歷史是不能得到回答的；這需要通過美學理論的分析和研究才能得到回答。

在西方美學史上，對於藝術的本體有種種看法（定義），影響比較大的有以下四種：

1.模仿說。古希臘的人都主張模仿說，即藝術是現實世界的模仿（再現）。柏拉圖就有這種主張。不過柏拉圖認為現實世界也只是對理念世界的模仿，所以藝術是模仿的模仿，「和真理隔著三層」，是不真

註584 科林伍德：《藝術原理》（*The Principles of Art*, 1938），第 6 頁，中國社會科學出版社，1985。

實的。亞里士多德也主張模仿說。但是他和柏拉圖不同，他認為藝術是真實的，而且他認為藝術表現了普遍性，所以比歷史更真實。這種模仿說影響很大。文藝復興時期許多藝術家（比如達文西）、17 世紀古典主義、19 世紀批判現實主義〔如俄國的別林斯基（Vissarion Grigoryevich Belinsky, 1811 ~ 1848）〕都主張這種模仿說（再現說）。中國古代也有很多人主張這種模仿說，如「詩史」的說法就包含著藝術（詩）是現實（史）的再現的思想。又如明代小說批評家葉晝在評《水滸傳》時說：

> 世上先有《水滸傳》一部，然後施耐庵、羅貫中藉筆墨拈出。若夫姓某名某，不過劈空捏造，以實其事耳。如世上先有淫婦人，然後以楊雄之妻、武松之嫂實之；世上先有馬泊六，然後以王婆實之；世上先有家奴與主母通姦，然後以盧俊義之賈氏、李固實之；若管營，若差撥，若董超，若薛霸，若富安，若陸謙，情狀逼真，笑語欲活，非世上先有是事，即令文人面壁九年，嘔血十石，亦何能至此哉，亦何能至此哉！此《水滸傳》之所以與天地相終始也與！**585**

葉晝這段話說得很好。葉晝的主張，顯然可以納入模仿說（再現說）的範疇。

2.表現說。這是歐洲從 18 世紀以後隨著浪漫主義思潮的興起而出現的主張，即認為藝術是情感的表現，或認為藝術是主觀心靈的表現，或認為藝術是自我的表現。英國浪漫主義詩人華滋華斯（William Wordsworth, 1770 ~ 1850）在《抒情歌謠集》（*Lyrical Ballads*）1800年版序言中說：「詩是強烈情感的自然流露。」俄國大作家列夫·托爾斯泰也

註585　葉晝：〈《水滸傳》一百回文字優劣〉，見容與堂刊一百回本《水滸傳》。

贊同這種主張。這種主張在 20 世紀影響很大。義大利美學家克羅齊和英國美學家科林伍德都持這種主張。有人說，中國古代美學的特點就是重表現的美學。我們後面會談到，這種概括是不符合事實的。

3.形式說。這種主張認為藝術的本體在於形式或純形式。比較有名的如英國克萊夫‧貝爾（Clive Bell, 1881～1964）提出的「有意味的形式」的理論。貝爾說：「在各個不同的作品中，線條、色彩以某種特殊方式組成某種形式或形式間的關係，激起我們的審美感情。這種線、色的關係的組合，這些審美地感人的形式，我稱之為有意味的形式。『有意味的形式』，就是一切視覺藝術的共同性質。」[586] 貝爾認為這就是決定藝術之所以為藝術的最根本的東西，而那些敘述性的因素、再現的因素是不能引起美感的，因而對於藝術是無關緊要的。貝爾特別推崇塞尚，他說：「塞尚是發現『形式』這塊新大陸的哥倫布。」[587]「他創造了形式，因為只有這樣做他才能獲得他生存的目的——即對形式意味感的表現。」[588] 他認為，哲學家們所謂「事物本身的東西」，所謂「終極的現實」的東西，就是「純粹的形式和在形式後面的意味」[589]，「正是為了得到這種東西，塞尚才花掉畢生的精力來表現他所感覺到的情感」。[590] 貝爾一再提到「有意味的形式」和「形式後面的意味」，這個「意味」究竟是什麼呢？貝爾似乎並沒有說清楚。他也提到畫家（如塞尚）要表現自己的情

註586　克萊夫‧貝爾：《藝術》，第 4 頁，中國文聯出版公司，1984。

註587　同上書，第141頁。

註588　同上書，第143頁。

註589　同上書，第145頁。

註590　同上。

感，這種情感的表現與「有意味的形式」是什麼關係？貝爾似乎也沒有說清楚。在這一點上，後來持類似看法的美學家有所變化。如蘇珊‧朗格（Susanne Katherina Langer, 1895～1985）就提出藝術是「人類情感的符號形式創造」的定義，[591] 也就是把情感的表現和形式的創造統一了起來，從而在某種程度上把表現說和形式說統一了起來。在這一點上，俄國形式主義的看法和蘇珊‧朗格不同。俄國形式主義的理論家們認為藝術的本體就在於把材料加工成為藝術形式的結構，這種形式結構幫助人們形成藝術感覺而超越日常感覺。例如，詩的材料就是詞，詩的藝術性就在詞和詞的序列，詞的意義以及其外部和內部形式，而不是詞所指的對象（現實世界）或者詞作為情緒的表現。

4.慣例說。這是比較靠近當代才出現的理論，也即在有人否認藝術與非藝術的區分之後出現的理論。1917年，達達主義藝術家馬塞爾‧杜象（Marcel Duchamp, 1887～1968）把一個小便池當作藝術品在藝術展覽館展出，題為「噴泉」（Fountain），由此就引出了藝術與非藝術有沒有區別的問題。在這個背景下，美國的喬治‧迪基（George Dickie）提出了慣例說。他認為，藝術是由一定時代人們的習俗規定的。他說：「藝術品是某種要向藝術界公眾呈現的被創作出來的人工產品。」[592] 所謂「藝術界公眾」，是指這些人對於什麼是藝術的標準（約定俗成的）已有了一定的認識。迪基認為以往的藝術定義都是功能性的定義和內涵性的定義，而他的定義則是程式性的定義和外延性的定義。迪基「竭力證明藝術是可

註591　蘇珊‧朗格：《情感與形式》（*Feeling and Form: A Theory of Art*, 1953），第 51 頁，中國社會科學出版社，1986。

註592　《二十世紀西方美學經典文本》第三卷，第822頁，復旦大學出版社，2001。

以界定的」，⁵⁹³ 這是有積極意義的。但是人們都會看到，他對藝術所做的界定，在理論上是含混不清的，實際上只是一種不確定的經驗性的歸納。他排除內涵性定義而把藝術的身份的確定歸之於外在的所謂「藝術界公眾」，在理論上是不妥當的。

以上我們簡要介紹了關於藝術本體的四種看法（定義）：模仿說，表現說，形式說，慣例說。在我們看來，這四種看法，對於什麼是藝術的問題都沒有提供比較完滿的回答。

二、藝術品呈現一個意象世界

藝術的本體是什麼呢？我們的看法是：藝術的本體是審美意象。藝術品之所以是藝術品，就在於它在觀眾面前呈現一個意象世界，從而使觀眾產生美感（審美感興）。

這個看法，是中國傳統美學一種占主流的看法。清代大思想家王夫之對這個問題的討論最充分、最深入。

王夫之討論的問題是詩是什麼。他所說的「詩」，我們可以把它擴大成在一般的藝術的意義上來理解。

詩是什麼？王夫之劃了兩條界限。

一條是「詩」與「志」的界限。

註593　喬治‧迪基：〈何為藝術？〉〔What is Art? An Institutional Analysis；該文原載於《美國哲學季刊》（*American Philosophical Quarterly*, 1969），題為『界定藝術』（Defining Art）〕，譯文載李普曼編《當代美學》，第101頁，光明日報出版社，1986。

王夫之指出，「詩言志」，但「志」不等於「詩」。「詩言志」這個命題，最早出現於《左傳》和《尚書》中。**594** 在先秦，「志」的涵義是指人的思想、志向、抱負，它和政治、教化密切相聯的。到了魏晉南北朝，陸機在〈文賦〉中提出了「詩緣情而綺靡」的說法，並常常把「情」與「志」連文並舉。劉勰的《文心雕龍・明詩》也把「志」和「七情」看作是同一個東西。到了唐代，孔穎達明確地把情、志統一起來。孔穎達說：「在己為情，情動為志，情志一也。」**595** 根據從先秦到唐代人們對「詩言志」的理解和解釋，我們可以把「志」籠統地理解為人的思想感情。「詩言志」，這就是說，「詩」（藝術）是人的思想情感的表現。但是，王夫之強調，這不等於反過來可以說表現人的思想感情的就是「詩」。每個人都有思想感情的表現，例如悲傷、憤怒等等，但不能說他就是在做詩，不能說每個人都是詩人。詩的本體是「意象」，而不是「志」、「意」。王夫之說：「詩之深遠廣大，與夫舍舊趨新也，俱不在意。」**596**「關關雎鳩，在河之洲。窈窕淑女，君子好逑。」《詩經》一開頭的這首詩千古傳誦，是它的「意象」好，而不是它有什麼「入微翻新，人所不到之意」。反過來，「意」佳也不等於詩佳。「志」、「意」與「意象」是兩個有著質的不同的東西。

另一條是「詩」與「史」的界限。

王夫之指出，「詩」雖然也可敘事敘語，但並不等於「史」。寫詩要「即事生情，即語繪狀」，也就是要創造「意象」，而寫史雖然

註594 《左傳》襄公二十七年：「詩以言志。」《尚書・堯典》：「詩言志。」

註595 《春秋左傳正義》卷五十一，昭公二十五年。

註596 《明詩評選》卷八，高啟，〈涼州詞〉評語。

也要剪裁，卻是「從實著筆」，所以二者有本質的不同。這種不同，就在於一個是審美的（意象），一個則不是審美的（實錄）。[597] 明代楊慎曾表示反對「詩史」的說法。楊慎說：「宋人以杜子美能以韻語紀時事，謂之『詩史』。鄙哉宋人之見，不足以論詩也！」他認為「六經各有體」，所以「詩」不可以兼「史」。他反對在詩中「直陳時事」，也反對在詩中直言道德性情。他以《詩經》為例。《詩經》中也有敘飢荒、憫流民的篇章，但都不是直陳時事，而是創造一個意象世界。王夫之贊同楊慎的看法。[598] 他認為杜甫有一些被宋人讚譽為「詩史」的詩，「於史有餘，於詩不足」，[599] 並不值得讚美。

「詩」不等於「志」（「意」），「詩」也不同於「史」。**在今天看來，這意味著王夫之既否定了表現說，又否定了模仿說。**那麼「詩」是什麼呢？王夫之認為，「詩」是審美意象。那麼，意象又是什麼呢？王夫之認為，詩歌意象就是「情」與「景」的內在的統一。「情」「景」的統一乃是詩歌意象的基本結構。

我們在第一章說過，第一次鑄成「意象」這個詞的是魏晉南北朝的劉勰。劉勰之後，很多思想家、藝術家對意象進行研究，逐漸形成了中國古典美學的意象說。在中國古典美學看來，意象是美的本體，意象也是藝術的本體。如明代王廷相論詩說：「言徵實則寡餘味也，情直致而難動物也。故示以意象。」[600] 這就是說，詩（藝術）的本體就是呈現一個意象

註597　《古詩評選》卷四《古詩》評語。

註598　《升庵詩話》卷十一《詩史》。

註599　《古詩評選》卷四《古詩》評語。

註600　王廷相：〈與郭介夫學士論詩書〉，參看葉朗《中國美學史大綱》，第329～333頁。

世界。但是他對詩歌「意象」的基本結構並沒有進行分析。

王夫之總結了宋、元、明幾代美學家的成果，對詩歌「意象」的基本結構作了具體的分析。他反復提出，「情」和「景」是審美意象不可分離的因素。在他看來，詩歌的審美意象不等於孤立的「景」。「景」不能脫離「情」。脫離了「情」，「景」就成了「虛景」，就不能構成審美意象。另一方面，審美意象也不等於孤立的「情」。「情」不能脫離「景」。脫離了「景」，「情」就成了「虛情」，也不能構成審美意象。只有「情」「景」的統一，所謂「情不虛情，情皆可景，景非虛景，景總含情」，[601] 才能構成審美意象。

「意象」是「情」、「景」的內在統一，這就是說，「意象」乃是一個完整的有意蘊的感性世界。藝術家把他創造的「意象」（鄭板橋說的「胸中之竹」）用物質材料加以傳達（鄭板橋說的「手中之竹」），這就產生了藝術品。藝術品是「意象」的物化。因此，藝術品儘管也是人工製品，但它不同於器具：第一，它的製作，不是依據用機械畫出的圖紙，而是依據藝術家在審美活動中所創造的「意象」；第二，它的製作，不是為了讓人使用，而是為了讓人觀賞；第三，對它的觀賞，也是一種審美活動，只有在這種審美活動中，物化的「意象」才能復活，成為觀賞者的實在的審美對象。這種在觀賞者心中復活的意象，和製作這一藝術品的藝術家心中的意象必定會有大小不等的變異。

我們在第一章提到過梵谷的油畫《農鞋》。海德格曾對這幅畫的創作進行過闡釋。當梵谷面對那雙真實的鞋時，那雙鞋不再成為一件使用的器具，而是成為一個觀照的對象。梵谷看到了屬於這雙破舊的

註601　王夫之：《古詩評選》卷五，謝靈運〈登上戍石鼓山詩〉評語。

鞋的那個「世界」。梵谷借繪畫的形式把這世界向每一個觀看這幅畫的人敞開——這不是一雙作為物理存在的鞋或有使用價值的鞋，而是一個完整的、包含著意蘊的感性世界。

這個完整的、包含著意蘊的感性世界，就是意象。這就是藝術的本體。**藝術不是為人們提供一件有使用價值的器具，也不是用命題陳述的形式向人們提出有關世界的一種真理，而是向人們打開（呈現）一個完整的世界。而這就是意象。**意象召喚人們對藝術品進行感性直觀。正是在這種感性直觀中，也就是在審美意向活動中，意象（一個感性世界）顯現出來。人們說，藝術教會我們看世界，教會我們看存在，教會我們「觀道」。確實如此。藝術確實照亮了世界，照亮了存在，顯現了作為宇宙的本體和生命的「道」。而藝術所以能這樣，就因為藝術創造了、呈現了一個完整的感性世界——審美意象。

因此，美學對於藝術的研究，始終要指向一個中心，這就是審美意象。**602** 有人認為，西方現代派藝術已經說明藝術是不能界定的，因為過去關於藝術的任何定義對於西方現代派藝術都是不適用的。我們認為這種看法是不符合事實的。西方現代派藝術五花八門，但從意象生成和意象構成方式來看，它們基本上並沒有拋棄審美意象這一藝術本體。它們從不同的側面豐富、擴大、深化了藝術的意象空間和意象構成方式，從而對藝術的發展作出了不同程度的貢獻。尤其是意象焦點

註602 西方一些學者用「符號」來規定藝術。他們認為，符號兼有指稱、表意（表情）、構造經驗世界三種功能，而藝術也兼有這三種功能。我們認為，如果僅從這三種功能來看，藝術確實是當之無愧的符號。但是，藝術意象是一個感性世界，對它的把握不能脫離感性外觀。而符號最根本的功能，也是它的本質，就是指稱。能指與所指相比，是從屬的、派生的、第二位的。就這一點來說，用「符號」來規定藝術是不準確的。

向主體的自我的轉移，將審美主體在意象構成中的主導地位自覺地、大大地予以強調和突出，形成了現代派藝術的總體審美特色。對此應該從美學、藝術學、文化學、社會學等多種角度予以研究和總結。

當然，西方現代派藝術特別是後現代主義藝術中確有某些流派的某些人完全拋棄了審美意象。在我們看來，那些人的所謂「作品」已經不屬於藝術的範疇了。我們在下一節將要談到這一點。

下面我們要討論一個和藝術本體有關的問題，就是藝術與美的關係問題。

當代一些美學家認為，儘管從 18 世紀出現「美的藝術」的概念以來，在人們的觀念之中，「美」與「藝術」似乎是不可分離的，實際上，「藝術」與「美」並不是一回事，「藝術」的概念要比「美」的概念寬泛得多。如 H. 里德（Herbert Read, 1893～1968）說：「藝術無論在過去還是現在，常常是一件不美的東西。」（《現代藝術哲學》）[603] 阿諾・里德也說：尋找「藝術」與「審美」之間的共同之處是「錯誤的並且會造成混亂」。[604]

當然，仍然有很多美學家認為「藝術」與「美」是不可分離的。如法國哲學家馬利坦（Jacques Maritain, 1882～1964）說：「只要藝術仍然是藝術，它就不得不專注於美。」[605] 日本美學家今道友信

註603　H. 里德：《藝術的真諦》（*The Meaning of Art*, 1931），第 4 頁，遼寧人民出版社，1987。

註604　阿諾・里德：《藝術作品》，《美學譯文》第一輯，第 88 頁，中國社會科學出版社，1981。

註605　馬利坦（Jacques Maritain, 1882～1964）：《藝術與詩中的創造性直覺》，第159頁，三聯書店，1991。

（Tomonobu Imamichi, 1922～2012）說：「人的精神所追求的美的理念，通過人的創造，具體、高度集中地結晶於藝術中了。」「使藝術超越一切文化現象的正是美。」[606]

　　我們認為，這裡的一個重要問題在於對「美」的理解。很多人認為藝術與美無關，他們所理解的「美」，乃是狹義的美，即「優美」。但是，「優美」只是「美」的一種形態。我們討論的「美」乃是廣義的美，所以它包括多種審美形態，有優美，也有崇高，還有悲劇、喜劇、醜、荒誕等等。廣義的美，就是審美意象。而剛才我們說過，藝術的本體就是意象世界，這也就是說，**藝術的本體就是美（廣義的美）**。所以藝術與美是不可分的。從本體的意義上我們可以說，**藝術就是美**。當然，我們不能反過來說美就是藝術。因為除了藝術美，還有自然美、社會美等等。

黑山村莊頭烏進孝交租單子

　　大鹿三十隻，獐子五十隻，　子五十隻，暹豬二十個，湯豬二十個，龍豬二十個，野豬二十個，家臘豬二十個，野羊二十個，青羊二十個，家湯羊二十個，家風羊二十個，鱘鰉魚二個，各色雜魚二百斤，活雞、鴨、鵝各二百隻，風雞、鴨、鵝二百隻，野雞、兔子各二百對，熊掌二十對，鹿筋二十斤，海參五十斤，鹿舌五十條，牛舌五十條，蟶乾二十斤，榛、松、桃、杏瓤各二口袋，大對蝦五十對，乾蝦二百斤，銀霜炭上等選用一千斤，中等二千斤，柴炭三萬斤，禦田胭脂米二石，碧糯五十斛，白糯五十斛，粉粳五十斛，雜色粱穀各五十斛，下用常米一千石，各色乾菜一車，外賣粱穀、牲口各項之銀共折銀二千五百兩。外門下孝敬哥兒姐兒玩意：活鹿兩對，活白兔四對，黑兔四對，活錦雞兩對，西洋鴨兩對。[607]

我們說，在本體的層面上，藝術就是美，這不等於說，藝術只有審美這個層面。藝術是多層面的複合體。除了審美的層面（本體的層面），還有知識的層面、技術的層面、物質載體的層面、經濟的層面、政治的層面，等等。這些對於藝術來說也是重要的層面，但是美學一般不對這些層面進行專門的研究，美學只限於研究藝術的審美層面。例如，藝術作品有知識的層面。孔子早就說，學《詩》可以「多識於鳥獸草木之名」，這就是說《詩經》有一個知識的層面。恩格斯（Friedrich Von Engels, 1820～1895）也說過，巴爾札克在《人間喜劇》裡「給我們提供了一部法國『社會』特別是巴黎『上流社會』的卓越的現實主義歷史」。恩格斯還說，他從《人間喜劇》中，「甚至在經濟細節方面（如革命以後動產和不動產的重新分配）所學到的東西，也要比從當時所有職業的歷史學家、經濟學家和統計學家那裡學到的全部東西還要多」。**608** 我們中國的紅學家也說，《紅樓夢》是一部清代前期社會的「百科全書」，從《紅樓夢》中人們可以學到各方面的知識，其中也有「經濟細節」。就拿第五十三回烏進孝過年交租的那份單子來說，就是今天的讀者怎麼也想像不出來的。《紅樓夢》中還有極其豐富的民俗知識和文物知識，涉及飲食、服飾、園林、建築、傢俱、擺設、節慶、禮儀、休閒、娛樂等廣泛領域。舉一個小例子，《紅樓夢》裡寫到的皮衣和裘衣就名目繁多。寶玉有一次穿一件

註606　今道友信：《關於美》，第 54 頁，黑龍江人民出版社，1983。

註607　《紅樓夢》第五十三回。

註608　恩格斯：〈致瑪・哈克奈斯〉，見《馬克思恩格斯選集》第四卷，第462～463頁，人民出版社，1972。

茄色哆羅呢狐狸皮襖，罩一件海龍小鷹膀褂子，有一次穿一件狐腋箭袖，罩一件玄狐腿外褂。還有一次賈母給了他一件俄羅斯進口的雀金呢氅衣，是用孔雀毛拈了線織的。賈母穿的是青皺綢一斗珠兒的羊皮褂子。鳳姐穿的是石青刻絲灰鼠披風，大紅洋縐銀鼠皮裙。黛玉有一次穿的是月白繡花小毛皮襖，加上銀鼠坎肩，有一次換上掐金挖雲紅香羊皮小靴，罩了一件大紅羽縐面白狐狸皮的鶴氅，束一條青金閃綠雙環四合如意條。[609] 這些描繪都不是胡亂編造的，都是有實際生活根據的。藝術作品的這一知識的層面，是藝術作品的重要層面。但美學不對這個層面進行研究。藝術作品還有經濟的層面。如一部《鐵達尼號》電影在全球獲得 18 億美元的票房收入，它衍生的系列產品又獲利 18 億美元。扣除攝製費 2.3 億美元和廣告費 10 億美元，它至少賺了 20 億美元。畢卡索、梵谷等人的作品在拍賣市場的價格一直快速飆升，成為富豪們資本增值的手段。又如《哈利·波特》小說系列，已被翻譯成 60 多種文字，銷往200多個國家和地區，10 年累計銷量高達3.25億冊，市場價值近 60 億美元。時代華納購買了它的電影版權，第一部電影票房收入高達 9.84 億美元。全球三家最大的玩具製造商——美泰（Mattel）、樂高與孩子寶分別以數千萬美元的價格，購買到了哈利·

註609 這裡提到寶玉穿的玄狐皮為狐皮上品，其中狐腋皮尤為上品。鳳姐等人穿的「石青」、「大紅」、「月白」等，指的是皮服的顏色，「刻絲」、「盤金」等，說的是加工工藝，「灰鼠」、「銀鼠」、「一斗珠兒」等，說的是皮毛的種類和品質。清人把皮毛分「大毛」、「中毛」、「小毛」，「灰鼠」、「銀鼠」屬「中毛」，「一斗珠兒」屬「小毛」，又稱「珍珠毛」，也就是羊羔皮。黛玉穿的「掐金挖雲紅香羊皮小靴」，所謂「掐金」，就是靴的接縫處嵌有金線；所謂「挖雲」，就是靴的周邊有挖空成雲頭形的花邊裝飾。（以上對皮服的說明引自王齊洲、余蘭蘭、李曉暉《絳珠還淚》，第 54～58 頁，黑龍江人民出版社，2003。）

註610 以上《哈利·波特》的資料引自《文匯報》2007 年 7 月 24 日記者陳熙涵的報導。

波特系列玩具與文具的特許經營權，市場上出現了哈利・波特萬花筒、鉛筆匣、飛天掃帚、魔法帽等500多種玩具與文具。華納兄弟公司聯手奧蘭多環球度假樂園準備建設哈利・波特的魔法世界樂園，計劃在2009年對外開放。總之，據統計，《哈利波特》帶動相關產業的經濟規模將超過2000億美元，其中衍生產品的收益佔總量的70％以上。

《哈利・波特》使出版這本書的兩家出版社的業務迅速擴張。英國的布魯姆斯伯里出版社（Bloomsbury Publishing）的規模已擴大了10倍以上，美國的學者出版社（THE AMERICAN SCHOLARS PRESS, INC.）則從第16位一躍成為美國最大的兒童文學出版社。[610] 至於這本書的作者羅琳，則從一名下崗職工，變成英國最富有的女人，超過英國女王。這些例子都表明藝術作品有一個經濟的層面。這也是藝術作品的重要層面，但美學也不對這個層面進行研究。美學只研究藝術作品的審美層面。否則美學與一般藝術學就沒有區分了。

高價油畫拍賣的資料記錄

【法新社紐約5月5日電】題：油畫拍賣的世界記錄

畢卡索的油畫《拿煙斗的男孩》5日被蘇富比（Sotheby's）拍賣行拍出1.0417億美元高價，使該畫成為有史以來被拍賣的最昂貴的藝術品。

以下是油畫拍賣價的資料記錄：

1.梵谷的《嘉謝醫生肖像》（*Portrait of Dr. Gachet*），8250萬美元〔克利斯蒂拍賣行（CHRISTIE' S, 即佳士得拍賣行），紐約，1990年〕。

2.雷諾瓦的《戛萊特街的磨坊》（*Le Bal au Moulin de la Galette*；或譯:煎餅磨坊的舞會, *Dance at Le Moulin de la Galette*），7810萬美元（蘇富比拍賣行，紐約，1990年）。

3.魯本斯的《屠殺無辜》（*The Massacre of the Innocents*），7670萬美元（蘇富比拍賣行，倫敦，2002年）。

4.梵谷的《沒鬍子的自畫像》（*Self-portrait without beard*），7150萬美元（克利斯蒂拍賣行，紐約，1998年）。

5.塞尚的《簾子、水罐和水果盤》〔*Still Life, Drapery, Pitcher, and Fruit Bowl（Rideau, Cruchon et Compotier*）〕，6050萬美元（蘇富比拍賣行，紐約，1999年）。

6.畢卡索的《雙手交叉的女人》（*Femme aux Bras Croisés*），5500萬美元（克利斯蒂拍賣行，紐約，2000年）。

7.梵谷的《鳶尾花》（*Irises*），5390萬美元（蘇富比拍賣行，紐約，1987年）。

8.畢卡索的《花園中坐著的女人》（*Femme assise dans un jardin, 1938*），4590萬美元（蘇富比拍賣行，紐約，1999年）。

9.畢卡索的《皮埃萊特的婚禮》（*Les Noces de Pierrette*），4920萬美元（比諾什－戈多拍賣行，巴黎，1989年）

10.畢卡索的《夢》（*The Dream／Le Reve*），4840萬美元（克利斯蒂拍賣行，紐約，1997年）。

11.畢卡索自畫像《我‧畢卡索》（*Yo, Picasso*; Yo 是西班牙文「我」之意），4780萬美元（蘇富比拍賣行，紐約，1989年）。

三、藝術與非藝術的區分

　　和藝術的本體有關的還有一個問題，就是藝術與非藝術的區分的問題。

　　既然我們認為藝術是可以界定的，既然我們認為藝術的本體就是審美意象，那麼，我們當然認為藝術與非藝術是應該加以區分的，區分就是看這個作品能不能呈現一個意象世界。由於美（意象）與美感（感興）是同一的，因此區分也就在於這個作品能不能使人「興」（產生美感）。王夫之說：

> 詩言志，歌詠言，非志即為詩，言即為歌也。或可以興，或不可以興，其樞機在此。[611]

　　王夫之在這裡把可以不可以「興」作為區分藝術與非藝術的最根本的標準，這是非常深刻的。這是從藝術的本體著眼的。藝術的本體是審美意象，因此它必然可以「興」，也就是它必然使人產生美感。**如果不能使人產生美感，那就不能生成意象世界，也就沒有藝術。**

　　西方現代主義藝術和後現代主義藝術的一些流派提出了否定藝術與非藝術的界限的主張。

　　這裡首先要提到大名鼎鼎的杜象。杜象是法國出生的達達主義藝術家。前面提到，1917年他在美國紐約把一件瓷質的小便器命名為《噴泉》提交到藝術展覽會。由此引發了一場爭論：什麼是藝術？藝術與非藝術有沒有區別？這件小便器本是一件普通的生活用品，是一

註611　王夫之：《唐詩評選》卷一，孟浩然〈鸚鵡洲送王九之江左〉評語。

件「現成物」（ready made），現在杜象在上面籤上一個名字，就把它從實用的語境中抽脫出來，並放入藝術品的語境中。杜象這樣一個做法，它的意義就在於抹掉（否認）藝術品與現成物的區分，抹掉（否認）藝術與非藝術的區分。

在杜象的影響下，西方後現代主義的許多流派，都提出了消除藝術與非藝術的區分的主張。其中以「波普藝術」和「觀念藝術」這兩個流派最突出。

「波普藝術」（Pop Art）興盛於 20 世紀 50 年代末期到 70 年代前期的英國和美國，最著名的代表人物是安迪・沃荷。波普藝術家所做的就是把世俗生活中的「現成物」如破汽車、褪色的照片、海報、破包裝箱、破鞋、舊輪胎、舊發動機、澡盆、木桶、竹棍、罐頭盒、破布等等，通過挪用、拼貼、潑灑顏料、弄成模型、奇異的組合等手法，努力使其變得鮮豔、醒目，既像廣告又像實物陳列。波普藝術家認為這樣的「現成物」就成為藝術品了。安迪・沃荷（Andy Warhol, 1928～1987）把布里洛牌肥皂盒搬到美術館命名為「布里洛盒子」（Brillo Box），就是一個著名的例子。安迪・沃荷說：「每個事物是美的，波普是每個事物。」另一位波普藝術家克拉斯・歐登伯格（Claes Oldenburg, 1929～）說：「我要搞丟棄物的藝術。」

「觀念藝術」（Conceptual Art）興盛於 20 世紀 60 年代中期到 70 年代前期。「觀念藝術」也是受杜象的啟示而產生的。杜象說過：「觀念比通過觀念製造出來的東西要有意思得多。」一個「現成品」之所以成為藝術，就在於藝術家賦予它一種觀念。觀念藝術家約瑟夫・庫蘇斯（Jaseph Kosuth, 1945～）就說，杜象的「現成品」構成了從「外表」到「觀念」的變化，所以是「觀念藝術」的開端。在觀念

藝術家那裡，一切東西，文字、行為、地圖、照片、方案等等，只要是能傳達觀念的，都可以是藝術。

我們在前面說過，我們認為藝術的本體是審美意象，所以我們認為藝術與非藝術是應該加以區分的，區分就在於這個作品能不能呈現一個意象世界，能不能使人「感興」（產生美感）。一個作品如果不能生成意象世界，如果不能使人產生美感，那就不是藝術作品。

拿波普藝術家來說，他們把工業社會的「現成物」通過挪用、拼貼等手法而命名為藝術品，但他們並沒有解決如何使「現成物」的「物」性轉化為精神性的問題。他們想通過製造一個外在的藝術時空氛圍（如畫廊、畫框）來完成這種轉化，實際上並不成功。關鍵在於他們的「作品」本身能否生成「意象」。波普藝術家在挑選現成物時，根本沒有情意可言。如法國「新現實主義」（被稱為歐洲的「波普」）藝術家弗南德茨‧阿爾曼（Arman Pierre Fernandez, 1928～2005），他收集破爛、舊報紙、各色各樣的垃圾，把它們堆積起來，加以焊接、膠粘，他完全是隨意的。波普藝術家都是這樣。他沒有「胸中之竹」。他在拼貼和塗抹、組合時，既無某種感情在無意識中推動他，也無某種審美體驗使他只能這樣挑選和組合而不能那樣挑選和組合。除了實物的拼貼顯得十分「觸目」以外，它的內部沒有任何意蘊，因而也就沒有靈魂，沒有生命。這也就是為什麼人們在觀看這類波普藝術時，總覺得它們還是像一堆垃圾。波普藝術家把廢品從垃圾堆裡撿出來，並且放置到美術館內，卻仍然沒有賦予它們生命。因為藝術家沒有賦予它們以「情」、「意」。波普藝術家成了藝術中的拜物教。**藝術的生命不是「物」，而是內蘊著情意的象（意象世界）。**波普藝術總讓我們看到物（而且多半是破爛物），卻很難讓我

們觀到「象」，因為沒有「情」、「意」便不能感興，不能感興便不能生成意象，不能生成意象便不是藝術。當然，我們並不否認某些波普作品那種奇異的組合也能產生某種奇異效果，但是那種奇異效果並不是審美的效果。儘管波普藝術作品在藝術市場上可以賣出去甚至賣高價，**但在市場賣高價並不是判定一件物品是否是藝術品的根據。**

　　觀念藝術家把觀念作為藝術的本質從而否定藝術與非藝術的區分，在理論上也是不能成立的。觀念不是藝術。王夫之一再說，藝術不是「志」、「意」。藝術是「意象」，而「意象」與「志」、「意」是根本性質不同的兩個東西。「意象」使人感興，「志」、「意」不可能使人感興。把觀念作為藝術從而否定藝術與非藝術的區分（即認為凡是體現一種觀念的物品都是藝術），同樣是不能成立的。

　　波普藝術也好，觀念藝術也好，還有行為藝術等等也好，它們的一些代表人物否定藝術與非藝術的區分，最根本的問題就是意蘊的虛無。1961年出現的一個叫作「激浪派」（Fluxus）的藝術團體，他們也主張取消藝術與非藝術的界限。他們的代表人物喬治·馬西歐納斯（George maciunas, 1931～1978）在1962年6月發布的一份宣言中說：「激浪藝術既非藝術，也非娛樂，它要摒棄藝術與非藝術之間的區別，摒棄絕對必要性、排他性、個性、雄心壯志，摒棄一切關於意義、靈感、技巧、複雜性、深奧、偉大、常識和商品價值的要求，為一個簡單的、自然的事件，一個物件，一場遊戲，一個謎語或者一種諷喻的非結構的、非戲劇化的、非巴洛克式的、非個人的本質而鬥爭。」[612] 從這份宣言可以看出，**摒棄藝術與非藝術的區分，就是摒棄一切關於意義的要求。這必然導致意蘊**

註612　轉引自馬永建《後現代主義藝術 20 講》，第106頁，上海社會科學院出版社，2006。

的虛無。意蘊虛無，當然不可能有意象的生成。那樣的「作品」，當然不屬於藝術的範疇。我們可以舉幾個著名的極端的例子。

德國藝術家漢娜・妲波文（Hanne Darboven, 1941～2009）是一個例子。她每年要在成千上萬張紙上任意塗寫數字以及從書籍上照抄文字。她的「作品」數量驚人，但是這些「作品」是意蘊的空無。漢娜・妲波文的塗寫儘管也引起媒體的關注，但它不屬於藝術的範疇。

法國「新現實主義」藝術家伊夫・克萊因（Yves Klein, 1928～1962）也是一個例子。「新現實主義」被稱為歐洲的波普藝術或歐洲的「新達達」。這位克萊因在1958年辦了一個展覽。他把伊麗斯・克萊爾特畫廊（Iris Clert）展廳中的東西騰空，將展廳的牆壁刷成白色，並在門口設了警衛崗。他吸引了許多觀眾來看這個展覽，但是這個展廳中空無一物。這就是意蘊的虛無，它不可能生成意象世界。有的評論家說，這件「作品」包含了「多方面的資訊」，同時給了觀眾一種「思想上的自由」。其實所謂「資訊」和「自由」都是評論家外加給它的。這個空無一物的展廳，不可能有什麼「多方面的資訊」，也不可能給觀眾「思想上的自由」。

美國「偶然音樂」（Chance Music）又稱「機遇音樂」（Aleatory Music）的代表人物約翰・凱奇（John Milton Cage Jr., 1912～1992）更是著名的例子。他在1952年搞了一個題為《四分三十三秒》（4' 33"）的作品。這部作品演出時，由一位身穿禮服的鋼琴手走上台，坐在鋼琴旁，但並不彈琴，這樣坐了 4 分 33 秒，然後一聲不響地走下臺。整個過程沒有出現任何樂音。這個作品曾被看作是後現代音樂的典型。一些評論家對這個作品大加讚揚。他們的讚揚可以歸納為兩點。一點是說這個作品包含了無限的可能性。因為在一片「寂靜」之中，演奏

者和聽眾可以感受到在這個世界中「一切可能的東西都可以發生」，因而這片「寂靜」也就包含著無限豐富的創造內容，每一片段都可能開放出最美的音樂花朵。再一點是這個作品使聽眾回到現實生活。在一片寂靜中，演奏者和聽眾可以聚精會神地注意周圍世界所發生的一切無目的的和偶發的聲音，例如觀眾的咳嗽聲，風吹窗簾的沙沙聲，某個觀眾的腳步聲，甚至是聽眾本人的耳鳴聲。這就使演奏者和聽眾親身經歷了「真正的世界本身」，使他們回到了「現實的生活」。

這兩點讚揚在理論上都是不能成立的。所謂無限的可能性，是抽象的可能性，而不是現實的可能性。所謂「一切可能的東西都可以發生」，其實什麼都沒有發生。如果按照這種抽象可能性的邏輯，一個無所事事的人，你可以說他是最偉大的統帥或最偉大的科學家；一張白紙，你可以說它是最美的圖畫。你怎麼說都行，但是這一些說法沒有任何意義。至於說這個《四分三十三秒》使聽眾經歷「真正的世界本身」，使聽眾回到「現實的生活」，也是不能成立的。咳嗽聲、腳步聲、耳鳴聲確實也是在生活中發生的事件，但它們在生活中是屬於缺乏意義的瑣碎事件。現實的、真正的生活世界包含著歷史的、文化的內涵，極其豐富。當然，**大眾的日常生活中也有咳嗽聲、耳鳴聲，也有破布、垃圾，但是把咳嗽聲、耳鳴聲、破布、垃圾無限地放大決不可能構成「屬於大眾的」真正的生活世界。《四分三十三秒》這樣的後現代主義藝術「作品」不會豐富聽眾的藝術「感受性」，不會將聽眾的注意力「引向對生活的關注」，而只能使聽眾遠離真實的生活世界。**

有的西方後現代主義藝術家和評論家喜歡把西方後現代主義藝術的這種意蘊的空無說成是受了「東方哲學」的影響，說成是體現了禪

宗的思想。例如激浪派藝術家白南準（Nam June Paik, 1932～2006）搞了一個名為《禪之電影》（*Zen For Film*）的作品。他在室內掛上銀幕，還有一架倒放的鋼琴和一排鱸魚。在 30 分鐘之內，他用放映機把一盤長達 4 米的空白膠片放完。白南準把這種「空白」電影稱之為「禪之電影」。像這一類的說法和做法都是出於對禪宗思想的無知或誤解。禪宗是講「空」，但禪宗的「空」，完全不同於西方後現代主義這種意蘊的空無。禪宗的「空」是一個充滿生命的豐富多彩的美麗世界。蘇軾說「空故納萬境」。[613] 王維的詩就是這種境界的體現。我們在第十三章將討論禪宗這種空靈的意象世界。

　　總之，否定藝術與非藝術的界限的主張是不能成立的。西方後現代主義藝術家的某些「作品」，感興。這些「作品」沒有靈魂，沒有生命，儘管在市場上有人出高價收購它們，儘管在學術界有人寫文章吹捧它們，但它們不是藝術。

四、藝術創造始終是一個意象生成的問題

　　藝術的本體是審美意象，因此，藝術創造始終是意象生成的問題。鄭板橋有一段話最能說明這一點：

　　江館清秋，晨起看竹，煙光、日影、露氣，皆浮動於疏枝密葉之間。胸中勃勃，遂有畫意。其實胸中之竹，並不是眼中之竹也。因而磨墨展紙，落筆倏作變相，手中之竹又不是胸中之竹也。總之，意在筆先者，定則也；趣在法外者，化機也。獨畫云乎哉！[614]

註613　蘇軾：〈送參寥師〉

註614　鄭板橋：〈題畫〉，見《鄭板橋集》，第154頁，上海古籍出版社，1979。

鄭板橋這段話概括了藝術創造的完整過程。這個過程包括了兩個飛躍：一個是從「眼中之竹」到「胸中之竹」的飛躍；一個是從「胸中之竹」到「手中之竹」的飛躍。從「眼中之竹」到「胸中之竹」，這是審美意象的生成，是一個創造的過程。從「胸中之竹」到「手中之竹」，畫家進入操作階段，也就是運用技巧、工具和材料製成一個物理的存在，這仍然是審美意象的生成，仍然是一個充滿活力的創造過程。所以鄭板橋說：「落筆倏作變相，手中之竹又不是胸中之竹也。」因為這裡增加了手及手對媒介材料的操作這一新的因素。手操作工具和材料時微妙的神經感覺（即「體感」）、媒介的「活力內涵」以及畫家的技巧都會影響「手中之竹」的生成。「手中之竹」是「胸中之竹」的物化，但是「胸中之竹」並沒有完全實現為「手中之竹」，而「手中之竹」又比「胸中之竹」多出一些東西。

這就是說，藝術創造的過程儘管會涉及操作、技巧、工具、物質媒介等因素，再擴大一點，它還會涉及政治、經濟、科學技術等因素，但它的核心始終是一個意象生成的問題。意象生成統攝著一切：統攝著作為動機的心理意緒（「胸中勃勃，遂有畫意」），統攝著作為題材的經驗世界（「煙光、日影、露氣」、「疏枝密葉」），統攝著作為媒介的物質載體（「磨墨展紙」），也統攝著藝術家和欣賞者的美感。離開意象生成來討論藝術創造問題，就會不得要領。

鄭板橋談的畫竹，相對來說還是比較單純的藝術創造活動。我們可以舉一個比較複雜的例子來做一些分析。這就是法國藝術家巴陶第（Auguste Bartholdi, 1834～1904）創作自由女神像的過程。

很多人都知道紐約港口矗立著一座高九十三公尺的自由女神像。但是大概很少有人知道創作這個自由女神像的是一位法國雕塑家，名

叫巴陶第，更少有人知道巴陶第創作這個自由女神像有一個十分複雜的過程。

巴陶第是 19 世紀後期法國一位才華橫溢、富有創造力的藝術家。他於1834年 8 月 2 日在法國出世，祖先是義大利人。[615] 1851年 12 月 2 日路易‧拿破崙（Charles Louis Napoléon Bonaparte, 1808～1873, 後稱拿破崙三世：Napoléon III）發動政變，推翻法蘭西第二共和國。年輕的巴陶第那天正在巴黎街頭，他看到了終生難忘的一幕景象。

那時忠於共和政體的群眾在街上築起防禦工事。天色漸黑，有個女郎手持火炬，跳過障礙物叫道：「前進！」路易‧拿破崙的軍隊立即開槍把她擊斃。巴陶第驚呆了。從那一刻起，那位持火炬的無名女郎，就成了他心目中自由的象徵。

巴陶第對巨型雕塑的興趣，是到埃及旅行時引起的。他旅行時在一本本圖畫冊裡畫滿了那個古老帝國的巨大雕像。他寫道：「那些莊嚴、凜然不可侵犯的花崗岩石像，它們慈祥而又冷漠的凝視，好像瞧不起現在，專注目於無限未來的神情真把我迷住了。」

巴陶第要塑造自由女神的念頭始自1865年，當時他會見了法國著名的自由主義者德‧拉佈雷（Édouard René de Laboulaye, 1811～1883）。

美國將在1876年舉行慶祝獨立一百週年的盛典，德‧拉佈雷主張法國送一份別開生面的禮物。這個主張激發了巴陶第的想像力，他建議造一座象徵自由的雕像，並自告奮勇由他本人來負責雕塑。

註615 以下關於巴陶第的材料引自〈雕塑自由神像的巴陶第〉一文。原文刊於美國《讀者文摘》，譯文刊於《參考消息》1980 年 5 月 19 日。

隨後，巴陶第開始物色雕像的模特兒。在一個婚禮上他遇見了「體型美如希臘女神的女郎」，亦即後來和他結婚的讓娜－艾蜜麗（Jeanne-Emilie Baheux of Puysieux）。他說服讓娜－艾蜜麗來充任自由女神像的模特兒。但自由女神的臉，卻是照另一位婦女——巴陶第的母親（Augusta Charlotte Beysser Bartholdi, 1801～1891）——比較古典而嚴肅的面貌雕塑的。

1875年1月，德·拉佈雷組織法美協會（Franco-American Union）募款，以解決經費問題。巴陶第沒有等待募款運動的結果，就在一個大廳裡設立工作室。他選擇任何支撐來破壞美觀。石、鐵、青銅都嫌太重，所以他決定選用錘薄了的銅片，以鉚釘釘合，連接起來拼成一座巨像。但是這個空心的巨人如何禁得起海上的強風呢？後來建造巴黎鐵塔的工程師艾斐爾（Alexandre Gustave Eiffel, 1832～1923）解決了這難題。他設計一座有四隻腳支撐的鐵塔型內撐結構，塔腿嵌入石台基約8公尺深；再用螺栓將三條15公分粗的繫桿固定在鐵塔骨架上，以加強其穩定性。然後把塑像的銅皮放在木型上，仔細把銅片錘成所要的形狀。

1875年11月，法美協會在巴黎舉行宴會，法國總統和美國大使都來參加。宴會廳裝置了自由神像的縮小模型。在1876年巴陶第以法國代表團副團長的身份參加費城美國獨立百年紀念博覽會。巴陶第為了吸引美國公眾注意，在博覽會上陳列了自由女神像擎舉火炬的一隻手臂。那手的食指有2公尺又44公分長，指週一公尺粗，指甲約25公分寬；火炬的邊緣可以站十二個人。來賓看了，無不動容。從費城把這隻巨臂運到紐約市後，轟動一時。美國人開始體會到法國贈給美國的禮品確是美的象徵。幾星期以前，巴陶第在美國還默默無聞，現在卻變成了名人。美國國會通過了一項議案，授權格蘭特總統

（Hiram Ulysses Grant, 1822～1885）接受這座巨像，並同意以貝德婁島（Bedloe,今名：自由島）為豎立自由女神像的地點。

1884年 8 月 5 日，在貝德婁島鋪下第一塊花崗岩奠基後，便開始了為期兩年建築巨像台基的工程。

遠在台基尚未完成以前，巴陶第就在法國港口碼頭親自監督把他的作品裝上「義瑟」號軍艦，運往紐約。巨像的 120 噸鋼鐵與 80 噸銅片的裝箱工作就花了三個月。

1885年 6 月 17 日，「義瑟」號在幾艘美國軍艦護航下駛入紐約港。數千艘船鳴汽笛歡迎。各船的甲板上和碼頭上都是擠滿了人。

以後六個月裡，75 名工人像蒼蠅似的緊貼在巨像的側面，用 30 萬隻鉚釘把自由神像約 100 塊零件釘到它的骨架上。10 月中旬，神像終於安裝好了。

1886年 10 月 28 日，克利夫蘭總統（Stephen Grover Cleveland, 1837～1908）參加了自由神像揭幕典禮。

但在典禮中誰也看不到巴陶第。原來他仍在被一幅巨大的法國國旗包著的自由女神像的頭殼裡。下面鼓掌、歡呼聲爆發時，他知道演講完畢，就拉一下繩，於是國旗飄揚，自由女神莊嚴高貴的容貌就呈現於群眾的眼前。

巴陶第於1904年 10 月 5 日在巴黎逝世。他所塑造的自由女神像，將他多年來熱愛的自由理想具體表現出來，並使他名垂不朽。

以上是巴陶第創作自由女神像的故事。從這個故事可以看到，創作像自由女神像這樣一件藝術作品確實是一項巨大的、複雜的工程。這裡有政治的因素（法國送給美國獨立百年紀念的禮物，美國國會的決議），有經濟的因素（巨額經費），有科技因素（材料的選擇，艾斐爾設計的鐵

塔型內撐結構），有投入大量人力的技術性很強的製作過程（石膏模型、木質模型、錘打銅片、台基工程，120 噸鋼鐵和 80 噸銅片的運輸，75 名工人用 30 萬隻鉚釘進行雕像的裝配），等等。在許許多多因素中，如果缺少某一個重要環節（例如經費問題不能解決，或巨大雕像如何抗拒海上強風的技術問題不能解決），那麼這個工程就很可能流產。

但是，在所有這些因素中，最核心的、統攝一切的，是意象的生成。借用鄭板橋的術語，首先是從「眼中之竹」到「胸中之竹」的過程。這裡有拿破崙三世發動政變和人民群眾為保衛共和政體而進行街壘戰的歷史背景。而關鍵的瞬間（創造生命的瞬間）是巴陶第親眼看見那位手持火炬、跳過障礙物高喊「前進」的女郎被路易‧拿破崙的軍隊開槍擊斃的場景。應該說，**就在那一刻，巴陶第胸中自由女神的意象（「胸中之竹」）就已經生成了。**這是巴黎街頭那個歷史性場景和他本人的自由、平等、博愛的理想、情感在那瞬間融合的產物。這就是王夫之說的「現量」。接下去，還有一個從「胸中之竹」到「手中之竹」的過程。埃及的古代巨型雕像留給巴陶第深刻的印象，他決定要把胸中的自由女神的意象用雕塑表現出來。接下去他還要尋找模特（體型、臉型），還要尋找合適的材料，還要解決一系列技術問題。這是一個複雜的操作過程，從草圖，到石膏模型，到木質模型，到錘打銅片，一直到安裝揭幕，但所有這一切仍然是圍繞一個意象生成的問題，也就是如何把「胸中之竹」實現為「手中之竹」的問題。**這個過程，是審美意象越來越鮮明、越來越清晰、越來越生動的過程，也就是陸機說的「情曈曨而彌鮮，物昭晰而互進」**[616]的過程。

註616　陸機：〈文賦〉。

從這個例子的分析，我們可以看到，一件藝術作品的創造，無論有多少複雜的因素，但它的中心始終是一個意象生成的問題。

五、藝術作品的層次結構

討論藝術美，還要應該談到一個藝術作品層次結構的問題。很多美學家討論過這個問題。比較常見的是把藝術作品的結構分為兩個層次（二分）或三個層次（三分）。

分為兩個層次的如黑格爾，他把藝術作品分為「外在因素」和「意蘊」兩個層次。他說：「遇到一件藝術作品，我們首先見到的是它直接呈現給我們的東西，然後再追究它的意蘊或內容。前一個因素——即外在的因素——對於我們之所以有價值，並非由於它所直接呈現的；我們假定它裡面還有一種內在的東西，即一種意蘊，一種灌注生氣於外在形狀的意蘊。」[617] 又如蘇珊·朗格，她把藝術作品分為「表現性形式」和「意味」兩個層次。她說：「藝術品是一種在某些方面與符號相類似的表現性形式，這種形式又可以表現為某種與『意義』相類似的『意味』。」[618]

分為三個層次的如桑塔亞那（George Santayana, 1863～1952）把藝術作品分為材料、形式、表現三個層次。又如杜夫海納把藝術作品分為藝術質料、主題、表現性三個層次。中國古代有「言」、「象」、「意」的區分，如王弼說：「夫象者，出意者也。言者，明象者也。盡意莫若象，盡象莫若言。言出於象，故可尋言以觀像；像生於意，故可尋像以觀意。意以像盡，像以言著。」[619] 這也可以看作是一種三層次的結構。

註617　黑格爾：《美學》第一卷，第 24 頁，商務印書館，1979。

註618　蘇珊·朗格：《藝術問題》，第122頁，中國社會科學出版社，1983。

註619　王弼：《周易略例·明象》。

當然，也有分為四個層次或更多層次的。如茵伽登把藝術作品分為字音和語音、意義單元、圖式化外觀、再現客體四個層次。和再現客體相聯繫，還有一個「形而上的性質」的問題。

我們覺得，把藝術作品分為兩個層次或三個層次是比較合適的，分為再多的層次可能會顯得煩瑣。下面我們就把藝術作品分為材料層、形式層、意蘊層三個層次來做一些分析。

（一）材料層

藝術作品必然要有物質材料作為載體。鄭板橋說的「胸中之竹」必然要變為「手中之竹」，這就要有筆、墨、紙等物質材料。至於戲劇、電影等藝術門類就需要更多的物質材料。海德格說：「即使享譽甚高的審美體驗也擺脫不了藝術作品的物因素。在建築品中有石質的東西，在木刻中有木質的東西，在繪畫中有色彩的東西，在語言作品中有話音，在音樂作品中有聲響。在藝術作品中，物因素是如此穩固，以致我們毋寧反過來說，建築品存在於石頭裡，木刻存在於木頭裡，油畫在色彩裡存在，語言作品在話音裡存在，音樂作品在音響裡存在。」[620] 藝術作品的這個物質材料的層面有兩方面的意義。一方面，它會影響意象世界的生成。如油畫的顏料和畫布對油畫的意象世界的生成有重要影響，中國水墨畫的宣紙、水墨對水墨畫的意象世界的生成也有重要影響。桑塔亞那說：「材料效果是形式效果之基礎，它把形式效果的力量提得更高了，給予事物的美以某種強烈性、徹底性、無限性，否則它就缺乏這些效果。假如雅典娜的神殿巴特農不是

註620　海德格：〈藝術作品的本源〉，見《海德格爾選集》上冊，第239～240頁，三聯書店，1996。

大理石築成，王冠不是黃金製造，星星沒有火光，它們將是平淡無力的東西。」[621] 這也是說物質材料對意象世界的生成有重要的影響。另一方面，物質材料的層面會給予觀賞者一種質料感，例如大理石雕塑給人一種堅硬、沉重、粗糙、有色彩的質料感。這種質料感帶著朦朧的情感色彩，它有助於在觀賞中形成一種氣氛，這種氣氛環繞著逐漸清晰起來的意象，使意象充滿一種「韻味」，一種王夫之所說的「墨氣所射，四表無窮」的氛圍。這種韻味和氛圍，就是從作品的材料層中淡淡吐出的。正是通過這種韻味和氛圍，作品的質料感融入了美感並成為美感的一部分。

（二）形式層

形式層是與材料層相聯繫的。形式是材料的形式化，但是形式超越材料而成為一個完整的「象」（形式世界）。卡西勒說：「外形化意味著不只是體現在看得見或摸得著的某種特殊的物質媒介如粘土、青銅、大理石中，而是體現在激發美感的形式中：韻律、色調、線條和佈局以及具有立體感的造型。在藝術品中，正是這些形式的結構、平衡和秩序感染了我們。」[622]

黑格爾說，美是顯現給人看的。藝術家創造的意象世界（藝術美）是顯現給人看的。這個顯現就是一個完整的「象」（形式世界）。不同的藝術家顯現給我們的是不同的形式世界。梅蘭芳顯現給我們的是梅蘭芳的形式世界，周信芳顯現給我們的是周信芳的形式世界，梵谷顯現給我

註621　桑塔亞那：《美感》（*The Sense of Beauty*），第 52 頁，中國社會科學出版社，1982。

註622　卡西勒：《人論》，第196頁，上海譯文出版社，1985。

們的是梵谷的形式世界，馬蒂斯顯現給我們的是馬蒂斯的形式世界。

藝術作品中的這個形式層在作品中也有兩方面的意義：一方面，它顯示作品（整個意象世界）的意蘊、意味；另一方面，這些形式因素本身又可以有某種意味。後面這一種意味，就是我們常說的「形式美」或「形式感」，這種形式感也可以融入美感而成為美感的一部分。對於藝術作品的形式因素本身的這種意味，即「形式感」或「形式美」，我們可以舉幾個例子來加以說明。文學作品中語言的音韻、節奏，構成一種形式感或形式美。例如，《西廂記》中紅娘的一段唱詞：

一個糊塗了胸中錦繡，一個淹漬了臉上胭脂。一個憔悴潘郎鬢有絲，一個杜韋娘不似舊時，帶圍寬過了瘦腰肢。一個睡昏昏不待觀經史，一個意懸懸懶去拈針黹。一個絲桐上調弄出離恨譜，一個花箋上刪抹成斷腸詩，筆下幽情，弦上的心事，一樣是相思。

這一段唱詞是描繪張生和鶯鶯二人的相思之苦。清初文學批評家金聖嘆評論說：

連下無數「一個」字，如風吹落花，東西夾墮，最是好看。乃尋其所以好看之故，則全為極整齊卻極差脫，忽短忽長，忽續忽斷，板板對寫，中間又並不板板對寫故也。

金聖嘆的意思就是說，這段唱詞的「極整齊卻極差脫」的語言形式，形成了一種「風吹落花，東西夾墮」之美。這就是文學語言本身的意味，也就是文學語言的形式感或形式美。這種形式美對於這段唱詞的意象和意蘊來說，具有某種獨立性。這種獨立性是相對的，因為這種風吹落花的音韻、節奏之美，對於營造這場愛情戲的詩意氛圍是有幫助的。

在繪畫作品中，線條、色彩、形狀等等形式因素以及它們構成的「象」是作品的形式層，這些形式因素本身可以具有某種意味。我們看齊白石的《柳牛圖》（作於1937）。這幅畫上的牛和柳條都可以說是形式美的經典。牛是從背後畫，先用淡墨畫了牛的身子和兩條腿，再用濃墨畫了一隻牛角和一條尾巴，極其簡潔。最為精彩照射的是從上面垂下的佈滿畫面的柳條，細長、柔軟而又堅韌，在春風中搖盪，顯示出一種蓬勃的生命力，真正達到了古人所說的「妙造自然」、「著手成春」的境界。筆墨形式在這裡釋放出了無窮的意味。這種形式感大大加濃了整幅畫面的春意和生意，成為整個意象世界的美感的一部分。

齊白石　《柳牛圖》

我們再看柯勒惠支（Käthe Kollwitz, 1867 ~ 1945）的黑白版畫《麵包》（*Brot!*, 1924）。這幅畫描繪第一次世界大戰後德國老百姓遭受飢餓的痛苦生活。畫面上母親的肩膀聳了起來，在背人飲泣，兩個小孩牽拉著母親的身子。這幅畫首先吸引觀眾注意的是左邊小孩的一雙「悲傷而熱烈地希望的眼」（魯迅語），這是兩個黑點，卻像是兩個看不見底的深洞，從裡面溢出了飢餓的痛苦，以及對麵包的熱切的希望。這兩個黑點似有一種魔力，像吸鐵石一樣把讀者的目光吸引住。這是形式的魔力。

我們再看畢卡索的《鬥牛》（*La corrida, 1934*）組畫，這是1957年復活節的週末畢卡索去法國某地觀看鬥牛表演後，第二天畫的，共 26 幅。這裡選了兩幅，一幅是牛群在牧場休息，另一幅是憤怒的公牛把鬥牛士頂上天空。畢卡索使用極簡潔的點和線，把放牧場的風光和鬥牛場上剎那間的驚險場景，描繪得極為生動，畫面充滿動感和光感，這是點和線的形式感。

柯勒惠支（Kaethe Kollwitz, 1867 ～ 1945）
《麵包》（Brot！）

傅雷在分析文藝復興時期的畫家波提且利的繪畫時說，波提且利的人物有一種嫵媚與神秘的面貌，被世人稱為「波提且利的嫵媚」，但是，這種「嫵媚」，並非是心靈的表象，而是一種形式感。「嫵媚是由線條構成的和諧所產生的美感。這種美感是屬於觸覺的，它靠了圓味與動作來刺激我們的視官，宛如音樂靠了旋律來刺激我們的聽官一樣。因此，嫵媚本身就成為一種藝術，可與題材不相關聯；亦猶音樂對於言語固是獨立的一般。」「波提且利的春神、花神、維納斯、聖母、天使，在形體上是嫵媚的，但精神上卻蒙著一層惘然的哀愁。」**623**

註623 傅雷：《世界美術名作二十講》，第 47 頁，天津社會科學出版社，2006。

畢卡索《鬥牛》系列之一，牛群在放牧場休息

畢卡索《鬥牛》系列之二，憤怒的公牛把鬥牛士頂上天空

梵谷的風景畫和靜物畫中線條、形狀都在旋轉翻滾，給人以強烈的震撼。如有名的《星夜》，夜晚的天空如同大海那樣波濤翻滾，星星和月亮都在旋轉，形成巨大的漩渦，絲柏在升騰，山巒也在起伏滾動。梵谷的旋轉、翻滾的線條形式使人目眩心驚。在梵谷的畫中，這種線條本身釋放出的意味和整個意象世界的意蘊（世界在燃燒，生命存在於狂熱之中）是融為一體的。

色彩是繪畫形式的重要因素。我們看馬蒂斯（Henri Matisse, 1869～1954）的《紅色的和諧》（*Harmony in Red*, 1908）。整個畫面是一間紅色的房間，只是畫的左上角的窗外景色是綠色和藍色。這幅畫的大面積的紅色，給人一種純淨、明麗的感覺。這是色彩的形式感。我們

波提且利《春》

梵谷《星夜》

再看畢卡索的《盲人的晚餐》（*The Blindman's Meal*, 1903）。整個畫面為藍色所籠罩。這是畢卡索「藍色時期」（1901—1904）的作品。大面積的藍色給人一種憂鬱、冷冰冰的感覺。這是色彩的形式感。這種形式感和這幅畫所表達的對巴黎下層人民悲苦生活的同情的意蘊是一致的。我們再看梵谷的《向日葵》（*Vase with Fifteen Sunflowers*）和《鳶尾花》。《向日葵》的畫面是燦爛的金黃色，這是梵谷的色彩，一切在耀眼的陽光下旋轉、燃燒。這種燃燒的金黃色給人一種明亮、躍動、奔放的感覺。《鳶尾花》的畫面則是綠色、藍色和紅色構成的一曲春天的交響曲。三種色彩的佈置給觀眾帶來極大的視覺美感，畫

家畢沙羅（Camille Pissarro, 1830～1903）等人都認為這幅畫中的鳶尾花美得像位公主。這是色彩的形式感。

藝術作品的形式層還涉及藝術的技巧，因為藝術形式要依靠技巧來創造。一個中國畫家在畫面上創造的形式世界要依靠他的筆墨的技巧。一個京劇演員在舞臺上創造的形式世界要依靠他唱、念、做、打的技巧。有時這種技巧可以突出出來，成為一種技巧美。觀眾可以孤立地欣賞這種技巧美。中國京劇表演中的一些特技就是如此。這種技巧美可以引起觀眾的驚奇感和快感。這種驚奇感和快感也可以融入觀眾欣賞一齣戲（意象世界）的整體美感，從而具有審美價值。

（三）意蘊層

藝術作品的意蘊，我們過去也稱之為作品的「內容」。但是有的人常把作品的「內容」理解為「思想」、「主題」、「故事」、「情節」、「題材」等等，如奧爾德里奇（Virgil Charles Aldrich, 1903～1998）說：「藝術作品的內容就是藝術作品的媒介中通過形式體現出來的藝術作品的題材。」[624] 這種理解當然是極不準確的。所以我們覺得「意蘊」這個概念比「內容」這個概念要好一些。

藝術作品的意蘊和理論著作的內容不同。理論著作的內容必須用邏輯判斷和命題的形式來表述，藝術作品的「意蘊」卻很不容易用邏輯判斷和命題的形式來表述。理論著作的內容是邏輯認識的對象，藝術作品的「意蘊」則是美感（審美感興、審美體驗）的對象。換句話說，藝術作

註624　奧爾德里奇：《藝術哲學》（*Philosophy of Art*），第 58 頁，中國社會科學出版社，1986。

品的「意蘊」只能在直接觀賞作品的時候感受和領悟，而很難用邏輯判斷和命題的形式把它「說」出來。[625] 陶淵明詩：「此中有真意，欲辨已忘言。」也是說，藝術作品的意蘊很難用邏輯的語言把它「說」出來。如果你一定要「說」，那麼你實際上就把「意蘊」轉變為邏輯判斷和命題，作品的「意蘊」總會有部分的改變或喪失。比如一部電影，它的意蘊必須在你自己直接觀賞這部電影時才能感受和領悟，而不能靠一個看過這部電影的人給你「說」。他「說」得再好，和作品的「意蘊」並不是一個東西。朱熹談到《詩經》的欣賞時說：「此等語言自有個血脈流通處，但涵泳久之，自然見得條暢浹洽，不必多引外來道理言語，卻壅滯詩人活底意思也。」（〈答何叔京〉）[626] 這就是說，要用概念（「外來道理言語」）來把握和窮盡詩的意蘊是很困難的。愛因斯坦也有類似的話。曾有人問他對巴哈怎麼看，又有人問他對舒伯特（Franz Seraphicus Peter Schubert, 1797～1828）怎麼看，愛因斯坦給了幾乎是同樣的回答：「對巴哈畢生所從事的工作我只有這些可以奉告：聆聽，演奏，熱愛，尊敬──並且閉上你的嘴。」[627]「關於舒伯特，我只有這些可以奉告：演奏他的音樂，熱愛──並且閉上你的嘴。」[628] 朱熹和愛因斯坦都是真正的藝術鑑賞家。他們懂得，藝術作品的意蘊（朱熹所謂「詩人活底意思」）只有在

註625　俞平伯1931年在北京大學講唐宋詩詞，講到李清照的「簾卷西風，人比黃花瘦」時說：「真好，真好！至於究竟應該怎麼講，說不清楚。」這也是說，詩的意象和意蘊是很難用邏輯判斷和命題的形式把它「說」出來的。

註626　朱熹：〈答何叔京〉，見《朱熹集》，第1879頁，四川教育出版社，1996。

註627　見海倫‧杜卡斯、巴納希‧霍夫曼（Helen Dukas & Banesh Hoffmann）編：《愛因斯坦談人生》（*Albert Einstein:The Human Side*），第 66～67 頁，世界知識出版社，1984。

註628　海倫‧杜卡斯、巴納希‧夫曼編：《愛因斯坦談人生》，第 67 頁。

對作品本身（意象世界）的反復涵泳、欣賞、品味中感受和領悟，而「外來道理言語」卻會卡斷意象世界內部的血脈流通，作品的「意蘊」會因此改變，甚至完全喪失。

　　和這一點相聯繫，藝術作品的「意蘊」與理論著作的內容還有著一個重大的區別。理論作品的內容是用邏輯判斷和命題的形式來表述的，它是確定的，因而是有限的。例如報紙發表一篇社論，它的內容是確定的，因而是有限的。而藝術作品的「意蘊」則蘊涵在意象世界之中，而且這個意象世界是在藝術欣賞過程中復活（再生成）的，因而藝術的「意蘊」必然帶有多義性，帶有某種程度的寬泛性、不確定性和無限性。王夫之曾經討論過這個問題。王夫之指出，詩（藝術）的意象是詩人直接面對景物時瞬間感興的產物，不需要有抽象概念的比較、推理。因此，詩的意象蘊涵的情意就不是有限的、確定的，而是寬泛的，帶有某種不確定性。王夫之在評論一些詩歌的時候常常讚揚這些詩「不作意」、「寬於用意」、「寄意在有無之間」，[629] 就是強調詩歌涵意的這種寬泛性、不確定性。所以詩歌才「可以廣通諸情」，「動人興觀群怨」。他舉晉簡文帝司馬昱的〈春江曲〉為例。這是一首小詩：「客行只念路，相爭渡京口。誰知堤上人，拭淚空搖手。」這首詩本來是寫渡口送別的直接感受，但是不同的人對這首詩的感受和領悟卻可以很不相同，也就是說在不同的欣賞者那裡再生成的意蘊可以是不同的。例如，對於那些在名利場中迷戀忘返的人來說，這首詩可以作為他們的「清夜鐘聲」。[630] 王夫之用「詩無

註629　見王夫之《古詩評選》卷五，蕭琛〈別詩〉評語；《唐詩評選》卷四，杜甫〈九日藍田宴崔氏莊〉評語；《古詩評選》卷五，〈郊阮公詩〉評語。

註630　王夫之：《古詩評選》卷三，簡文帝〈春江曲〉評語。

達志」[631]的命題來概括詩歌意蘊的寬泛性和不確定性的特點。**「詩無達志」，就是說詩歌訴諸人的並不是單一的確定的邏輯認識。**正因為「詩無達志」，正因為詩歌的意蘊具有寬泛性和某種不確定性、某種無限性，因而不同的欣賞者對於同一首詩歌會有不同的感受和領悟。這種美感的差異性換一個角度看，就是藝術欣賞中美感的豐富性。藝術欣賞所以有這種差異性和豐富性，固然是由於欣賞者的具體條件造成的，但其根據則在於詩歌意蘊的寬泛性、多義性的特點。王夫之認為，詩歌（藝術）在人類社會中之所以有特殊的價值，就在於詩歌（藝術）的意蘊具有這種寬泛性、多義性，也就是在於詩歌（藝術）欣賞中的這種美感的豐富性。[632]

藝術意蘊的這種寬泛性，藝術欣賞中這種美感的豐富性，並不限於詩歌，其他藝術樣式也是一樣。最典型的例子就是達文西的《蒙娜·麗莎》。蒙娜·麗莎的微笑被人們稱為謎一樣的微笑，其實就出於藝術意蘊的寬泛性、不確定性。傅雷問道：她是不是在微笑？也許她的口唇原來即有這微微地往兩旁抿去的線條？假定她真是微笑，那麼，微笑的意義是什麼？是不是一個和藹可親的人的溫婉的微笑，或是多愁善感的人的感傷的微笑？這微笑，是一種蘊藏著的快樂的標幟呢？還是處女的童真的表現？傅雷說：「這是一個莫測高深的神秘。然而吸引你的，就是這神秘。」「對象的表情和含義，完全跟了你的情緒而轉移。你悲哀嗎？這微笑就變成感傷的，和你一起悲哀了。你快樂嗎？她的口角似乎在牽動，笑容在擴大，她面前的世界好像與你同樣光明同樣快樂。」這就是蒙娜·麗莎的「謎一樣的微笑」，「其實即因為它能給予我們以最飄渺、最『恍

註631 王夫之：《古詩評選》卷四，楊巨源〈長安春遊〉評語。

註632 王夫之：《薑齋詩話》卷一。

惚」、最捉摸不定的境界之故」。「在這一點上，達文西的藝術可說與東方藝術的精神相契了。例如中國的詩與畫，都具有無窮與不定兩元素，讓讀者的心神獲得一自由體會、自由領略的天地。」[633] 傅雷的最後這段話，說的就是由於藝術作品的意蘊的寬泛性、不確定性，由於藝術作品的意象世界在欣賞過程中有一個再生成的過程，因而欣賞者就有了一種美感的差異性和美感的豐富性，傅雷這裡的說法是「讓讀者的心神獲得一自由體會、自由領略的天地」，用王夫之的話說就是「讀者各以其情而自得」。[634]

藝術作品的「意蘊」的上述特性，決定了藝術作品闡釋的特點。

剛才說，藝術作品的「意蘊」是美感的對象，它只能在直接觀賞作品的時候感受和領悟，而很難用邏輯判斷和命題的形式把它「說」出來。如果你一定要「說」，那麼你實際上就把「意蘊」轉變為邏輯判斷和命題，作品的「意蘊」總會有部分的改變或喪失。但是，這並不是說，對藝術作品就不能「說」（闡釋）了。要是那樣，評論家就不能存在了。事實上，在藝術的評論和研究工作中，差不多人人都在用邏輯判斷和命題的形式對作品進行闡釋，人人都力圖用「外來道理言語」把作品的意蘊「說」出來。而且，這種「說」，如果「說」得好，對讀者和作者都會有很大幫助，就像清代有人稱讚金聖嘆的《水滸傳》評點和《西廂記》評點所說的那樣，可以「開後人無限眼界，無限文心」。[635] 因此，闡釋是不可避免的，也是有價值的。但是，當

註633 傅雷：《世界美術名作二十講》，第 52 頁，天津社會科學出版社，2006。

註634 王夫之：《薑齋詩話》卷一。

註635 馮鎮巒：〈讀《聊齋》雜說〉。

人們這樣做的時候，應該記得兩點。第一，你用邏輯判斷和命題的形式說出來的東西，說得再好，也只能是對作品「意蘊」的一種近似的概括和描述，這種概括和描述與作品的「意蘊」並不是一個東西。第二，一些偉大的藝術作品，如《紅樓夢》，意蘊極其豐美，「橫看成嶺側成峰」，一種闡釋往往只能照亮它的某一個側面，而不可能窮盡它的全部意蘊。因此，對這類作品的闡釋，就可以無限地繼續下去。西方人喜歡說：「說不完的莎士比亞。」我們中國人也可以

達文西　《蒙娜麗莎》

說：「說不完的《紅樓夢》。」這就是說，這些偉大的藝術作品有一種闡釋的無限可能性。

　　偉大藝術作品的這種闡釋的無限可能性，一方面的原因，是我們前面說的偉大藝術作品的「意蘊」極其豐美，並且帶有某種程度的寬泛性、不確定性和無限性，因而很難窮盡；另一方面的原因，當然也在於闡釋者的審美眼光和理論眼光不同。拿《紅樓夢》來說，王國維是一種審美眼光和理論眼光，蔡元培是另一種審美眼光和理論眼光，所以他們的闡釋不同。胡適又是一種審美眼光和理論眼光，所以胡適

的闡釋又不同。不同的審美眼光和理論眼光，作出的不同闡釋既可以有是非之分（是否符合作品的實際），也可以有精粗深淺之分。而一個人的審美眼光和理論眼光，又是受時代、階級、世界觀、生活經歷、文化教養、審美能力、審美經驗、理論思維水準以及研究方法等多種因素的影響而形成的。換句話說，時代不同，階級不同，世界觀不同，生活經歷和文化教養不同、審美能力和審美經驗不同、理論思維能力和研究方法不同，審美眼光和理論眼光也就不同，因而對同一部作品的闡釋也就不同。

我們在第二章中引過柳宗元的一句名言：「美不自美，因人而彰。」這句話用於藝術作品，可以從兩層意思來理解。一層意思是說，藝術作品的意蘊，必須要有「人」（欣賞者）的閱讀、感受、領悟、體驗才能顯示出來。這種顯示是一種生成。再一層意思是說，**一部文學藝術作品，經過「人」的不斷的體驗和闡釋，它的意蘊，它的美，也就不斷有新的方面（或更深的層面）被揭示、被照亮。從這個意義上說，藝術作品的「意蘊」，藝術作品的美，是一個永無止境的歷史的顯現的過程，也就是一個永無止境的生成的過程。**[636]

藝術作品的意蘊層與材料層、形式層是不可分的，也就是說，藝術作品的意蘊是蘊涵在藝術作品的形式和材料中的。藝術的形式層帶有某種複合性，因此藝術的意蘊也帶有某種複合性。這是我們討論藝術的意蘊時應該注意的一個問題。

藝術的形式層帶有複合性。例如，一幅書法作品，它有文辭的形

註636 我們覺得，柳宗元的這八個字，似乎把「接受美學」的很多思想（如強調作品的不確定性，強調作品理解的歷史性，強調讀者接受的主體性等等）都高度濃縮在一起了。

趙子昂　《酒德頌》

式，同時又有書法的形式。它的文辭傳達它的意蘊。這是第一形式。書法家用筆墨把它寫出來，這是第二形式。第二形式也傳達出某種意蘊。同是劉伶的〈酒德頌〉，趙子昂寫出來，瀟灑縱逸，有一種沉穩平和的意味，八大山人寫出來，凝澀剛硬，有一種苦悶倔強的意味。因此，一幅〈酒德頌〉的書法作品，它既包含有文辭形式傳達的意蘊，又包含有書法形式傳達的意蘊，因而是一種複合的意蘊。不僅如此。〈酒德頌〉單就它作為一篇文學作品來說，也有一種複合的意蘊。它的文辭傳達一種意蘊，它的音韻也傳達一種意蘊。〈酒德頌〉是如此，任何一篇文學作品都是如此。前一種意蘊，中國古人稱之為「辭情」，後一種意蘊，中國古人稱之為「聲情」。任何一首詩或一篇散文的意蘊都是「辭情」和「聲情」的統一。但是在不同的藝術門類中，「辭情」和「聲情」並不是平衡的。清代美學家劉熙載在他的《藝概》中討論過這個問題。他指出，「詩」和「賦」的一個區別，

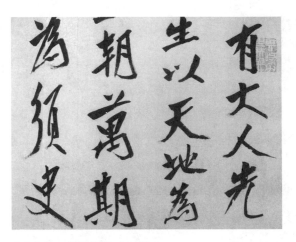

八大山人　《酒德頌》（局部）

就在於「詩辭情少而聲情多，賦聲情少而辭情多。」[637] 因此不同門類的藝術，表演（或欣賞）的方式也不一樣：「聲情」勝者（例如詩）宜歌，而「辭情」勝者（例如賦）宜誦。在書法藝術中，相當於詩歌「聲情」的就是「草情篆意」。對於書法藝術的意蘊來說，主要不在於所書的文辭的意義（「辭情」），而在於書法形式（「象」）所蘊涵的情意（「草情篆意」）。京劇藝術也是如此。京劇的故事情節（劇本）包含這部戲的意蘊，這是第一形式。同時，京劇的唱、念、做、打（表演）也包含這部戲的意蘊，這是第二形式。對於京劇藝術的意蘊來說，主要不在於故事情節而在於演員的唱、念、做、打的表演。如果借用前面說的「辭情」和「聲情」的概念，那麼京劇藝術的意蘊也是聲情多而辭情少。不把握這一點，就不能從根本上把握京劇藝術的審美特點。[638]

　　由於詩的辭情少而聲情多，所以王夫之強調詩應該向樂靠攏，因為「聲情」對詩太重要了。他說：「相感不在永言和聲之中，詩道廢矣。」[639] 也正由於詩的辭情少而聲情多，所以詩很難翻譯。把一首

註637　劉熙載：《藝概·賦概》。

註638　參看葉朗〈京劇的意象世界〉，見《胸中之竹》，安徽教育出版社，1998。

註639　王夫之：《古詩評選》卷四，〈《古詩》評語〉。

唐詩翻譯成外文，它的聲韻的美喪失了，它的聲情也就喪失了，讀起來就沒有味道了。不要說把唐詩翻譯成外文，就是把唐詩翻譯成白話文，它的聲韻的美和聲情同樣也會喪失，讀起來也沒有味道了。把外國的詩翻譯成漢語也是一樣。普希金（Alexander Sergeyevich Pushkin, 1799~1837）的詩，萊蒙托夫（Mikhail Yuryevich Lermontov, 1814~1841）的詩，用俄語朗誦，聽起來非常美，譯成漢語，聲韻的美喪失了，聲情也喪失了，聽起來就沒有味道了。

季羨林在談李商隱詩時，曾討論到這個問題。他說：「義山詩詞詞藻華麗，聲韻鏗鏘。有時候不知所言何意，但讀來仍覺韻味飄逸，意象生動，有似西洋的pure poetry（純詩）。詩不一定都要求懂。**詩的詞藻美和韻律美直接訴諸人的靈魂**。漢詩還有一個字形美。」[640] 季羨林這裡說的話很接近王夫之的思想，尤其是他所說的「詩的詞藻美和韻律美直接訴諸人的靈魂」更是一個警句，包含有深刻的美學內涵。

「辭情」和「聲情」的複合以及它們之間的不平衡，是我們討論藝術的「意蘊」時應該關注的一個重要問題。

六、什麼是意境

在藝術意象中，我們可以區分出一種特別富有形而上意味的類型，那就是「意境」。

「意境」是中國古典美學中一個引人矚目的範疇。我們認為，這個範疇應該提取出來，經過分析之後，納入現代美學的體系。

註640 季羨林：《推薦十種書》，《季羨林全集》第十四卷，第345頁，江西教育出版社，1998。

「意境」在有些人那裡又稱為「境界」。但是「境界」一詞很多人又在「人生境界」、「精神境界」的含義上使用。為了避免混淆，我們在本書中還是用「意境」這個概念。

「意境」作為一個美學範疇，大約形成於唐代。[641]

近代以來，很多人是在「意象」（即「情」「景」交融）的意義上理解和使用「意境」或「境界」這一概念的。這樣來理解和使用「意境」或「境界」的概念，大約始於王國維。王國維在《人間詞話》和其他一些著作中所用的「意境」或「境界」，實際上就相當於「意象」這個範疇。[642] 這樣的理解，從一方面看，可以說是正確的。因為任何藝術的本體都是「意象」，「意境」並不是和「意象」不同的另一種藝術本體。但從另一方面看，這樣的理解又可以說是不準確的。「意境」是「意象」，但並不是任何「意象」都是「意境」。「意境」除了有「意象」的一般規定性（如「情」「景」交融）之外，還有自己特殊的規定性。「意境」的內涵大於「意象」，「意境」的外延小於「意象」。

那麼，「意境」的特殊的規定性是什麼呢？

這必須聯繫老子的哲學和美學才能得到比較準確的理解。

老子哲學中有兩個基本思想對中國古典美學後來的發展影響很大：第一，「道」是宇宙萬物的本體和生命，對於一切具體事物的觀照最後都應該進到對「道」的觀照；第二，「道」是「無」和「有」、「虛」和「實」的統一，「道」包含「象」，產生「象」，

註641　參看葉朗《中國美學史大綱》，第264～276頁，上海人民出版社，1985。

註642　參看葉朗《中國美學史大綱》，第614～616、621～623頁，上海人民出版社，1985。

但是單有「象」並不能充分體現「道」，因為「象」是有限的，而「道」不僅是「有」，而且是「無」（無名，無限性，無規定性）。

在老子這兩個思想的影響下，中國古代的藝術家一般都不太重視對於一個具體對象的逼真的刻畫，他們所追求的是把握那個作為宇宙萬物的本體和生命的「道」。為了把握「道」，就要突破具體的「象」，因為「象」在時間和空間上都是有限的，而「道」是無限的。這就是南朝畫論家謝赫說的：「若拘以體物，則未見精粹；若取之像外，方厭膏腴，可謂微妙也。」**643**

老子的這種思想，可以看作是中國古典美學的意境說的源頭。

後來禪宗的思想，也對意境說的產生有重要的影響。

印度佛教（特別是原始佛教）的一個重要特點，是本體和現象的分裂。這個特點也表現在佛教關於「境」或「境界」的說法當中。

「境」這個概念是佛教傳入中國之前就有的。佛教傳入中國，把「心」所遊履攀援者稱為「境」。「境」有五種，即色、聲、臭、味、觸五境。佛教認為這五境都是虛幻的，要破除對這五境的執迷，進入不生不滅的真如法界，才能得道成佛。所以佛教的「境」這個概念，顯示了此岸世界與彼岸世界的分裂，顯示了現象界與本體界的分裂。

但是在這個問題上，禪宗卻有些不同。禪宗的慧能受中國傳統文化的影響，改變了從印度傳來的佛教的這種思想。他認為一切眾生都有佛性，反對從身外求佛。他否定在現實世界之外還有一個西方淨土、極樂世界。他說：「佛法在世間，不離世間覺。」**644** 禪宗（在慧能之後）

註643　謝赫：《古畫品錄》。

註644《壇經》。

認為，在普通的日常生活中，無論是吃飯、走路，還是擔水、砍柴，通過剎那間的內心覺悟（「頓悟」），都可以體驗到那永恆的宇宙本體。所以在禪宗那裡，「境」這個概念不再意味著此岸世界與彼岸世界的分裂，不再意味著現象界與本體界的分裂。正相反，禪宗的「境」，意味著在普通的日常生活和生命現像中可以直接呈現宇宙的本體，在形而下的東西中可以直接呈現形而上的東西。《五燈會元》記載了天柱崇慧禪師和門徒的對話。門徒問：「如何是禪人當下境界？」禪師回答：「萬古長空，一朝風月。」禪宗認為只有通過「一朝風月」，才能悟到「萬古長空」。禪宗主張在日常生活中，在活潑潑的生命中，在大自然的一草一木中，去體驗那無限的、永恆的、空寂的宇宙本體，所謂「青青翠竹，盡是法身，鬱鬱黃花，無非般若」。禪宗的這種思想（包括「境」、「境界」的概念）進入美學、藝術領域，就啟示和推動藝術家去追求對形而上的本體的體驗。這就是「妙悟」、「禪悟」。「妙悟」、「禪悟」所「悟」到的不是一般的東西，不是一般的「意」，而是永恆的宇宙本體，是形而上的「意」。

禪宗的這種思想，受到了道家（老子、莊子）和魏晉玄學（新道家）的影響。

道家認為宇宙的本體和生命是「道」，而「道」是無所不在的。《莊子》就說過，螞蟻、螻蛄、雜草、稗子、磚頭、瓦片都體現「道」。禪宗可以說把道家的這種思想在邏輯上推進了一步。既然「道」存在於萬事萬物之中，那麼在一切生機活潑的東西中當然都可以領悟到形而上的「道」（「禪意」）。

魏晉玄學有兩派。一派「貴無」（王弼），強調宇宙本體是「道」（「無」）。這一派理論推動人們去追求無限的、形而上的

「道」。另一派「崇有」（郭象），強調世界萬物自身的存在和變化。這一派理論促使人們注視世界萬物本身的感性存在。這兩派從不同側面影響了當時和後世的藝術家，一方面重視形而上的「道」的追求，一方面又重視世界萬物的感性存在。這就是王羲之〈蘭亭〉詩說的「寓目理自陳」。這也就是支道林說的「即色而暢玄」或孫綽說的「即有而得玄」。所謂「即色暢玄」、「即色遊玄」或「即色得玄」，一方面要「暢玄」，追求形而上的超越，一方面又不拋棄色，而是即色是空，把現象與本體、形而上與形而下統一起來。

所以，禪宗是在道家和魏晉玄學的基礎上，進一步推進了中國藝術家的形而上的追求。

正是在老子思想的影響下，同時又在魏晉玄學和禪宗的進一步推動下，唐代形成了意境的理論。

在唐代，「境」作為美學範疇的出現是意境說誕生的標誌。劉禹錫說：「境生於像外。」[645] 這可以看作是對於「意境」這個範疇最簡明的規定。「境」是對於在時間和空間上有限的「象」的突破。「境」當然也是「象」，但它是在時間和空間上都趨向於無限的「象」，也就是中國古代藝術家常說的「像外之象」、「景外之景」。「境」是「象」和「象」外虛空的統一。中國古典美學認為，只有這種「像外之象」——「境」，才能體現那個作為宇宙的本體和生命的「道」（「氣」）。

從審美活動的角度看，所謂「意境」，就是超越具體的、有限的物象、事件、場景，進入無限的時間和空間，即所謂「胸羅宇宙，思

註645　劉禹錫：〈董氏武陵集記〉。

接千古」，從而對整個人生、歷史、宇宙獲得一種哲理性的感受和領悟。一方面超越有限的「象」（「取之像外」、「像外之象」），另一方面「意」也就從對於某個具體事物、場景的感受上升為對於整個人生的感受。**這種帶有哲理性的人生感、歷史感、宇宙感，就是「意境」的意蘊。**我們前面說「意境」除了有「意象」的一般的規定性之外，還有特殊的規定性。這種「像外之象」所蘊涵的人生感、歷史感、宇宙感的意蘊，就是「意境」的特殊的規定性。因此，我們可以說，**「意境」是「意象」中最富有形而上意味的一種類型。**

為了說明「意境」的這種特殊的規定性，我們可以舉一些例子。

中國古代山水畫家喜歡畫「遠」，高遠，深遠，平遠。中國山水畫家為什麼要畫「遠」？因為山水本來是有形體的東西，而「遠」突破山水有限的形體，使人的目光伸展到遠處，從有限的時間空間進到無限的時間空間，進到所謂「像外之象」、「景外之景」。所以，「遠」，也就是中國山水畫的意境。

中國的園林藝術最能說明意境的這種特殊規定性。中國園林藝術在審美上的最大特點也是有意境。中國園林的特點不是一座孤立的建築物的美，也不是一片孤立的風景的美，而是能夠在遊覽者的心目中生成意境。那麼什麼是中國園林的意境呢？就是突破小空間，進入無限的大空間。中國古典園林中的建築物，樓、台、亭、閣，它們的審美價值主要不在於這些建築物本身，而在於它們可以引導遊覽者從小空間進到大空間，從而豐富遊覽者對於空間的美的感受。明代造園學家計成的《園冶》說：「軒楹高爽，窗戶虛鄰，納千頃之汪洋，收四時之爛縵。」中國園林中的建築物，為什麼柱子這麼高，為什麼窗戶這麼大？就是為了「納千頃之汪洋，收四時之爛縵」，也就是使遊覽

者把外界無限的時間、空間的景色都「收」、「納」進來。

　　中國每一處園林都少不了亭子。亭子在中國園林的意境中起什麼作用呢？它的作用就在於能把外界大空間的景色吸收到這個小空間中來。元人有兩句詩：「江山無限景，都聚一亭中。」**646** 這就是亭子的作用，就是把外界大空間的無限景色都吸收進來。中國園林的其他建築，如臺榭樓閣，也都是起這個作用，都是為了使遊覽者從小空間進到大空間，突破有限，進入無限。中國園林中建築物的命名也可以說明這一點。如「待月樓」、「煙雨樓」、「聽雨軒」、「月到風來亭」、「荷風四面亭」、「飛泉亭」……等等，都表明這些建築物的價值在於把自然界的風、雨、日、月、山、水引到遊覽者的面前來觀賞。頤和園有個匾額，叫「山色湖光共一樓」，就是說，這個樓把一個大空間的湖光山色的景緻都吸收進來了。突破有限，進入無限，就能夠在遊覽者胸中引發一種對於整個人生、對於整個歷史的感受和領悟。我們可以舉兩個例子來說明這一點。一個例子是王羲之的〈蘭亭集序〉。王羲之在這篇文章一開頭就指出，蘭亭給人的美感，主要不在於亭子本身的美，而在於它可以使人「仰觀宇宙之大，俯察品類之盛」。接下去說：「所以遊目騁懷，極視聽之娛，信可樂也。」遊覽者的眼睛是遊動的，心胸是敞開的，因此得到了一種極大的快樂。而這種仰觀俯察，遊目騁懷，就引發了一種人生感，所以王羲之接下去又說：「向之所欣，俯仰之間，已為陳跡，猶不能不以之興懷，況修短隨化，終期於盡。」「後之視今，亦猶今之視昔。」宇宙無限，人生有限，所以孔子在岸邊望著滔滔的江水發出感嘆：「逝者如斯夫，不捨晝夜！」這就是人生感。再一個例子是王勃的

註646　張宣在倪雲林《溪亭山色圖》上的題詩。

蘇州留園明瑟樓

〈滕王閣序〉，這也是一篇極有名的文章。王勃在文章開頭描寫了滕王
閣建築的美，但接下去就說，滕王閣給人的美感，主要在於它可以使人
看到一個無限廣闊的空間，看到無限壯麗的景色。「落霞與孤鶩齊飛，
秋水共長天一色。」「漁舟唱晚，響窮彭蠡之濱；雁陣驚寒，聲斷衡陽
之浦。」然後他說，在這種空間的美感中，包含了一種人生感：「天高
地迥，覺宇宙之無窮，興盡悲來，識盈虛之有數。」這就是滕王閣引發
的形而上的感興。雲南昆明有一座大觀樓，樓上有一副對聯，據說是中
國最長的一副對聯。上聯是：「五百里滇池，奔來眼底，披襟岸幘，喜
茫茫空闊無邊。看東驤神駿，西翥靈儀，北走蜿蜒，南翔縞素，高人韻
士，何妨選勝登臨，趁蟹嶼螺州，梳裹就風鬟霧鬢，更萍天葦地，點綴

些翠羽丹霞，莫辜負，四周香稻，萬頃晴沙，九夏芙蓉，三春楊柳。」
這是一個廣闊無邊的空間。下聯是回顧歷史：「數千年往事，注到心
頭。把酒凌虛，嘆滾滾英雄誰在。想漢習樓船，唐標鐵柱，宋揮玉斧，
元跨革囊，偉烈豐功，費盡移山心力。盡珠簾畫棟，卷不及暮雨朝雲，
便斷碣殘碑，都付與蒼煙落照。只贏得，幾杵疏鐘，半江漁火，兩行秋
雁，一枕清霜。」無限的空間和時間引發了對於人生和歷史的感嘆。
大觀樓的這副長聯，和王羲之、王勃的兩篇文章一樣，都說明，中國園
林建築的意境，就在於它可以使遊覽者「仰觀宇宙之大，俯察品類之
盛」，可以使遊覽者「胸羅宇宙，思接千古」，從有限的時間空間進入
無限的時間空間，從而引發一種帶有哲理性的人生感、歷史感。

　　由於意境包含有這種形而上的意蘊，所以它帶給人的是一種特殊
的美感。康德曾經說過，有一種美的東西，人們接觸到它的時候，往
往感到惆悵。**647** 意境就是如此。前面說過，意境的美感，包含了一
種人生感、歷史感、宇宙感。正因為如此，它往往使人感到一種惆
悵，忽忽若有所失，就像長久居留在外的旅客思念自己的家鄉那樣的
一種心境。這種美感，就是尼采說的「形而上的慰藉」，也就是馬斯
洛說的「屬於存在價值的歡悅」。我們可以從《紅樓夢》中舉出一個
例子。《紅樓夢》第五十八回，寫寶玉病後要去看黛玉。寶玉從沁芳
橋一帶堤上走來，「只見柳垂金線，桃吐丹霞，山石之後，一株大杏
樹，花已全落，葉凋萌翠，上面已結了豆子大小的許多小杏。寶玉因

註647　「康德言接觸美好事物，輒惆悵類羈旅之思家鄉。」（斯達爾夫人：《論德意志》，
龐熱和巴里亞編，第四卷，第222頁。轉引自錢鍾書《管錐編》第三冊，第982頁，中華書局，
1979。）

想到：『能病了幾天，竟把杏花辜負了！不覺到「綠葉成蔭子滿枝」了！』因此仰望杏子不捨。又想起邢岫煙已擇了夫婿一事；雖說男女大事，不可不行，但未免又少了一個好女兒，不過兩年，便也要『綠葉成萌子滿枝』了……」這一段的描寫，詩的味道極濃。作者把蘇東坡的詞「花褪殘紅青杏小」，杜牧的詩「狂風落盡深紅色，綠葉成萌子滿枝」，加以融化，並且重重地染上一層賈寶玉的情感的色彩，從而創造了一個新的意境。這株大杏樹使賈寶玉對人生有了某種哲理性的領悟，從而發出深沉的感嘆。讀者讀到這裡，會和賈寶玉一樣，在詩意瀰漫中茫然若失，感到一種憂鬱，一種惆悵，一種淡淡的哀愁。我們讀唐宋詞中的名句，如「何處是歸程，長亭更短亭」，如「問君能有幾多愁，恰似一江春水向東流」，如「流光容易把人拋，紅了櫻桃，綠了芭蕉」，等等，感到的也是一種惆悵，好像旅客思念家鄉一樣，茫然若失。這種惆悵也是一種詩意和美感，也帶給人一種精神的愉悅和滿足。

我們一般都是在藝術美的領域談意境，實際上，意境作為審美意象的一種特殊類型，並不限於出現在藝術美的領域，它也可以出現在自然美的領域和社會美的領域。

貝多芬在談到大自然的景色給他的感興時說：「晚間，當我驚奇地靜觀太空，見那輝煌的眾星在它們的軌道上不斷運轉，這時候我的心靈上升，越過星座千萬里，一直上升到萬古的泉源，從那裡，天地萬物湧流出來，從那裡，新的宇宙萬象將要永遠湧流。」[648]貝多芬在這時體會到的是一種宇宙感，在他心目中湧現的是一個含有形而上意

註648　引自《音樂譯文》，1980年第 1 期，第135～136頁，人民音樂出版社。

蘊的意象世界，也就是我們中國人說的意境。

中國古代詩人喜歡登高望遠，在自然美的欣賞中從有限的時間空間進到無限的時間空間，從而引發自己對於人生、歷史、宇宙的哲理性的感悟。這時在詩人心目中呈現的是一個含有形而上意蘊的意象世界，也就是意境。清代詩人沈德潛說：「余於登高時，每有今古茫茫之感。」**649** 這就是一種人生感和歷史感。中國古詩中有很多描述這種登高遠望帶來人生感的句子，如「目極千里兮傷春心」（宋玉〈招魂〉），「登高遠望，使人心瘁」（宋玉〈高唐賦〉），「高臺不可望，望遠使人愁」（沈約〈臨高臺〉），「青山不可上，一上一惆悵」（何遜〈擬古〉），「試登高而望遠，咸痛骨而傷心」（李白〈愁陽春賦〉），「城上高樓接大荒，海天愁思正茫茫」（柳宗元〈登柳州城樓〉），等等。這些詩句都說明，古代詩人在登高遠望時，他們心目中呈現的自然美是一種帶有形而上意味的意象世界，也就是意境，這時他們的情感體驗是一種惆悵。

在社會美的領域，也可以生成意境。馮友蘭談到過他個人的體驗。他在《中國哲學史新編》第六冊王國維一章的最後，寫了幾則「附記」，其中說：「關於意境，我也有些經驗。」他說：

1937年中國軍隊退出北京以後，日本軍隊過了幾個星期以後才進城接收政權。在這幾個星期之間，在政治上是一個空白。我同清華校務會議的幾個人守著清華。等到日本軍隊進城接收了北京政權，清華就完全不同了。有一個夜晚，吳正之（有訓）同我在清華園中巡察，皓月當空，十分寂

註649 《唐詩別裁集》卷五評語。

靜。吳正之說：「靜得怕人，我們在這裡守著沒有意義了。」我忽然覺得有一些幻滅之感。是的，我們守著清華為的是替中國守著一個學術上、教育上完整的園地。北京已不屬於中國了，我們還在這裡守著，豈不是為日本服務了嗎？認識到這裡，我們就不守清華了，過了幾天，我們二人就一同往長沙去找清華了。後來我讀到清代詩人黃仲則的兩句詩：「如此星辰非昨夜，為誰風露立中宵。」我覺得這兩句詩所寫的正是那種幻滅之感。我反復吟詠，更覺其沉痛。**650**

　　馮友蘭這段話記錄了他個人的人生體驗。在清華園的那個晚上，在他心目中呈現出一個皓月當空、靜得怕人的意象世界，其中滲透著極其沉痛的人生感。這就是意境。馮友蘭的經驗告訴我們，在社會生活領域中人們同樣可以有意境的感興（體驗）。

七、關於「藝術的終結」的問題

　　藝術領域還有一個重要的理論問題是關於「藝術的終結」的問題。

　　藝術終結的問題最早是黑格爾提出來的。近年美國學者丹托又把這個問題重新提了出來，引起藝術界的討論和關注。

　　（一）黑格爾的命題

　　我們先看黑格爾的命題。

　　黑格爾關於藝術發展的前景，其實有兩個不同的命題。

　　一個命題是從絕對觀念發展的邏輯提出的命題。黑格爾說：

　　就它的最高職能來說，藝術對於我們現代人已是過去的事了。因此，

註650　馮友蘭：《中國哲學史新編》第六冊，第199頁，人民出版社，1989。

它也已喪失了真正的真實和生命，已不復能維持它從前在現實中的必需和崇高的地位，毋寧說，它已轉移到我們的觀念世界裡去了。[651]

我們儘管可以希望藝術還會蒸蒸日上，日趨於完善，但是藝術的形式已不復是心靈的最高需要了。我們儘管覺得希臘神像還很優美，天父、基督和瑪利亞在藝術裡也表現得很莊嚴完善，但是這都是徒然的，我們不再屈膝膜拜了。[652]

按照黑格爾的哲學，絕對理念是最高的真實。絕對理念有主觀精神、客觀精神、絕對精神三個發展階段。絕對精神又有藝術、宗教和哲學三個發展階段。哲學是絕對理念發展的頂端。黑格爾把藝術分成三種類型：象徵型、古典型和浪漫型。象徵型藝術是形式壓倒內容。古典型藝術是形式和內容的完滿契合，所以是最完美的藝術。浪漫型藝術是精神（內容）溢出物質（形式），這種內容和形式的分裂不但導致浪漫藝術的解體，而且也導致藝術本身的解體。精神要進一步脫離物質，「藝術的形式已不復是心靈的最高需要了」，藝術「已喪失了真正的真實和生命，已不復能維持它從前的在現實中的必需和崇高的地位，毋寧說，它已轉到我們的觀念世界裡去了」。這樣，藝術就讓位於哲學。這就是藝術的終結。

所以，黑格爾所說的藝術的終結，並不是說藝術從此消亡（死亡）了，而是說，藝術對人的精神（心靈）來說，不再有過去那種必需的和崇高的位置了。

註651　黑格爾：《美學》第一卷，第 15 頁，商務印書館，1979。

註652　同上書，第132頁。

照我們看，黑格爾的這種藝術終結論在理論上是不能成立的，因為他的理論前提不能成立。黑格爾的理論前提是：絕對理念是無限的，是最高的真實。藝術（美）是「理念的感性顯現」，是以有限來顯現無限，所以最終要否定自己，而進入哲學，哲學是純粹的觀念世界，是最高真實的體現。但是照我們的看法，絕對理念不是最高的真實，藝術也不是理念的顯現。照我們的看法，藝術是意象世界，而這個意象世界照亮一個生活世界，這個生活世界是真實的世界。王夫之強調，「志」不是「詩」。「志」可以用邏輯判斷和命題的形式來表述，因此它是確定的、有限的，而「詩」的意蘊則不能用邏輯判斷和命題的形式來表述，因此它帶有某種程度的寬泛性、不確定性和無限性。所以王夫之說「詩無達志」。王夫之認為，正因為如此，所以藝術在人類社會中有特殊的、不可替代的價值。按照王夫之的這個思想，藝術就不是哲學所可以替代的，這不但在古代（或古典藝術時期）是如此，而且在現代（或現代藝術出現之後）也是如此。

黑格爾關於藝術終結論的第二個命題是從歷史發展的角度提出的，也就是現代市民社會不利於藝術的發展。黑格爾說：

> 我們現時代的一般情況是不利於藝術的。[653]

「現時代的一般情況」為什麼不利於藝術呢？因為現時代不再是一個詩性的時代，而是一個散文的時代。什麼是詩性的時代？就是人與世界萬物融為一體的時代，也就是生生不息、充滿意味和情趣的時代。那樣的時代，當然有利於藝術的發展，因為藝術的本體是情景交

註653　黑格爾：《美學》第一卷，第 14 頁。

融的審美意象，藝術活動是一種審美活動。而散文的時代則是功利和理性統治的時代，世界對於人是一個外在的、對象化的世界，世界萬物都是人們利用的對象。在這樣的時代中，人們習慣於用主客二分的觀念去看待一切，也就是「按照原因與結果、目的與手段以及有限思維所用的其他範疇之間的通過知解力去瞭解的關係，總之，按照外在有限世界的關係去看待」一切[654]。這樣，一切都是孤立的、有限的、偶然的、乏味的。這樣的時代當然不利於藝術的發展。

應該說，黑格爾的這一觀察是深刻的。現代市民社會的發展趨勢是物質的、技術的、功利的追求越來越佔據壓倒一切的統治地位，人的物質生活與精神生活失衡，人的內心生活失衡，人與自然失衡，人的生活失去詩意，人類失去家園，這當然不利於藝術（以及各種領域的審美活動）的發展。

但是，社會環境不利於藝術的發展，這並不意味著藝術喪失了真實和生命，也不意味著藝術不再是心靈的需要。事情也許正好相反，正因為「現時代的一般情況」不利於藝術，正因為在現代社會中物質的、技術的、功利的追求佔據了壓倒一切的、統治的地位，因而人類（心靈）對藝術（以及各個領域的審美活動）的需求就更加迫切，藝術理應放到比過去更高的位置上。

因此，有些學者把黑格爾的這個命題歸入前面說過的藝術的終結的命題是不妥當的。照我們的分析，如果把黑格爾的這個命題加以展開的話，那它恰恰會否定前面說的藝術終結的命題（「藝術的形式已不復是心靈的最高需要了」）。

註654 黑格爾：《美學》第三卷，下冊，第 22 頁，商務印書館，1981。

（二）丹托的命題

亞瑟・C. 丹托（Arthur Coleman Danto, 1924～2013），美國哥倫比亞大學教授，是一位分析哲學家。他以西方現代主義藝術和後現代主義藝術為背景，重新提出「藝術終結」的命題。

丹托認為，現代主義藝術已經在1964年的某個時刻終結了。所謂1964年的某個時刻，就是安迪・沃荷的《布里洛盒子》展出的那個時刻。因為《布里洛盒子》的展出，模糊了藝術品與日常物品的界限，也就是模糊了藝術與非藝術的界限，從而提出了「什麼是藝術」的問題。丹托認為這個問題已經超出了藝術的界限，必須交給哲學來解決。這也就是說，藝術終結在哲學裡面了。其實，照這麼說起來，藝術的終結，應該從杜象（他的《噴泉》等作品）就開始了。「杜象作品在藝術之內提出了藝術的哲學性質這個問題，它暗示著藝術已經是形式生動的哲學，而且現在已通過其中心揭示哲學本質完成了其精神使命。現在可以把任務交給哲學本身了，哲學準備直接和最終地對付其自身的性質問題。所以，藝術最終將獲得的實現和成果就是藝術哲學。」[655]

這種藝術的終結，就是哲學對藝術的剝奪。丹托曾在1984年 8 月的「世界美學大會」上發表過題為「哲學對藝術的剝奪」的講演。[656]

丹托的邏輯是：當藝術品和現成品在感覺上找不出差別時，人們就要思考「什麼是藝術」的問題，因而就必須轉向哲學了。他說：「只有當任何東西都可以成為藝術品是顯而易見的時候，人們才會對

註655 亞瑟・C. 丹托：《藝術的終結》（The End of Art, 1984），第 15 頁，江蘇人民出版社，2001。

註656 此文收進《藝術的終結》一書，江蘇人民出版社，2001。

藝術進行哲學思考。」**657**「以我最喜歡的例子來說，不需要從外表上在沃荷的《布裡洛盒子》與超市裡的布里洛盒子之間劃分出差別來。而且觀念藝術表明某件事要成為藝術品甚至不需要摸得著的視覺物品。這意味著就表面而言，任何東西都可以成為藝術品，它還意味著如果你想找出什麼是藝術，那你必須從感官經驗（sense experience）轉向思想。簡言之，你必須轉向哲學。」**658**

這樣，我們就能明白，為什麼丹托把《布里洛盒子》的展出看作是藝術終結的標誌。丹托的邏輯就是：《布里洛的盒子》的展出，抹掉了藝術品與現成物的差別，從而提出「什麼是藝術」的問題，這就意味著哲學對藝術的剝奪，意味著藝術的終結。

丹托說，隨著「什麼是藝術」的問題的提出，「現代主義的歷史便結束了」。**659**「它之所以結束是因為現代主義過於局部，過於物質主義，只關注形式、平面、顏料以及決定繪畫的純粹性等諸如此類的東西。」**660** 而「隨著藝術時代的哲學化的到來，視覺性逐漸散去了」，**661**「因為藝術的存在不必非得是觀看的對象」。**662**「不管藝術是什麼，它不再主要是被人觀看的對象。或許，它們會令人目瞪口呆，但基本上不是讓人看的。」**663**

註657　亞瑟 · C. 丹托：《藝術的終結之後》（After the End of Art, 1997），第 17 頁，江蘇人民出版社，2007。

註658　同上書，第 16 頁。

註659　亞瑟 · C. 丹托：《藝術的終結之後》，第 18 頁。

註660　同上。

註661　同上書，第 19 頁。

註662　同上書，第 19～20 頁。

註663　同上書，第 20 頁。

我們把丹托的「藝術終結」論和黑格爾的「藝術終結」論作一比較，可以看到，他們都主張藝術終結於哲學（觀念），這是相同的。但是他們的出發點不同。黑格爾是立足於他的觀念哲學，即絕對理念的發展的邏輯決定了藝術的終結。丹托是立足於後現代主義藝術的實踐，即後現代主義藝術的一些流派抹掉藝術品和現成品的界限，藝術轉到觀念的領域，藝術變成哲學，這導致了藝術的終結。

按照我們的看法，藝術不可能終結。從最根本的道理上說，藝術活動屬於審美活動（審美體驗），這是人的精神的需求，是人性的需求。人需要認識活動，因而需要科學；人需要有形而上的思考，因而需要哲學；人還需要審美體驗活動，因而需要藝術。人通過審美體驗活動，超越自我，超越自我與萬物的分離，超越主客二分，回到本原的生活世界，回到人類的精神家園。所以王夫之強調，「志」、「意」不是「詩」，「志」、「意」不可能代替「詩」。當然，審美活動是社會的、歷史的。在不同的歷史時期，審美活動必然產生變化，從而具有不同的文化內涵和歷史形態，但是決不會消亡。同樣，藝術活動作為審美活動的重要領域，在不同的歷史時期，它的文化內涵和歷史形態肯定會發生變化，但也決不會消亡。哲學不可能代替藝術。

黑格爾的預言並未得到歷史的證實。丹托也承認，在黑格爾之後，整個 19 世紀的藝術，大多數還是「真正地喚起了黑格爾所說的『直接享受』」，[664] 即「不需要哲學理論做中介的享受」。[665] 特別是印象派藝術，它們帶給觀眾「無需中介的愉悅」。[666]「人們不需要哲學去欣賞印象

註664　同上書，第 37 頁。

註665　同上。

註666　亞瑟‧C. 丹托：《藝術的終結之後》，第 37 頁。

派」。**667** 這就是說，哲學並沒有代替藝術。黑格爾的預言並沒有實現。

　　那麼丹托本人的預言呢？丹托一再說，他所說的「藝術的終結」，就是意味著「任何東西都可以成為藝術品」，就是意味著「多元論藝術世界」的來臨。我們認為，如果一般地說，當代的藝術世界是一種多元化的藝術世界，我們是讚同的。但是這種多元化的藝術世界並不意味著藝術與非藝術的界限的消失，因而也不意味著藝術的終結。因為西方後現代主義藝術的某些「作品」，也就是他們用來抹掉藝術品與非藝術品的差異的「作品」，在我們看來並不是藝術。因而1964年 4 月沃荷《布里洛盒子》的展出並不意味著「藝術的終結」。**在這一點上，我們與丹托的看法不同。這種不同，是由於我們與丹托的美學基本觀念完全不同。**

本章提要

　　藝術的本體是審美意象，即一個完整的、有意蘊的感性世界。藝術不是為人們提供一件有使用價值的器具，也不是用命題陳述的形式向人們提供有關世界的一種真理，而是向人們呈現一個意象世界，從而使觀眾產生美感（審美感興）。所以藝術和美（廣義的美）是不可分的。

　　藝術是多層面的複合體。除了審美的層面（本體的層面），還有知識的層面，技術的層面，物質載體的層面，經濟的層面，政治的層面，等等。

註667 同上。

藝術與非藝術應該加以區分，區分就在於看這個作品能不能呈現一個意象世界，也就是王夫之說的能不能使人「興」（產生美感）。西方後現代主義的一些流派，如「波普藝術」和「觀念藝術」的一些藝術家，他們否定藝術與非藝術的區分，實質上是摒棄一切關於意義的要求，從而導致意蘊的虛無。他們的一些「作品」沒有任何意蘊，因而不能生成審美意象，也不能使人感興。這些東西不是藝術。

藝術創造的過程包括兩個飛躍，一個是從「眼中之竹」到「胸中之竹」的飛躍，一個是從「胸中之竹」到「手中之竹」的飛躍，在這個過程中可能涉及政治的因素、經濟的因素、物質技術的因素等等多種複雜的因素，但這一切的中心始終是一個意象生成的問題。

藝術作品的結構可以分成不同的層次。我們認為分成三個層次是比較合適的：（一）材料層；（二）形式層；（三）意蘊層。

藝術作品的材料層有兩方面的意義，一方面，它影響整個作品的意象世界的生成；另一方面，它給觀賞者一種質料感，這種質料感會融入美感，成為美感的一部分。

藝術作品的形式層也有兩方面的意義，一方面它顯示作品（整個意象世界）的意蘊、意味；另一方面，它本身可以有某種意味，這種意味即一般所說「形式美」或「形式感」，這種形式感也可以融入美感而成為美感的一部分。

藝術作品的意蘊帶有某種程度的寬泛性、不確定性和無限性。這就是王夫之所說的「詩無達志」。這決定了藝術欣賞中美感的差異性和豐富性。

對藝術作品進行闡釋是不可避免的，也是有價值的。但是這種以邏輯判斷和命題的形式所作的闡釋，只是對作品意蘊的一種近似的概

括和描述，這與作品的「意蘊」並不是一個東西。同時，對於一些偉大的藝術作品來說，一種闡釋只能照亮它的某一個側面，而不可能窮盡它的全部意蘊。因此，這些作品存在著一種闡釋的無限可能性。

藝術作品的意蘊層帶有複合性，中國古人稱之為「辭情」和「聲情」的複合。在不同的藝術形式和藝術作品中，這種複合是不平衡的。這是研究藝術作品的意蘊時應該關注的一個問題。

「意境」是「意象」（廣義的美）中的一種特殊的類型，它蘊涵著帶有哲理性的人生感、歷史感和宇宙感。「意境」給予人們一種特殊的情感體驗，就是康德說的「惆悵」，也就是尼采說的「形而上的慰藉」。「意境」不僅存在於藝術美的領域，而且也存在於自然美和社會美的領域。

關於「藝術的終結」的問題，黑格爾有兩個命題。一個是從絕對觀念發展的邏輯提出的命題。他的邏輯是：藝術顯現絕對觀念，絕對觀念是無限的，是最高的真實，而藝術是有限的，所以藝術最終要否定自己。我們認為他的理論前提不能成立。絕對觀念不是最高的真實，藝術也不是理念的顯現。藝術在人類社會中有特殊的價值，不是哲學可以替代的。黑格爾的第二個命題是從歷史發展的角度提出的，就是現代市民社會不利於藝術的發展。這個命題包含著黑格爾對現代市民社會深刻的觀察。但是我們認為不能由此得出藝術不再是心靈的需要的結論。正相反，人類對藝術的需求更加迫切了。

當代美國學者丹托立足於後現代主義藝術的實踐，重新提出「藝術終結」的命題。他的邏輯是，後現代主義藝術的一些流派抹掉藝術品和現成品的界限，藝術轉到觀念的領域，藝術變成哲學，這導致藝術的終結。我們認為丹托的命題不能成立。因為藝術與非藝術的界限並沒有消失，人對於藝術（審美體驗）的需求，作為人的精神需求，也不會消失。

第七章　科學美

本章討論科學美以及與科學美有關的兩個問題：科學美在科學研究中的作用的問題，以及同一個人有沒有可能把大腦兩半球的功能同時發揮到最高點的問題。

一、大師的論述：科學美的存在及其性質

科學美的問題，是美學理論中一個包含有極其豐富的內容的問題，同時又是一個極其有興趣的問題。

對於科學美的討論，最早也許可以追溯到古希臘的畢達哥拉斯學派，因為他們認為美決定於數的關係，並且認為「一切立體圖形中最美的是球形，一切平面圖形中最美的是圓形」。[668] 後來亞里士多德明確說：「那些人認為數理諸學全不涉及美或善是錯誤的。」「美的主要形式『秩序、勻稱與明確』，這些唯有數理諸學優於為之作證。」[669] 20 世紀以來，對於科學美最為關注的，並不是美學家，而是自然科學家，特別是物理學領域的一些大師。下面我們介紹幾位大師關於科學美的論述。[670]

註668　《西方美學家論美和美感》，第 15 頁，商務印書館，1980。

註669　亞里斯多德：《形而上學》，第271頁，商務印書館，1959。

註670　以下對於龐加萊、愛因斯坦、海森堡、狄拉克的言論的介紹，主要依據詹姆斯‧W. 麥卡里斯特（James W. McAllister）《美與科學革命》（Beauty & Revolutionin Science）一書（吉林人民出版社，2000），以及劉仲林《科學臻美方法》一書（科學出版社，2002）。

（一）龐加萊

龐加萊（Jules Henri Poincaré, 1854～1912）是法國大數學家、物理學家、天文學家。他在《科學與方法》一書對「科學美」的概念進行了界定，並認為「科學美」在科學創造中有極其重要的作用。

龐加萊認為，科學家並不是因為自然有用才進行研究，而是因為能從中得到愉快，這種愉快來源於自然的美。他說：「如果自然不美，就沒有瞭解的價值，人生也就失去了存在的價值。當然，我這裡並不是說那種觸動感官的美、那種屬性美和外表美。雖然，我絕非輕視這種美，但這種美和科學毫無關係。我所指的是一種內在的（深奧的）美，它來自各部分的和諧秩序，並能為純粹的理智所領會。」[671]

可以看出，龐加萊所說的科學美，反映宇宙內部的和諧，訴諸人的理智，而不是訴諸人的感性，所以科學美是一種理智美。[672]

龐加萊認為科學美中有一種簡單美和浩瀚美。他說：「我們特別喜好探索簡單的事實和浩瀚的事實，因為簡單和浩瀚都是美的。」

龐加萊針對科學研究和方法和結果，提出了一個「雅緻」（elegance）的概念。他說：「數學家們極為重視其方法和結果的雅緻。」「那麼，在解題和論證中給我們的雅緻感究竟是什麼呢？是不同各部分和諧，是其對稱，是其巧妙的協調，一句話，是所有那些導致秩序，給出統一，使我們立刻對整體和細節有清楚審視和瞭解的東西。」又說：「我們不習慣放在一起的東西意外相遇時，可能會產生一種出乎意外的

註671 轉引自劉仲林《科學臻美方法》，第 20 頁，科學出版社，2002。

註672 龐加萊（Jules Henri Poincaré, 1854～1912）：《科學的基礎》（The Foundations of Science）。轉引自《科學臻美方法》，第21頁。

雅緻感，它在我們尚未識別以前，就對我們顯示出類似，這是雅緻的另一效果。」「甚至，簡便方法和所解決問題的複雜形成的對比，也可引起雅緻感。」「簡言之，數學上的雅緻感是一種令人滿意的快感，它僅僅來自所得的解決與我們精神上的要求相一致。由於這種高度一致，這一解決方法能成為我們的一個工具。」[673]從龐加萊的這些話來看，「雅緻感」可以說是一種美感，它是由科學研究的方法和結果顯示出一種形式美而引起的。這種形式美的顯示，有時是出乎意外、突如其來的，它先於邏輯的分析，是一種瞬間的直覺。

龐加萊認為，美感在科學研究中有重要的作用。法國數學家阿達馬（Jacques Solomon Hadamard, 1865 ~ 1963）把的思想概括為以下兩點結論：「發明就是選擇。這種選擇不可避免地由科學上的美感所支配。」[674] 這兩點結論，在 20 世紀的科學界產生了重大的影響。

（二）愛因斯坦

愛因斯坦對物理學的偉大貢獻是人所共知的。他於1905年提出狹義相對論，1916年提出廣義相對論，並發展了普朗克（Max Planck, 1858 ~ 1947）的量子論，提出了光量子的概念，用量子理論解釋了光電效應。1921年獲得諾貝爾物理學獎。

很多科學家認為，愛因斯坦的相對論具有非凡的美，是偉大的藝術品。物理學家德布羅意說：廣義相對論的「雅緻和美麗是無可爭辯的。它該作為 20 世紀數學物理學的一個最優美的紀念碑而永垂不

註673 同上書，第 22 ~ 23 頁。

註674 阿達馬（Jacques Solomon Hadamard, 1865 ~ 1963）：《數學領域中的發明心理學》（Psychology of Invention in the Mathematical Field）。轉引自《科學臻美方法》，第 20 頁。

朽」。物理學家玻恩（Max Born, 1882～1970）說：「廣義相對論在我面前像一個被人遠遠觀賞的偉大藝術品。」[675]

愛因斯坦自己說：「美照亮我的道路，並且不斷給我新的勇氣。」[676] 愛因斯坦在科學研究中追求簡單性與和諧性，因為他認為美在本質上具有簡單性與和諧性。所謂和諧性，就是理論體係不存在「內在不對稱性」。他說：「渴望看到這種和諧，是無窮的毅力和耐心的源泉。」[677]

與此相聯繫，愛因斯坦十分強調想像、直覺、靈感在科學研究中的作用。他認為，科學體系中的概念和命題，都是思維的自由創造，所以必須突破形式邏輯的局限。他說：「我相信直覺和靈感。」「想像力比知識更重要，因為知識是有限的，而想像力概括著世界上的一切，推動著進步，並且是知識進化的源泉。嚴格地說，想像力是科學研究中的實在因素。」他還說：「物理學家的最高使命是要得到那些最普遍的基本規律，由此世界體係就能用單純的演繹法建立起來。要通向這些定律，並沒有邏輯的道路，只有通過那種以對經驗的共鳴的理解為依據的直覺，才能得到這些定律。」[678]

（三）海森堡

海森堡（Werner Heisenberg, 1901～1976）是德國的物理學家，對量子力學的建立做出了重大貢獻。1932年獲諾貝爾物理學獎。

註675　以上均轉引自劉仲林《科學臻美方法》，第 24～25 頁。

註676　同上。

註677　同上。

註678　轉引自劉仲林《科學臻美方法》，第 31 頁。

海森堡一再談到科學美的問題。他在一次和愛因斯坦的談話中說：「我被自然界向我們顯示的數學體系的簡單性和美強烈地吸引住了。」[679] 他又說，自然界向人們展現的這種美往往使人震驚。當他進行矩陣元的計算，一旦發現自己窺測到自然界異常美麗的內部時，感到狂喜，幾乎快要暈眩了。

海森堡做過一個題為「精密科學中美的含義」的講演。在這個講演中，他討論了畢達哥拉斯的思想。他認為畢達哥拉斯關於音樂的數學結構的發現是人類歷史上最重大的發現之一，它說明「數學關係也是美的源泉」。[680] 他認為開普勒（Johannes Kepler, 1571～1630）就是受到畢達哥拉斯的啟發，把行星繞日運行同弦的振動相比較，從中探詢行星軌道運動的和諧美，終於發現了行星運動的三大規律。這是一種至高無比的美的聯繫。開普勒對於這種聯繫由他首次發現懷有一種感恩的心情，他在《宇宙和諧》（即《世界的和諧》，〔拉丁文〕Harmonices Mundi, 1618；〔英文〕The Harmony of the Worlds））一書結尾說：「感謝我主上帝，我們的創造者，您讓我在您的作品中看見了美！」[681]

海森堡認為科學美就在於統一性和簡單性：繁多的現象（「多」）被簡單的數學形式統一（「一」），由此便產生了科學美，使人獲得激動人心的美感。

海森堡強調科學美在科學研究中的作用。他說：「美對於發現真

註679 引自《愛因斯坦文集》第一卷，第217頁，商務印書館，1977。

註680 海森堡：〈精密科學中美的含義〉，轉引自吳國盛主編《大學科學讀本》，第265、266頁，廣西師範大學出版社，2004。

註681 同上。

的重要意義在一切時代都得到承認和重視。」[682] 他引用拉丁格言「美是真理的光輝」，認為這句格言說明了，為什麼探索者可以藉助美的光輝來找到真理。

海森堡還認為，人們對於科學美的直接領悟，並不是理性思維的結果，而可能是喚醒了存在於人類靈魂深處的無意識區域的原型。他引用柏拉圖的論述，說：「《斐德羅篇》（Phaedrus）中有一段話表達了如下思想：靈魂一見到美的東西就感到敬畏而戰慄，因為它感到有某種東西在其中被喚起，那不是感官從外部曾經給予它的，而是早已一直安放在深沉的無意識境域之中。」[684] 他還引用了開普勒和泡利（Wolfgang Ernst Pauli, 1900～1958, 原子物理學家）的類似的論述。

（四）狄拉克

狄拉克（Paul Adrien Maurice Dirac, 1902～1984）是英國物理學家，1933年和薛定諤（薛丁格，Erwin Rudolf Josef Alexander Schrödinger, 1887～1961）共同獲得諾貝爾物理學獎。

狄拉克說，對數學美的信仰是他和薛定諤取得許多成功的基礎：

我和薛定諤都極其欣賞數學美，這種對數學美的欣賞曾支配著我們的全部工作。這是我們的一種信條，相信描述自然界基本規律的方程都必定有顯著的數學美。這對我們像是一種宗教。奉行這種宗教是很有益的，可以把它看成是我們許多成功的基礎。[684]

註682　同上。

註683　同上。

註684　狄拉克：〈回憶激動人心的時代〉。轉引自劉仲林《科學臻美方法》，第40頁。

狄拉克談到愛因斯坦時說：「當愛因斯坦著手建立他的引力理論的時候，他並非去嘗試解釋某些觀測結果。相反，他的整個程式是去尋找一個美的理論。」「他能夠提出一種數學方案去實現這一想法。他唯一遵循的就是要考慮這些方程的美。」他在談到愛因斯坦的廣義相對論時又說：「我相信，這一理論的基礎比人們僅僅從試驗證據支持中能夠取得的要深厚。真正的基礎來自這個理論的偉大的美。」「我認為，正是這一理論的本質上的美是人們相信這一理論的真正的原因」。[685]

　　狄拉克堅信美與真的統一。他認為，美的理論必然是正確的。1955年在莫斯科，當有人要他簡短地寫下他的物理學哲學的時候，他在黑板上寫道：「物理學規律應該有數學美。」[686] 他又說：「在選擇研究方向的時候，公式的優美是非常重要的。」[687] 正因為這樣，他認為科學美（數學美）應該成為科學創造的動力和方法。物理學家應該追求數學美。如果一個物理學方程在數學上不美，那就標誌著一種不足，意味著理論有缺陷，需要改正。他還認為，「使一個方程式具有美感比使它去符合實驗更重要」。[688] 因為數學美與普遍的自然規律有關，而理論與實驗的符合常常和一些具體的細節有關。這些細節由於受主客觀因素影響，有可能使規律不能以純粹的形式出現。楊振寧評論說：「他（狄拉克）有感知美

註685　轉引自詹姆斯‧W. 麥卡里斯特《美與科學革命》，第 12 ～ 13 頁，吉林人民出版社，2000。

註686　同上。

註687　同上。

註688　楊振寧：〈美和理論物理學〉，轉引自吳國盛主編《大學科學讀本》，第279頁，廣西師範大學出版社，2004。

的奇異本領，沒有人能及得上他。今天，對許多物理學家來說，狄拉克的話包含有偉大的真理。令人驚訝的是，有時候，如果你遵循你的本能提供的通向美的嚮導前進，你會獲得深刻的真理，即使這種真理與實驗是相矛盾的。狄拉克本人就是沿著這條路得到了反物質的理論。」**689**

（五）楊振寧

楊振寧是美國華裔物理學家，因對宇稱定律的研究與李政道共同獲得1957年諾貝爾物理學獎。

楊振寧曾應很多著名大學的邀請到這些大學發表題為「美與物理學」的講演，受到熱烈的歡迎。

楊振寧肯定在科學中存在著美。他提醒大家注意哥白尼（Nicolaus Copernicus，1473-1543）的偉大著作《天體運行論》（拉丁文：De Revolutionibus Orbium Coelestium）（1543）的第一句話：「在哺育人的天賦才智的多種多樣的科學和藝術中，我認為首先應該用全副精力來研究那些與最美的事物有關的東西。」他說：「哥白尼選擇這樣一句話來開始他的著作，清楚地表明了他是多麼欣賞科學中蘊涵的美。」**690**

楊振寧認為，理論物理學中存在著三種美：現象之美，理論描述之美，理論架構之美。

「現象之美」是指物理現象之美。這有兩種：一種是一般人都能看到的，如天上的彩虹之美；一種是要有科學訓練的人通過科學實驗才能觀測到的，如行星軌道的橢圓之美，原子的譜線之美，超導性現

註689 同上。

註690 楊振寧：〈美和理論物理學〉，轉引自吳國盛主編《大學科學讀本》，第274頁。

象之美，元素週期表之美，等等。

「理論描述之美」是指一些物理學定律有一種很美的理論描述，如熱力學的第一、第二定律就是對自然界的某些基本性質的很美的理論描述。

「理論架構之美」是指一個物理學的定律公式化時，它趨向於一個美的數學架構。這種物理學的理論架構，「以極度濃縮的數學語言寫出了物理世界的基本結構」，是一種深層的美。楊振寧認為，牛頓的運動方程、麥克斯韋方程、愛因斯坦的狹義相對論與廣義相對論方程、狄拉克方程、海森堡方程和其他五六個方程是物理學理論架構的骨幹，它們「達到了科學研究的最高境界」，可以說「是造物者的詩篇」。[691] 研究物理的人，在這些「造物者的詩篇」面前，會產生「一種莊嚴感，一種神聖感，一種初窺宇宙奧秘的畏懼感」，[692] 他們會感受到哥特式教堂想要體現的那種「崇高美、靈魂美、宗教美、最終極的美」。[693]

楊振寧強調美對物理學中將來工作的重要性。他引用愛因斯坦的兩段話來說明這一點。1933年愛因斯坦說：「創造性的原則寓於數學之中，因此在一定意義上，我以為正如古人所夢想的一樣，純粹的思想能夠把握實在。這是真的。」1934年愛因斯坦說：「理論科學家越來越不得不服從純數學的形式考慮的支配。」[694]

註691　楊振寧：〈美與物理學〉，見《楊振寧文集》下冊，第850～851頁，華東師範大學出版社，1998。

註692　同上。

註693　同上。

註694　楊振寧：〈美和理論物理學〉，轉引自吳國盛主編《大學科學讀本》，第280頁，廣西師範大學出版社，2004。

以上我們非常簡略地介紹了龐加萊、愛因斯坦、海森堡、狄拉克、楊振寧等幾位物理學大師對於科學美的論述。從他們的論述中，可以看出如下幾點：

　　第一，他們都肯定「科學美」的存在；

　　第二，在他們看來，「科學美」表現為物理學理論、定律的簡潔、對稱、和諧、統一之美，也就是說，「科學美」主要是一種數學美，形式美；

　　第三，他們都指出，「科學美」是訴諸理智的，是一種理智美；

　　第四，他們都相信，物理世界的「美」和「真」（物理世界的規律和結構）是統一的，因而他們都強調，科學家對於美的追求，在物理學的研究中有重要的作用。

　　大師們的論述，對我們研究「科學美」是很有啟發的。

二、科學美的幾個理論問題

　　科學美的表現形態是科學定律、公式、理論架構，它們反映物理世界的客觀規律和基本結構，但它們是科學研究的成果。楊振寧把牛頓的運動方程、麥克斯韋方程、愛因斯坦的狹義與廣義相對論方程等稱為「造物者的詩篇」，但它們並不是自然界直接呈現給觀賞者的，它們是人類最高智慧的結晶。它們反映了物理世界的客觀規律和基本結構，確實可以稱為「造物者的詩篇」，但它們又是人的偉大創造，所以它們又是牛頓的詩篇，麥克斯韋的詩篇，愛因斯坦的詩篇。正因為如此，我們不贊同把「科學美」納入「自然美」的範疇，因為它們並不是人們從自然界直接感受到的美（楊振寧說的彩虹之美是人們可以直接感受到的，但嚴格來說彩虹之美不屬於科學美的範疇）。當然

我們也不贊同把「科學美」納入「社會美」的範疇，因為儘管科學研究和科學實驗活動是社會實踐活動的一部分，但是「科學美」並不是社會生活的美，這和「藝術美」的情況是類似的。所以，我們把「科學美」與「自然美」、「社會美」區分開來，和「藝術美」一樣，作為一種特殊的審美領域來進行討論。

從上一節所介紹的大師們的論述中，我們可以發現，在科學美的領域存在著幾個理論上需要研究的問題：

1.「科學美」與「自然美」、「社會美」、「藝術美」是否是同一種性質的美？

我們前面講過，美（廣義的美）就是審美意象，它是情景的融合，存在於人的審美活動之中。它訴諸人的感性直覺（王夫之所謂「一觸即覺，不假思量計較」）。「自然美」、「社會美」、「藝術美」都是如此。但是，「科學美」顯然不是如此。「科學美」不是感性的審美意象，它來自於用數學形態表現出來的物理學的定律和理論架構。它訴諸人的理智。所以有的科學家把它稱為「智力美」或「智力構造物中的美」。[695] 羅素把它稱為「一種冷峻而嚴肅的美」。[696] 王浩把它稱為「一種隱蔽的、深邃的美，一種理性的美」。[697] 有時也需要一種直覺，但它不是審美直覺，而是一種理智直覺，審美直覺和理智直覺不是一回事。

這就產生一個問題，這兩種美是不是性質不同的兩種東西？自然美、社會美、藝術美都是意象（「胸中之竹」），而科學美則來自於

註695　麥卡里斯特：《美與科學革命》，第 16 頁，吉林人民出版社，2000。

註696　伊萊・馬奧爾：《無窮之旅》，第179頁，上海教育出版社，2000。

註697　轉引自孫小禮《數學、科學、哲學》，第 28 頁，光明日報出版社，1983。

數學公式，它們怎麼能夠統一？如果不能統一，為什麼又都稱為美？

這使我們想起在了在上世紀 50 年代的美學討論中，朱光潛曾針對美的「客觀派」提出一個問題：你們說自然美是客觀的，同時你們又承認藝術美是主客觀的統一，那就是說自然美與藝術美是性質不同的兩個東西，但是它們既然都稱為「美」，它們就不應該是性質不同的東西，所以你們的理論是自相矛盾的。現在按照我們的「美在意象」的理論，這個矛盾就解決了，自然美和藝術美就它們是「美」這一點來說，它們是統一的，它們都是意象。

那麼現在自然美（以及社會美、藝術美）與科學美能否統一？有沒有可能提出（發明）一種新的理論架構，把自然美和科學美都包含在內？這是美學領域有待解決的一大課題。

我們在這裡要補充一點。**當我們說自然美、社會美、藝術美是審美意象而科學美是數學公式時，這並不意味著我們肯定科學美是純客觀的存在物。很多科學家都說過，科學美離不開科學家（觀察者）。**如麥卡里斯特說：「像美這樣的審美價值不是存在於外部世界之中，而是由觀察者投射進對象中去的。像科學理論這樣的知覺對象有許多內在性質，其中可能有一些內在性質能夠在觀察者那裡激起審美反應，例如誘導觀察者把美的價值投射進對象中去。」[698] 又說：「科學理論的美學鑑賞指涉的價值並不存在於理論本身之中，它是由科學家個人、科學共同體以及科學的觀察者投射進科學理論中去的。」[699]「不同的科學家或科學共同體持有不同的標準，他們依據這些標準對理論作出審美判斷，並且

註698 麥卡里斯特：《美與科學革命》，第 36 頁，吉林人民出版社，2000。

註699 同上書，第 33 頁。

特別地，依據這些標準決定將投射進既定理論的美的價值的額度或強度。」[700] 總之，麥卡里斯特認為，科學理論、數學公式具有某些審美性質，但這還不是美，這些審美性質還必須引起觀察者作出審美反應，並且把審美價值投射進對象中去，這才成為美。

2.我們說過，美感不是認識而是體驗，美感是超功利、超邏輯的。而「科學美」的美感當然是屬於認識的範疇，它超功利，但並不超邏輯，「科學美」就是一種數學美、邏輯美。這樣，「科學美」的美感和我們一般說的美感就存在著重大的差異，它們是兩種性質不同的東西。

到目前為止，美學家對「科學美」的美感仍然缺乏研究。而許多科學家（包括前面談到的大師）在談到他們在科學研究中產生的美感時也都局限於簡單的描述，從他們的描述中，我們看到他們的「喜悅」、「吃驚」、「讚歎」等等，這種簡單的描述，並不能揭示「科學美」的美感的性質。理智、情感、直覺在這種美感中起什麼作用？「科學美」所引發的愉悅，它的內涵是什麼？例如，華特森（James Dewey Watson, 1928 ~；台灣也譯成：沃生或華生）談到他看到印度數學家拉馬努金（Sr　iv　sa R　m　ujan Aiya k　r, 1887 ~ 1920）的數學公式時感到「震顫」，並說這種「震顫」和他看到米開朗基羅的雕塑「白晝」、「黑夜」、「早晨」、「黃昏」時的「震顫」「沒有什麼兩樣」。[701] 但實際情況似乎並不像華特森說的這麼簡單。

闡明「科學美」的美感性質和內涵，這是美學領域有待解決的又一個大的課題。

註700 同上書，第 36 頁。

註701 錢德拉塞卡：〈美與科學對美的追求〉，載《科學與哲學》，1980年第 4 期。

3.從科學研究的理性活動的領域如何可能獲得超理性的宇宙感的問題。

美感有不同的層次。最大量的是對生活中某個具體事物的美感,如一朵花的美感,一片風景的美感。比這高一層的是對整個人生的感受,我們稱之為人生感、歷史感。最高一層是對宇宙的無限整體的感受,我們稱之為宇宙感。在這個最高的層次上,人們通過觀照宇宙無限的存在,個體生命的意義與永恆存在的意義合為一體,從而達到一種絕對的昇華。這是一種超理性的境界,是靈魂震動和無限喜悅的境界。

楊振寧說,研究物理學的人從牛頓的運動方程、麥克斯韋方程、愛因斯坦狹義與廣義相對論方程、狄拉克方程、海森堡方程等這些「造物者的詩篇」中可以獲得一種莊嚴感,一種神聖感,一種初窺宇宙奧秘的畏懼感,他們可以從中感受到哥特式教堂想要體現的那種崇高美、靈魂美、宗教美、最終極的美。楊振寧說的就是我們說的宇宙感。

科學公式、科學理論的直接表現形式是邏輯的「真」,但這種邏輯的「真」又深刻地體現著永恆存在的真。與邏輯的「真」相統一的是形式美、數學美,而與永恆存在的真相統一的是宇宙整體無限的美,即楊振寧說的「最終極的美」。

但是,這裡就產生了一個理性與超理性的關係問題。愛因斯坦等人的方程都是人類理性活動的最高成就,而我們說的宇宙感是一種超理性的體驗,那麼這裡就有一個問題,**就是人們有沒有可能從理性的領域進入超理性的領域的問題,也就是人們有沒有可能從邏輯的「真」進入永恆存在的真、從形式美的感受進入宇宙無限整體的美的感受的問題**。這是一個需要研究的理論問題。王夫之在討論「致知」的問題時說,當人的心思達到最高點,「循理而及其源,廓然於天地

萬物大始之理」，這時就會躍進一個「合物我於一原」、「徹於六合，周於百世」的神化境界。[702] 王夫之說的似乎就是人的理性一旦達於極點，就有可能上升到一個超理性的境界，一個觀照宇宙無限整體的美的境界，一個「物我同一」、「飲之太和」的境界。席勒也說過：「即便是從最高的抽象也有返回感性世界的道路，因為思想會觸動內在的感覺，對邏輯的和道德的一體性的意象會轉化為一種感性的和諧一致的感情。」[703] 王夫之和席勒的話給了我們一個解決問題的啟示，但問題本身並沒有解決，仍然有待於我們去研究。

這是美學領域又一個大的研究課題。

三、追求科學美成為科學研究的一種動力

我們在前面談到的幾位科學大師，他們都相信美和真是統一的，如拉丁格言所說，「美是真理的光輝」，因而他們都認為追求科學美是科學研究的一種動力。他們的這種思想，實際上包含有相互聯繫的兩個方面的內容：

（一）由美引真，美先於真

很多科學家都相信，對美的追求可以把我們引向真理的發現。我們前面已引過龐加萊、愛因斯坦、海森堡、狄拉克的話。如海森堡說：「美對於發現真的重要意義在一切時代都得到承認和重視。」他還說：「當大自然把我們引向一個前所未見的和異常美麗的數學形式

註702　王夫之：《張子正蒙注》。

註703　席勒：《審美教育書簡》，第132頁，北京大學出版社，1985。

時，我們將不得不相信它們是真的，它們揭示了大自然的奧秘。」很多科學家說過類似的話。諾貝爾獎獲得者錢德拉賽卡（Subrahmanyan Chandrasekhar, 1910～1995）說；「我們有根據說，一個具有極強美學敏感性的科學家，他所提出的理論即使開始不那麼真，但最終可能是真的。正和濟慈（John Keats, 1795～1821）很久前所說的那樣：『想像力認為美的東西必定是真的，不論它原先是否存在。』」[704] 又如沙利文（John William Navin Sullivan, 1886～1937）說：「我們可以發現，科學家的動機從開始就顯示出是一種美學的衝動。」[705] 美國物理學家阿‧熱（即徐一鴻教授，上海人，Anthony Zee, 1945～）說：「審美事實上已經成了當代物理學的驅動力。物理學家已經發現了某些奇妙的東西：大自然在最基礎的水準上是按美來設計的。」[706] 英國科學家麥卡里斯特說：「現代科學最引人注目的特徵之一就是許多科學家都相

科學家用實驗證明美感是找到真理的道路

> 　　【阿根廷《21世紀趨勢》週刊網站11月22日文章】題：人類大腦將美感與真理聯繫在一起（作者：雅伊薩‧馬丁內斯）
> 　　挪威卑爾根（Universitetet i Bergen）大學的數學家和科學家首次證明，美是發現真理的源泉。

註704　錢德拉賽卡：《莎士比亞、牛頓和貝多芬——不同的創造模式》，第75頁，湖南科學技術出版社，1996。

註705　同上書，第68頁。

註706　阿‧熱：《可怕的對稱》，第10頁，湖南科學技術出版社，1999。

經驗和直覺顯示，數學家和科學家在解決數學問題時，往往將美感作為「指標」或者是找到真理的道路。例如1954年法國數學家雅克・阿達馬（Jacques Solomon Hadamard, 1865～1963）就曾經在他的著作《數學領域中的發明心理》（Psychology of Invention in the Mathematical Field, 1990）中指出，美感似乎是數學發現中唯一有用的工具。但是至今這種直覺不過是一種趣談，真理與美之間的聯繫對人們來說仍然是個謎。

　　2004年挪威和美國的科學家提出，無論是對美感還是對真理的判斷，都取決於大腦思維處理的流暢性。事實上，更易於處理的腦部刺激能夠在接收者身上產生更積極的效果。例如一個能夠被清楚讀懂並理解的判斷更容易被視為真理。推廣至數學領域，因為熟悉問題而擁有的思維處理流暢性也會使直覺和正確判斷的機率增加。

　　卑爾根大學數學家羅爾夫・雷伯用數學實驗來證明這一推斷。在實驗中，專家發現人們使用對稱性來作為驗證算術結果是否正確的指標。

　　研究人員將算術加法的結果在電腦螢幕上做短暫顯示，參加實驗的人員都不是數學專家，他們必須在很短的時間內做出算術結果是否正確的判斷。科學家發現實驗人員更傾向選擇對稱的數字結果作為正確答案，例如認為 12 + 21 = 33 正確，12 + 21 = 27錯誤，也就是說人們使用對稱性來作為正確性的指標。

　　由此研究人員證明，對稱性，一種簡化思維處理並被視為美的代表的現象，被人們用來作為判斷算術問題「正確性」的指標。結合此前在數學認知和直覺判斷領域的研究，科學家指出，人的直覺判斷可能受某種與美感有關的機制指揮，至少在解決簡單數學問題時是這樣的。不過無論是簡單算術題還是複雜的數學難題，要找到它們的答案，保證思維的整體流暢是至關重要的。[707]

信他們的審美感覺能夠引導他們到達真理。」[708]

很多科學家還認為，當美感和科學實驗的結果發生矛盾時，應該服從美感。我們前面引過狄拉克的話：「使一個方程式具有美感比使它去符合實驗更重要。」楊振寧認為狄拉克這句話「包含有偉大的真理」。德國科學家魏爾說：「我的工作總是力圖把真和美統一起來；但當我必須在兩者中挑選一個時，我總是選擇美。」[709] 阿‧熱也說：「我們宣稱，如果有兩個都可以用來描述自然的方程，我們總要選擇能激起我們的審美感受的那一個。『讓我們先來關心美吧，真用不著我們操心！』這就是基礎物理學家們的呼聲。」[710]

科學史上有很多故事說明狄拉克等人的這些話確實包含有偉大的真理。

門捷列夫（門得列夫）的元素週期表是一個例子。當時測出「鈹」的原子量是 13.5，應排在元素週期表的第四類。但按「鈹」的化學性質應該排在第二類，如排在第四類就會破壞元素週期表的完美性，因此門得列夫（Dmitri Ivanovich Mendeleev, 1834 ~ 1907）不顧「鈹」的原子量而把它放在週期表的第二類。後來經過進一步的測定發現，「鈹」的原子量為 9.4，理應歸入第二類。

麥克斯韋方程也是一個例子。麥克斯韋是英國物理學家和數學家，1864年他導出電磁學方程組。這個方程組可以說是經典物理學美

註707 詹姆斯‧W. 麥卡里斯特：《美與科學革命》，第108頁，吉林人民出版社，2000。

註708 譯文載《參考消息》2008 年 11 月 24 日。

註709 轉引自許紀敏《科學美學思想史》，第592頁，湖南人民出版社，1987。

註710 阿‧熱：《可怕的對稱》，第 9 ~ 10 頁，湖南科學技術出版社，1999。

的頂峰。從數學形式上看,這一方程組具有完美的對稱形式,從物理內容上看,這一方程組揭示了物理世界的對稱美。麥克斯韋對公式的對稱美的追求,使他大膽引進了「位移電流」的概念,儘管當時的電學實驗並不能證實位移電流的存在。麥克斯韋從這一美妙的方程組出發,預言了統一的電磁場的存在,認定光與電磁現像在本質上是一致的,光也是一種電磁波。「麥克斯韋方程組把電學、磁學、光學的基本理論和諧地組織在一起,建立起一個完美、統一的電磁場動力學理論。」「通過物理定律數學形式的美,麥克斯韋輕易地解決了光、電、磁三種物理現象的統一問題。」[711]麥克斯韋的成功,又一次證實了那句拉丁格言:「美是真理的光輝。」也又一次證實了海森堡的論斷:「當大自然把我們引向一個前所未見和異常美麗的數學形式時,我們將不得不相信它們是真的,它們揭示了大自然的奧秘。」

　　正因為這樣,所以對於很多科學家來說,美就成了科學研究的真理性的一種昭示,或者成為科學研究的一種評價的標準。有人問丁肇中(諾貝爾獎獲得者):「你為什麼對自己的理論有信心?」丁肇中回答:「因為我的方程式是美的。」[712]美國建築學家、數學家富勒(Richard Buckminster Fuller, 1895-1983)說:「當我在解決一個問題時,我從沒有想到過美,我只是想如何解決問題。但是當我完成了工作後,如果結果是不美的,我知道一定有什麼地方錯了。」[713]當有人問王元(中國著名數學家、中國科學院院士),現今的數學研究絕大

註711　徐紀敏:《科學美學思想史》,第466～467頁,湖南人民出版社,1987。

註712　轉引自姚洋〈經濟學的科學主義謬誤〉,載《讀書》,2006年第12期,三聯書店。

註713　馬里奧・利維奧:《φ的故事:解讀黃金比例》,第14頁,長春出版社,2003。

多數都沒有實用價值，那麼你們憑什麼說這項成果可以得一等獎，那項成果可以得二等獎？王元非常乾脆地回答：「是美學標準，也就是它的結果是否『漂亮』、『乾淨』，或『beautiful』……」「這是數學工作中唯一的、並為大多數數學家所共同接受的評價標準。」[714]

（二）直覺、想像在科學研究中的重要性

科學美在科學研究中的作用問題還涉及直覺、想像、靈感與科學創造發明的關係問題。

科學研究是邏輯思維，但很多科學家認為，在科學研究中要想有所發現和發明，要想獲得創造性的成果，必須依賴直覺和想像。我們前面引過愛因斯坦的話：「我相信直覺和靈感。」「想像力比知識更重要。」「物理學家的最高使命是要得到那些最普遍的基本規律，由此世界體係就能用單純的演繹法建立起來。要通向這些定律，並沒有邏輯的道路；只有通過那種以對經驗的共鳴和理解為依據的直覺，才能得到這些定律。」

愛因斯坦的話是有道理的。我們在第二章曾談到大腦兩半球功能的區分。這在希臘神話中表現為酒神戴奧尼索斯和太陽神阿波羅的性格的區分。戴奧尼索斯和阿波羅的性格各有自己的缺點，這意味著大腦兩半球如果只有一半發揮功能會造成某種片面性和危險性。所以戴奧尼索斯和阿波羅應該處於一種互補的態勢。這一點，古希臘人似乎已經發現了。所以古希臘神話說，阿波羅一年中有 9 個月住在特爾斐城

註714　轉引自何祚庥〈關於自然〉科學與美的若干理論問題》，見《藝術與科學》卷一，清華大學出版社，2005。

（Delphi），然後便離開，讓戴奧尼索斯在餘下的 3 個月裡居住。而且，戴奧尼索斯的遺骨就埋在特爾斐城阿波羅的神龕下。這都意味著，大腦兩半球的功能不應該分裂。對於藝術型的右半腦來說，它需要左半腦提供順序，才能使審美意象成為具體的藝術作品。同樣，對於物理型的左半腦來說，它需要右半腦提供靈感。很多有原創性的物理學家都說，他們的創見是在靈感的一閃中獲得的，不是一點一滴地推敲，也不是按邏輯過程進行分析推理，而是突然間如有神助地出現了。當然這種直覺還要經過艱苦的邏輯思考寫成數學公式，但那是在靈感產生之後。所以愛因斯坦說：「邏輯思維並不能做出發明，它們只是用來捆束最後產品的包裝。」[715] 在歷史上有許多這樣的事實，就是藝術家在物理學家之前創造出新的圖像表述，而後物理學家才歸納出有關世界的新觀念，這也從一個側面說明右腦的直覺、想像、靈感對於科學創新的重要性。[716]

四、達文西的啟示

我們在前面說過，大腦兩半球雖然是有分工的，但是它們應該互補，所以美感、直覺、想像、靈感對科學研究有重要的意義。這從道理上說是好理解的，而且也為科學史上大量事實所證明。現在我們轉過來討論另外一個問題，即：在同一個人身上，有沒有可能把大腦兩個半球的功能同時發揮到最高點呢？如果諾貝爾獎金設一項藝術獎，

註715 轉引自倫納德・史萊因《藝術與物理學》，第503頁。

註716 史萊因在《藝術與物理學》中舉了很多這方面的例子，如：愛因斯坦發現光——其實也就是色彩——是宇宙間最重要的成分，並宣稱「我要用餘生來認識光是什麼」，而在此之前，自從印象派在 19 世紀 60 年代出現後，畫面的色彩變得越來越豔麗，越來越明亮。莫 宣稱「每幅畫中的真正主體都是光」。在莫 、修拉、高更、梵谷、塞尚、馬蒂斯的畫中，色彩得到瞭解放。（《藝術與物理學》，第192～214頁。）

達文西自畫像

那麼有沒有這樣一個人，他既能夠獲得諾貝爾物理獎，同時又能夠獲得諾貝爾藝術獎呢？

通過對人類文明史的考察，我們可以找到一個人，他就是達文西。達文西在科學的諸多領域中都有不少發明和研究成果，因此獲得諾貝爾物理獎是綽綽有餘的，而且有資格不止一次獲得提名。與此同時，他給人類創造的藝術財富是如此巨大，足以戴上「諾貝爾藝術獎」的桂冠。正因為如此，恩格斯把他稱為「巨人」和「完人」。[717]

恩格斯說，歐洲文藝復興「是一次人類從來沒有經歷過的最偉大的、進步的變革，是一個需要巨人而且產生了巨人——在思維能力、熱情和性格方面，在多才多藝和學識淵博方面的巨人的時代」。接著他提到達文西：「達文西不僅是大畫家，而且也是大數學家、力學家和工程師，他在物理學的各種不同部門中都有重要的發現。」[718]

達文西的學生法蘭西斯科·梅爾齊（Francesco Melzi, c. 1491 ~ 1570）說：「大自然沒有力量重新創造出一個這樣的人。」[719]

註717　《馬克思恩格斯選集》第三卷，第445頁，人民出版社，1972。

註718　《馬克思恩格斯選集》第三卷，第445頁。

註719　亨利·湯瑪斯等：《大畫家傳》，第 62 頁，四川人民出版社，1983。

達文西學識之淵博確實驚人。目前保留下來的他的手稿有7000多頁，內容涉及解剖學、動物學、空氣動力學、建築學、植物學、服裝設計、民用和軍事工程、化石研究、水文學、數學、機械學、音樂、光學、哲學、機器人、占星學、舞臺設計、葡萄種植，等等，總之是包羅萬象。他在筆記中給自己提出了大大小小的研究課題，例如，「描繪雲朵怎樣形成，怎樣散開，什麼導致蒸汽從地面水升至空中，霧的形成，空氣變厚重的原因，以及為什麼在不同時候它會呈現藍色……」「是哪一根肌腱導致眼睛的運動，以至於一隻眼睛的運動又帶動另一隻眼睛的運動？又是那些肌腱導致皺眉。揚起和低垂眉毛，眼睛的眨動。鼻孔的外張。」「描述人類的起源，人是怎麼會在子宮裡的，為什麼八個月大的嬰兒不能在體外存活。人為什麼打噴嚏。為什麼打呵欠。什麼是癲癇病、痙攣、癱瘓……」「描述啄木鳥的舌頭……」。他的筆記本上常常習慣性地塗寫 dimmi 這個詞，意思是**「告訴我」，這是達文西詢問的聲音，他探求一切，研究一切，對世界上的一切問題都要尋求答案。**[720]

　　倫納德‧史萊因（Leonard Shlain, 1937～2009）在《藝術與物理學》（Art & Physics, 1993）一書中，提供了大量的材料，介紹達文西在物理學領域的無數發現和發明。任何人讀到這些材料都會非常有興趣，同時又會非常驚訝。下面我們引用書中的一部分材料。倫納德‧史萊因是通過達文西與牛頓的比較來介紹達文西的：

　　「牛頓和達文西都有豐富的想像力，從而為他們二人帶來了一個接一個的發現、工程奇蹟、影響深遠的發明創造和大大小小的機關裝置。

註720　查理斯‧尼克爾：《達‧芬奇傳》，第 12、226 頁，長江文藝出版社，2006。

達文西 《岩間聖母》

牛頓發明了反射望遠鏡,達文西則設計了直升飛機;牛頓發現了二項式定理,達文西則造出了降落傘,又提出了潛水艇和坦克的構想。」

「牛頓和達文西都相信純數學是人類思維的最高形式。」

「牛頓和達文西都使自己那個時代的科學,從所持的基本上屬於靜態的宇宙觀,上升為包括運動在內的觀念。他們都在運動這一課題上耗費了最多的精力,而他們對人類的最偉大的貢獻,也都源於對此課題的強烈興趣。牛頓想要解釋天體運動的雄心,導致了三大運動定律和萬有引力定律的發現;從以《安吉亞里戰役》(The Battle of Anghiari, 1505 ~ 1506)這一素描集為代表的著作中可以看出,達文西對人與馬的肌肉運動進行了精細研究,從而產生了有史以來最精細的處於運動狀態的人與動物的解剖學描述。他當時發表的一部書,就是在今天也堪稱是奇蹄生物解剖學的最正確的成果。」

「達文西也曾努力去理解慣性這一概念,而且離關鍵所在真是近在咫尺。而正是這一關鍵所在,導致牛頓在兩個世紀後得出了運動定律。達文西有這樣的話:『沒有任何東西可以自己運動起來,運動總是由於別個什麼東西造成的。這是唯一的原因。』他又提出了如下的

觀點：『所有的運動都傾向於保持下去，或者不如這樣說：所有被弄得運動起來的物體，只要驅動它們進入運動狀態的作用的影響依然存在，運動就會繼續下去。』牛頓的第一運動定律是這樣說的：『任何物體在沒有作用力施加於它之前，會保持其靜止或勻速直線運動狀態不變。』比較一下這兩條陳述就可以明白，為什麼在牛頓的《自然哲學的數學原理》（Philosophiæ Naturalis Principia Mathematica, 1687）發表之前，慣性原理一直被稱為『達文西原理』了。」

「在對光的研究方面，這兩位都是先驅者，而且都對光的本性提出了開創性的睿見。達文西意識到產生在視網膜上的像應是倒立的。他也是針孔相機的發明人，這是發明史上的普遍看法。針孔相機的原理同現代攝影術是相同的。」「達文西對陰影也極有興趣，並搞出了本影和半影的幾何學細節，今天的天文學家仍在沿用著他的有關結果。對於眼鏡，達文西也很有研究，提出了（在 15 世紀！）隱形眼鏡的設想。他還探討過孔雀毛羽上的華彩及水上油膜虹彩的成因。在歷史記載上，達文西是推想光以波的形式在空間和時間中傳播的開山鼻祖。他以水波和聲波為出發點進行類推，認為『石塊投進水中，就會以自己為中心，形成一個圓圈；聲音在空氣中以圓形傳播；同樣地，位於光氣中的任何物體也會形成一個個圓，並使周圍的空間充滿無數自己的類似體，如是進行下去，進入各個地方』。」

達文西對光的研究最影響深遠的貢獻，還不是他的著作，而是他在畫面上製造出的罕見的光影效果。「就以表現空氣會在原處呈現乳白色狀這一現象而言，達文西可真是前無古人，後無來者。遠山在他畫筆下有難以言傳的效果；縹緲的光投射在女人的面龐上，會同微笑結合出無法訴諸文字的視感；奔馬在他筆下，鬃毛一束束好像要擺動起來；所有

這些呈現在光線下的景和物，都成了視覺世界的真實代表，也都帶上了一種暈染效果，令人有『此畫只應天上有』之感。」

史萊因最後說：「牛頓的發明才能已經十分出色了，但達文西還要高出一籌。我認為，達文西在技術革新和科學發明方面的成就大大超出了他的時代，致使他不能得到科學史學上的恰當地位。他的想像力是15世紀的技術水準所無法望其項背的，因此，對他的許多極為卓越的發明和理論，當時連嘗試一下都不可能。」

當然，達文西和牛頓有一個最大的不同。達文西是大科學家，又是大畫家，還是出色的音樂家。而牛頓是單向發展的科學天才，他「對音樂充耳不聞，視雕塑為『金石玩偶』，說詩章是『優美的胡扯』」。[721]

所以，我們在前面說，如果設立諾貝爾藝術獎，如果要找一個人既能獲得諾貝爾物理獎，同時又能獲得諾貝爾藝術獎，那麼這個人就是達文西。

史萊因說：「縱觀整個有記載的人類文明史，居然只有一個人能當之無愧地得此雙重榮耀，這實在是有些難以理解。只有一個人無可爭議地表現出將兩方面在最高程度上完全地結合為一體的創造能力，正說明在我們的文化中，存在著藝術和物理、凝思和遐想、左半腦和右半腦、空間和時間、戴奧尼索斯和阿波羅之間的區別是何等地鮮明強烈。不過，雖然只有這一個例子，卻也表明填塞這一鴻溝不僅是重要的，也是可能的。達文西能將看與想結合起來，而這一遠親交配式的結合，給人類帶來的則是豐富的圖像與睿見。」[722]

註721　以上倫納德‧史萊因的言論都引自《藝術與物理學》一書，第 74～86 頁。

註722　同上書，第513頁。

史萊因後面這句話說得很好。**達文西的偉大成就就表明，填塞左腦與右腦、空間與時間、物理學與藝術之間的鴻溝是重要的，也是有可能的。**雖然像達文西這樣把大腦兩半球的功能同時都發揮到最高點的只有他一個人，但是在自己的人生和創造中使大腦兩半球的功能互相溝通、互相補充，從而使自己在科學與藝術這兩個領域或其中的一個領域做出**輝煌的創造性的成果，這樣的人，在中外歷史上也並不少見。**恩格斯曾提到的丟勒是一個例子，[723] 德國大詩人歌德是個例子，[724] 東漢的大科學家、大文學家張衡[725]是個例子，當代大科學家愛因斯坦也是一個例子。

　　當代大科學家錢學森和當代著名人文學者季羨林在各種場合一再強調，中華民族在21世紀要迎來一個創造力噴湧的偉大時代，我們要大力培養富有原創性的人才。而要培養這樣的人才，我們各級學校一定要大力推進科學、技術與人文、藝術的結合，要推進文理交融。**我們要創建世界一流大學，也必須十分重視科學與藝術的結合。**他們的這種看法，不僅是他們本人一生經驗的結晶，而且也是人類歷史經驗的結晶，十分值得引起我們教育界和全社會的高度重視。

註723　恩格斯說：「阿爾勃萊希特‧丟勒是畫家、銅版雕刻家、雕刻家、建築師，此外還發明了一種築城學體系。」（《馬克思恩格斯選集》第三卷，第445頁，人民出版社，1972。）

註724　「這位德國人的天才不僅閃耀在詩歌和散文方面（在這方面，他是公認的大師），而且也閃耀在骨骼學、植物學、地形學、解剖學、光學以及建築學等方面。在其中某些領域中，歌德的大名將和他在語言學方面創造的不朽業績一樣永垂不朽。」「歌德洞察、預見的科學問題在他的時代從來沒有被人們所理解。但是，這些預見一旦成為歷史，它們本身的價值才水落石出，清晰地顯露出其真正的偉大，使曾經蔑視它們的芸芸眾生顯得渺小。」（特奧多‧安德列‧庫克：《生命的曲線》，第492頁，吉林人民出版社，2000。）

註725　張衡是大科學家，曾兩次任太史令，對天文、曆算有精深的研究，並先後發明和製作了舉世聞名的渾天儀和地動儀。他又是大文學家，所作《西京賦》、《東京賦》（合稱二京賦）以及《四愁詩》最為有名。

本章提要

物理學領域的一些大師，如龐加萊、愛因斯坦、海森堡、狄拉克、楊振寧等人，他們都肯定「科學美」的存在。在他們看來，「科學美」表現為物理學理論、定律的簡潔、對稱、和諧、統一之美，也就是說，「科學美」主要是一種數學美、形式美。他們都指出，「科學美」是訴諸理智的，是一種理智美。他們都相信，物理世界的「美」和「真」（物理世界的規律和結構）是統一的，因而他們都強調，科學家對於美的追求，在物理學的研究中有重要的作用。

在科學美的領域存在著幾個在理論上需要研究的問題：

第一，自然美、社會美、藝術美是審美意象，它們訴諸人的感性直覺，而「科學美」是用數學形態表現出來物理學的定律和理論架構，它訴諸人的理智。那麼，從美的本體來說，科學美和自然美、社會美、藝術美能否統一？有沒有可能提出（發明）一種新的理論架構，把科學美與自然美、社會美、藝術美都包含在內？

第二，美感不是認識而是體驗，它是超功利、超邏輯的，而科學美是一種數學美、邏輯美，它超功利，但並不超邏輯。那麼，科學美的美感的性質和內涵和一般的美感就有重要的差別，是一個有待解決的問題。

第三，很多物理學家都認為從物理學研究的成果中可以觀照宇宙的絕對無限的存在，從而獲得一種宇宙感。但是，物理學研究的成果是人類理性活動的產物，而宇宙感則是一種超理性的體驗，這就產生一個問題，就是人們有沒有可能從理性的領域進入超理性的領域的問題，也就是人們有沒有可能從邏輯的「真」進入永恆存在的真、從形式美的感受進入宇宙無限整體的美的感受的問題。

很多科學大師都認為追求科學美是科學研究的一種動力，理由主要是：第一，美的東西必定是真的，因此可以由美引真。第二，在科學研究中要想獲得創造性的成果，必須依賴直覺和想像。

　　人的大腦兩半球有分工。但是一個人在自己的人生和創造中如果能使大腦兩半球的功能互相溝通、互相補充，那就可能使自己在科學和藝術這兩個領域或在其中一個領域作出輝煌的創造性的成果。這是達文西、丟勒、歌德、張衡、愛因斯坦等大科學家、大藝術家給我們留下的啟示。

第八章 技術美

　　這一章我們討論技術美。廣義來說，技術美屬於社會美的範圍，是社會美的一個特殊的領域，也就是在大工業的時代條件下，各種工業產品以及人的整個生存環境的美。

　　這一章我們還要討論「日常生活審美化」的話題。學術界對「日常生活審美化」有多種多樣的理解和解釋。我們認為，把「日常生活審美化」理解為對大審美經濟時代的一種描述，是比較準確的。

一、對技術美的追求是一個歷史的過程

　　所謂技術美，就是在大工業的時代條件下，在產品生產中，把實用的要求和審美的要求統一起來。這在西方歷史上，是一個歷史發展的過程。

（一）莫里斯：手工藝運動

　　在手工業時代，技術和審美並沒有完全分離。在手工業時代，「每一個想當師傅的人都必須全盤掌握本行手藝。正因為如此，所以中世紀的手工業者對於本行專業和熟練技巧還有一定的興趣，這種興趣可以達到某種有限的藝術感」。[726]

　　但是進入機械化的大工業時代，情況變化了。大機器生產帶來了更加精細的分工，提高了勞動生產率，但是產品變得粗糙了，產品的各部分之間也失掉了有機和諧的關係。這種現象引起了當時一些思想家、藝

註726　《馬克思恩格斯選集》第一卷，第 58 頁，人民出版社，1972。

術家的關注。他們認為，機械化大生產降低了產品的設計標準，破壞了延續了幾百年的田園牧歌式的情趣。所以他們主張回到傳統的手工生產中去。其中最著名的代表就是英國的社會思想家、詩人威廉‧莫里斯（William Morris, 1834～1896）。1861年，威廉‧莫里斯和他的朋友開設了英國第一家在新的思想指導下的美術裝飾公司，專門承辦美術設計、室內裝飾等業務，生產諸如染色玻璃、雕刻家具、刺繡、地毯等實用裝飾品。莫里斯親自設計各種產品。他宣佈公司的宗旨是：通過藝術來改變英國社會的趣味，使英國公眾在生活上能享受到一些真正美觀而又實用的產品。但是莫里斯實際上是站在工業革命的對立面，他所追求的理想是過去手工業時代的古典風格，他企圖以中世紀手藝人的樸實和正直來抵抗勢不可擋的資產階級暴發戶，以古典時代既實用又形式美觀的手工藝產品來阻擋資本主義工業經濟的狂飆。莫里斯恢復和聯結了被巴洛克時代割斷了的古典時代審美設計的傳統，並且完全是在無意中為工業化時代技術美學的發展開闢了道路。他既重實用又重審美的思想為後來的設計家所發揚光大。莫里斯成了現代技術美學的不自覺的先驅，雖然他並沒有為生產和設計中實用功能與審美如何結合的問題作出詳盡系統的理論闡述。

莫里斯等人的手工藝運動代表了工業化時代技術美學發展的第一階段。他們之所以能有如此大的影響，是因為當時的機器工業製品確實不如古典時代手工製品那樣精美、耐用和富有魅力。他們趁此機會，因而掀起了一股復古的浪潮。

這種復古浪潮重重地刺激了機器製品的設計師和製造者們，但他們最初用來克服粗製濫造的武器只是當時十分流行的唯美主義，這導致了維多利亞式設計的產品充斥市面。這種設計追求的是產品表面的

絢麗華美，而不注重產品結構的合理。這是巴洛克風格的迴光返照。

（二）蘇利約：功能主義

把工業時代技術美學推入第二階段的是保爾·蘇利約（Paul Sulley, 1852～1925）。在《理性的美》（1904）一書中，他最先指出：美和實用應該吻合，實用物品能夠擁有一種「理性的美」，實用物品的外觀形式是其功能的明顯表現。他說：「只有在工業產品、一部機器、一種用具、一件工具裡才找得到一件物品與其目的完全而嚴格地適合的某些例子。」又說：「機器是我們藝術的一種奇妙產品，人們始終沒有對它的美給予正確的評價。一台機車、一輛汽車、一條輪船，直到飛行器，這是人的天才在發展。在唯美主義者們蔑視的這堆沉重的大塊、自然力的明顯成就裡，與大師的一幅畫或一座雕像相比有著同樣的思想、智慧、合目的性，一言以蔽之，即真正的藝術。」[727] 蘇利約的理論雖然還嫌粗糙，但他能把機器製品與藝術大師的藝術精品相提並論，這種觀念不能不說是相當新穎的。蘇利約對技術美學的最大貢獻是在於他實際創立了功能主義（Functionalism）。他把實用與審美的矛盾關係用內容與形式來描述和說明，並用「功能」一詞把二者有機地統一起來。他沒有概括出「功能美」的範疇，但他提出的實用與審美相互吻合而產生的實用物品的「理性的美」，實質上就是功能美。他也沒有明確提出「形式服從功能」的命題，但他關於外觀形式是功能的明顯表現的論述實際上闡明了功能主義的這一基本主張。這完全是一種新的眼光，一種著眼於機器的時代和大批量生產的時代的新眼光。

註727 轉引自德尼·于斯曼《工業美學及其在法國的影響》，譯文載《技術美學與工業設計》第一輯，第283頁，南開大學出版社，1986。

從此，審美設計師的眼光才真正從裝飾挪到實用功能上來。在美國 20 世紀 30 年代，有許多人宣揚審美設計的功能主義。他們認為，一切機器或產品只要在使用中合乎理想，該產品的設計就是合理的。審美設計的任務就是去尋找、發現產品內在的柏拉圖式的「形式」，這形式不是製造的，也不是附加的，而是從產品的功能中必然生發出來的。蒂格認為：無論一件產品多麼複雜或關係重大，總是要求有「一個完美的形式」，而這個形式就隱藏在客體自身中，隱藏在客體功能的完善上，設計師在對與功能有關的每個問題的完美解決之中，就能得到它，而一旦得到它，就會獲得一種獎賞，即「作為成功的設計的可見的證明——美」。[728] 設計的審美價值就在功能的完善中。

（三）包浩斯

　　技術美學的功能主義在西方各國都得到了迅速發展。其中影響比較大的還有德國的「包浩斯」（Staatliches Bauhaus）。

　　1919年由格羅皮烏斯（又譯：葛羅培斯 或 格羅佩斯，Walter Gropius, 1883～1969）等人創立的「包浩斯學校」，以「藝術與技術重新統一」的理想為指導，以嶄新的教育方式，強調自由創造的審美設計方針，培養了一大批傑出的設計師。格羅皮烏斯說：「新時代要有它自己的表現方式，現代建築師一定能創造出自己的美學章法。通過精確的、不含糊的形式，清新的對比，各種部件之間的秩序，形體和色彩的勻稱與統一來創造自己的美學章法。這是社會的力量與經濟所需要的。」[729] 這是在新的大生

註728　梅柯：〈工業設計在美國的形成〉，譯文載《技術美學與工業設計》第一輯，第256頁，南開大學出版社，1986。

註729　轉引自《實用美術》第 19 期，第 34 頁。

產的條件下，對於產品的美的一個全面要求。格羅皮烏斯還進一步解釋說：「正是在所有這些方面的和諧一致上，才顯示出產品的藝術價值；如果僅僅在產品的外觀上加以裝飾和美化，而不能更好地發揮產品的效能，那麼，這種美化就有可能也導致產品的形式上的破壞。」⁷³⁰ 他進一步強調了新的工業產品的實用價值與審美價值的辯證關係，並且說明了產品的美不僅僅在於外觀的美，而且在於它的功能美。設計的主要目標就是要創造技術性能和審美性能最有效結合的工業產品。由格羅皮烏斯親自設計的包浩斯學校的校舍，就是實用性與審美性完美結合的典範，後來成為建築史上不朽的名作。現在，我們在市場上經常見到的各種各樣的鋼管帆布椅子或鋼管尼龍椅子，就是由當時還是包浩斯學校學生的馬賽爾‧布勞耶首先設計出來的。他利用了工業時代給人們帶來的新的材料，不受任何傳統觀念的約束，特別在結構和形式上注意結合人體形態的特點，在製作上又符合現代工業化的生產方式，創造出了一種具有和以往時代迥然不同的、具有新時代風範的美的產品。

（四）從產品設計到人的整個生存環境的設計

技術美學發展的第三階段，與 20 世紀強烈的人本主義思潮有聯繫，其特點是：審美設計不再局限於工業產品的設計，而是把視野擴展到了整個生活世界。在現代化時代，大機器生產的影響滲透到了生活世界的每個角落，審美設計也隨著工業產品對生活世界的全面影響而擴大。美國設計師蒂格（Walter Dorwin Teague, 1883 ~ 1960）曾經設想：人類處於一個機器時代的世界中，只有把工業設計的前景擴展到所有的人造環

註730 同上。

境，才有希望生活在「一個優雅、宜人的美的地方」。**731** 環境不僅是由機器、設備和產品構成的，而且是由人以及人的活動構成的，必須把環境作為一個整體來規劃設計。環境污染、生態平衡的破壞，把工業佈局和城鄉建設的審美設計問題提到了人們面前。人類閒暇時間的增加，把景觀的審美設計問題提到了人們面前。廣大居民生活水平的提高和審美趣味的多元化，把衣食住行的審美設計問題提到了人們面前。一句話，技術美學所面臨的不僅是工業產品的設計，而且是整個人類生存環境的設計。

從對工業產品的審美設計到對人的活動的設計，以及對人的生存環境的設計，這是一個飛躍。

從以上簡要的回顧可以看到，隨著機械化大工業時代的到來，隨著人們對工業產品和生存環境的美的追求，逐漸形成了一門美學的分支學科，即技術美學。技術美學的核心是審美設計（迪扎因）。所以技術美學又稱為審美設計學。

迪扎因（design）原意為設計、製圖、構想、計劃等等。然而，在技術美學中，迪扎因被賦予了極為廣泛的含義，遠不止設計、籌劃的意思。人們把迪扎因看作是一種實踐的形態、一種文化的形態。人們利用工業技術手段按照功能和審美的要求設計和生產實物產品。這是技術設計活動，同時又是一種新的審美活動。

審美設計（迪扎因）的目標是使工業產品和人的整個生存環境符合技術美的要求。而技術美的實質，就是功能美。

註731　轉引自德尼‧于斯曼〈工業美學及其在法國的影響〉，譯文載《技術美學與工業設計》第一輯，第256頁。

二、功能美

　　技術美不同於藝術美，它不能撇開產品的實用功能去追求純粹的精神享受，它必須把物質與精神、功能與審美有機地統一起來。1964年國際迪扎因講習班對迪扎因下了一個定義：「迪扎因，其目的是確定工業製品形式質量的創造活動。這些質量包括產品的外部特徵，但主要是包括結構和功用的相互關係。不論是從消費者的觀點，還是從生產者的觀點看，這些關係將製品變成一個統一的整體。」[732] 這個定義就說明，審美設計（迪扎因）追求的目標應該是功能與審美（形式）的統一。

　　在歷史上曾出現過把實用功能與審美加以割裂的片面做法。一種是只求功能，不問形式。這是極端的功能主義。有人認為巴黎的蓬皮杜藝術中心的建築就是這種極端的功能主義設計思想的產物。還有一種是把產品的審美價值完全歸結為形式。這同樣是把審美和實用功能加以割裂。在他們那裡，審美成為一種外加的裝飾品，與實用功能完全無關。

新石器時代的彩陶

註732　轉引自鮑列夫《美學》，第 30 頁，中國文聯出版公司，1986。

技術美應該把實用功能與審美有機地統一起來。這種統一，就是功能美。

對功能美的理解和把握，有兩個問題十分重要。不搞清楚這兩個問題，就不能真正理解和把握功能美。

一是對產品的功能如何認識的問題。技術美學的出發點是人，是人的需求。人不同於動物。人不僅有物質的需求，而且有精神的需求。**產品的功能不僅要適應人的物質需求，而且要適應人的精神需求。適應人的物質需求的是產品的使用價值，適應人的精神需求的是產品的文化價值、審美價值。**例如一件衣服，它的使用價值是保暖，穿起來合身、舒服。但是人們購買衣服時，不僅考慮它的使用價值，還要考慮它好看不好看，它的格調如何，還有它是不是符合時尚，是不是名牌，等等。在當代社會中，後面這方面的考慮所佔的比重，往往越來越大。20 世紀 60年代以來，世界各國經濟一個共同的變化就是商品的文化價值、審美價值往往超過它的使用價值。質量完全相同的兩雙鞋，一雙掛上名牌的標誌，一雙沒有這個標誌，它們的價格就可以相差十幾倍，原因就在它們的符號價值不同。據說，20 世紀 50 年代美國好萊塢的當紅明星，必須要有三件東西。一件是貂皮長大衣，這是財富的象徵。一件是勞斯萊斯小轎車，這不僅是財富的象徵，而且是社會地位的象徵；因為勞斯萊斯汽車的擁有者都是貴族、富豪階層的人士。第三件是家裡必須掛有一張印象派畫家的畫，這是一種時尚，表示這家的主人是有文化品味的人。可以看出，好萊塢當紅的明星必須要有的這三件東西，主要不是著眼於它們的使用價值，而是著眼於它們的文化價值、符號價值。所以，我們今天所說的產品的功能，不僅要考慮它的使用價值，而且要越來越多地考慮它的文化價值、審美價值。

和理解功能美有關的另一個重要問題是，功能能否體現為形式美。

前面講過，過去對於技術美理解的一種片面性就是把審美與功能完全割裂，從而使審美變成一種外加的裝飾。這種片面性應該加以摒棄。真正的技術美應該是功能在形式中的體現。正如日本美學家竹內敏雄（Takeuti Toshio, 1905~1982）所說，技術美並不在產品的功能本身，而是在於「功能的合目的性的活動所具有的力的充實與緊張並在與之相適應的感性形式中的呈現」。**733**

經驗告訴我們，一些外觀形式很順眼的產品，使用起來也往往很方便，很順手。這類產品，它們的功能正是依附在合理的形式結構上。這裡應區分兩個層次：一是內在的形式結構，一是產品的表層外觀。可以說，審美設計的任務主要是為產品的功能尋找合適的形式結構。形式主義的錯誤並不在於看重形式，而只在於讓功能服從形式，它把功能和形式的關係搞顛倒了。形式的美應該由功能引出。這不僅包括內在的形式結構，也包括產品的表層外觀。我們的祖先在這方面給我們留下了範例。例如，我國新石器時代的彩陶，它們的外觀是美的，而這種外觀的美正是它們的功能（裝水、裝食物、蒸煮）決定的。這是功能美。又如，唐代越窯青瓷所做的茶具，形式極美，而這種美就是功能的體現。這種青瓷胎骨較薄，施釉均勻，釉色青翠瑩潤，像玉，又像冰，襯託了茶色之綠，增加了人們飲茶時的情趣。當時的詩人為它寫下了許多讚美的詩句。如孟郊的「蒙茗玉花盡，越甌荷葉空」；陸龜蒙的「九秋風露越窯開，奪得千峰翠色來」；韓偓的「越甌犀液發茶香」等。這些詩句抒發了詩人在飲茶時暢快的心情，它不單單是茶水的清香帶給人的味覺和嗅覺的快感，而且由於青瓷茶具高雅的色澤，優美的造型，光潤的手感使人感到使用的舒

註733 轉引自徐恒醇《技術美學》，第156頁，上海人民出版社，1989。

適和審美的陶醉。這說明越窯茶具形式的美是功能的體現。這就是功能美。這裡的功能，不僅是適應物質需求的功能，而且是適應審美需求的功能。

我們再舉一個《考工記》上的例子。《考工記》有一章「梓人為筍虡」。「梓人」就是木工，「筍」是樂器的支架，其中橫梁叫「筍」，直立柱座叫「虡」。在製作時常常要在筍上裝飾以動物為題材的雕刻。「梓人為筍」中所講的，就是如何根據各種不同樂器所發出聲響的不同特點，選擇不同的動物形象來裝飾「筍」，從而更能襯托和表現這種樂器的聲響，增加音樂的感染力。樂器架上的裝飾物，不是孤立的、無生命的東西，而是與樂器融為一體的、活生生的東西。樂器發出的聲響，就像是不同動物發生的吼叫、啼鳴。這樣，「筍」（樂器支架）的功能就大大加強了，裝飾（審美）和實用達到了完美的統一。《考工記》中首先將天下的動物分為五類，即：脂、膏、裸、羽、鱗。前兩類動物如豬、牛等適於用來在宗教儀式上作祭奠。後三類動物的形象則可以用來作樂器的支架——筍和虡上的裝飾物。虎豺等屬於裸者，它們體態很大，有力量，而且聲音洪亮，不能飛跑。由於它們的這些特點，用來裝飾鐘最適合，敲起鐘來，那洪亮的鐘聲就像是從牠們口中發出的吼聲。鳥屬於羽類，形體輕盈，聲音清脆遠聞，適宜於用來裝飾磬。而蛟龍等水物屬於鱗屬，修長而渾圓，可用它們的形象製作樂器的橫梁——筍。《考工記》最後強調，雕刻必須精細認真，要突出這些動物各自的形態特點，使之栩栩如生，這樣才能起到裝飾效果。《考工記》的「梓人為筍」可以說是由功能出發來設計外觀形式的一個典範，也就是功能與形式相統一的功能美的典範。

我們舉的這幾個例子是古代工藝美的例子。但從功能和形式的統一這一點來說，工業化時代的產品的美（技術美）也應該符合這個原

則。如人們常用的電腦、手機，它們的外觀（造型、色澤、質感）等等的美，都是它們的功能的體現。這裡所說的功能，不僅包括實用的功能，而且包括審美的功能，如優雅、豪華、高貴，等等。**反過來，產品外觀的缺陷，往往意味著功能的缺陷**。大一點的產品，如汽車、住宅、景區等等也是這樣。住宅外觀的缺陷，百分之一百意味著它的建築質量和功能的缺陷。景區外觀的設計也與功能密切相關。有一段時間，我們國內有些人在著名風景區內大興土木，蓋了無數粗俗的大飯店，建造空中索道、跳傘塔等各種機械化的設施。這不僅破壞了景區外觀的美，同時也破壞了景區的功能，正如建築學家陳從周所說：「高樓鎮山，汽車環居，喇叭徹耳，好鳥驚飛。俯視下界，豆人寸屋，大中見小，渺不足觀。以城市之建築，奪山林之野趣，徒令景色受損，遊者掃興而已。」[734] 這個例子也說明，產品的形式（外觀）美與功能是統一的。形式美受到破壞，功能也必然受到破壞。

三、功能美的美感與快感

產品的技術美（功能美）給人的美感，是一種什麼性質的美感？這是研究技術美所要回答的一個問題。

我們在前面講過，美感的一個特性是無功利性，也就是說，審美活動與實用功利是拉開距離的。和這個無功利性相聯繫，美感的愉悅主要是一種精神的愉悅。美感的愉悅可以包含某些生理快感，如玫瑰花香帶來嗅覺的快感，河邊的涼風帶來皮膚感覺的快感等。但是，第一，這種生理快感不同於佔有並消耗某個實在對象所引起的生理快

註734　陳從周：《書帶集》，第 65 頁，花城出版社，1982。

感，第二，這種生理快感在美感中並不占主要地位。美感的這種性質是否適合技術美（功能美）？產品的技術美（功能美）和產品的實用功能是緊密聯繫在一起的，這和美感的無功利性不是矛盾了嗎？

這需要我們對技術美（功能美）做一些分析。這也可以分兩點來說。

第一，前面說，產品的功能不僅包括滿足物質需求的實用功能，而且包括滿足精神需求的審美功能、文化功能，在當代社會中，越是高檔的產品，它的審美功能、文化功能所佔的比重越大。例如住房、轎車，越是高檔的住房和轎車，它的審美功能和文化功能就越是佔據主要的位置。就產品功能中的實用功能來說，它給人的是一種生理的快感，如轎車行駛又快又穩，坐在裡面很舒適，這些都給人以生理的快感。就產品功能中的審美功能和文化功能來說，它給人的主要是一種美感，當然其中也可能包含有某些精神的快感（如榮耀感）。照這樣分析，產品的功能作為實用功能和審美功能、文化功能的統一體，它給人的愉悅是生理快感、美感以及某種精神快感的複合體。越是高檔的產品，這個複合體中美感的比重越大。

第二，前面說，產品的功能必然要體現為形式美。越是高檔的產品，它的形式美的要求也越高。產品的形式美，儘管是產品功能的體現，但它給人的愉悅，是美感的愉悅，即無功利的美感的愉悅，而不是生理快感。如一座高檔別墅的外觀的美是功能的體現，一部高檔手機的外觀的美也是功能的體現，但是它給予觀者的是一種美感的愉悅，而不是一種生理快感。

把以上兩點綜合起來，我們可以說，技術美（功能美）給人的愉悅是一種複合體，其中有生理快感，有美感，還有某種精神快感。一

般來說，越是高檔的產品，美感在這個複合體中所佔的比重就越大。因為越是高檔的產品，它的形式美的要求就越高。

四、「日常生活審美化」是對大審美經濟時代的一種描述

「日常生活審美化」是 20 世紀 80 年代西方學術界開始討論的一個話題。這個話題和技術美有關，所以我們在這裡對這個話題做一些簡要的討論和分析。

學術界對「日常生活審美化」有多種多樣的理解和解釋。很多理解和解釋是不準確的。下面我們做一些考察。

1.「日常生活審美化」就是用審美眼光（審美態度）看待日常生活。持這種理解的人說，過去人們把日常生活排除在審美領域之外，現在人們用審美眼光來看待日常生活，這就是「日常生活審美化」。

我們認為這種理解和解釋是不準確的。第一，在過去，人們並沒有把日常生活排除在審美領域之外。我們在第五章討論過這個問題。荷蘭畫派的畫家、《清明上河圖》的作者張擇端，他們的審美眼光都是指向老百姓的普通的日常生活，他們面向老百姓的日常生活領域創造出富有情趣的意象世界。第二，用審美眼光看待日常生活，不等於「日常生活審美化」。這是兩個概念，就像我們用審美眼光看待自然景物，也不等於「自然界審美化」一樣。

所以，對於「日常生活審美化」的這種理解和解釋，應該予以排除。

2.「日常生活審美化」就是過去一些美學家（如朱光潛）所主張的人生的藝術化、人生的審美化。

我們認為，這種理解和解釋也是不準確的。朱光潛等美學家主張的

人生的藝術化，是指一個人要樹立審美的理想，在自己的一生中要追求審美的人生。我們在第十五章要討論這個問題。審美的人生與日常生活有關係，但它的人生哲學的深刻內涵是日常生活所難以包含的。所以對於「日常生活審美化」的這種理解和解釋，也應該予以排除。

3.「日常生活審美化」就是指後現代主義藝術家把日常生活中的現成物命名為藝術品，從而消除藝術與生活（藝術與非藝術）的界限的現象。關於後現代主義藝術家消除藝術與非藝術的界限的主張和實踐，我們在第六章有過討論。我們曾指出，否定藝術與非藝術的主張是不能成立的。而且後現代主義藝術的一些流派，他們視野中的所謂「日常生活」，多半是一些破布、破鞋、破汽車、破輪胎、破包裝箱、舊海報、舊照片、罐頭盒等以及各種丟棄之物。在他們心目中，把這些東西命名為藝術品，也就實現「日常生活」審美化了。我們在前面說過，這些生活中的廢品、垃圾是缺乏意義的，把它們等同於「日常生活」是極不妥當的。

所以，對「日常生活審美化」的這種理解和解釋，也應該加以排除。

4.「日常生活審美化」就是指當代高科技條件下社會生活的虛擬化。一些學者認為，在當代社會（他們稱為後現代社會），仿真式的「擬像」氾濫，一切都成了標記，一切都成了符號，整個社會生活「擬像化」、虛擬化了，因而也就審美化了。

這種理解也是不準確的。第一，在當代社會，整個社會生活並沒有也不可能全部虛擬化。一件衣服，它的符號價值（「名牌」）可以高過它的使用價值，但它仍然是一件實在的衣服，而不可能完全虛擬化，不可能成為一件「皇帝的新衣」。社會生活的其他領域也是如此。第二，虛擬化不等於審美化。網絡世界、影像世界不等於審美世界（意象世界）。

所以，對於「日常生活審美化」的這種理解和解釋，我們認為也應該加以排除。

　　5.「日常生活審美化」就是指在當代社會中，越來越多的人對於自己的生活環境和生活方式有一種自覺的審美的追求。很多學者指出，隨著社會生產力的發展，隨著千百萬群眾的物質生活逐步富裕，人們的精神、文化的需求也不斷增長，因而一個大審美經濟的時代或稱體驗經濟的時代已經來臨或即將來臨，這將為整個社會生活帶來極大的變化。

　　按照這種理解和解釋，「日常生活審美化」就是對大審美經濟時代或體驗經濟時代的一種描述。我們認為，按照這種理解和解釋，對「日常生活審美化」的探討，在理論上和實踐上才是有意義的。

　　前面說過，從 20 世紀 60 年代開始，世界各國的經濟出現一個重大變化，即商品的文化價值、審美價值逐漸超過商品的使用價值和交換價值而成為主導價值。人們買一件商品（例如買一件衣服），往往不是著眼於它的使用價值，而是著眼於它的文化價值、審美價值。現在人們花錢，已不完全是購買物質生活必需品，而是越來越多地購買文化藝術，購買精神享受，購買審美體驗，甚至花錢購買一種氣氛，購買一句話、一個符號（名牌就是符號）。很多年輕人、白領、「小資」，為什麼不在辦公室喝咖啡，要到星巴克喝咖啡？就是為了追求一種氣氛，追求一種體驗。在商店買咖啡，每磅 1 美元，而星巴克的咖啡，一杯就要幾美元，可星巴克卻越來越火。因為星巴克能滿足很多人體驗的需求。這就是所謂的「體驗經濟」。「經濟學家認為，迄今為止人類經濟發展歷程表現為三大經濟形態，第一是農業經濟形態，第二是工業經濟形態，第三是大審美經濟形態。所謂大審美經濟，就是超越以產品的實用功能和一般服務為重心的傳統經濟，代之以實用與審美、產品與體驗相結合的

經濟。人們進行消費，不僅僅『買東西』，更希望得到一種美的體驗或情感體驗。」[735] 這種大審美經濟的標誌就是體驗經濟的出現。1999年，美國的派恩二世（B. Joseph Pine II）和吉爾摩（James H. Gilmore）二人合寫的《體驗經濟》（*The Experience Economy*, 1998）一書出版。書中說：「我們正進入一個經濟的新紀元：體驗經濟已經逐漸成為繼服務經濟之後的又一個經濟發展階段。」「體驗經濟就是企業以服務為舞台，以商品為道具，以消費者為中心，創造能夠使消費者參與、值得消費者回憶的活動。」[736] 2002年，研究大審美經濟的學者，美國普林斯頓大學教授卡尼曼（Daniel Kahneman）獲得諾貝爾經濟學獎，這表明國際學術界對這一發展趨勢的高度重視。很多經濟學家認為，在生活水平低下的時候，快樂在很大程度上取決於是否有錢，可是在生活比較富裕後，快樂並不正比例地取決於是否有錢。因此，不能把效用、而要把快樂作為經濟發展的根本目的。卡尼曼區分出兩種效用：一種是主流經濟學定義的效用，另一種是反映快樂和幸福的效用。卡尼曼把後一種效用稱為體驗效用，並把它作為新經濟學的價值基礎。最美好的生活應該是使人產生完整的愉快體驗的生活。這是經濟學 200 多年來最大的一次價值轉向。[737]

　　這種大審美經濟時代或體驗經濟時代的到來，正反映出越來越多的人在日常生活中追求一種精神享受，追求一種快樂和幸福的體驗，追求

註735　〈關構建審美經濟學的構想——凌繼堯先生訪談錄〉（《東南大學學報》，2006年 3月）。

註736　轉引自凌繼堯等著《藝術設計十五講》，第320頁，北京大學出版社，2006。

註737　同上。

一種審美氣氛。《哈利‧波特》第七部於2007年 7 月 21 日零時在全球上市銷售，成千上萬的讀者守候在書店門口搶購。美國在 24 小時裡就售出了 830 萬冊，平均每秒鐘售出近百冊。很多人買回家就關起門來讀這部小說，整夜不睡覺，一口氣把它讀完。為什麼這麼急？因為如果他們自己沒有讀完，第二天上班、上學時就會由同學或同事告訴他們書的內容和故事的結局，那樣一來，他們的快樂和激動的體驗就喪失了。

　　這樣一個大審美經濟的時代，這樣一個體驗經濟的時代，審美（體驗）的要求將會越來越廣泛地滲透到日常生活的各個方面。這就是「日常生活審美化」。「日常生活審美化本質上乃是通過商品消費來產生感性體驗的愉悅。」「審美化的體驗也就是對生活方式及其物品和環境的內在要求，而物質生活的精緻性就相應地轉化為人對消費品和生活方式本身的主體感官愉悅。」「審美體驗本身的精神性在這個過程中似乎正在轉化為感官的快適和滿足，它進一步體現為感官對物品和環境的挑剔，從味覺對飲料、菜餚的要求，到眼光對形象、服飾、環境和高清電視畫面的要求，到聽覺對立體聲、環繞聲等視聽器材的要求，到觸覺對種種日常器具材質和質感的苛刻要求等等，不一而足。體驗貫穿到日常生活的各個層面，它構成了審美化的幸福感和滿足感的重要指標。」**[738] 這種幸福感和滿足感是感官的感受，同時它又包含著精神的、文化的內涵，就是我們前面說過的，它是生理快感、美感以及某種精神快感的複合體。我們應該這樣來理解和解釋「日常生活審美化」。「日常生活的審美化」不是用審美眼光看待日**

註738　周憲：〈「後革命時代」的日常生活審美化〉，第 66 頁，載《北京大學學報（哲學社會科學版）》，2007 年第 4 期。

常生活。「日常生活審美化」不是追求人生的藝術化。「日常生活審美化」不是後現代主義藝術的某些流派抹掉藝術與生活（藝術與非藝術）之間界限的主張和實踐。「日常生活審美化」也不是網絡、影像等等虛擬世界的氾濫。**「日常生活審美化」是對大審美經濟時代的一種描繪。在這樣一個大審美經濟時代，審美（體驗）的要求越來越廣泛地滲透到日常生活的各個方面。**

在這樣一個大審美經濟或體驗經濟的時代，文化產業（或稱創意產業、頭腦產業、藝術產業等等）必然會越來越受到重視，「技術美」（功能美）也必然會在社會生活中佔據越來越重要的地位。

在這裡我們看到了人類歷史的一種辯證的發展過程。

我們說過，審美活動是人類的一種精神活動，是對於物質生產活動、實用功利活動的超越，也是對個體生命有限存在和有限意義的超越。而技術美學，對技術美的追求，就是要使本來是從物質的、實用功利的活動中超越出來的審美活動，重新回到物質的、實用功利的領域（衣、食、住、行、用）中去。

粗粗一看，這是把審美的、精神的東西降低到實用的、物質的層面，超功利的東西被功利的東西「污染」了。

其實，恰恰相反，這是把實用的東西昇華為審美的東西，或者說，是在物質的東西中增添一個精神的層面，在實用功利的東西中增添一個超功利的層面。一座房屋，當它包含有文化內涵和審美內涵時，它就不僅具有遮風雨、禦寒冷的實用的功能，而且具有一種精神的氛圍，給人一種精神的享受。一杯飲料，本來是為滿足身體的需求。可是當你和你的朋友在巴黎塞納河邊的咖啡館一邊喝咖啡，一邊討論剛剛在奧賽博物館看過的印象派繪畫的印象時，那就是一種精神的享受了。

從歷史的發展看，審美的因素（屬於精神性的東西）最早是從物質的、實用的活動中產生出來的。後來，審美與實用逐漸分離。審美的因素大量地表現在藝術活動之中。藝術中當然也有物質的因素，但那是媒介、載體、手段。藝術給予人的是精神享受而不是物質享受。這可以說是對實用與審美的原初統一的否定。歷史發展到了高科技的今天，審美的因素又回到物質、實用的活動之中，審美的東西和實用的東西重新結合起來。這可以說是否定之否定。也許這就是美的歷程。**在人類歷史上，確有這樣的階段，人們為了物質的東西而丟掉精神的追求，為了實利而丟掉審美。但從長遠看，隨著物質生活的高度發展、繁榮和富裕，精神的享受、審美的追求在人類生活中的比重將會越來越大。人們將迎來一個大審美經濟的時代，即體驗經濟的時代。這個大審美經濟的時代，也就是一個「日常生活審美化」的時代。**

本章提要

技術美是社會美的一個特殊的領域，是在大工業的時代條件下，各種工業產品以及人的整個生存環境的美。技術美要求在產品生產中，把實用的要求和審美的要求統一起來。

在西方歷史上，對技術美的追求可以分三個階段：第一階段以莫里斯為代表，主張恢復手工業時代那種既實用又美觀的古典風格；第二階段以蘇利約以及格羅皮烏斯等人為代表，主張產品的外觀形式應該是它的功能的表現；第三階段受 20 世紀人本主義思潮的影響，審美設計從工業產品擴展到整個人類的生存環境。

技術美的核心是功能美，即產品的實用功能與審美的有機統一。功能美的追求是對歷史上曾出現過的兩種片面性的否定，一種是只求功能，不問形式，一種是把產品的審美價值完全歸結為外在的形式。這兩種片面性都是對實用功能和審美的割裂。

　　為了正確把握功能美，要注意兩個問題：第一，我們說的功能不僅要適應人的物質要求（即產品的使用價值），而且要適應人的精神需求（即產品的文化價值、審美價值）。第二，功能不僅應該體現為產品的內在形式結構，而且也應體現為產品的表層外觀。產品外觀的缺陷，往往意味著功能的缺陷。

　　技術美（功能美）給人的愉悅是一種複合體，包括生理快感、美感和某種精神快感。在當代，越是高檔的產品，美感在這個複合體中佔的比重就越大。

　　學術界對「日常生活審美化」有多種多樣的理解和解釋。我們認為，「日常生活審美化」不應理解為人們採用審美眼光看待日常生活，不應理解為追求人生的藝術化，不應理解為後現代主義藝術的某些流派抹掉藝術與生活（藝術與非藝術）之間界限的主張和實踐，也不應理解為網絡、影像等等虛擬世界的氾濫。「日常生活審美化」是對大審美經濟時代的一種描繪。在這樣一個大審美經濟時代，審美（體驗）的要求越來越廣泛地滲透到日常生活的各個方面，人們在生活中追求一種愉快的體驗。在這樣一個大審美經濟時代，文化產業越來越受到重視。

【第三編】

審美｜範疇

第九章 優美與崇高

　　本章先對審美形態和審美範疇的內涵作一簡要的論述,然後討論優美和崇高這一對范疇,最後討論中國美學中的陽剛之美與陰柔之美即壯美與優美這一對范疇。

一、審美形態與審美範疇

　　我們在第三章談過,審美活動乃是一種社會文化活動,審美活動不能脫離特定的社會文化環境。因此,不同的社會文化環境會發育出不同的審美文化。不同的審美文化由於社會環境、文化傳統、價值取向、最終關切的不同而形成自己的獨特的審美形態。我們知道,同一個藝術家創造的一系列意象世界,往往會顯示一種相同的色調,相同的風貌,我們稱之為「藝術風格」。那麼,**審美形態就是在特定的社會文化環境中產生的某一類型審美意象(往往帶有時代特色或在一定時期占主流地位的審美意象)的「大風格」**(greatstyle)。**而審美範疇則是這種「大風格」(即審美形態)的概括和結晶。**

　　以西方文化史為例。**「優美」就概括了古希臘文化中以神廟和人體雕像為代表的審美意象的大風格,而「崇高」則概括了繼承希伯萊文化的西方基督教文化中以哥特式教堂為代表的審美意象的大風格。**隨著歷史的發展,「優美」和「崇高」這兩種文化「大風格」依然存在,例如拉斐爾的繪畫、莫札特的音樂可以說是「優美」的典型,而歌德的浮士德則是崇高的典型,但是它們的文化內涵已經和古希臘的神廟、雕像以及中世紀的哥特式教堂不同了。

在西方文化史上，究竟出現了哪些最重要的審美形態和審美範疇？美學家的看法也不完全一致。在古代和中世紀，「美」（「優美」）是中心範疇。後來出現了「崇高」〔從朗吉努斯到博克〕。再後來美學家們又陸續提出各種各樣新的概念。[739] 他們提出的種種概念，當然都標示了不同審美意象（或意象群）的不同風格，但其中有一些還談不上是高度概括的「大風格」，即談不上是我們說的審美形態，所以還不能列入審美範疇的範圍。我們認為，優美與崇高、悲劇與喜劇、醜與荒誕這幾對概念是在西方文化史上涵蓋面比較大的審美形態的概括和結晶，也是美學史上絕大多數美學家認同的審美範疇。審美範疇不能隨意添置、無限增多，否則審美形態的研究就變成為藝術風格的研究了。

在中國文化史上，藝術風格呈現出極其豐富多彩的狀態。司空圖的《二十四詩品》列出「雄渾」、「沖淡」、「纖穠」、「疏野」、「清奇」等二十四種「風格」。後來的許多畫品中也有這種風格的分類。但這些概念多數還不能稱為審美範疇，因為它們還稱不上是文化大風格。在中國文化史上，受儒、道、釋三家影響，也發育了若干在歷史上影響比較大的審美意象群，形成了獨特的審美形態（大風格），從而結晶成獨特的審美範疇。例如，「沉鬱」概括了以儒家文化為內涵、以杜甫為代表的審美意象的大風格，「飄逸」概括了以道家文化為內涵、以李白為代表的審美意象的大風格，「空靈」則概括了以禪宗文化為內涵、以王維為代表的審美意象的大風格。[740]

註739 可參看塔塔科維奇的《西方六大美學觀念史》（上海譯文出版社，2006）一書。該書第五章介紹了西方美學史上美學家們提出的標示美的種類之種種概念。

註740 在 20 世紀 80 年代末，我在《現代美學體系》（葉朗主編，北京大學出版社，1989）一

我們在本章以及下面幾章中分別對優美與崇高、悲劇與喜劇、醜與荒誕、沉鬱與飄逸、空靈等幾組審美範疇做一些分析。我們的分析分兩方面：一方面是文化分析，即揭示審美形態所蘊涵的歷史、哲學等方面的內涵，另一方面是美學分析，即對審美形態的形式和內在結構關係進行分析。

二、優美的文化內涵和審美特徵

優美（beauty or grace）這種審美形態，最早是由古代希臘文化所培育出來的。

我們在第三章談過，希臘是一個半島，吹著暖和的海風，大海是那樣寧靜，海水是那麼光艷照人。希臘境內沒有一樣體積巨大的東西。希臘城邦的公民在希臘民主制度下，物質生活很簡樸，精神文化生活卻很豐富。希臘人既有清醒的理智，又有豐富的情感；既追求自由，又懂得維護城邦的法律。對於希臘人，人與自然，個體與群體，現實與理想，感情與理智，都處於一種和諧融洽的狀態，好似陽光融入愛琴海面閃射出美麗的光芒。兩千多年後，黑格爾在思辨王國中追尋希臘藝術的奧秘時，曾經說：「希臘人的世界觀正處在一種中心，從這個中心上美開始顯示出它的真正生活和建立它的明朗王國；這種自由生活的中心不只是直接地自然地存在著，而是由精神觀照產生出來，由藝術顯示出來的。」[741] 內在和諧顯現為外在和諧，「美」就產

書中，曾把「和」與「妙」作為體現儒家精神和道家精神的審美形態加以討論。可能受這本書的影響，後來一些美學著作也把「和」、「妙」列入審美範疇，有的還加上「意境」等等。現在看來，「和」與「妙」作為儒家和道家追求的審美理想，它們的涵蓋面非常寬泛，把它們作為審美形態和審美範疇來討論是不準確的。

註741　黑格爾：《美學》第二卷，第169～170頁，商務印書館，1979。

生了，而且在藝術中建立起它光照千秋的純淨王國。**742**

　　古希臘的美在古希臘神廟和人體雕像中得到了最典型的體現。古
希臘神廟不像埃及金字塔那樣龐大壓抑，也不像基督教教堂那樣巍峨
神秘，它莊重、明快，呈規整的幾何結構，細部變化多端，柱石蕭立、
挺拔，好比希臘的運動健兒，氣概非凡又風度瀟灑。希臘人對人體美具
有一種純真的、高尚的美感。人體是希臘人美感的興奮點，作為人體意
象的雕塑也就成為希臘真正的民族藝術了。文克爾曼說：「希臘藝術傑
作的一般特徵是一種高貴的單純和一種靜穆的偉大。既在姿態上，也在
表情裡。」**743** 米隆（Myron, 大約活動於 472 ~ 440 BC）的《擲鐵餅者》
（*Discobolus*, 約西元前450年），菲狄亞斯（Phidias 或 Pheidias, 約西元
前480 ~ 430 年）的《雅典娜》（*Athena Varvakeion*），還有剛健的《執
矛者》〔*Doryphoros*；*Spear-Bearer*：波利克里托斯（Polyclitus, 生卒年代
不 ）作品〕，優美的《赫爾墨斯與小酒神》（*Hermes bearing the infant
Dionysus*, 普拉克西特列斯 Praxiteles 作品），令人傾倒的《米洛的維納
斯》（*La Vénus de Milo*；又稱為：「斷臂維納斯」）和使人嘆服的《拉奧
孔》（*The Laocoon and his Sons*, Agesander、Athenodoros 和 Polydorus 共
同創作），還有1972年在意大利南部海域發現的兩座希臘青銅鑄像（《里
亞切武士像》，公元前 5 世紀前半葉的作品）。在所有這些雕像那高貴的
神情、端莊的面容後面，在那健美的肢體、迷人的曲線下面，在那洋溢著
生命力的肌肉中，不都閃耀著靜穆的光輝嗎？就像愛琴海，儘管海面有

註742　我們這裡説的「美」是狹義的美，即優美，而不是廣義的美（包括崇高、優美、悲劇、喜
劇等審美形態）。「優美」的特點是單純、明媚、絕對的和諧。可參看下一節的分析。

註743　引自《宗白華美學文學譯文選》，第 2 頁，北京大學出版社，1982。

時風平浪靜，有時狂濤洶湧，而海的深處永遠是靜寂的。希臘雕像，儘管有的怡然恬靜，有的充滿激情，而映現的靈魂則是沉靜的、和諧的。

古希臘的這一種單純、靜穆、和諧的美，就是人們常說的優美。

優美的審美特點，不僅表現於建築和雕塑，而且也表現於繪畫、音樂、詩歌等其他藝術形式。16 世紀意大利文藝復興時期大畫家拉斐爾（Raffaello Sanzio，1483～1520）的作品就是典型。

拉斐爾作品的美是恬靜、明媚、和諧之美。他的《美麗的

拉斐爾　《美麗的女園丁》

女園丁》〔*La Belle Jardiniere*；又名：「聖母子與施洗者約翰」（*The Virgin and Child with St John the Baptist*, 1507）是最好的代表。在一所花園裡，聖母坐著，看護著兩個在嬉戲的孩子，這是耶穌和施洗者聖約翰（他身上披著毛氅，手裡拿著有十字架的杖）。耶穌，站在母親身旁，腳踏在她的腳上，手放在她的手裡，向她微笑。聖約翰，一膝跪著，溫柔地望著他。畫面上有一種簡樸的古牧歌式的氣氛，充溢著嫵媚與華貴。傅雷在分析這幅畫時說，這幅畫給人的第一個印象，統轄一切而最持久的印象，「是一種天國仙界中的平和與安靜」，「所

有的細微之處都有這印象存在，氛圍中，風景中，平靜的臉容與姿態中，線條中都有」。「全幅畫中找不到一條太直的僵硬的線，也沒有過於尖銳的角度，都是優美的曲線。」「背後的風景更加增了全部的和諧。幾條水平線，幾座深綠色的山崗，輕描淡寫的；一條平靜的河，肥沃的、怡人的田疇，疏朗的樹，輕靈苗條的倩影；近景，更散滿著鮮花。沒有一張樹葉在搖動。天上幾朵輕盈的白

拉斐爾　《西斯汀聖母》

雲，映著溫和的微光，使一切事物都浴著愛嬌的氣韻。」「在這翁布里亞（Umbria）（佩魯賈省, Provincia di Perugia 的古名）幽靜的田野，狂風暴雨是沒有的，正如這些人物的靈魂中從沒有掀起過狂亂的熱情一樣。這是繚繞著荷馬詩中的奧林匹亞與但丁《神曲》中的天堂的恬靜。」[744] 總之，這幅畫的全部枝節，「都匯合著使我們的心魂浸在超人的神明的美感中，這是一闋極大的和諧」，[745]「在莫札特的音樂與

註744　傅雷：《世界美術名作二十講》，第114～117頁，天津社會科學出版社，2006。

註745　同上書，第119頁。

拉辛的悲劇中頗有這等情景」。**746**

拉斐爾親手描繪的最後一幅作品《希斯汀聖母》（*The Sistine Madonna*, 1513～1514）也是優美的傑作。與《美麗的女園丁》不同的是，這幅畫沒有了簡樸的牧歌氣氛，聖母與小耶穌的唇邊都刻著悲哀的皺痕。他們的憂鬱是哀念人類的悲苦。傅雷認為，這是因為這時的拉斐爾已有了一切天才作家都會有的淡漠的哀愁。這使《希斯汀聖母》成為藝術史上最動人的作品之一。

傅雷用這樣的話來總結他對拉斐爾的評論：「**在拉斐爾的任何畫幅之前，必得要在靜謐的和諧中去尋求它的美。**」**747** 這種靜謐的和諧就是優美。

總之，優美的特點就是完整、單純、絕對的和諧。正如勃蘭兌斯對「希臘式的美」所作的描述：「沒有地方是突出的巨大，沒有地方引起人鄙俗的感覺，而是在明淨清楚的界線裡保持著絕對的調和。」**748**

這種完整、單純、和諧的美，它所引起的美感，就是一種始終如一的愉悅之情。這是因為優美的意象世界總是充溢著一種生命活力，在形式上又十分和諧，單純，所以，在美感過程中，主體的種種感官和機制和諧運作，既無阻滯，又無衝突，自始至終地貫穿著一種舒暢喜悅的情感基調，這種情感基調是一種較為單一、純淨的體驗。整個美感過程，既無大起大落的情感突變，又無強烈搖撼的內心震盪。審美主體在一種怡和、寧靜的心態中，全神貫注於審美意象，達到一種忘我的境地。

註746 同上書，第121頁。

註747 傅雷：《世界美術名作二十講》，第145頁。

註748 勃蘭兌斯：《十九世紀文學主流》，第一卷，第136頁，人民文學出版社，1958。

對於優美感的這種特徵，歷史上很多美學家都做過程度不同的描述和分析。早在古希臘，畢達哥拉斯學派就注意到美感是對象的和諧、多樣統一等形式美所造成的一種特殊感受。斯賓諾莎認為，美感是美的對象作用於主體神經所產生的一種舒適。繆越陀裡把美感規定為主體體驗到的快適與喜愛之情。博克認為美感以快感為基礎，「鬆弛舒暢是美所特有的效果」。[749] 康德在《論優美感和崇高感》中把優美感和崇高感加以比較。他說：「一座頂峰積雪、高聳入雲的崇山景象，對於一場狂風暴雨的描寫或者是彌爾頓對地獄國土的敘述，都激發人們的歡愉，但又充滿著畏懼，相反地，一片鮮花怒放的原野景色，一座溪水蜿蜒、佈滿著牧群的山谷，……也給人一種愉悅的感受，但那卻是歡樂的和微笑的。」他又說：「崇高使人感動，優美則使人迷戀。一個經受了充分崇高感的人，他那神態是誠懇的，有時還是剛強可怕的。反之，對於優美之活潑潑的感受，則通過眼中光輝的快樂，通過笑靨的神情並且往往通過高聲的歡樂而表現出來。」[750] 李斯托威爾對優美感作了一個綜合性的界說：「當一種美感經驗給我們帶來的是純粹的、無所不在的、沒有混雜的喜悅和沒有任何衝突、不和諧或痛苦的痕跡時，我們就有權稱之為美的經驗。」[751]

三、崇高的文化內涵

崇高（sublime）這種審美形態，它的源頭是希伯萊文化和西方基督教文化。

註749　《西方美學家論美和美感》，第122頁，商務印書館，1980。

註750　康德：《論優美感和崇高感》，第 3 頁，商務印書館，2005。

註751　李斯托威爾：《近代美學史評述》，第228頁，上海譯文出版社，1980。

希伯萊人（猶太民族）的歷史是一部受難的歷史。面對無邊無際的磨難，無法逃避的死亡，希伯萊人把求生的慾望，幸福的幻想，熾烈的情緒，轉化為對萬能之主耶和華的信仰。這種宗教信仰，使受難變為贖罪，使死變為復活，使人生變為通向天堂的荊棘叢生的道路。這種宗教信仰，追求對有限人生的精神超越。正是這種超越精神，使希伯萊文化產生出一個完全不同於希臘文化的審美形態：崇高。

黑格爾說：「神是宇宙的創造者，這就是崇高本身的最純粹的表現。」[752] 神是崇高的最純粹、最原始的形式。在希伯萊人那裡，上帝是非肉身化的。他是一切之主，卻在一切之外。在《聖經·舊約》中，他經常以聲音和光的形式出現於曠野之中。崇高屬於上帝，屬於上帝的創造。而到了基督教創立後，崇高便肉身化為耶穌基督，肉身化為聖母瑪麗亞。於是，崇高第一次有了由人創造的象徵符號——耶穌與十字架，聖母與聖嬰。崇高成為神聖的獻身與救贖。如果說在希伯萊人那裡，崇高主要是本體論意義上的，即上帝耶和華乃是一切之主，一切之本體，他的存在是無限的、不可思議的；那麼，在基督教那裡，崇高又加上了一層道德意義，即耶穌與聖母的奉獻與救贖是對於全人類的，因此這種道德的崇高就是人類無法達到的極限。無論是苦難的十字架，還是仁愛的聖母像，都令人聯想到人的卑微和有罪。

中世紀後期（12 世紀開始）林立於歐洲大地的哥特式教堂，成為崇高的最典型「感性顯現」。與莊重靜穆的希臘神廟不同，哥特式教堂顯示出一種神秘崇高的氣氛。直刺雲霄的尖頂，宏偉高聳的拱門，仰天巍立的鐘樓，使人靈魂出竅，物我皆忘，直奔向那茫茫無限。幽深的走廊，

註752　黑格爾：《美學》第二卷，第 92 頁，商務印書館，1979。

巴黎聖母院

高俯的穹隆，以及纏繞四周的千奇百怪的裝飾，令人目眩神迷。透過彩色玻璃射入的日光像一團團神秘的火焰，與幽幽燭光互相交織，猶如縹縹緲緲的天國幻影。加上風琴、聖歌、鐘聲，整個一座教堂成為崇高的絕妙寫照。追求超越渺小、有罪的自我的靈魂，此刻便覺得與神同在，沐浴神福。

到 18 世紀至 19 世紀的浪漫主義時期，「崇高」的文化內涵發生了重大的改變。

歐洲浪漫主義作為一種精神文化現象，有著深刻的社會歷史根源和文化心理根源。就文化心理根源來說，當文藝復興把人從神的桎梏下解放出來以後，人的存在、人的價值、人的尊嚴得到了充分肯定。然而，資本主義拜物教又把人拋進了更為嚴重的異化之中，解放了的自由精神與禁錮人的社會牢籠的矛盾，必然更強烈地激起精神對現實的超越，激起自由心靈對有限存在的超越，於是浪漫主義便如烈火一般燃遍了整個歐洲。浪漫主義者以對理想的追求，或對自然的嚮往，表達了他們的精神超越性。人自身第一次成了崇高的主體。**詩和音樂，成為崇高的新的「感性顯現」。**音樂在浪漫主義的烈焰中放射出無比輝煌的光芒。貝多芬開浪漫主義音樂的先河，**他把電閃雷**

鳴的激情，自由奔騰的嚮往，把超越一切、擁抱自然的宇宙意識化為蕩氣迴腸的音樂織體，化為氣貫長虹、攝魂動魄的交響樂，把人的精神王國引向了一個無限燦爛輝煌的崇高境界。

當崇高從宗教藝術風格演變為浪漫主義藝術風格時，它的內容發生了革命性的變化：**即從主體精神的異化復歸為主體精神的自覺。**過去只是在宗教中才能領略到的對無限的追求，不斷的超越，現在從非宗教的藝術中也能領略到了。而且，在宗教中，對無限的追求，不斷的超越，這種「自由意志」是以向神的皈依這種非主體性的方式存在的，而在浪漫主義藝術中，自由意志自身成了自覺主動的超越者。**追求超越的人對自身的超越，這一精神歷程，代替宗教超越中的彼岸（天國、上帝），成為崇高的核心。**歌德的《浮士德》，貝多芬的第三（《英雄》）、第五（《命運》）與第九交響曲，雨果（Victor-Marie Hugo, 1802～1885）的《悲慘世界》（*Les Misérables*, 1862）等，都記錄了超越者追求超越那崇高而神聖的精神歷程。

四、崇高的審美特徵

在西方美學史上，最早討論「崇高」的是朗吉努斯（Longinus）《論崇高》（On the Sublime）一書。[753]

註753　《論崇高》一書長期被湮沒，10 世紀拜占庭（東羅馬帝國）在編撰亞里斯多德的《物理學》手稿的附記中首次披露了它。文藝復興時期，義大利學者羅伯特洛於1554年將此書出版。1674年法國新古典主義者布瓦羅將此書譯成法文，從此引起廣泛注意。過去一般認為，《論崇高》的作者是古羅馬 3 世紀的哲學家、政治家、修辭學家卡修斯·朗吉弩斯。但在 19 世紀末德國學者 G. 凱貝爾經過考證，證明《論崇高》一書的作者並不是這位卡修斯·朗吉弩斯，而是西元 1 世紀中葉的一位佚名作者。國外一些著作把這位佚名作者假定性地稱為偽朗吉弩斯，或簡稱為朗吉弩斯。（關於《論崇高》的作者資料可參看凌繼堯的《西方美學史》，第 99～100 頁，北京大學出版社，2004。）

在古希臘羅馬，早就有人使用「崇高」這個概念，但人們是把「崇高」作為一個修辭學的概念來使用的。朗吉努斯的貢獻在於，他第一次把崇高作為審美概念來使用。

朗吉努斯認為，「崇高的風格是一顆偉大心靈的迴聲」，[754] 第一要有「莊嚴偉大的思想」，第二要有「慷慨激昂的熱情」。[755] 他認為，人天生就有追求偉大、渴望神聖的願望。他說：「天之生人，不是要我們做卑鄙下流的動物；它帶我們到生活中來，到森羅萬象的宇宙中來，彷彿引我們去參加盛會，要我們做造化萬物的觀光者，做追求榮譽的競賽者，所以它一開始便在我們的心靈中植下不可抵抗的熱情——對一切偉大的、比我們更神聖的事物的渴望。所以，對於人類的觀照和思想所及的範圍，整個宇宙也不夠寬廣，我們的思想往往超過周圍的界限。你試環視你四周的生活，看見萬物的豐富、雄偉、美麗是多麼驚人，你便立刻明白人生的目的究竟何在。」[756] 正因為這樣，所以有著崇高風格的文章使人心靈揚舉，「襟懷磊落，慷慨激昂，充滿了快樂的自豪感」。[757]

朗吉努斯對崇高的特點的論述，特別是對崇高引起的美感的描述，對後世美學家產生了深遠的影響。

到了近代，陸續有人繼續對崇高進行研究。比較早的是英國的伯內特（Thomas Burnet, c. 1635?~1715）。他沒有使用崇高一詞，而稱之

註754　朗吉弩斯：《論崇高》，見《繆靈珠美學譯文集》第一卷，第 84 頁，中國人民大學出版社，1998。

註755　同上書，第 83 頁。

註756　同上書，第114頁。

註757　朗吉弩斯：《論崇高》，見《繆靈珠美學譯文集》第一卷，第 82 頁。

為「偉大的自然對象」。在他看來，「偉大的自然對象」具有「某種莊嚴肅穆的東西」，能帶著偉大思想和激情來啟發心靈，使我們想到上帝和上帝的偉大，想到無限者所具有的影子和外觀。這種偉大壓倒心靈，從而把人投入一種「愉快的眩暈和讚嘆」之中（《神聖大地論》，*Sacred Theory of the Earth*, 1681）。**758** 以後愛迪生（Joseph Addison, 1672～1719）又提出了宏偉（greatness），他指出宏偉的審美效果使人陷入「一種愉悅的震驚之中」，「靈魂感受到一種興奮的靜默和讚嘆」。**759** 到了博克才第一次把崇高作為與優美對立的審美範疇進行研究。他從外在形式與內在心理情緒兩方面，對比了崇高與優美的不同：從對象形式看，崇高的特徵是大，凹凸不平，變化突然，朦朧，堅實笨重等等；從主體心理看，崇高以痛苦為基礎，令人恐怖，它涉及人的「自我保存」的慾念。他說：「凡能以某種方式適宜於引起苦痛或危險觀念的事物，即凡是能以某種令人恐怖，涉及可恐怖的對象的，或類似恐怖那樣發揮作用的事物，就是崇高的一個來源。」他還說：「驚懼是崇高的最高度效果，次要的效果是欣羨和崇敬。」**760**

把崇高上升到哲學高度進行深入研究的美學家是康德。康德認為「崇高」對象的特徵是無形式，即對象形式無規律、無限制，具體表現為體積和數量無限大（數量的崇高），以及力量的無比強大（力的崇高）。他指出，這種無限的巨大，無窮的威力，超過主體想像力（對表象直觀的

註758　伯內特：《神聖大地論》，見比厄斯利《西方美學簡史》，第183頁，北京大學出版社，2006。

註759　見比厄斯利《西方美學簡史》，第185頁，北京大學出版社，2006。

註760　引自朱光潛《西方美學史》上卷，第237頁，人民文學出版社，1979。

感性綜合能力）所能把握的限度，即對象否定了主體，因而喚起主體的理性觀念。最後理性觀念戰勝對象，即肯定主體。這樣，主體就由對對象的恐懼而產生的痛感（否定的）轉化為由肯定主體尊嚴而產生的快感（肯定的），這就是崇高感。他說：「我們稱呼這些對象為崇高，因它們提高了我們的精神力量越過平常的尺度，而讓我們在內心裡發現另一種類抵抗的能力，這賦予我們以勇氣來和自然界的全能威力的假象較量一下。」[761] 那麼「另一種類抵抗能力」是什麼呢？就是主體的超越精神。所以，「對於自然界的崇高的感覺就是對於自己本身的使命的崇敬，而經由某一種暗換賦予了一自然界的對象（把這對於主體裡的人類觀念的崇高變換為對於客體）」。[762]

康德把人對神的關係，換成人對自然的關係。這顯然已經在希伯萊文化中摻進了浮士德精神。正因為如此，康德才說，人對於自然界的崇高的感覺就是對於自己本身的使命的崇高感的某種暗換。康德的崇高觀，把天主教中人對神的一種無時無地不在的、永無終止的犧牲，換成人對有著無限空間的自然的永無休止的追求，也就是把永恆實在（全能的神與全能的自然）的崇高變成了主體使命的崇高。

就崇高的意象世界來看，它的「無限」的意蘊總是突破感性的前景，強烈地顯示於感性的前景之中。但是，「無限」又不能由有限的感性的前景全部顯現，它顯現於感性的外層僅僅是局部的、暗示的；所以崇高中有神秘的、未知的以及不可能把握的東西，這樣才造成了崇高的深邃境界。而「優美」缺乏崇高的這種深邃感。如古希臘陶立克式的神廟，嚴格

註761 《判斷力批判》上卷，第101頁，商務印書館，1985。

註762 同上書，第 97 頁。

地說，是沒有內部空間的，它那一排一排的圓柱組成的廟堂內部，統統向外張示著，單純而明澈。而哥特式教堂，卻通過多色的、半透明的窗戶和層層深入的拱門作為其「深度經驗」的重要象徵之一，讓人感受到深邃的境界及一種從內部向無限追求的意志。

崇高的意象世界的核心意蘊是追求無限。對於任何一個崇高的意象世界來說，它本身必定不是「無限」，而是一個有限的意象。它如果要「向無限追求」，達到崇高的境界，就要藉助某些「形式語言」。而「空間意識」是崇高的所有「形式語言」必須為之服務的靈魂。哥特式教堂提供了這方面的典範。以巴哈為代表的巴洛克音樂也是典範。巴洛克音樂中的賦格藝術是連綿不絕的宏大「音響建築」，在流動的時間中展示了宏偉、深遠的空間。**這種宏偉深遠的空間感，同時也是一種歷史感**，說到底，也就是對我們的命運、時間和不可復返的生命的一種內在體驗。我們去經驗空間，就是去活生生地展延自我，也就是去追求無限，向無限超越。當這些與某種價值系統聯繫起來時，它們也就有了崇高的道德意義：或者成為精神人格的不斷超越與實現；或者成為崇高的人類社會理想的不斷超越與實現——空間的無限成為時間的無限，成為命運、歷史、生命的無限歷程。

五、高尚、聖潔的靈魂美

在優美和崇高之中，有一種特殊的美，即靈魂美，它閃耀著高尚、聖潔的精神的光輝。

在優美的意象世界中，18 世紀奧地利音樂天才莫札特的作品最突出地顯示出一種靈魂美。

莫札特的美是古希臘的美，單純、明媚、絕對的和諧。莫札特逝

世時不到 35 歲。他短暫的一生充滿了痛苦，但「他的作品只表現他長時期的耐性和天使般的溫柔」，**他的藝術始終保持著笑容，保持著清明平靜的面貌，他決不讓眼淚把他的藝術沾濕。**「莫札特的靈魂彷彿根本不知道莫札特的痛苦；他的永遠純潔、永遠平靜的心靈的高峰，照臨在他的痛苦之上。」[763] 所以泰納說，莫札特的美是「完全的美」。法國音樂學家嘉密‧貝萊克甚至說：「這種美只有在上帝身上才有，只能是上帝本身。只有在上帝身邊，在上帝身上，我們才能找到這種美，才會用那種不留餘地的愛去愛這種美。」[764] 所以他說莫札特是真正有資格被稱為是超凡入聖的音樂家。

莫札特的美是永遠純潔、永遠平靜、永遠像天使般溫柔的靈魂美，它閃耀著莫札特聖潔的精神的光輝。

在崇高的意象世界中，也有高尚、聖潔的靈魂美。

英國學者布萊德利（Andrew Ceeil Bradley, 1851 ~ 1935）在《牛津詩學講義》（*Oxford Lectures on Poetry*, 1909）中曾舉出屠格涅夫（Ivan Sergeyevich Turgenev, 1818 ~ 1883）散文詩中的一個例子。大風把一隻未出窩的小麻雀吹落在地下，正好落在一條獵狗的前面。獵狗向小麻雀走去。突然從樹上落下一隻黑頸項的老麻雀，落在獵狗的口邊。它一面哀鳴，一面向獵狗的張著的嘴巴和牙齒衝撞。它要救它的雛鳥，企圖用自己的身體來阻擋災難。它全身震顫著，沖向獵狗的嘴巴。衝了一回又一回，終於倒斃在地，犧牲了它的性命。屠格涅夫說，他看到這個場面，一陣虔敬的心情湧上心頭。他想到，**愛比死，比死所帶來的恐懼還更強有力。**因

註763　嘉密‧貝萊克：《莫札特》，轉引自《傅雷家書》，第 68 ~ 70 頁，三聯書店，1992。
註764　同上書，第 68 ~ 70 頁。

為有愛，只因為有愛，生命才能支撐住，才能進行。[765]

　　這是崇高，是精神的崇高。**當然這種精神的崇高是顯現於一個情景交融的意象世界，也就是屠格涅夫作為審美主體所照亮的這個崇高的意象世界。**

　　當這個意象世界呈現出來時，屠格涅夫好像面臨一場精神的暴風雨，他感到震撼，震驚，這同人們面臨一場真正的暴風雨是一樣的。但是這裡還是有些區別。人們在面臨真正的暴風雨時，會產生一種康德說的「霎時的抗拒」，彷彿自己不能抵擋這樣巨大的力量，這時會產生一種不愉快的心情。緊接著，崇高的對象喚起內心的自覺，激起自己的煥發振作和使命感，從而感到一種極大的愉悅。而在屠格涅夫面臨的這個場景中，並沒有這種「霎時的抗拒」所引起的痛感，而是在震撼的同時使自己的內心充滿神聖感。

　　我們還可以舉一個類似的例子。《讀者文摘》1991年第 11 期有一篇短文，題為《母愛，超越生命的愛》。文章描述了一個故事。在作者工作的實驗室中，一隻實驗用的雌性小白鼠腋根部長了腫瘤。腫瘤越長越大。有一天，作者突然發現，這隻小白鼠艱難地轉過頭，死死地咬住自己身上的腫塊，猛地一扯，把皮膚拉開一條口子，鮮血直流。小白鼠疼得全身顫抖。接著，小白鼠一口一口地吞食將要奪去它生命的腫塊，每咬一口，都伴著身體的痙攣。就這樣，一大半腫塊被咬下來吞食了。到了第二天，這隻小白鼠生下了10只粉紅色小鼠仔，這些小鼠仔正在它身邊拼命吸吮著乳汁。一天天過去，這10只仔鼠每天沒命地吸吮著身患絕症、骨瘦如柴的母鼠的乳汁，漸漸長大了。作者說：

註765　以上見朱光潛《文藝心理學》，《朱光潛美學文集》第一卷，第233～234頁，人民文學出版社，1982。

我知道，母鼠為什麼一直在努力延長自己的生命。但不管怎樣，它隨時都可能死去。

　　這一天終於來到了。在生下仔鼠 21 天后的早晨，小白鼠安然地臥在盒中間，一動不動了，10 只仔鼠圍滿四周。

　　我突然想起，小白鼠的離乳期是 21 天。也就是說，從今天起，仔鼠不需要母鼠的乳汁，可以獨立生活了。

　　面對此景，我潸然淚下。**766**

　　這是一個震撼人心的場面。這也是精神的崇高。屠格涅夫寫的那隻麻雀因為愛而衝入死亡，衝入死亡的恐怖。而這裡的小白鼠則因為母愛而從死神那里奪回 21 天的生命，因為小鼠仔需要 21 天的乳汁。

　　我們一般都認為動物沒有靈魂。但是這兩個故事中的麻雀和母鼠都顯現出一種靈魂美，閃耀著高尚、聖潔的精神光輝。

　　在人類社會中當然更有這種崇高的精神美、靈魂美。我們可以從 2008 年 5 月我國四川汶川大地震中舉出兩個例子。

　　5 月 13 日 22 時 12 分，救援人員在德陽市東汽中學的廢墟中發現一位名叫譚千秋的老師。他雙臂張開著趴在課桌上，就像一個「大」字，死死地護著課桌下的四個學生，四個學生都活了，而他的後腦被樓板砸得深凹下去。他用自己的生命從死神手中奪回了四個年輕的生命。這是崇高美、靈魂美，閃耀著高尚的、聖潔的光輝。

　　5 月 16 日下午 5 時 3 分，救援人員在一堆廢墟中發現被垮塌下來的房子壓死的一位婦女。她雙膝跪著，整個上身向前匍匐著，雙手

註766　魏強：〈母愛，超越生命的愛〉，載《讀者文摘》，1991 年第 11 期。

扶著地支撐著身體，有些像古人行跪拜禮，只是身體被壓得變形了。救援人員從廢墟的空隙伸手進去確認了她已經死亡，於是走向下一個建築物。這時救援隊長忽然喊大家往回跑。他又來到這位婦女的屍體前，費力地用手伸進她的身子底下摸索，高聲喊道：「有人，有個孩子，還活著！」經過一番努力，人們把廢墟清理開，發現在她的身體下躺著她的孩子，包在一個紅色帶黃花的小被子裡，大概有三四個月大，因為母親的身體庇護著，他毫髮未傷，還在安靜地睡著。救援隊的醫生解開被子準備為孩子的身體做些檢查，發現有一部手機塞在被子裡。醫生看了下手機屏幕，發現屏幕上是一條已發的短信：「親愛的寶貝，如果你能活著，一定要記住：我愛你。」手機在救援隊員中間傳遞著，每個看到短信的人都落淚了。這是一個震撼人心的場面。這位偉大的母親犧牲自己的生命，從死神那裡奪回了一個三個月大的小生命。這是精神的崇高。這種精神的崇高，既是道德的（道德的崇高），也是審美的（崇高的意象世界）。面對這種精神的崇高，每個人在湧出淚水的同時，靈魂都會得到一次淨化和昇華。

　　這位譚老師和這位母親，顯示出崇高的精神美、靈魂美。**這種精神美、靈魂美，本質上是一種愛，是母親的愛，師長的愛，人類的大愛。這種愛，包含著生命的犧牲與奉獻，造就了精神的崇高。**正如屠格涅夫所說：「愛比死，比死所帶來的恐懼還更強有力。因為有愛，只因為有愛，生命才能支撐住，才能進行。」也正如李斯托威爾所說：「愛是這樣的一種衝動，它驅使我們永恆向前，去實現人類高尚的命運；它不斷地把真正人性的東西，從我們天性中的那些粗野的世俗的東西中拯救出來；它把我們燃燒著的對於精神上的完滿的追求，世世代代地保持下去；同時，它又把我們內心經驗深處的那種對於宗

教、神聖和藝術的珍貴而又深摯的感情保持下去。的確，就是這樣一種奇異的創造性的力量，把人生神聖化、理想化。」[767]

人們在面對這樣一種精神美、靈魂美時，都在受到震撼的同時，在自己的內心中充滿一種神聖感。**這種神聖感是一種心靈的淨化和昇華，也就是超越平庸和渺小，使自己的精神境界提升到一個新的高度。**

六、陽剛之美與陰柔之美

在中國美學中，有一對和崇高與優美相類似的範疇，就是陽剛之美與陰柔之美，或稱壯美與優美。

清代桐城派文論家姚鼐曾舉了很生動的例子對這兩種美的類型進行描述：

其得於陽與剛之美者，則其文如霆，如電，如長風之出谷，如崇山峻崖，如決大川，如奔驥驥；其光也，如杲日，如火，如金鏐鐵；其於人也，如憑高視遠，如君而朝萬眾，如鼓萬勇士而戰之。其得於陰與柔之美者，則其文如昇初日，如清風，如雲，如霞，如煙，如幽林曲澗，如淪，如漾，如珠玉之輝，如鴻鵠之鳴而入寥廓；其於人也，漻乎其如嘆，邈乎其如有思，暖乎其如喜，愀乎其如悲。[768]

朱光潛在《文藝心理學》中專門有一章論述「剛性美與柔性美」。他舉了兩句六言詩象徵這兩種美：「駿馬秋風冀北，杏花春雨江南。」他說，這兩句詩每句都只舉出三個殊相，然而它們可以象徵

註767 李斯托威爾：《近代美學史評述》，第237～238頁，上海譯文出版社，1980。

註768 姚鼐：《復魯非書》，《惜抱軒文集》卷六。

一切美。你遇到任何美的事物，都可以拿它們做標準來分類。比如說峻崖，懸瀑，狂風，暴雨，沉寂的夜或是無垠的沙漠，垓下哀歌的項羽，或是橫槊賦詩的曹操，你可以說這都是「駿馬秋風冀北」式的美；比如說清風，皓月，暗香，疏影，青螺似的山光，媚眼似的湖水，葬花的林黛玉，或是「側帽飲水」的納蘭成德，你可以說這都是「杏花春雨江南」式的美。

這兩種美的類型，在中國文學史和中國藝術史上都非常常見。拿詞來說，有豪放派與婉約派之分。豪放派的意象世界屬於壯美，婉約派的意象世界屬於優美。蘇軾曾請一個人對他的詞和柳永的詞發表看法，那人說：「柳郎中詞，只好十七八女孩兒，執紅牙拍板，唱『楊柳岸，曉風殘月』。學士詞，須關西大漢，執鐵板，唱『大江東去』。」[769] 這是對兩種美的很好的描繪。胡寅說，蘇東坡的詞，「一洗綺羅香澤之態，擺脫綢繆宛轉之度，使人登高望遠，舉首高歌，而逸懷浩氣，超然乎塵垢之外」。[770] 這段話對於壯美的意象給人的美感也是很好的描繪。

對於壯美和優美這兩種審美形態，特別是對壯美和優美引起不同的美感，真正帶有一點理論色彩的論述，最早大概是明末清初的魏禧。

魏禧關於壯美和優美的論述見於《魏叔子文集》卷十〈文瀫敘〉一文。魏禧在文章中說：

風水相遭而成文。然其勢有強弱，故其遭有輕重，而文有大小。洪波巨浪，山立而洶湧者，遭之重者也。淪漣漪瀫，皴蹙而密理者，遭之輕者

註769　俞文豹：《吹劍錄》。

註770　胡寅：《題向子諲〈酒邊詞〉》。

也。重者人驚而快之，發豪士之氣，有鞭笞四海之心。輕者人樂而玩之，有遺世自得之慕。要為陰陽自然之動，天地之至文，不可以偏廢也。

魏禧這段話包含了幾層意思：（1）風水相遭，陰陽交錯，產生了「文」（美）。（2）風水相遭有輕有重，因此「文」（美）也就有兩種不同的類型。一種是「洪波巨浪，山立而洶湧者」，就是人們常說的壯美（陽剛之美）。一種是「淪漣漪瀲，皺蹙而密理者」，就是人們常說的優美（陰柔之美）。（3）這兩種不同類型的美，引起不同的美感心理：洪波巨浪、山立洶湧之美，「人驚而快之，發豪士之氣」；淪漣漪瀲、皺蹙密理之美，「人樂而玩之，有遺世自得之慕」。（4）這兩種不同類型的美，都是陰陽自然之動，天地之至文，不可以偏廢。在這幾層意思中，最值得注意的並不是對於壯美和優美這兩種美的類型的區分（因為這個區分早就有了），而是對於這兩種類型的美所引起的不同的美感心理的分析。這一點是過去所沒有的。

魏禧在文章中還有一段話，對於壯美和優美所引起的不同的美感心理作了進一步的說明：

吾嘗泛大江，往返十餘適。當其解維鼓枻，輕風揚波，細瀲微瀾，如抽如織，樂而玩之，幾忘其有身。及夫天風怒號，帆不得輒下，楫不得暫止，……舟中皆無人色，而吾方倚舷而望，且怖且快，攬其奇險雄莽之狀，以自壯其志氣。

按照魏禧的分析，人們在欣賞優美時的心理狀態是「樂而玩之，幾忘其有身」。欣賞者凝神觀照，獲得審美的愉悅，剎那間忘記了自身的存在。所謂「有遺世自得之慕」就是這個意思。人們在欣賞壯美

時的心理狀態則是「驚而快之，發豪士之氣」。壯美的景象和審美主體之間存在著一種對抗的關係，使審美主體產生驚怖的情緒，但同時又在審美主體內心激起一種擺脫瑣細平庸的境界而上升到更廣闊更有作為的境界的豪壯之氣，因而感到興奮。所謂「且怖且快，攬其奇險雄莽之狀，以自壯其志氣」，所謂「驚而快之，發豪士之氣，有鞭笞四海之心」，就是這個意思。

　　中國美學中陽剛之美與陰柔之美這一對范疇，和西方美學中的崇高與優美這一對范疇，是否可以等同起來？從上述魏禧對壯美和優美的美感特點的論述來看，確實與西方美學的崇高與優美十分類似。魏禧說壯美的美感心理是「且怖且快，攬其奇險雄莽之狀，以自壯其志氣」，是「驚而快之，發豪士之氣，有鞭笞四海之心」，優美的美感心理是「樂而玩之，幾忘其有身」，這和西方美學中從朗吉努斯到康德對崇高與優美的美感心理的論述不是十分相像嗎？姚鼐所舉的壯美的例子，如崇山峻崖，如長風出谷，如決大河，如鼓萬勇士而戰之，又舉優美的例子，如昇初日，如清風，如煙，如霞，如幽林曲潤，還有歷史上其他許多文論家談到壯美與優美所舉的例子，壯美如飄風震雷，如揚沙走石，如鯨魚碧海，如巨刃摩天，如荒荒油雲，如寥寥長風，優美如秋水芙蕖，如白云初晴，如采采流水，如蓬蓬遠春，等等，和西方美學家對崇高與優美的描述，也很相像。所以朱光潛在《文藝心理學》中論述剛性美與柔性美時，基本上是把它們作為和西方美學的崇高與優美相同的範疇來對待的。

　　但是，嚴格來說，中國美學中的優美與壯美，和西方美學中的崇高與優美，還是有區別的。區別主要有兩點。

　　第一，它們的文化背景不同。我們前面說，在西方美學中，優美的

源頭是希臘文化，崇高的源頭是希伯萊文化和基督教文化，這決定了它們獨特的文化內涵。而在中國美學中，壯美和優美這種美的分類則源於《易傳》。《易傳》的〈繫辭傳〉認為，宇宙萬物生存與變化的根本原因，是事物內部兩種對立因素的相互作用。這兩種對立的因素，就是陰和陽，也就是柔和剛。在《易傳》的這個思想的影響下，中國美學把美區分成兩大基本類型：陽剛之美與陰柔之美，或者叫壯美與優美。前面提到的姚鼐就談到這一點。他說：「吾嘗以謂文章之原，本乎天地。天地之道，陰陽剛柔而已。苟有得乎陰陽剛柔之精，皆可以為文章之美。陰陽剛柔並行而不容偏廢，有其一端而絕亡其一，剛者至於僨強而拂戾，柔者至於頹廢而暗幽，則必無與于文者矣。」[771] 又說：「鼐聞天地之道，陰陽剛柔而已。文者，天地之精英，而陰陽剛柔之發也。惟聖人之言，統二氣之會而弗偏，然而《易》、《詩》、《書》、《論語》所載，亦間有可以剛柔分矣。值其時其人，告語之體各有宜也。」[772] 就是說，文章之美是從天地之道來的，天地之道是陰陽剛柔的統一，文章也就分別有陰陽剛柔之美。所以，在中國美學中的優美，並不具有西方美學的優美那種「高貴的單純」和「靜穆的偉大」的文化內涵；中國美學中的壯美，也不具有西方美學中的崇高那種宗教的文化內涵（神是崇高本身「最純粹的表現」）。

第二，由於中國美學的壯美與優美都源於《易傳》，而按照《易傳》，「一陰一陽之為道」，天地之道是陰陽（剛柔）的統一，就是說，陽和陰，剛和柔，不但是對立的，而且是統一的，都是「道」所

註771 姚鼐：〈海愚詩鈔序〉，《惜抱軒文集》卷四。

註772 姚鼐：〈復魯非書〉，《惜抱軒文集》卷六。

不可缺少的。在這種思想影響下，中國古典美學中的壯美和優美的關係，就不是互相排斥的，不是相互分裂的，不是互相隔絕的。所以姚鼐說，陽剛之美和陰柔之美可以「偏勝」，但卻不可以「偏廢」。不僅如此，中國美學還要求陽剛之美和陽柔之美互相連接，互相滲透，融合成統一的意象世界。在中國古典美學的系統中，壯美的意象不僅要雄偉、勁健，而且同時要表現出內在的韻味；優美的意象不僅要秀麗、柔婉，而且同時要表現出內在的骨力。中國古典美學論書法時講究「書要兼備陰陽二氣」，講究「力」和「韻」的互相滲透；論畫時講究「寓剛健於婀娜之中，行遒勁於婉媚之內」；論詞時講究「壯語要有韻，秀語要有骨」，講究「豪放」和「嫵媚」的互相滲透；論小說時講究「疾雷之餘，忽觀好月」，講究「山搖地撼之後，忽又柳絲花朵」，講究「龍爭虎鬥」之後，「忽寫燕語鶯聲，溫柔旖旎」，講究要有「笙簫夾鼓，琴瑟間鐘」之妙，等等，都反映了中國古典美學的這種觀點。中國美學中壯美與優美之間的這種互相滲透和互相融合，在西方美學的崇高與優美的關係中是沒有的。

本章提要

　　不同的社會文化環境會發育出不同的審美文化。不同的審美文化由於社會環境、文化傳統、價值取向、最終關切的不同而形成自己的獨特的審美形態。審美形態是特定的社會文化環境中產生的某一類型審美意象的「大風格」。審美範疇是這種「大風格」（審美形態）的概括和結晶。在西方文化史上，優美與崇高、悲劇與喜劇、醜與荒誕等幾對概念是涵蓋面比較大的審美形態的概括和結晶，也是美學史上絕大多數美學家認同的審美範疇。在中國文化史上，受儒、道、釋三家影響，也發育了若干在歷史上影響比較大的審美意象群，形成了獨特的審美形態（大風格），從而結晶成獨特的審美範疇。例如，「沉鬱」概括了以儒家文化為內涵、以杜甫為代表的審美意象大風格，「飄逸」概括了以道家文化為內涵、以李白為代表的審美意象大風格，「空靈」則概括了以禪宗文化為內涵、以王維為代表的審美意象大風格。

　　優美是古希臘文化所培育出來的文化形態。古希臘神廟和人體雕像以及文藝復興時期大畫家拉斐爾的作品是優美的典型代表。優美的特點是完整、單純、絕對的和諧，就是文克爾曼說的「高貴的單純和靜穆的偉大」。優美引起的美感，是一種始終如一的愉悅之情。

　　崇高是希伯萊文化和西方基督教文化所培育出來的審美形態。神是崇高最純粹、最原始的形式。哥特式教堂是崇高的典型代表。到了歐洲 18 世紀至 19 世紀之交的浪漫主義時期，「崇高」的文化內涵發生了重大的變化，人的超越自我的精神歷程，成為崇高的核心。詩和音樂（歌德的《浮士德》，貝多芬的第三、第五、第九交響曲）成了崇高的新的感性顯現。康德認為，崇高的對象用在數量上和力量上的無限巨大，激發了主體的超越精神，主體由對對象的恐懼而產生的痛

第九章　優美與崇高　　469

感而轉化為由肯定主體尊嚴而產生的快感，這就是崇高感。

崇高的意象世界的核心意蘊是追求無限，而崇高的「形式語言」的靈魂則是「空間意識」，是一種宏偉深遠的空間感。這種空間感同時也是一種歷史感，是對於命運、時間、生命的內在體驗。

在優美和崇高之中，有一種靈魂美，它閃耀著高尚、聖潔的精神的光輝。這種靈魂美的本質是一種大愛，是生命的犧牲與奉獻。人們面對這種靈魂美，內心充滿一種神聖感，這種神聖感是一種心靈的淨化和昇華。

中國美學中有一對和崇高與優美十分類似的範疇，即陽剛之美與陰柔之美（壯美與優美）。但是這兩對范疇的文化背景不同，哲學內涵不同，所以不能把它們完全等同。

第十章　悲劇與喜劇

本章討論悲劇與喜劇這對范疇。

「悲劇」這個概念，有廣義、狹義之分。我們這裡討論的悲劇，是作爲審美範疇之一種的悲劇（廣義的悲劇），而不是作爲戲劇樣式之一種的悲劇（狹義的悲劇）。有人爲了區別於作爲戲劇樣式的悲劇，就把作爲審美範疇的悲劇稱爲「悲」，或「悲劇性」。

朱光潛在《悲劇心理學》中認爲現實生活中沒有悲劇。他說：「現實生活中並沒有悲劇，正如辭典裡沒有詩，採石場裡沒有雕塑作品一樣。」[773]

朱光潛的這個說法並不奇怪，這和他對「美」的看法是一致的。我們在前面說過，朱光潛否定美的客觀說，否定「自然美」的概念，認爲「自然中無所謂美，在覺自然爲美時，自然就已變成表現情趣的意象，就已經是藝術品」。[774] 悲劇也是廣義的美的一種，因而悲劇並不是客觀的物的屬性（不是客觀的社會生活的屬性），而是審美意象，它離不開審美主體，離不開審美意識。柳宗元說的「美不自美，因人而彰」，對於悲劇同樣是適用的。

但是如果我們不把「現實生活中有沒有悲劇」這個問題理解爲「現實生活在客觀上有沒有悲劇」，而是理解爲「在社會生活領域有

註773　朱光潛：《悲劇心理學》，第243頁，人民文學出版社，1983。

註774　朱光潛：《文藝心理學》，見《朱光潛美學文集》第一卷，第153頁，上海文藝出版社，1982。

沒有悲劇」，那麼我們應該給予肯定的回答。這就像我們前面討論「自然美」和「社會美」，我們並不是說自然物本身客觀地有美，或社會生活本身客觀地有美，而是討論自然領域和社會生活領域存在的美，它們與藝術美比較起來各有不同的特點，但是它們都是審美意象，這是相同的。自然界沒有悲劇，因爲悲劇是人的行動造成的。但是我們要承認在社會生活領域是有悲劇的，即便它們還沒有被戲劇家寫成戲劇。但是社會生活領域的悲劇，同樣是審美意象，同樣離不開審美主體，同樣需要人的意識去發現它，喚醒它，照亮它。

一、對悲劇的解釋：亞里士多德、黑格爾、尼采

在歷史上，很多美學家對悲劇進行過研究。其中最有影響的是亞里士多德、黑格爾和尼采。

（一）亞里士多德：悲劇引起憐憫和恐懼而使人得到淨化

亞里士多德為悲劇下了一個定義：「悲劇是對於一個嚴肅、完整、有一定長度的行動的模仿；它的媒介是語言，具有各種悅耳之音，分別在劇的各部分使用；模仿方式是藉人物的動作來表達，而不是採用敘述法；借引起憐憫和恐懼來使這種情緒得到陶冶。」[775] 他還指出：「悲劇的目的不在於模仿人的品質，而在於模仿某個行動。」[776]「情節乃悲劇的基礎，有似悲劇的靈魂。」[777] 亞里士多德的這些話，主要是討論悲劇藝

註775 亞里斯多德：《詩學》，第 19 頁，人民文學出版社，1962。

註776 同上書，第 21 頁。

註777 同上書，第 23 頁。

術（作為一種戲劇藝術）的性質，但也必然涉及悲劇作為一種審美形態的性質。主要是兩點：第一，悲劇是人的行為造成的；第二，悲劇引起人的「憐憫」和「恐懼」的情緒而使這些情緒得到淨化。

亞里士多德認為，悲劇的主角並不是壞人，他之所以陷入厄運，並不是他做了壞事，而是犯了過失，他的行為產生了他自己意想不到的結果。他用古希臘大悲劇家索福克勒斯（Sophocles, c. 497/496 ~ 406/405 BC）的作品《伊底帕斯王》（*Oedipus the King*）來證明他的這個看法。

《伊底帕斯王》的故事情節是這樣的：伊底帕斯是忒拜（Thebes）國王拉伊奧斯（Laius）和王后伊奧卡斯忒（Jocasta）所生的兒子。拉伊奧斯從神那裡得知，由於他以前的罪惡，他的兒子命中註定要弒父娶母。因此，兒子一出生，他就叫一個牧人把孩子拋棄。這嬰兒被無嗣的科林斯（Corinth）國王（Polybus）收為兒子。伊底帕斯長大成人後，也從神那裡得知自己的命運，他為反抗命運，就逃往忒拜。在途中的一個三岔路口，他一時動怒殺死了一個老人。這個老人正巧是他的生父，忒拜國王拉伊奧斯。獅身人面女妖斯芬克斯（sphinx）為害忒拜，伊底帕斯說破了她的謎底，為忒拜人解除了災難。他被忒拜人擁戴為王，並娶了前王的寡后，也就是自己的生母伊奧卡斯忒。這部戲開場時，忒拜發生了瘟疫，神說要找出殺害前王的兇手，瘟疫才能停止。伊底帕斯誠心為忒拜謀福，經過多方查訪，結果發現兇手就是他自己。那位牧人也承認，嬰兒時的伊底帕斯是王后交給他的。於是真相大白。伊底帕斯娶母的預言也實現了。在極度悲痛中，王后伊奧卡斯忒懸樑自盡，伊底帕斯也刺瞎了自己的雙眼，請求放逐。[778]

註778 以上對《伊底帕斯王》故事情節的概括，引自凌繼堯《美學十五講》，第154頁，北京大學出版社，2003。

這個悲劇說明命運的可怕和不可抗拒。伊底帕斯和他的父親為了逃脫命運的安排而做出一系列選擇，正是這一系列選擇使他們掉進了命運的「陷阱」。所以，亞里士多德認為，悲劇主角並不是壞人，他們因為自己的過失而遭到滅頂之災。這是命運的捉弄。所以引起人們的憐憫和恐懼。

（二）黑格爾：兩種片面的理想的衝突

黑格爾的悲劇理論是很有名的。黑格爾認為，悲劇所表現的是兩種對立的理想或「普遍力量」的衝突和調解。朱光潛在《西方美學史》中對黑格爾的這個思想作了非常清晰的概括：「就各自的立場來看，互相衝突的理想既是理想，就都帶有理性或倫理上的普遍性，都是正確的，代表這些理想的人物都有理由把它們實現於行動。但是就當時世界情況整體來看，某一理想的實現就要和它的對立理想發生衝突，破壞它或損害它，那個對立理想的實現也會產生同樣的效果，所以它們又都是片面的，抽象的，不完全符合理性的。這是一種成全某一方面就必犧牲其對立面的兩難之境。悲劇的解決就是使代表片面理想的人物遭受痛苦或毀滅。就他個人來看，他的犧牲好像是無辜的；但是就整個世界秩序來看，他的犧牲卻是罪有應得的，足以伸張『永恆正義』的。他個人雖遭到毀滅，他所代表的理想卻不因此而毀滅。所以悲劇的結局雖是一種災難和痛苦，卻仍是一種『調和』或『永恆正義』的勝利。因為這個緣故，悲劇所產生的心理效果不只是亞里士多德所說的『恐懼和憐憫』，而是愉快和振奮。」[779]

註779　朱光潛：《西方美學史》下冊，第157頁，人民文學出版社，1964。

黑格爾本人舉索福克勒斯的另一部作品《安提戈涅》（*Antigone*）為例。這部悲劇的女主角安提戈涅的二哥波呂涅克斯（Polyneices）因爭王位，借外國軍隊攻打自己的國家忒拜，兵敗身亡。忒拜國王克瑞翁（Creon）下令禁止埋葬波呂涅克斯的屍體，違令者要處死，因為波呂涅克斯焚燒祖先的神殿，吸吮族人的血。安提戈涅不顧禁令，埋葬了哥哥。國王下令處死她，她自殺身亡。她的未婚夫是國王克瑞翁的兒子，也跟著自殺了。照黑格爾的看法，這個悲劇揭示的就是兩種理想的衝突，國王克瑞翁代表國家的安全和法律，安提戈涅代表親屬的愛，從他們各自的立場看，都是合理的，正義的，但從當時的整體情境來看，又是片面的，不正義的，因而互相否定，雙方都遭受痛苦或毀滅。「在這種衝突中遭到毀滅或損害的並不是那兩種理想本身（王法和親屬的愛此後仍然有效），而是企圖片面地實現這些理想的人物。」**780**

（三）尼采：日神精神和酒神精神

尼采寫過一本《悲劇的誕生》（*Die Geburt der Tragödie aus dem Geiste der Musik*, 1872），這是他的第一部著作，被學者們看作是他的哲學的誕生地。

尼采提出日神精神和酒神精神這兩個概念，他用這兩個概念來說明悲劇的本質。日神阿波羅是光明之神，象徵一種寧靜安詳的狀態，體現為美的外觀。夢是生活中的日神狀態。造型藝術是典型的日神藝術。酒神狄俄尼索斯象徵情緒的激動、亢奮，是一種痛苦與狂喜交織的迷狂。醉是生活中的酒神狀態。音樂是純粹的酒神藝術。「日神和

註780　朱光潛：《西方美學史》下冊，第158頁。

酒神都植根於人的至深本能，前者是個體的人借外觀的幻覺自我肯定的衝動，而後者是個體的人自我否定而復歸世界本體的衝動。」[781]

尼采認為，悲劇是日神和酒神的結合，但本質上是酒神精神，「酒神因素比之於日神因素，顯示為永恆的本原的藝術力量，歸根到底，是它呼喚整個現象世界進入人生」。[782]

尼采認為，悲劇給人的美感是一種「形而上的慰藉」：「我們在短促的瞬間真的成為原始生靈本身，感覺到它的不可遏止的生存慾望和生存快樂。」[783] 在悲劇中，個體毀滅了，但是它使人們回到了世界生命的本體，因為對於世界生命本體來說，個體的不斷產生又不斷毀滅正表現它生生不息的充沛的生命力。所以悲劇給人的美感是痛苦與狂喜交融的迷狂狀態。對尼采的這個看法，朱光潛概括說：「悲劇的主角只是生命的狂瀾中一點一滴，他犧牲了性命也不過一點一滴的水歸原到無涯的大海。在個體生命的無常中顯出永恆生命的不朽，這是悲劇的最大的使命，也就是悲劇使人快意的原因之一。」[784]

二、悲劇的本質

悲劇的本質究竟是什麼呢？

在古代希臘，人們是把悲劇和命運聯繫在一起的。

註781 周國平：〈《悲劇的誕生》譯序〉，見《悲劇的誕生》，第 3 頁，三聯書店，1986。

註782 尼采：《悲劇的誕生》，第107頁，三聯書店，1986。

註783 同上書，第 71 頁。

註784 朱光潛：《文藝心理學》，見《朱光潛美學文集》第一卷，第256頁，上海文藝出版社，1982。

人是有意識的、有理性的存在，人的一切行為都是有意識的，都出於自己的選擇。因此，在一般情況下，人都要承擔自己行為的後果。例如，外面下著大雨，你偏偏要跑出去淋雨，因而得病，別人就會說你「自討苦吃」、「自作自受」。因為這是你自己的選擇，你要承擔自己的行為的後果。但是在實際生活中，在很多時候，一些災難性的後果並不是我自己選擇的，而是由一種個人不能選擇的、個人不能支配的、不可抗拒的力量所決定的。那就是命運。在古希臘人的心目中，命運是不可抗拒的。但是這種由不可抗拒的力量所決定的災難性的後果，從表面上看，卻是由某個個人的行為引起的，所以要由這個人來承擔責任。這就產生了悲劇。**並不是生活中的一切災難和痛苦都構成悲劇，只有那種由個人不能支配的力量（命運）所引起的災難卻要由某個個人來承擔責任，這才構成真正的悲劇。**

　　最典型的就是我們前面提到的索福克勒斯的《伊底帕斯王》。這是亞里士多德最為推崇的古希臘悲劇。葉秀山曾對這個悲劇所包含的豐富意蘊進行過分析。他的分析很有啟發性。我們可以把它概括成以下六點：

　　第一，伊底帕斯的遭遇說明命運是不可抗拒的，而且有捉弄人的意味。

　　第二，《伊底帕斯王》中的所有的人物都有意識地為避免神諭的預言之實現而做出了相應的選擇（行動），然而恰恰是這些選擇（行動），使神諭的預言得以實現。神諭的預言似乎是一個圈套和陷阱，正是事先讓你知道這個預言而又要逃避它，才使預言得以實現。也就是說，知道預言是預言實現的條件。

　　第三，把上面的說法再引申一下，就是說，正是人的「知識」，造

成了人的「錯誤」。人們總以為「知識」能使人避免「錯誤」，從而掌握自己的命運，實際上「知識」並不能使每個人避免「錯誤」，恰恰相反，「知識」是「錯誤」的條件。這就是希臘人體會到的人生的悲劇。

第四，伊底帕斯的本意並不想為惡，他的選擇（行動）是為了避免為惡，但結果事與願違，正是他的行動造成「惡」的結果。就伊底帕斯的本意來說，他本可以不承擔責任，但事情的惡果終究是他的行為造成的，他又不能不承擔責任。事實上他也承擔了責任，作出了自我懲罰。這一方面顯示出他的崇高品質，另一方面更顯示出命運的殘酷。

第五，伊底帕斯在開始時為了逃脫命運的安排而作出了「選擇」（行動），顯示了他的「自主」、「自決」的品質。在受到命運的捉弄，鑄成大錯後，他勇於承擔責任，自願受罰，說明他致死不放棄他的「自主」、「自決」的品質。這是悲劇英雄的感動人、震撼人的地方。

第六，正是從這裡產生了亞里士多德所說的悲劇的「恐懼」、「憐憫」和「淨化」的效果。「恐懼」在於「命運」不放過任何人，有大智慧、大勇氣者更不例外。「憐憫」在於「命運」之不公，或濫施懲罰，或罰不當罪，使好人受罪。「恐懼」和「憐憫」都是在觀眾中引起的情緒，不是悲劇人物的心態。悲劇英雄並不「怨天尤人」，而是在命運的捉弄面前保持「自主」、「自決」的氣概，接受命運的挑戰，沒有一點怯懦的表現。正是悲劇英雄這種獨立自主、保持自身人格尊嚴和精神自由的品質，給觀眾以巨大的震撼和激動，使觀眾的精神境界得到昇華。這就是亞里士多德說的「淨化」。[785]

註785　以上見《葉秀山文集・美學卷》，第802～805頁，重慶出版社，2000。

《伊底帕斯王》所包含的這種悲劇的意蘊是十分典型的。它說明，**命運是悲劇意象世界的意蘊的核心。當作為個體的人所不能支配的力量（命運）所造成的災難卻要由他來承擔責任，這就構成了悲劇。**

　　悲劇作為一種審美形態和一種戲劇形式起源於古希臘，並不是偶然的。古代希臘人有著深刻的「命運感」。「他們一方面渴求人的自由和神的正義，另一方面又看見人的苦難，命運的盲目，神的專橫和殘忍，於是感到困惑不解。既有一套不太明確的理論，又有深刻的懷疑態度，既對超自然力懷有迷信的畏懼，又對人的價值有堅強的意識，既有一點詭辯學者的天性，又有詩人的氣質——這種種矛盾構成希臘悲劇的本質。」[786]「希臘悲劇是一種特殊文化背景和特殊民族性格的產品，它不是可有可無的奢侈品，而是那個民族的必然產物。」[787]

　　人類歷史是一個不斷地由必然王國向自由王國飛躍的過程（這個過程永遠不會完結），因而理性不能完全自由地支配命運，人的選擇和努力有可能事與願違，造成災難——這是悲劇的原因。只要「命運」對於個人、對於社會、對於歷史還不是可以自由掌握的，那麼，悲劇就會仍然是審美形態的一種。焦慮、恐懼、絕望和死亡就仍然會通過藝術的形式得到表現。而悲劇最積極的審美效果就是使人正視人生的負面，認識人生的嚴峻，接受「命運」的挑戰，隨時準備對付在人生的征途中由於冒犯那些已知的和未知的「禁忌」而引起的「復仇女神」的報復。悲劇固然使人恐懼，但在恐懼之中，卻使人思考和成熟，使人性變得更完整和更深刻。朱光潛說得好：「一個民族必須深

註786　朱光潛：《悲劇心理學》，第232～233頁，人民文學出版社，1983。

註787　朱光潛：《悲劇心理學》，第233頁。

刻，才能認識人生悲劇性的一面，又必須堅強，才能忍受。」[788]

由於「命運」是悲劇意象世界的意蘊的核心，所以，悲劇這一審美形態的最佳形式是戲劇、小說和影視藝術。人物對「命運」的抗爭所構成的情節衝突（具體化為人物自身性格的悲劇衝突，人物之間性格不同的悲劇衝突，不同利益集團及其代理人之間的利害關係的悲劇衝突，不同價值觀念及其捍衛者之間的悲劇衝突，人和自然力量之間的悲劇衝突等等）發展成為悲劇的前景，而潛行於情節之中的「命運」（即必然性——悲劇中的眾多偶然性因素正因為同看不見的必然性的聯繫而顯得神秘，懸念與恐懼來源於理性對神秘的必然性的朦朧的預期）則成為背景。必然性的背景通過偶然性的前景顯現出來，產生強烈的戲劇衝突，使神秘的「命運」具有了感性認知的形式。

社會生活極其複雜，社會生活中的戲劇衝突也極其複雜多樣，因而，悲劇也有多種多樣的類型。歷史上的哲學家、美學家提出的悲劇理論，由於針對不同類型的悲劇，所以他們的理論的側重點也有不同。如前面提到的黑格爾關於兩種片面的理想的衝突的理論，主要是著眼於不同價值觀念及其捍衛者之間的悲劇衝突。又如恩格斯在評論拉薩爾（Ferdinand Lassalle, 1825～1864）的悲劇《濟金根》（*Franz von Sickingen*, 1859）時所說的「歷史的必然要求和這個要求的實際上不可能實現之間的悲劇性的衝突」，[789] 主要是著眼於不同的階級力量之間的利害關係的悲劇衝突。這些衝突都構成悲劇的前景。而在前景後面，構成悲劇的本質和核心的則是命運——悲劇主人公所不能支配的必然性。

註788　同上書，第231頁。

註789　恩格斯：〈致斐・拉薩爾〉，見《馬克思恩格斯選集》第四卷，第561頁，人民出版社，1995。

三、悲劇的美感

悲劇的意蘊是命運所引發的災難，如亞里士多德所說，它引起觀者的恐懼和憐憫的情緒，那麼它能不能給予觀者以審美的愉悅？也就是說，悲劇能不能引起觀者的美感？如果能，悲劇的美感有什麼特點？

朱光潛在《悲劇心理學》一書中探討了這個問題。

朱光潛是從亞里士多德所說的「恐懼」與「憐憫」開始分析的。

憐憫是由別人痛苦的感覺、情緒或感情喚起的。憐憫當中有主體對於憐憫對象的愛或同情的成分。這種愛或同情，會產生一種愉悅。憐憫還包含有惋惜的感覺。這主要是一種痛感。

悲劇中的同情並不是普通生活中的「同情的眼淚」，或指向某個外在客體的道德的同情，而是一種審美的同情，是「由於突然洞見了命運的力量與人生的虛無而喚起的一種『普遍情感』」。[790]

恐懼是悲劇感中不可缺少的部分。「觀賞一部偉大悲劇就好像觀看一場大風暴。我們先是感到面對某種壓倒一切的力量那種恐懼，然後那令人恐懼的力量卻又將我們帶到一個新的高度，在那裡我們體會到平時在現實生活中很少能體會到的活力。」[791]

在這一點上，悲劇感類似於崇高感。「在崇高感中，這樣一種敬畏和驚奇的感覺的根源是崇高事物展示的巨大力量，而在悲劇感中，這種力量呈現為命運。」[792]「悲劇的恐懼不是別的，正是在壓倒一切的命運

註790　朱光潛：《悲劇心理學》，第 78 頁，人民文學出版社，1983。

註791　同上書，第 84 頁。

註792　同上書，第 89 頁。

的力量之前，我們那種自覺無力和渺小的感覺。」**793**「這不是在日常現實中某個個人覺得危險迫近時那種恐懼，而是在對一種不可知的力量的審美觀照中產生的恐懼，這種不可知的力量以玄妙不可解而又必然不可避免的方式在操縱著人類的命運。」**794** 如《伊底帕斯王》和《被縛的普羅米修斯》（*Prometheus Bound*, 疑為 Aeschylus, 525～456 BC所創作）都激起我們的一種恐懼，但這種恐懼並不是為了伊底帕斯和普羅米修斯，因為他們的災難已是既成事實，也不是為我們自己，因為我們絕少會有類似的遭遇。「在所有這些情形裡，都是面對命運女神那冷酷而變化多端的面容時感到的恐懼，正是命運女神造成所有這些『古老而遙遠的不幸』。」**795** 這種恐懼可以很強烈，又總是非常模糊，辨不清它的形狀。這正是悲劇恐懼的特點。如果恐懼的對象是清晰可辨的，那就不成其為悲劇的恐懼。這種情況和悲劇的憐憫有些相似。「它們都是突然見出命運的玄妙莫測和不可改變以及人的無力和渺小所產生的結果，又都不是針對任何明確可辨的對象或任何特定的個人。」**796**

　　悲劇的恐懼的這種特點，使得悲劇感區別於一般的崇高感。

　　悲劇感和崇高感還有一點區別，就是悲劇感中包含有憐憫：「無論情節多麼可怕的悲劇，其中總隱含著一點柔情，總有一點使我們動心的東西，使我們為結局的災難感到惋惜的東西。這點東西就構成一般所說悲劇中的『憐憫』。」**797**

註793 同上。

註794 朱光潛：《悲劇心理學》，第 89～90 頁。

註795 同上書，第 90 頁。

註796 同上。

註797 同上書，第 92 頁。

悲劇引起觀者的憐憫和恐懼的情緒，但它在最後並不會使人感到沮喪壓抑，這是因為如我們在上一節所說，悲劇主人公有一種敢於接受命運的挑戰，保持自身人格尊嚴和精神自由的英雄氣概。「悲劇的基本成分之一就是能喚起我們的驚奇感和讚美心情的英雄氣魄。我們雖然為悲劇人物的不幸遭遇感到惋惜，卻又讚美他的力量和堅毅。」[798] 正因為這樣，所以「悲劇在征服我們和使我們生畏之後，又會使我們振奮鼓舞。在悲劇觀賞之中，隨著感到人的渺小之後，會突然有一種自我擴張感，在一陣恐懼之後，會有驚奇和讚嘆的感情」。[799]

悲劇的英雄氣概，並不是一般社會生活中敢於流血、敢於犧牲的英雄氣概，而是在神秘的、不可抗拒的命運的重壓之下，依然堅持「自主」、「自決」的人格尊嚴和精神自由。正如黑格爾所說：**「束縛在命運的枷鎖上的人可以喪失他的生命，但是不能喪失他的自由。」**[800] 正是這種面對命運女神時所表現出來的英雄氣概使人震撼，使人讚美，使人振奮，使人鼓舞。所以並不是一切具有英雄氣概的人物都是悲劇人物。

把以上所說簡要概括一下。悲劇的美感主要包含三種因素，一是憐憫，二是恐懼，三是振奮。我們要注意，這三種情緒和感情都區別於日常生活中的情緒和感情。憐憫是在看到命運的不公正帶給人的痛苦而產生的同情和惋惜；恐懼是對於操縱人們命運的不可知的力量的恐懼；振奮則是悲劇人物在命運的巨石壓頂時依然保持自身人格尊嚴和精神自由的英雄氣概所引起的震撼和鼓舞，這是靈魂的淨化和昇華。

註798 同上書，第 83 頁。

註799 同上書，第 84 頁。

註800 黑格爾：《美學》第一卷，第198頁，人民文學出版社，1958。

總之，悲劇「始終滲透著深刻的命運感，然而從不畏縮和頹喪；它讚揚艱苦的努力和英勇的反抗。它恰恰在描繪人的渺小無力的同時，表現人的偉大和崇高。悲劇毫無疑問帶有悲觀和憂鬱的色彩，然而它又以深刻的真理、壯麗的詩情和英雄的格調使我們深受鼓舞」。[801]

四、中國的悲劇

在中國古代，無論在社會生活中還是在藝術作品中，同西方一樣也存在著悲劇。中國古代悲劇的核心也是命運，是命運的不可抗拒，是人們對命運的恐懼和抗爭。當然，與古希臘的悲劇相比較，中國古代悲劇顯示的命運的力量和命運感有著不同的歷史的、文化的內涵。我們可以舉兩個例子。

一個是明朝末年的崇禎皇帝和袁崇煥的故事。

袁崇煥任兵部尚書，兼右副都御史，督師薊遼，兼督登萊天津軍務。後來又加太子太保銜。從表面看，崇禎皇帝十分信任他，實際上他的一些行為（這些行為多數是鞏固邊防的需要，是正當的）已引起崇禎皇帝的猜疑。加之袁崇煥的性格有如他的名字，大火熊熊，我行我素，這種性格與崇禎的高傲、專橫、多疑的性格必然會發生衝突，從而為自己埋下殺機。當時袁崇煥守在遼東，清兵不敢進攻，就從西路入犯。皇太極親自帶兵十萬，攻陷遵化，從三河、順義、通州，一直攻到北京城下。袁崇煥聞訊，兩天兩夜急行軍三百餘里，趕到廣渠門外，與清軍激戰，清兵終於敗退十餘里。袁崇煥這次與清軍血戰是他帶來的九千先頭部隊，他的大

註801　朱光潛：《悲劇心理學》，第261頁。

軍並未到達。但崇禎一再催袁崇煥與清軍決戰，認為袁崇煥不肯出戰是別有用心。這時皇太極抓了兩個明朝小太監，就利用這兩個小太監實施反間計。崇禎是個暴躁多疑的人，自然中計，立即將袁崇煥逮捕入獄。當時很多大臣為袁崇煥辨冤，崇禎都不聽，最後把袁崇煥凌遲處死，袁崇煥的母親、妻子、弟弟、小女兒充軍三千里。凌遲處死按規定要割一千刀才能把人殺死。這且不說。當時北京的百姓聽說袁崇煥賣國通敵，搶著撲到袁崇煥身上咬他的肉，一直咬到內臟，又紛紛出錢買他的肉，一錢銀子可買到一片，買到後就往嘴裡咬。袁崇煥是一個悲劇人物。「他拼了性命擊退來犯的十倍敵軍，保衛了皇帝和北京城中百姓的性命。皇帝和北京城的百姓則將他割成了碎塊。」[802]

　　這個故事的另一個人物崇禎皇帝朱由檢也是一個悲劇人物。他 17 歲當上皇帝。這時明朝統治的專制、腐敗、殘暴已達到極點。崇禎自以為是一個英明、勤奮、有抱負的皇帝，實際上是一個高傲、愚蠢、殘忍嗜殺、暴躁多疑的人物。從以下的統計數字可以看出崇禎的性格：「崇禎在位十七年，換了 50 個大學士（相當於宰相或副宰相），14 個兵部尚書（那是指正式的兵部尚書，像袁崇煥這樣加兵部尚書銜的不算）。他殺死或逼得自殺的督師或總督，除袁崇煥外還有 10 人，殺死巡撫 11 人，逼死一人。14 個兵部尚書中，王洽下獄死，張鳳翼、梁廷棟服毒死，楊嗣昌自縊死，陳新甲斬首，傅宗龍、張國維革職下獄，王在晉、熊明遇革職查辦。」[803] 這樣的皇帝，在歷史上真是少見。最後，北京城被李自成攻破，他只得先把他的妻女殺死，最後自己在煤山上吊自殺。到這個時候，他居然還說「朕非亡國之君，諸臣皆亡國之臣」，「皆諸臣誤朕也」。

註802　金庸：〈袁崇煥評傳〉，載《碧血劍》下冊，第813頁，三聯書店，1994。

註803　同上書，第818～819頁。

袁崇煥和崇禎的悲劇是他們的性格以及性格衝突的必然結果，而他們的性格又代表著不同的觀念和利益。但是籠罩在這一切之上的是那不可抗拒的命運的力量，是各種可知的和不可知的因素集合形成的必然性。可知的因素如把決定千千萬萬人的生死禍福的大權交在一個人手裡的封建專制制度，明朝統治已經達到極端腐敗的地步，以及清朝的崛起等等，但還有許多不可知的因素。這些因素加在一起就是命運。袁崇煥的所作所為可以說是對命運的抗爭，崇禎的所作所為也可以說是對命運的抗爭，但是最後他們都為命運的巨石壓碎了，一個被割了一千刀，一個親手殺死自己的妻子、女兒，自己則上吊自殺。這兩個人的悲劇包含有深刻的歷史的、文化的內涵。

　　再一個例子是曹雪芹所作的《紅樓夢》。

　　學者們都認為《紅樓夢》是一部偉大的悲劇，但對於《紅樓夢》的悲劇性在哪兒，學者們有不同的看法。

　　我認為，《紅樓夢》的悲劇是「有情之天下」毀滅的悲劇。「有情之天下」是《紅樓夢》作者曹雪芹的人生理想。但是這個人生理想在當時的社會條件下必然要被毀滅。在曹雪芹看來，這就是「命運」的力量，「命運」是人無法違抗的。

　　曹雪芹有一種深刻的命運感，這和中國人的傳統意識不一樣。王國維曾指出這一點，他說：「吾國人之精神，世間的也，樂天的也，故代表其精神之戲曲、小說，無往而不著此樂天之色彩」，「此《紅樓夢》之所以大背於吾國人之精神，而其價值亦即存乎此」。又說：「《紅樓夢》一書與一切喜劇相反，徹頭徹尾之悲劇也。」[804]

註804　王國維：〈《紅樓夢》評論〉，見《王國維文集》第一卷，第 10 頁，中國文史出版社，1997。

讀《紅樓夢》，從一開始，我們就會感到書中的人物被「命運」的烏雲籠罩著，十分窒息。書中一次又一次響起命運女神不祥預言的鐘聲。第五回寫賈寶玉夢中遊歷「太虛幻境」，在「薄命司」中見到「金陵十二釵」「正冊」、「副冊」、「又副冊」，上面寫的大觀園中眾多女孩的判詞，就預言了她們的悲劇的命運。這相當於古希臘悲劇中的「神諭」。接著，警幻仙姑又請賈寶玉觀看十二個舞女演唱《紅樓夢》十二支，再一次預言了大觀園中女孩的悲劇的命運。其中「枉凝眉」是預言賈寶玉、林黛玉二人的愛情悲劇：「一個是是閬苑仙葩，一個是美玉無瑕。若說沒奇緣，今生偏又遇著他；若說有奇緣，如何心事終虛化？一個枉自嗟呀，一個空勞牽掛。一個是水中月，一個是鏡中花。想眼中能有多少淚珠兒，怎經得秋流到冬盡，春流到夏！」他們的愛情悲劇是命運的悲劇。

隨著故事的發展，這種命運女神的預言的聲音一再響起（如第十八回元妃點的四齣戲，第二十二回的燈謎製作），而這些預言也一一實現。賈寶玉被賈政一頓毒打，差一點打死，接著是抄檢大觀園，大觀園的少女也一個一個走向毀滅：金釧投井，晴雯屈死，司棋撞牆，芳官出家，鴛鴦上吊，妙玉遭劫、尤二姐吞金，尤三姐自刎……直到黛玉淚盡而逝。這個「千紅一窟（哭）」、「萬豔同杯（悲）」的交響曲的音調層層推進，最後形成了排山倒海的氣勢，震撼人心。**林黛玉的詩句「冷月葬花魂」是這個悲劇的概括。有情之天下被吞噬了。**

《紅樓夢》中這些被命運吞噬的少女，她們體現了一種人生理想，就是肯定「情」的價值，爭取「情」的解放。這在當時是一種新的觀念。所以，《紅樓夢》的悲劇是新的觀念、新的世界毀滅的悲劇。

《紅樓夢》中這些人物都對命運進行抗爭。賈寶玉一再砸他的寶

玉，並在夢中喊罵說：「什麼是金玉姻緣，我偏說是木石姻緣！」黛玉、晴雯、司棋、芳官、鴛鴦、尤二姐、尤三姐……都用自己的生命進行抗爭，但最後她們都被命運的巨石壓碎了。

這個壓碎一切的「命運」是什麼？就是當時的社會關係和社會秩序，這種社會關係、社會秩序在當時是普通的，常見的，但它決定每個人的命運，是個人無法抗拒的。王國維特別強調這一點。他指出，《紅樓夢》之悲劇，「但由普通之人物、普通之境遇，逼之不得不如是」，所以他認為《紅樓夢》是「悲劇中之悲劇」。[805] 王國維說得很有道理。但他把這種「由於劇中之人物位置及關係而不得不然」的悲劇，和命運的悲劇分別為兩種，是不妥當的。在當時的社會關係和社會秩序下，《紅樓夢》中體現新的人生理想的少女一個一個毀滅了，整個「有情之天下」毀滅了。在曹雪芹心目中，這就是命運的悲劇。**書中林黛玉的〈葬花吟〉，賈寶玉的〈芙蓉女兒誄〉，是對命運的悲嘆，也是對命運的抗議。**《紅樓夢》是中國的悲劇。它包含了許多深刻的東西，值得我們研究。

五、喜劇和喜劇的美感

悲劇發源於古代希臘，喜劇（或滑稽）也發源於古代希臘，時間比悲劇略晚一些。

如果說悲劇是和命運的觀念聯繫在一起的話，那麼喜劇則是和時間的觀念聯繫在一起的。

巴赫金在研究拉伯雷（François Rabelais, 約1493～1553）時，對

註805 王國維：〈《紅樓夢》評論〉，《王國維文集》第一卷，第 11、12 頁，中國文史出版社，1997。

中世紀狂歡節的笑進行了分析。他認為，歐洲中世紀的狂歡節是以詼諧因素組成的第二種生活，它和時間有著本質的聯繫。他指出，狂歡式的笑，有以下幾個特點：「第一，它是全民的，大家都笑，『大眾的』笑；第二，它是包羅萬象的，它針對一切事物和人（包括狂歡節的參加者），整個世界看起來都是可笑的，都可以從笑的角度，從它可笑的相對性來感受和理解的；第三，即最後，這種笑是雙重性的：它既是歡樂的、興奮的，同時也是譏笑的、冷嘲熱諷的，它既否定又肯定，既埋葬又再生。這就是狂歡式的笑。」[806] 巴赫金特別強調，這種笑也針對取笑者本身。人民並不把自己排除在不斷生成的世界整體之外。他們也是未完成的，也是生生死死，不斷更新的。整個世界處於不斷形成的過程中，取笑者本身也包括在這個世界之內。所以，**狂歡節具有宇宙的性質，這是整個世界的一種特殊狀態，這是人人參與的世界的再生和更新。狂歡節的笑體現的就是這種宇宙更新的觀念。**

巴赫金討論的對象是中世紀的狂歡節的笑，但對我們理解從古希臘以來的喜劇的文化內涵有深刻的啟發。**喜劇體現古人的一種時間感。整個世界是一個新陳代謝、辭舊迎新的過程，是一個不斷更新和再生的過程。舊的死亡了，新的又會產生。舊的東西，喪失了生命力的即將死亡的東西，總顯得滑稽可笑，於是產生了喜劇。**正因為這樣，所以馬克思說：「歷史不斷前進，經過許多階段才把陳舊的生活形式送進墳墓。世界歷史形式的最後一個階段就是喜劇。」[807] 又說：「黑格爾在某個地方說過，一切偉大的世界歷史事變和人物，可以說

註806　《巴赫金全集》第六卷，第 14 頁，河北教育出版社，1998。

註807　《馬克思恩格斯選集》第一卷，第 5 頁，人民出版社，1972。

都出現兩次。他忘記補充一點：第一次是作為悲劇出現，第二次是作為笑劇出現。」**808**

喜劇的笑是包羅萬象的，它可以針對一切人，是「百無禁忌」的。無論是古希臘的喜劇，還是古代中國的喜劇，都可以針對當時的統治者、大人物。

喜劇作為一個意象世界，它的意蘊的核心是時間感，是宇宙的更新，是即將死亡的東西的滑稽可笑。喜劇作為一個意象世界，它的美感體驗的特點則可能就是尼古拉·哈特曼所說的使人產生某種「透明錯覺」：在觀察者面前某種屬於深遠內層的東西被虛構成為偉大而重要的事物，為的是最後化為某種無意義的東西。這裡可以區分為兩種類型：（1）低下卑劣的東西以高尚堂皇的面貌出現，但剛開始呈現於觀察者面前時，這種低下卑劣的東西尚處於深遠的內層，而顯示在耳目之前的是顯然被誇張了的高尚堂皇的感性外層。只是到了一定的時候，深遠內層的東西浮現於感性外層的東西之中，這種明顯的矛盾與反差立刻便構成觀察者的「透明錯覺」，即感性外層的表象雖然仍然造成一種「錯覺」，但此時觀察者已經能夠洞察這種錯覺，使錯覺呈某種透明狀。感性外層於是化為無意義的東西，對象越是保留甚至誇張這一感性外層的高尚堂皇，它越是顯得毫無意義。由於對象並不構成嚴重的後果，所以它不像悲劇中的惡那樣使人恐懼和憤怒，而只是讓人鄙夷。（2）無足輕重的東西以異常嚴重的面貌出現，但剛開始呈現於觀察者面前時，這種無足輕重的本質尚處於深遠的內層，而引起觀察者焦慮的是顯然被誇大了的嚴重性這一感性外層。只是到了一

註808 同上書，第603頁。

定的時候，在接連幾件事態與觀察者的期待相違時，無足輕重、無關緊要這樣的深遠內層的性質就浮現到感性外層上來了。這樣，事實上的無關緊要與表面上的異常嚴重之間形成的矛盾與反差，使感性外層的嚴重性化為一種滑稽的東西。第一種類型是諷刺喜劇，第二種類型是生活喜劇。當喜劇中的人和事剛剛出現於觀察者面前時，常常是以深不可測、重要無比、甚至危險重重的面貌出現的——不管是真正的醜，還是無傷大雅的小疵，或者是很正常很普通的一件事。它引起了觀察者一種類似於對正劇和悲劇那樣的期待，但在上了一次或兩次當後，便清楚地知道它只是虛假地具有那樣的性質，所以說是「透明錯覺」——是一種錯覺，但這種錯覺是透明的，觀察者知道這是錯覺，卻又不敢絕對肯定。只有隨著事態的進展，「錯覺」才能被消解——而這又是在觀察者預料中的，雖然消解的方式以及實際的結局對於觀察者仍是突然的、意外的。

喜劇感的突出特點是輕鬆愉快的笑，許多美學家都準確地把握了這一點。但對笑的原因卻有不同的解釋。這些不同的解釋可以歸納成兩類。一類為「優越感」說，即突然發現喜劇人物不如自己高明，因而審美主體在瞬間產生一種「優越感」，由此發出愉快的笑。這種理論由霍布斯首創，後來貝恩、谷魯斯等人也都主張此說。另一類為康德首創的「緊張的期待突然轉化為虛無」的理論。康德說，那原先覺得龐大、嚴肅、強壯的東西突然化為烏有，原來是渺小、醜陋、孱弱的東西，這時人才發出笑聲，而且那個東西裝得越大、越強、越一本正經，就越可笑。斯賓塞的「精力過剩說」，佛洛伊德的「心理能量節約說」都是這一理論的翻版。這兩類理論雖有不同，但有一點是共同的，即認為「在一切引起活潑的撼動人的大笑裡必須有某種荒謬背

理的東西存在」。正是這種東西引起了「優越感」或使「緊張的期待突然轉化為虛無」。**809**

　　我們認為，喜劇感（笑）包含了同情感、智慧感和新奇感。當事人的行為的貌似重要無比（它可能關聯到他人的某件大事；或者關聯到當事人自己的大事）使觀眾不能絕對肯定不發生嚴重的結局，所以他心裡繃著一根弦，這是喜劇中的同情感；但種種跡象又暗示觀眾，結局將是無傷大雅的，觀眾能夠意識到這一點，這是喜劇中的智慧感；然而，真正的結局又是完全出乎意料的、突然發生的，這是喜劇中的戲劇性和新奇感，它弛懈了觀眾繃著的那根弦，滿足了觀眾的某種期待，不過往往不是這種期待的直接滿足，而是一種與這種期待有一定出入的滿足，因此又引發了他那強烈的新奇感。這些因素合起來，便是喜劇的笑——合同情感、智慧感與新奇感於一體的審美效應。喜劇最終將「透明錯覺」化為烏有。這就引發了笑。笑都是突發的、不假思索的。這是喜劇效果的直接性。

　　當然，比較簡單的滑稽行為（例如滑稽動作或者以滑稽動作連綴起來的鬧劇），在形態結構上沒有這麼複雜，它只是因其新奇有趣而引起人一種輕鬆愉快的笑。這種有意為之的滑稽說明了對生命力的某種程度的自由操縱，它以逸出常規來證明這種自由。如俏皮話說明了人對語言和思維常規的自由操縱；滑稽表演說明了人對生理常態的自由操縱。

　　我們還要補充兩點：第一，喜劇作為一個審美形態，包含了多種因素，有滑稽，還有機智、幽默、反諷、詼諧、誤會、誇張等；因此，喜劇的笑也不是單一的，它還可以細分為各種不同的類型，如嘲笑，理智的

註809　康德：《判斷力批判》上冊，第180頁，商務印書館，1985。

笑（機智），輕鬆的笑（幽默），同情的笑（反諷），戲謔的笑（詼諧），等等。第二，如果說悲劇感使主體始終處在一種心靈搖撼的緊張、激動和亢奮的狀態的話，那麼相比之下，喜劇感則使主體處於一種平靜的、輕鬆的精神狀態之中。即使在捧腹大笑時，主體也仍然是輕鬆的，毫無緊張感和壓抑感。這是因為「喜劇中的危險不是真正的災難，而是窘迫和丟臉。喜劇之所以比悲劇『輕快』，原因就在於此」。[810]

本章提要

　　歷史上研究悲劇最有影響的是亞里士多德、黑格爾和尼采。亞里士多德認為，悲劇是人的行為造成的。他以希臘悲劇《伊底帕斯王》為例，說明悲劇的主角並不是壞人，他們因為自己的過失而遭到滅頂之災。這是命運的捉弄。悲劇引起人的「憐憫」和「恐懼」的情緒，並使這些情緒得到淨化。黑格爾認為，悲劇所表現的是兩種對立的理想或「普遍力量」的衝突和調解。他以希臘悲劇《安提戈涅》為例，說明悲劇的主角代表的理想是合理的，但從整體情境看卻又是片面的。悲劇主角作為個人雖然遭到毀滅，但卻顯示「永恆正義」的勝利。所以悲劇產生的心理效果是愉快和振奮。尼采認為悲劇是日神精神和酒神精神的結合，但本質上是酒神精神。在悲劇中，個體毀滅了，但個體生命的不斷產生又不斷毀滅正顯出世界永恆生命的不朽，所以悲劇給人的美感是痛苦與狂喜交融的迷狂狀態。

註810　蘇珊·朗格：《情感與形式》，第404頁，中國社會科學出版社，1986。

悲劇是與古希臘人的命運的觀念聯繫在一起的。命運是悲劇意象世界的意蘊的核心。當作為個體的人所不能支配的力量（命運）所造成的災難卻要由某個個人來承擔責任，這就構成了悲劇。

悲劇的美感主要包含三種因素：一是憐憫，就是看到命運的不公正帶給人的痛苦而產生的同情和惋惜；二是恐懼，就是對於操縱人們命運的不可知的力量的恐懼；三是振奮，就是悲劇主人公在命運的巨石壓頂時依然保持自身人格尊嚴和精神自由的英雄氣概所引起的震撼和鼓舞，這是靈魂的淨化和昇華。

中國和西方一樣也存在著悲劇。《紅樓夢》作者曹雪芹有一種深刻的命運感。《紅樓夢》是一部描繪「有情之天下」毀滅的偉大的悲劇。書中林黛玉的〈葬花吟〉、賈寶玉的〈芙蓉女兒誄〉，是對命運的悲嘆，也是對命運的抗議。

喜劇體現古人的一種時間感。整個世界是一個不斷更新和再生的過程。舊的死亡了，新的又會產生。舊的東西，喪失了生命力的即將死亡的東西，總顯得滑稽可笑，於是產生了喜劇。

喜劇美感體驗的特點是使人產生一種「透明錯覺」，從而使人產生某種同情感、智慧感和新奇感，合在一起，便引發喜劇的笑。

第十一章 醜與荒誕

本章討論醜與荒誕這對范疇，同時對中國美學中的「醜」作一簡要的論述。

一、醜在近代受到關注

我們首先要對「醜」的概念做兩點分辨。

第一，我們這裡討論的「醜」，作為審美範疇，和優美、崇高等審美範疇一樣，它並不是客觀物理存在，而是情景融合的意象世界，它有一種「意義的豐滿」，是在審美活動中生成的。不把握這一點，很多問題就弄不清楚。

第二，作為審美範疇的「醜」，並不等同於倫理學範疇的「惡」。我們在日常語言中常常把「醜惡」連成一個詞，而在實際生活中「醜」與「惡」也常常相連，但這依然是兩個概念，它們可以相連，也可以不相連。羅丹的《歐米哀爾》（*Heaulmiere*，又譯《老妓》、《醜之美》）是一個醜的意象，但這位女子並不是惡。

「醜」的概念是老早就有了。亞里士多德就談到過「醜」。但正如李斯托威爾所說，「醜」作為一種審美形態，「主要是近代精神的一種產物」。[811]「那就是說，在文藝復興以後，比在文藝復興以前，我們更經常地發現醜。而在浪漫的現實主義的氣氛中，比在和諧的古典的古代氣氛中，它更得其所。」[812] 近代以來，由於社會文化和人們

註811 李斯托威爾：《近代美學史評述》，第233頁，上海譯文出版社，1980。

註812 同上。

審美觀念的變化，「醜」越來越多地受到人們的關注，19世紀50年代法國詩人波特萊爾的《惡之花》是這方面最早的也是最有名的代表作。到了西方現代派藝術中，「醜」常常佔據主角的地位。與這種情況相對應，美學家對「醜」作為一個審美範疇也越來越重視。[813]

醜作為審美意象（廣義的美），它的審美價值在哪裡？最常見的說法有兩種：一種是把醜作為美的對照和襯托，也就是說，因為有了醜，所以美的更美了；一種是生活醜轉化為藝術美，也就是「美麗地描寫」生活中醜的東西，醜就變成美了。但是，這兩種說法都不很妥當。第一種說法並沒有肯定醜作為一種審美形態本身的審美價值。第二種說法同樣沒有肯定醜作為一種審美形態本身的審美價值；而且實際上生活中的醜在藝術中並不一定轉化為美（狹義的美，即優美），例如，羅丹的《歐米哀爾》，那位年老色衰的妓女被羅丹做成雕像後依舊是醜的。

我們認為，「醜」的審美價值，可以從以下兩個方面來看。近代以來，藝術家們越來越關注「醜」，也是由於社會文化和審美觀念的變化，藝術家們從這兩個方面進一步看到了「醜」的審美價值。

第一，從19世紀開始，無論是浪漫主義的藝術家還是現實主義的藝術家，他們都發現，現實生活中不僅有引起優美和崇高的體驗的東西，而且也有引起醜的體驗的東西。羅丹雕塑的歐米哀爾在年輕時非常美，但後來年老色衰，成了一個乾癟醜陋的「老妓」。雨果（Victor-Marie Hugo, 1802～1885）說：「萬物中的一切並非都是合乎人情的美。」「醜就在美的旁邊，畸形靠著優美，醜怪藏在崇高的背後，美與惡並存，光明

註813　可參看鮑桑葵《美學史》，商務印書館，1985。

與黑暗相共。」[814] 實際生活中不僅有美的、健康的、光明的東西，同時也有醜的、病態的、陰暗的東西，「醜」的審美價值就在於可以顯現「生活的本來面目」。[815] 所以很多藝術家在他們的作品中描繪「醜」，照亮「醜」。波特萊爾的《惡之花》中有許多「醜」的意象，巴爾札克的《人間喜劇》中也有許多「醜」的意象。美術領域也是這樣。當年萊辛說「繪畫拒絕表現醜」，而現在很多畫家並不拒絕表現醜。梵谷的《吃土豆的人》（*The Potato Eaters*, 1885；荷蘭文：*De Aardappeleters*）就是一個著名的例子。梵谷把整個畫面塗成一種沾著灰土的、未剝皮的新鮮土豆的顏色。畫面上有骯髒的亞麻桌布和熏黑的牆，那盞吊燈掛在粗陋的樑樑上，女兒把土豆遞給父親，母親在倒黑咖啡，兒子把杯舉向嘴邊，他們的臉上露出對事物永恆秩序的聽天由命的神情。[816] 這幅畫的意象世界是「醜」，當時的評論家說這幅畫是「非凡的醜陋」、「莊嚴的醜陋」，但正如梵谷自己所說，這是「一幅真正的農民畫」，「是從農民生活的深處發掘出來的」。[817] 歐文·斯通（Irving Stone, 1903 ~ 1989）在《梵谷傳》（*Lust for Life*）中說：「他終於捕捉到那正在消逝的事物中存在著的具有永恆意義的東西。在他的筆下，布拉邦特（Brabant）的農民從此獲得了不朽的生命。」[818]

註814 雨果：〈《克倫威爾》序〉，見《十九世紀西方美學名著選》（英法美卷），第373頁，復旦大學出版社，1990。

註815 「文學所以叫做藝術，就因為它按照生活的本來面目描寫生活。」（契訶夫）見《契訶夫論文學》第 35 頁，人民文學出版社，1958。

註816 這是歐文·斯通在《梵高傳》（《渴望生活》）中的描繪。參看《梵高傳》第320 ~ 321頁，北京出版社，1983。

註817 劉治貴編著：《閱讀凡·高》，第 24 頁，四川美術出版社，2006。註818

註818 《梵高傳》，第321頁。

梵谷　《吃馬鈴薯的人》

　　第二，19 世紀以來，藝術家們越來越重視觀察和顯現各種人物的個性特徵，而醜常常最能顯現一個人的個性特徵。李斯托威爾說：「這種醜的對象，經常表現出奇特、怪異、缺陷和任性，這些都是個性的明確無訛的標誌；經常表現出生理上的畸形、道德上的敗壞、精神上的怪癖，這些都是使得一個人判然不同於另一個人的地方。總之，醜所表現出來的不是理想的種類典型，而是特徵。」[819] 也就是說，醜的價值，不在於表現某種類型的共性，而是表現了一個人不同於另一個人的個性特

註819 李斯托威爾：《近代美學史評述》，第233頁，上海譯文出版社，1980。

基里柯　《有賭博狂的女人》

徵。羅丹也說過同樣的話：「自然中認為醜的，往往要比那認為美的更顯露出它的性格。」[820] 李斯托威爾舉出雨果《巴黎聖母院》（*Notre-Dame de Paris*, 1831）中的駝背，杜思妥耶夫斯基《卡拉馬助夫兄弟》中的癲癇病人斯美爾狄科夫和《罪與罰》中的斯維德利加依洛夫，以及林布蘭（Rembrandt Harmenszoon van Rijn, 1606～1669）的那些驕橫的或憔悴的人物肖像為例。在繪畫作品中，傑利訶（Theodore Gericault, 1791～1824）的《患嫉妒偏執狂的女精神病患者》（*Portrait of a Woman Suffering from Obsessive Envy*, 1822～1823）也是一個很好的例子。畫中那個女人的一雙眼睛，表明這個女人的精神已崩潰，生命的油燈也已經耗盡了。這是表現個性特徵的醜。

「醜」作為審美意象，除了內容或題材方面的特點之外，還有形式上的特點。優美在形式上的最大特點是和諧，醜在形式上的最大特點就是不和諧。在音樂中，「是無論在連續音或諧音裡面，無論在和音或旋律裡面，都使用不協調的或嘈雜的音程」。[821] 在繪畫中，是「把既不是十分相近又不是距離很遠的色調，並列在一起，硬使它們調和起來」。[822] 藝術

註820　《羅丹藝術論》，第 23 頁，人民美術出版社，1987。

註821　李斯托威爾：《近代美學史評述》，第234頁，上海譯文出版社，1980。

註822　同上書，第234頁。

家這樣做，有的是「為了描寫人格中的衝突和不和諧，有的是為了給靜止的生活賦予活力」，有的是「為了表現生活的豐富多彩」。[823]

醜感是廣義的美感（審美經驗、審美感受）的一種。歷史上很多美學家認為醜感主要是一種痛感。例如施萊格爾（Karl Wilhelm Friedrich Schlegel, 1772～1829）對醜下的定義（這是醜的最早的定義）是「惡得令人不愉快的表現」。[824] 谷魯斯也說，醜感就是高級感官感到不快。但是，僅僅不快還不足以囊括醜感的全部。醜感不像美感（優美感）那樣是一種單一純粹的感覺，而是一種包含多種內容的複合體驗。李斯托威爾說醜感是「一種混合的感情，一種帶有苦味的愉快，一種肯定染上了痛苦色彩的快樂」。[825] 這是一種比較好的概括。既有「快樂」又是帶有「苦味」的，這正是醜感與美感（優美感）的不同，也是醜感與對醜的倫理態度的不同。

但是醜感中這種愉快是怎麼引起的呢？這裡可能有多種因素。主要是我們所說的醜，並不是一種外在於人的實體存在，而是一種審美意象，是情景的融合，它必然包含有審美主體的意識、情趣。醜的存在顯示了歷史和人生的苦難的或陰暗的一面，這使人震動，同時又使人感受到歷史和人生的複雜性和深度。這會給人一種精神上的滿足感。這種滿足感融進「醜」的意象，因而給人一種愉悅。至於醜的藝術在形式上的不和諧，也是由於表現心靈的衝突和人生的複雜性，給人一種滿足感，從而帶來一種愉悅。還有一種情況，有的藝術作品，它們的題材或內容是醜，而以美的形式表現出來。這種作品，由於它

註824 轉引自鮑桑葵《美學史》，第390頁，商務印書館，1985。

註825 李斯托威爾：《近代美學史評述》，第233頁，上海譯文出版社，1980。

的形式的美使我們看到了藝術家的創造力（畫家的色彩、構圖、筆法的技巧，演員的演技，小說家的語言形式美和白描入化的工夫，等等），而使我們感到愉悅。波特萊爾說：「醜惡經過藝術的表現化而為美，帶有韻律和節奏的痛苦使精神充滿了一種平靜的快樂。」但這種愉悅是藝術形式美引起的，已經不屬於醜本身引起的愉悅。[826]

優美感與醜感是審美體驗的兩種對立類型，從優美感向醜感的拓展，表現了一個人的審美感受能力的發展和完善。如果一個人只能鑑賞優美而沒有能力鑑賞醜，那麼這個人的審美感受能力就是殘缺不全的，這正是亞里士多德所說的「脆弱的」觀眾。這種人的審美視野太狹窄，他看不到感性世界的豐富多彩的面貌，因而也領悟不到歷史和人生的深一層的意蘊。

但是，在歷史和人生中，光明面終究是主要的，因而醜在人的審美活動中不應該佔有過大的比重。李斯托威爾認為記住這一點是很重要的。「如果我們記住了這一點，我們的舞台上就會減少一些冷酷的嘲諷，我們的音樂中就會減少一些不和音，我們的詩歌和小說就不會那麼熱衷於人生中骯髒的、殘酷的、令人厭惡的東西。那麼多的當代藝術，就是因為對醜的病態追求而被糟蹋了。」[827]

二、中國美學中的醜

在中國文化中，醜作為一種獨立的審美形態，似乎比西方要早，醜所包含的文化內涵和西方也不一樣。剛才說，在西方，「醜」主要

註826　〈論泰奧菲爾‧戈蒂耶〉，《波德萊爾美學論文選》，第 85 頁，人民文學出版社，1987。

註827　李斯托威爾：《近代美學史評述》，第234頁。

是近代精神的產物，而在中國，「醜」在古典藝術中就有自己的位置，受到很多人的重視。

在中國，「醜」成為審美意象（廣義的美），納入審美活動，大概有四種情況。

第一種情況，「醜」由於顯示宇宙的生命力而生成意象（即成為美），從而具有一種「意義的豐滿」。這開始於莊子。

《莊子·知北遊》有一段話：

> 人之生，氣之聚也。聚則為生，散則為死。若死生為徒，吾又何患？故萬物一也，是其所美者為神奇，其所惡者為臭腐。臭腐復化為神奇，神奇復化為臭腐。故曰：通天下一氣耳。聖人故貴一。

莊子這段話是說，萬物都是氣，美的東西、神奇的東西是氣，醜的東西、臭腐的東西也是氣。就氣來說，美和醜、神奇和臭腐並沒有差別，所以它們可以互相轉化，臭腐可以轉化為神奇，神奇可以轉化為臭腐。

莊子在這裡提出了一個關於「美」和「醜」的本質命題：「美」和「醜」的本質都是「氣」。「美」和「醜」所以能夠互相轉化，不僅在於人們的好惡不同，更根本的是在於「美」和「醜」在本質上是相同的，它們的本質都是「氣」。[828]

莊子的這個命題，是「醜」這個概念進入審美領域、成為審美範疇的開端。**它衝破了人們在日常生活當中把外形的「美」、「醜」與人（以及自然物）的生命狀態直接等同起來的觀點，提出了一個新的觀念，即外形的「醜」同樣可以有一種充滿活力的生命感。這就使「醜」的概念超**

註828　這裡討論的「美」，都是狹義的「美」，即優美。

蘇州瑞雲峰

越了日常生活用語中的「美」、「醜」的對立，成為一個審美的概念。

　　莊子的這個命題，影響很大。在中國美學史上，人們對於外形的「美」和「醜」的對立，並不看得那麼嚴重，並不看得那麼絕對。人們認為，無論是自然物還是藝術作品，最重要的，並不在於外形是「美」還是「醜」，而在於要有「生意」，要表現宇宙的生命力。這種「生意」，這種宇宙的生命力，就是「一氣運化」。一個人，一個自然物，一件藝術作品，只要有生意，只要它充分表現了宇宙「一氣運化」的生命力，那麼醜的東西也可以得到人們的欣賞和喜愛，醜也可以成為美（生成審美意象），甚至越醜越美。清代畫家鄭板橋說：

　　米元章論石，曰瘦，曰縐，曰漏，曰透，可謂盡石之妙矣。東坡又曰：石文而醜。一「醜」字則石之千態萬狀，皆從此出。米元章但知好之為好，而不知陋劣之中有至好也。東坡胸次，其造化之爐冶乎！燮畫此石，醜石也，醜而雄，醜而秀。**829**

註829　鄭板橋集：〈題畫〉，《鄭板橋集》，第163頁，上海古籍出版社，1979。

清代美學家劉熙載也說：

怪石以醜為美，醜到極處，便是美到極處。一「醜」字中丘壑未易盡言。**830**

怪石所以「以醜為美」，所以「陋劣之中有至好」，所以「醜到極處，便是美到極處」，就在於它是「一塊元氣」團結而成，**831** 在於它表現了宇宙一氣運化的生命力。

這個意義上的「醜」，實際上是對日常生活用語中「美」（優美）「醜」對立的一種超越。

第二種情況，「醜」由於顯示內在精神的崇高和力量而生成意象（即成為美），從而具有一種「意義的豐滿」。這也是開始於莊子。莊子在人物美的領域中為「醜」爭得了一個空間。在他的影響下，在人物美的領域中，形成了一個「醜」的意象系列。

在《莊子》的〈人間世〉和〈德充符〉兩篇中寫了一大批殘缺、畸形、外貌醜陋的人。這些人，有的是駝背，有的雙腿是彎曲的，有的被砍掉了腳，有的脖子上長著盆甕那樣大的瘤子，有的缺嘴唇，有的相貌奇醜，總之都是一些奇形怪狀、極其醜陋的人。可是這些人卻受到當時人的喜愛和尊敬。

莊子的這些描繪，從審美的角度看，就是為了說明，人的外形的整齊、勻稱、美觀並不是重要的，重要的是人的內在的「德」，內在的精神面貌。這就是所謂「德有所長而形有所忘」。**832** 再進一步說，人的外貌

註830　《藝概·書概》。

註831　鄭板橋：「一塊元氣結而石成。」（《鄭板橋集》，第163頁。）

註832　《莊子·德充符》。

的奇醜，反而可以更有力地表現人的內在精神的崇高和力量。這就是莊子這些描繪的美學的啟示。

在這種啟示之下，在美學史上形成了一種和孔子「文質彬彬」的主張很不相同的審美觀。這種審美觀在中國藝術史上影響很大。聞一多指出：「文中之支離疏，畫中的達摩，是中國藝術裡最有特色的兩個產品。正如達摩是畫中有詩，文中也常有一種『清醜入圖畫，視之如古銅古玉』（龔自珍《書金鈴》）的人物，都代表中國藝術中極高古、極純粹的境界；而文學中這種境界的開創者，則推莊子。」[833] 宗白華也認為：「莊子文章裡所寫的那些奇特人物大概就是後來唐、宋畫家畫羅漢時心目中的範本。」[834]

莊子的啟示擴大了人們的審美視野，使人們注意從生活中去發現那些外貌醜陋而具有內在精神力量的人，從而使得中國古典藝術的畫廊中，增添了整整一個系列的清醜奇特的審美意象。這個意象系列，用聞一多的話來說：「代表中國藝術中極高古、極純粹的境界」，有很高的審美價值。[835]

貫休的羅漢圖（局部）

貫休的羅漢圖（局部）

劉松年的羅漢圖（局部）

陳洪綬的羅漢圖（局部）

註833　聞一多：《古典新義·莊子》，見《聞一多全集》第二冊，第289頁，三聯書店，1982。

註824　宗白華：〈美學的散步〉，《藝境》，第235頁，北京大學出版社，1987。

註835　以上關於中國美學中「醜」的論述，主要引自葉朗《中國美學史大綱》，第126、130頁，上海人民出版社，1999。

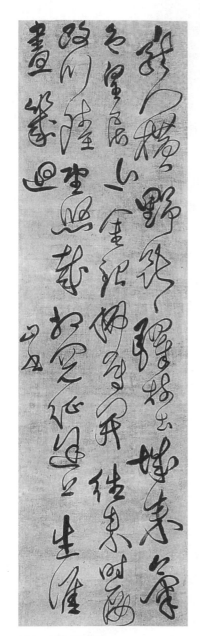

傅山　五言詩草書

　　第三種情況，「醜」由於在審美活動中融進了藝術家對人世的悲憤體驗而生成意象（即成為美），從而具有一種「意義的豐滿」。這大概從唐代開始出現。韓愈就常常用艱澀難讀的詩句描繪灰暗、怪異、恐怖的事物，所以劉熙載說：「昌黎詩往往以醜為美。」[836] 杜甫詩中也常常描繪醜的事物和景象，並且常常使用「醜」、「老醜」一類的字眼。書法家中追求醜怪的人就更多。清初的傅山甚至直接喊出「寧醜毋媚」的口號。在這些藝術家看來，藝術中的「醜」不僅不低於「美」，而且比「美」更能表現人生的艱難，更能表現自己胸中的勃然不可磨滅之氣。

　　第四種情況，「醜」由於發掘和顯現實際生活中某些人的醜惡的人性而生成意象（即成為美），從而具有一種「意義的豐滿」。這大概在明代的小說中開始出現，《金瓶梅》是一個典型的例子。在《金瓶梅》中，「醜」佔據了小說中主人公和大多數人物的位置。清代評論家張竹坡做了這樣的概括：

註836《藝概·詩概》。

西門慶是混帳惡人，吳月娘是奸險好人，玉樓是乖人，金蓮不是人，瓶兒是癡人，春梅是狂人，敬濟是浮浪小人，嬌兒是死人，雪娥是蠢人，……若王六兒與林太太等，直與李桂姐輩一流，總是不得叫做人，而伯爵、希大輩，皆是沒良心的人，兼之蔡太師、蔡狀元、宋御史，皆是枉為人也。**837**

這是以一大批惡人、狂人、不是人的人為中心的意象世界。這就是「醜」。《金瓶梅》打破了那種把人性看作單一的、絕對抽象物的觀念，它通過發掘和解剖人性的醜惡，來照亮當時整個社會的腐朽、混亂和黑暗。從審美觀上說，這種情況的「醜」的意蘊已不同於前面所說的幾種情況的「醜」的意蘊，而有些接近於西方近代以來的「醜」的意蘊。

三、荒誕的文化內涵[838]

荒誕是西方近代以來文化環境的產物，它的意蘊主要也是西方現代文化的意蘊。

德國社會學家馬克斯·韋伯（Maximilian Karl Emil Weber, 1864 ~ 1920）認為近代史的主要過程，是不斷地把人類生活理性化地組織起來，結果是資本主義的崛起。資本主義可以說是完全按照希臘文化的理性要求和啟蒙學者的憧憬發展起來的。合理的生產秩序，造成了前所未有的物質繁榮，卻使人的生活完全外在化，不再有深刻的內心世界。人們追逐一切可以追逐的東西，卻使心靈成了沙漠。在充分合理化的龐大的社會組織系統中，每個人只是一個「零件」，一個可以隨時代替的零

註837　張竹坡〈金瓶梅讀法〉，見《皋鶴堂批評第一奇書金瓶梅》。

註838　這一節和下面兩節的論述，主要引自葉朗主編《現代美學體系》，第227 ~ 229頁，北京大學出版社，1999。

件，社會並非一定需要他；從社會的角度看，他的存在不是唯一的、不可代替和不可重複的。本來，人類的理想是通過理性地組織起一個合理的社會，使它成為每一個人的「家」。現在，理性滿足了前者，組織了一個合乎理性的社會，卻把每一個個體拋了出來，使他成了真正無家可歸的局外人。個人同社會疏離，同他人疏離，最後，同他自己也疏離了，因為作為社會存在的他，不過是一個影子。而這一切都是人類過去崇拜過的理性的回贈。於是，對理性的普遍懷疑便滋生出來了。

作為西方人精神生活的另一根支柱——宗教，在近代也沒落了。它不再是人類生活獨一無二的中心與統治者。科學與理性的入侵，引起了信仰的喪失，它不僅改變了宗教生活的面貌，更深刻的是，它穿透了人類心靈生活的最深處。人失去精神的支柱，成為精神上無家可歸的流浪漢。

理性失落了，信仰失落了，人失落了，西方現代文化與西方古典文化斷裂了，這種斷裂使西方現代文化層從西方古典文化層，特別是從晚期浪漫主義蛻變出一個新的審美形態：荒誕（absurd）——人的存在失去了意義。

荒誕最突出的品格就是反叛。由於生活變得空虛和無意義，於是激起兩種方式的反叛：一是返回自然，拒絕這個社會，在藝術上表現為對中世紀的懷念；一是返回自我，深入內心，結果發現所謂偉大燦爛的文明不過是同動物一樣的原欲——「里比多」的產物，人的真正的自我不是理性，而是處在黑暗之中的深層無意識衝動。前一種反叛嘲笑現實的荒誕和無意義，後一種反叛則嘲笑人類理性的虛偽，嘲笑這種理性所創造的優雅的文化與優美的藝術以及崇高的精神追求，覺得它們整個兒顯得滑稽可笑。於是荒誕出現了。它粗暴地踐踏美，鄙夷崇高，摧毀一切傳

統。在達利的畫中，美妙絕倫的維納斯的身體被裝上空空洞洞的抽屜。在波特萊爾的詩中，神聖的天堂等同於黑暗的地獄。在沙特筆下，崇高的上帝就是萬惡的魔鬼。荒誕有如撒旦，把整個現代西方文壇搞得面目全非。20 世紀 70 年代以來，在西方藝術中，荒誕又以諷刺和幽默的形式出現，其最重要的題材就是對古典作品的「褻瀆」。例如給蒙娜·麗莎畫上鬍子，給裸體的維納斯穿上比基尼游泳衣，讓拾穗的農婦們拾垃圾，把古典音樂「流行」化，將高雅的芭蕾動作加以誇飾……。這種「褻瀆」和「嘲弄」已經蔚成風氣，無孔不入，甚至影響到嚴肅的藝術表演。

艾斯林（Martin Julius Esslin OBE, 1918～2002）說：「這個時代的每種文化類型都找到了它的獨特的藝術表現形式，但是最真實地代表我們自己時代的貢獻的，看來還是荒誕派戲劇所反映的觀念。」（《論荒誕派戲劇》，*The Theatre of the Absurd*, 1961）[839] 這種觀念就是「對於荒謬的一種荒謬關係」。當代德國哲學家施太格繆勒（Wolfgang Stegmuller, 1923～1991）指出，人在現代社會裡「受到威脅的不只是人的一個方面或對世界的一定關係，而是人的整個存在連同他對世界的全部關係都從根本上成為可疑的了，人失去了一切支撐點，一切理性的知識和信仰都崩潰了，所熟悉的親近之物也移向縹緲的遠方，留下的只是陷於絕對的孤獨和絕望之中的自我。」[840]「我們在其中生活的世界是完全不可理解的、荒謬的。」[841] 從這個意義上，我們才能認識荒誕派作家尤涅斯柯（Eugene Ionesco, 1909～1994）給

註839　伍蠡甫主編：《現代西方文論選》，第357頁，上海譯文出版社，1983。

註840　施太格繆勒：《現代西方哲學主潮》上卷，第182頁，商務印書館，1986。

註841　同上。

「荒誕」下的定義不僅只是荒誕派戲劇的定義，[842] 而且是整個現代派藝術的定義。尤涅斯柯說：「**荒誕是指缺乏意義，⋯⋯和宗教的、形而上學的、先驗論的根源隔絕之後，人就不知所措，他的一切行為就變得沒有意義，荒誕而無用。**」[843]

四、荒誕的審美特點

「荒誕」在形態上的最顯著標誌是平面化、平板化以及價值削平。

首先，西方現代派藝術不再在理性意義上把實體看作是可以個別地或整體地透徹暸解的存在大系列。完整的、立體的、獨立存在的個體被取消，存在著的只是面——或者是立體被擠壓成的面，或者是拆解後再拼湊的面，或者是毫不相關東拉西扯到一起的面。總之，單面的存在，單向度的存在——它們要不就稠密得毫無秩序，要不就空虛得毫無實質——就是我們在西方現代派藝術中看到的。這種平面化，首先是從立體主義繪畫開始的。古希臘人花了很長時間才把一個一個獨立存在的圓雕從浮雕壁中解放出來，而西方人在繪畫上進入三度空間是在 14 世紀。西方現代派藝術家把他們祖先的上千年努力毀於一旦。遠的和近的，那一面的和這一面的，過去的和現在的，都被取消它們的時空距離而夷平在一個面上。繪畫中這類例子俯拾皆是。即使在小說這種最不容易壓平的藝術形式中，喬伊斯（James Augustine Aloysius Joyce, 1882 ~ 1941）的《尤里西斯》（*Ulysses*, 1922）和福克

註842　這裡要注意區分一下「荒誕」和荒誕派戲劇。「荒誕」是一種審美形態，而荒誕派戲劇只是「荒誕」這種審美形態的一種具體表現。同樣，也要注意區分一下「怪誕」（grotesque）和荒誕（absurd）。「怪誕」是一種藝術表現方式，「荒誕」包含「怪誕」。

註843　伍蠡甫主編：《現代西方文論選》，第358頁。

納（William Cuthbert Faulkner, 1897～1962）的《喧囂與憤怒》（*The Sound and the Fury*, 1929），以其驚人的技巧也把時空壓平壓瘦了。

其次，由於時空深度的取消，秩序不復存在，造成了無高潮、無中心的出現。這在西方現代派藝術的繪畫與文學中大量存在。在傳統型藝術中，音樂有主題，這主題呈示、展開，成為一曲音樂的中心，並在展開中形成高潮。繪畫有主題，一般位於圖畫的中央區域或附近，圖中的外圍空間或背景附屬於這個主題。戲劇有頭、腰、尾的情節結構，由某一時間開始，發展到一高潮，然後進入結尾。在古典理性看來，所謂整體，所謂完整性，就是空間上有中心、時間上有高潮的秩序結構，只有這樣才是合乎理性的，可以理解的。然而喬伊斯的《尤里西斯》全書的發展永遠是水平式的，絕不逐漸升到任何危局，也沒有傳統高潮的影子。在西方現代派藝術家看來，這正是我們真實生命的形式：平板，稠密，不可理解。正如福克納《喧囂與憤怒》的引言：「『生命』是一個故事，由白痴道來，充滿喧囂與憤怒，毫無意義。」生活與生命都沒有目的，當然也就沒有方向；沒有方向的時間正如沒有指針卻仍在滴嗒響個不停的時鐘一樣，聲音喧囂不停，每一響都一樣，不再有意義——稠密而空洞。無高潮，時間不再是矢量；無中心，空間不再有秩序，這樣的生命存在真是一個無聊的平板。

最後，是價值削平。在荒誕藝術中，平板上的一切都是等值的，或者說，平板上的一切都是無價值的，因為荒誕藝術絕對地否定任何價值。正因為如此，「題材」在西方現代派藝術中沒有多大意義甚至沒有意義。高雅與鄙陋，神聖與平凡，美麗與醜惡，完好與殘破，都是一樣的——極其貴重的畫框中間可以僅僅是一條抹布。

如果說，優美是前景與背景的和諧，崇高是背景壓倒前景，滑稽是

前景掩蓋背景，那麼，在這幾種審美形態中，前景與背景，感性外觀與內涵意蘊，內容與形式，總的來說還處在一種比較切近的關聯之中。然而，在荒誕這種形態中，前景赤裸裸地呈現在人們面前，而背景或內涵則退到深遠處，兩者之間距離很遠。正因為這樣，人們對於荒誕，往往不能在直觀中直接把握它的意蘊（深層背景），而要藉助理性思索。這裡，只消把莎士比亞的戲劇同貝克特（Samuel Beckett, 1906～1989）的戲劇比較一下，就可以明顯地感受到荒誕的這種特點。正如有的美學家所指出的，荒誕背離了傳統的「直接的藝術陳述」，而採用暗示（Implication）。所以寓言就成了荒誕的主要表現手段。

以上是從狹義上（嚴格意義上）對「荒誕」做的分析。我們還應注意到荒誕意識對其他形態藝術的滲透和影響，荒誕形態自身也是發展著的。

五、荒誕感

現在我們來討論荒誕感。有人認為，早在古希臘的喜劇、但丁的《神曲》以及荷蘭畫家博赫那裡就已出現了荒誕。然而正如我們前面所說，荒誕作為一種文化大風格的審美形態，是現代資本主義社會的產物。因此，對於荒誕感的描述和分析，也只有在西方現當代美學中才能找到。

德國學者凱塞爾認為，**荒誕是一個被疏離了的世界，荒誕感就是在這個世界中體驗到的一種不安全感和不可信任感，從而產生一種生存的恐懼**。雖然荒誕中亦有滑稽的成分，但這種生存的恐懼使荒誕感成為一種痛苦而壓抑的笑。我們前面引過荒誕派劇作家尤涅斯柯對荒誕下的定義：「荒誕是指缺乏意義……和宗教的、形而上學的、先驗

論的根源隔絕之後，人就不知所措，他的一切行為都變得沒有意義，荒誕而無用。」[844] 存在主義哲學家加繆也曾對荒誕感做過分析。他說：「一旦失去幻想與光明，人就會覺得自己是陌路人。他就成為無所依託的流放者，因為他被剝奪了對失去的家鄉的記憶，而且喪失了對未來世界的希望。這種人與他的生活之間的分離，演員與舞台之間的分離，真正構成荒誕感。」[845] 英國評論家艾斯林則認為，荒誕感展現了「人類在荒誕的處境中所感到的抽象的心理苦悶」。[846] 這些論述都從不同的角度接觸到荒誕感的兩個基本特徵，一個是人與世界的疏遠和分離，一個是由此而造成的心理苦悶。各種荒誕藝術所引發的感受都具有這種特徵。例如我們在孟克（Edvard Munch, 1863～1944）的《呼號》（挪威語 Skrik，也譯作《吶喊》、《尖叫》，作於1893年）中感受到一種喪失了家園的陌路人淒涼而恐懼的心境；在達利《內戰的先兆》中，體驗到一種失去理智的瘋狂；在貝克特的《等待果陀》（*En attendant Godot*, 1952）裡，領悟到人與希望乃至人與自身的嚴重分離。這都屬於荒誕感。**這種荒誕感的實質就是人在面臨虛無深淵時所產生的焦慮、恐懼和失望。**

在美感的各種類型中，荒誕感是比較複雜的一種類型，很難簡單地用快感和痛感這兩極來描述。前面說過，崇高感是「驚而快之，發豪士之氣」，由痛感轉化成快感，荒誕感則可以概括為含有痛感色彩的焦慮[847]。美是形式和諧統一，崇高是深度空間的形式，而荒誕則可

註844　伍蠡甫主編：《現代西方文論選》，第357～358頁。

註845　加繆：《西西弗的神話》，第 6 頁，三聯書店，1987。

註846　伍蠡甫主編：《現代西方文論選》，第357～358頁。

註847　「焦慮」是一個心理學術語，通常指對未知事物感到恐懼的情緒狀態。

以說是反形式，在這一點上它同
醜接近。所以，荒誕的對象也在
很大程度上對審美主體的知覺和
想像造成障礙和衝突。例如，
達利（Salvador Domingo Felipe
Jacinto Dali i Domenech, Marqués
de Púbol, 1904 ～ 1989；一般簡
稱：Salvador Dalí）的《內戰的
先兆》〔*Soft Construction with
Boiled Beans*（*Premonition of
Civil War*），1936〕，奇异怪誕
的形象構成使我們一下子很難把
握和理解它；貝克特的《等待果

孟克　《呼號》

陀》中兩人無窮無盡地等待那神秘的果陀；尤涅斯柯《阿米迪或如何
擺脫》（*Amédée, ou Comment s'en débarrasser*, 1954）中，無數蘑菇在
屋裡滋長，一個患「幾何級數」增長症的屍體無限膨脹，把房客擠了
出去。這些作品都使主體產生一種壓抑感。如果說崇高感是生命力瞬
間受阻並因而強烈噴發，那麼在荒誕感中，生命力則始終受到壓抑卻
又不知往哪裡傾注，因此引起焦慮。在崇高感中，主體經由矛盾衝突
轉向統一，自我實現了超越，產生一種勝利感；而在荒誕感中，主體
則不斷地忍受與世界分離的折磨，尋找不到精神的棲息之地，因此伴
隨著一種不安與苦悶。在崇高感中，主體的心靈處於強烈的搖撼和振
蕩之中，而在荒誕感中，主體的心靈相對來說最平穩、最冷靜，沒有
那種情感的大起大落。這主要是因為荒誕常常以寓言為表現手段，它

的意蘊藏得很深。人們不能從它的感性外層直觀地把握它的意蘊，而必須藉助於理性的思考。所以荒誕感更多的是一種理智感，而不是一種激情。人們可以從頭至尾十分冷靜地觀看一場荒誕派的戲劇演出。有時也會產生笑，但那是理智的笑。

我們可以看到，在某種程度上，荒誕感已經顯示出一種脫離美感（當下直接的感興）的傾向，因為在荒誕感裡面滲進了理性的思考，它已不完全是王夫之說的「現量」了。

本章提要

在西方，「醜」主要是近代精神的產物。醜的審美價值主要有兩個方面：一是醜可以顯現生活的本來面目，因為實際生活中不僅有美的、健康的、光明的東西，同時也有醜的、病態的、陰暗的東西；二是醜常常最能顯現一個人的個性特徵，例如奇特、怪異、缺陷、任性，以及生理上的畸形、道德上的敗壞、精神上的怪癖，等等。這兩點就是「醜」的審美價值之所在，也是「醜」在近代越來越受到關注的原因。

「醜」在形式上的最大特點是不和諧。

醜感是廣義的一種美感。「醜」使人感受到歷史和人生的複雜性和深度，這給人一種精神上的滿足感，從而使人得到一種帶有苦味的愉快。

在中國，「醜」在古典藝術中就有自己的位置。在中國美學中，「醜」成為審美意象，大概有四種情況：一是顯示宇宙「一氣運化」的生命力，這實際上是對日常生活用語中「美」（優美）、「醜」對立的一種超越；二是顯示內在精神的崇高和力量，從而在人物美的畫

廊中增添了整整一個系列的清醜奇特的意象；三是融進藝術家的悲憤的體驗；四是發掘人性的醜惡而顯現實際生活的真實面貌。最後這種情況的「醜」的意蘊有些接近於西方近代以來的「醜」的意蘊。

在西方現代社會，由於理性和信仰的雙重失落，人的存在失去意義，因而產生了「荒誕」這種審美形態。「荒誕」就是人的一切行為變得沒有意義。「荒誕」在形態上最顯著的標誌是平面化、平板化以及價值削平。

荒誕感是由於人與世界的疏離而體驗到的一種不安全感和不可信任感，從而產生一種極度的焦慮、恐懼、失望和苦悶。荒誕感裡面已經滲進了理性的思考，所以在某種程度上顯示出脫離美感（當下直接的感興）的傾向。

第十二章　沉鬱與飄逸

　　前面第九章講過，在中國文化史上，受儒、道、釋三家的影響，發育了若干在歷史上影響比較大的審美意象群，形成了獨特的審美形態（大風格），從而結晶成獨特的審美範疇。其中，「沉鬱」體現了以儒家文化爲內涵、以杜甫爲代表的審美意象的大風格，「飄逸」體現了以道家文化爲內涵、以李白爲代表的審美意象的大風格，「空靈」則體現了以禪宗文化爲內涵、以王維爲代表的審美意象的大風格。

　　我們在這一章討論「沉鬱」與「飄逸」這一對范疇，在下一章再對「空靈」進行討論。

一、沉鬱的文化內涵

　　「沉鬱」的文化內涵，就是儒家的「仁」，也就是對人世滄桑的深刻體驗和對人生疾苦的深厚同情。

　　最典型的代表就是杜甫。杜甫自己說過「沉鬱頓挫」是他的詩的特色。[848] 歷來很多評論家也都用「沉鬱」來概括杜詩的風格。影響最大的是宋代嚴羽的一段話。嚴羽說：「子美不能爲太白之飄逸，太白不能爲子美之沉鬱。太白〈夢遊天姥吟留別〉、〈遠別離〉等，子美不能道；子美〈北征〉、〈兵車行〉、〈垂老別〉》等，太白不能作。」[849]

註848　杜甫：〈進雕賦表〉。

註849　嚴羽：《滄浪詩話・詩評》。

嚴羽提到的〈北征〉、〈兵車行〉以及「三吏」、「三別」都是「沉鬱」的代表作。如〈兵車行〉一開頭就描寫戰爭使老百姓妻離子散：「車轔轔，馬蕭蕭，行人弓箭各在腰。爺娘妻子走相送，塵埃不見咸陽橋。牽衣頓足攔道哭，哭聲直上干雲霄。」結尾對無數士兵在戰爭中喪失生命發出悲嘆：「君不見，青海頭，古來白骨無人收。新鬼煩冤舊鬼哭，天陰雨濕聲啾啾！」「三吏」、「三別」也是寫戰爭帶給人民的災難。〈新婚別〉是寫「暮婚晨告別」的一夜夫妻，〈垂老別〉是寫老翁被徵去打仗，與老妻惜別，〈無家別〉是寫還鄉後無家可歸，重又被徵去打仗的士兵。如〈新安吏〉中的詩句：

肥男有母送，瘦男獨伶俜。
白水暮東流，青山猶哭聲。

傅庚生解讀說：「『有母送』描述出母子生離死別之恨，『獨伶俜』的又是茫茫然地無堪告語。青山腳下，白水東流，水流嗚咽，和人們的哭聲攪成一片。用一個『猶』字象徵出傷別的聲容，用一個『暮』字烘托出悲淒的背景。沉鬱之深來自詩人同情之廣。」[850] 又如〈新婚別〉中的詩句：

仰視百鳥飛，大小必雙翔；
人事多錯迕，與君永相望。

傅庚生解讀說：「倘若不是對天下人民有休戚與共的誠款，怎麼可能寫得如此的沉至？『與君永相望』，情兼怨恕，表現出松柏為心；『大小必雙』四個字愈旋愈深，幾於一字一淚了。」[851]

從杜甫的詩可以看出，『沉鬱』的內涵就是儒家的「仁」。有的學者認為，從一個角度看，儒家哲學可以稱之為情感哲學，而儒家的情感哲學用一個字來概括，那就是「仁」。「在儒家哲學看來，只有仁才是人之所以為人的存在本質」，「只有仁才是人的意義和價值之所在」。[852]「仁是一種普遍的人類同情、人間關懷之情，是一種人類之愛，即孔子所說的『汎愛眾』、『愛人』。」[853]「仁的本來意義是愛，這是人類最本真最可貴也是最偉大的情感」，「首先是愛人，而愛人又從愛親開始」，「其次是愛物，愛生命之物，進而愛整個自然界」。[854] 這種人類之愛，這種人類同情、人間關愛之情，滲透在杜甫的全部作品之中，凝結為一種獨特的審美形態，就是沉鬱。很多人看到了這一點。唐代詩人李益說：「沉鬱自中腸。」[855] 就是說，沉鬱出自詩人的真摯的性情。清代袁枚評杜詩說：「人必先有芬芳悱惻之懷，而後有沉鬱頓挫之作。」[856] 就是說，「沉鬱」的內涵就是人類的同情心，人間的關愛之情。用杜甫自己的話來說，就是「窮年憂黎元，嘆息腸內熱」。[857]

註850　傅庚生：《文學鑒賞論叢》，第 4 頁，陝西人民出版社，1981。

註851　同上書，第 5 頁。

註852　蒙培元：《情感與理性》，第310頁，中國社會科學出版社，2002。

註853　同上書，第316～317頁。

註854　同上書，第311頁。

註855　李益：〈城西竹園送裴佶王達〉。

註856　袁枚：《隨園詩話》卷十四。

註857　杜甫：〈自京赴奉先詠懷五百字〉。

這種沉鬱的審美形態，當然不僅見於杜詩。我們從唐詩、宋詞中可以發現很多這種「沉鬱」的意象世界。清代文學評論家陳廷焯在《白雨齋詞話》中說：「唐五代詞，不可及處正在沉鬱。」「宋詞不盡沉鬱」，「然其佳處，亦未有不沉鬱者」。他認為，這類沉鬱的詞，「寫怨夫思婦之懷，寓孽子孤臣之感」，「凡交情之冷淡，身世之飄零，皆可於一草一木發之。而發之又必若隱若現，欲露不露，反復纏綿，終不許一語道破」，「匪獨體格之高，亦見性情之厚」。他稱讚溫庭筠的〈菩薩蠻〉，說：「如『懶起畫蛾眉，弄妝梳洗遲』，無限傷心，溢於言表。又『春夢正關情，鏡中蟬鬢輕』，淒涼哀怨，真有欲言難言之苦。」他稱讚周邦彥的〈菩薩蠻〉，說：「上半闋云：『何處望歸舟，夕陽江上樓。』[858] 思慕之極，故哀怨之深。下半闋云：『深院捲簾看，應憐江上寒。』哀怨之深，亦忠愛之至。」[859]他又稱讚辛棄疾〈賀新郎〉說：「沉鬱蒼涼，跳躍動盪，古今無此筆力。」[860] 他認為，唐宋詞中這些「沉鬱頓挫」的作品，其內涵就是「忠愛之忱」，所以儘管哀怨鬱憤，而都能出之以溫厚和平。

註858　陳廷焯：《白雨齋詞話》卷一。溫庭筠〈菩薩蠻〉之一：「小山重疊金明滅，鬢雲欲度香腮雪。懶起畫蛾眉，弄妝梳洗遲。照花前後鏡，花面交相映。新帖繡羅襦，雙雙金鷓鴣。」之三：「杏花含露團香雪，綠楊陌上多離別。燈在月朧明，覺來聞曉鶯。玉鉤褰翠幕，妝淺舊眉薄。春夢正關情，鏡中蟬鬢輕。」

註859　陳廷焯：《白雨齋詞話》卷一。周邦彥〈菩薩蠻〉：「銀河宛轉三千曲，浴鳧飛鷺澄波綠。何處望歸舟？夕陽江上樓。天憎梅浪發，故下封枝雪。深院捲簾看，應憐江上寒。」

註860　陳廷焯：《白雨齋詞話》卷一。辛棄疾〈賀新郎〉：「綠樹聽鵜鴂，更那堪、鷓鴣聲住，杜鵑聲切。啼到春歸無尋處，苦恨芳菲都歇。算未抵人間離別。馬上琵琶關塞黑，更長門翠輦辭金闕。看燕燕，送歸妾。將軍百戰聲名裂，向河梁、回頭萬里，故人長絕。易水蕭蕭西風冷，滿座衣冠似雪。正壯士悲歌未徹。啼鳥還知如許恨，料不啼清淚長啼血。誰伴我，醉明月？」

二、沉鬱的審美特徵

　　沉鬱的審美意象，有兩個特點。一個特點是帶有哀怨鬱憤的情感體驗。由於這種哀怨鬱憤是由對人和天地萬物的同情、關切、愛所引起的，又由於這種哀怨鬱憤極其深切濃厚，因而這種情感體驗能夠昇華成為溫厚和平的醇美的意象。所以沉鬱之美，又是一種「醇美」。沉鬱的再一個特點是往往帶有一種人生的悲涼感，一種歷史的蒼茫感。這是由於作者對人生有豐富的經歷和深刻的體驗，不僅對當下的遭際有一種深刻的感受，而且由此對整個人世滄桑有一種哲理性的感受。

　　杜甫詩的沉鬱，一個特色是有很濃厚的哀怨鬱憤的情感體驗，所謂「沉鬱者自然酸悲」。[861] 這是杜甫的個人命運和國家動亂、人民苦難結合在一起，從而引發的體驗和感受，如宋人李綱所說：「子美之詩凡千四百四十餘篇，其忠義氣節，羈旅艱難，悲憤無聊，一寓於此。」[862] 又如明人江盈科所說：「兵戈亂離，飢寒老病，皆其實歷，而所閱苦楚，都於詩中寫出。」[863] 這種哀怨鬱憤，是讀杜詩的最突出的感受，就像韓愈〈題杜子美墳〉一詩所說，「怨聲千古寄西風，寒骨一夜沉秋水」。[864]

　　這種哀怨鬱憤的意象和風格是中國文學史的一個重要傳統。陳廷焯說：「不根柢風騷，烏能沉鬱？十三國變風，二十五篇楚詞，忠厚之至，亦沉鬱之至，詞之源也。」[865] 陳廷焯的意思是說，「沉鬱」的意象和風

註861　李贄：〈讀律膚說〉。

註862　李綱：〈校定杜工部集序〉。見仇兆鰲《杜詩詳注》附編。中華書局，1979。

註863　江盈科：《雪濤詩評》。

註864　韓愈：〈題杜子美墳〉。

註865　陳廷焯：《白雨齋詞話》卷一。

格，可以追溯到《詩經》和楚辭。這話是有道理的。《詩經》中，哀怨的詩篇數量很多。如有名的〈采薇〉：「昔我往矣，楊柳依依。今我來思，雨雪霏霏。行道遲遲，載渴載飢。我心傷悲，莫知我哀。」這是哀怨沉鬱之詞。所以孔子說，詩「可以怨」。屈原也是如此。屈原的《離騷》等作品，充滿了哀怨鬱憤的情思。[866] 所以朱熹說屈原的詞「憤懣而極悲哀」，「讀之使人太息流涕而不能已」。[867]《詩經》、楚辭之後，漢魏時代的很多詩歌都顯現哀怨沉鬱的意象和風格。最突出的是《古詩十九首》，如：「白楊多悲風，蕭蕭愁殺人。思還故里閭，欲歸道無因。」「孟冬寒氣至，北風何慘栗。愁多知夜長，仰觀眾星列。」「出戶獨徬徨，愁思當告誰。引領還入房，淚下沾沾衣。」「浩浩陰陽移，年命如朝露。人生忽如寄，壽無金石固。」這些詩，都確如鍾嶸所說：「文溫以麗，意悲而遠，驚心動魄，可謂幾乎一字千金。」[868] 這就是沉鬱。漢魏詩歌的沉鬱不限於《古詩十九首》。鍾嶸就說李陵詩「文多淒愴，怨者之流」，又說曹植詩「情兼雅怨」，又說左思詩「文典以怨」。[869] 清代方東樹在《昭昧詹言》中也說曹操〈苦寒行〉「沉鬱頓挫」，又說曹植〈贈白馬王彪〉「沉鬱頓挫，淋漓悲壯」。[870]

註866 如：「情沉抑而不達兮，又蔽而莫之白。心鬱邑余侘傺兮，又莫察余之中情。」（《九章·惜誦》）「忳鬱邑余侘傺兮，吾獨窮困乎此時也。」「曾歔欷余鬱邑兮，哀朕時之不當。」（《離騷》）「慘鬱鬱而不通兮，蹇侘傺而含戚。」（《九章·哀郢》）「心鬱鬱之憂思兮，獨永歎乎增傷。」（《九章·抽思》）「愁鬱鬱之無快兮，居戚戚而不可解。」（《九章·悲回風》）

註867 朱熹：《楚辭集注》。

註868 鍾嶸：《詩品》卷上。

註869 同上。

註870 方東樹：《昭昧詹言》卷二。

杜甫詩繼承了《詩經》、屈騷、漢魏詩歌這種哀怨鬱憤的傳統。「鬱鬱苦不展，羽翮困低昂。」[871]「萬里悲秋常作客，百年多病獨登台。」[872] 這是杜甫詩的哀怨鬱憤的基調。由於這種哀怨鬱憤的情感體驗是出自內心深厚的同情感和人間關愛之情，同時又由於這種哀怨鬱憤的情感體驗極其深切濃厚，所以這種沉鬱的意象和風格就形成為一種「醇美」。「醇美」是溫厚和平，「哀而不傷」。杜甫的〈春望〉：「國破山河在，城春草木深。感時花濺淚，恨別鳥驚心。烽火連三月，家書抵萬金。白頭搔更短，渾慾不勝簪。」從懷念家人到憂國憂民，純淨、溫厚、平和，這是「醇美」的典型。

　　唐人絕句多有醇美的意象。如元稹的〈行宮〉：

寥落古行宮，宮花寂寞紅。
白頭宮女在，閒坐說玄宗。

又如劉禹錫的〈春詞〉：

新妝宜面下朱樓，深鎖春光一院愁。
行到中庭數落花，蜻蜓飛上玉搔頭。

無限的感慨，無限的惆悵，這是醇美，是沉鬱之美。

　　人生的悲涼感和歷史的蒼茫感也是沉鬱之美的一個特點。鍾嶸《詩品》說曹操詩「率多悲涼之句」，[873] 方東樹說曹操〈苦寒行〉

註871　杜甫：〈壯遊〉。
註872　杜甫：〈登高〉。
註873　鍾嶸：《詩品》卷下。

「蒼涼悲壯」、「沉鬱頓挫」，[874] 這些評語都見到了「沉鬱」的意象世界中包含有一種人生、歷史的悲涼感。方東樹認為杜甫詩的沉鬱也有這種蒼涼感。他說：「一氣噴薄，真味盎然，沉鬱頓挫，蒼涼悲壯，隨意下筆而皆具元氣，讀之而無不感動心脾者，杜公也。」[875] 杜甫的詩，如寫諸葛亮的〈蜀相〉：「丞相祠堂何處尋，錦官城外柏森森。映階碧草自春色，隔葉黃鸝空好音。三顧頻煩天下計，兩朝開濟老臣心。出師未捷身先死，長使英雄淚滿襟！」紀昀評論說：「前四句疏疏灑灑，後四句忽變沉鬱，魄力極大。」[876] 這個沉鬱的意象世界，就有一種人生和歷史的悲涼感。其他如寫王昭君的〈詠懷古蹟〉：「群山萬壑赴荊門，生長明妃尚有村。一去紫臺連朔漠，獨留青塚向黃昏。」也有一種人生和歷史的蒼涼感。唐宋詞中那些帶有沉鬱風格的作品，也常常有一種人生和歷史的蒼茫感。如無名氏的〈菩薩蠻〉、〈憶秦娥〉，被人譽為「百代詞曲之祖」：

平林漠漠煙如織，寒山一帶傷心碧。暝色入高樓，有人樓上愁。玉階空佇立，宿鳥歸飛急。何處是歸程，長亭更短亭。（〈菩薩蠻〉）

簫聲咽，秦娥夢斷秦樓月。秦樓月，年年柳色，灞陵傷別。樂遊原上清秋節，咸陽古道音塵絕。音塵絕，西風殘照，漢家陵闕。（〈憶秦娥〉）

這兩首詞，〈菩薩蠻〉寫客愁，〈憶秦娥〉寫離愁，但是在客愁和離愁中瀰漫著一種人生的悲涼感和歷史的蒼茫感。「暝色入高樓」，「宿鳥

註874　方東樹：《昭昧詹言》卷二。

註875　方東樹：《昭昧詹言》卷八。

註876　紀昀：《瀛奎律髓匯評》中冊，第1233頁，上海古籍出版社，1986。

歸飛急」，「何處是歸程，長亭更短亭」，以及西風殘照的咸陽古道、漢家陵闕，都使人感到一種人生和歷史的蒼涼，感到一種莫名的惆悵。曹操是不可一世的大英雄，但他寫的詩如「譬如朝露，去日苦多」、「繞樹三匝，何枝可依」等都充滿了人生的悲涼感。**他對於人的有限性和人失去精神家園的孤獨有深刻的體驗。這說明沉鬱的美感需要有一種審美的「穿透力」和「洞察力」。**[877] 這是沉郁美感的一個特點。

魯迅的風格也是沉鬱的風格。他的小說也充滿了一種人生的悲涼感。

如〈孔乙己〉寫孔乙己最後一次出現後就再沒有出現：

到了年關，掌櫃取下粉板說，「孔乙己還欠十九個錢呢！」到第二年的端午，又說，「孔乙己還欠十九個錢呢！」到中秋可是沒有說，再到年關也沒有看見他。

在平淡的敘述中帶給讀者一種透骨的悲涼感。又如〈明天〉寫寡居的單四嫂子在埋葬了三歲的寶兒之後：

……她越想越奇，又感到一件異樣的事：——這屋子忽然太靜了。

她站起身，點上燈火，屋子越顯得靜。她昏昏的走去關上門，回來坐在床沿上，紡車靜靜的立在地上。她定一定神，四面一看，更覺得坐立不得，屋子不但太靜，而且也太大了，東西也太空了。太大的屋子四面包圍著她，太空的東西四面壓著她，叫她喘氣不得。

她現在知道他的寶兒確乎死了；不願意見這屋子，吹熄了燈，躺著。

註877 用「穿透力」和「洞察力」來評論曹操的詩，見於葉秀山《美的哲學》，第204頁，人民出版社，1991。

她一面哭，一面想：想那時候，自己紡著棉紗，寶兒坐在身邊吃茴香豆，瞪著一雙小黑眼睛想了一刻，便說，「媽！爹賣餛飩，我大了也賣餛飩，賣許多許多錢，——我都給你。」那時候，真是連紡出的棉紗，也彷彿寸寸都有意思，寸寸都活著。……

前面用「太靜」、「太大」、「太空」寫出單四嫂子切身之痛，後面疊用兩個「寸寸」則在無限的傷心中寫出了人生的悲涼感。

〈明天〉的結束處是「以景結情」：

單四嫂子早睡著了，老拱們也走了，咸亨也關上門了。這時的魯鎮，便完全落在寂靜裡。只有那暗夜為想變成明天，卻仍在這寂靜裡奔波；另有幾條狗，也躲在暗地裡嗚嗚的叫。

不管單四嫂子心上如何空虛，時間的車輪依然「輾著人們的不幸與死亡前進」。一切歸於寂靜。這種深沉凝重的結尾給讀者心口壓上一個鉛塊。這就是沉鬱。[878]

杜甫的詩和魯迅的小說、散文，是沉鬱這種審美形態最典型的代表。它們的特點是：**一種哀怨鬱憤的情感體驗，極端深沉厚重，達到醇美的境界，同時瀰漫著一種人生、歷史的悲涼感和蒼茫感。如果不是有至深的仁心，如果不是對人生有至深的愛，如果對於人生和歷史沒有至深的體驗，是不可能達到這種境界的。**

三、飄逸的文化內涵

「飄逸」的文化內涵是道家的「遊」。

註878 傅庚生：《文學鑒賞論叢》，第104頁，陝西人民出版社，1981。

道家的「遊」有兩個內容：一是精神的自由超脫。《莊子》開篇即名「逍遙遊」，「乘天地之正，而御六氣之辯，以遊無窮」，「乘雲氣，御飛龍，而遊乎四海之外」。〈在宥〉篇又寫了「鴻蒙」對「遊」的議論：「浮游，不知所求；猖狂，不知所往。遊者鞅掌，以觀無妄。」[879] 這些話說明，「遊」就是人的精神從一切實用利害和邏輯因果關係的束縛中超脫出來。《莊子》書中用許多寓言、故事來說明這一點。「遊」的又一個內容是人與大自然的生命融為一體。「道」是宇宙的本體和生命，人達到體道的境界，就是「德」。所以《莊子》說「乘道德而浮游」，[880] 又說：「夫明白於天地之德者，此之謂大宗大本，與天和者也。所以均調天下，與人和者也。與人和者謂之人樂，與天和者謂之天樂」。[881]「遊」，就是追求「與天和」，也就是後來司空圖《二十四詩品》中說的「飲之太和」。

　　「遊」的這兩個內容是互相聯繫的。人要達到「遊」的精神境界，首先必須自由超脫，而這種自由超脫，又必須和「道」融渾為一，即和大自然的生命融為一體。

　　道家的「遊」的精神境界，表現為一種特殊的生活形態，就是「逸」。先秦就有「逸民」。莊子「以天下為沈濁」，「上與造物者遊，而下與外死生無終始者為友」，[882] 就是對於「逸」的生活態度的一個說明。莊子的精神就是超脫濁世的「逸」的精神。所以有學者

註879　《莊子·逍遙遊》。「鞅掌」，作不修飾解。「無妄」，即自然無為。

註880　《莊子·山木》。

註881　《莊子·天道》。

註882　《莊子·天下》。

說莊子的哲學就是「逸」的哲學。後世崇尚莊子哲學的人莫不追求「逸」的生活形態和精神境界。魏晉時代，莊學大興，所以人們都「嗤笑徇務之志，崇盛忘機之談」，就是要超脫世俗的事務，追求「逸」的人生（「清逸」、「超逸」、「高逸」、「飄逸」）。這種「逸」的生活態度和精神境界，滲透到審美活動中，就出現了「逸」的藝術。在唐代李白的身上，凝結成了一種體現道家「遊」的文化內涵的審美意象大風格，就是「飄逸」。

讀李白的詩，可以強烈地感受到一種自由超脫的精神。「大鵬一日同風起，扶搖直上九萬里。假令風歇時下來，猶能簸卻滄溟水。」[883]「長風破浪會有時，直掛雲帆濟滄海。」[884] 這都是掙脫一切束縛、自由超脫的意象世界，也就是莊子逍遙無羈的「遊」的境界。同時，人們從李白詩中又可以強烈地感受到一種與大自然生命融為一體的情趣。李白自己說：「吾將囊括大塊，浩然與溟同科。」[885] 他的詩，如「眾鳥高飛盡，孤雲獨去閒，相看兩不厭，只有敬亭山」；[886]「捫天摘匏瓜，恍惚不憶歸。舉手弄清淺，誤攀織女機」；[887]「西上太白峰，夕陽窮登攀。太白與我語，為我開天關。願乘冷風去，直出浮雲間。舉手可近月，前行若無山。一別武功去，何時更復還」；[888] 都是與大自然的生命融為一體的意象世界，也

註883 李白：〈上李邕〉。

註884 李白：〈行路難〉。

註885 李白：〈日出入行〉。

註886 李白：〈敬亭山獨坐〉。

註887 李白：〈游泰山〉。

註888 李白：〈登太白峰〉。

就是王羲之所說的「群籟雖參差，適我無非新」的境界。李白最有名的詩篇之一〈夢遊天姥吟留別〉，用豐富的想像力寫出了一個縹緲奇幻、色彩繽紛的夢幻的神仙世界，「我欲因之夢吳越，一夜飛度鏡湖月。湖月照我影。送我至剡溪。」「半壁見海日，空中聞天雞。千巖萬轉路不定，迷花倚石忽已暝。」「洞天石扉，訇然中開。青冥浩蕩不見底，日月照耀金銀台。霓為衣兮風為馬，雲之君兮紛紛而來下。虎鼓瑟兮鸞回車，仙之人兮列如麻。」**889** 這是一個自由的精神世界，又是一個人與大自然生命融為一體的世界，總之是一個體現道家的「遊」的文化內涵的意象世界。

四、飄逸的審美特點

「飄逸」作為一種審美形態，它給人一種特殊的美感，就是莊子所說的「天樂」的美感。

這種「天樂」的美感，莊子曾作了許多描繪。分析起來，大概有三個特點。

一是雄渾闊大、驚心動魄的美感。這種「闊大」，不是一般視覺空間的大，而是超越時空、無所不包的大，就是莊子說的「日月照而四時行，若晝夜之有經，雲行而雨施」**890** 的天地之大美。莊子在〈齊物論〉中描繪過這種「天籟」之美：「夫大塊噫氣，其名為風。是唯無作，作則萬竅怒號。而獨不聞之翏翏乎？山陵之畏佳，大木百圍之竅穴，似鼻，似口，似耳，似枅，似圈，似臼，似窪者，似汙者；激者，謞者，叱者，吸者，叫者，譹者，宎者，咬者。前者唱於而隨者

註889 李白：〈夢遊天姥吟留別〉。

註890 《莊子‧天道》。

唱喁。泠風而小和，飄風則大和，厲風濟則眾竅為虛。而獨不見之調
調之刁刁乎？」**891** 這是何等驚心動魄的交響樂！莊子在〈天運〉篇又
描繪了《咸池》之樂。宗白華說：莊子愛逍遙遊，「他要遊於無窮，
寓於無境。他的意境是廣漠無邊的大空間。在這大空間裡作逍遙遊是
空間和時間的合一。而能夠傳達這個境界的正是他所描寫的，在洞庭
之野所展開的咸池之樂」。**892** 莊子說，「咸池之樂」就是「天樂」：
「奏之以陰陽之和，燭之以日月之明」，「四時迭起，萬物循生」，
「其聲能短能長，能柔能剛；變化齊一，不主故常」，「其卒無尾，
其始無首」，「其聲揮綽，其名高明」。**893** 從莊子的這些描繪可以看
到，「天樂」乃是一種「充滿天地，苞裹六極」**894** 的雄渾闊大、驚
心動魄的交響樂。李白的「飄逸」使人感受到的就是這種雄渾闊大、
驚心動魄的交響樂的美感。借用司空圖《二十四詩品》中的一些話來
描繪，就是「荒荒油雲，寥寥長風」、「具備萬物，橫絕太空」、
「行神如空，行氣如虹。巫峽千尋，走雲連風」、「天風浪浪，海水
蒼蒼。真力彌滿，萬像在旁」、「前招三辰，後引鳳凰。曉策六鰲，
濯足扶桑」。李白在〈代壽山答孟少府移文書〉中自稱「逸人」。

註891 《莊子·齊物論》。「大塊」，大地。「畏佳」，高而不平。「枅」，柱上方孔。
「圈」，圓竅。「窪」，深竅。「汙」，淺竅。「激」，水湍激聲。「謞」，若箭去之
聲。「叱」，若嚎哭聲。「宎」，風吹到深谷的聲音。「泠風」，小風。「厲風」，大風。
「濟」，止。「之調調之刁刁」，「調調」為樹枝大動，「刁刁」為樹葉微動。「刁刁」一作
「刀刀」（參見陳鼓應《莊子今注今譯》）。

註892 宗白華：〈中國古代的音樂寓言與音樂思想〉，見《藝境》，第314頁，北京大學出版
社，1987。

註893 《莊子·天運》。「揮綽」，悠揚越發。「名」，節奏。

註894 《莊子·天運》。

「逸」在何處？就是「將欲倚劍天外，掛弓扶桑，浮四海，橫八荒，出宇宙之寥廓，登雲天之渺茫」。[895] 這樣的「逸人」，才能奏出像〈蜀道難〉和〈夢遊天姥吟留別〉這樣雄渾闊大的交響樂，不僅有宏大的空間，宏偉的氣勢，排山倒海，一瀉千里，而且神幻瑰麗，天地間一切奇險、荒怪的情景無所不包，令人驚心動魄。如〈蜀道難〉：

噫吁嚱，危乎高哉！蜀道之難，難於上青天！蠶叢及魚鳧，開國何茫然。爾來四萬八千歲，不與秦塞通人煙。西當太白有鳥道，可以橫絕峨眉巔。地崩山摧壯士死，然後天梯石棧相鉤連。上有六龍回日之高標，下有衝波逆折之迴川。黃鶴之飛尚不得，猿猱欲度愁攀援。青泥何盤盤，百步九折縈巖巒。捫參歷井仰脅息，以手撫膺坐長嘆。問君西遊何時還？畏途巉岩不可攀。但見悲鳥號古木，雄飛雌從繞林間。又聞子規啼夜月，愁空山。蜀道之難，難於上青天，使人聽此凋朱顏！連峰去天不盈尺，枯松倒掛倚絕壁。飛湍瀑流爭喧豗，砯崖轉石萬壑雷。其險也如此，嗟爾遠道之人，胡為乎來哉！劍閣崢嶸而崔嵬，一夫當關，萬夫莫開。所守或匪親，化為狼與豺。朝避猛虎，夕避長蛇，磨牙吮血，殺人如麻。錦城雖云樂，不如早還家。蜀道之難，難於上青天，側身西望長咨嗟！

這是一曲雄渾壯闊的交響樂。沒有神幻瑰麗、奇險荒怪的情景，就不能構成這樣驚心動魄的交響樂。所以張碧說李白：「天與俱高，青且無際，鯤觸巨海，瀾濤怒翻。」[896] 杜甫說李白：「筆落驚風雨，詩成泣鬼神。」[897]

註895 李白：〈代壽山答孟少府移文書〉。

註896 見《唐詩紀事》。

註897 杜甫：〈寄李十二白二十韻〉。

二是意氣風發的美感。莊子的「遊」，是不受任何束縛的。所以「天樂」的美感，又是一種意氣風發、放達不羈、逸興飛揚的美感。這在李白身上表現得也是最明顯。李白有詩：「蓬萊文章建安骨，中間小謝又清發。俱懷逸興壯思飛，欲上青天攬明月。」[898] 這就是飄逸。「別君去兮何時還，且放白鹿青崖間，須行即騎訪名山。安能摧眉折腰事權貴，使我不得開心顏。」[899] 這也是飄逸。最典型的是〈將進酒〉：

君不見黃河之水天上來，奔流到海不復回！君不見高堂明鏡悲白髮，朝如青絲暮成雪！人生得意須盡歡，莫使金樽空對月。天生我材必有用，千金散盡還復來。烹羊宰牛且為樂，會須一飲三百杯。岑夫子，丹丘生，將進酒，君莫停。與君歌一曲，請君為我傾耳聽。鐘鼓饌玉不足貴，但願長醉不復醒。古來聖賢皆寂寞，惟有飲者留其名。陳王昔時宴平樂，斗酒十千恣歡謔。主人何為言少錢，徑須沽取對君酌。五花馬，千金裘，呼兒將出換美酒，與爾同銷萬古愁。[900]

這首詩給人的就是意氣風發、放達不羈、逸興飛揚的美感。所以殷璠稱李白為「縱逸」。

三是清新自然的美感。莊子的「遊」是「天地與我並生，而萬物與我為一」[901] 的境界，也就是人與大自然融而為一的境界，這種境界，也就是莊子所說的「物化」的境界。所以莊子崇尚自然、素樸，

註898　李白：〈宣州謝朓樓餞別校書叔雲〉。

註899　殷璠（ㄈㄢˊ）：《河岳英靈集》。

註900　同上。

註901　《莊子‧齊物論》。

所謂「素樸而天下莫能與之爭美」。[902]「天樂」的美感，是天真素樸、清新自然的美感。李白的「飄逸」，就是這種美感。李白說：「清水出芙蓉，天然去雕飾。」[903] 又說：「聖代復元古，垂衣貴清真。」[904] 又說：「右軍本清真，瀟灑出風塵。」[905] 又說：「一曲斐然子，雕蟲喪天真。」[906] 李白的詩天真素樸、清新自然，沒有絲毫的雕琢。這在李白寫的絕句和樂府詩中表現得最突出。如：「床前明月光，疑是地上霜。舉頭望明月，低頭思故鄉。」[907]「玉階生白露，夜久侵羅襪。卻下水晶簾，玲瓏望秋月。」[908] 這些詩都給人清水出芙蓉的美感。所以任華稱李白為「俊逸」。[909] 杜甫說：「白也詩無敵，飄然思不群。清新庾開府，俊逸鮑參軍。」[910]

這是「飄逸」這種審美形態的一個重要特點。

在唐代，「飄逸」作為一種審美形態，不僅存在於詩歌領域，而且存在於書法、繪畫等領域。當然，在不同的藝術領域，「飄逸」的審美特點會有某些差異。

註902　《莊子・天道》。

註903　李白：〈經亂離後天恩流夜郎憶舊遊書懷贈江夏韋太守良宰〉。

註904　李白：〈古風五十九首〉之一。

註905　李白：〈王右軍〉。

註906　李白：〈古風五十九首〉之三十五。

註907　李白：〈靜夜思〉。

註908　李白：〈玉階怨〉。

註909　任華：〈雜言寄李白〉。

註910　杜甫：〈春日憶李白〉。

在書法領域，張旭的草書可以納入「飄逸」的範疇。張旭是草聖，放達不羈，被稱為「張顛」。杜甫描繪他：「張旭三杯草聖傳，脫帽露頂王公前，揮毫落紙如雲煙。」[911] 李頎描繪他：「張公性嗜酒，豁達無所營。」「左手持蟹螯，右手執丹經。瞪目視霄漢，不知醉與醒。」「露頂據胡床，長叫三五聲。興來灑素壁，揮筆如流星。」[912] 皎然描繪他：「閬風遊雲千萬朵，驚龍蹴踏飛欲墮。更睹鄧林花落朝，狂風亂攪何飄飄。有時凝然筆空握，情在寥天獨飛鶴。有時取勢氣更高，憶得春江千里濤。」[913] 這些詩都著重描繪了張旭狂放不羈的性格以及張旭草書的意氣風發、驚風飄日之美。

在繪畫領域，最體現「飄逸」品格的大概要數敦煌莫高窟的飛天。「初、盛唐的飛天，是青春和健美的化身。她們面容飽滿而氣度灑脫，形貌麗而氣勢流走，婉轉的舞姿純熟優美，讓人彷彿覺得他們輕柔健康的軀體內奔流著血液的潛流，一舉一動都顯得那麼充滿活力，風度不凡。」「無論是張臂俯臥作平衡的迴旋，還是隨著氣流任意飄蕩；是雙手胸前合十，還是側體婆娑起舞；是冉冉升空，還是徐徐降落，都那麼婀娜多姿。加上眾多的飄帶隨著風勢翻捲飛揚，宛如無數被拽動著的彩虹映在藍天，從而把飛天最為動人的一瞬間恰到好處地表現出來。」[914] 飛天的意象世界，充分顯示了「飄逸」的一個側面，即清水出芙蓉、風流瀟灑之美。

註911 杜甫：〈飲中八仙歌〉。

註912 李頎：〈贈張旭〉。

註913 皎然：〈張伯高草書歌〉。

註914 杜道明：《盛世風韻》，第 99 頁，河南人民出版社，2000。

本章提要

　　沉鬱的文化內涵是儒家的「仁」，也就是對人世滄桑深刻的體驗和對人生疾苦的深厚的同情。最典型的代表是杜甫。在杜甫的全部作品之中，滲透著儒家的「仁」，即一種普遍的人類同情、人間關愛之情，一種人類之愛。這就是沉鬱。中國現代偉大作家魯迅的風格也是沉鬱。

　　沉鬱的審美特徵主要有兩點，一是帶有哀怨鬱憤的情感體驗，極端深沉厚重，達到醇美的境界，二是瀰漫著一種人生、歷史的悲涼感和蒼茫感。

　　飄逸的文化內涵是道家的「遊」，也就是精神的自由超脫，以及人與大自然的生命融為一體。最典型的代表是李白。李白的全部作品都體現了道家的「遊」的精神，即呈現一個自由的精神世界，同時又是一個人與大自然生命融為一體的世界。

　　飄逸的美感有三個特點：一是雄渾闊大、驚心動魄的美感，二是意氣風發的美感，三是清新自然的美感。

第十三章 空靈

　　這一章我們討論作爲審美形態的「空靈」。

一、空靈的文化內涵

　　我們前面說的「沉鬱」，蘊涵的是儒家的「仁」的文化內涵；「飄逸」，蘊涵的是道家的「遊」的文化內涵；現在說的「空靈」，蘊涵的是禪宗的「悟」的文化內涵。

　　禪宗講「悟」或「妙悟」。禪宗的「悟」，並不是領悟一般的知識，而是對於宇宙本體的體驗、領悟。所以是種形而上的「悟」。[915] 但是，禪宗這種形而上的「悟」並不脫離、摒棄生活世界。禪宗主張在普通的、日常的、富有生命的感性現象中，特別是在大自然的景像中，去領悟那永恆的空寂的本體。這就是禪宗的悟。一旦有了這種領悟和體驗，就會得到一種喜悅。這種禪悟和禪悅，形成一種特殊的審美形態，就是空靈。

註915　「悟」，本來是覺醒的意思。《説文解字》：「悟，覺也，從心，吾聲。」《玉篇》：「悟，覺悟也。」佛教傳入中國後，「悟」成了一個佛教的術語，被賦予了新的含義。據季羨林介紹，在梵文和巴利文中有三個動詞與漢文中「悟」字相當，其中最重要的一個動詞，意思是「醒」、「覺」、「悟」，另外兩個動詞的意思是「知道」。佛祖的漢語「佛陀」，在梵文和巴利文中的意思就是「已經覺悟了的人」、「覺者」、「悟者」。可見這個「悟」字的重要性。在佛教中，「悟」有兩個層次，小乘佛教要悟到的是「無我」，這是低層次的悟；大乘佛教要悟到的是「空」，這是高層次的悟。無論是小乘或大乘，無論悟到的是「無我」或「空」，這悟到的東西都是根本性的東西，是宇宙的本體，也就是中國人講的「道」。必須悟到這形而上的本體，才叫「悟」或「妙悟」。所以，嚴格意義上的「悟」或「妙悟」是以形而上的本體為對象的。（參看季羨林〈《中國禪宗叢書》代序〉，載黃河濤《禪與中國藝術精神的嬗變》，商務印書館，1994。）

《五燈會元》記載了天柱崇惠禪師和門徒的對話。門徒問：「如何是禪人當下境界？」禪師回答：「萬古長空，一朝風月。」這是很有名的兩句話。「萬古長空」，象徵著天地的悠悠和萬化的靜寂，這是本體的靜，本體的空。「一朝風月」，則顯出宇宙的生機，大化的流行，這是現實世界的動。禪宗就是要人們從宇宙的生機去悟那本體的靜，從現實世界的「有」去悟那本體的「空」。所以禪宗並不主張拋棄現世生活，並不否定宇宙的生機。因為只有通過「一朝風月」，才能悟到「萬古長空」。反過來，領悟到「萬古長空」，才能真正珍惜和享受「一朝風月」的美。這就是禪宗的超越，不離此岸，又超越此岸。這種超越，形成了一種詩意，形成了一種特殊的審美形態，就是「空靈」。「空」是空寂的本體，「靈」是活躍的生命。宗白華說：「禪是動中的極靜，也是靜中的極動，寂而常照，照而常寂，動靜不二，直探生命的本原。」**916**

　　我們可以舉兩個例子。

　　《五燈會元》載秀州德誠禪師的偈語：

千尺絲綸直下垂，一波才動萬波隨。
夜靜水寒魚不食，滿船空載月明歸。

　　這四句偈語是一首詩。寂靜、寒冷的夜晚，千尺釣絲，在水面上蕩起波紋，向四面散開。這是動，但傳達出的則是永恆的靜。「滿船空載月明歸」，一片光明，照亮永恆的空寂的世界。這就是「空靈」，用宗白華的話說，「寂而常照，照而常寂，動靜不二，直探生命的本原」。

註916 宗白華：《藝境》，第156頁，北京大學出版社，1987。

日本 17 世紀的大詩人松尾芭蕉（Matuo Basyou；羅馬拼音Matuwo Baseu, 1644～1694）一首有名的俳句：

古池塘，
青蛙跳入波蕩響

朱良志解讀說：「詩人筆下的池子，是亙古如斯的靜靜古池，青蛙的一躍，打破了千年的寧靜。這一躍，就是一個頓悟，一個此在此頃的頓悟。在短暫的片刻，撕破世俗的時間之網，進入絕對的無時間的永恆中。這一躍中的驚悟，是活潑的，在漣漪的蕩漾中，將現在的鮮活揉入到過去的幽深中去了。那佈滿青苔的古池，就是萬古之長空，那清新的蛙躍聲，就是一朝之風月。」[917] 這就是「禪意」、「禪境」，而這也就是「空靈」。

從以上兩個例子可以看出，禪宗的「悟」就是一種瞬間永恆的形而上的體驗。瞬間就是當下，就是「一朝風月」的活潑的生命。而「悟」就是從這「一朝風月」中體驗「萬古長空」的永恆。「一朝風月」是當下，「一朝風月」又是永恆。當下和永恆融為一體，「一朝風月」和「萬古長空」融為一體。

這種「空靈」的審美形態，在王維的詩中得到了最充分的體現。殷璠說，王維的詩：「在泉為珠，著壁成繪，一句一字，[918] 皆出常境。」出於常境，是一種什麼境呢？就是禪境，就是清代王漁洋說的「字字入禪」。王維的詩極富禪味。讀過《紅樓夢》的人都記得《紅

註917　朱良志：《中國美學十五講》，第196～197頁，北京大學出版社，2006。

註918　殷璠：《河岳英靈集》。

樓夢》裡有一段林黛玉指導香菱學詩的故事。林黛玉要香菱去讀四個人的詩，一個是陶淵明，另三個是唐代詩人：李白、杜甫、王維。這四個人代表了三種性格：杜甫代表了儒家的性格，陶淵明、李白代表了道家的性格，而王維則代表了禪宗的性格。下面我們看王維的幾首詩，這些詩都非常有名。

第一首〈鹿柴〉：

空山不見人，但聞人語響。
返景入深林，復照青苔上。

這一首寫的是空山密林中傍晚時分的瞬間感受。「空山不見人」，這是「空」。這時傳來了人聲。有人聲而不見人，似有還無，更顯出「空」。只有落日餘暉，照在苔蘚之上。但這個景色也是暫時的，它將消失在永恆的空寂之中。詩人從「色」悟到了「空」，從「有」悟到了「無」。

第二首〈辛夷塢〉：

木末芙蓉花，山中發紅萼。
澗戶寂無人，紛紛開且落。

這一首寫一個無人的境界。在空寂的山中，只有猩紅色的木蘭花在自開自落。木蘭花是「色」，是「有」，而整個世界是「空」，是「無」。

第三首〈鳥鳴澗〉：

人閒桂花落，夜靜春山空。
月出驚山鳥，時鳴山澗中。

這一首也是寫一個靜夜山空的境界。桂花飄落，著地無聲。這個世界實在太靜了，月亮出來，竟然使山中的鳥兒受驚，發出鳴叫聲。鳥的叫聲，更顯得這廣大的夜空有一種無邊的空寂。這真是從「一朝風月」體驗到了「萬古長空」。

第四首〈竹里館〉：

獨坐幽篁裡，彈琴復長嘯。
深林人不知，明月來相照。

這一首是寫寂寞之境。一個人孤獨地坐在竹林裡，四周空無一人。琴聲和長嘯是生命的活動，但是回答只有天上的明月。內心的孤獨引向宇宙的空寂。

第五首〈木蘭柴〉：

秋山斂餘照，飛鳥逐前侶。
彩翠時分明，夕嵐無處所。

這一首是寫黃昏的景象。飛鳥在夕陽的餘暉中互相追逐，色彩艷麗的秋葉在剎那間分外鮮麗，轉眼就模糊了。山間的霧氣也隨生隨滅。這是一個彩色的有生命的世界，但它指向空寂。

王維的這幾首詩，都呈現出一個色彩明麗而又幽深清遠的意象世界，而在這個意象世界中，又傳達了詩人對於無限和永恆的本體的體驗。這是「寂而常照，照而常寂」，這就是「空靈」。

很多學者都指出，王維特別喜歡創造介乎「色空有無之際」[919]的意象世界，留下了許多佳句。如：「白雲回望合，青靄入看無。」[920]這是「有」變成「無」，似「有」實「無」。「山路元無雨，空翠濕人衣。」[921]

這是「無」變成「有」，而「有」仍然歸為「空」、「無」。「江流天地外，山色有無中。」**922** 這是「色」在「有」、「無」之中。這些詩句都寫出若「有」若「無」、空一片的意象世界。這就是「空靈」。

在唐代詩人中，創造「空靈」的意象世界的不僅是王維。常建、韋應物、柳宗元等人的一些為人傳誦的詩句也屬於「空靈」的範疇。

如常建的〈題破山寺後禪院〉：

清晨入古寺，初日照高林。
曲徑通幽處，禪房花木深。
山光悅鳥性，潭影空人心。
萬籟此俱寂，但聞鐘磬音。

在初日映照之下，古寺、曲徑、花木、山光、飛鳥、深潭，還有時時傳來的鐘磬聲，一切都那麼清淨、明媚，生機盎然，同時又是那麼靜謐、幽深，最後心與境都歸於空寂。這是一個在瞬間感受永恆的美的世界。

宋代詩人中最有空靈意趣的是蘇軾。蘇軾說：「欲令詩語妙，無厭空且靜。靜故了群動，空故納萬境。」**923** 蘇軾喜歡創造「空」、「靜」的意象。他的「空」、「靜」並非一無所有，而是在「空」、

註919 「色空有無之際」一語引自王維〈薦福寺光師房花藥詩序〉（《王右丞集》卷十九）。

註920 王維：〈終南山〉。

註921 王維：〈山中〉。

註922 王維：〈漢江臨眺〉。

註923 蘇軾：〈送參寥師〉。

「靜」之中包納萬境，是一個充滿生命的豐富多彩的美麗的世界。我們看蘇軾的〈記承天寺夜遊〉：

> 元豐六年十月十二日夜，解衣欲睡，月色入戶，欣然起行。念無與樂者，遂至承天寺尋張懷明。亦未寢，相與步行於中庭。庭下如積水空明，水中藻荇交橫，蓋竹柏影也。何夜無月，何處無竹柏，但少閒人如吾二人耳。[924]

這是一個清幽靜謐、空靈澄澈的意象世界。詩人在一片空靜的氛圍中，體驗人生的意趣。[925]

在宋元畫家的作品中也常有「空靈」的意象世界。很多畫家喜歡畫「瀟湘八景」（山市晴嵐、遠浦歸帆、平沙落雁、瀟湘夜雨、煙寺晚鐘、漁村夕照、江天暮雪、洞庭秋月），其中很多是「空靈」的作品。元四家特別是倪雲林的山水畫，可以說是「空靈」在繪畫領域的典型。

二、空靈的靜趣

「空靈」作為審美形態，它最大的特點是靜。「空靈」是靜之美，或者說，是一種「靜趣」。前面引過宗白華的話，「禪是動中的極靜，也是靜中的極動」，「動靜不二，直探生命的本源」。在這種

註924　《東坡志林》，《蘇軾文集》卷二十七。

註925　西方一些哲學家、科學家面對宇宙的空寂感到驚駭和惶惑。哲學家巴斯卡說：「無限空間中的永恆靜寂把我嚇壞了。」美國物理學家阿·熱說：「宇宙在我們眼裡的形象就是一種各處點綴著一些星系和巨大寬闊的空無。……我們怎麼在量上測量這一令人驚駭和幾乎不令人相信的空無呢？宇宙是多麼空寂呢？」（阿·熱：《可怕的對稱——現代物理學中美的探索》，第257頁，湖南科學技術出版社，1999。）

動與靜的融合中，本體是靜。

「空靈」的靜，並不是沒有生命活動，而是因為它擺脫了俗世的紛擾和喧囂，所以「靜」。「空靈」的「靜」中有色彩，有生命，但這是一個無邊的空寂世界中的色彩和生命，而且正是這種色彩和生命更顯出世界的本體的靜。

「空靈」的詩，往往是一個無人的境界。如韋應物的〈滁州西澗〉：

獨憐幽草澗邊生，上有黃鸝深樹鳴。
春潮帶雨晚來急，野渡無人舟自橫。

這是一個幽草黃鸝、色彩繽紛的世界，是一個無人的境界。又如李華的〈春行寄興〉：

宜陽城下草萋萋，澗水東流復向西。
芳樹無人花自落，春山一路鳥空啼。

這是一個春山啼鳥、水流花落的世界，也是一個無人的境界。

有的「空靈」的詩中也有人，但這個人是一種行無所事、任運自然、「無心」、「無念」的人。如柳宗元〈題寒江釣雪圖〉：

千山鳥飛絕，萬徑人蹤滅。
孤舟蓑笠翁，獨釣寒江雪。

在冰天雪地的世界中，沒有鳥飛，沒有人來人往，但是有一隻孤舟，有一個老翁在那兒垂釣。從表面看，有人的活動，但他是行無所

馬遠　《寒江獨釣圖》

事，他擺脫了俗世的喧囂煩雜。南宗畫家馬遠的《寒江垂釣圖》畫的
就是類似的意象世界。再如唐代僧人靈一的〈溪行紀事〉：

> 近夜山更碧，入林溪轉清。
> 不知伏牛路，潭洞何縱橫。
> 曲岸煙已合，平湖月未生。
> 孤舟屢失道，但聽秋泉聲。

溪清山碧，暮煙空，泉聲噪耳，一片空寂。這裡也有人的活動，
但任運自然，任意東西，所以「孤舟屢失道，但聽秋泉聲」。

靜，所以清。水靜則清，山靜則清，神靜則清。清就是透明、澄
澈。所以人們常把「空靈」和「澄澈」聯在一起。前面引過的王維的

詩，「人閒桂花落，夜靜春山空」，「深林人不知，明月來相照」，就是空靈澄澈的世界。蘇軾的〈記承天寺夜遊〉，也是一個空靈澄澈的世界。又如宋代詞人張孝祥的〈念奴嬌〉：

洞庭青草，近中秋，更無一點風色。玉界瓊田三萬頃，著我扁舟一葉。素月分輝，銀河共影，表裡俱澄澈。怡然心會，妙處難與君說。應念嶺海經年，孤光自照，肝膽皆冰雪。短髮蕭騷襟袖冷，穩泛滄浪空闊。盡挹西江，細斟北斗，萬象為賓客。扣舷獨嘯，不知今夕何夕。

這是一個靜謐的世界，也是一個空靈澄澈的世界。再如詩僧靜安的〈寒江釣雪圖〉：

垂釣板橋東，雪壓蓑衣冷。
江寒水不流，魚嚼梅花影。

冰天雪地，一片靜謐。但是梅花開放了，魚兒在花影周圍游動。「魚嚼梅花影」，這是一個如幻如真的世界，是一個空靈澄澈的世界。

靜，又所以幽。靜極則幽，幽則深，幽則遠。幽使整個世界帶上冷色調，幽又使整個世界帶上某種神秘的色彩。我們前面引過的王維的詩，「木末芙蓉花，山中發紅萼。澗戶寂無人，紛紛開且落」，就是幽靜的世界。還有常建的詩，「清晨入古寺，初日照高林。曲徑通幽處，禪房花木深」，也是幽靜的世界。

「空靈」的這種靜謐的意象世界，這種幽深清遠的意象世界，體現了「禪宗」的人生哲學和生活情趣。禪宗主張在現實生活中隨時隨地得到超脫。所以禪宗強調「平常心是道」。「平常心」就是「無念」、「無心」。「無念」、「無心」不是心中一切念頭都沒有，而是不執著於念，

盛懋　《秋江待渡圖》

也就是不為外物所累，保持人的清靜心。一個人一旦開悟，他就會明白最自然、最平常的生活，就是最正常的生活，就是佛性的顯現。有人問大珠慧海禪師：「和尚修道，還用功否？」回答說：「用功。」問：「如何用功？」答：「飢來吃飯，困來即眠。」那麼這和平常人有何不同呢？回答說：「不同。」問：「何故不同？」回答說：「他吃飯時不肯吃飯，百種須索；睡時不肯睡，千般計較。所以不同也。」**926** 一個人悟道之後，還是照樣吃飯睡覺，但是毫不執著沾滯。這叫任運自然。禪宗這種思想，在古代一部分知識分子中演化成了一種人生哲學，一種生活態度和生活情趣。他們擺脫了禁慾苦行的艱難和沈重，他們也擺脫了向外尋覓的焦灼和惶惑，而是在對生活世界的當下體驗中，靜觀花開花落、

大化流行，得到一種平靜、恬淡的愉悅。

我們可以舉王維的一首詩來說明這個道理。這首詩的題目是〈終南別業〉：

中歲頗好道，晚家南山陲。
興來每獨往，勝事空自知。
行到水窮處，坐看雲起時。
偶然值林叟，談笑無還期。

這首詩用自在安閒的筆調表達作者遊覽山水時隨意而行的心情，以及他與大自然、與他人的親切交流。「行到水窮處」，一般人可能很掃興，而王維則並不介意，任運自然。天上有云，就坐下來看雲。我們可以把王維的這種態度和魏晉時期的阮籍作一比較。王維說他自己「興來每獨往」，阮籍也常常「率意獨駕，不由徑路」，也是自由自在的樣子。但是「車轍所窮，輒慟哭而返」——阮籍寄情山水，但他並未擺脫世事的牽掛，他沒有做到「無念」，一遇行路不通，便觸發他「世路維艱」的感慨，不由慟哭而返。王維則不同。他行到水窮處，並不慟哭，因為水有盡頭，這是一種很自然的事，正好天上有云來了，他就坐下來看雲。這就是心中無所滯礙，一任自然。坐久了，該回家就起身回家。偶爾碰到林中老漢，談得興起，什麼時候回家就說不定了。這從禪宗的角度看，就是「無念」，「行無所事」，隨緣任運，聽其自然。阮籍內心充滿了出世與入世的矛盾，所以他很痛

註926 普濟：《五燈會元》上冊，第157頁，中華書局，1984。

苦，而在王維的內心，出世與入世是和諧的，所以他的內心有一種解脫感和自由感，寧靜，安詳。正如百丈懷海的一首詩：「放出溈山水牯牛，無人堅執鼻繩頭。綠楊芳草春風岸，高臥橫眠得自由。」這就是一種人生哲學，一種生活態度和生活情趣。所以蘇軾說：「但胸中廓然無一物，即天壤之內，山川草木蟲魚之類，皆是供吾家樂事也。」**927** 又說：「此心安處是吾鄉。」**928** 正是這種人生哲學、生活態度，形成了「空靈」的靜趣。

「空靈」的這種靜趣，是「沉鬱」、「飄逸」等審美形態所不具有的。

三、空靈的美感是一種形而上的愉悅

「空靈」這種幽靜、空寂的意象世界，為什麼能給人一種詩意的感受，為什麼能給人一種審美的愉悅？

這就是我們前面提到的，「空靈」體現了禪宗的一種人生智慧。人的生命都是有限的，而宇宙是無限的。人想要追求無限和永恆，但那是不可能實現的。所以引來了古今多少悲嘆。「青青陵上柏，磊磊澗中石。人生天地間，忽如遠行客。」「四顧何茫茫，東風搖百草。所遇無故物，焉得不速老？」「浩浩陰陽移，年命如朝露。人生忽如寄，壽無金石固。」**929** 這是人生的憂傷。**禪宗啟示人們一種新的覺悟，就是超越有限和無限、瞬間和永恆的對立，把永恆引到當下、瞬間，要人們從當下、瞬間去體驗永恆。**所以「空靈」的意象世界都有

註927　蘇軾：〈與子明〉。

註928　蘇軾：〈定風波〉。

註929　《古詩十九首》之三，之十一，之十三。

一個無限清幽空寂的空間氛圍。這個清幽空寂的氛圍不是使人悲觀、絕望、厭世，而是要人們關注當下，珍惜瞬間，在當下、瞬間體驗永恆，因為當下、瞬間就是永恆。「空靈」的那種清幽空寂的氛圍就是提醒人們要從永恆的本體來觀照當下。

蘇軾的〈前赤壁賦〉裡有兩句話就體現了禪宗的這種思想。

蘇軾和他的朋友在月明之夜，泛舟於赤壁之下。「白露橫江，水光接天。縱一葦之所如，凌萬頃之茫然。」他的朋友吹起洞簫，「其聲嗚嗚然，如怨如慕，如泣如訴」。這位朋友想起當年曹操破荊州，下江陵，舳艫千里，旌旗蔽空，釃酒臨江，橫槊賦詩，真是一世之雄，但是今天曹操又在哪裡呢？所以他悲嘆人生的短暫和有限：「寄蜉蝣於天地，渺滄海之一粟。哀吾生之須臾，羨長江之無窮。」蘇軾勸他不必這樣，對他說：「蓋將自其變者而觀之，則天地曾不能以一瞬；自其不變者而觀之，則物與我皆無盡也。而又何羨乎？」蘇軾這兩句話說的就是禪宗的思想，這「變者」就是「色」，這不變者就是「空」了。蘇軾的意思是：色即是空，瞬間即是永恆，你又何必悲嘆呢！

明代大戲劇家湯顯祖有一句詩：「春到空門也著花。」佛教主張一切皆「空」。但是到了春天，佛寺門前依舊開了漫山遍野的花，怎麼「空」得了呢？在湯顯祖看來，「色」是真實的，他用「色」否定了「空」。這也是我們一般普通人的觀念。印度佛教的觀念正相反，它是用「空」否定「色」，所以要「出世」。而禪宗並不否定「色」，它是由「色」悟「空」，「色」即是「空」，「空」即是「色」。很多禪師的確是這樣開悟的。他們聽到一聲鶯叫，聽到一聲蛙叫，或者看到桃花開了，而悟到了那永恆的本體。所以禪宗由佛教的「出世」回過頭來又主張「入世」，他們追求「入世」與「出世」的和諧。蘇軾說：「空故納萬境。」正是當下這

個充滿了生命的豐富多彩的美麗的世界，體現了「萬古長空」，體現永恆的本體。所以蘇軾最後對他的朋友說：「唯江上之清風，與山間之明月，耳得之而為聲，目遇之而成色，取之無禁，用之不竭，是造物之無盡藏也，而吾與子之所共適。」就是說，珍惜和享受眼前的清風明月吧，這就是永恆。

這就是禪宗的人生智慧。這種人生智慧使人們以一種平靜、恬淡的心態，享受眼前的花開花落之美，從中體驗到宇宙的永恆，並從而得到一種形而上的愉悅。

現在我們回到這一章的開頭。「空靈」的美感就是使人們在「萬古長空」的氛圍中欣賞、體驗眼前「一朝風月」之美。永恆就在當下。這時人們的心境不再是焦灼，也不再是憂傷，而是平靜、恬淡，有一種解脫感和自由感，「行到水窮處，坐看雲起時」，了悟生命的意義，獲得一種形而上的愉悅。

本章提要

「空靈」的文化內涵是禪宗的「悟」。禪宗的「悟」是一種瞬間永恆的形而上的體驗，就是要從當下的富有生命的感性世界，去領悟那永恆的空寂的本體。最典型的代表是王維。王維的很多詩都在色彩明麗而又幽深清遠的意象世界中，傳達出詩人對於無限和永恆的本體的體驗。

「空靈」作為審美形態的最大特色是靜，「空靈」是一種「靜趣」。它體現了「禪宗」的生活態度和生活情趣，就是在對生活世界的當下體驗中，靜觀花開花落、大化流行，得到一種自由感和解脫感，得到一種平靜、恬淡的愉悅。

「空靈」的美感在於使人超越有限和無限、瞬間和永恆的對立，把永恆引到當下、瞬間，以一種平靜、恬淡的心態，從當下這個充滿生命的豐富多彩的美麗的世界，體驗宇宙的永恆。所以「空靈」的美感是一種形而上的愉悅。

【第四編】

審美 人生

第十四章　美育

　　在本書的最後兩章中，我們討論審美與人生的關係，也就是回答「人為什麼需要審美活動」的問題。這個問題和「什麼是審美活動」的問題是美學的兩個最核心的問題。我們從兩個層面來討論這個問題，這一章是從審美教育的層面來討論審美與人生的關係問題，說明審美活動對於人的精神自由和人性的完滿是絕對必需的。下一章則是從人生境界的層面來討論審美與人生的關係問題。

一、美育的人文內涵

　　無論在西方還是在中國，美育都很早就受到人們的高度重視。在西方，古希臘的畢達哥拉斯學派和柏拉圖、亞里士多德都十分重視美育。到了 18 世紀末，席勒第一次明確提出了「美育」的概念。他的《審美教育書簡》是西方美學史上討論美育的一本最重要的著作。在中國，孔子是最早提倡美育的思想家。到了 20 世紀初，蔡元培在北京大學和全國范圍內大力提倡美育，產生了巨大的影響。

　　對於美育的性質，學者們有不同的看法。主要有以下幾種看法：（1）美育是情感教育；（2）美育是趣味教育；（3）美育是感性教育；（4）美育是藝術教育；（5）美育是美學理論和美學知識的教育；（6）美育是德育的一部分。

　　在這些看法中，第六種看法在理論上是不正確的，我們在後面將會討論這個問題。其他五種看法都有一定的合理性，但都沒有抓住根本。

　　照我們的看法，**美育屬於人文教育，它的目標是發展完滿的人性。**

在這個問題上，席勒的《審美教育書簡》（*Über die ästhetische Erziehung des Menschen；On the Aesthetic Education of Man*）一書在歷史上的影響最大。

　　席勒的《審美教育書簡》是1793—1794年寫給丹麥親王克里斯蒂安公爵（Friedrich Christian Von Schleswig-Holstein-Augustenburg）的信。席勒在這部著作中提出許多重要的命題，至今依然能給我們許多理論上的啟發。

　　席勒認為，在每個人身上都具有兩種自然要求或衝動，一種是「感性衝動」，一種是「形式衝動」，又叫「理性衝動」。「感性衝動」要求使理性形式獲得感性內容，使人成為一種物質存在；「理性衝動」要求使感性內容獲得理性形式，要求使千變萬化的現象見出和諧和法則。人身上的這兩個方面、兩種衝動，在經驗世界中常常是對立的，必須通過文化教養，才可能得到充分發展，並且使二者統一起來，這時，「人就會兼有最幸福的存在和最高度的獨立自由」。[930]

　　席勒認為，在古希臘時代，人的這兩個方面是統一的，「他們既有豐富的形式，同時又有豐富的內容，既善於哲學思考，又長於形象創造，既溫柔又剛毅，他們把想像的青春性和理性的成年性結合在一個完美的人性裡」。[931] 但在近代社會，嚴密的分工製和等級差別使得人身上的這兩個方面分裂開來了，「人性的內在聯繫也就被割裂開來了，一種致命的衝突就使得本來處在和諧狀態的人的各種力量互相矛盾了」。[932] 他說：

註930 席勒：《審美教育書簡》，第十三封信。這裡採用朱光潛《西方美學史》中的譯文。

註931 席勒：《審美教育書簡》，第 28 頁。北京大學出版社，1985。

註932 席勒：《審美教育書簡》，第六封信。這裡採用朱光潛《西方美學史》中的譯文。

〔近代社會〕是一種精巧的鐘錶機械，其中由無數眾多的但是都無生命的部分組成一種機械生活的整體。政治與宗教、法律與道德習俗都分裂開來了；欣賞和勞動脫節，手段與目的脫節，努力與報酬脫節。永遠束縛在整體中一個孤零零的斷片上，人也就把自己變成一個斷片了；耳朵裡所聽到的永遠是由他推動的機器輪盤的那種單調無味的嘈雜聲音，人就無法發展他的生存的和諧；他不是把人性印刻到他的自然上去，而是變成他的職業和專門知識的一種標誌。**933**

這樣，每個人身上的和諧被破壞了，整個社會的和諧也就被破壞了。席勒認為，這是近代社會面臨的一個重大危機。

為瞭解決這一社會危機，席勒提出他的方案，就是要大力推行美育，使人從「感性的人」變成「審美的人」。

前面說過，席勒認為在人身上存在著兩種衝動：感性衝動與理性衝動。這兩種衝動都使人受到一種強迫（壓力）。感性衝動使人受到自然要求的壓力，理性衝動使人受到理性要求的壓力。在這兩種衝動面前，人都是不自由的。於是席勒又提出第三種衝動，即遊戲衝動。席勒認為，這第三種衝動即遊戲衝動可以消除這兩個方面的壓力，「使人在物質方面和精神方面都回復自由」。那麼什麼是遊戲衝動呢？照席勒的界定，遊戲衝動就是審美衝動。他說：**934**

用一個普遍的概念來說明，感性衝動的對象就是最廣義的生活；這個概念指全部物質存在以及凡是呈現於感官的東西。形式衝動的對象，也用

註933 席勒：《審美教育書簡》，第六封信。

註934 席勒：《審美教育書簡》，第十四封信。這裡採用朱光潛《西方美學史》中的譯文。

一個普通的概念來說明，就是同時用本義與引申義的形象；這個概念包括
事物的一切形式方面的性質以及它對人類各種思考功能的關係。遊戲衝動
的對象，還是用一個普遍的概念來說明，可以叫做活的形象；這個概念指
現象的一切審美的性質，總之，指最廣義的美。**935**

　　照席勒的這個說法，遊戲衝動的對象就是美（廣義的美），而美
就是「活的形象」。所以席勒又把遊戲衝動稱之為「**審美的創造形象
的衝動**」。這活的形象是生活與形象的統一，感性與理性的統一，物
質與精神的統一。席勒說的「活的形象」，其實就是我們所說的審美
意象。席勒認為，這種審美的創造形象的衝動，建立起一個歡樂的遊
戲和形象顯現的王國，「在這個王國里它使人類擺脫關係網的一切束
縛，把人從一切物質的和精神的強迫中解放出來」，**936** 從而**能對純粹
的形象顯現進行無所為而為的自由的欣賞**。

　　正因為這樣，所以只有遊戲衝動（審美衝動）才能實現人格的完
整、人性的完滿，只有遊戲衝動才能使人擺脫功利的、邏輯的「關係
網」的束縛而成為自由的人。

　　席勒說：

　　只有當人充分是人的時候，他才遊戲；只有當人遊戲的時候，他才完
全是人。**937**

註935 席勒：《審美教育書簡》，第十五封信。這裡採用朱光潛《西方美學史》中的譯文。

註936 席勒：《審美教育書簡》，第二十七封信。這裡採用朱光潛《西方美學史》中的譯文。

註937 席勒：《審美教育書簡》，第十五封信。這裡採用朱光潛《西方美學史》中的譯文。

對於席勒的這個有名的命題，我們也可以換一種說法，那就是：只有當人充分是人的時候，他才審美；只有當人審美的時候，他才完全是人。

席勒這個命題的內涵就是：**審美對於人的精神自由來說，審美對於人的人性的完滿來說，都是絕對必需的。沒有審美活動，人就不能實現精神的自由，人也不能獲得人性的完滿，人就不是真正意義上的人。**

以上就是席勒《審美教育書簡》的核心思想。[938]

席勒從人文教育的角度，從尋求人的精神自由和人性的完滿的角度來討論美和美育的問題，這對我們認識美育的性質有很大的啟示。

我們今天對美育的性質，可以比席勒有更進一步的認識和更全面的論述。

人不同於動物。**人不僅有物質的需求，而且有精神的需求。這是人性的完滿性。**不滿足人的精神需求，人性就不是完滿的，人就不是完滿意義即真正意義上的人。**精神的需求也是多方面的，其中一個重要方面就是人要真正感受到自己活在這個世界上是有意思的，有味道的。**這就是蔡元培說的人在保持生存之外還要「享受人生」。[939] 這個享受不是物

註938　席勒《審美教育書簡》中還有兩個觀點我們在這裡沒有介紹。一個觀點是人從「感性的人」變為「審美的人」之後，還要變為「理性的人」。也就是說，「審美的人」是一個中間狀態，人格培養的目標是「理性的人」。「感性的人」是自然狀態，只能承受自然的力量，「審美的人」是審美狀態，擺脫了自然的力量，「理性的人」是道德狀態，可以支配自然的力量。這個人的發展的三階段說在理論上是有問題的，我們在這裡暫不討論。還有一個觀點，是人可以通過審美自由達到社會政治的自由。這一觀點在理論上也是有問題的。審美自由是精神世界的自由，它與社會政治的自由是不同領域的概念。費希特曾就這一點批評過席勒。可參閱朱光潛《西方美學史》下卷，第108頁，人民文學出版社，1964。

註939　蔡元培：〈與時代畫報記者談話〉，見《蔡元培美學文選》，第215頁，北京大學出版社，1983。

質享受,而是精神享受,是精神的滿足,精神的愉悅。審美活動給予人的正是這種精神享受。由於審美活動的核心是審美意象(廣義的美,即席勒說的「活的形象」)的生成,所以審美活動可以使人擺脫實用功利的和理性邏輯的束縛,獲得一種精神的自由。審美活動又可以使人超越個體生命的有限存在和有限意義,獲得一種精神的解放。**這種自由和解放使人得到一種歡樂,一種享受,因為它使人回到萬物一體的精神家園,從而感到自己是一個真正的人。**這就是莊子說的「遊」,席勒說的「遊戲」。審美活動使人性的完滿得以實現,所以席勒說:「只有當人充分是人的時候,他才遊戲;只有當人遊戲的時候,他才完全是人。」審美教育就是引導人們去追求人性的完滿。這就是美育的最根本的性質。

我們經常說,美育是為了追求人的全面發展。這樣說當然是對的。但是這裡說的「全面發展」,不是知識論意義上的,不是指知識的全面發展。美育當然可以使人獲得更多的知識,特別是可以使人在科學的、技術的知識之外更多地獲得人文的、藝術的知識,但這不是美育的根本目的。**美育的根本目的是使人去追求人性的完滿,也就是學會體驗人生,使自己感受到一個有意味的、有情趣的人生,對人生產生無限的愛戀、無限的喜悅,從而使自己的精神境界得到昇華。**從這個意義上來理解「人的全面發展」,才符合美育的根本性質。

在這裡我們要引用一百年前(1907)魯迅說過的一段話:

顧猶有不可忽者,為當防社會入於偏,日趨而之一極,精神漸失,則破滅亦隨之。蓋使舉世惟知識之崇,人生必大歸於枯寂,如是既久,則美上之感情滴,明敏之思想失,所謂科學,亦同趣於無有矣。故人群所當希冀要求者,不惟牛頓已也,亦希詩人如莎士比亞;不惟波義耳,亦希畫師如拉斐爾;既有康德,亦必有樂人如貝多芬;既有達爾文,亦必有文人如卡萊爾。凡此

者，皆所以致人性於全，不使之偏倚，因以見今日之文明者也。**940**

　　魯迅在這段話中強調，人類社會需要審美活動，需要有莎士比亞、拉斐爾、貝多芬，這是為了「致人性於全，不使之偏倚」。他認為，如果沒有審美活動，人類社會陷入片面性，人的精神需求得不到滿足，人就不是完全意義上的人，「人生必大歸於枯寂」，人活得就沒有意思了。魯迅的話，對於美育的本質是一個很好的說明。

　　現在我們再回過頭來看我們在前面提到的對於美育的各種界定。

　　「美育是情感教育」。這種說法起源於康德的知、情、意三分說。審美活動當然與情感密切相關，但審美活動並不能歸結為情感活動。中國美學所講的「興」（美感），就不僅僅是指情感活動，而是指人的精神在整體上的感發。所以這種說法不全面。更重要的是，這種說法沒有揭示出美育的人文內涵。

　　「美育是趣味教育」。這種說法也不全面。我們在下一節將會講到，趣味教育是美育的一項內容，但不是全部內容。還有，和上面的說法一樣，這種說法也沒有揭示出美育的人文內涵。

　　「美育是感性教育」。審美活動是一種感性活動，但審美活動又超越感性，它是人的一種自由的精神活動，是人的一種以意象世界為對象的人生體驗活動。席勒已經說明了這一點。所以這種說法也是不全面的。它所以不全面，根源在於對審美活動缺乏深刻的理解。

　　「美育是藝術教育」。藝術是審美活動的重要領域，所以美育與藝術教育有很大部分是可以重合的，藝術教育也往往可以成為美育的

註940　魯迅：《科學史教篇》，見《魯迅全集》第一卷，第35頁，人民文學出版社，1981。引文中的人名都改為現在通行的譯法。

主體。但美育並不限於藝術教育，因為在當今的美育中，自然美、社會美作為審美活動的領域越來越受到重視，自然生態、民俗風情等都已成為美育的重要內容。所以把美育和藝術教育等同起來是不妥當的。還有一點，就是「藝術教育」這個概念有時是指專業的藝術教育，它有大量的專業方面的特點和要求，把美育和這種專業的藝術教育等同起來就更不妥當了。當然，即便是專業的藝術教育，在強調專業的、技能的要求的同時，也應該強調人文的內涵。我們看到有的自稱搞藝術教育的人根本不講人文內涵，甚至排斥人文內涵，這種人所搞的「藝術教育」，不但不是美育，也不是真正的藝術教育。

「美育是美學理論和美學知識的教育」。美育當然包括知識教育（包括美學知識、藝術知識），美學理論也必然會滲透在整個美育過程之中，但美育在本質上不是理論和知識的教育，不是概念的邏輯體系的教育，而是引導受教育者在感性的、情感的活動中體驗人生的意趣，提升人生境界的教育。如果把美育界定為美學理論和美學知識的教育，有可能對美育的實施產生消極的影響，即在美育的實施方式上過於看重課堂上知識的傳授，而忽視組織受教育者直接參與審美體驗（讀詩、看小說，彈琴、畫畫，參加音樂節、戲劇節，參觀美術館、博物館，看戲，聽音樂會，遊山玩水，參加民俗考察，等等）。這樣做，受教育者的知識可能增加了，但在追求人性的完滿和人生的審美化方面卻可能沒有太大的進展，那將會是失敗的美育。

「美育是德育的一部分」。這種看法在理論上是不正確的。我們在後面還會談到。

從以上的考察我們可以看到，為了正確地把握美育的性質，前提是要在理論上正確地把握審美活動的性質。如果對審美活動缺乏正確

的把握，那麼對美育的性質就不可能有正確的把握。

二、美育的功能

美育的功能是與美育的性質聯繫在一起的。

美育可以從多方面提高人的文化素質和文化品格，但最主要的，是以下三個方面：

（一）培育審美心胸

審美心胸，西方美學稱為審美態度。這是審美主體進入審美活動的前提。我們在第二章已有比較詳細的論述。

審美態度是人對待世界的一種特殊方式，它不同於科學認識的態度和實用倫理的態度。平時我們都習慣用一種概念的眼光或者用實用的眼光看世界。比如我看到一種桌子，我頭腦裡就出現「桌子」的概念，「這是一張桌子」，我抽出「桌子」的共性，至於桌子的特殊形狀，桌子的顏色，等等，一般都忽略不計了。再有就是這張桌子的用途，是辦公用的，還是吃飯用的。又比如一條大街，如果我在這個城市生活久了，我也是用概念的眼光和實用的眼光看這條大街，這裡有一家書店，隔壁是一家超市，再隔壁是一家藥店，等等。但是在一位旅遊者眼中，這條大街就不一樣了，每座建築的色彩、形狀、年代，店鋪五顏六色的招牌，路上行人的花花綠綠的服裝打扮，一切都那麼新鮮。卡西勒說：「在日常經驗中，我們根據因果關係或決定關係的範疇來聯結諸現象。根據我們所感興趣的是事物的理論上的原因還是實踐上的效果，而把它們或是看作原因或是看作手段。這樣，我們就習以為常地視而不見事物的直接外觀。」[941]

註941　卡西勒：《人論》，第216頁，上海譯文出版社，1985。

在概念化和功利化的眼光中，世界永遠是那麼黯淡，千篇一律，缺乏生氣。但是一旦你有了一個審美的態度、審美的心胸，那麼在你面前，感性世界就永遠是新鮮的，五彩繽紛，富有詩意，就是王羲之所說的：「群籟雖參差，適我無非新。」審美態度造成審美主體與生活對象的「審美距離」。「審美距離」不是說審美主體與生活對象疏遠了，而是使你放棄了從求知和實用的立場去接近生活對象，這樣反而使你親近了生活對象，於是世間一切都變得新鮮、有味道了。美國盲聾女作家、教育家海倫·凱勒（我們在第二章曾提到她）寫道，有一次她的一位朋友在樹林中長時間散步回來，她問這位朋友觀察到了什麼，這位朋友回答說：「沒有什麼特別的東西。」這使海倫十分驚訝：**「怎麼可能在樹林裡走了一個小時卻看不見值得注意的東西？」**海倫說，她自己的眼睛是看不見的，但是她僅僅靠了觸覺就感受到世界上有那麼多激動人心的美，從而得到那麼多的快樂，那麼眼睛看得見的人，靠了視覺，能感受到多麼多的美啊。所以她說：「如果我是大學的校長，我要設定一門『如何使用你的眼睛』的必修課。教課的教授要努力向學生指出，他們怎樣才能夠把從他們面前經過而不被注意的東西真正看到，從而給他們的生活增加歡樂。他會努力喚醒他們呆滯休眠的官能。」[942] 海倫要開設的這門課，就是一門美育的課。為了說明她的觀點，海倫寫了一篇題為「給我三天光明」的文章。文章設想給她三天時間，這三天她可以用眼睛看見東西，那麼她會怎樣度過這三天？她最想看見的什麼？她回答說，「在第一天，我會想看見那些以他們的仁愛、溫柔和陪伴使我的生命有價值的人」。很多人的眼睛很懶惰，有的結婚多年的丈夫說不出自己妻子的眼睛的顏色。但

註942 海倫·凱勒：《我的人生故事》，第152～153頁，北京大學出版社，2005。

她不會這樣。因為過去她只能通過她的手指尖「看見」一張臉的輪廓。她懂得「看」的珍貴。她要把所有親愛的朋友叫到身邊來，長時間地凝視他們的臉，在心中印上他們內心美的外在證明。她也要讓眼光停留在一個嬰兒的臉上，捕捉住那熱切的、天真無邪的美。她還要看看家裡簡單的小東西，例如腳下小地毯的色彩，牆上的畫。她還要到樹林中長時間地漫步，使自己的眼睛陶醉在自然世界的美之中，「竭力在幾個小時內領悟不斷在有視力的人眼前展開的無限壯麗風光」。**943** 最後，她還祈求看到一次輝煌絢麗的日落。第二天，她要一早就起來，觀看「黑夜變成白晝這個令人激動的奇蹟」。她說：「我將懷著敬畏觀看太陽用來喚醒沉睡的地球的、用光構成的萬千宏偉景象。」**944** 這一整天她要去博物館，去紐約的自然史博物館和大都會藝術博物館，去看米開朗基羅和羅丹的雕塑，去看拉斐爾、達文西、林布蘭、柯洛的油畫，去探視這些偉大藝術品表現的人類的心靈。這一天的晚上，她會到劇院或電影院，去看哈姆雷特（Hamlet）迷人的形象，去欣賞演出的色彩、魅力和動作的奇蹟。第三天，她要再一次迎接黎明，獲得新的喜悅。她相信，**「對於那些眼睛看得見的人，每一個黎明必定永遠都揭示出新的美」**。**945** 這一天時間，她要用來觀看老百姓的日常生活。她會站在紐約的熱鬧的街口，「只是看人」，看行人臉上的微笑，看川流不息的色彩的萬花筒。晚上她到劇院去看一場喜劇，領會人類精神中的喜劇色彩。「給我三天光明」，對於海倫·凱勒這樣的盲人來說，只是一個夢想。海倫寫這個夢想，是為

註943 同上書，第156頁。

註944 同上書，第157頁。

註945 海倫·凱勒：《我的人生故事》，第162頁。

了給千千萬萬有視力的人一個指點：「像明天就要失明那樣去利用你的眼睛。」[946] 海倫說，**如果你真的面臨即將失明的命運，那麼你的眼睛肯定會看到你從來沒有看見過的東西。**「你會以從來沒有過的方式使用你的眼睛。你看見的每一樣東西都會變得珍貴。你的眼睛會接觸和擁抱每一樣進入你的視線的物體。這個時候，你終於真正看見了，**一個新的美麗的世界就會在你面前展開。**」[947] 不僅對於眼睛是這樣，對於其他感覺器官也是這樣。總之，「最大限度地利用每一個感官，享受世界通過大自然賦予你的幾種接觸方式揭示給你的快樂和美的方方面面」，[948] 這就是這位偉大盲人教育家海倫·凱勒給我們的勸告和建議。海倫的勸告和建議，就是要我們培育自己的審美的心胸和審美的眼光。培育審美的心胸和審美的眼光，這是美育的功能。

（二）培養審美能力

審美能力，就是審美感興能力，審美直覺能力。也就是對無限豐富的感性世界和它的豐富意蘊的感受能力。在瞬間的審美直覺中，情景融合，生成審美意象，伴隨著就是審美的愉悅。這就是劉勰說的：「情往似贈，興來如答。」就在這種審美意象的欣賞中，在這種審美的愉悅中，我們體驗人生的意味和情趣。陶淵明詩「此中有真意，欲辨已忘言」，「真意」就是人生的意味，人生的情趣。

審美活動與科學研究不一樣。科學研究是要去發現客觀事物的本質和規律。科學研究的結果是得到一種知識，或者一個知識體系。例

註946 同上書，第165頁。

註947 同上。

註948 同上。

如進行物理學研究就是要掌握物理世界的規律，建立一個物理學的知識體系。而審美活動是對感性世界、感性人生的一種體驗，體驗人生的意味和情趣。所以審美能力說到底是體驗人生的能力。這種能力是包含審美直覺、審美想像、審美領悟等多方面因素的綜合能力。**它需要一個人的整體的文化教養作為基礎，需要通過直接參與審美活動（包括藝術活動）的實踐來培育，而且和一個人的人生經歷有著十分內在的聯繫。從這個意義上說，美育不應該孤立起來進行，不僅要十分重視受教育者直接參與審美活動、藝術活動的實踐，而且應該和提高一個人整體的文化教養結合在一起來進行。同時，在美育的實施過程中，要十分關註一個人的人生經歷對他的心靈的深刻的影響。**

（三）培養審美趣味

我們在第三章中談過，審美趣味是一個人的審美偏愛、審美標準、審美理想的總和。審美趣味集中體現一個人的審美觀（審美價值標準）。審美趣味和審美能力有聯繫，但不能把二者等同起來。

審美偏愛是個體審美心理的指向性，也就是對某類審美客體或某種形態、風格、題材等優先注意的心理傾向。審美偏愛的健康發展，表現為興趣的專一性與興趣的可塑性之間的一種張力平衡關係。這就是說，審美偏愛有其相對固定的中心，但又不是偏狹刻板的，而是有一個彈性的興趣範圍，並常常處在一種變化發展的動態過程中。審美標準是個體在審美活動中形成的審美判斷的尺度，是個體對審美客體好壞品級理解的某種參照物。審美標準的形成，受到審美偏愛的影響，但更重要的是和主體的文化藝術修養以及主體的審美活動的經驗有關，也和主體在藝術史、藝術鑑賞、文化背景等多方面的知識有關。隨著個體審美偏愛和審美標準的形成，個體的審美理想也逐漸形

成。審美理想是個體的一種理性概念，是個體在審美活動中的追求和期待。它不僅影響著審美標準和審美偏愛，更主要的是它指導和激勵主體在審美活動中奔向人性的完善。

審美趣味不僅決定一個人的審美指向，而且深刻地影響著每個人每一次審美體驗中意象世界的生成。因為意象世界（美）是情感世界的輻射，是情景的融合，是「一瞬間發現自己的命運的意義的經驗」。

總之，審美趣味作為審美偏愛、審美標準、審美理想的總和，它制約著一個人的審美行為，決定著一個人的審美指向，並深刻地影響著一個人每一次審美體驗中意象世界（美）的生成。而一個人在各個方面的審美趣味，作為一個整體，就形成為一種審美格調，或稱為審美品味。審美格調或審美品味是一個人的審美趣味的整體表現。

我們在第三章中講過，一個人的審美趣味和審美格調是在審美活動中逐漸形成和發展的，它要受到這個人的家庭出身、階級地位、文化教養、社會職業、生活方式、人生經歷等多方面的影響，因此它帶有穩定性。但是這並不是說一個人的趣味和格調永遠不能改變。生活環境變了，一個人的趣味和格調就有可能發生變化。教育也可以使一個人的趣味和格調發生變化。我們還講過，趣味和格調有健康與病態、高雅與低俗、純正與惡劣的區別。美育的任務是培養受教育者的健康的、高雅的、純正的趣味，使他們遠離病態的、低俗的、惡劣的趣味，歸根到底，是引導他們走向審美的人生，使他們的人生境界得到昇華。

以上三個方面：審美心胸（審美態度）、審美能力（感興能力）、審美趣味，綜合起來，就構成了個體的審美發展[949]的主要內

註949 「審美發展」是西方學者在 20 世紀 50 年代以來提出的一個與「認知發展」、「道德發

容。這是美育的主要功能。美育的功能主要就是培養一個人的審美心胸、審美能力、審美趣味，促進個體的審美發展。

三、美育在教育體系中的地位和作用

現代教育的目標是培養全面發展的人。為了實現這一目標，美育是不可缺少的。蔡元培在1912年就任中華民國臨時政府教育總長時發表〈對於教育方針的意見〉一文，其中就提出要把美育列入教育方針。蔡元培提出這一主張，是基於他對美育在教育體系中的地位和作用的深刻的認識。蔡元培的這一主張，在我們今天已經得到實現。[950]

下面我們從三個方面對美育在教育體系中的地位和作用做簡要的說明。說明了美育在教育體系中的地位和作用，同時也就說明了今天國家為什麼要把美育正式列入我們的教育方針。

（一）德育不能包括美育

過去在一些著作中和一些人的觀念中，有一個看法，就是把美育看作是德育的一部分，或把美育看作是實施德育的手段（工具）。按照這種看法，美育在教育體系中是依附於德育的，本身沒有獨立的價值。

對美育的這種看法是不妥當的。美育和德育當然是有密切聯繫

展」相對應的概念。西方學者對「審美發展」有不同的解釋，有的把它界定為「審美知覺敏感性」的發展，有的界定為「情感認識力」的發展，有的界定為「對世界的欣賞力的發展」。（參看葉朗主編，《現代美學體系》，第354頁，北京大學出版社，1988。）我們則認為個體的「審美發展」主要包括審美態度、審美能力、審美趣味這三個方面的內容。

註950　1999年3月5日，在九屆全國人大第二次會議上，朱鎔基在《政府工作報告》中有這麼一段話：「要大力推進素質教育，使學生在的德、智、體、美等方面全面發展。」這個提法，說明國家已把美育正式列入我們的教育方針。

的，它們互相配合，互相補充，互相滲透，但是並不能互相代替。無論就性質來說或是就社會功用來說，美育和德育都是有區別的：

1.就性質來說，德育和美育都作用於人的精神，都引導青少年去追求人生的意義和價值，也就是都屬於人文教育，但二者有區別：德育是規範性教育（行為規範），在規範性教育中使人獲得自覺的道德意識，美育是熏陶、感發（中國古人所說的「興」、「興發」、「感興」），**使人在物我同一的體驗中超越「自我」的有限性，從而在精神上進到自由境界。這種自由境界通過德育是不能達到的。這是美育和德育的最大區別。這也是德育不能包括美育的最根本的原因。**

還有一點，德育主要是作用於人的意識的、理性的層面（思想的層面，理智的層面），作用於中國人所說的「良知」（人作為社會存在而具有的理性、道德），而美育主要作用於人的感性的、情感的層面，包括無意識的層面，就是我們常說的「潛移默化」，它影響人的情感、趣味、氣質、性格、胸襟，等等。對於人的精神的這種更深的層面，德育的作用是有限的，有時是無能為力的。

2.就社會功用來說，德育主要著眼於調整和規範社會中人與人的關係，它要建立和維護一套社會倫理、社會秩序、社會規範，避免在社會中出現人與人關係的失序、失範、失禮。美育主要著眼於保持人（個體）本身的精神的平衡、和諧與自由。美育使人通過審美活動而獲得一種精神的自由，避免感性與理性的分裂。美育使人的情感具有文明的內容，使人的理性與人的感性生命溝通，從而使人的感性和理性協調發展，塑造一種健全的人格和完滿的人性。這就是席勒所特別強調的。席勒說：「一切其他形式的意向都會分裂人，因為它們不是完全建立在人本質中的感性部分之上，就是完全建立在人本質中的精

神部分之上，唯獨美的意象使人成為整體，因為兩種天性為此必須和諧一致。」[951] 這一點在現代社會中越來越顯得重要。在現代社會中，物質的、技術的、功利的追求佔據了統治的地位，競爭日趨激烈，精神壓力不斷增大，這很容易使人的內心生活失去平衡，產生各種心理障礙和精神疾病。要緩解這種狀況，除了道德教育之外，更多地要靠美育。美育也涉及人與人的關係，但美育是通過維護每個人的精神的和諧，來維護人際關係的和諧。這就是荀子說過的，「樂」的作用是使人的血氣平和，從而達到家庭、社會的和諧與安定。[952] 這也就是席勒說的：「只有美才能賦予人合群的性格，只有審美趣味才能把和諧帶入社會，因為它在個體身上建立起和諧。」[953] 這一點在現代社會中也越來越重要。現代社會中對於社會安定的影響，除了政治方面、經濟方面的因素之外，社會心理、社會情緒方面的因素越來越顯得突出。所以在現代社會中美育對於維護社會安定有重要的作用。

　　德育和美育的區分和聯繫，中國古代思想家是講得很清楚的。德育是「禮」的教育，它的內容是「序」，也就是維護社會秩序、社會規範；美育是「樂」的教育，它的內容是「和」，也就是調和性情，使人的精神保持和諧悅樂的狀態，生動活潑，充滿活力和創造力，進一步達到人際關係的和諧以及人與整個大自然的和諧（「大樂與天地同和」）。德育與美育互相補充，互相配合，也就是「禮樂相濟」。但是不能相互代替，不

註951　席勒：《審美教育書簡》，第152頁，北京大學出版社，1985。

註952　「樂行而志清，禮修而行成，耳目聰明，血氣和平，移風易俗，天下皆寧，美善相樂。」「樂在宗廟之中，君臣上下聽之，則莫不和敬；閨門之內，父子兄弟聽之，則莫不和親；鄉里族長之中，長幼同聽之，則莫不和順。」（《荀子·樂論》）。

註953　席勒：《審美教育書簡》，第152頁，北京大學出版社，1985。

能只有「禮」而沒有「樂」，也不能只有「樂」而沒有「禮」。

（二）加強美育是培育創新人才的需要

創新是民族進步的靈魂，我們要建設創新型的國家，必須大力培養創新人才。培養創新人才是素質教育的重要目標。

就實現這個目標來說，美育有著自己獨特的、智育所不可代替的功能：

1.美育可以激發和強化人的創造衝動，培養和發展人的審美直覺和想像力。我們在第二章講過，美感的一個重要特點是創造性。無論從動力、過程還是結果來看，審美活動都趨向於新形式、新意蘊的發現與創造。審美活動的核心就是創造一個意象世界，這是不可重複的「這一個」，具有唯一性和一次性。這正是「創造」的本質。所以審美活動能激發和強化人的創造的衝動，培養和發展人的審美直覺能力和想像力。許多大科學家都談到，科學研究中新的發現不是靠邏輯推論，而是靠一種直覺和想像力。我們在第七章引過愛因斯坦的話，這裡不再重複。這種直覺和想像力的培養，不能靠智育，而要靠美育。因為智育一般都是在理智的、邏輯的框架內進行的（和大腦左半球的功能相聯繫），而美育則培養想像力和直觀洞察力（和大腦右半球的功能相聯繫）。

2.由於自然界本身一方面是有規律、有秩序的，另一方面又具有簡潔、對稱、和諧等形式美的特徵，所以在科學發明活動中，科學家常常因為追求美的形式而走向真理。這就是我們在第七章談過的「由美引真」、「美先於真」。我們引過很多大科學家的話。他們的話都說明在科學研究中美感對於發現新的規律、創建新的理論有著重要的作用。這種美感要靠美育來培養。

3.一個人要成就一番大事業、大學問，除了要有創造性之外，還要有一個寬闊、平和的胸襟。這也有賴於美育。唐代大思想家柳宗元和清代大思想家王夫之都說過，**一個人如果心煩氣亂，心胸偏狹，眼光短淺，那麼他必定不能做出大的學問，也必定不能成就大的事業**。而美育可以使人獲得寬快、悅適的心胸和廣闊的眼界，從而成為一個充滿勃勃生機、明事理、有作為的人。**954** 我們在第二章講過，審美是超越功利的，就是說它沒有直接的功利性。但是中國古代思想家認為，審美活動可以拓寬你的胸襟，使你具有遠大的眼光和平和的心境，而這對於一個人成就大事業有非常重要的作用。這種看法，得到了現代心理學的印證。

（三）加強美育是 21 世紀經濟發展的迫切要求

20 世紀最後二三十年，世界各國的經濟發展出現了許多新的特點和新的趨勢。這些新的特點和新趨勢，要求我們的生產部門、流通部門、管理部門的工作人員以及各級政府官員，不僅要有經濟的頭腦和技術的眼光，而且要有文化的頭腦和美學的眼光。加強美育已經成了21 世紀經濟發展的迫切要求：

1. 20 世紀 60 年代以來，隨著社會經濟的發展，商品的文化價值、審美價值逐漸超過使用價值和交換價值而成為主導價值。因此，改進商品的設計，增加商品的文化意蘊，提高商品的審美趣味和格調，就成了經濟發展的大問題。我國一些地區的城市建築、旅遊景觀，以及服裝、家具等各種日用品，最使人困擾的問題往往是設計的問題，即設計的低水

註954 柳宗元有一篇文章就討論這個問題。他在那篇文章中說：「邑之有觀遊，或者以為非政，是大不然。夫氣煩則慮亂，視壅則志滯。君子必有游息之物，高明之具，使之清寧平夷，恒若有餘，然後理達而事成。」（〈零陵三亭記〉）

平、低格調。而這又和設計人員、管理人員的文化修養有關。我國一些產品和發達國家產品相比較缺乏競爭力，一個極重要的原因也是設計的問題。生產部門、流通部門、管理部門的工作人員和政府官員的文化修養和美學修養，已經或即將成為製約我國經濟發展的一個瓶頸。

2.國內外很多學者認為，21 世紀世界上最大的產業或者說最有發展前途的產業有兩個，一個是信息產業（或者說以信息產業為代表的高科技產業），一個是文化產業。現在已有越來越多的人看到了這一點。我國有極其豐富的文化資源，發展文化產業有廣闊的前途。文化產業已經成為世界各發達國家的重要的支柱產業，文化產業也必然要成為 21 世紀我國的支柱產業。為了適應 21 世紀產業發展的這種新的形勢，在學校教育和乾部教育中加強美育不僅是十分必要的，而且是極其緊迫的。

以上我們從三個方面簡要地說明了美育在教育體系中的地位和作用，同時也就簡要地說明了今天國家為什麼要把美育正式地列入教育方針。總起來說，「為了把我們的後代培養成為胸襟廣闊、精神和諧、人格健全的新人，為了從文化的層面激發我們整個民族的智慧和原創性，為了使我們的民族在新的世紀中能為人類貢獻一大批像楊振寧、李政道、錢學森、貝聿銘這樣的大師，為了在高科技和數字化的條件下保持物質生活、精神生活的平衡以及社會的長期安定，為了推動我國經濟的持續增長，並使這種增長獲得豐富的文化內涵，我們有必要把美育正式地、明確地列入教育方針。這樣做，從一方面說，是對於蔡元培以來的重視美育的優良傳統（這個傳統可以一直追溯到孔子）的繼承和發揚，從另一方面說，則是對於 21 世紀的時代呼喚的一種積極的回應」。**955**

註955　葉朗：〈把美育正式列入教育方針是時代的要求〉，《北京大學學報（哲學社會科學版）》，1999 年第 2 期。

四、美育應滲透在社會生活的各個方面，並且伴隨人的一生

（一）美育應滲透在學校教育和社會生活的各個方面

前面講，美育的目標和功能不僅僅是增加受教育者的知識（美學知識和藝術知識），更重要的是引導受教育者去追求人性的完滿，引導受教育者去體驗人生的意味和情趣，所以實施美育不等於開一門美育的課，或開幾門藝術欣賞的課。美育應該貫穿在學校的全部教育之中。學校教育的各個環節，包括課堂教學，課外活動，以及整個校園文化，都應該貫穿美育。課堂教學，不僅限於藝術類的課程，而且語文、歷史、地理、數學、物理、生物、化學、體育等課程也都應該貫穿美育。

對於一所學校（無論是大、中、小學）來說，營造一種濃厚的文化氛圍和藝術氛圍是極其重要的。拿一所大學來說，如果有一座小劇院和一座美術館或博物館，學生能經常欣賞崑曲《牡丹亭》、芭蕾舞《天鵝湖》、貝多芬的交響曲等人類藝術經典，以及看到中外藝術大師的書法、繪畫、雕塑作品的展覽，能經常聽到國內外大學者和藝術大師主講的各種學術講座、藝術講座，同時，校園裡還經常有學生自己組織舉辦的音樂節、戲劇節、詩歌節，那麼，在這種濃厚的文化氣氛和藝術氣氛中熏陶出來的學生就不一樣了，他必定更有活力和創造力，充滿勃勃生機，他必定更有情趣，更熱愛人生，具有更開闊的胸襟和眼界，他必定具有更健康的人格和更高遠的精神境界。

美育也不能局限於學校的範圍，它應該滲透在社會生活的各個方面。全社會都要注重美育，特別是要注重營造一個優良的、健康的社會文化環境。

在過去，對學生的思想、人格影響最大的是學校的教師和家長，現在學校教師和家長對學生的影響力在逐漸減弱。學生下了課，走出校門，會受到整個社會文化環境的影響。社會文化環境，過去大家比較重視的有美術館、博物館、文化宮、劇院、音樂廳、名勝古蹟、公園、城市雕塑、城市景觀、茶館、咖啡館，等等。隨著高科技的發展，又出現了許多新的文化形式和藝術活動形式，如：電影、電視、卡拉OK、DVD、VCD，近幾年又出現了網絡文化和手機文化。整個社會文化環境的構成越來越複雜多樣。

大眾傳播媒介對青少年和廣大群眾在精神方面的影響極大，它們傳播怎樣的價值觀念，傳播怎樣的趣味和格調，確實關係到廣大青少年的健康成長。特別是電視，它的觀眾面很寬。中央電視台的一個節目的收視率如果達到 2%（那還不算是高的收視率），它的觀眾就有幾千萬人，有的節目如春節文藝晚會有幾億人在看，影響是非常大的。有的家庭家裡的電視整天開著，大人在看，小孩也在看。所以電視節目的文化內涵，它的人文導向、價值導向，它的趣味、格調，對我們下一代的健康成長影響非常大。還有廣告（包括電視廣告、室外廣告）的影響也很大。現在的廣告鋪天蓋地，強迫你看。但是有些廣告格調低俗，趣味惡劣，對觀眾產生很不好的影響。大眾傳媒的人文內涵，大眾傳媒的趣味和格調，是社會文化環境的重要構成部分，應該引起文化界、教育界以及整個輿論界的高度重視，大眾媒體的工作人員應該對自己肩負的倫理責任有一種高度的自覺。電視文化、廣告文化、網絡文化、手機文化都應該傳播健康的趣味和格調，都應該引導人們去追求一種更有意義和更有價值的人生。

（二）美育應該伴隨人的一生

以上是從空間上講，美育不應該只局限於講一門課，也不應該只局限在學校範圍之內，它應該是整個社會的。另一方面，從時間上講，美育也不應該只局限在學校這一段，它應該伴隨人的一生。

人的一生可以分成五個階段。在不同的階段中，人的生活內容和生活環境有不同的特點，人的生理狀況和心理狀況也有不同的特點，所以美育的內容和方式也應該有所不同。這是美育實施的階段性原則。

第一個階段是胎兒的美育。

胎兒的美育在很大程度上是孕婦的美育。現代醫學證明，孕婦的精神狀態對腹中胎兒有極大的影響。如果孕婦的精神狀態是和諧的，快樂的，健康的，充滿幸福感的，那么生下的孩子的身心也會是健康的。反過來，如果孕婦的精神狀態是緊張的，焦慮的，悲苦的，消沉的，那么生下的孩子也往往有可能發生精神障礙。所以，孕婦的美育最重要的是要使孕婦保持輕鬆、愉快、健康的心理狀態。[956]

美育除了通過孕婦的精神狀態來影響胎兒之外，有沒有可能直接對胎兒的精神發生影響？這在學術界是一個有爭論的問題。一些人認為胎兒的美育（即美育直接影響胎兒的精神）是不可能的，而另一些人則認

註956　蔡元培曾經談到這個問題。他提出建立公立胎教院的設想。公立胎教院是給孕婦住的，要建在風景秀麗的郊區，避免城市中混濁的空氣和吵鬧的環境。要有庭園、廣場，可以散步，可以進行輕便的運動。園中要種花木，花木中散佈羽毛美麗的動物，但要避免用繩索繫猴、用籠子裝鳥的習慣。要有泉水，但要避免激流。池中要養美觀活潑的魚。室內的壁紙、地毯要選恬靜的顏色、疏秀的花紋。陳列的繪畫、雕塑，要選優美的，不要選粗獷、猥褻、悲慘、怪誕的作品。要有健全體格的裸體雕像和裸體畫。要避免過度刺激的色彩。音樂、文學，也要選樂觀的、平和的，避免太過刺激的，或卑靡的。總　之，要使孕婦完全生活在平和、活潑的空氣裡，使之保持輕鬆、愉快、平和的精神狀態，這樣就不會把不好的影響傳到胎兒。（蔡元培：〈美育實施的方法〉，載《蔡元培美學文選》，第154～155頁，北京大學出版社，1983。）

為是可能的，特別有一些著名的音樂家，他們用親身的經歷來證明這種可能性。如加拿大安大略省漢密爾頓管弦樂團（Hamilton Philharmonic Orchestra）指揮博利頓·布羅特說，他初次登台就可以不看樂譜指揮，大提琴的旋律不斷地浮現在腦海裡。後來才知道，這支曲子就是他還在母親腹內時他母親經常演奏的曲子。鋼琴家阿瑟·魯賓斯坦（Arthur Rubinstein, 1887～1982）、小提琴家耶胡迪·梅紐因（Yehudi Menuhin, Baron Menuhin, 1916～1999，又譯：曼紐因）也說過自己的類似經歷。[957] 照他們的看法，胎兒對節奏和旋律不僅有反應，而且有記憶。母親的歌聲，美妙的音樂，可以給胎兒以和諧的感覺和情緒上的安寧感，甚至可以對胎兒出生以後音樂才能的充分發展產生重要的影響。

第二個階段是學齡前兒童的美育。

學齡前兒童的美育的主要方式是遊戲、童話、音樂、舞蹈、繪畫、書法、手工、戲劇（木偶劇、童話劇）等等。

幼兒在生活中必須依賴父母，他沒有自己獨立自主的世界。但在遊戲中，幼兒有了獨立性和自主性。幼兒在遊戲中創造一個屬於他自己的獨特的意象世界，並得到一種十分純粹的美感享受。幼兒通過遊戲培養自己的審美心胸（審美態度），發展自己的想像力和創造力。幼兒在遊戲中得到了精神的自由，並且證實自己的存在。

童話也是幼兒美育的主要方式。像白雪公主和七個小矮人、米老鼠和唐老鴨、孫悟空和豬八戒這樣一些童話故事，**使幼兒具有一顆美好的、善良的、感恩的、愛的心靈，懂得珍惜美好的事物，懂得幫助他人，懂得愛父母、愛他人、愛天地萬物。**

註957 參見湯瑪斯·伯尼《神秘的胎兒生活》，第8～9頁，知識出版社，1985。

第三個階段是青少年的美育。

一個人的青少年階段主要是上學。所以青少年的美育主要是學校的美育。學校的美育（無論是大、中、小學），應該和德育、智育、體育互相協調，互相滲透，取得同步發展。學校的美育也不能局限於課堂教育，而應該盡量開拓多種渠道，運用多種方式，例如組織學生藝術社團，藝術家講座，藝術工作坊（陶藝、剪紙等等），組織學生聽音樂會，觀看戲劇、舞蹈演出，參觀美術館、博物館，組織學生作為志願者到美術館、博物館、體育館、國家公園充當義務工作人員，舉辦學生藝術節和學生書法、繪畫作品展覽，等等。

青少年的美育，要注意以下四點：

第一，青少年時期是生長、發育的時期，**所以青少年的美育一定要注意使他們自由、活潑地生長，充滿歡樂，蓬勃向上。**王陽明說：「今教童子，必使其趨向鼓舞，中心喜悅，則其自進不能已。」「如草木之始萌

馬克思熱愛藝術經典

弗・梅林（Franz Erdmann Mehring, 1846～1919）

正如馬克思自己的主要著作反映著整個時代一樣，他所愛好的文學家都是偉大的世界詩人，他們的作品也都反映著整個的時代，如埃斯庫羅斯（Aeschylus, c. 525～456 BC）、荷馬、但丁、莎士比亞、塞萬提斯（Miguel de Cervantes Saavedra, 1547～1616）和歌德。據拉法格（Paul Lafargue, 1842～1911）說，馬克思每年要把埃斯庫羅斯的原著讀一遍。他始終是古希臘作家的忠實的讀者，而他恨不得把當時那些教唆工人去反對古典文化的卑鄙小人揮鞭趕出學術的殿堂。[958]

芽，舒暢之則條達，摧撓之則衰痿。」**959** 這是非常有道理的。

第二，青少年時期是一個人的人生觀、價值觀形成的時期，**所以青少年的美育要注重審美趣味、審美格調、審美理想的教育**。在大學階段，還要適當地加強理論方面的教育（包括美學理論教育以及藝術史的教育）。

第三，在青少年階段，要加強藝術經典的教育。**藝術經典引導青少年去尋找人生的意義，去追求更高、更深、更遠的東西。流行藝術不可能起到這種作用。**

藝術經典塑造審美品味

安德烈·塔可夫斯基（Andrei Arsenyevich Tarkovsky, 1932～1986）

在我孩提的時代，母親第一次建議我閱讀《戰爭與和平》，而且於往後數年中，她常常援引書中章節片段，向我指出托爾斯泰文章的精巧和細緻。《戰爭與和平》於是成為我的一種藝術學派、品味和藝術深度的標準。從此以後，我再也沒辦法閱讀垃圾，它們給我以強烈的嫌惡感。**960**

註958　王陽明：《傳習錄》中，《王陽明全集》，第 87～88 頁，上海古籍出版社，1992。

註959　弗·梅林：《馬克思傳》，第622頁，人民出版社，1965。

註960　引自安德列·塔可夫斯基《雕刻時光》，第 55 頁，人民文學出版社，2003。安德列·塔可夫斯基（1932～1986）是俄羅斯當代電影藝術大師，主要電影作品有《伊凡的童年》、《索拉里斯》、《鏡子》、《鄉愁》、《奉獻》等。

第四，在青少年階段，**要注意有計劃地組織學生更多地接受人類文化遺產的教育**。人類文化遺產包括三個方面：人類自然遺產，如黃山、泰山、西湖，等等；人類物質文化遺產，如故宮、長城、頤和園，等等；人類口頭的、非物質的文化遺產，如崑曲、京劇、古琴、馬頭琴、絲竹、剪紙、木版年畫、木偶戲、皮影戲，等等。人類文化遺產，包括上述三個方面，都是美育的最好的場所，最好的教材。因為它們積累了人類幾千年文化的精華（自然遺產也包含有豐富的文化內涵），它們是培育美好、善良、高尚的靈魂的最好的養料。在這方面，我們過去注意得不夠，有大量的工作需要我們去做。

青少年的美育主要是學校教育，但不限於學校教育。社會文化環境對於青少年的成長有極大的影響，前面已經講過。

第四個階段是成年人的美育。

一個人走出學校，走上工作崗位，結婚，生孩子，就成了成年人。成年人要承擔家庭的責任和社會的責任，要為實現自己的理想、抱負而奮鬥。所以成年是人生進取、奮鬥的階段，功利心成為成年人生活的軸心。成年又是人生的一個忙忙碌碌的階段，很少有空閒時間。加以現代社會競爭很激烈，使成年人的生活更為緊張。在這種情況下，成年人的美育就顯得更為緊迫。因為功利心和競爭心把人禁錮在一

剪紙 《生命樹》

個狹小的生活空間，而且常常使人處於焦慮和失望之中。美國一位名叫史蒂芬・C. 佩珀（Stephen C. Pepper, 1891～1972）的學者在《藝術欣賞的原則》一書中講了一個故事。有一位企業家一生勞碌，晚年在妻子的建議下，外出旅遊一圈。回到公司後，人問他有何感想，他回答說：「旅遊最大的好處是讓人倍覺辦公室的可愛。」世界本來是無限的大，但對於這位企業家來說，世界就只有辦公室這麼小的一塊地方。這就是中國古人說的「畫地為牢」，自己把自己關在牢籠之中，失去生活的樂

崑曲 《牡丹亭》

趣，失去生命的活力。美國另外兩位學者（Richard Paul Janaro; Thelma C. Altshuler）在《藝術：讓人成為人》（*The Art of Being Human*）一書中講了一個類似的故事。美國一個小鎮上一家五金店的經理也是一生忙忙碌碌。他想不通為什麼他的一生從來沒有開心過。他夫人曾希望他退休之後和自己一起去旅行，去參觀藝術展覽館，去聽聽交響樂，但他沒有這麼做。他只是每天早晨都去釣魚。但他從來不曾抬頭看一看太陽升上海灣的那一刻，不曾看看微風吹起的漣漪，或者一群小鴨子排成一排跟在它們媽媽的後面靜靜地游弋，還有那些魚兒身上反射出的光的色彩。他感興趣的只是那些魚是否可以成為他桌上的菜餚。在他臨死的時候，他

躺在床上低聲說，他為自己一生中錯過的那些機會感到難過。他兒子以為他指的是他夫人為他們兩個人所夢想的那種生活，誰知他用幾乎聽不到的聲音說：「沒開上幾家連鎖店！」這是他的遺恨。這本書的作者說，這是「一個沒有時間給美的人」。這也許就是對那位五金店經理為什麼自己一生從來沒有開心過的問題的答案吧。[961]「事業」與「生活」並不是等同的概念。「生活」的含義和範圍要比「事業」大得多。成年人應該提醒自己，一個人如果失去審美的層面，那麼，自己的人生就不是完美的人生。我們在下一章還要進一步討論這個問題。

第五個階段是老年人的美育。

老年並非是人生中消極的、灰色的階段，正相反，按照傅柯的看法，老年是人生的高潮階段，是人生嘉年華表演的最美好的時刻。在他看來，「**年老時期的生命體變得比任何時候都更為完整無缺和成熟圓滿，因為童年、少年、青年和壯年的生命力都在年老時融合成一體，造成人的生命力空前未有的旺盛狀態。只要在一生中的各個階段都堅持以審美生存的態度待己處事，就不會在晚年時期感到孤獨、遺憾或悔恨，而是相反，會產生一種令人自豪和滿足的心境，繼續充滿信心地實現自身的審美實踐**」。[962]

傅柯十分贊同後期斯多葛學派塞內加（Lucius Annaeus Seneca, c. 4 BC ~ 65 BC）的看法。塞內加認為，年老是人的生命的「黃金時代」。「所謂年老，實際上就是能夠自由地掌握自身的快樂的人們；他們終

註961　以上五金店經理的故事見理查・加納羅、特爾瑪・阿特休勒：《藝術：讓人成為人》，第11 ~ 12頁，北京大學出版社，2007。

註962　高宣揚：《福柯的生存美學》，第532頁，中國人民大學出版社，2005.

於對自己感到充分的滿足，不需要期待其他不屬於他們自己的快樂。換句話說，年老就是對自己的愉悅感到滿意，自得其樂，別無他求。這是人生最豐滿，也是最快樂的時光。」[963] 塞內加認為人生最重要的是求得精神的安寧，而人只有到了年老，才能真正得到安寧。羅素也說，**人生就像一條河，只有到了老年才能平靜地流入大海**。年老是人生最幸福、最快樂、最充滿內容、最有意義的階段。

按照塞內加、傅柯的這種看法，一個人進入老年階段，不僅不是意味著從生活中退出，相反還可以使自己的審美實踐進入一個新的境界。李商隱有兩句詩：「夕陽無限好，只是近黃昏。」有位藝術家把它改了兩個字：「夕陽無限好，妙在近黃昏。」

老年人的審美實踐仍然可以有極為豐富的形式，例如，種花，養鳥，畫畫，練書法，彈琴，下棋，讀詩，聽音樂，看戲，看小說，到公園散步，打太極拳，以及到國內外著名景區旅遊，身體好的可以登一登黃山、泰山，看一看敦煌石窟、雲岡石窟、龍門石窟的雕塑，還可以到巴黎羅浮宮去看一看維納斯雕像和達文西的《蒙娜麗莎》，等等。老年人參與這些活動，不同於年輕人的地方，在於老年人的審美實踐包含了他的人生經歷的各個階段的豐富內涵，從而顯示出精神的豐盈、充實和安寧。這就是黃昏之「妙」。

老年人還要面臨一個如何對待疾病和死亡的問題。這也是擺在老年人的人文教育、審美教育面前的一個重要問題。馮友蘭曾討論過這個問題。馮友蘭說，死是人生的否定，但死又是人生中的一件大事。因為一個人的死是他一生中的最後一件事，就像一齣戲的最後一幕。

註963 同上書，第449頁。

這最後一幕怎麼演出，對一齣戲可以是非常重要的。馮友蘭指出，精神境界不同的人，對待死的態度是不同的。在自然境界中的人，不知怕死，因為他不知死之可怕。在功利境界中的人，一切行為，都是「為我」，死是「我」存在的斷滅，所以在功利境界中的人，最是怕死。《晏子春秋》和《韓詩外傳》記載：「齊景公遊於牛山，北臨其國城而流涕曰：『奈何去此堂堂之國而死乎。』」這就是怕死。秦皇漢武是蓋世英雄，但他們晚年，也像齊景公這樣怕死。因為他們的境界，都是功利境界。在道德境界中的人，不注意死後，只注意生前，他要使自己一生的行事，都充分表現道德價值，要使自己的一生，自始至終，如一完美的藝術品，無一敗筆。所以對於他，只要活著，就要兢兢業業，盡職盡能，做自己應該做的事，直到死，方可休息。**964**達文西在臨死前說：「一個充分利用了的白天帶來酣睡，一個充分利用了的一生帶來休息。」**965** 這就是所謂「鞠躬盡瘁，死而後已」，這也就是所謂「存，吾順事；沒，吾寧也」。而在天地境界的人，覺悟到個體的生滅是宇宙大化的一部分，所以他「與造化為一」，大化無始無終，自己也就無始無終。所以他在精神上可以超越死生。**966** 馮友蘭關於人生境界的等級的區分，我們在下一章還要談到。在這裡引用他的看法，主要是說明精神境界不同的人，對待死的態度是不同的，而人文教育、審美教育可以提升人的精神境界，所以人文教育、審美教育可以幫助人在一種比較高的境界中來對待死亡。

註964　以上見馮友蘭《新原人》，《三松堂全集》第四卷，河南人民出版社，2000。

註965　亨利・湯瑪斯等：《大畫家傳》，第 62 頁，四川人民出版社，1983。

註966　馮友蘭：《新原人》，《三松堂全集》第四卷。

一個人只要自己的一生是對社會有貢獻的一生，是有意義、有價值的一生，是充滿情趣的一生，是愛的一生，那麼，當死亡降臨的時候，他就感到自己對社會的義務已經終了，可以休息了，或者感到自己即將回歸自然，「與造化為一」，所以他就會保持平靜、達觀和灑脫。那樣，**他人生的最後一幕，也會瀰漫著詩意**。法國大作家司湯達死後，他的墓碑上刻著他自己寫的三句話：「**活過，寫過，愛過。**」這短短三句話完美地概括了他的一生，充滿詩意。我國明代大哲學家王陽明臨終時，學生問他有什麼遺言，他回答說：「**此心光明，亦復何言！**」王陽明在面對死亡時這種光明的心境，使他的死亡瀰漫著一種詩意。英格蘭白金漢郡一位約翰·查爾斯·古德斯密先生的墓誌銘寫道：

> 不要站在我的墳頭哭泣，我沒有入睡，也不在這裡。
> 我是風，吹拂著四面八方，
> 我是雪，閃耀著鑽石般的光芒。
> 我是陽光，撫摸著成熟的莊園，
> 我是細雨，灑落在柔和的秋天。
> 在早晨，我是那輕巧盤旋的鳥兒，
> 默默地陪伴你匆忙起身。
> 在夜晚，我又是那溫柔閃爍的星星。
> 所以，不要站在我的墳頭哭泣，
> 我不在這裡，我並沒有離去。
> 在世的人兒哪，請留心聽我的言語，
> 我仍用生命陪伴著你，守望著你的路途。[967]

註967 李嘉編譯：《生命的留言簿》，第 3 頁，百花文藝出版社，2005。

這位先生的墓誌銘的意思是說，「我」沒有入睡，「我」沒有離去，「我」只是回歸自然，「我」的生命依然天天陪伴著你，守望著你的路途。這就是中國古人所說的「縱浪大化中」的人生境界，也就是馮友蘭先生說的天地境界。這使得這位古德斯密先生的死亡也瀰漫著一種詩意。

以上我們說了人生的五個階段，也就是美育的五個階段。

總之，人的一生，從胎兒一直到老年，都應該伴隨著美育，理由就在於美育的目標和功能不僅僅是使受教育者增加知識，而是要引導受教育者追求人性的完滿，追求一個有意味、有情趣的完美人生。

五、美育在當今世界的緊迫性

美育在當今世界還具有一種緊迫性。

在當今世界存在的眾多問題中，有三個問題十分突出，一個是人的物質生活與精神生活的失衡，一個是人的內心生活的失衡，一個是人與自然的關係的失衡。

首先，是人的物質生活與精神生活的失衡。

在世界的各個地區，似乎都有一個共同的傾向：重物質，輕精神；重經濟，輕文化。發達國家已經實現了經濟的現代化，人們的物質生活比較富裕，但是人們的精神生活卻似乎越來越空虛。與此相聯繫的社會問題，如吸毒、犯罪、艾滋病、環境污染等問題日益嚴重。發展中國家把現代化作為自己的目標，正在致力於科技振興和經濟振興，人們重視技術、經濟、貿易、利潤、金錢，而不重視文化、道德、審美，不重視人的精神生活。總之，無論是發達國家或是發展中國家，都面臨著一種危機和隱患：物質的、技術的、功利的追求在社

會生活中佔據了壓倒一切的統治的地位,而精神的生活和精神的追求則被忽視、被冷淡、被擠壓、被驅趕。這樣發展下去,人就有可能成為一位西方思想家所說的「單面人」,成為沒有精神生活和情感生活的單純的技術性的動物和功利性的動物。因此,從物質的、技術的、功利的統治下拯救精神,就成了時代的要求,時代的呼聲。

我們中國的情況也是這樣。中國是發展中國家,舉國上下,正在戮力同心,為經濟的振興和國家的現代化而奮鬥。但在實現現代化的過程中,也出現了重物質而輕精神、重經濟而輕文化的現象。在社會生活的某些領域,價值評價顛倒,價值觀念混亂。在青少年中和乾部、群眾中,人文教育十分薄弱,由此產生了許多社會弊病。有的青少年不知道怎麼做人,也不知道人生的意義和價值在什麼地方。這是十分危險的傾向。

其次,是人的內心生活的失衡。

自 20 世紀以來,科學技術的進步,給人類帶來巨大的財富和利益,同時也給人類帶來深刻的危機和隱患。一切都符號化、程序化了。人的全面發展受到肢解和扼制,個體和諧人格的發育成長受到嚴重的挑戰。席勒當年覺察到的「感性衝動」與「理性衝動」的衝突,在當代要比以往任何一個時代都更為尖銳。與此同時,當代社會的生存競爭日趨激烈,人們一心追逐功利,功利性成為多數人生活的軸心。在功利心、事業心的支配下,每個人的生活極度緊張,同時又異常單調、乏味,人們整天忙忙碌碌,很少有空閒的時間,更沒有「閒心」與「閒情」,生活失去了任何的詩意。這種生活使得人的內心生活失去平衡,很多人的內心充滿了災難感、恐怖感、夢魘感。卡夫卡(Franz Kafka, 1883 ~ 1924)的小說對此有深刻的揭示。他的小說《變形記》(*Die Verwandlung*)描寫一位公司推銷員在生活的重壓下

變成了一個大甲蟲，《地洞》（*Der Bau*；英文：*The Burrow*）則對於「我」內心的危機四伏的體驗作了淋漓盡致的刻畫。

最後，是人與自然的關係的失衡。

人為了追求自己的功利目標和物質享受，利用高科技無限度地向自然榨取，不顧一切，不計後果。這種做法，一方面和當今世界流行的價值觀念有關，另一方面可能和西方文化的傳統精神有關。西方傳統觀念認為，人是萬物的尺度，人是自然界的主人，人有權支配、控制、利用自然萬物。結果是隨著人類征服自然，進而不斷破壞自然，自然界固有的節奏開始混亂。自然資源大量浪費。許多珍稀動物被濫捕濫殺而瀕於滅絕的境地。大片森林被濫砍濫伐而變成沙漠。海水污染，氣候反常。自然景觀和生態平衡受到嚴重破壞。人與自然的分裂越來越嚴重，已經發展到有可能從根本上危及人類生存的地步。

以上我們對當今人類社會面臨的危機作了簡要的論述。面對這樣一種情勢，人文教育包括審美教育的重要性和緊迫性就顯得十分突出。我們不能說單靠人文教育、審美教育就可以解決人類社會面臨的危機。解決人類社會面臨的危機，是一個極其複雜的需要經濟、政治、文化以及社會生活的各個方面共同配合的巨大的系統工程，但是人文教育包括審美教育在其中有不可替代的作用。我們前面說，美育是人文教育，它引導受教育者追求人性的完滿，追求精神的自由、精神的享受，因而在各級學校及全社會普遍實施美育，對於重建人的物質生活和精神生活的平衡，對於重建人的內心生活的平衡，對於重建人與自然的關係的平衡，都會有重要的意義。

本章提要

美育屬於人文教育，它的根本目的是發展完滿的人性，使人超越「自我」的有限存在和有限意義，獲得一種精神的解放和自由，回到人的精神家園。

美育的功能主要有以下三個方面：第一，培育審美心胸和審美眼光；第二，培養審美感興能力；第三，培養健康的、高雅的、純正的審美趣味。

美育和德育有緊密的聯繫，但是不能互相代替。德育不能包括美育。最根本的區別在於美育可以使人通過審美活動而超越「自我」的有限性，在精神上進到自由境界，這是依靠德育所不能達到的。

美育可以激發和強化人的創造衝動，培養和發展人的審美直覺和想像力，所以美育對於培育創新人才有著自己獨特的、智育所不可替代的功能。

美育可以使人具有一種寬闊、平和的胸襟，這對於一個人成就大事業、大學問有非常重要的作用。

隨著社會經濟的發展，商品的文化價值、審美價值逐漸成為主導價值，文化產業成為最有前途的產業之一，因而加強美育成了 21 世紀經濟發展的迫切要求。

實施美育不能理解為僅僅開設一門或幾門美育或藝術類的課。美育應滲透在學校教育的各個環節和社會生活的各個方面。對於一所學校來說，應該注重營造濃厚的文化氛圍和藝術氛圍。對於整個社會來說，應該注重營造優良的、健康的社會文化環境。特別是大眾傳媒，應該重視自己的人文內涵，應該傳播健康的趣味和格調，引導受眾去追求一種更有意義和更有價值的人生。

實施美育不能局限於學校教育的階段。因為美育的目標和功能不僅僅是使受教育者增加知識，而是要引導受教育者追求人性的完滿，追求一個有意味、有情趣的人生，所以美育應該伴隨人的一生。其中青少年階段的美育要注意以下四點：第一，要注意使他們自由、活潑地生長，充滿歡樂，蓬勃向上；第二，要注重審美趣味、審美格調、審美理想的教育；第三，要加強藝術經典的教育；第四，要組織學生更多地接受人類文化遺產的教育。

第十五章 人生境界

本章是全書的最後一章，我們在這一章中討論人生境界的涵義以及在追求審美人生的過程中提升人生境界的問題。我們將說明，審美活動可以從多方面提高人的文化素質和文化品格，但審美活動對人生的意義最終歸結起來是提升人的人生境界。

一、什麼是人生境界

我們經常聽人說：這個人境界高，那個人境界低。這個「境界」就是指一個人的人生境界。

「境界」這個概念有好幾種不同的涵義。最早「境界」是疆域的意思。後來佛教傳入中國，佛經中有「境界」的概念，那是指心之所對、所知，接近西方哲學所說的「對象」。到了中國文化環境中，人們使用「境界」這個概念，一般有三種不同的涵義。第一種，是指學問、事業的階段、品位。如王國維所說：「古今之成大事業、大學問者，必經過三種之境界。『昨夜西風凋碧樹，獨上高樓，望盡天涯路。』此第一境也。『衣帶漸寬終不悔，為伊消得人憔悴。』此第二境也。『眾裡尋他千百度，驀然回首，那人卻在燈火闌珊處。』此第三境也。」[968] 第二種，是指審美對象，也就是我們所說的審美意象。王國維在《人間詞話》中用的「境界」的概念，多數是在這種意義上

註968 王國維：《人間詞話》，《王國維文集》第一卷，第147頁，中國文史出版社，1997。

使用的。如我們在本書中引用過的：「夫境界之呈於吾心而見於外物者，皆須臾之物。惟詩人能以此須臾之物，鐫諸不朽之文字，使讀者自得之。」[969] 這裡的「境界」，就是指審美意象。[970] 第三種，是指人的精神境界、心靈境界，也就是我們說的人生境界。我們在這裡用的就是這一涵義。當然，在這個意義上使用的「境界」的概念，可以同時包含第一種的涵義即品位的涵義。

人生境界的問題，是中國傳統哲學十分重視的一個問題。馮友蘭認為，人生境界的學說是中國傳統哲學中最有價值的內容。

馮友蘭在他的很多著作中，特別是在他的《新原人》（1943）一書中，對人生境界的問題進行過詳細的討論。

馮友蘭說，從表面上看，世界上的人是共有一個世界，但是實際上，每個人的世界並不相同，因為世界對每個人的意義並不相同。

人和動物不同。人對於宇宙人生，可以有所暸解，同時人在做某一件事時，可以自覺到自己在做某一件事。這是人和動物不同的地方，就是人的生活是一種有覺解的生活。這裡的解（暸解），是一種活動，而覺（自覺）則是一種心理狀態。

宇宙間的事物，本來是沒有意義的，但有了人的覺解，就有意義了。在這個意義上可以說，人的覺解照亮了宇宙。宇宙間如果沒有人，沒有覺解，則整個宇宙就是在「無明」中。所以朱熹引一個人的詩說：「**天不生仲尼，萬古長如夜。**」這句詩中的孔子可作為人的代

註969 同上書，第173頁。

註970 王國維《人間詞話》中的「意境」的概念，在多數情況下也是指審美意象。我們在第六章中曾提到過。

表，意思就是說，沒有人的宇宙，只是一個混沌。

就每個人來說，他對宇宙人生的覺解不同，所以宇宙人生對於他的意義也就不同。這種宇宙人生的不同的意義，也就構成了每個人的不同的境界。

不同的人可以做相同的事，但是根據他們不同程度的理解和自覺，這件事對於他們可以有不同的意義。馮友蘭舉例說，二人同遊一名山。其一是地質學家，他在此山中，看見的是某種地質構造。其一是歷史學家，他在此山中，看見的是某些歷史遺跡。因此，同此一山，對這二人的意義是不同的。有許多事物，有些人視同瑰寶，有些人視同糞土。事物雖同是此事物，但它對於每人的意義，則可有不同。就存在說，每個人所見的世界以及其間的事物，是共同的，但就意義來說，則隨每個人的覺解的程度的不同，而世界以及其間的事物，對於每個人的意義也不相同。所以說，每個人有自己的世界。也就是說，每個人有自己的境界。世界上沒有兩個人的境界是完全相同的。[971]

馮友蘭關於人生境界的論述，對我們很有啟發。但他的論述也有不足。不足主要有兩點。第一，馮友蘭認為一個人的覺解（瞭解和自覺）決定這個人的人生境界。這樣，他就把人生境界完全歸於理性的層面。但人生境界是一個人的精神世界的整體，它不僅有理性的層面，還有感性的、情感的層面和超理性的層面。第二，他似乎過於強調境界問題是一個思想領域的問題，因而不太重視一個人的人生境界和他的生活世界的緊密聯繫。他常常說，兩個人做同樣的事，可以有不同的境界。差別就在

註971 以上馮友蘭有關境界的論述見《新原人》，《三松堂文集》第四卷，第471 ~ 477、496 ~ 509頁，河南人民出版社，2000。

於覺解的不同。他忽略了一點，即境界對一個人的生活實踐有指引的作用，所以不同境界的人固然可以做同樣的事，但在更多的情況下，是不同境界的人做不同的事，即便做同樣的事，也會有不同的做法。不同境界的人，必然趣味不同，言行舉止、愛好追求、生活方式等等也必然不同。一個小孩落水了，甲袖手旁觀，乙跳下水去搶救，這是境界不同。面對一項工作任務，甲嘔心瀝血，乙敷衍了事，這也是境界不同。四川汶川發生大地震，學校的房屋倒塌，一位教師全身趴在桌子上面，犧牲自己的生命來保護桌子下面的四位學生，而另一位教師則拋下學生自己首先往外逃跑，這更是境界的不同。

張世英在《哲學導論》（2002）、《天人之際》（1995）等著作中也用較大的篇幅討論人生境界的問題。

張世英用王陽明所說的「人心一點靈明」來說明人生境界。

張世英說，人與動物不同，就在於人有這點「靈明」，正是這點「靈明」照亮了人生活於其中的世界，於是世界有了意義。**「境界」就是一個人的「靈明」所照亮的有意義的世界。動物沒有自己的世界。**

張世英的這個說法，和我們在前面介紹的馮友蘭的說法是很相似的。

但是張世英對於「境界」的論述，也有一些與馮友蘭不同的地方，還有一些是馮友蘭沒有談到的地方。至少有以下三點：

第一，馮友蘭說的「境界」，關鍵是「覺解」，即一個人對於宇宙人生的覺悟和暸解。一個人的「覺解」，就是宇宙人生對於他具有的意義，這種「覺解」就構成了他的精神境界。所以馮友蘭說的精神境界完全是理性層面的東西。張世英說的「境界」，並不限於主觀的「覺解」。他認為，每個人的境界都是由天地萬物的無窮關聯形成的，這無窮的關聯包

括自然的（遺傳因素，生長的地理環境）、歷史的（時代）、文化的（文化背景）、教育的（所受教育）等等因素，一直到每個人的具體環境和具體遭遇。這些關聯是每個人形成自己境界的客觀因素。當然，這些客觀因素都融進了主觀的精神世界。所以他說：「境界乃是個人在一定的歷史時代條件下、一定的文化背景下、一定的社會體制下、以至某些個人的具體遭遇下所長期沉積、鑄造起來的一種生活心態和生活方式，也可以說，境界是無窮的客觀關聯的內在化。這種內在化的東西又指引著一個人的各種社會行為的選擇，包括其愛好的風格。一個人的行為選擇是自由的——自我決定的，但又是受他的生活心態和生活模式即境界所指引的。」[972] 從張世英的論述可以看出，他理解的境界是人的精神世界的整體，並不限於理性的層面。同時，他比較重視人的精神境界與「生活世界」的聯繫。當然，人的精神世界與「生活世界」雖有聯繫，但並不是一個概念，應該加以區別。

第二，張世英認為，從時間的角度看，「境界」是個交叉點，是人活動於其中的「時間性場地」（「時域」），是一個由過去與未來構成的現實的現在，或者說，是一個融過去、現在與未來為一的整體。這就是每個人所擁有的自己的世界。「一個人的過去，包括他個人的經歷、思想、感情、慾望、愛好以至他的環境、出身等等，都積澱在他的這種『現在』之中，構成他現在的境界，從而也可以說構成他現在的整個這樣一個人；他的未來，或者說得確切一點，他對未來的種種嚮往、籌劃、志向、志趣、盤算等等，通俗地說，也就是，他對未來想些什麼，也都構成他現在的整個這樣一個人。從這個方面

註972 張世英：《哲學導論》，第 84 頁，北京大學出版社，2002。

看，未來已在現在中『先在』。」[973] 所以，「每個人當前的境界就像『槍尖』一樣，它是過去與未來的交叉點和集中點，它放射著一個人的過去與未來。一個詩人，他過去的修養和學養，他對遠大未來的憧憬，都決定著他現在的詩意境界；一個過去一向只有低級趣味，對未來只知錙銖必較的人，他當前的境界也必然是低級的」。[974]

第三，張世英認為，境界對一個人的生活有一種指引、導向的作用。境界可以說是濃縮一個人的過去、現在與未來三者而成的一種心理導向，一種「思路」或「路子」。「人生就是人的生活、人的實踐，人生所首先面對的就是人所生活於其中、實踐於其中的生活世界。但人在這個生活世界中怎樣生活、怎樣實踐，這就要看他的那點「靈明」怎樣來照亮這個世界，也就是說，要看他有什麼樣的境界。」[975] 境界指引每個人的生活和實踐。「一個只有低級境界的人必然過著低級趣味的生活，一個有著詩意境界的人則過著詩意的生活。」[976]

當然，境界的這種指引作用往往是不自覺的、無意識的。「有某種境界的人，幾乎必然有某一種的言行舉止，而他自己並不清楚地意識到他處於何種境界之中，但有識之士會聞其聲而想見其為人，即是說，能從其言行中判斷他有什麼樣的境界。甚至一個人的服裝也往往能顯露出他的境界，顯露出他所內在化的各種客觀的社會歷史結構和意義。」[977]「社會歷史是一個無情的大舞台，它讓具有各種境界的角

註973 同上書，第 79～80 頁。

註974 同上。

註975 張世英：《哲學導論》，第 79～80 頁。

註976 同上。

註977 同上書，第 84 頁。

色在意識不到自己的境界的情況下充分自由地進行各種自具特色的表演活動，相互角逐，相互評判。」**978**

張世英關於「境界」的論述，可以看作是對於馮友蘭的論述的某種補充。

把馮友蘭的論述和張世英的論述加以融合，可以得出對於境界的比較全面的看法。

境界（人生境界、精神境界）是一個人的人生態度，它包括馮友蘭說的覺解（對宇宙人生的瞭解和對自己行為的一種自覺），也包括張世英說的感情、慾望、志趣、愛好、嚮往、追求等等，是濃縮一個人的過去、現在、未來而形成的精神世界的整體。

一個人的境界作為他的精神世界是主觀的，但這種主觀精神世界的形成有客觀因素，如一個人的時代環境、家庭出身、文化背景、接受的教育、人生經歷等等，總起來說就是一個人的生活世界。境界是一個人的生活世界（無窮的客觀關聯）的內在化。

境界是一種導向。**一個人的境界對於他的生活和實踐有一種指引的作用。一個人有什麼樣的境界，就意味著他會過什麼樣的生活。**境界指引著一個人的各種社會行為的選擇，包括他愛好的風格。如張世英所說，一個只有低級境界的人必然過著低級趣味的生活，一個有著詩意境界的人則過著詩意的生活。

每個人的境界不同，宇宙人生對於每個人的意義和價值也就不同。從表面看，大家共有一個世界，實際上，每個人的世界是不同的，每個人的人生是不同的，因為每個人的人生的意義和價值是不同的。所以我們

註978 同上。

可以說，**一個人的境界就是一個人的人生意義和價值。**

　　一個人的精神境界，表現為他的內在的心理狀態，中國古人稱之為「**胸襟**」、「**胸次**」、「**懷抱**」、「**胸懷**」。當代法國社會學家布迪厄（Pierre Bourdieu, 1930～2002）稱之為「**生存心態**」（Habitus）。一個人的精神境界，表現為他的外在的言談笑貌、舉止態度，以至於表現為他的生活方式，中國古人稱之為「**氣象**」、「**格局**」。布迪厄則稱之為「**生活風格**」（Le style de la vie）。

　　「胸襟」、「氣象」、「格局」，作為人的精神世界，好像是「虛」的，是看不見、摸不著的，實際上它是一種客觀存在，是別人能夠感覺到的。北宋文學家黃庭堅稱讚周敦頤（北宋理學家）「胸中灑落，如光風霽月」。[979] 程顥的學生說程顥與人接觸「渾是一團和氣」。[980] 程頤說程顥給他的印象：「視其色，其接物也，如春陽之溫；聽其言，其入人也，如時雨之潤。」[981] 馮友蘭說，他在北大當學生時，第一次到校長辦公室去見蔡元培，一進去，就感覺到蔡先生有一種「光風霽月」的氣象，而且滿屋子都是這種氣象。[982] 這些話都說明，一個人的「氣象」，別的人是可以感覺到的。

　　對於古代的人，我們今天不可能和他面對面的接觸，但還是可以從他們遺留下來的語言文字中，感覺到他們的氣象。司馬遷說：「余讀孔氏

註979　朱熹：〈周敦頤事狀〉，《周敦頤集》，第 91 頁。

註980　《程氏外書》卷十二引《上蔡語錄》。

註981　程頤：〈明道先生行狀〉，《程氏文集》卷十一。

註982　馮友蘭：〈三松堂自序〉，《三松堂全集》第一卷，第271頁，河南人民出版社，2000。

書，想見其為人。」**983** 二程說：「仲尼，天地也。顏子，和風慶雲也。孟子，泰山岩岩之氣象也。觀其言皆可以見之矣。」**984** 二程並沒有見過孔子、顏子、孟子，但他們從孔子、顏子、孟子留下的著作中可以見到他們的氣象。**985** 程頤還說，要想學習聖人，必須「熟玩」聖人的氣象。**986**

　　以上是從消極方面說，一個人的精神境界，別的人是可以感覺到的。從積極方面說，一個人的精神境界如果達到一種高度，那就有可能影響到周圍的人，產生一種「春風化雨」的作用。馮友蘭在回憶蔡元培的文章中說：「蔡先生的教育有兩大端，一個是春風化雨，一個是兼容並包。依我的經驗，兼容並包並不算難，春風化雨可真是太難了。春風化雨是從教育者本人的精神境界發出來的作用。沒有那種精神境界，就不能發生那種作用，有了那種境界，就不能不發生那種作用，這是一點也不能矯揉造作，弄虛作假的。也有人矯揉造作，自以為裝得很像，其實，他越矯揉造作，人們就越看出他在弄虛作假。他越自以為很像，人們就越看著很不像。」**987**

註983 司馬遷：《史記‧孔子世家》。

註984 《程氏遺書》卷五。原書未注明此話為二程中何人所說。

註985 由這一點，馮友蘭對今人畫古人畫像的「像」「不像」的問題發表了一番很精彩的議論。他說：拿孔子來說，孔子已經死了將近三千年了，現在誰也沒有見過孔子，孔子也沒有留下照片，那麼你畫的孔子怎樣算像，怎樣算不像？這麼說來，今天畫孔子就沒有一個像不像的問題了，就可以隨便畫了？不。今天畫孔子仍然有一個像不像的問題，不能隨便亂畫。因為孔子用他的思想和言論已經在後人心目中塑造了一個孔子的形象。這就是作孔子畫像的畫家必須憑藉的依據。（見馮友蘭：《論形象》，《三松堂全集》第十四卷，第334～335頁，河南人民出版社，2000。）

註986 《二程遺書》卷十五。

註987 馮友蘭：《我們所認識的蔡孑民先生》，《三松堂全集》第十四卷，第218頁，河南人民出版社，2000。

當代西方思想家如傅柯、布迪厄等人都十分強調人的「生存心態」、「生活風格」、「文化品味」的意義，這說明，在當代西方哲學家和美學家那裡，人生境界的問題也越來越受到高度的重視。

二、人生境界的品位

　　在中國很多古代思想家看來，一個人的一生，最重要的是要追求一種高品位的人生境界。

　　馮友蘭把人生境界分為四個品位：自然境界，功利境界，道德境界，天地境界。不同境界的人，世界和人生對於他們的意義是不一樣的。

　　最低的境界是自然境界。處在這種境界中的人，只是按習慣做事，他並不清楚他做的事的意義。他也可能做成一些大事業，但他在做這種大事業時也依然是「莫知其然而然」。比這高一層的是功利境界。處在這種境界中的人，他的一切行為都是為了他自己的「利」。對於這一點，他是自覺的。他可以積極奮鬥，也可以做有利於他人的事，甚至可以犧牲自己，但目的都是為了自己的「利」。如秦皇漢武，他們做了許多功在天下、利在萬世的事，他們是蓋世英雄，但他們的目的都是為了自己的「利」，所以他們的境界是功利境界。比這再高一層的是道德境界。處在這種境界中的人，他的一切行為都是為了行「義」。所謂行「義」，是求社會的利。因為他已有一種覺解，即人是社會的一部分，只有在社會中，個人才能實現自己，發展自己。功利境界的人，是求個人的利，道德境界的人，是求社會的利。功利境界的人，他的行為是以「佔有」為目的，道德境界的人，他的行為是以「貢獻」為目的。功利境界的人，他的行為的目的是「取」，即便有時是「予」，他的目的也還是「取」；道德境界中的人，他的行為的目的是「予」，即便有時是「取」，他的目的也

還是「予」。最高一層是天地境界。處在這個境界中的人，他的一切行為的目的是「事天」。因為他的有一種最高的覺解，即人不但是社會的一部分，而且是宇宙的一部分，因此人不但對社會應有貢獻，而且對宇宙也應有貢獻。這是「知天」。「知天」所以能「事天」。「知天」所以能「樂天」、「同天」。「樂天」是他的所見、所行對他都有新的意義，所以有一種樂。這是一種最高的精神愉悅。「同天」是自同於宇宙大全，消解了「我」與「非我」的分別，進入儒家所謂「萬物皆備於我」、道家所謂「與物冥」的境界。

這四種境界，就高低的品位或等級說，是一種辯證的發展。自然境界，需要的覺解最少，可以說是一個混沌。功利境界和道德境界依次需要更多的覺解。天地境界，需要最多的覺解。天地境界，又似乎是一個混沌。但這種混沌，並不是不曉解，而是大曉解。這是覺解的發展。同時，這也是「我」的發展。在自然境界中，人不知有「我」。在功利境界中，人有「我」。在道德境界中，人無「我」。這裡的有「我」，是指有「私」；無「我」，是指無「私」。在天地境界中，人亦無「我」。這是大無「我」。但是這種無「我」，卻因為真正曉解「我」在社會和宇宙中的地位，因而充分發展了「真我」，所以在道德境界和天地境界中的人，才可以說真正的有「我」。**988**

馮友蘭認為，因境界有高低，所以不同的境界，在宇宙間有不同的地位，具有不同境界的人，在宇宙間也有不同的地位。

馮友蘭認為，從表面上看，世界對任何人都是一樣的，但實際上

註988 以上見馮友蘭《新原人》，見《三松堂全集》第四卷，第496～509頁，河南人民出版社，2000。

每個人所享受的世界的大小是不一樣的。境界高的人，他實際享受的世界比較大；境界低的人，他實際享受的世界比較小。因為一個人所能實際享受的世界，必定是他所能感覺和瞭解的世界。頤和園的玉蘭花，從表面上看，是任何人都能享受的世界，實際上很多人並不能享受。這並不是說這些人買不起頤和園的門票，而是說玉蘭花對這些人沒有意義。某地有位富豪得了癌症在家休養。一天他太太陪他到公園散步。這時一陣清風吹來，他感到十分爽快。他感嘆道：「怎麼我過去就沒有這種享受呢？」就是說，這時他省悟到，在他過去的生活中，清風明月不是他能夠實際享受的世界。這也不是錢的問題。他是富豪，當然有錢，再說清風明月也不用花錢買。問題是清風明月對他沒有意義。這是他的境界決定的。

馮友蘭對人生境界所作的區分，是大的分類。實際上，人生境界可以作出更細的區分。就拿馮友蘭說的功利境界來說，處在這個境界中的人，情況也是千差萬別，可以分出不同的等級和品位。同樣，同是處在道德境界中的人，還可以作出更細的區分。同時，就某一個人來說，這種人生境界的區分也不是絕對的。也就是說，一個人的人生境界，可以既有功利境界的成分，也有道德境界的成分，而不一定是純粹的功利境界，或純粹的道德境界。

馮友蘭所說的最高的人生境界即天地境界，是消解了「我」與「非我」的分別的境界，是「天人合一」、「萬物一體」的境界，因而也就是一種超越了「自我」的有限性的審美境界。

中國古代很多思想家都表述了這種思想。

最早談到這一點的是孔子。據《論語》記載，孔子有一次和幾位學生在一起，他要學生們談談各自的志向。子路、冉有希望有機會治

理一個國家，公孫赤希望做一名禮儀官。曾點說：我的追求和他們三位講的不一樣。孔子說：那有什麼關係，不過各人談談自己的志向罷了。於是曾點就說出了自己的志向：「莫春者，春服既成，冠者五六人，童子六七人，浴乎沂，風乎舞雩，詠而歸。」意思是說，在暮春時節，穿著春天的服裝，和五六位成年人、六七位少年，在沂水邊游泳，在舞雩台（古代祭天祈雨的地方）上吹吹風，然後唱著歌回家。孔子聽了，「喟然歎曰：『吾與點也。』」[989] 就是說，我還是比較贊同曾點的追求啊！這是很有名的一場對話。孔子這四位學生所談的不同的志向，反映出他們不同的人生境界。孔子的話表明，儘管他十分重視一個人要為社會作貢獻，但是在他心目中，一個人應該追求的最高的精神境界，是一種人與人融合、人與天（自然）融合的境界，是一種審美的境界，也就是馮友蘭說的天地境界。

在魏晉時期，郭像也談到這個問題。

郭象哲學十分重視心靈境界的問題。郭象認為，最高的心靈境界乃是一種「玄冥之境」。「玄冥之境」的特點是「玄同彼我」、「與物冥合」——「取消物我、內外的區別和界限，取消主觀與客觀的界限，實現二者的合一。所謂『玄同』，就是完全的、直接的同一，沒有什麼中間環節或中介，不是經過某種對象認識，然後取得統一，而是存在意義上的合一或同一。」[990]

在一般情況下，「由於存在者把自己與世界隔離，從自己的慾望出發，運用自己的知性去認識世界，這樣反而受到了蒙蔽」，「不能

註989　《論語‧先進》。

註990　蒙培元：《心靈超越與境界》，第266頁，人民出版社，1998。

實現『與物冥合』的心靈境界」**991**。如果存在者敞開心胸，擺脫知性與慾望的糾纏，使存在本身呈現出來，這就是「自得」。「自得」的意義就是「無心」。**992**「無心者與物冥而未嘗有對於天下也。」**993** 與天下無對，就是不與天地萬物相對而立，就是超越主客二分，不以自己為主體，以萬物為對象。**994**

這種「與物冥合」的境界，是一種自我超越，也是一種自我實現。所謂自我超越，就是克服主客二分，實現與天下無對的「玄冥之境」，即「玄同彼我，泯然與天下為一」的本體境界。所謂自我實現，就是清除遮蔽，使「真性」完全而毫無遮蔽地呈現出來，自我與真我完全合一，實現了自己的本性存在。**995**

馮友蘭認為，郭象提出「玄冥之境」，是追求一種超越感和解放感。一個人作為一個感性個體的存在，總是有局限的。如果不能突破這種局限，那就好像被人吊在空中，就是郭象所說的「懸」。這樣的人只有低級趣味，就是郭象所說的「鄙」。一個人如果做到無我、無私，就能超越個體存在的局限，從個體存在的種種限制和束縛中解放出來，獲得一種新的精神狀態，那就叫做「灑落」。馮友蘭認為，魏晉玄學家所闡發的超越感、解放感，構成了一代人的精神面貌，就是所謂晉人風流。**996**

註991 同上。

註992 同上書，第267頁。

註993 郭象：《莊子·齊物論注》。

註994 蒙培元：《心靈超越與境界》，第268頁。

註995 同上書，第269頁。

註996 以上馮友蘭的論述，見馮友蘭《中國哲學史新編》第四冊，第205 ～ 207頁，人民出版社，1986。

從我們今天的眼光看，郭像說的「玄同彼我」、「與物冥合」，就是要超越主客二分，要從個體生命的感性存在的局限中解放出來。這就是審美活動（美和美感）的本質。所以，郭象所追求的精神境界，實質是一種審美境界。

在魏晉玄學之後，對人生境界問題談得比較多的是宋明理學的思想家。

宋明理學的宗師周敦頤提出一個「尋孔顏樂處」的問題，後來成為宋明理學的重大課題。

所謂「孔顏樂處」，是指《論語》所記孔子的兩段話：

飯疏食飲水，曲肱而枕之，樂亦在其中矣。不義而富且貴，於我如浮雲。[997]

一簞食，一瓢飲，在陋巷，人不堪其憂，回也不改其樂。賢哉回也。[998]

這兩段話意思是說，一個人在貧窮的環境中也可以有快樂幸福的體驗。孔子不是說，貧窮本身就是一種幸福快樂。孔子和顏回所樂的並不是貧窮本身，他們只是在貧窮的環境中仍「不改其樂」。他們所樂的是什麼呢？這就是一個問題。所以周敦頤要程顥、程頤兄弟「尋孔顏樂處，所樂何事」。[999] 孔顏樂處並不是貧窮本身，而是他們具有一種精神境界，這種精神境界是超功利、超道德的，正是這種精神境

註997 《論語·述而》。

註998 《論語·雍也》。

註999 程顥說：「昔受學于周茂叔，每令尋顏子仲尼樂處，所樂何事。」（《程氏遺書》二上，《二程集》，第 16 頁，中華書局，1981。）

界帶給他們一種「樂」，這是高級的精神享受。

我們在前面第四章曾提到，周敦頤喜歡「綠滿窗前草不除」。周敦頤從窗前青草體驗到天地有一種「生意」，這種「生意」是「我」與萬物所共有的。這種體驗給他一種「樂」。程顥說：「某自再見周茂叔後，吟風弄月以歸，有『吾與點也』之意」。**1000** 程顥得到了人與自然界融為一體的體驗，這種體驗帶給他一種快樂，一種精神享受。他又有詩描述自己的「樂」：「萬物靜觀皆自得，四時佳興與人同。」「雲淡風輕近午天，望花隨柳過前川。」他體驗到人與人的和諧，人與大自然的和諧，「渾然與物同體」。這是一種「仁者」的胸懷。有了這種胸懷，對於世俗的富貴貧賤，對於一切個人的得失，都不會介意了。由此而生出的「樂」，就是「孔顏樂處」的境界。他們所樂的就是這種精神境界。這種境界，就是郭像說的「灑落」的境界。所以黃庭堅讚揚周敦頤：「胸中灑落，如光風霽月。」

宋明理學的思想家們都強調，**一個學者，不僅要注重增加自己的學問，更重要的還要注重拓寬自己的胸襟，涵養自己的氣象，提升自己的人生境界。**

從中國古代哲學家關於人生境界的論述，我們可以看到，在很多古代哲學家的心目中，最高的人生境界是一種「天人合一」、「萬物一體」的境界，也就是一種審美境界。孔子的「吾與點也」的境界，追求「天人合一」，是一種審美的境界。郭象的「玄同彼我」、「與物冥合」的境界，如馮友蘭所說是追求一種「超越感」和「解放感」，也是一種審美的境界。宋明理學家討論的「孔顏樂處」的境

註1000　《河南程氏遺書》卷三。

界，「渾然與物同體」，也是一種審美的境界。

在現當代西方哲學家中，也有越來越多的人認為最高品位或等級的人生境界乃是審美境界。法國哲學家傅柯是最突出的一位。在傅柯看來，**審美活動是人的最高超越活動，它在不斷的創造中把人的生存引向人的本性所追求的精神自由的境界。**這是別的活動不能做到的。

三、人生境界體現於人生的各個層面

（一）人生的三個層面

一個人的人生可以分為三個層面。

第一個層面，是一個人的日常生活的層面，就是我們平常說的柴米油鹽、衣食住行、送往迎來、婚喪嫁娶等等「俗務」。這種個人的日常生活一般是以家庭為單位的。人生的這個俗務的層面常常顯得有些乏味。柴米油鹽常常顯得乏味。送往迎來有時也很乏味。但這是人生不可缺少的層面。過去說有人可以「不食人間煙火」，其實「不食人間煙火」是不可能的，即便是漂流到孤島的魯濱遜，或是藏在深山古寺裡的和尚，也不能「不食人間煙火」。

第二個層面，是工作的層面，事業的層面。社會中的每一個人，為了維持自己和家庭的生活，必須有一份工作，有一個職業。職業有各種各樣，過去大的分類是工、農、商、學、兵，現在可以分成幾十種、幾百種。一個人要有工作，要有職業，用一種比較消極的說法是為了「賺錢養家口」；用一種積極的說法就是人的一輩子應該做一番事業，要對社會有所貢獻。所以工作的層面從積極的意義上說也就是事業的層面，這是人生的一個核心的層面。

第三個層面是審美的層面，詩意的層面。前兩個層面是功利的層面，這個層面是超功利的層面。人的一生當然要做一番事業，但是人生還應該有點詩意。人生不等於事業。除了事業之外，人生還應該有審美這個層面。現代社會的一個特點是工作壓力大，競爭十分激烈，每個人每天都很忙碌，所以審美的層面往往被排擠掉了。我們經常聽到這一類對話：「最近頤和園的玉蘭花開了，你去看了嗎？」「哪有時間？沒有這個閒工夫！」人們往往把審美活動看成是沒有意義的。我們在本書中已一再說過，這種看法是不對的。審美活動儘管沒有直接的功利性，但它是人生所必需的。沒有審美活動，人就不是真正意義上的人，這樣的人生是有缺憾的。我們不能說審美的層面是人生的唯一的層面或人生的最重要的層面，但是它是人生不可缺少的一個層面。

　　人生的這三個層面應該有一個恰當的安排，有一種恰當的比例。

　　一個人不能把生活的「俗務」層面搞得太膨脹，把事業也擠掉了，把審美也擠掉了，整天想著柴米油鹽，整天和朋友在一起吃吃喝喝。這種人就是俗話說的「太俗氣了」。

　　一個人也不能把工作的、事業的層面搞得太膨脹了，整天忙忙碌碌，生活毫無詩意。這樣的人生也不是完美的人生。

　　當然，一個人也不能使審美的層面過於膨脹，把生活、事業的層面都擠掉。清朝末年、民國初期的沒落貴族的子弟中就有這種狀況。他們整日提著鳥籠子逛大街，聽戲，鬥蟋蟀，直到把祖上留下的家產全部敗光。這種人連自己都不能養活，只能消費別人的勞動創造出來的財富，當然是不可取的。

　　人生的這三個層面，可以互相滲透、互相轉化。如我們在第五章講過，日常生活的衣、食、住、行，在一定條件下可以具有審美的意

味。事業的層面，在一定條件下也可以昇華為審美的層面。很多大科學家，在他們的科學研究中感受到宇宙的崇高，從而得到一種審美的愉悅。這就是事業的層面昇華到了審美的層面。反過來，我們在前面講過，審美活動可以拓寬人的胸襟，因而也可以有助於一個人的事業的成功，在這個意義上，也可以說審美的層面轉化成了事業的層面。

（二）人生的三個層面都體現一個人的人生境界

一個人的人生境界在人生的三個層面中都必然會得到體現。

一個人的日常生活，衣、食、住、行，包括一些生活細節，都能反映他的精神境界，反映他的生存心態、生活風格和文化品位。我們在第三章曾提到巴爾札克在《風雅生活論》中引用的兩句諺語，一句是：「一個人的靈魂，看他持手杖的姿勢，便可以知曉。」一句是：「請你講話，走路，吃飯，穿衣，然後我就可以告訴你，你是什麼人。」這些諺語都是說，一個人的精神境界必然會從他日常生活的一舉一動中表現出來。

一個人的工作和事業，當然最能反映他的人生境界，最能反映他的胸襟和氣象。我們可以舉馮友蘭的幾段話來說明這一點。

馮友蘭在九十多歲高齡時，依然在寫他的《中國哲學史新編》。他對學生說，他現在眼睛不行了，想要翻書找新材料已經不可能了，但他還是要寫書，他可以在已經掌握的材料中發現新問題，產生新理解。他說：「我好像一條老黃牛，懶洋洋地臥在那裡，把已經吃進胃裡的草料，再吐出來，細嚼爛咽，不僅津津有味，而且其味無窮，其樂也無窮，古人所謂『樂道』，大概就是這個意思吧。」馮友蘭這裡說的「樂道」，就是精神的追求，精神的愉悅，精神的享受，這是一種人生境界的體現。他又說：

「人類的文明好似一籠真火，古往今來對於人類文明有所貢獻的人，都是嘔出心肝，用自己的心血腦汁為燃料，才把這真火一代一代傳下去。他為什麼要嘔出心肝？就是情不自禁，欲罷不能。這就像一條蠶，它既生而為蠶，就沒有別的辦法，只有吐絲，『春蠶到死絲方盡』，它也是欲罷不能。」馮友蘭說的「欲罷不能」，就是對人類文明的一種獻身精神，就是對個體生命有限存在和有限意義的一種超越，就是對人生意義和人生價值的不懈追求。這是一種人生境界的體現。

一個人的人生審美層面當然也體現一個人的人生境界。

我們在第五章提到的明末清初文學家張岱的《西湖七月半》就是一個很好的例子。在七月半的西湖邊上，同樣都在欣賞月亮，但是他們欣賞的方式和趣味顯示出完全不同的精神境界。

《紅樓夢》裡也有兩個很好的例子。

一個例子是大觀園詩會上薛寶釵和林黛玉二人所寫的兩首詩。一首是詠白海棠。[1001] 先看薛寶釵的詩：「珍重芳姿晝掩門，自攜手甕灌苔盆。胭脂洗出秋階影，冰雪招來露砌魂。淡極始知花更艷，愁多焉得玉無痕。欲償白帝憑清潔，不語婷婷日又昏。」再看林黛玉的詩：「半卷湘簾半掩門，碾冰為土玉為盆。偷來梨蕊三分白，借得梅花一縷魂。月窟仙人縫縞袂，秋閨怨女拭啼痕。嬌羞默默同誰訴，倦倚西風夜已昏。」另一首是柳絮詞。[1002] 薛寶釵寫的是〈臨江仙〉：「白玉堂前春解舞，東風捲得均勻。蜂圍蝶陣亂紛紛：幾曾隨逝水？豈必委芳塵？萬縷千絲終不改，任它隨聚隨分，韶華休笑本無根：好風憑藉

註1001 《紅樓夢》第三十七回。

註1002 《紅樓夢》第七十回。

力，送我上青雲。」林黛玉寫的是〈唐多令〉：「粉墮百花州，香殘燕子樓。一團團、逐對成球。飄泊亦如人命薄，空繾綣，說風流。草木也知愁，韶華竟白頭。嘆今生、誰舍誰收？嫁與東風春不管，憑爾去，忍淹留！」對照一下這兩個人的詩詞，薛寶釵的「淡極始知花更艷」、「好風憑藉力，送我上青雲」，寫出了薛寶釵的趣味、格調和人生追求，林黛玉的「倦倚西風夜已昏」、「嘆今生、誰舍誰收」，寫出了林黛玉悲苦、飄零的人生感嘆，兩個人的詩映照出兩種不同的性格和命運，體現出兩種不同的人生境界。

再一個例子，是賈寶玉到馮紫英家喝酒。[1003] 在座的還有薛蟠、唱小旦的蔣玉菡、妓女雲兒。在酒席上行酒令，大家各唱一支曲子。寶玉唱的是：「滴不盡相思血淚拋紅豆，開不完春柳春花滿畫樓，睡不穩紗窗風雨黃昏後，忘不了新愁與舊愁。咽不下玉粒金蒓噎滿喉，照不見菱花鏡裡形容瘦。展不開的眉頭，捱不明的更漏。呀，恰便似遮不住的青山隱隱，流不斷的綠水悠悠。」馮紫英也是一位貴族子弟，他唱的是：「你是個可人，你是個多情，你是個刁鑽古怪鬼精靈，你是個神仙也不靈，我說的話兒你全不信，只叫你去背地裡細打聽，才知道我疼你不疼！」薛蟠被人稱為「呆霸王」，不過略識幾字，雖是皇商，卻什麼都不管，終日只是鬥雞走馬、聚賭嫖娼。他唱的只有兩句：「一個蚊子哼哼哼，兩個蒼蠅嗡嗡嗡」。蔣玉菡唱的是：「可喜你天生成百媚嬌，恰便似活神仙離碧霄。度青春，年正小；配鸞鳳，真也著。呀！看天河正高，聽譙樓鼓敲，剔銀燈同入鴛幃悄。」從這四個人唱的曲子，可以非常清楚地看到他們的感情、慾望、志趣、愛好、嚮往、追求的不同，也就是人生境界的不同。一個人

註1003 《紅樓夢》第二十八回。

的人生境界是一個人生活世界的內在化，這四個人的人生境界的不同，也就反映出這四個人的生活世界的不同。

四、追求審美的人生

一個人有什麼樣的人生境界，就有什麼樣的人生態度和人生追求，或者說，就有什麼樣的「生存心態」和「生活風格」（用布迪厄的概念）。一個有著最高人生境界即審美境界（馮友蘭稱之為天地境界）的人，必然追求審美的人生。反過來，如果一個人在自己的生活實踐中能夠有意識地追求審美的人生，那麼他同時也就在向著最高的層面提升自己的人生境界。

朱光潛在《談美》一書中提倡人生的藝術化。人生的藝術化，就是追求審美的人生。

什麼是審美的人生？

在我們看來，**審美的人生就是詩意的人生，創造的人生，愛的人生。**

（一）詩意的人生

什麼是詩意的人生？或者換一個說法，什麼是海德格說的「詩意地棲居」？

詩意的人生就是回到人的生活世界。

我們在第一章說過，生活世界乃是人的最基本的經驗世界，是最本原的世界。在這個世界中，人與萬物之間並無間隔，而是融為一體的。這個生活世界就是中國美學說的「真」、「自然」。

在這樣的世界中，人生是充滿詩意的。這就是人的精神家園。

但是在世俗生活中，我們習慣於用主客二分的眼光看待世界，世界上的一切事物對於我們都是認識的對象和利用的對象。人與人之間，人

與萬物之間，就有了間隔。人被局限在「自我」的有限的天地之中，有如關進了一個牢籠，用陶淵明的話來說，就是落入了「樊籠」、「塵網」，用日本哲學家阿部正雄的話來說，就是「這一從根本上割裂主體與客體的自我，永遠搖盪在萬丈深淵裡，找不到立足之處」。

德國哲學家馬丁‧布伯把人生區分為兩種，「我—你」人生和「我—它」人生。「我—它」人生又稱為「被使用的世界」（the world to be used），就是把世界的一切都作為我認識、利用的對象，都是滿足我的利益、需要、欲求的工具。這樣，我把一切存在者都納入時空的框架和因果聯繫之中，一切存在者都是與我分離的對象。這就是「間接性」。而「我—你」人生則超越主客二分，所以又稱為「相遇的世界」（the world to be met）。「相遇」就是與人的靈魂深處直接見面。比如一棵樹，「我凝神觀照樹，進入物我不分之關係中」[1004]。與我相遇的不是樹的屬性和本質，不是樹的物理運動、化學變化等等，而是不可分割的樹本身。這是無限的「你」，「萬有皆棲居於他的燦爛光華中」[1005]。沒有任何概念體系、目的慾求阻隔在「我」與「你」之間。這是關係的「直接性」。這是現在。「**當人沉湎於他所經驗所利用的物之時，他其實生活在過去裡。在他的時間中沒有現時。除了對象，他一無所有，而對象滯留於已逝時光。**」[1006]「現在」不是轉瞬即逝、一掠而過的時辰，它是當下，是常駐，而「對象」則是靜止、中斷、僵死、凝固，是現時的喪失。「**本真的存在佇立在現時中，對象的存在蜷縮在過去裡。**」[1007]「我—你」的人生是超

註1004　馬丁‧布伯：《我與你》，第 22 頁，三聯書店，1986。

註1005　同上書，第 23 頁。

註1006　同上書，第 28 頁。

註1007　同上。

越主客二分的人生，是詩意的人生，是當下的人生，是把握「現在」的人生，而「我—它」的人生則是主客分離的把一切作為對象的人生，是黑格爾說的散文化的人生，是生活在過去裡的人生，是喪失「現在」的人生。**對於這樣的人，一切都是過去式的。**所以張世英說，**這樣的人「只能生活在過眼煙雲之中」。**[1008]

詩意的人生就是跳出「自我」，跳出主客二分的限隔，用審美的眼光和審美的心胸看待世界，照亮萬物一體的生活世界，體驗它的無限意味和情趣，從而享受「現在」，回到人的精神家園。

我們有時會聽到有人說：「人活得真沒有意思。」感到自己活得沒有意思，當然可能有種種原因。但是在很多情況下是由於功利的眼光和邏輯的眼光遮蔽了這個有意味、有情趣的世界，從而喪失了「現在」。審美活動去掉了這種遮蔽，照亮了這個本來的世界（王夫之所說「顯現真實」），於是世間的一切都變得那麼有情味，有靈性，與你息息相通，充滿了不可言說的詩意。就像海倫·凱勒，她雖然是位盲人，但她能感受世界的美，感受人生的美。她能享受「現在」。她的人生是詩意的人生。

馬斯洛在談到「自我實現的人」時說，自我實現的人有一個特點就是更有情趣，更能感受世界之美，他們能從生活中得到更多的東西。他們帶著敬畏、興奮、好奇甚至狂喜體驗人生。「對於自我實現者，每一次日落都像第一次看見那樣美妙，每一朵花都溫馨馥郁，令人喜愛不已，甚至在他見過許多花以後也是這樣。他們見到的第一千個嬰兒，就像他見到的第一個一樣，是一種令人驚嘆的產物。」「這個人可能已經第十次擺渡過河，但當他第十一次渡河時，仍然有一種

註1008　張世英：《哲學導論》，第256頁，北京大學出版社，2002。

強烈的感受，一種對於美的反應以及興奮油然而生，就像他第一次渡河一樣。」[1009]

這就是中國古人說的「樂生」，這也就是蔡元培說的「享受人生」。一個人能夠「樂生」，「享受人生」，那麼對於他來說，他就把握了「現在」，世界一切事物的意義和價值就不一樣了。他的人生就成了詩意的人生。

豐子愷　《大樹被斬伐》

（二）創造的人生

所謂創造的人生，就是一個人的生命力和創造力高度發揮，甚至發揮到了極致。這樣的人生就充滿了意義和價值。中國古人說「生生不息」，生生不息，就是生而又生，創造再創造。生生不息就是創造的人生。

一個人的人生，最重要的就是生命和創造。創造的人生，才是有意義和有價值的人生，才是五彩繽紛的人生。創造的人生，才是審美的人生。因為人在審美活動中總是充滿著生命的活力和創造的追求。反過來，缺乏創造的人生，則是缺乏意義和價值的人生，是灰色的人生，是暗淡的人生，是索然無味的人生。

註1009　馬斯洛：《自我實現的人》，第 26 頁，三聯書店，1987。

我們可以舉兩個例子來說明什麼是創造的人生。

一個例子是朱光潛的例子。

朱光潛在「文化大革命」中被當作「反動學術權威」受到批鬥。但是「文化大革命」結束後不到三年，朱光潛就連續翻譯、整理出版了黑格爾《美學》兩大卷（文化大革命前已出版了一卷），還有《歌德談話錄》〔*Gespräche mit Goethe*, 歌德晚年最重要的助手和摯友艾克曼（J. P. Eckermann, 1792～1854）輯錄出版〕和萊辛（Gotthold Ephraim Lessing, 1729～1781）的《拉奧孔》，加起來120萬字，這時朱光潛已是八十歲的高齡了。這是何等驚人的生命力和創造力！這種生命力和創造力是和他的人生境界聯繫在一起的。有兩幅畫可以作為朱光潛的生命力、創造力和人生境界的寫照。朱光潛曾把自己八十歲以後寫的論文集在一起，取名《拾穗集》。這個名字來源於我們提到過的米勒的名畫「拾穗者」，這張畫畫的是三位鄉下婦人在夕陽微靄中彎著腰在田裡拾起收割後落下的麥穗。這個夕陽微靄中彎腰拾穗的形象，確實很能體現朱光潛的人生境界：為了對中華民族的文化和人類的文明做出盡可能多的貢獻，從不停止自己辛勤的勞作和創造。還有一幅是豐子愷的畫。畫面上是一棵極大的樹，被攔腰砍斷，但從樹的四周抽出很多的枝條，枝條上萌發出嫩芽。樹旁站有一位小姑娘，正把這棵大樹指給她的小弟弟看。畫的右上方題了一首詩：「大樹被斬伐，生機並不息，春來怒抽條，氣象何蓬勃！」豐子愷這幅畫和這首詩不正是朱光潛的生命力、創造力和人生境界的極好寫照嗎？

再一個，俄國（前蘇聯）昆蟲學家柳比歇夫（Alexander Alexandrovich Lyubishchev, 1890～1972）的例子。

俄國作家格拉寧（Daniil Alexandrovich Granin, 1919～）有一本

寫真人真事的傳記小說《奇特的一生》（Эта странная
жизнь；英文：*This Strange Life*, 1974），就是講這位柳比歇夫的
故事。這位昆蟲學家最叫人吃驚的是他有超出常人一倍甚至幾倍的生命
力和創造力。他一生發表了 70 來部學術著作。他寫了一萬二千五百張
打印稿的論文和專著，內容涉及昆蟲學、科學史、農業、遺傳學、植物
保護、進化論、哲學、無神論等等學科。他在 20 世紀 30 年代跑遍了俄
羅斯的歐洲部分，實地研究果樹害蟲、玉米害蟲、黃鼠……。他用業餘
時間研究地蚤的分類，收集了 35 箱地蚤標本，共 1.3 萬隻，其中 5 千
隻公地蚤做了器官切片。這是多麼大的工作量！不僅如此。他學術興趣
之廣泛，也令人吃驚。他研究古希臘羅馬史、英國政治史，研究宗教，
研究康德的哲學。他的研究達到了專業的程度。研究古希臘羅馬史的專
家找他討論古希臘羅馬史中的學術問題。外交部的官員也找他請教英國
政治史的某些問題。他在一篇題為「多數和單數」的文章中，提出了關
於其他星球上的生命的問題，發展理論的問題，天體生物學的問題，控
制進化過程的規律問題。柳比歇夫學術研究的領域這麼廣博，取得這麼
多的成果，並不表明他的物質生活條件十分優越。他一樣要經歷戰爭時
代的苦難和政治運動的折磨。他一樣要「花很多時間去跑商店，去排隊
買煤油和其他東西」。他也有應酬。照他自己的記錄，1969年一年，他
「收到419封信（其中 98 封來自國外），共寫283封信，發出 69 件印刷
品」。他有些書信簡直寫成了專題論文和學術論文。普通的應酬在他那
裡變成了帶有創造性的學術活動。在柳比歇夫的人生中，也沒有忽略審
美的層面。他和朋友討論但丁的《神曲》，他寫過關於果戈里、杜思妥
耶夫斯基的論文，他在晚上經常去聽音樂會。柳比歇夫超越了平常人認
為無法超越的極限，使自己的生命力和創造力發揮到了驚人的地步。他

享受生活的樂趣也比平常人多得多。

朱光潛和柳比歇夫的例子十分典型。他們的人生是創造的人生，是五彩繽紛的人生。他們一生所做的事情要比普通人多得多。威廉・詹姆斯曾說過，普通人只用了他們全部潛力的極小部分，「與我們應該成為的人相比，我們只甦醒了一半」**1010**。馬斯洛說：「我們絕大多數人都一定有可能比現實中的自己更偉大，我們都有未被利用或發展不充分的潛力。我們許多人的確迴避了我們自身暗示給我們的天職，或者說召喚、命運、使命、人生的任務等。」**1011** 格拉寧也說，「**大多數人，從來不想嘗試超越自己可能性的局限，很多人是以低於自己一倍的效率在生活**」。而朱光潛和柳比歇夫都是在他們最高的極限上生活著。他們就是馬斯洛所說的「自我實現的人」。馬斯洛說，「**創造性**」與「**自我實現**」是同義詞，「**創造性**」與「**充分的人性**」也是同義詞。**1012** 自我實現就是「充分利用和開發天資、能力、潛能等等」，「這樣的人幾乎竭盡所能，使自己趨於完美」，「他們是一些已經走到、或者正在走向自己力所能及高度的人」。**1013**

這樣的人從不停止自己的創造，直至他們生命的最後一天。19 世紀法國大畫家雷諾瓦一生沉醉於女性的人體美之中。到了晚年，在經過兩個星期的支氣管肺炎的折磨後，他從病床上起來，坐在畫架前，

註1010　轉引自弗蘭克・戈布爾《第三思潮：馬斯洛心理學》，第 58 頁，上海譯文出版社，1987。

註1011　馬斯洛：《自我實現的人》，第143頁。

註1012　弗蘭克・戈布林：《第三思潮：馬斯洛心理學》，第 28 頁。

註1013　馬斯洛：《自我實現的人》，第 4 頁

打算畫一幅瓶花。「請遞支鉛筆給我。」他對陪伴他的人說。陪伴他的人走到隔壁房間取鉛筆。回來時，藝術家已經氣絕。**1014**比雷諾瓦大約早半個世紀的法國大畫家柯洛（Jean-Baptiste Camille Corot, 1796～1875），是一位風景畫家。他晚年健康嚴重衰退。他對一位朋友說：「我看到了以前沒有看到的東西，新的顏色，新的天空，新的視野……啊，我若能把這些無邊無際的視野畫給你看，該多好呀！」三個星期後，他向新的視野走去。臨終前他說：「不由自主地，我繼續希望……我衷心希望天堂裡亦有繪畫。」**1015**

（三）愛的人生

一個人的人生充滿詩意和創造，那麼一定會給他帶來無限的喜悅，使他熱愛人生，為人生如此美好而感恩，並因此而提升自己的人生境界。詩意的人生和創造的人生必然帶來愛的人生。

審美活動使人感受到人生的美好，根本原因在於它使人超越主客二分的限隔，而沐浴在萬物一體的陽光之下。這必然使人產生愛的心情。用馬丁·布伯的話來說：「愛佇立在『我』與『你』之間。」**1016 美（萬物一體的體驗）產生愛。**我國宋明理學家認為，天地萬物一體，都屬於一個大生命世界，所以人們從對天地萬物的「生意」的觀賞中可以得到一種快樂，同時產生一種對於天地萬物的愛。日本畫家東山魁夷（Higashiyama Kaii, 1908～1999）也說：「花開花落，方顯出生命的燦爛

註1014 亨利·湯瑪斯等：《大畫家傳》，第282頁，四川人民出版社，1983。

註1015 同上書，第216頁。

註1016 馬丁·布伯：《我與你》，第 30 頁。

光華，愛花賞花，更說明人對花木的無限珍惜。地球上瞬息即逝的事物，一旦有緣相遇，定會在人們的心裡激起無限的喜悅。這不只限於櫻花，即使路旁一棵無名小草，不是同樣如此嗎？」[1017] 這就是說，天地間瞬間即逝的事物，與人相遇而相融，在人心目之中生成審美意象，從而顯示生命的燦爛光華，那就必定會激起人們心中無限的喜悅，激起人們對人生的愛。

這種對人生的愛必然和感恩的心情結合在一起。因為在萬物一體的境界中，人必然深刻地感受到作為無限整體的存在對個人生存的支持，沒有它，人不可能實現自我，人生也就失去意義。感受到這一點，人必然產生感恩的心情。馬斯洛說過，高峰體驗（審美體驗是高峰體驗的一種）會帶來一種感恩的心情。這有如信徒對於上帝的感恩之情，這也有如普通人對於命運、對於自然、對於人類、對於過去、對於父母、對於世界、對於曾有助於他獲得奇蹟的所有一切的感激之情。這種感恩之情常常表現為一種擁抱一切的胸懷，表現為對於每個人和萬事萬物的愛，它促使人產生一種「世界何等美好」的感悟，導致一種為這個世界行善的衝動，一種回報的渴望，一種崇高的責任感。[1018]

藝術的美也激起人們對人生的愛。俄國作家康斯坦丁·帕烏斯托夫斯基（Konstantin Georgiyevich Paustovsky, 1892～1968）說，他不止一次參觀過德勒斯登美術館，那裡有拉斐爾的《希斯汀聖母》和許多古代大師的作品，每次都看得熱淚盈眶。「究竟是什麼使人熱淚盈眶？是洋溢在畫面上的精神的完美和天才的威力，它激勵我們追求自身思想的純

註1017　東山魁夷：〈一片樹葉〉，見《東山魁夷散文選》，第256頁，百花文藝出版社，1989。

註1018　參看本書第二章。

潔、剛強和高尚。」「在欣賞美的時候，我們自會感到誠惶誠恐，那是我們內心淨化的先兆。**彷彿那雨，那風，那鮮花盛開的大地的呼吸，及其清新的氣息全都潛入了我們感恩的心靈，並且永遠佔領了它們。**」他又說，他走進艾米塔基博物館（Hermitage Museum），「第一次感到了做人的幸福，並且懂得了人怎樣才能日臻偉大和完美」。他說，他在那裡的雕塑廳一坐就是半天，他「越是長久地望著那些無名的古希臘雕塑家雕塑的人像或者卡諾瓦（Antonio Canova, 1757～1822）雕塑的那些露出一絲微笑的婦女，就越是清楚地懂得，**所有這些雕塑都是對人們自身高尚情操的召喚，都是人類無比純潔的朝霞的先兆**」，「**無怪海涅（Christian Johann Heinrich Heine, 1797～1856）每次去到羅浮宮，都會接連幾個小時坐在米洛的維納斯像（Vénus de Milo）旁悄悄哭泣**」。[1019] 帕烏斯托夫斯基的這些話也是說，審美活動使人感到人生的美好，產生感恩的心情，從而激勵自己追求高尚、純潔的精神境界。

愛的人生當然也包括男女之間的愛情。有了男女的愛情，人生就變得如此美好。馬斯洛說，愛情（情愛和性愛）作為一種審美體驗使人驚喜、欽慕、敬畏，並且產生一種類似偉大音樂所激起的感恩的心情。[1020]

這些思想家和藝術家的話告訴我們：審美的人生是愛的人生，是感恩的人生，是激勵自己追求高尚情操和完美精神境界的人生。

總之，追求審美的人生，就是追求詩意的人生，追求創造的人生，追求愛的人生。人們在追求審美人生的過程中，同時就在不斷拓

註1019　康·帕烏斯托夫斯基：〈發現世界的藝術〉，譯文載《世界散文精品文庫（俄羅斯卷）》，第216、218頁，中國社會科學出版社，1993。

註1020　馬斯洛：《自我實現的人》，第106頁，三聯書店，1987。

寬自己的胸襟、涵養自己的氣象，不斷提升自己的人生境界，不斷提升人生的意義和價值，最後達到最高的人生境界即審美的人生境界。這種人生境界，就是孔子的「吾與點也」的境界。**這種人生境界，就是陶淵明追求的從「塵網」、「樊籠」中掙脫出來返回「自然」的境界。這種人生境界，也就是宋明理學家所說的光風霽月般的灑落的境界。**在這種最高的人生境界當中，真、善、美得到了統一。在這種最高的人生境界當中，人的心靈超越了個體生命的有限存在和有限意義，得到一種自由和解放。在這種最高的人生境界當中，人回到了自己的精神家園，從而確證自己的存在。

本章提要

　　人生境界就是一個人的人生意義和價值。它是一個人的人生態度，包括這個人對宇宙人生的瞭解和對自己行為的一種自覺，包括這個人的感情、慾望、志趣、愛好、嚮往、追求等等，是濃縮一個人的過去、現在、未來而形成的精神世界的整體。

　　人生境界對於一個人的生活和實踐有一種指引作用。一個人有什麼樣的境界，就意味著他會過什麼樣的生活。

　　一個人的人生境界，表現為他的內在心理狀態，中國古人稱之為「胸襟」、「胸次」，當代法國社會學家布迪厄稱之為「生存心態」；一個人的人生境界，表現為他的言談笑貌、舉止態度、生活方式，中國古人稱之為「氣象」、「格局」，布迪厄則稱為「生活風格」。

　　馮友蘭把人生境界分為四個品位：自然境界，功利境界，道德境界，天地境界。具有不同境界的人，在宇宙間有不同的地位。

馮友蘭說的最高的人生境界即天地境界，是消解了「我」與「非我」的分別的境界，是「天人合一」、「萬物一體」的境界，因而也就是超越「自我」的有限性的審美境界。這種境界，也就是孔子說的「吾與點也」的境界，郭像說的「玄同彼我」、「與物冥合」的境界，宋明理學家說的「渾然與萬物同體」的境界。

　　一個人的人生可分為三個層面：日常生活的（俗務的）層面，工作的（事業的）層面，審美的（詩意的）層面。一個人的人生境界在這三個層面中都必然會得到體現。

　　一個有著審美人生境界的人，必然追求審美的人生。反過來，一個人在自己的生活實踐中能夠有意識地追求審美的人生，那麼他同時也就在向著最高的層面提升自己的人生境界。

　　審美的人生就是詩意的人生，創造的人生，愛的人生。詩意的人生（「詩意地棲居」），就是跳出「自我」，跳出主客二分的限隔，用審美的眼光和審美的心胸看待世界，照亮萬物一體的生活世界，體驗它的無限意味和情趣，從而享受「現在」，回到人類的精神家園。創造的人生，就是一個人的生命力和創造力高度發揮，從而使自己的人生充滿意義和價值，顯得五彩繽紛。一個人的人生充滿詩意和創造，一定會給他帶來無限的喜悅，使他熱愛人生，有一種擁抱一切的胸懷和對每個人以及萬事萬物的愛。這是愛的人生。愛的人生是感恩的人生。

主要參考書目

朱光潛：《文藝心理學》

朱光潛：《談美》

　　　　（以上兩書收入《朱光潛美學文集》第一卷，上海文
　　　藝出版社，1982。又收入《朱光潛全集》第一卷、
　　　第二卷，安徽教育出版社，1987。）

宗白華：《美學散步》，上海人民出版社，1981。

　　　　（這本書是宗白華的論文集。宗白華另有兩本論文
　　　集：《藝境》，北京大學出版社，1987；《美學與
　　　意境》，人民出版社，1987。這三本論文集所收論
　　　文大致相同，讀者找到其中一本即可。）

張世英：《哲學導論》，北京大學出版社，2002。

朱光潛：《西方美學史》（上下冊），人民文學出版社，
　　　　1963、1964。

凌繼堯：《西方美學史》，北京大學出版社，2004。

葉　朗：《中國美學史大綱》，上海人民出版社，1985。

朱良志：《中國美學十五講》，北京大學出版社，2006。

重要人名索引

A

○奧古斯丁（Augustins, 350～430） 13、98、294
　中世紀基督教神學的主要代表人物。著有《上帝之城》、《懺悔錄》等。

B

○巴赫金（Mikhail Mikhailovich Bakhtin, 1895～1975） 35、316、321、322、326、
　488、489
　蘇聯文學理論家，批評家。著有《藝術與責任》、《杜思妥耶夫斯基的創作問題》等，
　提出「複調小說」理論。
○鮑姆加通（Baumgarten, 1714～1762） 11、12、13、20、47
　德國美學家，第一次提出「美學（Aesthetica）」作為美學學科的名稱。著有《關於詩
　的哲學沉思錄》、《美學》（未完成）等。
○鮑桑葵（Bernard Bosanquet, 1848～1923） 13、33、496、500
　英國哲學家、美學家，新黑格爾主義的主要代表之一。著有《知識與實在》、《美學
　史》。
○畢達哥拉斯（Pythagoras, 約前580～前500） 12、50、398
　古希臘哲學家。提出「美是和諧」、「美在對稱和比例」等美學命題。
○比厄斯利（Monroe C. Beardsley, 1915～1985） 13、456
　美國當代分析美學家。著有《美學——批評哲學中的問題》、《意圖謬誤》、《西方
　美學簡史》等。
○博克（Burke, 1729～1797） 53、445、451、456
　英國哲學家、美學家。著有《關於崇高與美的觀念的根源的哲學探討》。
○柏拉圖（Plato, 前427～前347） 12、13、19、47、50～54、67、98、101、112、115、
　119、122、135、164、190、218、319、322、326、328、329、399、554
　古希臘哲學家，古希臘美學的奠基者。
○布洛（Edwatd Bullough, 1880～1934） 18、35、147、150、211
　瑞士心理學家、美學家，1912年在《作為藝術因素與審美原則的「心理距離」說》一
　文中提出「審美心理距離」說。

C

○蔡儀（1906～1992） 23、57、58、60、63、64
　中國現代美學家、文藝理論家，湖南攸縣人。著有《新美學》、《蔡儀美學論文選》
　等。

○蔡元培（1868～1940）　17、18、47、196、369、519、554、558、568、573、576、598、599、603、604、615

中國現代社會活動家、教育家，浙江紹興人，1916年任北京大學校長。大力提倡美育，在現代中國產生深遠影響。

○車爾尼雪夫斯基（Nikolay Gavrilovich Chernyshevsky, 1828～1889）　26、214、215、245、258、260、263、264、268、270、271

俄國革命民主主義思想家。提出「美是生活」的論點。著有《藝術與現實的審美關係》等。

D

○達文西（Leonardoda Vinci, 1452～1519）　185、266、281、329、367、368、414～420、422、564、583、584

意大利文藝復興時期的大藝術家與大科學家。

○丹托（Arthur C. Danto, 1924～　）　384、388～391、393

美國分析哲學家、美學家。著有《普通物品的轉化》、《藝術終結之後》、《美的濫用》等。

○德希達（Jacques Derrida, 1930～2004）　36

法國當代哲學家，解構主義的代表人物。著有《文字語言學》、《聲音與現象》等。

○杜夫海納（Mikel Dufrenne, 1910～1995）　12、13、29、93、95、102、107、122、142、327、355

法國現象學美學家。著有《審美經驗現象學》等。

○杜象（Marcel Duchamp, 1887～1968）　331、343、344、388

美國達達主義藝術家。

F

○費舍爾（Friedrich Theodor Vischer, 1807～1887）　11、255

19世紀德國美學家，著有六卷本《美學》等。

○馮友蘭（1895～1990）　34、121、199、383、384、583、584、586、592～594、597～604、606、609、610、612、622、623、

中國現代哲學家、哲學史家，河南唐河人。著有《中國哲學史》、《貞元六書》等。

○豐子愷（1898～1975）　23、26、149、150、312、616

中國現代畫家、音樂家、美育思想家，浙江崇德人。

○傅柯（Michel Foucault, 1926～1984）　13、36、171、292、582、583、600、607

法國當代哲學家。著有《詞與物》、《知識考古學》、《性經驗史》等。

○傅雷（1908～1966）　26、216、230、360、367、368、448～450

中國現代文學翻譯家、音樂家、美育思想家，上海市南匯縣人。

○弗雷澤（James George Frazer, 1854～1941）　36　19

英格蘭社會人類學家，神話學和比較宗教學的先驅。著有《金枝》等。

○佛洛伊德（Sigmund Freud, 1856～1939） 18、35、184～190、491
奧地利心理學家，精神分析心理學的創始者。著有《夢的解析》、《精神分析引論》
等。

G

○歌德（Johann Wolfgang von Goethe, 1749～1832） 22、209、320、322、326、420、
422、444、454、469、578、616
德國大詩人。
○格羅塞（Ernst Grosse, 1862～1927） 36、75
德國藝術史家。著有《藝術的起源》。
○格羅皮烏斯（Walter Gropius, 1883～1969） 426、427、441
德國建築家。1919年設立包浩斯學校並出任校長。
○谷魯斯（Karl Groos, 1861～1946） 162、163、491、500
德國美學家和心理學家，「內模仿說」理論的提出者。

H

○哈伯馬斯（Jurgen Habermas, 1929～ ） 127
德國哲學家，法蘭克福學派第二代的代表人物。著有《理論與實踐》、《文化與批
判》等。
○海德格（Martin Heidegger, 1889～1976） 13、24、30、35、55、56、91、92、108、
112～115、117、118、121、122、126、127、136、137、141、143、335、356、612
德國哲學家，存在主義哲學的創始者和主要代表人物之一。著有《存在與時間》、
《林中路》等。
○黑格爾（Georg Wilhelm Friedrich Hegel, 1770～1831） 11、13、19、20、33、46、
54、120、135、165、199、201、206、255、257、258、260、268、269、291、295、
309、355、357、384～387、390、391、393、446、452、472、474、475、480、483、
489、493、614、616
德國古典唯心主義哲學集大成者。著有《精神現象學》、《邏輯學》、《哲學全
書》、《美學》等。
○胡塞爾（Edmund Gustav Albrecht Husserl, 1859～1938） 13、101、103、106、112～
114、123、127、132、136、141
德國哲學家，20世紀現象學學派創始人。
○慧能（636～713） 16、80、81、375
中國佛教南宗禪創始人。他的思想保存在由他弟子整理的《壇經》中。

J

○伽達瑪（Hans-Georg Gadamer, 1900～2002） 13、36、40、41、131～133、137
德國哲學家，解釋學的代表人物之一。著有《真理與方法》等。

○金聖嘆（1608～1661）　16、74、154、165、166、208、302、358、368

明清時期文學批評家，名人瑞，長洲人。將古文評點的方法用於《水滸傳》、《西遊記》等書的美學闡釋。

K

○卡西勒（Enst Cassirer, 1874～1945）　71、141、155、202、209、357、562

德國新康德主義哲學家、美學家，符號論美學的代表人物。著有《符號形式的哲學》、《人論》等。

○康德（Immanuel Kant, 1724～1804）　11～13、17、20、22、33、80、98、102、112、1

15、123、141、197、206、208、381、393、451、456、457、469、491、492、559、

560、617

18世紀德國古典哲學的奠基者。著有《純粹理性批判》、《判斷力批判》、《實踐理性批判》等。

○克萊夫・貝爾（Clive Bell, 1881～1964）　330、331

英國美學家。在《藝術》一書中，提出「有意味的形式」的理論。

○科林伍德（Robin George Collingwood, 1889～1943）　328、330

英國新黑格爾主義哲學家、歷史學家和美學家。著有《藝術原理》。

○克羅齊（Benedelto Croce, 1866～1952）　12、13、18～20、35、200、255、330

意大利新黑格爾主義哲學家、美學家、歷史學家。著有《歷史學的理論與實際》、《美學原理》等。

○孔子（前551～前479）　14～16、47、234、256、280、339、379、505、519、522、

554、573、592、599、602、603、605、606、622、623

中國春秋末期大思想家、大教育家，儒家學派的創始者。名丘，字仲尼，魯國人。

L

○朗吉努斯（Longinus）　445、454、455、466

公元1世紀中葉的佚名作者，其《論崇高》首次在美學領域對「崇高」範疇進行研究。

○老子　14～16、47、150～152、374～377

中國先秦時代的哲學家，道家學派創始人，《老子》一書據傳為其所作。

○立普斯（Theodor Lipps, 1851～1914）　18、35、159～163

德國美學家，「移情說」的主要代表人物。著有兩卷本《美學》。

○李漁（1611～1680）　16、154

中國清代著名戲曲家、園林建築家，浙江蘭溪人。著有《閒情偶寄》等。

○李斯托威爾（William Francis Hare, 5th Earl of Listowel, 1906～1997）　103、104、

123、451、462、463、495、498～501

英國現代美學史家，著作有《近代美學史評述》（A Critical History of Modern Aesthetics, 1933）。

○李贄（1527～1602）　152、521

中國明代哲學家，字宏甫，號卓吾。提出「童心」說。著有《焚書》、《續焚書》、《藏書》、《續藏書》等。

○梁啟超（1873~1929）　17、18、47、72、220~222
中國近代思想家、政治家，廣東南海人。著有《飲冰室合集》。

○列夫‧托爾斯泰（Lev Nikolayevich Tolstoy, 1828~1910）　119、329、579
俄國19世紀偉大作家，著有《戰爭與和平》、《安娜•卡列尼娜》、《復活》等。

○列維－布留爾（Lucien Lévy-Bruhl, 1857~1939）　36
法國哲學家、人類學家。著有《原始思維》等。

○劉熙載（1813~1881）　371、372、504、506
中國清代學者、文學家，江蘇興化人。著有《藝概》。

○劉勰（約465~522）　84、155、157、163、203、229、333、334、565
中國南朝梁代文學理論家，字彥和，東莞莒人。著有《文心雕龍》。

○柳宗元（773~819）　16、68、69、72、79、83、89、108、122、256、370、383、471、541、543、572
中國唐代文學家、哲學家，字子厚，河東解縣人。著有《柳宗元集》。

○魯迅（1881~1936）　104、105、359、525、526、535、559、560
中國現代大文學家、大思想家。著作編為《魯迅全集》。

○羅蘭‧巴特（Roland Barthes, 1915~1980）　36
法國文學批評家、理論家和社會學家，結構主義的代表人物和後結構主義的創始者之一。主要作品有《敘事作品的結構分析》、《S / Z》、《符號學原理》等。

M

○馬斯洛（Abraham Maslow, 1908~1970）　35、173、174、177、178、189、190、209、212、614、615、618、620、621
美國人本主義心理學家。著有《動機論》、《自我實現的人》等。

N

○尼采（Friedrich Wilhelm Nietzsche, 1844~1900）　13、18、112、115、163、320~322、326、381、393、472、475、476、493
十九世紀德國哲學家。著有《悲劇的誕生》、《查拉圖斯特拉如是說》等。

P

○普列漢諾夫（Georgi Valentinovich Plekhanov, 1856~1918）　36、223、224、263~265
俄國馬克思主義哲學家、文藝理論家、美學家。著有《沒有地址的信》、《藝術與社會生活》等。

○普羅提諾（Plotinus, 204~270）　13、98、119、190
中世紀新柏拉圖主義哲學的創立者。著有《九章集》。

Q

　○喬治‧迪基（George Dickie, 1926～）　　331、332
　　當代美國哲學家與美學家，著有《什麼是藝術？——一種習俗論的分析》等。

R

　○榮格（Carl Gustav Jung, 1875～1961）　　18、184、186～189
　　瑞士精神分析心理學家，提出「集體無意識」理論。著有《無意識心理學》、《原型
　　和集體無意識》等。

S

　○沙特（Jean-Paul Sartre, 1905～1980）　　55、56、69、96、97、108、509
　　法國哲學家，存在主義的代表人物。著有《存在與虛無》。
　○桑塔亞那（George Santayana, 1863～1952）　　355～357
　　美國哲學家、美學家。著有《美感》。
　○石濤（1642～約1718）　　16、35、87、259
　　中國明末清初大畫家、畫論家。又稱道濟、大滌子等。著有《畫語錄》。
　○叔本華（Arthur Schopenhauer, 1788～1860）　　13、17、18、148
　　德國哲學家與美學家。著有《作為意志和表象的世界》等
　○司空圖（837～908）　　114、123、275、445、527、530
　　中國唐代詩人、詩論家，字表聖。著有《二十四詩品》，但近年學術界對《二十四詩
　　品》是否為他所作有爭議。
　○蘇格拉底（Socrates, 前469～前399）　　51、99、119
　　希臘哲學家。其思想主要保存在柏拉圖《對話集》和克塞諾封《蘇格拉底言行錄》
　　中。

T

　○泰納（Hippolyte Adolphe Taine, 1828～1893）　　215～219、224～226、228、264、
　　292、310、311、459
　　法國哲學家、歷史學家、美學家。著有《藝術哲學》等。
　○塔塔科維奇（Wladyslaw Tatarkiewicz, 1886～1980）　　12、13、97、98、190、445
　　波蘭美學家，著有《美學史》（三卷）和《西方六大美學觀念史》。
　○托馬斯‧阿奎那（Thomas Aquinas, 1226～1274）　　13、98、191、294
　　中世紀末期神學家，經院哲學體系的完成者。主要著作有《反異教大全》和《神學大
　　全》。

W

　○王夫之（1619～1692）　　16、29、45、69、84、85、89、94、100、105、109、110、
　　114、115、121、132、133～136、140、141、143、187、198、201、202、211、257、

332、333、334、335、343、346、354、357、366 ~ 368、372、373、386、390、392、
404、407、408、515、572、614

中國明清之際的大思想家、哲學家，字而農，號姜齋。著有《船山遺書》。

○王國維（1877 ~ 1927） 14、17、18、47、85、103、104 ~ 106、108123、258、288、
369、374、383、485、486、488、591、592

中國近代思想家、美學家，字靜安，號觀堂，浙江海寧人。著有《海寧王靜安先生遺
書》。

○王陽明（1472 ~ 1528） 69、108、125、126、143、578、579、585、594

中國明代哲學家。浙江餘姚人。

○維柯（Giambattista Vico, 1668 ~ 1744） 12、13、19

意大利哲學家。著有《君士坦丁法學》和《新科學》。

○維根斯坦（Ludwig Wittgenstein, 1889 ~ 1951） 34、35

英國哲學家、數理邏輯學家，分析哲學的創始人之一。代表作為《邏輯哲學論》、
《哲學研究》等。

○魏禧（1624 ~ 1680） 464 ~ 466

中國清初文學家，江西寧都人。著有《魏叔子文集》二十二卷等。

○文克爾曼（Johann Joachim Winckelmann, 1717 ~ 1768） 215、447、469

德國藝術史家和文藝理論家，著有《古代藝術史》（Geschichte der Kunst des
Alterthums, 1764；History of Ancient Art）一書。

X

○席勒（Johann Christoph Friedrich von Schiller, 1759 ~ 1805）12、70、198、408、554 ~
560、569、570、587

德國詩人、劇作家和美學家，主要美學著作有《美育書簡》和《論素樸的詩與感傷的
詩》。

○謝赫（生卒年不詳） 35、375

中國南朝畫家。所著《古畫品錄》中首次提出「六法」。

○謝林（Friedrich Wilhelm Joseph von Schelling, 1775 ~ 1854） 11、13、200

德國哲學家。著有《先驗唯心論體系》（System des transcendentalen Idealismus,
1798）和《藝術哲學》（Philosophie der Kunst, 1802 - 03）等。

○休謨（David Hume, 1711 ~ 1776） 54、101

18世紀英國經驗派哲學家。著有《人性論》、《人類理解研究》等。

Y

○亞里士多德（Aristotle, 前384 ~ 前322） 13、35、39、98、119、157、243、329、
394、454、472、473、474、477、478、481、493、495、501、554

古希臘哲學家。著有《形而上學》、《尼各馬可倫理學》、《政治學》、《詩學》等。

○嚴羽（約1189 ~ 1264） 517 ~ 519

中國南宋詩論家。著有《滄浪詩話》。

○姚鼐（1732～1815）　463、466～468
中國清代桐城派文學家，字姬傳，安徽桐城人。著有《惜抱軒文集》等。

○葉燮（1627～1703）　16、35、201、202、249、257、262、263
中國清代文學家、美學家，字星期，號已畦，江蘇吳江人。著有《原詩》。

○葉晝（生卒年不詳）　329
中國明代文學批評家。託名李卓吾點評《水滸傳》及《三國志》。

○茵加登（Roman Ingarden, 1893～1970）　13
波蘭哲學家、美學家。著有《文學的藝術作品》、《對文學的藝術作品的認識》等。

○尤涅斯柯（Eugène Ionesco, 1909～1994）　509、510、512、514
法國荒誕派劇作家。著有《犀牛》等。

○袁宏道（1568～1610）　152、153
中國明代文學家，字中郎。湖北公安人。著有《袁中郎集》等。

Z

○鄭板橋（鄭燮）（1693～1765）　61～63、86、100、128、203、243、245、258～
260、269、281、308、335、349、350、354、356、503、504
中國清代文學家、畫家，字板橋，江蘇興化人。為「揚州八怪」之一。

○朱光潛（1897～1986）　13、17、18～21、23、24、35、47、52、57、60～67、
70～74、85、86、122、137、144～149、155～166、168、200、203、228、
256、268、270、273、405、435、456、460、463、466、471、474～476、479、
481、482、484、555～558、612、616、618
中國現代美學家，安徽桐城人。著有《談美》、《西方美學史》、《詩論》等；其譯著
有黑格爾《美學》、維柯《新科學》等，合編為《朱光潛全集》二十卷。

○莊子（約前369～前286）　14～16、30、117、151、152、198、256、327、376、502～
505、527～530、532、533、559、604
中國戰國時期哲學家，道家主要代表人物，名周，宋國人。

○宗白華（1897～1986）　17、21～23、42、43、45、47、83、85、87～89、114、120～
123、137、138、140、141、199、209、210、259、269、273～276、298、505、530、
537、542
中國現代美學家，江蘇常熟人。著有論文集《美學散步》（或名《藝境》、《美學與
意境》）。